The Most Used
7000 Words
高中常用7000字解析

劉 毅 主編

你一定要熟讀這本單字書。

儲存單字量，比儲存財富還有價值。

可以先背紅色單字，做典型考題。

序 言

　　本資料取材自「大學入學考試中心」新修編的「高中英文參考詞彙表」研究計劃報告，收錄的均是教育部公佈的重要字彙，讓同學背得正確，迅速掌握方向，並有效運用於考場上。

　　本書爲 2024 年新修定版，相較於舊版有幾點創新：首先，我們將一些不重要的字刪掉，像是 a（冠詞）、of（介系詞）、he（代名詞）等等，這些字放進書本中，浪費同學的時間。再來，我們爲重要字彙補足了許多中文解釋，像 bound 這個字有「被束縛的」意思（源自於 bind〔baɪnd〕v. 束縛），當名詞作「邊界」，進而衍伸出「與…接壤」之意，另外大考也常考「打算前往的」的意思，本書爲同學們精心篩選重要字義，並收錄其中。新版特別加錄【重要知識】單元，學習美國人怎麼發音、日常生活對話。在【典型考題】中的題目，更新至 113 學年的學測試題，以利同學掌握近年考題趨勢。

　　最後，書末附有最新「電腦統計歷屆大學入試字彙」，有了這些資料，你就能確確實實掌握「學測」和「指考」。

本書使用方法

範例如下圖（內容詳見下一頁）：

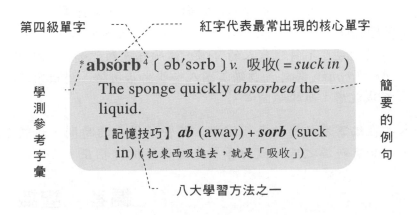

第四級單字 --------- 紅字代表最常出現的核心單字

學測參考字彙

*absorb⁴〔əbˈsɔrb〕v. 吸收(= *suck in*)
The sponge quickly *absorbed* the liquid.
【記憶技巧】*ab* (away) + *sorb* (suck in) (把東西吸進去，就是「吸收」)

簡要的例句

八大學習方法之一

我們提供三種單字分類方法給同學參考，依照自己的需求背單字，效率提升百倍：

① 所有字彙依照難易程度分為 1～6 級，以提高同學的背誦效率，其中第 1 級最簡單，第 6 級最困難。

② 書中標示 "***" 的單字，為教育部頒佈的「最基本 1200 字詞」；加注 "**" 的為「國中常用 2000 字」；加注 "*" 的為「學測參考字彙」。

③ 精密電腦統計，凡是在歷屆大學入學考試中，**最常出現的核心單字**，我們都以紅字呈現。

「高中常用 7000 字解析」除了重要字彙皆附有例句外，最大的特色是提供讀者**八種不同的學習方式**，同學能選擇適合自己的學習方式，讀起來快樂沒負擔。

① 【記憶技巧】：針對不同單字，有諧音法、口訣法，及字根字首法，幫助同學快速記憶單字。

② 【注意】：在發音、釋義、用法等細節部份提醒同學。

③ 【同、反義詞】：增加同學的字彙量，發音相似的同義字當一組來背，背了順口，久了就記得。

④ 【片語】：片語常常是同學學英文最苦惱的部份，為此，我們特別統計，列出常考的重要片語給同學參考。

⑤ 【比較】：特別比較同樣字根的字組、拼字相似的字，或是中文意思相近的字，以防同學不小心搞混誤用。

⑥ 【衍伸詞】：須注意的詞類變化，以及從單字本身衍伸出來的常用名詞，都歸納於此，讓同學學以致用。

⑦ 【典型考題】：同學不用攜帶試題本，背完單字即自我測驗，立即驗收學習成果。特別加入近四年學測、指考題目，以及歷年經典試題，掌握考題大方向，成為考場大贏家。

⑧ 【重要知識】：坊間一般的字典、教材內容大多過時，許多單字的唸法已不符現代人的習慣，這項補充教你如何 *talk like Americans*，另外，收錄美國人一些生活用語，講出來道地有成就感，越學越開心。

本書在編審及校對的每一階段，花費了很長的時間，我們力求完善，但恐有疏漏之處，誠盼各界先進不吝批評指正。

編者　謹識

A a

abandon[4] 〔ə'bændən〕v. 拋棄
(= *give up*)

They *abandoned* the car when they ran out of gas.

【記憶技巧】諧音法：a｜ban｜don
（噁便當要「拋棄」）

┌─【典型考題】──────
The girl had to ＿＿＿＿ her journey because of her father's illness.
A. abandon   B. remove
C. mention   D. inspect   [A]
└────────────────

abbreviate[6] 〔ə'brivɪˌet〕v. 縮寫
(= *shorten*)

The United States is often *abbreviated* to the U.S.

【記憶技巧】*ab* (to) + *brevi* (brief) + *ate* (v.)（把字縮短，就是「縮寫」）

abbreviation[6] 〔əˌbrivɪ'eʃən〕n.
縮寫 (= *shortening*)

abdomen[4] 〔'æbdəmən〕n. 腹部
(= *belly*)

He feels a dull pain in the lower *abdomen*.

abide[5] 〔ə'baɪd〕v. 忍受 (= *tolerate*)

When you enter the room, you should *abide* by the rules here.

【常考片語】*abide by*（遵守）

* **ability**[2] 〔ə'bɪlətɪ〕n. 能力

‡‡‡ **able**[1] 〔'ebḷ〕adj. 能夠的

Nick is not *able* to come to the party.

【片語】*be able to*（能夠）

abnormal[6] 〔æb'nɔrmḷ〕adj. 不正常的 (= *unusual*)

【記憶技巧】*ab-* 表「偏離；離開」的字首。

* **aboard**[3] 〔ə'bord〕adv. 在車（船、飛機）上

"All *aboard*!" shouted the conductor, and every passenger rushed for the train.

【記憶技巧】*a* (on) + *board*（甲板）
（上了甲板，即「在船上」）

abolish[5] 〔ə'balɪʃ〕v. 廢除
(= *do away with*)

The president decided to *abolish* the unreasonable rules.

【記憶技巧】*ab* (away) + *ol* (grow) + *ish* (v.)（不再成長的東西，應該要「廢除」）
【比較】polish（擦亮）；demolish（拆除）

aboriginal[6] 〔ˌæbə'rɪdʒənḷ〕adj.
原始的 (= *original*)

【記憶技巧】*ab* (from) + *original*（最初的）（來自最初的，也就是「原始的」）

【注意】一般字典上，aboriginal 也可當名詞，作「原住民」解，但美國人較少用。

aborigine[6] 〔ˌæbə'rɪdʒəˌni〕n.
原住民 (= *native*)；土人；土著

abortion[5] 〔ə'bɔrʃən〕n. 墮胎
(= *miscarriage*)

She chose to have an *abortion* because she was not ready to have a child.

【記憶技巧】*ab* (away) + *or* (grow) + *tion* (n.)（把成長中的生命拿掉，也就是「墮胎」）

abound[6] 〔ə'baʊnd〕v. 充滿；大量存在 (= *be plentiful*)

Different kinds of fish *abound* in this fish tank.

A

‡‡ **abroad**[2] 〔 ə'brɔd 〕 *adv.* 到國外

Have you ever traveled *abroad*?

【記憶技巧】 *ab* (away) + *road* (way)
（離開平常走的路，就是「到國外」）

abrupt[5] 〔 ə'brʌpt 〕 *adj.* 突然的
(= *sudden*)；粗魯的 (= *rude*)

The taxi came to an *abrupt* stop
when the traffic light turned red.

【比較】 corrupt（貪污的；腐敗的）；
disrupt（中斷）；interrupt（打斷）

* **absence**[2] 〔'æbsn̩s 〕 *n.* 缺席；不在
(= *time off*)；缺乏 (= *lack*)；沒有

Ms. Lin marks the *absence* of
students every day.

‡ **absent**[2] 〔'æbsn̩t 〕 *adj.* 缺席的
(= *away*)

Bill is *absent* from school today.

【記憶技巧】 *ab* (away) + *s* (be) + *ent*
(*adj.*)（不在這裡，就是「缺席的」）

【反義詞】 present（出席的）

absentminded[6] 〔'æbsn̩t'maɪndɪd 〕
adj. 心不在焉的 (= *forgetful*)

He's always *absentminded* in math
class, so he can't get good grades.

【記憶技巧】 *absent*（缺席的）+ *mind*
（心）+ *ed* (*adj.*)（心缺席，表示「心不
在焉的」）

* **absolute**[4] 〔'æbsə,lut 〕 *adj.* 絕對的；
完全的 (= *complete*)

People say that Einstein was an
absolute genius.

【典型考題】

A child has _____ trust in his mother.
A. opposite   B. fatal
C. absolute   D. tense   [C]

* **absorb**[4] 〔 əb'sɔrb 〕 *v.* 吸收(= *suck in*)

The sponge quickly *absorbed* the
liquid.

【記憶技巧】 *ab* (away) + *sorb* (suck
in)（把東西吸進去，就是「吸收」）

【典型考題】

The earth was so dry that it quickly
_____ the rain.
A. soaked   B. evaporated
C. absorbed   D. contained   [C]

* **abstract**[4] 〔'æbstrækt 〕 *adj.* 抽象的

What you said was too *abstract*
for Jenny. She is only three.

【反義詞】 concrete（具體的）

abstraction[6] 〔 æb'strækʃən 〕 *n.*
抽象；抽象觀念 (= *concept*)

absurd[5] 〔 əb'sɝd 〕 *adj.* 荒謬的
(= *ridiculous*)

His advice is too *absurd*.

【反義詞】 reasonable（合理的）

abundance[6] 〔 ə'bʌndəns 〕 *n.* 豐富
(= *plenty*)

There was an *abundance* of
goodwill at the party.

abundant[5] 〔 ə'bʌndənt 〕 *adj.*
豐富的 (= *plentiful* = *rich*)；充足的

Oil is *abundant* in this area.

【典型考題】

We have had plenty of rain so far this
year, so there should be an _____
supply of fresh water this summer.
A. intense   B. ultimate
C. abundant   D. epidemic   [C]

abuse[6] 〔 ə'bjuz 〕 *v.* 濫用；虐待
（= *misuse* ）〔 ə'bjus 〕*n.* 濫用；虐待
If a politician *abuses* his position for personal gain, he may be impeached.

【典型考題】
Since several child _____ cases were reported on the TV news, the public has become more aware of the issue of domestic violence.
A. blunder   B. abuse
C. essence   D. defect   [B]

***academic**[4] 〔ˌækə'dɛmɪk 〕*adj.*
學術的（= *scholastic* ）
His *academic* performance is poor; he usually gets bad grades.

***academy**[5] 〔 ə'kædəmɪ 〕*n.* 學院
（= *college* ）
【衍伸詞】 *the Academy Awards* （奧斯卡獎）

accelerate[6] 〔 æk'sɛləˌret 〕*v.* 加速
（= *speed up* ）
The nervous passenger closed his eyes as the plane began to *accelerate*.
【記憶技巧】 *ac* (to) + *celer* (quick) + *ate* (*v.*) （讓速度變快，就是「加速」）

acceleration[6] 〔 ækˌsɛlə'reʃən 〕*n.*
加速（= *speeding up* ）

***accent**[4] 〔'æksɛnt 〕*n.* 口音
（= *pronunciation* ）
The speaker's strong *accent* makes it difficult to understand him.
【記憶技巧】 *ac* (to) + *cent* (sing)

***accept**[2] 〔 ək'sɛpt 〕*v.* 接受（= *receive* ）
He dislikes Peter; he would not *accept* his offer.
【記憶技巧】 *ac* (to) + *cept* (take)
（把東西拿過來，就是「接受」）

【典型考題】
Mike was ecstatic when his book was _____ for publication.
A. accepted   B. expected
C. rejected   D. postponed   [A]

***acceptable**[3] 〔 ək'sɛptəbļ 〕*adj.*
可接受的（= *satisfactory* ）

***acceptance**[4] 〔 ək'sɛptəns 〕*n.* 接受
（= *accepting* ）

***access**[4] 〔'æksɛs 〕*n.* 接近或使用權
（= *admission* ）   *v.* 存取（資料）
The suspect claimed that he had not been allowed *access* to a lawyer after he was arrested.
【常考片語】 *have access to* （有接近或使用…的權利）

accessible[6] 〔 æk'sɛsəbļ 〕*adj.*
容易接近的（= *reachable* ）
Modification of the environment can make it more *accessible* to people with physical disabilities.
【記憶技巧】 *ac* (to) + *cess* (go) + *ible* (*adj.*) （可以走過去，表示「容易接近的」）

accessory[6] 〔 æk'sɛsərɪ 〕*n.* 配件
（= *additional part* ）；附件；裝飾品

accident[3] 〔'æksədənt 〕*n.* 意外；車禍
（= *crash* ）
【記憶技巧】 *ac* (to) + *cid* (fall) + *ent* (*n.*) （事情突然落到身上來，就是「意外」）

【典型考題】
I saw a traffic _____ on my way to school. Many people got hurt.
A. accident   B. jam
C. light   D. rule   [A]

A

A

* **accidental** [4] 〔ˌæksə'dɛntḷ〕 *adj.*
意外的；偶然的（= *unintentional*）
His remark was *accidental*; he didn't
mean to reveal the secret.

accommodate [6] 〔ə'kɑmə,det〕 *v.*
容納；裝載（乘客）（= *take in*）
I'm sorry but I cannot *accommodate*
you because the flight is sold out.

┌─【典型考題】─────────
│ The new dormitory will be able to
│ _____ an additional 200 students.
│ A. regard   B. estimate
│ C. accommodate   D. seek   [C]
└────────────────────

accommodations [6] 〔ə,kɑmə'deʃənz〕
n. pl. 住宿設備（= *housing*）
The *accommodations* at this hotel
are not only adequate but also
inexpensive.

┌─【典型考題】─────────
│ Since the tour guide will see to your
│ _____, you don't have to worry
│ about having no place to stay.
│ A. reputation   B. recommendation
│ C. accommodations
│ D. foundation   [C]
└────────────────────

accompany [4] 〔ə'kʌmpənɪ〕 *v.* 陪伴；
伴隨（= *go with*）
The rain was *accompanied* by a
strong wind.
【記憶技巧】 *ac* (to) + *company*（同伴）
（去當別人的同伴，就是「陪伴」）

┌─【典型考題】─────────
│ The president is always _____ by
│ several bodyguards wherever he goes.
│ A. accomplished   B. accompanied
│ C. accustomed   D. accounted   [B]
└────────────────────

* **accomplish** [4] 〔ə'kɑmplɪʃ〕 *v.* 完成
（= *achieve*）
Although everyone expected Stan to
accomplish great things, he ended
up doing little with his life.

* **accomplishment** [4] 〔ə'kɑmplɪʃmənt〕
n. 成就（= *achievement*）

accord [6] 〔ə'kɔrd〕 *v.* 一致（= *agree*）
Our actions should *accord* with our
words.
【片語】 *accord with*（與⋯一致）
【記憶技巧】 *ac* (to) + *cord* (heart)
（做事符合心裡的想法，就是「一致」）

accordance [6] 〔ə'kɔrdn̩s〕 *n.* 一致
（= *agreement*）

* **according to** [1] 根據
According to the forecast, it will be
colder tomorrow.

accordingly [6] 〔ə'kɔrdɪŋlɪ〕 *adv.* 因此
（= *therefore*）
He had loved her and he had been,
accordingly, good to her.

* **account** [3] 〔ə'kaʊnt〕 *n.* 帳戶
【記憶技巧】 *ac* (to) + *count* (count)
（「帳戶」就是用來計算金錢的收付）

accountable [6] 〔ə'kaʊntəbḷ〕 *adj.*
應負責的（= *responsible*）

┌─【典型考題】─────────
│ When a young child goes out and
│ commits a crime, it is usually the
│ parents who should be held _____
│ for the child's conduct.
│ A. eligible   B. dispensable
│ C. credible   D. accountable [D]
└────────────────────

* **accountant**[4] 〔 ə'kaʊntənt 〕 *n.* 會計師
(= *bookkeeper*)

accounting[6] 〔 ə'kaʊntɪŋ 〕 *n.* 會計
(= *bookkeeping*)

accumulate[6] 〔 ə'kjumjə,let 〕 *v.* 累積
(= *build up*)
Although clouds *accumulated* in the afternoon, no rain fell.

accumulation[6] 〔 ə,kjumjə'leʃən 〕
n. 累積 (= *collection*)

* **accuracy**[4] 〔 'ækjərəsɪ 〕 *n.* 準確
(= *precision*)

* **accurate**[3] 〔 'ækjərɪt 〕 *adj.* 準確的
(= *precise*)
It is important to make sure that your calculations are *accurate* before you write the final answer.

【記憶技巧】 *ac* (to) + *cur* (take care) + *ate* (adj.) (做事小心，才會「準確的」)

┌─【典型考題】─────────┐
Facts and figures, even when _____, can often be misleading.
A. accurate   B. mistaken
C. detailed   D. careful   [A]
└──────────────────┘

accusation[6] 〔 ,ækjə'zeʃən 〕 *n.* 控告
(= *charge*)

* **accuse**[4] 〔 ə'kjuz 〕 *v.* 控告 (= *charge*)
They *accused* him of taking bribes.
【常考片語】 *accuse sb. of sth.* (控告
某人某事) (= *charge sb. with sth.*)
【記憶技巧】 *ac* (to) + *cuse* (lawsuit)
(提出訴訟，表示「控告」)

┌─【典型考題】─────────┐
He was _____ of robbing the bank, but actually he had nothing to do with the robbery.
A. deprived   B. accused
C. warned   D. informed   [B]
└──────────────────┘

accustom[5] 〔 ə'kʌstəm 〕 *v.* 使習慣於
(= *adapt*)
The students from tropical countries are not *accustomed* to the cold weather here.
【片語】 *be accustomed to* (習慣於)

ace[5] 〔 es 〕 *n.* 一流人才 (= *expert*)；
(撲克牌的) A
【記憶技巧】 ace (A) 是撲克牌中最大的
牌，用來比喻「一流人才」。

* **ache**[3] 〔 ek 〕 *v.n.* 疼痛
Eva complained that her back *ached*.
【衍伸詞】 toothache (牙痛)
            headache (頭痛)
            stomachache (胃痛)
            backache (背痛)

* **achieve**[3] 〔 ə'tʃiv 〕 *v.* 達到
(= *accomplish*)
In order to *achieve* your goal, you must work hard.

* **achievement**[3] 〔 ə'tʃivmənt 〕 *n.* 成就
(= *accomplishment*)

* **acid**[4] 〔 'æsɪd 〕 *adj.* 酸性的 (= *sour*)；
尖酸刻薄的
Acid rain is a serious environmental problem that affects large parts of the US.
【比較】 acid 是指物體本身帶有的酸性，
sour (酸的) 則指因腐敗而產生的酸性。

acknowledge[5] 〔 ək'nɑlɪdʒ 〕 v. 承認
(= *admit*)
The boy finally *acknowledged* his fault.
【記憶技巧】*ac* (to) + *knowledge* (知道)
(讓別人知道，即「承認」)
【反義詞】 deny (否認)

acknowledgement[5]
〔 ək'nɑlɪdʒmənt 〕 n. 承認
(= *admission*)

acne[5] 〔'æknɪ 〕 n. 粉刺【不可數名詞】

*acquaint**[4] 〔 ə'kwent 〕 v. 使認識；
使熟悉
Before classes start, you had better
get *acquainted* with one another.
【片語】*get acquainted with* sb. (認
識某人)
【記憶技巧】*ac* (to) + *quaint* (know)
(知道某一個人，就是「認識」)

┌─【典型考題】──────────┐
The professor did his best to _____
the students with new ideas.
A. witness   B. review
C. acquaint   D. display   [C]
└─────────────────────┘

*acquaintance**[4] 〔 ə'kwentəns 〕 n.
認識的人
【衍伸詞】*a nodding acquaintance* (點
頭之交)

*acquire**[4] 〔 ə'kwaɪr 〕 v. 獲得；學會
I *acquired* three new stamps for my
collection while I was abroad.
【記憶技巧】*ac* (to) + *quire* (seek)
(去尋找，就會「獲得」)

┌─【典型考題】──────────┐
If you can use a word correctly and
effectively, that means you have
_____ it.
A. developed   B. expressed
C. mimicked   D. acquired   [D]
└─────────────────────┘

acquisition[6] 〔,ækwə'zɪʃən 〕 n.
獲得；增添之圖書
【衍生詞】*recent acquisitions to the
library* (圖書館新購的圖書)

*acre**[4] 〔'ekɚ 〕 n. 英畝
The rich man owns 500 *acres* of land.

‡**act**[1] 〔 ækt 〕 n. 行為 (= *deed*)
v. 行動；表現得；演戲

‡**action**[1] 〔'ækʃən 〕 n. 行動 (= *step*)；
行為 (= *act*)
Actions speak louder than words.

*active**[2] 〔'æktɪv 〕 adj. 活躍的
(= *lively*)；主動的
Although he is over 80, he's still
very *active*.
【記憶技巧】*act* (act) + *ive* (adj.)

activist[6] 〔'æktɪvɪst 〕 n. 激進主義份子

‡**activity**[3] 〔 æk'tɪvətɪ 〕 n. 活動
Watching television is a popular
activity in many homes, especially
in large cities.

‡**actor**[1] 〔'æktɚ 〕 n. 演員 (= *performer*)
He is a famous film *actor*.

‡**actress**[1] 〔'æktrɪs 〕 n. 女演員
(= *female performer*)
Sarah wants to be an *actress*.

*actual**[3] 〔'æktʃuəl 〕 adj. 實際的(= *real*)
Could you tell me the *actual* number?
【衍伸詞】 actually (實際上)

acute[6] 〔 ə'kjut 〕 adj. 急性的；嚴重的
(= *serious*)；靈敏的
The patient was suffering from an
acute stomach ulcer.
【反義詞】 chronic (慢性的)

A

ad[3] 〔æd〕 *n.* 廣告 (= *advertisement*)

__adapt__[4] 〔ə'dæpt〕*v.* 適應 (= *adjust*);
改編 (= *change*)

The immigrant *adapted* to life in his
new country.

【記憶技巧】*ad* (to) + *apt* (fit)
（去符合一個環境，也就是「適應」）

【比較】ad<u>o</u>pt (採用);ad<u>e</u>pt (熟練的)

┌─【典型考題】─────────────┐
During the process of evolution, man
has shown remarkable ability to
————— to the environment.
A. adorn   B. adopt
C. adore   D. adapt   [D]
└─────────────────────┘

adaptation[6] 〔͵ædəp'teʃən〕 *n.* 適應
(= *familiarization*);改編

__add__[1] 〔æd〕 *v.* 增加 (= *increase*)

The fire is going out; will you *add*
some wood?

addict[5] 〔ə'dıkt〕 *v.* 使上癮 (= *hook*)
〔'ædıkt〕 *n.* 上癮者

John was *addicted* to heroin all his
life; he could never quit the bad
habit.

【常考片語】*be addicted to* (對～上癮)

addiction[6] 〔ə'dıkʃən〕 *n.* (毒) 癮
(= *dependence*);入迷

__addition__[2] 〔ə'dıʃən〕 *n.* 增加
(= *increasing*)

These houses have been improved
by the *addition* of bathrooms.

【衍伸詞】*in addition* (此外)

__additional__[3] 〔ə'dıʃənļ〕 *adj.* 附加的;
額外的 (= *extra*)

The price includes an *additional* tax.

__address__[1] 〔ə'drɛs,'ædrɛs〕 *n.* 地址
(= *location*);演講 (= *speech*)
v. 向…講話

Sue's *address* is written on the
envelope.

【重要知識】這個字作「地址」解時，有兩種
發音，美國人 58% 唸作〔ə'drɛs〕，42%唸
作〔'ædrɛs〕。

__adequate__[4] 〔'ædəkwıt〕 *adj.* 足夠的
(= *enough* = *sufficient*)

There is no need to write a long paper;
two or three pages will be *adequate*.

__adjective__[4] 〔'ædʒıktıv〕 *n.* 形容詞

__adjust__[4] 〔ə'dʒʌst〕 *v.* 調整 (= *adapt*)

Please *adjust* the color on the TV; the
picture looks too red.

【記憶技巧】*ad* (to) + *just* (right) (矯正
錯誤，就是要「調整」)

__adjustment__[4] 〔ə'dʒʌstmənt〕 *n.* 調整
(= *alteration*)

administer[6] 〔əd'mınəstɚ〕 *v.* 管理
(= *manage*);執行 (= *execute*)

The manager *administers* the
department.

【記憶技巧】*ad* (to) + *mini* (small) +
ster (人)(照料階級小的人，就是「管理」)

administration[6] 〔əd͵mınə'streʃən〕
n. 管理 (= *management*);美國政府
【衍伸詞】*the Trump Administration*
(川普政府)

administrative[6] 〔əd'mınə͵stretıv〕
adj. 管理的;經營的;行政的

administrator[6] 〔əd'mınə͵stretɚ〕
n. 管理者 (= *manager*)

A

*__admirable__[4] 〔ˈædmərəbl̩〕 *adj.* 值得讚賞的;令人欽佩的(=*praiseworthy*)
Although he failed, his effort was *admirable*.

【記憶技巧】*ad* (at) + *mir* (wonder) + *able* (*adj.*) (表現令人驚奇,表示「值得讚賞的」)

【典型考題】
Their determination to fight to the last man was really _____.
A. admirable   B. disposable
C. replaceable   D. portable   [A]

__admiral__[5] 〔ˈædmərəl〕 *n.* 海軍上將

*__admiration__[4] 〔ˌædməˈreʃən〕 *n.* 欽佩(=*respect*);讚賞

**__admire__[3] 〔ədˈmaɪr〕 *v.* 欽佩(=*respect*);讚賞

*__admission__[4] 〔ədˈmɪʃən〕 *n.* 入場(許可);入學(許可)(=*access*)
Clark was denied *admission* to the movie because he is only 15 years old.

【記憶技巧】*ad* (to) + *miss* (send) + *ion* (*n.*) (被送進去某場所,就是「入場」)

【片語】*deny admission to sb.* (不准某人進入)

*__admit__[3] 〔ədˈmɪt〕 *v.* 承認(=*confess*);准許進入(=*allow*)
I have to *admit* that I have made some mistakes in dealing with the matter.

__adolescence__[5] 〔ˌædl̩ˈɛsn̩s〕 *n.* 青春期(=*teens*)
The crisis of *adolescence* had brought on an outburst against parental authority.

【記憶技巧】*ad* (to) + *olesc* (grow up) + *ence* (*n.*) (「青春期」就是正在發育的時期)

__adolescent__[5] 〔ˌædl̩ˈɛsn̩t〕 *n.* 青少年(=*teenager*) *adj.* 青少年的
The movie has an NC-17 rating, so it's not suitable for *adolescents*.

*__adopt__[3] 〔əˈdɑpt〕 *v.* 採用(=*take on*);領養(=*take in*)
They *adopted* the child as one of their own.

【記憶技巧】背 ad**opt** (領養;採用),想到 s**on**;背 ad**apt**,想到 **adjust** (適應)。

【典型考題】
The government is determined to _____ measures to prevent inflation from rising any further.
A. adopt   B. adapt
C. addict   D. adorn   [A]

__adore__[5] 〔əˈdor〕 *v.* 非常喜愛(=*love*)
The newborn baby was *adored* by all the family members.

【比較】ado**rn** (裝飾),n 就是 new year (新年),新年要用春聯來「裝飾」門面。

**__adult__[1] 〔əˈdʌlt〕 *n.* 成人
An *adult* has more responsibility than a child.

__adulthood__[5] 〔əˈdʌlthʊd〕 *n.* 成年
【比較】childhood (童年)

*__advance__[2] 〔ədˈvæns〕 *v.* 前進(=*progress*) *n.* 進步
The troops have now *advanced* to within five miles of the city.

【記憶技巧】*adv* (from) + *ance* (before) (從「以前」來到「現在」,就是「前進」)

【反義詞】retreat (後退;撤退)

advanced[3] 〔əd'vænst〕*adj.* 高深的；
先進的（ = *up-to-date* ）
He went abroad for *advanced* studies.
【衍伸詞】*advanced studies*（深造）
an advanced country（先進國家）

***advantage**[3] 〔əd'væntɪdʒ〕*n.* 優點
（ = *benefit* ）
He has the *advantage* of good health.
【反義詞】disadvantage（缺點）

***adventure**[3] 〔əd'vɛntʃɚ〕*n.* 冒險
My grandfather enjoys talking about
his boyhood *adventures*.
【記憶技巧】*ad*(to) + *vent*(come) +
ure(n.)（去面臨危險，就是「冒險」）

┌─【典型考題】────────
│ The old man always spins tales about
│ his ＿＿ in remote areas in his youth.
│ A. delivery　　　B. designs
│ C. adventures　　D. command　　[C]
└────────────────

***adverb**[4] 〔'ædvɝb〕*n.* 副詞
【記憶技巧】*ad* + *verb*（動詞）= *adverb*

***advertise**[3] 〔'ædvɚ͵taɪz〕*v.* 登廣告
（ = *publicize* ）

****advertisement**[3] 〔͵ædvɚ'taɪzmənt〕
n. 廣告（ = *ad* ）；平面廣告
Advertisements help to sell goods.

┌─【典型考題】────────
│ The ＿＿ was so convincing that
│ I decided to try the product.
│ A. adventure　　　B. confidence
│ C. advertisement　D. ingredient　[C]
└────────────────

***advertiser**[5] 〔'ædvɚ͵taɪzɚ〕*n.* 刊登
廣告者
There are many *advertisers* who are
willing to pay a lot of money to
market their products.

***advice**[3] 〔əd'vaɪs〕*n.* 勸告；建議
（ = *suggestion* ）
I need your *advice* on the matter.
【注意】advice 為不可數名詞，可用單位名詞
piece 表示「數」的概念。

****advise**[3] 〔əd'vaɪz〕*v.* 勸告；建議
（ = *suggest* ）
He *advised* his daughter not to marry
in a hurry.
【記憶技巧】*ad*(to) + *vise*(see)
（看見別人的行為，因而給予「勸告」）

adviser[3] 〔əd'vaɪzɚ〕*n.* 顧問
（ = *counselor* ）；導師（ = *advisor* ）

advocate[6] 〔'ædvə͵ket〕*v.* 提倡
（ = *support* = *promote* ）
The writer *advocates* building more
nursing homes.
【記憶技巧】*ad*(to) + *voc*(call) + *ate*
(v.)（叫大家跟著做，就是「提倡」）

***affair**[2] 〔ə'fɛr〕*n.* 事情（ = *matter* ）
All of us should be concerned with
public *affairs* to make our society a
better place.

┌─【典型考題】────────
│ He always knows how to handle his
│ own ＿＿.
│ A. motions　　　B. phrases
│ C. genders　　　D. affairs　　[D]
└────────────────

****affect**[3] 〔ə'fɛkt〕*v.* 影響（ = *influence* ）
The power failure *affected* thousands
of people, forcing them to live in the
dark.
【比較】effect〔ɪ'fɛkt〕*n.* 影響

A

A

affection[5] 〔ə'fɛkʃən 〕 *n.* 感情
（＝*feeling*）；（對子女、妻子的）愛
The *affection* of parents for their
children will never change.

【典型考題】
No man can be a good teacher unless
he has feelings of warm _____
toward his pupils.
A. advantage　　B. indication
C. admission　　D. affection　　[D]

affectionate[6] 〔ə'fɛkʃənɪt 〕 *adj.*
摯愛的（＝*loving*）；充滿深情的

affirm[6] 〔ə'fɝm 〕 *v.* 斷定（＝*assert*）；
斷言；堅稱
The principal *affirmed* that we will
have no classes on Friday.
【記憶技巧】 *af* (to) + *firm*（堅固的）
（立場是堅固的，表示「斷定」）
【比較】 confirm（確認）

*****afford**[3] 〔ə'fɔrd 〕 *v.* 負擔得起
This is not expensive, so I can *afford*
to buy it.

‡afraid[1] 〔ə'fred 〕 *adj.* 害怕的
Don't be *afraid* of my puppy.

*****afterward(s)**[3] 〔'æftɚwəd(z) 〕 *adv.*
後來；之後
Let's have dinner first and go to a
movie *afterwards*.
【比較】 downward(s)（向下地）
　　　　 northward(s)（向北地）
　　　　 outward(s)（向外地）

‡against[1] 〔ə'gɛnst 〕 *prep.* 反對
Are you for or *against* it?

‡‡age[1] 〔edʒ 〕 *n.* 年紀（＝*years*）；時代
v. 變老（＝*grow old*）

*****agency**[4] 〔'edʒənsɪ 〕 *n.* 代辦處
（＝*company*）
Employment *agencies* help workers
to get jobs, and find workers for
people who need them.
【衍伸詞】 *travel agency*（旅行社）
　　　　　 employment agency（職業介
紹所）

agenda[5] 〔ə'dʒɛndə 〕 *n.* 議程
（＝*schedule*）
It will be a long meeting because
there are over twenty items on the
agenda.

*****agent**[4] 〔'edʒənt 〕 *n.* 代理人；經紀人
（＝*representative*）；密探
Mr. White is my *agent*; he can make
decisions for me.
【衍伸詞】 *travel agent*（旅遊業者）

aggression[6] 〔ə'grɛʃən 〕 *n.* 侵略
（＝*attack*）；挑釁

*****aggressive**[4] 〔ə'grɛsɪv 〕 *adj.* 有攻擊
性的（＝*offensive*）；積極進取的
The audience gasped when the lion
made an *aggressive* move toward
its trainer.
【記憶技巧】 *ag* (to) + *gress* (walk) +
ive (*adj.*)（走進別人的領域，是「有攻
擊性的」行為）

【典型考題】
Please keep a safe distance. When
startled, the tamed animal can become
very _____.
A. aggressive　　B. possible
C. attentive　　D. permissive　　[A]

agony[5] 〔'ægənɪ 〕 *n.* 煎熬；極大的
痛苦（＝*great pain*）
He was in *agony* after he broke his
leg on the ski trip.

‡**agree**[1] 〔 ə'gri 〕 v. 同意（ = concur ）
【記憶技巧】 *a* (to) + *gree* (please)
（「同意」對方的想法，會讓對方高興）

agreeable[4] 〔 ə'griəbḷ 〕 adj. 令人愉快的；討人喜歡的（ = pleasant ）

【典型考題】
An ＿＿＿＿ person is usually pleasant and easy to get along with, but don't expect that he or she will always say "yes" to everything.
A. enormous　　B. intimate
C. agreeable　　D. ultimate　　[C]

****agreement**[1] 〔 ə'grimənt 〕 n. 協議（ = treaty ）；同意

agricultural[5] 〔 ˌægrɪ'kʌltʃərəl 〕 adj. 農業的（ = farming ）
We should learn how to improve our *agricultural* output by using better methods and tools.

****agriculture**[3] 〔 'ægrɪˌkʌltʃɚ 〕 n. 農業（ = farming ）
【記憶技巧】 *agri* (field) + *culture* （文化）（田野文化，即「農業」）

‡**ahead**[1] 〔 ə'hɛd 〕 adv. 在前方
John ran *ahead* of the other boys.
【片語】 *ahead of* （在…之前）

AI[5] n. 人工智慧（ = artificial intelligence ）

****aid**[2] 〔 ed 〕 n. v. 幫助（ = help ）
He deserves our *aid*.

****AIDS**[4] 〔 edz 〕 n. 愛滋病；後天免疫不全症候群
AIDS stands for Acquired Immune Deficiency Syndrome.

‡**aim**[2] 〔 em 〕 n. 目標（ = goal ）
v. 瞄準
My *aim* is to become an English teacher.

‡**air**[1] 〔 ɛr 〕 n. 空氣

****air conditioner**[3] 〔 'ɛrkən'dɪʃənɚ 〕 n. 冷氣機
We need a new *air conditioner*.

****aircraft**[2] 〔 'ɛrˌkræft 〕 n. 飛機【集合名詞】（ = plane ）
The *aircraft* was damaged by lightning and had to make an emergency landing.

‡**airlines**[2] 〔 'ɛrˌlaɪnz 〕 n. 航空公司
I often travel by China *Airlines*.

【注意】通常以複數形當單數用，作「航空公司」解（ = airways ）。

****airmail**[1] 〔 'ɛrˌmel 〕 n. 航空郵件
【片語】 *by airmail* （以航空郵寄）

‡**airplane**[1] 〔 'ɛrˌplen 〕 n. 飛機（ = plane = aircraft ）
He took a trip by *airplane*.

‡**airport**[1] 〔 'ɛrˌport 〕 n. 機場
An *airport* is a busy place.
【記憶技巧】 *air* + *port* （港口）（空港，即「機場」）

airtight[5] 〔 'ɛr'taɪt 〕 adj. 不透氣的；密閉的
An *airtight* container will keep food fresher longer.

airways[5] 〔 'ɛrˌwez 〕 n. 航空公司（ = airlines ）
【衍伸詞】 *British Airways* （英國航空）

aisle[5] 〔 aɪl 〕 n. 走道【注意 s 不發音】
【衍伸詞】 *aisle seat* （靠走道的位子）

‡**alarm**[2] 〔 ə'lɑrm 〕 v. 使驚慌　n. 警鈴
We were *alarmed* by the loud thunder.
【記憶技巧】 *al* (to) + *arm* (weapons) （拿著武器，會「使」別人「驚慌」）
【衍伸詞】 *alarm clock* （鬧鐘）

✻**album**[2] 〔'ælbəm 〕 n. 專輯(= record);剪貼本;(照片、郵票、手稿等的) 專冊;黏貼本

✻**alcohol**[4] 〔'ælkə,hɔl 〕 n. 酒 (= liquor);酒精
It is illegal to sell *alcohol* to minors.

alcoholic[6] 〔,ælkə'hɔlɪk 〕 n. 酒鬼 (= drunkard) adj. 含酒精的(= hard)

✻**alert**[4] 〔 ə'lɝt 〕 adj. 機警的 (= attentive) v. 使警覺 n. 警報
The *alert* guard prevented a robbery.

> 【典型考題】
> The government issued a travel ＿＿＿＿ for Taiwanese in response to the outbreak of civil war in Syria.
> A. alert B. monument
> C. exit D. circulation [A]

algebra[5] 〔'ældʒəbrə 〕 n. 代數
【比較】geometry (幾何學)

alien[5] 〔'elɪən,'eljən〕 n. 外星人 (= extraterrestrial);外國人 (= foreigner) adj. 外國的(= foreign)

alienate[6] 〔'eljən,et 〕 v. 使疏遠
He *alienated* many of his friends when he became a police officer.
【記憶技巧】*alien* (other) + *ate* (v.) (接觸別的事物,因而變得「疏遠」)

✻✻**alike**[2] 〔 ə'laɪk 〕adj. 相像的(= similar)
The two sisters look very much *alike*.

✻✻**alive**[2] 〔 ə'laɪv 〕 adj. 活的 (= living);有活力的
People have a better chance of remaining *alive* in a car accident if they use seat belts.
【反義詞】dead (死的)

allergic[5] 〔 ə'lɝdʒɪk 〕 adj. 過敏的 (= sensitive)
Judy is *allergic* to seafood. When she has seafood, she feels uncomfortable.

> 【典型考題】
> Don't take the medicine if you are ＿＿＿＿ to it.
> A. alive B. allergic
> C. abrupt D. amateur [B]

allergy[5] 〔'ælədʒɪ 〕 n. 過敏症 (= sensitivity);厭惡

✻**alley**[3] 〔'ælɪ 〕 n. 巷子 (= lane)
There is an *alley* behind her house.

alliance[6] 〔 ə'laɪəns 〕 n. 結盟(= union)
The *alliance* between the two teams is based on their common desire to defeat the current champion.

alligator[5] 〔'ælə,getɚ 〕 n. 短吻鱷
【比較】crocodile 〔'krɑkə,daɪl 〕 n. (大型)鱷魚

> 【重要知識】美國人道別的時候,常說:"See you later, alligator." 或是"Later, gator." 這都是幽默的話,背起來有趣,並不是稱你為鱷魚,只是押韻。

allocate[6] 〔'ælə,ket 〕 v. 分配 (= distribute)
The charity *allocated* the supplies among the needy people.
【記憶技巧】*al* (to) + *loc* (place) + *ate* (v.) (把東西放到指定場所,就是「分配」)

✻✻**allow**[1] 〔 ə'laʊ 〕 v. 允許 (= permit)
We were not *allowed* to wear short skirts in our school days.

A

* **allowance**[4] (ə'lauəns) *n.* 零用錢
(= *pocket money*)
My parents give me an *allowance*
for daily expenses.

ally[5] (ə'laɪ) *v.* 結盟 (= *unite with*)
('ælaɪ) *n.* 盟國；盟友
The two countries have been *allied*
for over fifty years.
【記憶技巧】 *al* (to) + *ly* (bind)
(將兩者的關係綁在一起，表示「結盟」)

almond[2] ('amənd) *n.* 杏仁

‡ **almost**[1] ('ɔl,most) *adv.* 幾乎
Dinner is *almost* ready.

‡ **alone**[1] (ə'lon)*adj.* 單獨的 *adv.* 單獨地
Parents should never leave children
alone at night.

‡ **along**[1] (ə'lɔŋ) *prep.* 沿著
She walked *along* the street with her
mother.

alongside[6] (ə'lɔŋ'saɪd) *prep.* 在…
旁邊 (= *along the side of*) *adv.* 在
旁邊；並排地；一起
A police officer pulled up *alongside*
our car and motioned for us to stop.

* **aloud**[2] (ə'laud) *adv.* 出聲地
(= *out loud*)
The hungry baby cried *aloud*.
【片語】 *cry aloud* (大聲哭叫)
【記憶技巧】 *a* (intensive) + *loud*

* **alphabet**[2] ('ælfə,bɛt) *n.* 字母系統
The Phoenician *alphabet* was the
most useful method of writing ever
invented.

alter[5] ('ɔltə) *v.* 改變 (= *change*)
The plan was *altered*; we had to
delay our departure time.

alternate[5] ('ɔltə,net) *v.* 使輪流
(= *interchange*)；輪流 (= *take turns
at*) ('ɔltənɪt) *adj.* 輪流的
We *alternate* doing the chore of taking
out the garbage.

alternative[6] (ɔl'tɜnətɪv) *n.* 其他選
擇 (= *choice*)；替代物 (= *substitute*)
adj. 替代的；供選擇的
Fresh fruit juice is a healthy
alternative to soda.

‡ **although**[2] (ɔl'ðo) *conj.* 雖然
Although it was raining, Joan still
wanted to go out.

altitude[5] ('æltə,tjud) *n.* 海拔；高度
(= *height*)
We found it difficult to breathe on the
mountain because of the high *altitude*.
【記憶技巧】 *alt* (high) + *itude* (表動作
或狀態)(用來表示有多高，即「海拔」)
【比較】 latitude (緯度)；attitude (態
度)；aptitude (才能；性向)；longitude
(經度)

* **altogether**[2] (,ɔltə'gɛðə) *adv.* 總共
(= *all*)；完全地 (= *completely*)
There are seven of us *altogether*.

* **aluminum**[4] (ə'lumɪnəm) *n.* 鋁

‡ **always**[1] ('ɔlwez) *adv.* 總是

‡ **a.m.**[4] ('e'ɛm)*abbr.* 上午
(= *am* = *A.M.* = *AM*)
I will meet you at 8:15 *a.m.*

A

* **amateur**[4] 〔'æmə͵tʃʊr〕 *adj.* 業餘的
（= *nonprofessional*） *n.* 業餘愛好者
Mr. Shaw is an *amateur* photographer.
【記憶技巧】 *amat* (love) + *eur* (人)
（只是愛好者，沒有將嗜好當成職業，所以
是「業餘的」）
【反義詞】 professional（職業的）

* **amaze**[3] 〔ə'mez〕 *v.* 使驚訝
（= *astonish*）
Donna *amazed* the judges with her
excellent performance.
【記憶技巧】 *a* (intensive) + *maze*
(confuse)（當一個人驚訝時，會感到
非常困惑）

* **amazement**[3] 〔ə'mezmənt〕 *n.* 驚訝
（= *astonishment*）

* **ambassador**[3] 〔æm'bæsədɚ〕 *n.* 大使
（= *representative*）
Mr. Lee is our *ambassador* to South
Africa.
【衍伸詞】 embassy（大使館）

ambiguity[6] 〔͵æmbɪ'gjuətɪ〕 *n.* 含糊
（= *uncertainty*）

ambiguous[6] 〔æm'bɪgjuəs〕 *adj.*
含糊的；模稜兩可的（= *unclear*）
Because the teacher's order was
ambiguous, the students chose to
interpret it as they wished.
【典型考題】
The sentence written on the board is
———. It has more than one
meaning.
A. ambiguous   B. convincing
C. elegant   D. universal   [A]

* **ambition**[3] 〔æm'bɪʃən〕 *n.* 抱負；
野心（= *goal* = *wish*）
His *ambition* is to be a millionaire.
【記憶技巧】 *amb* (about) + *it* (go) +
ion (*n.*)（為了「抱負」，就要到處奔波）

* **ambitious**[4] 〔æm'bɪʃəs〕 *adj.*
有抱負的；有野心的（= *aspiring*）

* **ambulance**[6] 〔'æmbjələns〕 *n.* 救護車
The injured workers were taken by
an *ambulance* to the nearest hospital.
【典型考題】
As soon as the accident happened, the
police called a(n) ——— to rush the
injured to the hospital.
A. convenience   B. monster
C. ambulance   D. appearance   [C]

ambush[6] 〔'æmbʊʃ〕 *n.* 埋伏 *v.* 伏擊
Leftist rebels killed 31 soldiers in an
ambush on Thursday.
【記憶技巧】 *am* (in) + *bush*（灌木叢）
（躲在灌木叢裡，即「埋伏」）

amiable[6] 〔'emɪəbl̩〕 *adj.* 友善的
（= *friendly*）；和藹可親的
Laura is an *amiable* nurse.
【記憶技巧】 *ami* (love) + *able* (*adj.*)

* **amid**[4] 〔ə'mɪd〕 *prep.* 在…之中
（= *amidst*）
Ivan sat *amid* the fans, watching the
performance with delight.
【記憶技巧】 *a* (on) + *mid* (middle)

** **among**[1] 〔ə'mʌŋ〕 *prep.* 在…之間
She was sitting *among* the boys.

* **amount**[2] 〔ə'maʊnt〕 *n.* 數量
He paid a large *amount* of money.

ample[5] 〔'æmpḷ〕 adj. 豐富的
(= *abundant*)；充足的；寬敞的
The paper is not due until next month,
so we have *ample* time for research.

amplify[6] 〔'æmplə,faɪ〕 v. 放大
(= *expand*)
The speakers *amplified* the music so
much that we were able to hear the
concert from far away.
【衍伸詞】 amplifier (擴音器；放大器)

*__amuse__[4] 〔 ə'mjuz 〕 v. 娛樂 (= *please*)
A clown was hired to *amuse* the
children.
【記憶技巧】 *a* + *muse* (Muse (繆斯女神)，
掌管音樂、美術等，有「娛樂」性質的學問)

*__amusement__[4] 〔 ə'mjuzmənt 〕 n. 娛樂

analects[6] 〔'ænə,lɛkts〕 n.pl. 文選；
語錄 (= *selections*)
As part of my research, I read a
volume of literary *analects*.

analogy[6] 〔 ə'nælədʒɪ 〕 n. 相似
(= *similarity*)；類推
The scientists drew an *analogy*
between the behavior of the
chimpanzees and that of human
beings.
【片語】 *draw an analogy between* A
and B (指出 A 和 B 的相似之處)

*__analysis__[4] 〔 ə'næləsɪs 〕 n. 分析
(= *study*)
A careful *analysis* of the substance
was made in the laboratory.
【記憶技巧】 *ana* (back) + *lys* (loosen)
+ *is* (n.) (「分析」就是將錯綜複雜的事情
解開回到原來的樣子)

analyst[6] 〔'ænḷɪst〕 n. 分析者

analytical[6] 〔,ænḷ'ɪtɪkḷ〕 adj. 分析的

*__analyze__[4] 〔'ænḷ,aɪz〕 v. 分析
(= *research*)
┌─【典型考題】─────
│ Faced with a problem, you have to
│ _____ it first, and then try to find
│ a solution.
│ A. resemble   B. analyze
│ C. concentrate   D. substitute   **[B]**
└──────────────

*__ancestor__[4] 〔'ænsɛstɚ〕 n. 祖先
(= *forefather*)
Our *ancestors* were French, but
none of us speak the language.
【記憶技巧】 *an* (before) + *ces* (go) +
tor (n.) (走在前面的人，也就是「祖先」)

anchor[5] 〔'æŋkɚ〕 n. 錨 (= *hook*)；
主播 (= *anchorperson*)
The ship is going to weigh *anchor*.
【片語】 *weigh anchor* (起錨；出發)
【衍伸詞】 anchorman (男主播)

*__ancient__[2] 〔'enʃənt〕 adj. 古代的
Museums have *ancient* and modern
art.

anecdote[6] 〔'ænɪk,dot〕 n. 軼事；
趣聞 (關於真人真事的小故事)
(= *story*)；傳聞
The lecturer told an amusing *anecdote*
before beginning the lesson.
【記憶技巧】 *an* (not) + *ec* (out) + *dote*
(give) (沒有傳到外界的事，即「軼事」)

*__angel__[3] 〔'endʒəl〕 n. 天使
In pictures *angels* are usually dressed
in white and have wings.
【比較】 angle (角度)

A

A

***anger**[1] 〔ˈæŋgɚ〕 *n.* 生氣；憤怒
(= *rage* = *fury*)   *v.* 使生氣；激怒
The two boys were full of *anger*.

***angle**[3] 〔ˈæŋgḷ〕 *n.* 角度 (= *slope*)；
觀點
Looking at the painting from this
angle, we can see a hidden image.
【衍伸詞】 tri*angle* (三角形)

****animal**[1] 〔ˈænəmḷ〕 *n.* 動物
(= *creature*)
The earliest form of man's wealth
was *animals* and tools.

animate[6] 〔ˈænəˌmet〕 *v.* 使有活力
(= *enliven*)
This couple *animated* the whole
party.
【記憶技巧】 *anim* (breath) + *ate* (*v.*)
(使呼吸，就是賦予活力)
【衍伸詞】 animated (熱烈的；動畫的)

****ankle**[2] 〔ˈæŋkḷ〕 *n.* 腳踝
Sam hurt his *ankle*.

***anniversary**[4] 〔ˌænəˈvɝsərɪ〕 *n.*
週年紀念 (= *remembrance*)
The couple celebrated their wedding
anniversary with a trip abroad.
【記憶技巧】 *anni* (year) + *vers* (turn)
+ *ary* (*n.*) (每年都來一次，也就是「週年
紀念」)

***announce**[3] 〔əˈnaʊns〕 *v.* 宣佈
(= *declare*)
The former singer has *announced*
his candidacy.
【記憶技巧】 *an* (to) + *nounce* (report)
(向大眾報告，就是「宣佈」)

【比較】 denounce (譴責)
       pronounce (發音)
       renounce (放棄)

***announcement**[3] 〔əˈnaʊnsmənt〕
n. 宣佈 (= *declaration*)；公告

***annoy**[4] 〔əˈnɔɪ〕 *v.* 使心煩
(= *bother* = *irritate*)
Annoyed by the children's loud
voices, Mrs. Davis told them to
speak softly.

annoyance[6] 〔əˈnɔɪəns〕 *n.* 討厭的
人或物 (= *nuisance*)

┌─【典型考題】─────
One of the ＿＿＿ of dining here is that
it is difficult to find a parking space.
A. interruptions   B. delights
C. annoyances   D. attractions   [C]
└────────────────

***annual**[4] 〔ˈænjʊəl〕 *adj.* 一年一度的
(= *once a year*)；一年的
That contract must be renewed every
year; it is an *annual* one.

anonymous[6] 〔əˈnɑnəməs〕 *adj.*
匿名的 (= *unknown*)
The *anonymous* letter was slipped
under my door, so I have no idea
where it came from.
【記憶技巧】 *an* (without) + *onym*
(name) + *ous* (*adj.*) (沒有名字的，
也就是「匿名的」)
【比較】 synonymous (同義的)
       monotonous (單調的)
       unanimous (全體一致的)

****another**[1] 〔əˈnʌðɚ〕 *adj.* 另一個
The shirt is too small; I need
another one.

‡**answer**[1] 〔ˈænsɚ〕 *v. n.* 回答

‡**ant**[1] 〔ænt〕 *n.* 螞蟻

antarctic[6] 〔æntˈɑrktɪk〕 *adj.* 南極的
　n. 南極
　【記憶技巧】 *ant* (opposite to) + *arctic*
　　　（北極）（北極的相反，就是「南極」）

antenna[6] 〔ænˈtɛnə〕 *n.* 天線
　（ = *aerial* ）；觸角

anthem[5] 〔ˈænθəm〕 *n.* 頌歌；國歌
　（ = *national anthem* ）

antibiotic[6] 〔ˌæntɪbaɪˈɑtɪk〕 *n.* 抗生素
　The doctor prescribed an *antibiotic*
　for my infection.
　【記憶技巧】 *anti* (against) + *bio* (life)
　　　+ *tic* (*n.*) （阻止生命的生長，即「抗生素」）

antibody[6] 〔ˈæntɪˌbɑdɪ〕 *n.* 抗體
　The boy nearly died of the disease
　because he did not have the
　antibodies to fight it.
　【記憶技巧】 *anti* （反抗） + *body* （身體）
　　　（反抗侵入體內的病毒，即「抗體」）

anticipate[6] 〔ænˈtɪsəˌpet〕 *v.* 預期
　（ = *expect* ）；期待（ = *look forward to* ）
　The museum *anticipates* large
　crowds on Sunday when the new
　exhibit opens.
　【記憶技巧】 *anti* (before) + *cipate*
　　　(take) （預先得到的訊息，即「預期」）

　┌【典型考題】─────────┐
　│ Joseph's behavior is so unpredictable
　│ that no one can ───── exactly what
　│ he will do.
　│ A. persuade　　B. interact
　│ C. anticipate　　D. request　　[C]
　└────────────────┘

anticipation[6] 〔ænˌtɪsəˈpeʃən〕
　n. 期待（ = *expectation* ）

antique[5] 〔ænˈtik〕 *n.* 古董
　David collects *antiques* as a hobby.

antonym[6] 〔ˈæntəˌnɪm〕 *n.* 反義字
　"Bad" is the *antonym* of "good."
　【記憶技巧】 *ant* (opposite) + *onym*
　　　(name) （相反的名稱，也就是「反義字」）
　【反義詞】 synonym （同義字）

*****anxiety**[4] 〔æŋˈzaɪətɪ〕 *n.* 焦慮
　（ = *worry* ）；令人擔心的事
　The dentist tried to relieve his
　patient's *anxiety* by telling him his
　teeth were in good shape.

　┌【典型考題】─────────┐
　│ I felt a bit of ───── the day school
　│ began.
　│ A. eternity　　B. celebrity
　│ C. anxiety　　D. majority　　[C]
　└────────────────┘

*****anxious**[4] 〔ˈæŋkʃəs〕 *adj.* 焦慮的
　（ = *worried* ）；渴望的（ = *eager* ）
　【片語】 *be anxious to V.* （渴望…）

‡**anybody**[2] 〔ˈɛnɪˌbɑdɪ〕 *pron.* 任何人

*****anyhow**[2] 〔ˈɛnɪˌhaʊ〕 *adv.* 無論如何
　Anyhow, let's try again.

‡**anyone**[2] 〔ˈɛnɪˌwʌn〕 *pron.* 任何人

‡**anything**[1] 〔ˈɛnɪˌθɪŋ〕 *pron.* 任何事

*****anytime**[2] 〔ˈɛnɪˌtaɪm〕 *adv.* 任何時候

*****anyway**[2] 〔ˈɛnɪˌwe〕 *adv.* 無論如何
　Anyway, it's not fair.

*****anywhere**[2] 〔ˈɛnɪˌhwɛr〕 *adv.* 任何地方
　Lisa has never been *anywhere* outside
　her country.

A

* **apart**[3] 〔ə'pɑrt〕 *adv.* 相隔；分開地
My sister and I live twenty miles *apart*.
【記憶技巧】*a* (to) + *part* (分開)

‡ **apartment**[2] 〔ə'pɑrtmənt〕 *n.* 公寓
(= *flat*)

* **ape**[1] 〔ep〕 *n.* 猿　*v.* 模仿 (= *imitate*)

* **apologize**[4] 〔ə'pɑlə,dʒaɪz〕 *v.* 道歉
(= *say sorry*)
There's nothing to *apologize* for.
【記憶技巧】*apo* (off) + *log* (speak) +
ize (*v.*) (為免去罪過而說話，就是「道歉」)

【典型考題】
The boy ＿＿＿＿ to the teacher for his
improper behavior.
A. apologized　　B. appealed
C. approached　　D. attached　　**[A]**

* **apology**[4] 〔ə'pɑlədʒɪ〕 *n.* 道歉

* **apparent**[3] 〔ə'pærənt〕 *adj.* 明顯的
(= *obvious*)
Old age is the *apparent* cause of death.
【記憶技巧】*ap* (to) + *par* (appear) +
ent (*adj.*) (讓東西顯現出來，就是變得
「明顯的」)

* **appeal**[3] 〔ə'pil〕 *v. n.* 吸引；懇求
His performance didn't *appeal* to me.
【常考片語】*appeal to* 吸引 (= *attract*)

【典型考題】
As blood supplies have fallen to a
critically low level, many hospitals
are making an ＿＿＿＿ for the public
to donate blood.
A. appeal　　　　B. approach
C. operation　　　D. observation　**[A]**

‡ **appear**[1] 〔ə'pɪr〕 *v.* 出現
(= *show up*)；似乎 (= *seem*)
AIDS is caused by a kind of virus, but
signs of the disease may not *appear*
until several years after a person is
infected.

* **appearance**[2] 〔ə'pɪrəns〕 *n.* 外表
(= *look*)；出現
You must not judge things by
appearances.

* **appetite**[2] 〔'æpə,taɪt〕 *n.* 食慾
(= *hunger*)；渴望
Exercise gave him a good *appetite*.

【典型考題】
Eating snacks between meals may
kill your ＿＿＿＿.
A. energy　　　　B. character
C. quality　　　　D. appetite　　**[D]**

applaud[5] 〔ə'plɔd〕 *v.* 鼓掌 (= *clap*)；
稱讚 (= *praise*)
The audience were so disappointed
in the play that they did not even
applaud when it was over.
【記憶技巧】*ap* (to) + *plaud* (clap)
(拍手即「鼓掌」)

applause[5] 〔ə'plɔz〕 *n.* 鼓掌
(= *clapping*)

‡ **apple**[1] 〔'æpl̩〕 *n.* 蘋果
An *apple* a day keeps the doctor away.

* **appliance**[4] 〔ə'plaɪəns〕 *n.* 家電用品
(= *device*)
Refrigerators, washing machines,
toasters, and irons are household
appliances.

applicable[6] 〔'æplɪkəbl̩〕 *adj.* 適用的
(= *appropriate*)

A

* **applicant**[4] 〔'æpləkənt 〕 *n.* 申請人；
應徵者 (= *candidate*)
Displaying your knowledge about
the corporation may make you stand
out from other *applicants*.

【典型考題】
When you put in for a job, you are
a(n) _____ for it.
A. client   B. applicant
C. accountant   D. customer   **[B]**

* **application**[4] 〔,æplə'keʃən 〕 *n.* 申請
(= *request*)；申請書；應用
【衍伸詞】 *application form* (申請表)

* **apply**[2] 〔 ə'plaɪ 〕 *v.* 申請 (= *request*)；
應徵；運用 (= *use*)
【片語】 *apply for* (申請；應徵)
     apply to (適用於)

* **appoint**[4] 〔 ə'pɔɪnt 〕 *v.* 指派 (= *assign*)
【記憶技巧】 *ap* (to) + *point* (指)
     (被指到的就派出去)

* **appointment**[4] 〔 ə'pɔɪntmənt 〕 *n.*
約會 (= *meeting*)；約診
I'm sorry I can't have lunch with
you; I have a prior *appointment*.
【注意】 男女之間的約會，則是 date。

‡ **appreciate**[3] 〔 ə'priʃɪ,et 〕 *v.* 欣賞；
感激 (= *be grateful for*)
I really *appreciate* what you have
done for me.

* **appreciation**[4] 〔 ə,priʃɪ'eʃən 〕 *n.*
感激 (= *gratitude*)；欣賞

apprentice[6] 〔 ə'prɛntɪs 〕 *n.* 學徒
(= *student*)
It takes years for an *apprentice* to
learn the skills of a master.

* **approach**[3] 〔 ə'protʃ 〕 *v.* 接近
(= *come to*)   *n.* 方法 (= *method*)
A beggar *approached* me for alms
today.
【記憶技巧】 *ap* (to) + *proach* (near)
     (向～靠近，也就是「接近」)
【比較】 cockroach-approach-reproach 這
     三個字要一起背，口訣是：「蟑螂」「接近」
     就「責備」牠。

【典型考題】
Many students find it hard to focus on
their studies when holidays are _____.
A. approaching   B. dismissing
C. expanding   D. presenting   **[A]**

* **appropriate**[4] 〔 ə'proprɪɪt 〕 *adj.*
適當的 (= *suitable* = *proper*)
Screaming doesn't seem to be an
appropriate response to this situation.
【記憶技巧】 *ap* (to) + *propri* (proper)
     + *ate* (*adj.*)

【典型考題】
It is not _____ for Chinese to
attend a funeral wearing loud
clothing.
A. permanent   B. insistent
C. appropriate   D. hospitable   **[C]**

* **approval**[4] 〔 ə'pruvl̩ 〕 *n.* 贊成
(= *consent*)

* **approve**[3] 〔 ə'pruv 〕 *v.* 贊成；批准
(= *agree to*)
The school has *approved* his
application.
【記憶技巧】 *ap* (to) + *prove* (證明)
【反義詞】 disapprove (不贊成)

approximate[6] 〔 ə'prɑksəmɪt 〕 *adj.*
大約的

The *approximate* income is $20,000.

【記憶技巧】 ***ap*** (to) + ***proxim*** (nearest)
+ ***ate*** (*adj.*)

【衍伸詞】 approximately (大約)

April[1] 〔'eprəl 〕 *n.* 四月

apron[2] 〔'eprən 〕 *n.* 圍裙

My mother always puts on her *apron*
before she starts cooking.

apt[5] 〔 æpt 〕 *adj.* 易於…的;偏好…的

Because Denise does not like to be
called on in class, she is *apt* to sit in
the back of the room.

【片語】 ***be apt to*** (易於;偏好)

aptitude[6] 〔'æptə,tjud 〕 *n.* 才能
(= *talent*);性向

Finding that she had no *aptitude* for
the piano, Helen gave up her lessons.

【記憶技巧】 ***apt*** (fit) + ***itude*** (*n.*)

【衍伸詞】 ***aptitude test*** (性向測驗)

aquarium[3] 〔 ə'kwɛrɪəm 〕 *n.* 水族
箱;水族館

The water in the *aquarium* looks
cloudy. When did you last clean
the tank?

【記憶技巧】 ***aqua*** (water) + ***rium***
(place) (有水的地方,即「水族箱」)

arch[4] 〔 ɑrtʃ 〕 *n.* 拱門 (= *archway*)

architect[5] 〔'ɑrkə,tɛkt 〕 *n.* 建築師
(= *master builder*)

The house was built under the careful
supervision of the *architect*.

【記憶技巧】 ***archi*** (chief) + ***tect***
(builder) (主要的建造者,即「建築師」)

architecture[5] 〔'ɑrkə,tɛktʃə 〕 *n.* 建築
(= *building*);建築學

arctic[6] 〔'ɑrktɪk 〕 *adj.* 北極的

【反義詞】 antarctic (南極的)

area[1] 〔'ɛrɪə,'erɪə 〕 *n.* 地區 (= *region*)

arena[5] 〔 ə'rinə 〕 *n.* 競技場 (= *ring*);
表演場地;領域

argue[2] 〔'ɑrgju 〕 *v.* 爭論 (= *quarrel*);
主張

I'm not going to *argue* with you
tonight.

argument[2] 〔'ɑrgjəmənt 〕 *n.* 爭論
(= *quarrel*);論點 (= *reason*)

arise[4] 〔 ə'raɪz 〕 *v.* 發生 (= *happen*)

If you often borrow money from
friends, problems are bound to *arise*.

【片語】 ***arise from*** (起因於;由於)

arithmetic[3] 〔 ə'rɪθmə,tɪk 〕 *n.* 算術
(= *science of numbers*);計算

I believe this number is incorrect.
Please check your *arithmetic*.

【記憶技巧】 ***arithmet*** (number) + ***ic***
(學術用語的字尾)(關於數字的學術)

arm[1,2] 〔 ɑrm 〕 *n.* 手臂;(*pl.*) 武器
v. 武裝;配備 (= *equip*)

He fell down and hurt his left *arm*.

armchair[2] 〔'ɑrm,tʃɛr 〕 *n.* 扶手椅

The woman is resting in the *armchair*.

armor[5] 〔'ɑrmə 〕 *n.* 盔甲 (= *armour*)

arms[4] 〔 ɑrmz 〕 *n. pl.* 武器

The government supplies its soldiers
with *arms*.

＊army[1]〔ˈɑrmɪ〕*n.* 軍隊；陸軍（＝*soldiers*）；大批

There they formed an *army* of about two thousand men.

＊＊around[1]〔əˈraʊnd〕*prep.* 環繞

He walked *around* the park three times.

＊arouse[4]〔əˈraʊz〕*v.* 喚起（＝*inflame*）；喚醒（＝*awaken*）

Mary's interest was *aroused* when she saw the other children rollerblading.

＊arrange[2]〔əˈrendʒ〕*v.* 安排（＝*plan*）；排列（＝*put in order*）

The meeting has been *arranged* for tonight.

【記憶技巧】*ar*(to)＋*range*(rank)

【典型考題】

Jessica ＿＿＿ the chairs in a circle so that the participants could see one another.
A. displayed　　B. located
C. removed　　　D. arranged　　[D]

＊arrangement[2]〔əˈrendʒmənt〕*n.* 安排（＝*plan*）；排列（＝*display*）

【衍伸詞】*flower arrangement*（插花）

＊arrest[2]〔əˈrɛst〕*v.* 逮捕（＝*capture*）；吸引　*n.* 逮捕

The man was *arrested* for drunk driving.

【記憶技巧】*ar*(to)＋*re*(back)＋*st*(stand)（警察在「逮捕」犯人時，都會叫他們站住，再把他們抓回來）

【典型考題】

The drug dealer was ＿＿＿ by the police while he was selling cocaine to a high school student.
A. motivated　　B. demonstrated
C. arrested　　　D. endangered　[C]

＊arrival[3]〔əˈraɪvl̩〕*n.* 到達（＝*coming*）；抵達之人或物

＊＊arrive[2]〔əˈraɪv〕*v.* 到達（＝*come*）

The train starts at five, *arriving* at ten.

arrogant[6]〔ˈærəgənt〕*adj.* 自大的（＝*conceited*）

Your success is no excuse for such an *arrogant* attitude.

【典型考題】

The man was too ＿＿＿ to listen to his wife's directions, insisting that he knew perfectly well where they were going.
A. arrogant　　B. courteous
C. eloquent　　D. willing　　[A]

＊arrow[2]〔ˈæro〕*n.* 箭（＝*dart*）

Time flies like an *arrow*.

【比較】bow（弓）

＊＊art[1]〔ɑrt〕*n.* 藝術（品）（＝*artwork*）；技巧　*pl.* 文科【文學、藝術等學科】

Drawing pictures is an *art*.

artery[6]〔ˈɑrtərɪ〕*n.* 動脈

【比較】vein（靜脈）

＊article[2,4]〔ˈɑrtɪkl̩〕*n.* 文章（＝*essay*）；物品（＝*thing*）

He contributed *articles* to the newspaper frequently.

articulate[6]〔ɑrˈtɪkjəlɪt〕*adj.* 口齒清晰的；能言善道的（＝*eloquent*）

You must have patience with the boy because he is not yet a very *articulate* speaker.

artifact[6]〔ˈɑrtɪˌfækt〕*n.* 文化遺物

Several *artifacts* were discovered at the ruins of the temple.

【記憶技巧】*arti*(art)＋*fact*(make)（文化遺物就是一種藝術品）

A

***artificial**[4] 〔͵ɑrtə'fɪʃəl〕 *adj.* 人造的；
人工的（= *man-made*）

The *artificial* flowers look almost real.

【記憶技巧】*arti* (skill) + *fic* (make)
+ *ial* (adj.)（用技術去製造，即「人造的」）

【反義詞】natural（自然的；未加工的）

┌─【典型考題】─────────
The organic food products are made of natural ingredients, with no
────── flavors added.
A. accurate   B. regular
C. superficial   D. artificial   [D]
└─────────────────────

***artist**[2] 〔'ɑrtɪst〕 *n.* 藝術家
（= *creator*）；畫家

***artistic**[4] 〔ɑr'tɪstɪk〕 *adj.* 藝術的
（= *creative*）；有藝術鑑賞力的

┌─【典型考題】─────────
Few people were conscious of the
────── value of Vincent van
Gogh's paintings until he died.
A. artistic   B. athletic
C. insecure   D. ignorant   [A]
└─────────────────────

*****as**[1] 〔əz, æz〕 *prep.* 身為… *conj.* 雖然
（= *although*）；因為（= *because*）

ascend[5] 〔ə'sɛnd〕 *v.* 上升（= *rise*）；
攀登（= *climb*）

Please remain in your seat with your seatbelt fastened while the plane *ascends*.

【記憶技巧】*a* (to) + *scend* (climb)
（往上爬，就是「上升」）

【反義詞】descend（下降）

***ash**[3] 〔æʃ〕 *n.* 灰

They poured water on the *ashes* of the fire.

***ashamed**[4] 〔ə'ʃemd〕 *adj.* 感到羞恥
的（= *feeling shame*）；感到慚愧的

Billy was *ashamed* of his bad behavior.

【記憶技巧】*a* + *shame*（羞恥）+ *d*

***aside**[3] 〔ə'saɪd〕 *adv.* 在一邊

Put your book *aside* and go out and play.

*****ask**[1] 〔æsk〕 *v.* 問；請求

****asleep**[2] 〔ə'slip〕 *adj.* 睡著的

As soon as Mary went to bed, she was able to fall *asleep*.

【片語】*fall asleep*（睡著）

***aspect**[4] 〔'æspɛkt〕 *n.* 方面（= *point*）；
外觀

Confidence is the most obvious *aspect* of his character.

【記憶技巧】*a* (to) + *spect* (see)
（看事情，可從各「方面」去看）

***aspirin**[4] 〔'æspərɪn〕 *n.* 阿斯匹靈

You can buy *aspirin* at a drugstore.

ass[5] 〔æs〕 *n.* 屁股

assassinate[6] 〔ə'sæsn͵et〕 *v.* 暗殺
（= *murder*）

Police discovered a plot to *assassinate* the president and stopped the killers in time.

【記憶技巧】這個字裡有四個 s，有非要對方
死的感覺。

【衍伸詞】名詞是 assassination（暗殺）。

assault[5] 〔ə'sɔlt〕 *v.n.* 襲擊
（= *attack*）；毆打

He *assaulted* the politician in broad daylight.

【記憶技巧】*as* (to) + *sault* (leap)
（「襲擊」時，會迅速跳到對方面前）

***assemble**[4] 〔 ə'sɛmbḷ 〕 v. 集合
(= *gather*)；裝配 (= *put together*)
Please *assemble* the students in the
gymnasium.
【記憶技巧】 *as* (to) + *semble* (same)
（到相同地點，就是「集合」）
【比較】 resemble (像)

┌─【典型考題】─────────┐
He can _____ a motorcycle if he
is given all the parts.
A. transmit　　　 B. assemble
C. reform　　　　 D. proceed　　 [B]
└─────────────────┘

***assembly**[4] 〔 ə'sɛmblɪ 〕 n. 集會
(= *meeting*)；裝配
【衍伸詞】 *assembly line* (裝配線)

assert[6] 〔 ə'sɝt 〕 v. 主張
(= *insist upon*)；聲稱 (= *state*)
The thief *asserted* his innocence
despite the evidence against him.
【記憶技巧】 *as* (to) + *sert* (join
together) (結合自己的權利、意見，
然後對外發表)

assess[6] 〔 ə'sɛs 〕 v. 評估 (= *evaluate*)
It's too early to *assess* the effects
of the new legislation.
【記憶技巧】 *as* (to) + *sess* (sit) (「評估」
事情要花很多時間，所以要坐下來思考)

assessment[6] 〔 ə'sɛsmənt 〕 n. 評估
(= *evaluation*)

asset[5] 〔 'æsɛt 〕 n. 資產 (= *property*)；
有利條件
His *assets* had to be liquidated to
pay off his huge debts.

***assign**[4] 〔 ə'saɪn 〕 v. 指派 (= *appoint*)
Margaret has been *assigned* to work
in Germany.

***assignment**[4] 〔 ə'saɪnmənt 〕 n. 作業
(= *homework*)；任務 (= *task*)

***assist**[3] 〔 ə'sɪst 〕 v. 幫助 (= *help*)
I offered to *assist* my father with
the gardening.
【記憶技巧】 *as* (to) + *sist* (stand)
（站在旁邊，給予「幫助」）
【比較】 insist (堅持)；persist (堅持)；
consist (組成)；exist (存在)；
resist (抵抗)

***assistance**[4] 〔 ə'sɪstəns 〕 n. 幫助

***assistant**[2] 〔 ə'sɪstənt 〕 n. 助手

***associate**[4] 〔 ə'soʃɪ,et 〕 v. 聯想；
使有關聯
People often *associate* the color
red with love and passion.
【片語】 *associate* A *with* B (把 A 和 B
聯想在一起)

┌─【典型考題】─────────┐
Chinese people always _____ the
color yellow with emperors.
A. dccorate　　　 B. communicate
C. award　　　　 D. associate　 [D]
└─────────────────┘

***association**[4] 〔 ə,soʃɪ'eʃən 〕 n. 協會
(= *group*)

***assume**[4] 〔 ə's(j)um 〕 v. 假定；認爲
(= *presume*)；承擔
If we receive a call during sleeping
hours, we *assume* it is a very
important matter.
【記憶技巧】 *as* (to) + *sume* (take)
（拿取想法，也就是「認爲」）
【比較】 consume (消耗)
presume (假定)
resume (恢復；再繼續)

┌─【典型考題】─────────┐
The problem with Larry is that he
doesn't know his limitations; he just
_____ he can do everything.
A. convinces　　　 B. disguises
C. assumes　　　　 D. evaluates　 [C]
└─────────────────┘

assumption[6] 〔 ə'sʌmpʃən 〕 *n.* 假定
(= *presumption*)

***assurance**[4] 〔 ə'ʃurəns 〕 *n.* 保證
(= *promise*)；把握
【比較】insurance（保險）

***assure**[4] 〔 ə'ʃur 〕 *v.* 向～保證
(= *promise to*)
I *assure* you that it will never happen again.

┌─【典型考題】─────────┐
I was worried about my first overseas trip, but my father ＿＿＿ me that he would help plan the trip so that nothing would go wrong.
A. rescued　　　B. assured
C. inspired　　　D. conveyed　　[B]
└──────────────┘

asthma[6] 〔'æzmə , 'æsmə 〕 *n.* 氣喘
【注意】th 不發音。

astonish[5] 〔 ə'stanɪʃ 〕 *v.* 使驚訝
(= *surprise*)
We were *astonished* when we came and found the door open.

astonishment[5] 〔 ə'stanɪʃmənt 〕 *n.*
驚訝 (= *amazement*)

astray[5] 〔 ə'stre 〕 *adv.* 走入歧途地
She was led *astray* by his charm and sweet talk.
【重要片語】*go astray*（迷路；誤入歧途）
【衍伸詞】stray（迷路的）字首加 a，即為
副詞，而 alone（獨自）和 aside（在旁邊）
也是如此。

***astronaut**[5] 〔'æstrə,nɔt 〕 *n.* 太空人
An *astronaut* is a person who travels in a spaceship.

【記憶技巧】*astro* (star) + *naut* (sailor)
（航向星星的人，就是「太空人」）

astronomer[5] 〔 ə'stranəmə 〕 *n.*
天文學家

astronomy[5] 〔 ə'stranəmɪ 〕 *n.* 天文學
【比較】astrology（占星術）

asylum[6] 〔 ə'saɪləm 〕 *n.* 收容所；庇護
(= *protection*)
The Liberian rebels are considering an offer of *asylum* from Nigeria.

***athlete**[3] 〔'æθlit 〕 *n.* 運動員
(= *sportsperson*)

***athletic**[4] 〔 æθ'lɛtɪk 〕 *adj.* 運動員的；
強壯靈活的 (= *strong*)
Terry is so *athletic* that she can beat any other runner in our school.

┌─【典型考題】─────────┐
Maxwell has a(n) ＿＿＿ build. He is tall and fit. Besides, he seems to be able to perform energetic movements easily.
A. monstrous　　B. insecure
C. amazed　　　D. athletic　　[D]
└──────────────┘

***ATM**[4] *n.* 自動提款機
(= *automated teller machine*
= *automatic teller machine*)

***atmosphere**[4] 〔'ætməs,fɪr 〕 *n.*
大氣層；氣氛
A person who travels beyond the earth's *atmosphere* in a rocket-driven capsule is an astronaut.
【記憶技巧】*atmo* (vapor) + *sphere*
(ball)（地球四周的氣體，就是「大氣層」）

***atom**[4] 〔'ætəm 〕 *n.* 原子
【比較】molecule（分子）

A

* **atomic**[4] 〔 ə'tɑmɪk 〕 *adj.* 原子的

The idea of *atomic* power frightens some people.

【記憶技巧】 *a* (not) + *tom* (divide) + *ic* (*adj.*) (不能再分割的，就是「原子的」)

【衍伸詞】 *atomic bomb* (原子彈)

* **attach**[4] 〔 ə'tætʃ 〕 *v.* 附上 (= *adhere*)；綁

I will *attach* the report to my next e-mail.

【片語】 *attach* A *to* B (把 A 附到 B 上)

【記憶技巧】 *at* (to) + *tach* (stake) (把東西栓上去，即「附上」)

* **attachment**[4] 〔 ə'tætʃmənt 〕 *n.* 附屬品 (= *accessory*)；附件；喜愛

‡ **attack**[2] 〔 ə'tæk 〕 *n. v.* 攻擊 (= *assault*)

The tiger *attacked* and killed a deer for food.

attain[6] 〔 ə'ten 〕 *v.* 達到 (= *reach*)

If you want to *attain* a higher position in this company, you must put in long hours.

【記憶技巧】 *at* (to) + *tain* (touch) (碰觸到目標，就是「達到」)

【典型考題】
One key factor of success is having a definite goal first and then doing your best to _____ the goal.
A. attain   B. contest
C. encounter   D. struggle   [A]

attainment[6] 〔 ə'tenmənt 〕 *n.* 達成 (= *achievement*)；成就

* **attempt**[3] 〔 ə'tɛmpt 〕 *n. v.* 企圖；嘗試 (= *try*)

The climbers made several *attempts* to reach the top of the mountain.

【比較】 tempt (誘惑)-attempt-contempt (輕視) 這三個字要一起背。

【典型考題】
George at first had difficulty swimming across the pool, but he finally succeeded on his fourth _____.
A. attempt   B. process
C. instance   D. display   [A]

* **attend**[2] 〔 ə'tɛnd 〕 *v.* 參加 (= *go to*)；上 (學)；服侍

I was unable to *attend* my niece's wedding because I was sick.

【記憶技巧】 *at* (to) + *tend* (stretch) (往有人的地方伸展，就是「參加」)

attendance[5] 〔 ə'tɛndəns 〕 *n.* 參加人數 (= *number present*)

attendant[6] 〔 ə'tɛndənt 〕 *n.* 服務員 (= *waiter*)

【記憶技巧】 *attend* (服侍) + *ant* (人)

‡ **attention**[2] 〔 ə'tɛnʃən 〕 *n.* 注意力 (= *notice*)

Pay *attention* to what you're doing. Don't let your thoughts wander.

【片語】 *pay attention to* (注意)

【典型考題】
Dr. Chu's speech on the new energy source attracted great _____ from the audience at the conference.
A. attention   B. fortune
C. solution   D. influence   [A]

attic[6] 〔 'ætɪk 〕 *n.* 閣樓 (= *roof space*)

The *attic* in our house is filled with antiques left by the previous owner.

A

*__attitude__[3]〔'ætə‚tjud〕*n.* 態度
(= *manner*)
Danny always has a positive *attitude*.

*__attract__[3]〔ə'trækt〕*v.* 吸引
(= *appeal to*)
This new product has *attracted* a
lot of attention.
【記憶技巧】*at* (to) + *tract* (draw)
(把眾人的目光拉過來，就是「吸引」)

【典型考題】
Her beautiful dress _____
everyone's attention.
A. attracts   B. accepts
C. attaches   D. attends   [A]

*__attraction__[4]〔ə'trækʃən〕*n.* 吸引力
(= *appeal*)；有吸引力的東西

*__attractive__[3]〔ə'træktɪv〕*adj.* 吸引
人的 (= *charming*)

__auction__[6]〔'ɔkʃən〕*n.* 拍賣
The house will be sold at *auction*,
so the final price is not yet known.
【記憶技巧】*auc* (increase) + *tion* (*n.*)
(漸漸地提高價值，即「拍賣」)

*__audience__[3]〔'ɔdɪəns〕*n.* 觀眾
(= *spectators*)
The *audience* was pleased with the
excellent performance.
【記憶技巧】*audi* (hear) + *ence* (*n.*)
(聆聽觀看的人，就是「觀眾」)

*__audio__[4]〔'ɔdɪ‚o〕*adj.* 聽覺的

__auditorium__[5]〔‚ɔdə'torɪəm〕*n.*
大禮堂 (= *hall*)
The *auditorium* is the best place to
hold the concert.
【記憶技巧】*audi* (hear) + *tor* (person)
+ *ium* (place) (讓人聽演講的地方)

‡‡__August__[1]〔'ɔgəst〕*n.* 八月

‡‡__aunt__[1]〔 ænt 〕*n.* 阿姨
My *aunt* is coming to see us.

__authentic__[6]〔ɔ'θɛntɪk〕*adj.* 眞正的
(= *real* = *genuine*)；原作的；道地的
I believe the painting is *authentic*,
though some critics still insist that
it is an imitation.
【記憶技巧】*aut* (self) + *hent* (doer) +
ic (*adj.*) (自己親手做的，就是「眞正的」)
【反義詞】counterfeit (仿冒的)
               fake (假的；仿冒的)

【典型考題】
It's difficult to find _____ Chinese
food in America. Many restaurants
serve an American version of
Chinese dishes.
A. authentic   B. hazardous
C. flattering   D. panoramic   [A]

*__author__[3]〔'ɔθ♂〕*n.* 作者 (= *writer*)
v. 寫作；創作
【記憶技巧】*auth* (make to grow) + *or*
(人) (使事物產生的人，即「作者」)

*__authority__[4]〔ə'θɔrətɪ〕*n.* 權威；權力
The traffic police have the *authority*
to issue tickets for traffic violations.
【衍伸詞】*the authorities concerned*
(有關當局)

__authorize__[6]〔'ɔθə‚raɪz〕*v.* 授權
(= *empower*)；許可

*__auto__[3]〔'ɔto〕*n.* 汽車 (= *automobile*)

*__autobiography__[4]〔‚ɔtəbaɪ'ɑgrəfɪ〕
n. 自傳 (= *life story*)
We call the story of a person's life
written by himself his *autobiography*.
【記憶技巧】*auto* (self) + *bio* (life) +
graph (write) + *y* (*n.*) (寫關於自己一
生的書，也就是「自傳」)
【比較】biography (傳記)

autograph [6] 〔'ɔtə,græf 〕 *n.* 親筆簽名
(= *signature*)

* **automatic** [3] 〔,ɔtə'mætɪk 〕 *adj.* 自動的
(= *self-acting*)
    You can withdraw the money from the *automatic* teller machine at any time.
    【記憶技巧】 *auto* (self) + *mat* (think) + *ic* (*adj.*) (可以自己動腦去想的，就是「自動的」)

* **automobile** [3] 〔'ɔtəmə,bil 〕 *n.* 汽車
(= *car*)
    【記憶技巧】 *auto* (self) + *mobile* (可移動的)

autonomy [6] 〔 ɔ'tɑnəmɪ 〕 *n.* 自治
(= *self-government*)
    The rebels are fighting for *autonomy* and their own territory.
    【記憶技巧】 *auto* (self) + *nomy* (law)

‡ **autumn** [1] 〔'ɔtəm 〕 *n.* 秋天 (= *fall*)
    Autumn is the season between summer and winter.

* **auxiliary** [5] 〔 ɔg'zɪljərɪ 〕 *adj.* 輔助的
    Words such as have, can, or will are all examples of *auxiliary* verbs.
    【衍伸詞】 *auxiliary verb* (助動詞)

‡ **available** [3] 〔 ə'veləbḷ 〕 *adj.* 可獲得的
    The hotel is full. There are no rooms *available*.

    【典型考題】
    If you want to borrow magazines, tapes, or CDs, you can visit the library. They are all _____ there.
    A. sufficient   B. vacant
    C. able   D. available   [D]

* **avenue** [3] 〔'ævə,nju 〕 *n.* 大道；…街；途徑
    The restaurant is located on First *Avenue*.
    【記憶技巧】 *a* (to) + *venue* (come)
    【比較】 revenue (收入；國家的歲收)

* **average** [3] 〔'ævərɪdʒ 〕 *n.* 平均 (數)
    adj. 平均的；一般的

    【典型考題】
    The _____ of 18, 13, and 14 is 15.
    A. division   B. balance
    C. average   D. total   [C]

aviation [6] 〔,evɪ'eʃən 〕 *n.* 航空；飛行
    After working as a flight attendant, Bill decided to learn more about *aviation* and become a licensed pilot.
    【記憶技巧】 *avia* (bird) + *tion* (*n.*)
    (「航空」就是像鳥一樣在天上飛行)

* **avoid** [2] 〔 ə'vɔɪd 〕 *v.* 避免
    Women should *avoid* driving alone at night.

    【典型考題】
    It is not safe to swim in the sea, so Susan's mother asked her to _____ it.
    A. invite   B. draw
    C. avoid   D. join   [C]

* **await** [4] 〔 ə'wet 〕 *v.* 等待 (= *wait for*)
    You may *await* your visitors in the Arrival Hall.

* **awake** [3] 〔 ə'wek 〕 *v.* 醒來 (= *wake up*)
    adj. 醒著的
    Larry *awoke* from his nap when the phone rang.

* **awaken** [3] 〔 ə'wekən 〕 *v.* 喚醒
    (= *wake up*)

B

* **award**[3] 〔 ə'wɔrd 〕 *v.* 頒發 (= *give*)
n. 獎 (= *prize*)
Dr. Yang Chen was *awarded* the
1957 Nobel Prize for physics.
【比較】award 和 reward 要一起背，口訣
是：「頒發」「獎賞」。

* **aware**[3] 〔 ə'wɛr 〕 *adj.* 知道的；察覺
到的 (= *conscious*)
A good salesperson is *aware* of his
strengths and weaknesses, and
constantly tries to improve his
sales skills.
【片語】*be aware of* (知道；察覺到)

‡‡ **away**[1] 〔 ə'we 〕 *adv.* 離開
They're *away* on holiday.

awe[5] 〔 ɔ 〕 *n.* 敬畏
Sally is in *awe* of her severe boss.
【片語】*be in awe of* (敬畏)

awesome[6] 〔'ɔsəm 〕 *adj.* 令人敬畏的；
令人畏懼的 (= *shocking*)

A flood is an *awesome* disaster.
【注意】*-some* 表「產生…的」字尾。

【重要知識】awesome 在口語中，常作
「很棒的」解，等於 wonderful。如：
Wow! That's totally *awesome*!

* **awful**[3] 〔'ɔfl̩ 〕 *adj.* 可怕的
(= *terrible* = *horrible*)
A scene of mass poverty is an
awful sight.

awhile[5] 〔 ə'hwaɪl 〕 *adv.* 片刻
(= *for a while*)
Let's rest *awhile*.

* **awkward**[4] 〔'ɔkwəd 〕 *adj.* 笨拙的
(= *clumsy*)；不自在的
Tom is terribly shy and he feels
awkward in the presence of women.
【記憶技巧】*awk* (wrong) + *ward* (表
示方向)(做事情時，結果總是往錯誤的
方向發展，表示「笨拙的」)

ax[3] 〔 æks 〕 *n.* 斧頭 (= *axe*)

B b

‡‡ **baby**[1] 〔'bebɪ 〕 *n.* 嬰兒 (= *infant*)
The hungry *baby* was crying.

* **baby-sit**[2] 〔'bebɪ,sɪt 〕 *v.* 當臨時褓姆
I asked Melissa to *baby-sit* the
children while we go out to dinner.

‡‡ **baby-sitter**[2] 〔'bebɪ,sɪtɚ 〕 *n.* 臨時
褓姆
Lucy's part-time job is being a
baby-sitter.

bachelor[5] 〔'bætʃələ 〕*n.* 單身漢；學士

‡‡ **back**[1] 〔 bæk 〕 *n.* 背面 (= *rear*)
The price is on the *back* of the book.
【反義詞】 front (前面)

backbone[5] 〔'bæk,bon 〕 *n.* 脊椎
(= *spinal column*)；中堅份子

* **background**[3] 〔'bæk,graʊnd 〕 *n.*
背景；經驗 (= *experience*)
She made it to the top despite her
background.

* **backpack**[4] 〔'bæk,pæk 〕 *n.* 背包

* **backward(s)**[2] 〔'bækwəd(z) 〕 *adv.*
向後
She looked *backward* over her
shoulder.
【反義詞】 forward(s) (向前)

* **bacon**³ 〔'bekən 〕 *n.* 培根

* **bacteria**³ 〔 bæk'tɪrɪə 〕 *n. pl.* 細菌
(= *microorganisms*)
【注意】單數爲 bacterium。
Many diseases are spread by *bacteria*.

‡‡ **bad**¹ 〔 bæd 〕 *adj.* 不好的 (= *harmful*)
The weather was really *bad*.

badge⁵ 〔 bædʒ 〕 *n.* 徽章 (= *token*)
Students usually have *badges* on
their coats.

* **badly**³ 〔'bædlɪ 〕 *adv.* 差勁地；嚴重地
He was *badly* injured.

‡‡ **badminton**³ 〔'bædmɪntən 〕 *n.*
羽毛球；羽毛球運動
Badminton is a very interesting sport.

‡‡ **bag**¹ 〔 bæg 〕 *n.* 袋子
Tom carried a *bag* to school.

* **baggage**³ 〔'bægɪdʒ 〕 *n.* 行李
(= *luggage*)
The customs officer examined my
baggage.
【比較】baggage 和 luggage 都是集合
名詞，不加 s，而 bag 也可作「行李」解，
是可數名詞。

* **bait**³ 〔 bet 〕 *n.* 餌 (= *attraction*)；
誘惑
The fisherman claims that worms
are the best *bait*.

‡‡ **bake**² 〔 bek 〕 *v.* 烘烤
I like to *bake* cakes from time to time.

‡‡ **bakery**² 〔'bekərɪ 〕 *n.* 麵包店
(= *bakeshop*)
There is a very good *bakery* near my
house.

【典型考題】
I like bread very much and I usually
buy my breakfast at the _____
near my home.
A. bakery   B. bank
C. fire station   D. post office   [A]

* **balance**³ 〔'bæləns 〕 *n.* 平衡
(= *evenness*)
The acrobat lost his *balance* and fell
off the tightrope.

【典型考題】
We should keep a _____ between
doing what we want and doing what
we should.
A. balance   B. benefit
C. content   D. influence   [A]

‡‡ **balcony**² 〔'bælkənɪ 〕 *n.* 陽台
(= *terrace*)；包廂
You can see the ocean from our
balcony.
【記憶技巧】*balcon* (房子較突出的一角)
+ *y* (place)

* **bald**⁴ 〔 bɔld 〕 *adj.* 禿頭的 (= *hairless*)
The driver was a tall *bald* man.
【比較】bold (大膽的)

‡‡ **ball**¹ 〔 bɔl 〕 *n.* 球；舞會
We need a *ball* to play basketball.

* **ballet**⁴ 〔 bæ'le 〕 *n.* 芭蕾舞

‡‡ **balloon**¹ 〔 bə'lun 〕 *n.* 氣球
They blew up *balloons* for the party.

ballot⁵ 〔'bælət 〕 *n.* 選票 (= *vote*)
After choosing the candidate he
wanted, Jason dropped his *ballot* in
the box.

B

* **bamboo**² 〔bæmˈbu〕*n.* 竹子
【衍伸詞】 *bamboo shoots* (竹筍)

ban⁵ 〔bæn〕*v.* 禁止
(= *forbid* = *prohibit*)
Last year, many governments *banned* the import of beef from Britain.

‡**banana**¹ 〔bəˈnænə〕*n.* 香蕉
Monkeys like to eat *bananas*.

‡**band**¹ 〔bænd〕*n.* 樂隊；一群
The *band* is playing.

* **bandage**³ 〔ˈbændɪdʒ〕*n.* 繃帶
(= *dressing*)   *v.* 用繃帶包紮
You'd better put a *bandage* on that cut finger.
【記憶技巧】 *band* (bind) + *age* (*n.*)
(用來捆綁的東西，就是「繃帶」)
【比較】 要連 band-aid (OK 繃) 一起背。

bandit⁵ 〔ˈbændɪt〕*n.* 強盜 (= *robber*)
They were attacked by a group of *bandits* in the desert.

bang³ 〔bæŋ〕*v.* 重擊
He *banged* the table with his fist.

‡**bank**¹ 〔bæŋk〕*n.* 銀行；河岸

* **banker**² 〔ˈbæŋkɚ〕*n.* 銀行家
(= *financier*)

* **bankrupt**⁴ 〔ˈbæŋkrʌpt〕*adj.* 破產的
(= *broke*)
The man claimed he could not pay his bills because he was *bankrupt*.
【記憶技巧】 *bank* + *rupt* (break)
(銀行倒閉的，代表「破產的」)
【片語】 *go bankrupt* (破產)

【典型考題】
The recession has made many small companies go _____.
A. bankrupt   B. balanced
C. conceptual   D. essential   [A]

banner⁵ 〔ˈbænɚ〕*n.* 旗幟 (= *flag*)；
橫幅標語
A *banner* is usually carried between two poles.

banquet⁵ 〔ˈbæŋkwɪt〕*n.* 宴會
(= *feast*)
A *banquet* will be held in honor of the graduates.
【記憶技巧】 *banqu* (table) + *et*
(「宴會」都會看到許多桌子)
【衍伸詞】 *a wedding banquet* (結婚喜宴)(= *a wedding reception*)

* **bar**¹ 〔bar〕*n.* 酒吧 (= *pub*)；
(巧克力、肥皂等) 條；棒   *v.* 禁止

barbarian⁵ 〔barˈbɛrɪən〕*n.* 野蠻人
(= *savage*)   *adj.* 野蠻的；未開化的
【記憶技巧】 野蠻人說話都像 "bar, bar" 地叫，讓人聽不懂。

‡**barbecue**² 〔ˈbarbɪˌkju〕*n.* 烤肉
(= *Bar-B-Q*)
We'll have a *barbecue* this Friday.

‡**barber**¹ 〔ˈbarbɚ〕*n.* 理髮師
【記憶技巧】 *barb* (beard) + *er* (人)
(負責修剪鬍子的人，是「理髮師」)
【比較】 hairdresser (美髮師)

barbershop⁵ 〔ˈbarbɚˌʃap〕*n.* 理髮店

***bare**[3] 〔 bɛr 〕 *adj.* 赤裸的（ = *naked* ）
The storm covered the *bare* ground with three inches of snow.

【典型考題】
On a sunny afternoon last month, we all took off our shoes and walked on the grass with ＿＿＿ feet.
A. bare   B. raw
C. tough   D. slippery   [A]

barefoot[5] 〔'bɛr،fʊt 〕 *adj.* 光著腳的（ = *shoeless* ）   *adv.* 光著腳地

***barely**[3] 〔'bɛrlɪ 〕 *adv.* 幾乎不(= *hardly*)
The old men *barely* talked to each other.

***bargain**[4] 〔'bɑrgɪn 〕 *v.* 討價還價（ = *negotiate* ）   *n.* 便宜貨；協議
It's necessary to *bargain* if you want to get a good price.

【典型考題】
In traditional markets, you can get better deals if you know how to ＿＿＿ with the vendors.
A. recover   B. scream
C. bargain   D. beg   [C]

****bark**[2] 〔 bɑrk 〕 *v.* (狗、狐狸等) 吠叫（ = *howl* ）   *n.* 樹皮（ = *covering* ）
What are the dogs *barking* at?

***barn**[3] 〔 bɑrn 〕 *n.* 穀倉

barometer[6] 〔 bə'rɑmətɚ 〕 *n.* 氣壓計
【記憶技巧】 *baro* (weight) + *meter* (measure) (測量空氣的重量，要用「氣壓計」)
【比較】 thermometer (溫度計)

***barrel**[3] 〔'bærəl 〕 *n.* 一桶
Oil is sold by the *barrel*.

barren[5] 〔'bærən 〕 *adj.* 貧瘠的（ = *sterile* 〔'stɛrəl 〕）
The desert area is dry and *barren* and can't grow any crop.
【反義詞】 fertile (肥沃的)

***barrier**[4] 〔'bærɪɚ 〕 *n.* 障礙（ = *obstacle* ）
Humanitarians tried to remove all the *barriers*.
【記憶技巧】 *bar* (bar) + *rier* (用來防禦的柵欄，就是「障礙」)

****base**[1] 〔 bes 〕 *n.* 基地（ = *post* ）；基礎（ = *foundation* ）；(棒球) 壘
He used Stephen King's novel as the *base* of his movie.

***baseball**[1] 〔'bes،bɔl 〕 *n.* 棒球

****basement**[2] 〔'besmənt 〕 *n.* 地下室（ = *underground room* ）
A house with a *basement* is for sale.

【典型考題】
After the rain, the residents found the ＿＿＿, where they parked their cars, full of water.
A. balcony   B. attic
C. closet   D. basement   [D]

***basic**[1] 〔'besɪk 〕 *adj.* 基本的（ = *fundamental* ）
The *basic* topic of these fairy tales never changes.

***basin**[4] 〔'besn̩ 〕 *n.* 臉盆；盆地(= *valley*)

***basis**[2] 〔'besɪs 〕 *n.* 基礎（ = *base* ）；根據（ = *agreement* ）
The farmers form the *basis* of a nation.

【典型考題】
His ideas have no ＿＿＿ in reality. They are not practical at all.
A. basis   B. reform
C. career   D. argument   [A]

B

* **basis**[2] 〔'besɪs 〕 *n.* 基礎 (= *base*)；
根據 (= *foundation*)
The farmers form the *basis* of a nation.

【典型考題】

His ideas have no _____ in reality.
They are not practical at all.
A. basis   B. reform
C. career   D. argument   [A]

‡‡ **basket**[1] 〔'bæskɪt 〕 *n.* 籃子；一籃的量
This *basket* is made of bamboo.

‡‡ **basketball**[1] 〔'bæskɪt,bɔl 〕 *n.* 籃球
We play *basketball* every day.

bass[5] 〔 bes 〕 *adj.* 低音的 (= *low*)
n. 男低音 〔 bæs 〕 *n.* 鱸魚

‡‡ **bat**[1] 〔 bæt 〕 *n.* 球棒；蝙蝠
Ben used a *bat* to hit the ball in the
game.

batch[5] 〔 bætʃ 〕 *n.* 一爐；一批
(= *bunch*)；一組
My mother made a *batch* of cookies.

‡‡ **bath**[1] 〔 bæθ 〕 *n.* 洗澡
Sue took a *bath* because she was dirty.
【比較】 shower (淋浴)

* **bathe**[1] 〔 beð 〕 *v.* 洗澡

‡‡ **bathroom**[1] 〔'bæθ,rum 〕 *n.* 浴室；
廁所 (= *lavatory*)
She went into the *bathroom* and took
a shower.

【重要知識】因為 toilet 含有「馬桶」的意
思，美國人稱「廁所」為 bathroom（原義
為「浴室」），是種文雅的說法。

batter[5] 〔'bætə 〕 *v.* 重擊 (= *beat*)
n. (棒球的) 打擊手
The violent husband *battered* his wife.

【記憶技巧】 *bat* (beat) + *t* + *er* (表重複
動作的字尾) (連續擊打，就是「重擊」)
【比較】 flutter (拍動)；glitter (閃爍)

* **battery**[4] 〔'bætərɪ 〕 *n.* 電池；連續猛
擊；【律】毆打

* **battle**[2] 〔'bætḷ 〕 *n.* 戰役 (= *fight*)
v. 奮戰；競爭
After a fierce fight, the *battle* came
to an end.

* **bay**[3] 〔 be 〕 *n.* 海灣 (= *gulf* 〔 gʌlf 〕)
Several sailboats are moored in the *bay*.

bazaar[5] 〔 bə'zɑr 〕 *n.* 市集 (= *fair*)；
市場 (= *market*)

‡‡ **beach**[1] 〔 bitʃ 〕 *n.* 海灘 (= *seaside*)
John likes to go to the *beach*.

* **bead**[2] 〔 bid 〕 *n.* 有孔的小珠
Barbara wore a black *bead* necklace at
the party.

* **beak**[4] 〔 bik 〕 *n.* 鳥嘴
The parrot picked up a sunflower
seed with its *beak*.

* **beam**[3,4] 〔 bim 〕 *n.* 光線 (= *ray*)；橫樑
(= *rafter*)   *v.* 眉開眼笑
The guard shone a *beam* of light on
the car.

‡‡ **bean**[2] 〔 bin 〕 *n.* 豆子 (= *seed*)
A *bean* is a vegetable.

‡‡ **bear**[2,1] 〔 bɛr 〕 *v.* 忍受 (= *endure* =
stand = *tolerate* = *put up with*)   *n.* 熊
【注意】三態變化：bear–bore–borne
I can't *bear* the noise anymore.
A *bear* is a wild animal.

【典型考題】

She couldn't _____ to leave and
cried all the way to the airport.
A. scatter   B. pay
C. exist   D. bear   [D]

** **beard**[2] 〔 bɪrd 〕 *n.* 鬍子 (= *whiskers*)
My uncle has a long black *beard*.

* **beast**[3] 〔 bist 〕 *n.* 野獸
We are not sure what kind of *beast* killed the goat.

** **beat**[1] 〔 bit 〕 *v.* 打；打敗   *n.* 心跳；節拍
He *beat* the drum with a stick.
【注意】三態變化：beat–beat–beat

*** **beautiful**[1] 〔'bjutəfəl 〕 *adj.* 美麗的 (= *pretty*)

beautify[5] 〔'bjutə,faɪ 〕 *v.* 美化

** **beauty**[1] 〔'bjutɪ 〕 *n.* 美；美女

*** **because**[1] 〔 bɪ'kɔz 〕 *conj.* 因為
Linda was late *because* it was raining.

beckon[6] 〔'bɛkən 〕 *v.* 向…招手 (= *wave*)
She *beckoned* for the bellhop to take her bag.

*** **become**[1] 〔 bɪ'kʌm 〕 *v.* 變成
They *became* good friends at once.

*** **bed**[1] 〔 bɛd 〕 *n.* 床
I fell off my *bed* last night.

*** **bedroom**[2] 〔'bɛd,rum 〕 *n.* 臥房
I have my own *bedroom*.

*** **bee**[1] 〔 bi 〕 *n.* 蜜蜂
A *bee* is an insect which makes honey.
【衍伸詞】beehive (蜂窩)
【片語】*as busy as a bee* (非常忙碌)

*** **beef**[2] 〔 bif 〕 *n.* 牛肉
You can buy *beef* from a butcher.

beep[2] 〔 bip 〕 *n.* 嗶嗶聲
v. 發出嗶嗶聲

** **beer**[2] 〔 bɪr 〕 *n.* 啤酒 (= *brew*)
Buy me a *beer*, Jack.

* **beetle**[2] 〔'bitḷ 〕 *n.* 甲蟲

beforehand[5] 〔 bɪ'for,hænd 〕 *adv.* 事先 (= *in advance*)
If you want to go with us, please let us know *beforehand*.

* **beg**[2] 〔 bɛg 〕 *v.* 乞求 (= *ask for*)
Timmy *begged* his mother to let him watch the movie.

* **beggar**[3] 〔'bɛgɚ 〕 *n.* 乞丐

*** **begin**[1] 〔 bɪ'gɪn 〕 *v.* 開始 (= *start*)

*** **beginner**[2] 〔 bɪ'gɪnɚ 〕 *n.* 初學者 (= *starter*)；創辦人
He drives better than most *beginners*.

behalf[5] 〔 bɪ'hæf 〕 *n.* 方面 (= *part*)
In his absence, I would like to thank all concerned on my brother's *behalf*.
【片語】*on one's behalf* (代表某人)
     in behalf of (為了；代表)

* **behave**[3] 〔 bɪ'hev 〕 *v.* 行為舉止 (= *act*)
Jim always *behaves* well.

* **behavior**[4] 〔 bɪ'hevjɚ 〕 *n.* 行為 (= *conduct* 〔'kɑndʌkt 〕)
Everyone was impressed by his polite *behavior*.

┌─【典型考題】─────────
Jane and I were ashamed of Tom's rude _____ on the formal occasion.
A. attachment   B. behavior
C. time   D. harm   **[B]**

B

‡**behind**[1] 〔 bɪˈhaɪnd 〕*prep.* 在···之後
【記憶技巧】*be* (by) + *hind* (在後的)

***being**[3] 〔ˈbiɪŋ 〕*n.* 存在
Scientists believe that they will one day be able to bring a human clone into *being*.
【片語】*come into being* (產生)
【衍伸詞】*human beings* (人類)

***belief**[2] 〔 bɪˈlif 〕*n.* 相信 (= *trust*)；信仰 (= *faith*)
She was beautiful beyond *belief*.
【片語】*beyond belief* (令人難以置信地)

***believable**[2] 〔 bɪˈlivəḷ 〕*adj.* 可信的 (= *credible* 〔ˈkrɛdəḷ 〕)

‡**believe**[1] 〔 bɪˈliv 〕*v.* 相信 (= *trust*)
I *believe* in God.
【片語】*believe in* (相信···的存在；信任)

‡**bell**[1] 〔 bɛl 〕*n.* 鐘；鈴
I can hear the church *bell* ringing.

***belly**[3] 〔ˈbɛlɪ 〕*n.* 肚子 (= *stomach*)

‡**belong**[1] 〔 bəˈlɔŋ 〕*v.* 屬於 (= *be owned by*)
This book *belongs* to me.

belongings[5] 〔 bəˈlɔŋɪŋz 〕*n.pl.* 個人隨身物品 (= *possessions*)
When you are ready to get off an airplane, you will be told not to forget your personal *belongings*.

beloved[5] 〔 bɪˈlʌvɪd , bɪˈlʌvd 〕*adj.* 親愛的 (= *loved*)；心愛的

‡**below**[1] 〔 bəˈlo 〕*prep.* 在···之下
Students who have marks *below* 60 will have to take the exam again.

‡**belt**[2] 〔 bɛlt 〕*n.* 皮帶 (= *strap*)；地帶
Rose gave a *belt* to her father on his birthday.

‡**bench**[2] 〔 bɛntʃ 〕*n.* 長椅 (= *long seat*)
The man has been sitting on the *bench* all day long.

***bend**[2] 〔 bɛnd 〕*v.* 彎曲 (= *turn*)
Since the accident, Glen has been unable to *bend* his knee without pain.

***beneath**[3] 〔 bɪˈniθ 〕*prep.* 在···之下
There are still many mysteries *beneath* the sea.
【記憶技巧】*be* (by) + *neath* (down)

beneficial[5] 〔ˌbɛnəˈfɪʃəl 〕*adj.* 有益的 (= *good*)
I think taking this course would be *beneficial* for you.
【記憶技巧】*bene* (good) + *fic* (do) + *ial* (adj.)

【典型考題】
According to some studies, one or two glasses of wine can be _____ because a little wine helps to prevent cardiovascular diseases.
A. expressive　　B. ordinary
C. beneficial　　D. artistic　　[C]

***benefit**[3] 〔ˈbɛnəfɪt 〕*n.* 利益；好處 (= *advantage*) *v.* 對···有益；受益
Two weeks of paid vacation is one of the *benefits* of this job.

***berry**[3] 〔ˈbɛrɪ 〕*n.* 漿果
The hikers found some *berries* in the woods and decided to pick them.
【比較】strawberry (草莓)

‡beside[1] 〔 bɪ'saɪd 〕*prep.* 在…旁邊
Pat and Paul sat *beside* each other
in class.

‡besides[2] 〔 bɪ'saɪdz 〕*adv.* 此外
(= *moreover*)
prep. 除了…之外（還有）
It's too late to go out now. *Besides*,
it's beginning to rain.

besiege[6] 〔 bɪ'sidʒ 〕*v.* 圍攻
(= *surround*)
The Vikings *besieged* the castle till
it fell.
【記憶技巧】*be* (make) + *siege* (圍攻)

*best[1] 〔 bɛst 〕*adj.* 最好的

*bet[2] 〔 bɛt 〕*v.* 打賭 (= *gamble*)
My father likes to *bet* on the horse
races.

betray[6] 〔 bɪ'tre 〕*v.* 出賣
(= *break with*)
You had better not *betray* your best
friend.
【記憶技巧】*be* + *tray* (hand over)
（把重要機密交給別人，表示「出賣」）

*better[1] 〔'bɛtə 〕*adj.* 更好的

‡between[1] 〔 bə'twin 〕*prep.* 在（兩者）
之間
【記憶技巧】*be* (by) + *tween* (two)

┌─【典型考題】─────────────┐
│ March is the third month of the year. │
│ It comes ———— February and April. │
│ A. about   B. before │
│ C. during   D. between   **[D]** │
└──────────────────────────────┘

beverage[6] 〔'bɛvərɪdʒ 〕*n.* 飲料
(= *drink*)

beware[5] 〔 bɪ'wɛr 〕*v.* 小心
(= *be cautious of*)；提防
Beware of pickpockets!
【片語】*beware of* (小心；提防)

‡beyond[2] 〔 bɪ'jɑnd 〕*prep.* 超過
Many people don't go on working
beyond the age of 65.

*bias[6] 〔'baɪəs 〕*n.* 偏見
(= *prejudice* 〔'prɛdʒədɪs 〕)
The defendant complained that the
judge had a *bias* against him.

*Bible[3] 〔'baɪbl̩ 〕*n.* 聖經 (= *Word of
God*)；（小寫）權威書籍；經典

‡bicycle[1] 〔'baɪsɪkl̩ 〕*n.* 腳踏車 (= *bike*)
Do you know who stole the *bicycle*?
【記憶技巧】*bi* (two) + *cycle* (circle)

bid[5] 〔 bɪd 〕*v.* 出（價）(= *offer*)；
投標　*n.* 企圖
【注意】三態變化：bid-bid-bid
Cathy *bid* $5,000 dollars for the
painting, but her offer was not the
highest.

‡big[1] 〔 bɪg 〕*adj.* 大的；重要的

‡bike[1] 〔 baɪk 〕*n.* 腳踏車 (= *bicycle*)

*bill[2] 〔 bɪl 〕*n.* 帳單 (= *charges*)；紙鈔
(= *banknote*)；法案
The man is looking at the *bill*.

*billion[3] 〔'bɪljən 〕*n.* 十億
"How many people are there in the
world?" "It has a population of
more than 7.7 *billion*."
【比較】trillion (兆)

B

***bind**[2] 〔baɪnd〕 v. 綁 (= *tie*)；包紮
【注意】三態變化：bind-bound-bound
The package was *bound* with a string.

***bingo**[3] 〔'bɪŋgo〕 n. 賓果遊戲
My grandmother was very excited when she won the *bingo* game.

binoculars[6] 〔baɪ'nɑkjələz, bɪ-, bə-〕
n. pl. 雙筒望遠鏡 (= *field glasses*)
【記憶技巧】*bin* (two) + *ocul* (eye) + *ars* (可用兩隻眼睛看的「雙筒望遠鏡」)
【比較】monocular (單筒望遠鏡)

biochemistry[6] 〔,baɪo'kɛmɪstrɪ〕 n.
生物化學

***biography**[4] 〔baɪ'ɑgrəfɪ〕 n. 傳記
(= *life story*)
If you want to know more about Picasso, you should read his *biography*.
【記憶技巧】*bio* (life) + *graph* (write) + *y* (n.) (記錄人的一生，就是「傳記」)

biological[6] 〔,baɪə'lɑdʒɪkl̩〕 adj.
生物學的
The enemy was accused of having developed a *biological* weapon that could have infected millions of people.
【記憶技巧】*bio* (life) + *log* (study) + *ical* (「生物學的」研究是在觀察生物)

‡**biology**[4] 〔baɪ'ɑlədʒɪ〕 n. 生物學

‡**bird**[1] 〔bɝd〕 n. 鳥

***birth**[1] 〔bɝθ〕 n. 出生；誕生
December 25 is Christmas Day. It celebrates the *birth* of Jesus approximately 2000 years ago.

***biscuit**[3] 〔'bɪskɪt〕 n. 餅乾 (= *cookie*)
Don't eat too many *biscuits* before dinner!

***bit**[1] 〔bɪt〕 n. 一點點
(= *a small amount*)
Just give me a *bit* of that soup. I'm not very hungry.

‡**bite**[1] 〔baɪt〕 v. 咬 n. 一小口；少量
【注意】三態變化：bite–bit–bitten
My puppy always *bites* my shoes.

‡**bitter**[2] 〔'bɪtɚ〕 adj. 苦的
The medicine tastes *bitter*.

bizarre[6] 〔bɪ'zɑr〕 adj. 古怪的
(= *odd* = *strange* = *weird*)
The *bizarre* weather extremes have brought drought in the rainy season.

‡**black**[1] 〔blæk〕 adj. 黑的 (= *dark*)
Sue's hair is *black*.
【衍伸詞】black sheep (害群之馬)

‡**blackboard**[2] 〔'blæk,bord〕 n. 黑板
(= *chalkboard* 〔'tʃɔk,bord〕)
The teacher writes a sentence on the *blackboard*.

blacksmith[5] 〔'blæk,smɪθ〕 n. 鐵匠

blade[4] 〔bled〕 n. 刀鋒
The *blade* of this knife is so dull that it can't cut anything.

**blame³〔blem〕*v.* 責備（=*impute*）
n. 責難；責任

He *blamed* you for being late.

【片語】***be to blame***（應受責備；應該怪…）
    blame sb. for sth.（為…責備某人）

┌─【典型考題】─────────
│ Ted dropped the ball and now everyone
│ _____ him for losing the game.
│ A. accuses   B. complains
│ C. demands   D. blames   **[D]**
└──────────────────────

**blank²〔blæŋk〕*adj.* 空白的 *n.* 空格

He handed in a *blank* piece of paper.

【片語】***go blank***（腦中變得一片空白）

┌─【典型考題】─────────
│ My mind went _____ when I saw
│ the questions on the test paper.
│ A. blank   B. backwards
│ C. brief   D. calm   **[A]**
└──────────────────────

**blanket³〔'blæŋkɪt〕*n.* 毯子（=*cover*）

The baby is covered with the *blanket*.

blast⁵〔blæst〕*n.* 爆炸（=*explosion*）

The bomb *blast* shattered windows
three blocks away.

blaze⁵〔blez〕*n.* 火焰（=*fire*）；大火
v. 燃燒

It was such a large fire that it took
firefighters three hours to bring the
blaze under control.

bleach⁵〔blitʃ〕*v.* 漂白（=*whiten*）
n. 漂白劑

Kevin *bleached* all his white shirts.

bleak⁶〔blik〕*adj.* 荒涼的；陰暗的

The Great Basin, the *bleakest* desert
in the United States, is practically
devoid of trees.

*bleed³〔blid〕*v.* 流血

After Gina fell on the sidewalk, her
knee was *bleeding*.

【記憶技巧】「流血」（bleed）很痛，所
以字中的"ee"像半瞇的眼；而看到「血」
（blood）會嚇一跳，眼睛張得很大，故
字中是"oo"。

*blend⁴〔blɛnd〕*v.* 混合（=*mix*）；
調和

First *blend* the butter and sugar and
then add the flour.

*bless³〔blɛs〕*v.* 祝福

*blessing⁴〔'blɛsɪŋ〕*n.* 恩賜；幸福

This rain is a *blessing*; we no longer
have to worry about a drought.

**blind²〔blaɪnd〕*adj.* 瞎的
Blind children have to go
to special schools.

*blink⁴〔blɪŋk〕*v.* 眨眼（=*wink*）

The moviegoers *blinked* their eyes in
the bright light as they left the theater.

blister⁴〔'blɪstɚ〕*n.* 水泡

blizzard⁵〔'blɪzɚd〕*n.* 暴風雪
（=*snowstorm*）

Blizzards cause power failures in
the Northeast every winter.

**block¹〔blɑk〕*n.* 街區 *v.* 阻塞

The store is three *blocks* away.
The road was *blocked* by the snow.

blonde⁵〔blɑnd〕*n.* 金髮碧眼的女子

*blood¹〔blʌd〕*n.* 血

A lot of people are afraid of the
sight of *blood*.

B

* **bloody**[2] 〔'blʌdɪ〕*adj.* 血腥的 (= *cruel*)
It was a *bloody* fight in which many were wounded.
【記憶技巧】*blood* (血) + *y* (*adj.*)
【比較】cloudy(多雲的)；windy(風大的)

* **bloom**[4] 〔blum〕*v.* 開花 (= *blossom*)；
繁盛；容光煥發　　*n.* 開花；盛開
This shrub usually *blooms* in May.
【比較】blossom 指「果樹開花」，一般植物「開花」，用 bloom。

【典型考題】
This is a Christmas cactus, so you can expect it to _____ in December.
A. bloom 　　　　 B. stare
C. wither 　　　　 D. donate 　　[A]

* **blossom**[4] 〔'blasəm〕*n.* 花
The room was decorated with beautiful pink *blossoms*.
【衍伸詞】*cherry blossom* (櫻花)

blot[5] 〔blat〕*n.* 污漬 (= *stain*)
v. 弄髒
There is a *blot* of ink on my book.

* **blouse**[3] 〔blaʊz〕*n.* 女用上衣
Wendy wears a white *blouse* to school.

* **blow**[1] 〔blo〕*v.* 吹
She *blows* her hair dry.

* **blue**[1] 〔blu〕*adj.* 藍色的
Helen is wearing a *blue* dress.
【片語】*out of the blue* (突然地)

blues[5] 〔bluz〕*n.* 藍調

blunder[6] 〔'blʌndɚ〕*n.* 愚蠢的錯誤
(= *mistake* = *error*)
Diplomatic misunderstandings can often be traced back to *blunders* in translation.

blunt[6] 〔blʌnt〕*adj.* 鈍的 (= *dull*)；
直率的
The knife is *blunt*. It doesn't cut well.
【反義詞】sharp (鋒利的)

blur[5] 〔blɝ〕*v.* 使模糊不清
(= *obscure* 〔əb'skjʊr〕)
The thick fog *blurred* the buildings across the river.

* **blush**[4] 〔blʌʃ〕*n.* 臉紅；腮紅
v. 臉紅 (= *turn red*)
The girls applied *blush* and lipstick to their faces.

【典型考題】
With pink cherry blossoms blooming everywhere, the valley _____ like a young bride under the bright spring sunshine.
A. bounces 　　　 B. blushes
C. polishes 　　　 D. transfers 　　[B]

* **board**[2] 〔bord〕*v.* 上 (車、船、飛機)
The passengers *boarded* the plane at London Airport.
【比較】aboard (在車、船，或飛機上)

* **boast**[4] 〔bost〕*v.* 自誇 (= *brag*)；
以擁有…自豪　　*n.* 自誇；誇耀
It is not polite to *boast* of your successes.

【典型考題】
Jack is very proud of his fancy new motorcycle. He has been _____ to all his friends about how cool it looks and how fast it runs.
A. boasting 　　　 B. proposing
C. gossiping 　　　 D. confessing 　　[A]

* **boat**[1] 〔bot〕*n.* 船

bodily[5] 〔'badɪlɪ〕*adj.* 身體 (上) 的
(= *physical*)　　*adv.* 全身地

body[1] 〔'badɪ〕 n. 身體；屍體 (= *corpse*)
Eat right and you will have a
healthy *body*.

bodyguard[5] 〔'badɪˌgɑrd〕 n. 保鑣
(= *guardian*)
The governor was accompanied by
two *bodyguards*.
【記憶技巧】*body* (身體) + *guard* (守護)
(貼身保護的人，即「保鑣」)

bog[5] 〔bɑg〕 n. 沼澤 (= *swamp* = *marsh*)
v. 使陷入泥沼；使不能前進

boil[2] 〔bɔɪl〕 v. 沸騰
The water is *boiling*.

bold[3] 〔bold〕 adj. 大膽的 (= *daring*)；
厚臉皮的
Cheryl made a *bold* move and won
the chess game.
【比較】bald (禿頭的)

bolt[5] 〔bolt〕 n. 閃電 (= *flash*)；門閂；
急奔 v. 急奔；閂住
【片語】*a bolt out of the blue* (晴天霹靂)

bomb[2] 〔bɑm〕 n. 炸彈 (= *explosive*)
v. 轟炸
A *bomb* exploded and destroyed
many houses.
【比較】bomb 像 comb (梳子)、tomb
(墳墓) 一樣，字尾的 b 都不發音。

bombard[6] 〔bɑm'bɑrd〕 v. 轟炸；
向…連續提出問題 (或資訊)
The army *bombarded* the country
all day long.

bond[4] 〔bɑnd〕 n. 束縛；關係
(= *relation*)；公債；債券
v. 建立感情
The prisoner tried in vain to loosen
his *bonds*.

bondage[6] 〔'bɑndɪdʒ〕 n. 束縛
(= *confinement*)；奴隸
He is in *bondage* to money.
【片語】*be in bondage to* (是…的奴隸)
【記憶技巧】*bond* (束縛) + *age* (表「身
分」的字尾)（身分被束縛，就是「奴隸」)
【比較】b<u>and</u>age (繃帶)

bone[1] 〔bon〕 n. 骨頭
He broke a *bone* in his
arm.

bonus[5] 〔'bonəs〕 n. 獎金 (= *reward*)；
額外贈品 (= *extra*)
If you buy four of this product, you
will receive one free as a *bonus*.

bony[2] 〔'bonɪ〕 adj. 骨瘦如柴的
(= *skinny*)
The fish has a nice taste but it is too
bony for me.

book[1] 〔buk〕 n. 書 v. 預訂
I *booked* a room for him at a hotel.

┌─【典型考題】────────────
│ Having saved enough money, Joy
│ ──────── two trips for this summer
│ vacation, one to France and the other
│ to Australia.
│ A. booked   B. observed
│ C. enclosed   D. deposited   [A]
└─────────────────────────

bookcase[2] 〔'bukˌkes〕 n. 書架
Can you put the *bookcase* over there?

boom[5] 〔bum〕 v. 興隆 (= *thrive*)；
隆隆作響；爆炸聲 n. 繁榮；轟響
The town *boomed* with the
development of tourism.
【衍伸詞】booming (日趨興隆的)

boost[6] 〔 bust 〕 *v.* 提高（ = *raise* ）；增加（ = *increase* ）
With this advertising campaign, we hope to *boost* our sales by five percent.

* **boot**[3] 〔 but 〕 *n.* 靴子（ = *overshoe* ）
v. 啓動
Boot your computer.

booth[5] 〔 buθ 〕 *n.* 攤位（ = *stall* ）；公共電話亭；（餐館中的）小房間
Our school sells snacks from a *booth* at the fair.

* **border**[3] 〔'bɔrdɚ 〕 *n.* 邊界
I live on the *border* between North Hills and South Hills, so it is convenient for me to go to either city.

* **bore**[3] 〔 bor 〕 *v.* 使無聊（ = *tire* ）
n. 令人厭煩的人
Science class *bores* me so much that I can barely stay awake.

boredom[5] 〔'bordəm 〕 *n.* 無聊（ = *dullness* ）

born[1] 〔 bɔrn 〕 *adj.* 出生的；天生的
Connie is a *born* singer.

borrow[2] 〔'baro 〕 *v.* 借（入）
May I *borrow* your bicycle for a day?

bosom[5] 〔'buzəm 〕 *n.* 胸部（ = *chest* ）；內心
She pinned the corsage to her *bosom* before leaving for the dance.

boss[2] 〔 bɔs 〕 *n.* 老闆
The new *boss* is very strict.

botany[5] 〔'bɑtn̩ɪ 〕 *n.* 植物學
【衍伸詞】 botanical（植物的）

both[1] 〔 boθ 〕 *pron.* 兩者
Sharon and Mark *both* came to class late.

bother[2] 〔'bɑðɚ 〕 *v.* 打擾（ = *disturb* ）
Don't *bother* Tina with that now—she is busy.

bottle[2] 〔'bɑtl̩ 〕 *n.* 瓶子（ = *glass container* ） *v.* 把…裝入瓶中
Harry is pouring a drink from a *bottle*.

bottom[1] 〔'bɑtəm 〕 *n.* 底部
The ship sank to the *bottom* of the sea.
【衍伸詞】 bottom line（底線；要點）

boulevard[5] 〔'bulə‚vard 〕 *n.* 林蔭大道；大街；大道

* **bounce**[4] 〔 bauns 〕 *v.* 反彈
The ball *bounced* off the wall.

bound[5] 〔 baund 〕 *adj.* 被束縛的；打算前往的 *v.*（使）跳躍；與…接壤 *n.* 彈回；邊界
【片語】 *be bound to V.*（一定…）
be bound for（前往）

boundary[5] 〔'baundərɪ 〕 *n.* 邊界（ = *border* ）
A wooden fence marks the *boundary* between our property and our neighbors'.

bout[6] 〔 baut 〕 *n.* 一回合（ = *round* ）
The boxer has a boxing *bout* this afternoon.

‡‡bow[2] 〔baʊ〕 v. 鞠躬（= bend）
n. 船首 〔bo〕 n. 弓；蝴蝶結
The student *bowed* to his teacher.

bowel[5] 〔'baʊəl〕 n. 腸（= gut）

‡bowl[1] 〔bol〕 n. 碗
He has finished five *bowls* of rice.

‡bowling[2] 〔'bolɪŋ〕 n. 保齡球
Bowling is Jeff's favorite sport.

‡‡box[1] 〔bɑks〕 n. 箱子；耳光
She got a *box* on the cheek for telling
a lie.
【衍伸詞】 box office（售票處；票房）

boxer[5] 〔'bɑksɚ〕 n. 拳擊手（= fighter）

boxing[5] 〔'bɑksɪŋ〕 n. 拳擊

‡boy[1] 〔bɔɪ〕 n. 男孩

boycott[6] 〔'bɔɪˌkɑt〕 v. 聯合抵制；杯葛
Many people have *boycotted* the
products of this company because they
think they pollute the environment.

boyhood[5] 〔'bɔɪhʊd〕 n. 少年時代

brace[5] 〔bres〕 v. 使振作（= energize）
n. pl. 牙套
Seeing the large wave approaching,
I *braced* myself so that I wouldn't
be knocked down.

*bracelet[4] 〔'breslɪt〕 n. 手鐲
（= wristlet）

braid[5] 〔bred〕 n. 辮子（= twist）

*brain[2] 〔bren〕 n. 頭腦（= mind）
pl. 智力
She has a good *brain* and beauty.

*brake[3] 〔brek〕 n. 煞車
The *brakes* on this car must be
repaired before it is safe to drive.

‡branch[2] 〔bræntʃ〕 n. 樹枝（= shoot）；
分店（= office）；分支

*brand[2] 〔brænd〕 n. 品牌
（= trademark）
Julie is willing to pay more for a
good *brand* of shampoo.

*brass[3] 〔bræs〕 n. 黃銅

*brassiere[4] 〔brə'zɪr ,
ˌbræsɪ'ɛr〕 n. 胸罩（= bra）
【重要知識】這個字來自法文，縮寫成 bra。
美國人都用 bra，較少用 brassiére。

‡brave[1] 〔brev〕 adj. 勇敢的
Firemen are *brave* people.
【反義詞】 timid（膽小的）

*bravery[3] 〔'brevərɪ〕 n. 勇敢

‡bread[1] 〔brɛd〕 n. 麵包

breadth[5] 〔brɛdθ〕 n. 寬度（= width）
As a novice swimmer, Jill can swim
only the *breadth* of the pool, not its
length.
【片語】 *by a hair's breadth*（間不容髮；
差一點）

‡‡break[1] 〔brek〕 v. 打破（= smash）
n. 休息

breakdown[6] 〔'brekˌdaʊn〕 n. 故障
（= failure）
Tow trucks are often called out to
help people who have suffered a
breakdown.

‡‡breakfast[1] 〔'brɛkfəst〕 n. 早餐
We always have *breakfast* at 7:00
a.m.

B

breakthrough[6] 〔'brek,θru 〕 *n.* 突破
(= *improvement*)

Scientists have attributed the recent *breakthrough* to pure luck.

┌─【典型考題】─────────┐
The discovery of the new vaccine is an important _____ in the fight against avian flu.
A. breakthrough B. demonstration
C. interpretation D. commitment [A]
└──────────────────┘

breakup[6] 〔'brek,ʌp 〕 *n.* 分手
(= *separation*)

Both John and Anne are still bitter about their *breakup*.

* **breast**[3] 〔 brɛst 〕 *n.* 胸部 (= *chest*)
They had chicken *breasts* for lunch.

* **breath**[3] 〔 brɛθ 〕 *n.* 呼吸
Take a deep *breath* and count to ten, and then you will feel calmer.

┌─【典型考題】─────────┐
Before John got on the stage to give a speech, he took a deep _____ to calm himself down.
A. order   B. rest
C. effort   D. breath   [D]
└──────────────────┘

* **breathe**[3] 〔 brið 〕 *v.* 呼吸

* **breed**[4] 〔 brid 〕 *v.* 繁殖；養育
The zookeepers tried in vain to *breed* the pandas.

* **breeze**[3] 〔 briz 〕 *n.* 微風

brew[6] 〔 bru 〕 *v.* 釀造 (= *make*)；
醞釀；即將來臨
He *brews* his own beer at home.

bribe[5] 〔 braɪb 〕 *v.* 賄賂 (= *buy off*)
n. 賄賂；行賄物

When the guard refused to open the door we tried to *bribe* him with money.
【衍伸詞】 名詞是 bribery (賄賂)。

‡ **brick**[2] 〔 brɪk 〕 *n.* 磚頭

* **bride**[3] 〔 braɪd 〕 *n.* 新娘
【衍伸詞】 bridesmaid (伴娘)

* **bridegroom**[4] 〔'braɪd,grum 〕 *n.* 新郎
(= *groom*)

The *bridegroom* stood waiting at the altar.
【比較】 *best man* (伴郎)

‡ **bridge**[1] 〔 brɪdʒ 〕 *n.* 橋 (= *overpass*)
v. 彌補；消除

* **brief**[2] 〔 brif 〕 *adj.* 簡短的 (= *short*)
He gave a *brief* talk to the students.

┌─【典型考題】─────────┐
All the new students are given one minute to _____ introduce themselves to the whole class.
A. briefly   B. famously
C. gradually   D. obviously   [A]
└──────────────────┘

briefcase[5] 〔'brif,kes 〕 *n.* 公事包
【記憶技巧】 *brief* (簡報) + *case* (手提箱) (裝簡報的手提箱，即「公事包」)

‡ **bright**[1] 〔 braɪt 〕 *adj.* 明亮的
(= *shining*)；聰明的

The box was painted *bright* green.
【反義詞】 dark (暗的)

* **brilliant**[3] 〔ˈbrɪljənt〕 *adj.* 燦爛的；聰明的（ = *intelligent* ）
Sunglasses will protect your eyes from the *brilliant* light of the sun.

‡ **bring**[1] 〔 brɪŋ 〕 *v.* 帶來（ = *take* ）
I *brought* the book you wanted.

brink[6] 〔 brɪŋk 〕 *n.* 邊緣（ = *edge* ）

brisk[6] 〔 brɪsk 〕 *adj.* 輕快的（ = *lively* ）；涼爽的（ = *fresh* ）
When Janet opened the window, a *brisk* wind blew through the house.

‡ **broad**[2] 〔 brɔd 〕 *adj.* 寬的（ = *wide* ）
This street is *broad*.
【反義詞】 narrow（ 窄的 ）

‡ **broadcast**[2] 〔ˈbrɔd͵kæst〕 *v.* 廣播；播送（ = *air* ）
The TV station *broadcasts* the show every day.
【記憶技巧】 *broad* + *cast* (throw)
（ 廣泛地投射出去，就是「播送」）

broaden[5] 〔ˈbrɔdn̩〕 *v.* 加寬；拓展（ = *widen* ）
【片語】 *broaden one's horizons*（ 拓展眼界 ）

┌─【典型考題】────────
This TV program will _____ young viewers' understanding of the changing world.
A. broaden   B. soften
C. tighten   D. lengthen   [A]
└─────────────────────

brochure[6] 〔 broˈʃur 〕 *n.* 小册子（ = *booklet* ）
The Wangs went to the travel agency for some *brochures*.

broil[4] 〔 brɔɪl 〕 *v.* 烤（ = *grill* ）
My mother decided to *broil* a chicken for dinner.

* **broke**[4] 〔 brok 〕 *adj.* 沒錢的；破產的（ = *bankrupt* ）
Ted spent all his money on that stereo. Now he's *broke* until payday.

bronze[5] 〔 brɑnz 〕 *n.* 青銅

brooch[5] 〔 brotʃ 〕 *n.* 胸針

brood[5] 〔 brud 〕 *v.* 沉思（ = *think* ）
He sat at his desk, *brooding* over why she had left him.

* **brook**[3] 〔 brʊk 〕 *n.* 小溪（ = *creek* ）
The horse stopped to drink from the *brook*.
【注意】 在 k 前的 oo 都讀 /ʊ/。

* **broom**[3] 〔 brum 〕 *n.* 掃帚
Do you believe that witches can fly on *brooms*?

broth[5] 〔 brɔθ 〕 *n.* （ 肉汁加蔬菜等做成的 ）高湯；清湯（ = *a thin soup* ）
Too many cooks spoil the *broth*.
【比較】 吃火鍋時所加的湯，叫作 broth（ 高湯 ）；一般有料的湯，稱作 soup。

‡ **brother**[1] 〔ˈbrʌðɚ〕 *n.* 兄弟
These two boys are *brothers*.

brotherhood[5] 〔ˈbrʌðɚ͵hʊd〕 *n.* 兄弟關係
【衍伸詞】 sisterhood（ 姊妹關係 ）

* **brow**[3] 〔 brau 〕 *n.* 眉毛（ = *eyebrow* ）；額頭（ = *forehead* ）

‡ **brown**[1] 〔 braʊn 〕 *adj.* 棕色的
John likes to wear *brown* shoes.

B

* **browse**[5] 〔 braʊz 〕 v. 瀏覽（= *skim*）
I *browsed* in the bookstore, but I didn't see anything I wanted to buy.

bruise[5] 〔 bruz 〕 n. 瘀青；瘀傷（= *black mark*） v. 碰傷；出現瘀青
To treat *bruises*, press with a clean, cold cloth and follow with a gentle massage.

‡ **brunch**[2] 〔 brʌntʃ 〕 n. 早午餐
We are used to eating *brunch* on weekends.
〔breakfast + lunch = brunch〕

‡ **brush**[2] 〔 brʌʃ 〕 n. 刷子（= *sweeper*）
William used a small *brush* to paint his house.

* **brutal**[4] 〔'brutḷ 〕 adj. 殘忍的（= *cruel*）；令人不快的；不講情面的
The people cheered when the *brutal* dictator was overthrown.
【記憶技巧】 *brut*（禽獸）+ *al*（adj.）
（像禽獸一樣的，就是「殘忍的」）

brute[6] 〔 brut 〕 n. 可惡的傢伙；殘暴的人（= *savage*）；畜生；野獸
adj. 野蠻的
He was a *brute* to steal my jewelry.

* **bubble**[3] 〔'bʌbḷ 〕 n. 泡泡
Soap *bubbles* filled the sink.

‡ **bucket**[3] 〔'bʌkɪt 〕 n. 水桶（= *pail*）；一桶的量
Pat carries water with his small *bucket*.

buckle[6] 〔'bʌkḷ 〕 n. 扣環（= *fastener*）
v. 用扣環扣住（= *fasten with a buckle*）

* **bud**[3] 〔 bʌd 〕 n. 芽；花蕾（= *shoot*）
There are *buds* on the trees in early spring.

* **budget**[3] 〔'bʌdʒɪt 〕 n. 預算（= *funds*）
Paul was forced to cut his *budget* after he lost his part-time job.

* **buffalo**[3] 〔'bʌfḷ,o 〕 n. 水牛
【比較】 bison（美洲野牛）

‡ **buffet**[3] 〔 bʌ'fe 〕 n. 自助餐
They had a *buffet* at the wedding.

‡ **bug**[1] 〔 bʌg 〕 n. 小蟲；（機器）故障
v. 竊聽

‡ **build**[1] 〔 bɪld 〕 v. 建造
They can *build* a house in one week.

‡ **building**[1] 〔'bɪldɪŋ 〕 n. 建築物

* **bulb**[3] 〔 bʌlb 〕 n. 燈泡；球根（= *tuber*）
This *bulb* should produce a beautiful tulip in the spring.

bulge[4] 〔 bʌldʒ 〕 v. 鼓起；裝滿（= *swell*） n. 鼓起
His luggage *bulged* with clothes.

bulk[5] 〔 bʌlk 〕 n. 大部分
Peter took a few of the dishes to the kitchen and left the *bulk* of them on the table.

bulky[6] 〔'bʌlkɪ 〕 adj. 龐大的（= *big*）
Someone left a *bulky* piece of luggage in the hallway.

【典型考題】
There's not enough space in my closet for so many sweat suits because they are too _____.
A. light   B. fatty
C. bulky   D. fashion   [C]

* **bull**³ 〔 bʊl 〕 *n.* 公牛

* **bullet**³ 〔'bʊlɪt 〕 *n.* 子彈
The bank robber fired three *bullets*.
【記憶技巧】 *bul* (ball) + *let* (small)
（球狀的小東西，就是「子彈」）

* **bulletin**⁴ 〔'bʊlətɪn 〕 *n.* 佈告
There is an advertisement on the
bulletin board.
【衍伸詞】 *bulletin board*（佈告欄）
bulletin board system（電子
公佈欄【即 BBS】）
【比較】 bull-bullet-bulletin 要一起背。

bully⁵ 〔'bʊlɪ 〕 *v.* 霸凌；欺負
（ = *torment*）；恐嚇 *n.* 霸凌者；惡霸
He was *bullied* in school.

* **bump**³ 〔 bʌmp 〕 *v.* 撞上 *n.* 腫塊；
（路面）隆起
The waiter *bumped* into the table,
knocking over a glass of wine.
She tripped over a *bump* on the road.
【片語】 *bump into*（撞上；碰巧遇見）

‡ **bun**² 〔 bʌn 〕 *n.* 小圓麵包

* **bunch**³ 〔 bʌntʃ 〕 *n.* 一群；一夥（人）；
一束（花）（ = *bouquet*〔bu'ke〕）
一串（香蕉、葡萄、鑰匙）（ = *cluster*）
This *bunch* of bananas looks ripe.
【重要知識】 "Thanks a *bunch*." 除了表示
「非常感謝」之外，也可用於語帶諷刺的情況，
和 Thanks a lot. 相同。

* **bundle**² 〔'bʌndḷ 〕 *n.* 一大堆
（ = *heap*）；（尤指為了攜帶方便而紮
成的）捆；包 *v.* 把…捆起來
I have a *bundle* of clothes to wash.
【片語】 *a bundle of*（一大堆）

* **burden**³ 〔'bɝdṇ 〕 *n.* 負擔（ = *trouble*）
The porter struggled under the
burden of three heavy suitcases.

* **bureau**⁵ 〔'bjʊro 〕 *n.* 局（ = *office*）
This map is published by the Tourist
Bureau.

bureaucracy⁶ 〔 bju'rɑkrəsɪ 〕 *n.*
官僚作風（ = *regulations*）
The *bureaucracy* at government
offices is legendary.
【記憶技巧】 *bureau* (office) + *cracy*
(rule)

‡ **burger**² 〔'bɝgɚ 〕 *n.* 漢堡
（ = *hamburger*）
Burgers are my favorite food.

* **burglar**³ 〔'bɝglɚ 〕 *n.* 竊賊（ = *thief*）
This alarm system will protect your
house from *burglars*.
【記憶技巧】 *burgl(e)*（竊盜）+ *ar*（人）
【注意】 字尾有 ar 大多不是好人，如 beggar
（乞丐）、liar（說謊者）。

‡ **burial**⁶ 〔'bɛrɪəl 〕 *n.* 埋葬

* **burn**² 〔 bɝn 〕 *v.* 燃燒；燙傷
n. 燙傷；灼傷
In winter, people *burn* wood to
keep warm.

* **burst**² 〔 bɝst 〕 *v.* 爆破（ = *explode*）
【注意】 三態變化：burst–burst–burst
My sister's balloon *burst*.

* **bury**³ 〔'bɛrɪ 〕 *v.* 埋；埋藏
I wish the dog wouldn't *bury* bones
in the yard.

‡ **bus**¹ 〔 bʌs 〕 *n.* 公車

* **bush**³ 〔 bʊʃ 〕 *n.* 灌木叢

‡**business**[2] 〔'bɪznɪs 〕 *n.* 生意
（= *dealings* ）
We didn't do much *business* with the firm.

‡**busy**[1] 〔'bɪzɪ 〕 *adj.* 忙碌的
（= *occupied with* ）

butcher[5] 〔'butʃɚ 〕 *n.* 肉販　 *v.* 屠殺
【衍伸詞】 butchery （屠殺）

‡**butter**[1] 〔'bʌtɚ 〕 *n.* 奶油
Mom put some *butter* in the corn soup.

‡**butterfly**[1] 〔'bʌtɚ͵flaɪ 〕 *n.* 蝴蝶
A *butterfly* is an insect with wings full of bright colors.
【比較】 dragonfly （蜻蜓）

‡**button**[2] 〔'bʌtn̩ 〕 *n.* 按鈕 （ = *switch* ）；
鈕扣 （ = *fastener* ）
I pushed the *button* to turn on the light.

‡**buy**[1] 〔 baɪ 〕 *v.* 買；【口語】接受；相信
If you say it's true, I'll *buy* it.

***buzz**[3] 〔 bʌz 〕 *v.* 發出嗡嗡聲 （ = *hum* ）
n. 嗡嗡聲；嘈雜聲
There was a wasp *buzzing* around me in the garden.
【片語】 give *sb*. a buzz （打電話給某人）

byte[6] 〔 baɪt 〕 *n.* 位元組
【衍伸詞】 kilobyte （千位元組）（= KB）
megabyte （百萬位元組）（= MB）
gigabyte （億萬位元組）（= GB）

C c

‡**cabbage**[2] 〔'kæbɪdʒ 〕 *n.* 包心菜；
高麗菜；大白菜
Joe hates to eat *cabbage*.

【重要知識】美國人不分大白菜或高麗菜等，都稱 cabbage，有些字典翻成「甘藍菜」，是大陸人的用語。

***cabin**[3] 〔'kæbɪn 〕 *n.* 小木屋 （ = *hut* ）；
船艙；機艙
The hunter lived in a *cabin* in the woods.

***cabinet**[4] 〔'kæbənɪt 〕 *n.* 櫥櫃
（ = *locker* ）；（大寫）內閣
He bought a record *cabinet* last month.

***cable**[2] 〔'kebl̩ 〕 *n.* 電纜 （= *line* ）；鋼索
This new bridge is supported by hundreds of *cables*.

【衍伸詞】 *cable TV* （第四台）

【典型考題】
The best way to appreciate the beauty of the waterfall is to take the _____ car.
A. cabbage　　　 B. cable
C. cancer　　　　 D. castle　　　 [B]

cactus[5] 〔'kæktəs 〕 *n.* 仙人掌

***cafe**[2] 〔 kə'fe 〕 *n.* 咖啡店 （= *café* ）

‡**cafeteria**[2] 〔͵kæfə'tɪrɪə 〕 *n.* 自助餐廳
（= *a self-service restaurant* ）
There is a *cafeteria* in our school.

caffeine[6] 〔'kæfiɪn 〕 *n.* 咖啡因
（= *caffein* ）

‡**cage**[1] 〔 kedʒ 〕 *n.* 籠子 (= *enclosure*)
There are two lions in the *cage*.

‡**cake**[1] 〔 kek 〕 *n.* 蛋糕
Chocolate *cake* is my favorite dessert.

calcium[6] 〔'kælsɪəm 〕 *n.* 鈣
【記憶技巧】這個字要分音節背才好背，
cal-cium。

***calculate**[4] 〔'kælkjə,let 〕 *v.* 計算
(= *count*)
We have to *calculate* the cost of this plan.
【記憶技巧】*calc* (lime) + *ul* (small) +
ate (*v.*) (古時候用小石頭來「計算」)

***calculation**[4] 〔,kælkjə'leʃən 〕 *n.* 計算
(= *estimate*)

***calculator**[4] 〔'kælkjə,letɚ 〕 *n.* 計算機
May I use your *calculator* to work out this math problem?

‡**calendar**[2] 〔'kæləndɚ 〕 *n.* 日曆
Holidays are often printed in red on the *calendar*.
【衍伸詞】*lunar calendar* (農曆)

calf[5] 〔 kæf, kɑf 〕 *n.* 小牛【注意發音】

‡**call**[1] 〔 kɔl 〕 *v. n.* 叫；喊叫；打電話
給 (某人)
My mother *called* me into the house.

calligraphy[5] 〔 kə'lɪgrəfɪ 〕 *n.* 書法
【記憶技巧】*calli* (beautiful) + *graphy*
(writing) (寫得漂亮)

‡**calm**[2] 〔 kɑm 〕 *adj.* 冷靜的　*v.* 使冷靜
They were *calm* in the face of the disaster.

calorie[4] 〔'kælərɪ 〕 *n.* 卡路里
(= *calory*)

***camel**[1] 〔'kæml̩ 〕 *n.* 駱駝
【記憶技巧】*came* + *l* = *camel*

‡**camera**[1] 〔'kæmərə 〕 *n.* 照相機；
攝影機

‡**camp**[1] 〔 kæmp 〕 *v.* 露營
We will *camp* in the park tonight.

***campaign**[4] 〔 kæm'pen 〕 *n.* 活動
The old man was constantly making speeches in political *campaigns* when he was young.

‡**campus**[3] 〔'kæmpəs 〕 *n.* 校園
The students are running around the *campus*.
【記憶技巧】*camp* + *us* (我們一起在「校
園」中露營)

‡**can**[1] 〔 kæn 〕 *aux.* 能夠 (= *be able to*)
n. 罐子；罐頭
Wendy *can* type 80 words per minute.

canal[5] 〔 kə'næl 〕 *n.* 運河
(= *waterway*)
【衍伸詞】*Panama Canal* (巴拿馬運河)

canary[5] 〔 kə'nɛrɪ , kə'nerɪ 〕 *n.* 金絲雀

***cancel**[2] 〔'kænsl̩ 〕 *v.* 取消(= *call off*)；
撤銷；廢除
Mr. Jackson *cancelled* his order for the books.

┌【典型考題】─────────
When my boss told me I could not take a vacation next month, I ＿＿＿＿ my flight.
A. terminated　　B. cancelled
C. resumed　　　D. reserved　　　**[B]**
└──────────────────

C

C

‡ **cancer**[2] 〔ˈkænsɚ〕 *n.* 癌症(= *tumor*)；
弊端；(大寫) 巨蟹座
My aunt died of *cancer*.

* **candidate**[4] 〔ˈkændə,det〕 *n.* 候選人
(= *nominee*)；有望做⋯的人
The former senator declared that he
was a *candidate* for president.
【記憶技巧】 *cand* (white) + *id* (*adj.*) +
ate (人)(古代政治人物穿白袍)

┌─【典型考題】────────────
│ Three people are running for mayor.
│ All three _____ seem confident that
│ they will be elected, but we won't
│ know until the outcome of the election
│ is announced.
│ A. particles   B. receivers
│ C. candidates   D. containers   **[C]**
└────────────────────

‡ **candle**[2] 〔ˈkændḷ〕 *n.* 蠟燭
Michelle has twelve *candles* on her
birthday cake.
【記憶技巧】 *cand* (bright) + *le* (small
thing) (會發光的小東西，就是「蠟燭」)

‡ **candy**[1] 〔ˈkændɪ〕 *n.* 糖果

* **cane**[3] 〔ken〕 *n.* 手杖 (= *stick*)；藤條
Furniture made out of *cane* is
very light.

cannon[5] 〔ˈkænən〕 *n.* 大砲

* **canoe**[3] 〔kəˈnu〕 *n.* 獨木舟
Fifty miles is a long way to paddle
a *canoe*.

canvas[6] 〔ˈkænvəs〕 *n.* 帆布

* **canyon**[3] 〔ˈkænjən〕 *n.* 峽谷 (= *valley*)
【衍伸詞】 *the Grand Canyon* (大峽谷)

‡ **cap**[1] 〔kæp〕 *n.* (無邊的) 帽子
Don't forget to wear a *cap* if you go
out in the sun.

capability[6] 〔ˌkepəˈbɪlətɪ〕 *n.* 能力
(= *ability*)；才能

* **capable**[3] 〔ˈkepəbḷ〕 *adj.* 能夠的
Ben is *capable* of running a twenty-
mile marathon.
【片語】 *be capable of* (能夠)

* **capacity**[4] 〔kəˈpæsətɪ〕 *n.* 容量
(= *space*)；能力
The *capacity* of the hall is 500
people.
【片語】 *be filled to capacity* (客滿)

┌─【典型考題】────────────
│ The memory _____ of the new
│ computer has been increased so that
│ more information can be stored.
│ A. capacity   B. occupation
│ C. attachment   D. machinery   **[A]**
└────────────────────

* **cape**[4] 〔kep〕 *n.* 披風；海角
A *cape* is an important part of a
vampire costume.
【記憶技巧】 c + ape (猿) = cape

* **capital**[3,4] 〔ˈkæpətḷ〕 *n.* 首都；資本
Mr. Kim moved to the *capital* after
he won the election.

* **capitalism**[4] 〔ˈkæpətḷ,ɪzəm〕 *n.* 資本
主義

capitalist[4] 〔ˈkæpətḷɪst〕 *n.* 資本家

capsule[6] 〔ˈkæpsḷ〕 *n.* 膠囊；太空艙
Would you prefer to have the
medicine in a *capsule* or liquid form?
【衍伸詞】 *time capsule* (時空膠囊)

❋**captain**[2] 〔ˈkæptən〕 *n.* 船長；機長；隊長

He is the *captain* of our team.

【記憶技巧】 *capt* (head) + *ain* (人)
（ 帶頭的人，就是「船長」）

caption[6] 〔ˈkæpʃən〕 *n.* 標題(= *title*)；（ 照片的 ）說明；圖說

The *caption* for this picture explains the story behind UFOs.

【記憶技巧】 *cap* (take) + *tion* (*n.*)

captive[6] 〔ˈkæptɪv〕 *n.* 俘虜 (= *prisoner*)

The kidnappers claimed they would kill their *captives* if their demands were not met.

captivity[6] 〔kæpˈtɪvətɪ〕 *n.* 囚禁 (= *imprisonment*)

***capture**[3] 〔ˈkæptʃɚ〕 *v.* 抓住 (= *catch*)

Police and firefighters worked with the zookeepers in an attempt to *capture* the escaped lion.

【記憶技巧】 *cap* (catch) + *ture* (*v.*)
【反義詞】 release (釋放)

❋**car**[1] 〔kɑr〕 *n.* 汽車 (= *auto* = *automobile*)

Tom drives an old *car*.

carbohydrate[6] 〔ˌkɑrboˈhaɪdret〕 *n.* 碳水化合物

【記憶技巧】 *carbo* (carbon 碳) + *hydrate* (水化物)

carbon[5] 〔ˈkɑrbən〕 *n.* 碳

【衍伸詞】 *carbon dioxide* (二氧化碳)

❋**card**[1] 〔kɑrd〕 *n.* 卡片 *pl.* 撲克牌遊戲；卡片

Danny sent a Christmas *card* to me.

cardboard[5] 〔ˈkɑrdˌbord〕 *n.* 厚紙板

❋**care**[1] 〔kɛr〕 *v.* 在乎 *n.* 注意；照料

I don't *care* what happens.

***career**[4] 〔kəˈrɪr〕 *n.* 職業 (= *job* = *vocation* = *occupation* = *profession*)

She abandoned her *career* as a teacher.

carefree[5] 〔ˈkɛrˌfri〕 *adj.* 無憂無慮的

【記憶技巧】 *care* (憂慮) + *free* (無…的)

❋**careful**[1] 〔ˈkɛrfəl〕 *adj.* 小心的 (= *cautious*)

Be *careful* when you drive the car.

caress[6] 〔kəˈrɛs〕 *v.* 撫摸

She *caressed* him gently until he fell asleep.

【記憶技巧】 *care* + *ss*

caretaker[5] 〔ˈkɛrˌtekɚ〕 *n.* 照顧者

【記憶技巧】 *care* + *taker* (負起照顧責任的人，就是「照顧者」)

***cargo**[4] 〔ˈkɑrgo〕 *n.* 船貨；(裝載的)貨物 (= *goods*)

The ship was carrying a *cargo* of steel.

carnation[5] 〔kɑrˈneʃən〕 *n.* 康乃馨

carnival[5] 〔ˈkɑrnəvl̩〕 *n.* 嘉年華會 (= *festival*)

The *carnival* was full of clowns and fireworks.

【記憶技巧】 *carn* (flesh) (「嘉年華會」時，大家會準備大餐，可以吃到很多肉)

carol[6] 〔ˈkærəl〕 *n.* 耶誕頌歌

carp[5] 〔kɑrp〕 *n.* 鯉魚

C

* **carpenter** [3] 〔ˈkɑrpəntɚ 〕 *n.* 木匠
（＝ *woodworker* ）

‡ **carpet** [2] 〔ˈkɑrpɪt 〕 *n.* 地毯
A cat was sleeping on a *carpet*.
【比較】rug（小塊的地毯）

* **carriage** [3] 〔ˈkærɪdʒ 〕 *n.* 四輪馬車；
火車車廂；運輸；運費
Four horses pulled the *carriage*.
【記憶技巧】*carri* (car) + *age* (*n.*)

carrier [4] 〔ˈkærɪɚ 〕 *n.* 運送人；郵差；
帶菌者；運輸公司；運輸工具

‡ **carrot** [2] 〔ˈkærət 〕 *n.* 胡蘿蔔
We grow *carrots* in our garden.

‡ **carry** [1] 〔ˈkærɪ 〕 *v.* 攜帶；拿著（＝ *take* ）
Linda *carried* a big box.

* **cart** [2] 〔kɑrt 〕 *n.* 手推車
The farmers carried their vegetables
to market in a *cart*.

carton [5] 〔ˈkɑrtn̩ 〕 *n.* 紙箱；紙盒
（＝ *box* ）
My father bought a *carton* of
cigarettes yesterday.
【衍伸詞】*a carton of cigarettes*（一條
香煙）

‡ **cartoon** [2] 〔kɑrˈtun 〕 *n.* 卡通
（＝ *animation* ）
My children enjoy *cartoons*.

* **carve** [4] 〔kɑrv 〕 *v.* 雕刻（＝ *cut* ）
He *carved* his name on the tree.

‡ **case** [1] 〔kes 〕 *n.* 情況（＝ *condition* ）；
例子（＝ *example* ）；盒子（＝ *container* ）
That's a very unusual *case*.

‡ **cash** [2] 〔kæʃ 〕 *n.* 現金（＝ *money* ）
Roy pays *cash* for his clothes.

cashier [6] 〔kæˈʃɪr 〕 *n.* 出納員（＝ *teller* ）
【記憶技巧】*cash*（現金）+ *ier*（人）
（負責管理現金的人，就是「出納員」）

‡ **cassette** [2] 〔kæˈsɛt 〕 *n.* 卡式錄音帶
I bought a lot of *cassettes*
yesterday.

* **cast** [3] 〔kæst 〕 *v.* 投擲；扔（＝ *throw* ）
n. 演員陣容；石膏
We *cast* bread into the water to
attract fish.

‡ **castle** [2] 〔ˈkæsl̩ 〕 *n.* 城堡
Long ago, kings lived in *castles*.

* **casual** [3] 〔ˈkæʒuəl 〕 *adj.* 非正式的
（＝ *informal* ）；輕鬆的；休閒的
The party is *casual*, so don't
dress up.

casualty [6] 〔ˈkæʒuəltɪ 〕 *n.* 死傷（者）
（＝ *victim* ）；傷亡者
The earthquake that occurred last
year caused heavy *casualties*.
【衍伸詞】*heavy casualties*（傷亡慘重）

‡ **cat** [1] 〔kæt 〕 *n.* 貓

* **catalogue** [4] 〔ˈkætl̩ˌɔg 〕 *n.* 目錄
（＝ *catalog* ）*v.* 將⋯編目分類
If something is not available in our
store, you can order it from the
catalogue.
【記憶技巧】*cata* (fully) + *logue* (say)
（有詳細敘述內容的東西，就是「目錄」）

catastrophe[6] 〔kəˈtæstrəfɪ〕 *n.*
大災難 (= *disaster* = *calamity*)
The drought was a *catastrophe* for
the small farmers.
【記憶技巧】這個字很長，分音節背會比較
好背 ca-tas-tro-phe。

***catch[1] 〔kætʃ〕 *v.* 抓住 (= *seize*)；
吸引 (注意) (= *attract*)   *n.* 陷阱
Jenny keeps a cat to *catch* mice.
┌─【典型考題】──────────
A large poster in beautiful colors
_____ the attention of many
people.
A. called   B. caught
C. charted   D. caused   [B]
└──────────────────

category[5] 〔ˈkætəˌgorɪ〕 *n.* 類別
(= *class*)；範疇
In which *category* would you place
this book, history or politics?

cater[6] 〔ˈketɚ〕 *v.* 迎合
There are some programs *catering*
to the interests of teenagers.
【片語】*cater to* (迎合；滿足)

*caterpillar[3] 〔ˈkætɚˌpɪlɚ〕 *n.* 毛毛蟲
The *caterpillar* will eventually turn
into a beautiful butterfly.

cathedral[5] 〔kəˈθidrəl〕 *n.* 大教堂
【比較】church (教堂) 規模較小。

*cattle[3] 〔ˈkætḷ〕 *n.* 牛 (= *cows*)
These *cattle* have been marked for
slaughter.
【注意】cattle 為集合名詞，當複數用，
不加 s。

*cause[1] 〔kɔz〕 *n.* 原因   *v.* 造成
(= *lead to*)

What was the *cause* of the accident?
【反義詞】result (結果)

caution[5] 〔ˈkɔʃən〕 *n.* 小心；謹慎
(= *care*)
The zookeeper approached the lion
with great *caution*.

cautious[5] 〔ˈkɔʃəs〕 *adj.* 小心的；
謹慎的 (= *careful*)

cavalry[6] 〔ˈkævḷrɪ〕 *n.*
騎兵 (= *mounted troops*)
The *cavalry* came just in time as
we were about to lose the castle to
the Vikings.
【記憶技巧】*caval* (horse) + *ry* (集合
名詞字尾)
【注意】ry 為集合名詞字尾，如 poultry
(家禽)、scenery (風景)，和 jewelry
(珠寶)。

*cave[2] 〔kev〕 *n.* 洞穴 (= *hollow*)
This *cave* is so large that it has not
been fully explored yet.

cavity[6] 〔ˈkævətɪ〕 *n.* 洞；穴；凹處；
蛀牙 (= *caries* 〔ˈkɛriz〕)；蛀牙的洞

*CD[4] *n.* 雷射唱片 (= *compact disk*)

*cease[4] 〔sis〕 *v.* 停止 (= *stop*)
The colonel ordered the men to
cease firing.

*ceiling[2] 〔ˈsilɪŋ〕 *n.* 天花板
A lamp is hanging from the *ceiling*.
【片語】*hit the ceiling* (勃然大怒)
┌─【典型考題】──────────
Last night the glass lamp hanging from
the _____ dropped and hit him on the
head.
A. calendar   B. dew
C. director   D. ceiling   [D]
└──────────────────

celebrate[3] 〔'sɛlə,bret 〕 v. 慶祝
（ = *commemorate* ）

We *celebrated* Judy's birthday
yesterday.

【記憶技巧】*celebr* (populous) + *ate*
(*v.*) （「慶祝」活動中，有很多人參與）

* **celebration**[4] 〔,sɛlə'breʃən 〕 n. 慶祝
活動（ = *commemoration* ）

celebrity[5] 〔 sə'lɛbrətɪ 〕 n. 名人
（ = *personality* ）

Tom Cruise and Michael Jackson
are *celebrities*.

【衍伸詞】celebrated（有名的）

celery[5] 〔'sɛlərɪ 〕 n. 芹菜

* **cell**[2] 〔 sɛl 〕 n. 細胞；小牢房；小蜂窩；
電池；手機（ = *cell phone* ）

All animals are made of *cells*.

cell phone[5] n. 手機
（ = *cellular phone* ）

┌─【典型考題】─
│ We should not talk loudly on the _____
│ when we take a bus or a train.
│ A. cell phone   B. e-mail
│ C. stereo   D. video   [A]
└─

cellar[5] 〔'sɛlɚ 〕 n. 地窖（ = *basement* ）

cello[5] 〔'tʃɛlo 〕 n. 大提琴
（ =*violoncello* ）
【比較】violin（小提琴）

* **cement**[4] 〔 sə'mɛnt 〕 n. 水泥
（ = *mortar* 〔'mɔrtɚ 〕） v. 鞏固

The *cement* wall was cracked by
the earthquake.

cemetery[6] 〔'sɛmə,tɛrɪ 〕 n. 墓地
（ = *graveyard* ）；公墓

【記憶技巧】*cemet* (sleep) + *ery* (n.)
（安息地，也就是「墓地」）

cent[1] 〔 sɛnt 〕 n. 分 （ = *penny* ）

There are 100 *cents* to a dollar.

center[1] 〔'sɛntɚ 〕 n. 中心
（ = *middle* = *centre* 【英式用法】）

New York is a *center* of trade.

centigrade[5] 〔'sɛntə,gred 〕 adj.
攝氏的（ = *Celsius* 〔'sɛlsɪəs 〕）

【記憶技巧】這個字可分音節背：
cen-ti-grade。
【比較】Fahrenheit（華氏的）

centimeter[3] 〔'sɛntə,mitɚ 〕 n. 公分
（ = *cm* = *centimetre* 【英式用法】）

Children under 110 *centimeters*
need not pay any fare.

【記憶技巧】*centi* (hundred) + *meter*
（公尺的百分之一，就是「公分」）

* **central**[2] 〔'sɛntrəl 〕 adj. 中央的
（ = *middle* ）

The railroad station is in the *central*
part of the city.

【記憶技巧】*centr* (center) + *al* (adj.)

* **century**[2] 〔'sɛntʃərɪ 〕 n. 世紀

We live in the twenty-first *century*.

【記憶技巧】*cent* (hundred) + *ury* (n.)
（一百年就是一「世紀」）

ceramic[3] 〔 sə'ræmɪk 〕 adj. 陶器的
n. 陶瓷

The *ceramic* plate broke when I
dropped it.

※**cereal**[2] 〔'sɪrɪəl 〕 *n.* 穀類食品；麥片
I've just bought a box of *cereal*.

***ceremony**[5] 〔'sɛrə,monɪ 〕 *n.* 典禮；
禮節；客套
A funeral is a solemn *ceremony*.
【比較】harm<u>ony</u>（和諧）
        test<u>imony</u>（證詞；口供）

※**certain**[1] 〔'sɝtn 〕 *adj.* 確定的
（= *sure*）；某個；某些
I am not *certain* whether he will come today.
We promised to meet at a *certain* place.

【典型考題】
The teacher didn't teach the next formula until he made _____ everyone understood this one.
A. awake   B. believe
C. certain   D. rush   [C]

certainty[6] 〔'sɝtntɪ 〕 *n.* 確信；把握
（= *confidence*）；必然的事
He has no *certainty* of passing the exam.

certificate[5] 〔 sə'tɪfəkɪt 〕 *n.* 證書
（= *document*）；證明書
She holds a *certificate* that says she worked here as a typist from 1960 to 1968.

【典型考題】
Nowadays people have to pass various tests for professional _____ so that they can be qualified for a well-paid job.
A. mechanics   B. perseverance
C. certificates   D. designs   [C]

certify[6] 〔'sɝtə,faɪ 〕 *v.* 證明（= *prove*）

This diploma *certifies* that you have completed high school.
【記憶技巧】*cert* (sure) + *ify* (make)

***chain**[3] 〔 tʃen 〕 *n.* 鏈子；連鎖店
Terry put the dog on a *chain* in the backyard.
【衍伸詞】*chain store*（連鎖店）

※**chair**[1] 〔 tʃɛr 〕 *n.* 椅子

chairman[5] 〔'tʃɛrmən 〕 *n.* 主席
（= *chairperson*）
He was *chairman* of the meeting.
【記憶技巧】*chair* + *man*

chairperson[5] 〔'tʃɛr,pɝsn 〕 *n.* 主席
【記憶技巧】*chair* + *person*

chairwoman[5] 〔'tʃɛr,wumən 〕 *n.* 女主席

※**chalk**[2] 〔 tʃɔk 〕 *n.* 粉筆
My teacher is writing with a piece of *chalk*.
【注意】chalk 中的 l 不發音，此外，這個字不可數，量詞為 piece，例如 two pieces of chalk（兩支粉筆）。

***challenge**[3] 〔'tʃælɪndʒ 〕 *n. v.* 挑戰
【典型考題】
In this ever-changing world, we must be prepared to face all kinds of _____.
A. agency   B. challenges
C. wilderness   D. grades   [B]

***chamber**[4] 〔'tʃembɚ 〕 *n.* 房間
（= *room*）；會議廳；議會

champagne[6] 〔 ʃæm'pen 〕 *n.* 香檳
（= *bubbly*）

C

* **champion**[3] 〔ˈtʃæmpɪən〕 *n.* 冠軍
(= *winner*)

* **championship**[4] 〔ˈtʃæmpɪənˌʃɪp〕 *n.*
冠軍資格

‡‡ **chance**[1] 〔tʃæns〕 *n.* 機會
(= *opportunity*)
At the party every child has a
chance to win a prize.

‡‡ **change**[2] 〔tʃendʒ〕 *v.* 改變 (= *alter*)
n. 零錢
I will not *change* my mind.

* **changeable**[3] 〔ˈtʃendʒəbḷ〕 *adj.*
可改變的 (= *variable*)；善變的

‡‡ **channel**[3] 〔ˈtʃænḷ〕 *n.* 頻道；海峽
(= *strait*)
What's on *Channel* 55 tonight?
【衍伸詞】 *the English Channel* (英吉
利海峽)

chant[5] 〔tʃænt〕 *v.* 吟唱 (= *sing*)；
反覆地說

chaos[6] 〔ˈkeɑs〕 *n.* 混亂 (= *disorder*)

chapter[3] 〔ˈtʃæptɚ〕 *n.* 章 (= *section*)
The book consists of ten *chapters*.

‡ **character**[2] 〔ˈkærɪktɚ〕 *n.* 性格
(= *personality*)
She has a changeable *character*.

* **characteristic**[4] 〔ˌkærɪktəˈrɪstɪk〕
n. 特性 (= *feature*)

characterize[6] 〔ˈkærɪktəˌraɪz〕
v. 以…爲特色 (= *distinguish*)
【常考片語】 *be characterized by* (特色是)

【典型考題】
The elephant is ＿＿＿＿ by its long
trunk and ivory tusks.
A. valued　　　　B. characterized
C. hunted　　　　D. motivated　　[B]

charcoal[6] 〔ˈtʃɑrˌkol〕 *n.* 木炭
(= *wood-coal*)
【注意】 這個字不可數，若要數，可加量詞，
如 a piece of charcoal (一塊木炭)。

‡‡ **charge**[2] 〔tʃɑrdʒ〕 *v.* 收費 (= *bill*)；
控告 (= *accuse*)　　*n.* 費用；控告
He *charged* me five dollars for a
cup of coffee.
【常考片語】 *charge sb. with* (控告某人～)

【典型考題】
This hotel is quite reasonable.　It
＿＿＿＿ only NT$ 800 for a single
room per night.
A. charges　　　　B. changes
C. chooses　　　　D. charts　　[A]

chariot[6] 〔ˈtʃærɪət〕 *n.* 兩輪戰車
Romans used to ride *chariots* into
war.
【比較】 riot (暴動)。

charitable[6] 〔ˈtʃærətəbḷ〕 *adj.* 慈善的
(= *benevolent* 〔bəˈnɛvələnt〕)

* **charity**[4] 〔ˈtʃærətɪ〕 *n.* 慈善機構
(= *charitable organization*)
The Red Cross is an international
charity.

* **charm**[3] 〔tʃɑrm〕 *n.* 魅力
【衍伸詞】 charming (迷人的)

‡‡ **chart**[1] 〔tʃɑrt〕 *n.* 圖表 (= *diagram*)
The result is shown on *chart* 2.

chase[1] 〔 tʃes 〕 v. 追趕；追求
（ = *pursue* ）
A dog was *chasing* a motorcycle.

*****chat**[3] 〔 tʃæt 〕 v. 聊天（ = *talk* ）

chatter[5] 〔'tʃætɚ 〕 v. 喋喋不休
（ = *prattle* 〔'prætḷ 〕 ）
Those ladies are *chattering* about everything.

cheap[2] 〔 tʃip 〕 adj. 便宜的
【反義詞】expensive（昂貴的）

cheat[2] 〔 tʃit 〕 v. 欺騙（ = *deceive* ）；
作弊
Kim was *cheated* by the stranger.

check[1] 〔 tʃɛk 〕 v. 檢查（ = *examine* ）
n. 支票（ = *cheque* ）
Please *check* the door before going to bed.
I wrote my son a *check* for $10,000.

checkbook[5] 〔'tʃɛk͵bʊk 〕 n. 支票簿
（ = *chequebook* ）

check-in[5] 〔'tʃɛk͵ɪn 〕 n. 登記住宿；
報到

check-out[5] 〔'tʃɛk͵aʊt 〕 n. 結帳退房
（ = *checkout* ）

checkup[5] 〔'tʃɛk͵ʌp 〕 n. 健康檢查
（ = *medical examination* ）
Madeleine takes her children to the doctor every year for a *checkup*.

*****cheek**[3] 〔 tʃik 〕 n. 臉頰

cheer[3] 〔 tʃɪr 〕 v. 使振作（ = *hearten* ）；
使高興；使感到安慰；歡呼
Going to a KTV after the exam will *cheer* me up.
【片語】*cheer sb. up*（使某人振作精神）

*****cheerful**[3] 〔'tʃɪrfəl 〕 adj. 愉快的
（ = *pleasant* ）

cheese[3] 〔 tʃiz 〕 n. 起司
I'm fond of French *cheese*.

chef[5] 〔 ʃɛf 〕 n. 主廚；廚師

*****chemical**[2] 〔'kɛmɪkḷ 〕 n. 化學物質
（ = *compound* ）　 adj. 化學的
Joe decided to be a *chemical* engineer.
【衍伸詞】*agricultural chemicals*（農藥）

chemist[5] 〔'kɛmɪst 〕 n. 化學家

*****chemistry**[4] 〔'kɛmɪstrɪ 〕 n. 化學
【比較】physics（物理學）

*****cherish**[4] 〔'tʃɛrɪʃ 〕 v. 珍惜
（ = *treasure* ）；心中懷有

*****cherry**[3] 〔'tʃɛrɪ 〕 n. 櫻桃

chess[2] 〔 tʃɛs 〕 n. 西洋棋
My younger brother loves playing *chess*.

*****chest**[3] 〔 tʃɛst 〕 n. 胸部（ = *breast* ）

chestnut[5] 〔'tʃɛsnət 〕 n. 栗子
【比較】nut（堅果）；peanut（花生）；
coconut（椰子）；walnut（胡桃）；
hazelnut（榛子）

*****chew**[3] 〔 tʃu 〕 v. 嚼（ = *munch* ）
【衍伸詞】*chewing gum*（口香糖）

*****chick**[1] 〔 tʃɪk 〕 n. 小雞
【比較】kitten（小貓）；puppy（小狗）

chicken[1] 〔'tʃɪkən 〕 n. 雞；雞肉
I like to eat fried *chicken*.

*****chief**[1] 〔 tʃif 〕 adj. 主要的（ = *main* ）
n. 首長（ = *head* ）；酋長

C

C

‡**child**[1] 〔tʃaɪld〕*n.* 小孩

【注意】複數形是 children。

*‡**childhood**[3] 〔'tʃaɪld,hʊd〕*n.* 童年

Her early *childhood* had been very happy.

【記憶技巧】*child*（兒童）+ *hood*（表示時期）

*‡**childish**[2] 〔'tʃaɪldɪʃ〕*adj.* 幼稚的（= *immature*）

It's *childish* of you to say that.

【記憶技巧】*child*（兒童）+ *ish*（帶有～性質）

*‡**childlike**[2] 〔'tʃaɪld,laɪk〕*adj.* 純眞的

She looked at me with her *childlike* eyes.

【記憶技巧】*child*（兒童）+ *like*（像～樣的）

chili[5] 〔'tʃɪlɪ〕*n.* 辣椒（= *chili pepper*）

【比較】chili 和 Chile（智利）發音相同。

chill[3] 〔tʃɪl〕*n.* 寒冷（= *coldness*）；害怕的感覺

His words sent a *chill* down her spine.

chilly[3] 〔'tʃɪlɪ〕*adj.* 寒冷的（= *cold*）

chimney[3] 〔'tʃɪmnɪ〕*n.* 煙囱

chimpanzee[5] 〔,tʃɪmpæn'zi〕*n.* 黑猩猩

【比較】gorilla（大猩猩）

*‡**chin**[2] 〔tʃɪn〕*n.* 下巴

John fell down and scraped his *chin*.

chip[3] 〔tʃɪp〕*n.* 薄片；晶片；籌碼；碎片 *v.* 碰出缺口

【衍伸詞】*potato chips*（洋芋片）

chirp[4] 〔tʃɝp〕*v.* 發出啁啾聲；嘰嘰喳喳地說 *n.* 啁啾聲；鳥叫聲

*‡**chocolate**[2] 〔'tʃɔkəlɪt〕*n.* 巧克力 *adj.* 巧克力的

My sister made a *chocolate* cake yesterday.

choice[2] 〔tʃɔɪs〕*n.* 選擇（= *selection*）

Be careful in your *choice* of friends.

choir[5] 〔kwaɪr〕*n.* 唱詩班；（教堂內）唱詩班的席位；（學校的）合唱團

【注意發音】

choke[3] 〔tʃok〕*v.* 使窒息；噎住（= *suffocate*）

Don't let the baby put a marble in his mouth; he might *choke* on it.

cholesterol[6] 〔kə'lɛstə,rol〕*n.* 膽固醇

【記憶技巧】可分音節背：cho-leste-rol。

*‡**choose**[2] 〔tʃuz〕*v.* 選擇（= *select*）

Sally has to *choose* the dress she likes best.

chop[3] 〔tʃɑp〕*v.* 砍；剁碎（= *cut*）*n.* 小肉片；（帶骨的）小塊肉

The cook *chopped* the meat into smaller pieces.

*‡**chopsticks**[2] 〔'tʃɑp,stɪks〕*n.pl.* 筷子

Most Asians eat with *chopsticks*.

chord[5] 〔kɔrd〕*n.* 和弦；和音

Danny has already learned to play some simple *chords* on his guitar.

chore[4] 〔tʃor〕*n.* 雜事（= *task*）

Taking out the garbage is one of the *chores* that I must do at home.

【衍伸詞】*household chores*（家事）

* **chorus**[4] 〔'korəs 〕 *n.* 合唱團

‡**Christmas**[1] 〔'krɪsməs 〕 *n.* 聖誕節
(= *Xmas*)

chronic[6] 〔'krɑnɪk 〕 *adj.* 慢性的
(= *constant*)；長期的
There is no medicine that can cure
Kate's *chronic* cough.
【記憶技巧】 *chron* (time) + *ic* (*adj.*)
(持續長時間的，表示此病是「慢性的」)
【反義詞】 acute (急性的)

‡**chubby**[5] 〔'tʃʌbɪ 〕 *adj.* 圓胖的
(= *plump*)
Daisy has a *chubby* face.

chuckle[6] 〔'tʃʌkl̩ 〕 *v.* 咯咯地笑
(= *chortle*)
They were *chuckling* over the TV
program.

chunk[6] 〔 tʃʌŋk 〕 *n.* 厚塊 (= *hunk*)
The sculptor looked at the *chunk* of
stone, thinking about what kind of
shape he could create.

‡**church**[1] 〔 tʃɝtʃ 〕 *n.* 教堂
(= *chapel* 〔'tʃæpl̩ 〕)
People go to *church* to pray.

cigar[4] 〔 sɪ'gɑr 〕 *n.* 雪茄

* **cigarette**[3] 〔'sɪgə,rɛt 〕 *n.* 香煙
【比較】 tobacco (煙草)

* **cinema**[4] 〔'sɪnəmə 〕 *n.* 電影
(= *movie*)；電影院

‡**circle**[2] 〔'sɝkl̩ 〕 *n.* 圓圈 (= *ring*)
Peter drew a *circle* in my book.

circuit[5] 〔'sɝkɪt 〕 *n.* 電路
All of the electrical wiring in this
room is on the same *circuit*.
【記憶技巧】 *circu* (around) + *it* (go)
(以環繞方式運行的「電路」)

* **circular**[4] 〔'sɝkjələ 〕 *adj.* 圓的
(= *round*)

* **circulate**[4] 〔'sɝkjə,let 〕 *v.* 循環
(= *flow*)
【記憶技巧】 *circul* (circle) + *ate* (*v.*)
(表示「循環」的形狀就像是一個圓圈)

* **circulation**[4] 〔,sɝkjə'leʃən 〕 *n.* 循環
(= *flow*)；發行量

┌─【典型考題】─────────┐
If you exercise regularly, your blood
_____ will be improved, and you
will feel more energetic.
A. fatigue　　　B. tranquility
C. fragrance　　D. circulation　　[D]
└────────────────────┘

* **circumstance**[4] 〔'sɝkəm,stæns 〕
n. 情況 (= *condition* = *situation*)
【常考片語】 *under no circumstances*
(在任何情況下都不；絕不)
【記憶技巧】 *circum* (around) + *stan*
(stand) + *ce* (*n.*) (關於某事或某人周圍
的「情況」)

* **circus**[3] 〔'sɝkəs 〕 *n.* 馬戲團；
(古羅馬的) 圓形競技場

cite[5] 〔 saɪt 〕 *v.* 引用 (= *quote*)；提出；
表揚；傳喚
The speaker *cited* several research
studies to support what he said.

*__citizen__[2] 〔'sɪtəzṇ〕 n. 公民（= *civilian* ）
Many Chinese in the United States
have become American *citizens*.
【記憶技巧】*citiz*（城市）+ *en*（人）
【衍伸詞】*senior citizen*（老人）

‡‡‡__city__[1] 〔'sɪtɪ〕 n. 城市（= *town* ）

__civic__[5] 〔'sɪvɪk〕 adj. 公民的（= *civil* ）；
市民的；城市的

__civil__[3] 〔'sɪvḷ〕 adj. 公民的（= *civic* ）；
平民的；（非軍用而是）民用的

__civilian__[4] 〔sə'vɪljən〕 n. 平民；
老百姓；非軍警人員　adj. 平民的

*__civilization__[4] 〔ˌsɪvḷaɪ'zeʃən〕 n. 文明
（= *culture* ）

__civilize__[6] 〔'sɪvḷˌaɪz〕 v. 教化
（= *cultivate* ）
【記憶技巧】*civil* (citizen) + *ize* (v.)

*__claim__[2] 〔klem〕 v. 宣稱（= *assert* ）；
要求（= *demand* ）；認領
He *claimed* his answer was correct.
【比較】exclaim（大叫；呼喊）

__clam__[5] 〔klæm〕 n. 蛤蜊
【比較】calm（平靜的），注意
發音不同，就不會搞混。

__clamp__[6] 〔klæmp〕 n. 鉗子

__clan__[5] 〔klæn〕 n. 家族；氏族；宗族；
派系

‡‡__clap__[2] 〔klæp〕 v. 鼓掌（= *applaud* ）
Alice *clapped* when the music
ended.

*__clarify__[4] 〔'klærəˌfaɪ〕 v. 清楚地說明
（= *explain* ）
Not understanding what Jim meant
by systematic problems, I asked
him to *clarify*.

__clarity__[6] 〔'klærətɪ〕 n. 清晰
（= *clearness* ）

*__clash__[4] 〔klæʃ〕 v. 起衝突（= *conflict* ）；
不相稱；爭吵
Joe and Tony *clashed* at the meeting.
This shirt *clashes* with my trousers.

__clasp__[5] 〔klæsp〕 v. n. 緊握（= *grasp* ）；
緊抱
The boy *clasped* the girl by the hand.

‡‡‡__class__[1] 〔klæs〕 n. 班級；（班級的）
上課（時間）；等級
There are thirty students in our
class.

*__classic__[2] 〔'klæsɪk〕 adj. 第一流的；
經典的（= *first-class* ）；古典的
Pride and Prejudice is a *classic* work.

‡__classical__[3] 〔'klæsɪkḷ〕 adj. 古典的
（= *classic* ）
My mother loves *classical* music.

*__classification__[4] 〔ˌklæsəfə'keʃən〕 n.
分類（= *categorization* ）

*__classify__[4] 〔'klæsəˌfaɪ〕 v. 分類
（= *categorize* ）
【記憶技巧】*class*（等級）+ *ify* (v.)
【衍伸詞】*classified ads*（分類廣告）

__clause__[5] 〔klɔz〕 n. 子句；（條約、法律
的）條款
【衍伸詞】*noun clause*（名詞子句）

* **claw**[2] 〔klɔ〕 *n.* 爪

【記憶技巧】 c + law (法律) = claw

【典型考題】
Koalas are cute. But you have to watch out for their _____ when you hold them.
A. claws   B. dumplings
C. duties   D. cereals   [A]

* **clay**[2] 〔kle〕 *n.* 黏土

【記憶技巧】 c + lay (下蛋;放置) = clay

‡ **clean**[1] 〔klin〕 *adj.* 乾淨的 (= *hygienic*)   *v.* 打掃;清理
The air is not *clean* in big cities.
【反義詞】 dirty (髒的)

cleaner[2] 〔'klinɚ〕 *n.* 清潔工;乾洗店

cleanse[6] 〔klɛnz〕 *v.* 使清潔 (= *clean*);洗清【注意發音】
【衍伸詞】 cleanly 〔'klɛnlɪ〕 *adj.* 乾淨的
cleanliness 〔'klɛnlɪnɪs〕 *n.* 清潔;愛乾淨

‡ **clear**[1] 〔klɪr〕 *adj.* 清楚的;清澈的
The sea is so *clear* that I can see the fish.

clearance[6] 〔'klɪrəns〕 *n.* 清理
We were responsible for the *clearance* of the bottles.

clench[6] 〔klɛntʃ〕 *v.* 握緊
Samuel was so angry that he *clenched* his fist.

‡ **clerk**[2] 〔klɝk〕 *n.* 店員;職員
My mother works as a *clerk* in the shop.

【典型考題】
I like to go shopping in that store because the _____ there are very polite and nice.
A. clerks   B. doctors
C. fans   D. passengers   [A]

‡ **clever**[2] 〔'klɛvɚ〕 *adj.* 聰明的 (= *smart* = *intelligent*)
He seems to have a lot of *clever* ideas.

* **click**[3] 〔klɪk〕 *n.* 喀嗒聲 (= *clack*)
【記憶技巧】 c + lick (舔) = click

* **client**[3] 〔'klaɪənt〕 *n.* 客戶

* **cliff**[4] 〔klɪf〕 *n.* 懸崖 (= *crag*)
It's very dangerous to get too close to the edge of the *cliff*.

‡ **climate**[2] 〔'klaɪmɪt〕 *n.* 氣候
She doesn't like to live in a hot *climate*.
【比較】 weather (天氣)

* **climax**[4] 〔'klaɪmæks〕 *n.* 高潮 (= *culmination*)
Everyone in the theater held his breath at the *climax* of the movie.
【記憶技巧】 *cli* (bend) + *max* (largest)
(情緒曲線彎曲幅度最大的位置,就代表情緒的「高潮」)

【典型考題】
The _____ of the story was when the dog saved the little girl from the bad man.
A. version   B. climax
C. attempt   D. system   [B]

‡ **climb**[1] 〔klaɪm〕 *v.* 爬;攀登 (= *mount*)
We will *climb* Mt. Jade this summer.

cling[5] 〔klɪŋ〕v. 黏住（= stick）；
緊抓住（= clutch）

When I got home from the beach, I noticed that there was still a lot of sand *clinging* to my feet.

【片語】 *cling to*（黏住；緊抓住）

┌─【典型考題】──────────
│ The child _____ to his mother's skirt
│ on the bus to keep from falling down.
│ A. deployed   B. absorbed
│ C. clung   D. sacrificed   [C]
└──────────────────────

C

* **clinic**[3] 〔'klɪnɪk〕n. 診所

【記憶技巧】 *clin* (bed) + *ic*
（提供病床的地方，就是「診所」）

clinical[6] 〔'klɪnɪkḷ〕adj. 臨床的

【衍伸詞】 *clinical medicine*（臨床醫學）

* **clip**[3] 〔klɪp〕v. 修剪（= trim）；夾住
n. 迴紋針（= paper clip）；夾子

I have to *clip* my nails before they get any longer.

【衍伸詞】 clippers（指甲刀）

【注意】夾小東西用 clip，夾大東西，或使東西固定，用 clamp。pliers（鉗子），則須用複數形。

clock[1] 〔klɑk〕n. 時鐘

I'm going to buy a new *clock* this weekend.

clockwise[5] 〔'klɑk,waɪz〕adv. 順時針方向地

【反義詞】 counterclockwise（逆時針方向地）

clone[6] 〔klon〕n. 複製的生物 v. 複製

close[1] 〔kloz〕v. 關上（= shut）
〔klos〕adj. 接近的（= near）

Close the door, please.

closet[2] 〔'klɑzɪt〕n. 衣櫥

Hang your coat in the *closet*.

closure[6] 〔'kloʒɚ〕n. 關閉；終止
（= closing）

* **cloth**[2] 〔klɔθ〕n. 布（= fabric）

* **clothe**[2] 〔kloð〕v. 穿衣（= dress）

clothes[2] 〔kloz〕n. pl. 衣服

We need cloth to make *clothes*.

* **clothing**[2] 〔'kloðɪŋ〕n. 衣服【集合名詞】

* **cloud**[1] 〔klaʊd〕n. 雲

The top of Mt. Ali was covered with *clouds*.

cloudy[2] 〔'klaʊdɪ〕adj. 多雲的

Today is a *cloudy* day.

clover[5] 〔'klovɚ〕n. 苜蓿（= trefoil）；
三葉草

* **clown**[2] 〔klaʊn〕n. 小丑

【比較】 crown（皇冠）

club[2] 〔klʌb〕n. 俱樂部；社團

Jessica belongs to the drama *club*.

* **clue**[3] 〔klu〕n. 線索

The police found a *clue* to her whereabouts.

* **clumsy**[4] 〔'klʌmzɪ〕adj. 笨拙的
（= awkward〔'ɔkwɚd〕）

It was so *clumsy* of me to knock that vase over.

┌─【典型考題】──────────
│ Johnny is a _____ boy. He often spills
│ the milk at breakfast and makes a mess.
│ A. rodent   B. pessimistic
│ C. majestic   D. clumsy   [D]
└──────────────────────

cluster[5] 〔'klʌstɚ 〕 *v.* 聚集 (= *gather*)
n. (葡萄等的) 串；群
Students *clustered* around the notice board to see who had been cast in the play.

clutch[5] 〔 klʌtʃ 〕 *v.* 緊抓 (= *seize*)
n. 離合器
I carried my suitcase with my left hand and *clutched* my ticket in my right.

＊**coach**[2] 〔 kotʃ 〕 *n.* 教練
Ted is my swimming *coach*.

＊**coal**[2] 〔 kol 〕 *n.* 煤
【比較】charcoal (木炭)

＊**coarse**[4] 〔 kors 〕 *adj.* 粗糙的 (= *rough*)
I don't like to wear this shirt because the material feels *coarse*.
【反義詞】 smooth (平滑的)

＊**coast**[1] 〔 kost 〕 *n.* 海岸 (= *shore*)
They live on the *coast*.

coastline[5] 〔'kost,laɪn 〕 *n.* 海岸線

＊**coat**[1] 〔 kot 〕 *n.* 外套；大衣 (= *jacket*)
v. 覆蓋；塗在…上面

＊**cock**[2] 〔 kak 〕 *n.* 公雞 (= *rooster*)

＊**cockroach**[2] 〔'kak,rotʃ 〕 *n.* 蟑螂
(= *roach*)
Lucy is afraid of *cockroaches*.

＊**cocktail**[3] 〔'kak,tel 〕 *n.* 雞尾酒
【重要知識】cocktail 源自古時的「雞尾酒」上面會用公雞的羽毛裝飾。

cocoa[1] 〔'koko 〕 *n.* 可可粉；可可飲料；可可色

＊**coconut**[3] 〔'kokənət 〕 *n.* 椰子

cocoon[5] 〔 kə'kun 〕 *n.* 繭
【比較】silkworm (蠶)

＊**code**[4] 〔 kod 〕 *n.* 密碼；道德準則；行為規範
【衍伸詞】 decode (解碼)

＊＊**coffee**[1] 〔'kɔfɪ 〕 *n.* 咖啡

coffin[6] 〔'kɔfɪn 〕 *n.* 棺材 (= *casket*)

coherent[6] 〔 ko'hɪrənt 〕 *adj.* 有條理的；前後一致的 (= *consistent*)
To get a good score, your essay must be well-organized and *coherent*.
【記憶技巧】*co* (together) + *her* (stick) + *ent* (*adj.*) (前後黏在一起，表示「前後一致的」)
【比較】 inherent (天生的)
adherent (附著的)

coil[5] 〔 kɔɪl 〕 *n.* 捲 (= *loop*)；圈
v. 捲纏；捲繞
I found a *coil* of rope in the basement.

＊**coin**[2] 〔 kɔɪn 〕 *n.* 硬幣 (= *metal money*)

coincide[6] 〔,koɪn'saɪd 〕 *v.* 與…同時發生 (= *occur simultaneously*)；巧合；一致
【記憶技巧】*co* (together) + *incide* (fall upon)

coincidence[6] 〔 ko'ɪnsədəns 〕 *n.* 巧合 (= *happenstance*)
I hadn't planned to meet Rachel, but by *coincidence* we went to the café at the same time.
【重要知識】偶然看到了朋友，可說：" What a coincidence!" (真巧！)

＊＊**Coke**[1] 〔 kok 〕 *n.* 可口可樂 (= *Coca-Cola*)
I would like to have a *Coke*.

C

cola[1] 〔 'kolə 〕 *n.* 可樂 (= *coke*)

cold[1] 〔 kold 〕 *adj.* 寒冷的 (= *chilly*)
n. 冷空氣；感冒
We had a *cold* winter.

* **collapse**[4] 〔 kə'læps 〕 *v.* 倒塌；倒下
(= *fall down*)；崩潰；瓦解

As soon as the marathon runner
crossed the finish line, he *collapsed*
on the ground.

【記憶技巧】 *col* (together) + *lapse*
(glide down) (整體滑落，表示「倒塌」)

【典型考題】
The kingdom began to _____ after the
death of its ruler, and was soon taken
over by a neighboring country.
A. collapse   B. dismiss
C. recede   D. withdraw   [A]

* **collar**[3] 〔 'kɑlɚ 〕 *n.* 衣領 (= *neckband*)
The house owner seized the thief by
the *collar*.

【比較】 sleeve (袖子)

colleague[5] 〔 'kɑlig 〕 *n.* 同事【注意發音】
(= *co-worker*)

【記憶技巧】 *col* (together) + *league*
(bind)

【典型考題】
Tom and I have been _____ for
years. I enjoy working with him.
A. colleagues   B. hampers
C. competitors   D. barrels   [A]

collect[2] 〔 kə'lɛkt 〕 *v.* 收集 (= *gather*)
Why do you *collect* dolls?

* **collection**[3] 〔 kə'lɛkʃən 〕 *n.* 收集；
收藏品

【典型考題】
This museum is famous for its
_____ of modern paintings.
A. construction B. reduction
C. affection   D. collection   [D]

collective[6] 〔 kə'lɛktɪv 〕 *adj.* 集體的

【典型考題】
They believe the _____ work of many
people is better than that of one person.
A. inviting   B. embarrassing
C. unique   D. collective   [D]

collector[6] 〔 kə'lɛktɚ 〕 *n.* 收藏家

* **college**[3] 〔 'kɑlɪdʒ 〕 *n.* 大學
(= *university*)；學院
What do you plan to do after *college*?

collide[6] 〔 kə'laɪd 〕 *v.* 相撞 (= *clash*)；
衝突
A bus *collided* with a truck and
both vehicles were damaged.

【記憶技巧】 *col* (together) + *lide*
(strike) (打在一起，表示「相撞」)

collision[6] 〔 kə'lɪʒən 〕 *n.* 相撞
(= *crash*)
Both cars were damaged in the
collision at the intersection.

colloquial[6] 〔 kə'lokwɪəl 〕 *adj.* 口語
的；通俗語的
"I'm going nuts" is a *colloquial*
expression.

【記憶技巧】 分音節背 co-llo-qui-al。

colonel[5] 〔 'kɝnḷ 〕 *n.* 上校

colonial[5] 〔 kə'lonɪəl 〕 *adj.* 殖民地
的；擁有殖民地的

* **colony**[3] 〔'kalənɪ 〕 n. 殖民地
  (= *settlement*)

‡ **color**[1] 〔'kʌlə 〕 n. 顏色 (= *colour*)
  adj. 彩色的

‡ **colorful**[2] 〔'kʌləfəl 〕 *adj.* 多彩多姿的
  (= *colourful*【英式用法】)
  In order to live a *colorful* life, you
  have to make some changes to
  your life.

* **column**[3] 〔'kaləm 〕 n. 專欄
  (= *article*);圓柱 (= *pillar*)
  She writes a *column* for an English
  newspaper.

* **columnist**[6] 〔'kaləmnɪst 〕 n. 專欄作家

‡ **comb**[2] 〔 kom 〕 n. 梳子
  We use a *comb* to make our hair tidy.
  【注意】comb 字尾的 b 不發音。

combat[5] 〔'kambæt 〕 v. 戰鬥;與…
  戰鬥(= *fight*) n. 戰鬥 *adj.* 戰鬥
  用的
  The soldiers *combated* the invading
  enemy soldiers.
  【記憶技巧】 *com* (together) + *bat*
    (beat) (一起對打,就是「與…戰鬥」)

* **combination**[4] 〔,kambə'neʃən 〕
  n. 結合 (= *association*)
  ┌─【典型考題】────
  │ Almost everybody is a _____ of
  │ many different "selves"; we show
  │ different faces to different people.
  │ A. combination B. communication
  │ C. complication D. competition [A]
  └───────────────

* **combine**[3] 〔 kəm'baɪn 〕 v. 結合
  (= *associate*)
  【記憶技巧】 *com* (together) + *bine*
    (two) (把兩件事放在一起,也就是「結合」)

‡ **come**[1] 〔 kʌm 〕 v. 來 (= *arrive*)

comedian[5] 〔 kə'midɪən 〕 n. 喜劇演員

* **comedy**[4] 〔'kamədɪ 〕 n. 喜劇
  【反義詞】 tragedy (悲劇)

comet[5] 〔'kamɪt 〕 n. 彗星
  【記憶技巧】 背這個字,只要
    背 come + t
  【比較】 meteor (流星)

* **comfort**[3] 〔'kʌmfət 〕 n. 舒適 (= *ease*)
  v. 安慰 (= *console*)
  【記憶技巧】 *com* (wholly) + *fort*
    (strong) (全身強壯,就不會感到不舒服)

‡ **comfortable**[2] 〔'kʌmfətəbļ 〕 *adj.*
  舒適的;舒服的 (= *at ease*)
  This chair doesn't look *comfortable*.
  ┌─【典型考題】────
  │ In summer it is _____ to stay in
  │ my parents' room because it is
  │ air-conditioned.
  │ A. comfortable B. gentle
  │ C. impossible   D. serious   [A]
  └───────────────

‡ **comic**[4] 〔'kamɪk 〕 n. 漫畫
  (= *comic book*)
  【衍伸詞】 *comic strip* (連環漫畫)

* **comma**[3] 〔'kamə 〕 n. 逗點   ，
  (= *a punctuation mark*)
  【比較】 period (句點)

‡ **command**[3] 〔 kə'mænd 〕 v. 命令
  (= *order*);俯瞰 (= *overlook*)
  n. 精通 (= *proficiency*)
  The captain *commanded* his men to
  start at once.
  【片語】 have a good command of(精通)

* **commander**[4] 〔 kə'mændə 〕n. 指揮官
  (= *commandant*)

C

commemorate[6]〔kə'mɛmə,ret〕
v. 紀念（= *honor*）
The winning team was given a
trophy to *commemorate* their
achievement.
【記憶技巧】*com* (together) + *memor*
(remember) + *ate* (*v.*)（「紀念」的目
的就是以後可以一起回憶）

commence[6]〔kə'mɛns〕*v.* 開始
（= *begin*）
The meeting will *commence*
promptly at 8:00, so don't be late.
【衍伸詞】commencement（畢業典禮）

**comment[4]〔'kamɛnt〕*n.* 評論
（= *remark*）
He made no *comment* on the topic.
【記憶技巧】*com* (thoroughly) + *ment*
(mind)（徹底表達出心中的想法，即是
一種「評論」）
【衍伸詞】*No comment.*（不予置評。）

┌─【典型考題】──────────
Since I do not fully understand your
proposal, I am not in a position to
make any _____ on it.
A. difference　　B. solution
C. demand　　　D. comment　　**[D]**
└───────────────────

commentary[6]〔'kamən,tɛrɪ〕*n.*
評論（= *review*）

commentator[5]〔'kamən,tetɚ〕*n.*
評論家（= *reviewer*）

*commerce[4]〔'kamɝs〕*n.* 商業
【記憶技巧】*com* (together) + *merce*
(trade)（共同交易，就是「商業」）

*commercial[3]〔kə'mɝʃəl〕*adj.* 商業的
n.（電視、廣播的）商業廣告

【比較】報紙、雜誌的「平面廣告」，則是
advertisement。

┌─【典型考題】──────────
Most businessmen are more interested
in the _____ success of their
products than their educational value.
A. cultural　　B. commercial
C. classical　　D. criminal　　**[B]**
└───────────────────

commission[5]〔kə'mɪʃən〕*n.* 佣金；
委託
【記憶技巧】*com* + *mission*（任務）
（請別人完成任務，要支付「佣金」）

*commit[4]〔kə'mɪt〕*v.* 委託；致力於；
犯（罪）（= *perpetrate*〔'pɝpə,tret〕）
The burglar promised that he would
not *commit* any more crimes.
【常考片語】*commit suicide*（自殺）

commitment[6]〔kə'mɪtmənt〕*n.*
承諾（= *promise*）；責任；義務；
專心致力

*committee[3]〔kə'mɪtɪ〕*n.* 委員會
（= *commission*）
【記憶技巧】*commit*（委託）+ *t* + *ee*（被
~的人）（受委託的人，就是「委員會」）

commodity[5]〔kə'madətɪ〕*n.* 商品
（= *goods* = *merchandise*）
【記憶技巧】*com* (together) + *mod*
(kind) + *ity* (*n.*)（「商品」具有各種樣
式，包括有形的產品和無形的服務）

***common[1]〔'kamən〕*adj.* 常見的
（= *usual*）；共同的
Smith is a very *common* last name
in England.
【反義詞】rare（罕見的）
【常考片語】*in common*（共同的）

commonplace[5] 〔'kɑmən,ples 〕 *n.*
老生常談（= *cliché* 〔klɪ'ʃe 〕）；
平凡的事物

* **communicate**[3] 〔 kə'mjunə,ket 〕 *v.*
溝通；聯繫（= *contact* ）

* **communication**[4]
〔 kə,mjunə'keʃən 〕 *n.* 溝通；通訊
（= *contact* ）

【典型考題】
With e-mail and telephones, _____
has become easier, and the world is
getting smaller.
A. experience   B. communication
C. difference   D. software   [B]

communicative[6] 〔 kə'mjunə,ketɪv 〕
adj. 溝通的；樂意溝通的；愛說話的；
健談的

communism[5] 〔'kɑmju,nɪzəm 〕 *n.*
共產主義（= *a branch of socialism* ）
【記憶技巧】*commun* (common) +
ism (表示「主義」的名詞字尾)

communist[5] 〔'kɑmju,nɪst 〕 *n.*
共產主義者

* **community**[4] 〔 kə'mjunətɪ 〕 *n.* 社區
（= *neighborhood* ）；社會

commute[5] 〔 kə'mjut 〕 *v.* 通勤
（= *travel* ）
I enjoy living in the suburbs, but
I'm tired of *commuting* to work
every day.
【記憶技巧】*com* (together) + *mute*
(change)

【典型考題】
I am tired of _____ to school on a
crowded bus every day.
A. commuting   B. dropping
C. swaying   D. wandering   [A]

commuter[5] 〔 kə'mjutɚ 〕 *n.* 通勤者

compact[5] 〔 kəm'pækt 〕 *adj.* 小型的
（= *small* ）；緊密的
I prefer a *compact* car because it is
easier to park than a larger one.

* **companion**[4] 〔 kəm'pænjən 〕 *n.*
同伴；朋友（= *partner* ）
【記憶技巧】*com* (together) + *pan*
(bread) + *ion* (*n.*) (貧困的時候，願意
把麵包拿出來分享的人，就是「同伴」)
【注意】company 作「同伴」解時，為不
可數名詞；而 companion 則是可數名詞。

【典型考題】
A man is known by his _____, so
we should be careful in choosing
friends.
A. companies   B. competitors
C. proponents   D. companions   [D]

companionship[6]
〔 kəm'pænjən,ʃɪp 〕 *n.* 友誼
（= *friendship* ）

** **company**[2] 〔'kʌmpənɪ 〕 *n.* 公司
（= *firm* = *corporation* = *enterprise* ）；
同伴；朋友
Tony has worked for this *company*
for 18 years.

comparable[6] 〔'kɑmpərəbl̩ 〕 *adj.*
可比較的；比得上的

comparative[6] 〔 kəm'pærətɪv 〕 *adj.*
比較的；相對的   *n.* 比較級
【衍伸詞】*the comparative degree*
（比較級）

** **compare**[2] 〔 kəm'pɛr 〕 *v.* 比較
（= *contrast* ）；比喻
He *compared* my painting with his.
Some people *compared* books to
friends.

* comparison[3] 〔kəm'pærəsṇ〕 *n.* 比較
（＝ *contrast*）
【片語】*in comparison with*（和…相比）

compass[5] 〔'kʌmpəs〕 *n.* 羅盤；
指南針
【記憶技巧】*com*（thoroughly）＋*pass*
（pass）（「指南針」讓人可以到處行走而
不會迷失方向）

compassion[5] 〔kəm'pæʃən〕 *n.*
同情；憐憫（＝ *sympathy*）
Diane has great *compassion* for the
poor and does all she can to help
them.
【記憶技巧】*com*（together）＋*passion*
（feelings）（產生同樣的心情，表示「同
情」）

compassionate[5] 〔kəm'pæʃənɪt〕
adj. 同情的（＝ *sympathetic*）

compatible[6] 〔kəm'pætəbḷ〕 *adj.*
相容的（＝ *consistent*）；合得來的
Surprisingly, the dog and the cat are
compatible housemates.
【記憶技巧】*com*（together）＋*pat*
（suffer）＋*ible*（*adj.*）（能彼此容忍的）

┌─【典型考題】────────
│ A transfusion of human blood can
│ only be given to a patient if it is
│ _____ with his own blood type.
│ A. irrational   B. compatible
│ C. prior   D. abundant   [B]
└──────────────────

compel[5] 〔kəm'pɛl〕 *v.* 強迫（＝*force*）
I didn't want to enter the speech
contest, but my teacher *compelled*
me to.

【記憶技巧】*com*（with）＋*pel*（drive）
（驅使別人去做不想做的事，算是「強迫」）
【比較】expel（驅逐）；propel（推進）

compensate[6] 〔'kampən͵set〕 *v.* 補償
（＝ *recompense*）；賠償；彌補
【記憶技巧】*com*（together）＋*pens*
（weigh）＋*ate*（*v.*）（兩個東西一起衡量，
彌補不足的那個，即「補償」）
【常考片語】*compensate for*（彌補；補償）
（＝ *make up for*）

┌─【典型考題】────────
│ After the Whitney's house burned
│ down, they were _____ by their
│ insurance company.
│ A. billed   B. compensated
│ C. raised   D. responded   [B]
└──────────────────

compensation[6] 〔͵kampən'seʃən〕 *n.*
補償（＝ *recompense*）；賠償；彌補

* compete[3] 〔kəm'pit〕 *v.* 競爭
（＝ *contend*）
【記憶技巧】*com*（together）＋*pete*
（strive）（一起爭鬥，即「競爭」）

competence[6] 〔'kampətəns〕 *n.* 能力
（＝ *ability*）

competent[6] 〔'kampətənt〕 *adj.* 能幹
的（＝ *capable*）；勝任的

* competition[4] 〔͵kampə'tɪʃən〕 *n.*
競爭（＝ *contest*）
【衍伸詞】*keen competition*（激烈的
競爭）

┌─【典型考題】────────
│ At the Olympic Games, our
│ representatives are in _____ with
│ the best athletes from all over the
│ world.
│ A. competent   B. competition
│ C. compliment   D. competence   [B]
└──────────────────

C

*競爭的；競爭激烈的 **competitive**[4] 〔kəm'pɛtətɪv〕 *adj.*
競爭的；競爭激烈的

【典型考題】
Living in a highly ——— society, you definitely have to arm yourself with as much knowledge as possible.
A. tolerant   B. permanent
C. favorable   D. competitive   [D]

***competitor**[4] 〔kəm'pɛtətɚ〕 *n.*
競爭者 (= *contender*)

compile[6] 〔kəm'paɪl〕 *v.* 編輯
(= *edit*)；收集 (= *collect*)
It takes years of work to *compile* a dictionary.

****complain**[2] 〔kəm'plen〕 *v.* 抱怨
(= *grumble*)
John is always *complaining*.
【記憶技巧】 *com* (together) + *plain* (beat the breast) (想「抱怨」時，因 爲内心充滿怒火，會想要捶胸頓足)
【片語】 *complain about* (抱怨) (= *complain of*)

***complaint**[3] 〔kəm'plent〕 *n.* 抱怨
(= *grumble*)；疾病

【典型考題】
The transportation in this city is terrible and people have many ——— about it.
A. transcripts   B. complaints
C. accounts   D. results   [B]

complement[6] 〔'kɑmplə,mɛnt〕 *v.*
補充 (= *supplement*)；補足；與⋯ 相配 〔'kɑmpləmənt〕 *n.*
Those pillows really *complement* your new sofa.

【注意】 compliment (稱讚) 和 complement (補充) 是同音字，只差一個字母。

***complete**[2] 〔kəm'plit〕 *adj.* 完整的；
完成的   *v.* 完成
His work is *complete*.
【記憶技巧】 *com* (with) + *plete* (fill) (將有空缺的東西填滿後，就會變「完整」)

***complex**[3] 〔kəm'plɛks , 'kɑmplɛks 〕
adj. 複雜的 (= *complicated*)

complexion[6] 〔kəm'plɛkʃən〕 *n.* 膚色
(= *skin color*)；氣色
Jane's *complexion* darkened during her week at the beach.

complexity[6] 〔kəm'plɛksətɪ〕 *n.* 複雜
(= *complication*)

***complicate**[4] 〔'kɑmplə,ket〕 *v.*
使複雜
Thank you for your suggestion, but I think it would just *complicate* the situation.
【記憶技巧】 *com* (together) + *plic* (fold) + *ate* (v.) (將事情重疊在一起， 就會變得複雜難懂)

complication[6] 〔,kɑmplə'keʃən〕 *n.*
複雜 (= *complexity*)；併發症

***compliment**[5] 〔'kɑmpləmənt〕 *n.*
稱讚 (= *praise*) 〔'kɑmplə,mɛnt〕 *v.*
Thanks for your *compliments*.
【記憶技巧】 *com* (with) + *pli* (fill) + *ment* (要使人感到滿足，就要「稱讚」)

component[6] 〔kəm'ponənt〕 *n.* 成分
(= *element*)；零件

* **compose**[4] 〔 kəm'poz 〕 v. 組成
(= *constitute*)；作 (曲)
　【記憶技巧】 *com* (together) + *pose*
　(put) (放置在一起，就是「組成」)
　【比較】impose (強加)；expose (暴露)
　　　　propose (提議)；oppose (反對)

* **composer**[4] 〔 kəm'pozɚ 〕 n. 作曲家

* **composition**[4] 〔 ͵kampə'zɪʃən 〕 n.
作文 (= *writing*)；(音樂、美術等)
作品；構造

compound[5] 〔 'kampaʊnd 〕 n. 化合物
(= *combination*)
In our chemistry class today we
combined three elements into a
new *compound*.
　【記憶技巧】 *com* (together) + *pound*
　(put) (把許多元素放在一起，就是「化
　合物」)

comprehend[5] 〔 ͵kamprɪ'hɛnd 〕 v.
理解 (= *understand*)
The visitor could not *comprehend*
what the people said because he
did not speak the local language.
　【記憶技巧】 *com* (with) + *prehend*
　(seize) (能抓到要領，就是能夠「理解」)

comprehension[5] 〔 ͵kamprɪ'hɛnʃən 〕
n. 理解力 (= *understanding*)
　【衍伸詞】 *reading comprehension test*
　(閱讀測驗)

comprehensive[6] 〔 ͵kamprɪ'hɛnsɪv 〕
adj. 全面的 (= *overall*)

comprise[6] 〔 kəm'praɪz 〕 v. 組成
(= *consist*)；包含 (= *include*)
The new building *comprises* 100
offices, two restaurants and a bank.

　【記憶技巧】 *com* (together) + *prise*
　(seize)

compromise[5] 〔 'kamprə͵maɪz 〕 v.
妥協 (= *make concessions*)
We *compromised* with the company
on the matter of price.
　【記憶技巧】 背這個字要先背 promise
　(承諾)。

* **compute**[5] 〔 kəm'pjut 〕 v. 計算
(= *count*)；估計
　【記憶技巧】 *com* (together) + *pute*
　(think) (「計算」就是要思考一堆數字)

*** **computer**[2] 〔 kəm'pjutɚ 〕 n. 電腦
(= *computing device*)
Computers are necessary for everyone.

computerize[5] 〔 kəm'pjutə͵raɪz 〕 v.
使電腦化

comrade[5] 〔 'kamræd 〕 n. 夥伴
(= *friend*)；同志
Tim said goodbye to his *comrades*
and promised to keep in touch.
　【記憶技巧】 *com* + *rade* (行動的人)
　(一起行動的人，也就是「同志」)

conceal[5] 〔 kən'sil 〕 v. 隱藏 (= *hide*)；
掩蓋
My father *concealed* the present
behind his back because he wanted
it to be a surprise.

concede[6] 〔 kən'sid 〕 v. 承認
(= *admit*)；割讓
Diane gave me so many good reasons
for her behavior that I finally had to
concede that she was right.
　【記憶技巧】 *con* (together) + *cede* (go)

conceit[6] 〔kən'sit〕 *n.* 自負;自滿

Although Billy is an outstanding baseball player, his *conceit* makes him unpopular.

【記憶技巧】*con* (together) + *ceit* (take) (自以為厲害,將所有事情一手包辦,即「自負」)

【衍伸詞】conceited (自負的;自大的)

conceive[5] 〔kən'siv〕 *v.* 想像 (= *imagine*);認為;構想出 (= *think up*)

【比較】deceive (欺騙)
　　　　perceive (察覺;理解)
　　　　receive (收到)

* **concentrate**[4] 〔'kɑnsn̩‚tret〕 *v.* 專心;集中 (= *focus*)

I asked the children to be quiet so that I could *concentrate* on my book.

【常考片語】*concentrate on* (專心於)

【記憶技巧】*con* (together) + *centr* (center) + *ate* (*v.*) (把全部思緒一起放到中心,也就是「專心」)

┌─【典型考題】──────────
│ Frank always thinks about too many
│ things, so he cannot _____ in class.
│ A. concentrate　B. imagine
│ C. preview　　　D. remember　[A]
└──────────────────────

* **concentration**[4] 〔‚kɑnsn̩'treʃən〕 *n.* 專心 (= *attention*);集中

【衍伸詞】*concentration camp* (集中營)

* **concept**[4] 〔'kɑnsɛpt〕 *n.* 觀念 (= *conception*)

┌─【典型考題】──────────
│ It is difficult for children to
│ understand abstract _____;
│ therefore, teachers use concrete
│ examples to explain.
│ A. aspects　　　B. appetites
│ C. concepts　　 D. paces　　[C]
└──────────────────────

conception[6] 〔kən'sɛpʃən〕 *n.* 觀念 (= *concept*);概念;想法

** **concern**[3] 〔kən'sɝn〕 *n.* 關心 (= *care*);關心的事

He shows no *concern* for his children.

【片語】*main concern* (最關心的事)

* **concerning**[4] 〔kən'sɝnɪŋ〕 *prep.* 關於 (= *regarding* = *respecting* = *about*)

John's boss wants to talk to him *concerning* his salary.

* **concert**[3] 〔'kɑnsɝt〕 *n.* 音樂會;演唱會

Are you going to attend this *concert*?

concession[6] 〔kən'sɛʃən〕 *n.* 讓步 (= *compromise*)

After hours of negotiation, the management made the *concession* of giving us a five percent raise.

【記憶技巧】*con* (together) + *cess* (yield) + *ion* (*n.*)

concise[6] 〔kən'saɪs〕 *adj.* 簡明的 (= *brief* = *short*)

Your report is already very *concise*; you don't need to cut anything out.

【記憶技巧】*con* (with) + *cise* (cut) (將冗長的文字切掉,才能變得簡單明瞭)

C

C

* **conclude**[3] 〔 kən'klud 〕 v. 下結論
(= *decide*)；結束 (= *bring to an end*)
The speaker *concluded* his remarks by
thanking the audience for listening.
【記憶技巧】*con* (together) + *clude*
(shut) (做關上的動作，表示「結束」)

【典型考題】

When Rita came out of the classroom,
she was smiling, so I _____ that
she had done well on the test.
A. concluded B. pretended
C. described D. intended [A]

* **conclusion**[3] 〔 kən'kluʒən 〕 n. 結論
【片語】*in conclusion* (總之)

* **concrete**[4] 〔 kan'krit , 'kankrit 〕 adj.
具體的 (= *substantial*) n. 混凝土
There being no *concrete* proof that
the man was guilty, the judge let him
go.
【反義詞】abstract (抽象的)

condemn[5] 〔 kən'dɛm 〕 v. 譴責
(= *blame* = *denounce*)
Most people would *condemn* violence
of any sort.
【記憶技巧】*con* (加強語氣的字首) +
demn (harm)

condense[6] 〔 kən'dɛns 〕 v. 濃縮
(= *reduce*)
Please *condense* this long paper into
one that is no more than three pages.
【記憶技巧】*con* (together) + *dense*
(make thick)

【典型考題】

The report is much too long—you
must _____ it, using as few words
as possible.
A. strengthen B. destroy
C. eliminate D. condense [D]

* **condition**[3] 〔 kən'dɪʃən 〕 n. 情況
(= *state*)；健康狀況；條件【可數】
Although the car is five years old,
it is still in very good *condition*.

conduct[5] 〔 kən'dʌkt 〕 v. 進行；做
(= *carry out*) 〔'kandʌkt 〕 n. 行為
The police and several volunteers
conducted a search for the missing
children.
【記憶技巧】*con* + *duct* (lead)

* **conductor**[4] 〔 kən'dʌktɚ 〕 n. 指揮
(= *music director*)；導體

* **cone**[3] 〔 kon 〕 n. 圓錐體；(冰淇淋)
甜筒

confer[6] 〔 kən'fɝ 〕 v. 商量
(= *discuss*)；商議 (= *consult*)
Before giving the patient his
diagnosis, the doctor decided to
confer with one of his colleagues.

* **conference**[4] 〔'kanfərəns 〕 n. 會議
(= *meeting*)

【典型考題】

Many experts from all over the world
will be invited to attend this year's
_____ on drug control.
A. reference B. intention
C. conference D. interaction [C]

* **confess**[4] 〔 kən'fɛs 〕 v. 承認；招認
(= *admit*)
I must *confess* myself completely
puzzled by the question.
【記憶技巧】*con* (fully) + *fess* (speak)
(把實情全說出來，也就是「招認」)

confession[5] 〔 kən'fɛʃən 〕 n. 招認
(= *admission*)；招供；告解

C

* **confidence** [4] 〔'kɑnfədəns〕 *n.* 信心
(= *assurance*)

** **confident** [3] 〔'kɑnfədənt〕 *adj.*
有信心的 (= *assured*)

He was *confident* that he would win.

【記憶技巧】 *con* (fully) + *fid* (trust) +
ent (*adj.*) (完全信任的，表示「有信心的」)

confidential [6] 〔,kɑnfə'dɛnʃəl〕 *adj.*
機密的 (= *classified*)

【衍伸詞】 *confidential papers* (機密
文件)

* **confine** [4] 〔kən'faɪn〕 *v.* 限制
(= *restrict*)；關閉

We *confine* the dog to the house at
night, but let him go out in the yard
during the day.

【衍伸詞】 *be confined to bed* (臥病
在床)

* **confirm** [2] 〔kən'fɝm〕 *v.* 確認；證實
(= *prove*)

This *confirms* my suspicions.

* **conflict** [2] 〔'kɑnflɪkt〕 *n.* 衝突；爭端；
矛盾　〔kən'flɪkt〕 *v.* 牴觸；衝突
(= *clash*)

They have a *conflict* in what they
believe.

【記憶技巧】 *con* (together) + *flict*
(strike) (彼此毆打，也就是有「衝突」)

conform [6] 〔kən'fɔrm〕 *v.* 遵守
(= *obey*)；順從 < *to* >

All of her friends wear their hair
short, but Alice refuses to *conform*
and keeps hers long.

【記憶技巧】 *con* (together) + *form* (形
狀)(全部的形狀都一樣，形成一致性)

【片語】 *conform to* (遵守；和…一致)

* **confront** [5] 〔kən'frʌnt〕 *v.* 使面對；
正視；處理

I am *confronted* with enormous
difficulties.

【片語】 *be confronted with* (面對)

【記憶技巧】 *con* (together) + *front*
(face)

* **confrontation** [6] 〔,kɑnfrən'teʃən〕 *n.*
對立 (= *conflict*)；衝突

Confucius [2] 〔kən'fjuʃəs〕 *n.* 孔子
(= *Kong Fuzi*)

Confucius is the greatest teacher in
Chinese history.

** **confuse** [3] 〔kən'fjuz〕 *v.* 使困惑
(= *puzzle* = *baffle* = *bewilder*)

The new rules *confused* the drivers.

【記憶技巧】 *con* (together) + *fuse*
(pour) (太多事情同時注入，會覺得困惑)

* **confusion** [4] 〔kən'fjuʒən〕 *n.* 困惑
(= *puzzlement*)；混亂局面

* **congratulate**[4] 〔 kən'grætʃə,let 〕 v.
  祝賀 (= *compliment*)
  【記憶技巧】 *con* (together) + *gratul*
  (please) + *ate* (v.) (大家一起讓對方感
  到高興，此時會表達「祝賀」)

* **congratulations**[2]
  〔 kən,grætʃə'leʃənz 〕 n. pl. 恭喜
  (= *compliments*)
  Please accept my *congratulations*
  on your recovery.

* **congress**[4] 〔'kaŋgrəs 〕 n. 議會
  (= *council*)；會議 (= *meeting*)
  The laws in this country are made
  by a *congress* of 200 legislators.
  【記憶技巧】 *con* (together) + *gress*
  (walk) (參加「會議」時，大家會一同
  走去開會的地方)

  congressman[6] 〔'kaŋgrəsmən 〕 n.
  議員

* **conjunction**[4] 〔 kən'dʒʌŋkʃən 〕 n.
  連接詞
  【記憶技巧】 *con* (together) + *junct*
  (join) + *ion* (n.) (將前後文連結在一起，
  也就是「連接詞」)

* **connect**[3] 〔 kə'nɛkt 〕 v. 連接 (= *link*)
  This railway *connects* London and
  Edinburgh.
  【記憶技巧】 *con* (together) + *nect*
  (bind) (連結在一起，即「連接」)
  【反義詞】 disconnect (切斷；分開)

* **connection**[3] 〔 kə'nɛkʃən 〕 n. 關聯
  (= *link*)
  【片語】 *in connection with* (關於)

【典型考題】
He has made a good plan in
―――― with marketing strategies.
A. ambition   B. connection
C. possession   D. instruction   [B]

* **conquer**[4] 〔'kaŋkə 〕 v. 征服
  【記憶技巧】 *con* (wholly) + *quer*
  (seek) (完全求得，就是「征服」)

conquest[6] 〔'kaŋkwɛst 〕 n. 征服

* **conscience**[4] 〔'kanʃəns 〕 n. 良心
  【注意發音】 (= *moral sense*)
  The thief eventually returned the
  man's wallet because his *conscience*
  was bothering him.
  【記憶技巧】 背這個字，只要背 con +
  science (科學)。

conscientious[6] 〔,kanʃɪ'ɛnʃəs 〕 adj.
  有良心的 (= *honest*)；負責盡職的

* **conscious**[3] 〔'kanʃəs 〕 adj. 知道的；
  察覺到的 (= *aware*)
  【片語】 *be conscious of* (知道；察覺到)

consensus[6] 〔 kən'sɛnsəs 〕 n. 共識
  After much discussion, we reached
  a *consensus*.
  【記憶技巧】 *con* (all) + *sens* (sense) +
  us (n.) (大家有同樣感覺，就是有「共識」)

consent[5] 〔 kən'sɛnt 〕 v. 同意
  (= *agree*)
  I asked my parents to let me go out
  this Friday, but they did not *consent*.
  【記憶技巧】 *con* (together) + *sent*
  (feel) (有共同的感覺，表示「同意」)
  【反義詞】 dissent (不同意)

* **consequence**[4] 〔'kɑnsə,kwɛns 〕 *n.*
後果（ = *result* ）
One *consequence* of losing the game
was that we were eliminated from
the competition.
【記憶技巧】 *con* (with) + *sequ*
(follow) + *ence* (*n.*)
【比較】背這個字要和 sequence（連續）
一起背。

* **consequent**[4] 〔'kɑnsə,kwɛnt 〕 *adj.*
接著發生的（ = *subsequent* ）
In the *consequent* confusion after
the earthquake, many fires broke out.

conservation[6] 〔,kɑnsə'veʃən 〕 *n.* 節
省（ = *saving* ）；保護（ = *preservation* ）
The forest rangers are responsible
for the *conservation* of the forest.

* **conservative**[4] 〔 kən's ɝvətɪv 〕 *adj.*
保守的（ = *traditional* = *conventional* ）
【記憶技巧】 *con* (together) + *serv*
(keep) + *ative* (*adj.*)（把事情放在心
裡不說出來，顯示這個人是很「保守的」）

conserve[5] 〔 kən's ɝv 〕 *v.* 節省
（ = *save* ）；保護（ = *preserve* ）
We must *conserve* natural resources
so that our children may have a
better world to live in.

** **consider**[2] 〔 kən'sɪdɚ 〕 *v.* 認為
（ = *think* ）；考慮（ = *think about* ）
Please *consider* my offer.
【常考片語】 *consider* A (*to be*) B（認為
A 是 B）

* **considerable**[3] 〔 kən'sɪdərəbļ 〕 *adj.*
相當大的（ = *large* ）
【衍伸詞】 considerably（相當大地）

【典型考題】
The ideas about family have changed
_____ in the past twenty years. For
example, my grandfather was one of
ten children in his family, but I am the
only child.
A. mutually   B. narrowly
C. considerably D. scarcely   [C]

* **considerate**[5] 〔 kən'sɪdərɪt 〕 *adj.*
體貼的（ = *thoughtful* ）
She is *considerate* to everyone
around her.

* **consideration**[3] 〔 kən,sɪdə'reʃən 〕 *n.*
考慮（ = *deliberation* ）
【片語】 *take…into consideration*
（考慮到…）

* **consist**[4] 〔 kən'sɪst 〕 *v.* 由…組成＜*of*＞
（ = *comprise* ）；在於＜*in*＞
The house *consists* of two bedrooms
and one bathroom.
【常考片語】 *consist of*（由…組成）
（ = *be made up of* = *be composed of* ）

* **consistent**[4] 〔 kən'sɪstənt 〕 *adj.* 一致的
（ = *compatible* ）；前後連貫的
（ = *coherent* ）
【片語】 *be consistent with*（和…一致）

【典型考題】
I'm afraid we can't take your word,
for the evidence we've collected so
far is not _____ with what you said.
A. familiar   B. durable
C. consistent   D. sympathetic   [C]

consolation[6] 〔,kɑnsə'leʃən 〕 *n.* 安慰
（ = *comfort* ）

C

console[5] 〔kən'sol〕 v. 安慰
(= *comfort*)

No one could *console* Amy when she lost her puppy.

【典型考題】
We took James out to dinner in an effort to _____ him after he lost his job.
A. correct   B. congratulate
C. console   D. confer   [C]

***consonant**[4] 〔'kɑnsənənt〕 n. 子音
【記憶技巧】*con* (together) + *son* (sound) + *ant* (n.) (連在一起發音，不分音節的，就是「子音」)
【比較】vowel (母音)

conspiracy[6] 〔kən'spɪrəsɪ〕 n. 陰謀
(= *plot*)；共謀；謀反

Naomi believes that we are all against her and has gone so far as to accuse us of *conspiracy*.
【記憶技巧】*con* (together) + *spir* (breathe) + *acy* (n.) (大家同一個鼻孔出氣，一起策劃「陰謀」)
【衍伸詞】conspire 〔kən'spaɪr〕 v. 密謀

***constant**[3] 〔'kɑnstənt〕 adj. 不斷的
(= *continuous*)；持續的；忠誠的

【典型考題】
Women's fashions are _____ changing. One season they favor pantsuits, but the next season they may prefer miniskirts.
A. lately   B. shortly
C. relatively   D. constantly   [D]

constituent[6] 〔kən'stɪtʃuənt〕 adj.
構成的

constitute[4] 〔'kɑnstə,tjut〕 v. 構成
(= *comprise* = *compose* = *make up*)
24 hours *constitute* a day.
【記憶技巧】*con* (together) + *stitute* (stand) (站在一起，就是「構成」)

constitution[4] 〔,kɑnstə'tjuʃən〕 n. 憲法 (= *fundamental law*)；構成；構造

constitutional[5] 〔,kɑnstə'tjuʃənḷ〕
adj. 憲法的

construct[4] 〔kən'strʌkt〕 v. 建造
(= *build*)；建築；建設
【記憶技巧】*con* (together) + *struct* (build)
【比較】in**struct** (教導)；ob**struct** (阻礙)

construction[4] 〔kən'strʌkʃən〕 n.
建設 (= *building*)

constructive[4] 〔kən'strʌktɪv〕 adj.
建設性的 (= *positive*)
【反義詞】destructive (破壞性的)

【典型考題】
Instead of giving negative criticism, our teachers usually try to give us _____ feedback so that we can improve on our papers.
A. absolute   B. constructive
C. influential   D. peculiar   [B]

consult[4] 〔kən'sʌlt〕 v. 請教
(= *confer*)；查閱
【片語】*consult a dictionary* (查字典)
【典型考題】
Mei-ling has a very close relationship with her parents. She always _____ them before she makes important decisions.
A. impresses   B. advises
C. consults   D. motivates   [C]

* **consultant**[4] 〔kən'sʌltənt〕*n.* 顧問
 (= *adviser*)
 【記憶技巧】*con* (together) + *sult* (sit)
   + *ant* (人) (坐在一起提供意見的人，就
   是「顧問」)

 【典型考題】
 After years of hard work, Mandy
 finally became the first female
 _____ on the staff of City Hospital.
 A. visitor   B. humanist
 C. consultant   D. follower   [C]

consultation[6] 〔ˌkɑnsl'teʃən〕*n.*
請教；諮詢

* **consume**[4] 〔kən'sum, -'sjum〕*v.* 消耗
 (= *use up*)；吃 (喝) (= *take in*)
 【記憶技巧】*con* (wholly) + *sume*
   (take) (完全取用耗盡，也就是「消耗」)

* **consumer**[4] 〔kən'sumɚ, -'sjumɚ〕*n.*
 消費者 (= *buyer*)
 【比較】customer (顧客)

consumption[6] 〔kən'sʌmpʃən〕*n.*
消耗 (= *using up*)；吃 (喝) (= *eating*)

【注意】這個字比動詞多了一個 p，那是為了發音
的方便，所以放一個和 m 發音類似的無聲子音
p，作為橋樑，唸起來就順多了。

* **contact**[2] 〔'kɑntækt〕*v. n.* 聯絡；接觸
 (= *touch*)
 【記憶技巧】*con* (together) + *tact*
   (touch)
 【片語】*keep in contact with* (與…
   保持聯絡)

 【典型考題】
 It is essential for us to maintain
 constant _____ with our friends to
 ensure that we have someone to talk
 to in times of need.
 A. benefit   B. contact
 C. gesture   D. favor   [B]

contagious[5] 〔kən'tedʒəs〕*adj.*
傳染性的 (= *infectious*)

Don't come too close because my
cold is *contagious*.

 【典型考題】
 The mood was _____, and soon
 everyone was laughing.
 A. contagious   B. prestigious
 C. intimate   D. thrilling   [A]

* **contain**[2] 〔kən'ten〕*v.* 包含
 (= *hold* = *include*)

Beer *contains* alcohol.

 【記憶技巧】*con* (with) + *tain* (hold)

 【典型考題】
 Each of these bottles _____
 1,000 cc of mineral water, and sells
 for NT$50.
 A. attains   B. remains
 C. sustains   D. contains   [D]

* **container**[4] 〔kən'tenɚ〕*n.* 容器
 (= *holder*)；貨櫃

contaminate[5] 〔kən'tæməˌnet〕*v.*
污染 (= *pollute*)

Doctors and nurses never reuse a
needle because it may be
contaminated.

 【記憶技巧】*con* (together) + *tamin*
   (touch) + *ate* (*v.*) (互相接觸就會互相
   「污染」)

 【典型考題】
 Industrial waste must be carefully
 handled, or it will _____ the public
 water supply
 A. contaminate   B. facilitate
 C. legitimate   D. manipulate   [A]

C

contemplate[5] 〔'kɑntəm,plet 〕 v. 沉思；仔細考慮 (= *consider*)

Susan was offered a job by the company and asked for two days in which to *contemplate* their offer.

【記憶技巧】 *con* (加強語氣的字首) + *templ(e)* (temple) + *ate* (*v.*)
(待在安靜的寺廟裡面，好好「沉思」)

contemplation[6] 〔,kɑntəm'pleʃən 〕 n. 沉思 (= *consideration*)

Marcus was lost in *contemplation* of that difficult problem.

contemporary[5] 〔 kən'tɛmpə,rɛrɪ 〕 *adj.* 當代的 (= *latest*)；同時代的

My brother enjoys *contemporary* music and is not at all interested in classical music.

【記憶技巧】 *con* (together) + *tempor* (time) + *ary* (*adj.*) (擁有共同的時光，表示「同時代的」)

【比較】 temporary (暫時的)

contempt[5] 〔 kən'tɛmpt 〕 n. 輕視 (= *scorn*)

I have nothing but *contempt* for those who take advantage of others.

contend[5] 〔 kən'tɛnd 〕 v. 爭奪 (= *compete*)；爭論 (= *argue*)

Ten finalists will *contend* for the grand prize.

【記憶技巧】 *con* (加強語氣的字首) + *tend* (stretch) (用力伸展去「爭奪」)

content[4] 〔'kɑntɛnt 〕 n. 內容；(*pl.*) 目錄 〔 kən'tɛnt 〕 *adj.* 滿足的 (= *satisfied*)
【片語】 *the table of contents* (目錄)

【典型考題】
When I open a book, I look first at the table of _____ to get a general idea of the book and to see which chapters I might be interested in reading.
A. contracts   B. contents
C. contests   D. containers   [B]

contentment[4] 〔 kən'tɛntmənt 〕 n. 滿足 (= *satisfaction*)

Happiness lies in *contentment*.

contest[4] 〔'kɑntɛst 〕 n. 比賽 (= *competition*)
【衍伸詞】 *a speech contest* (演講比賽)
         a beauty contest (選美比賽)

contestant[6] 〔 kən'tɛstənt 〕 n. 參賽者 (= *competitor*)
【注意】 *-ant* 表「進行…動作的人」。

context[4] 〔'kɑntɛkst 〕 n. 上下文 (= *framework*)；背景；環境 (= *circumstances*)
【記憶技巧】 *con* (together) + *text* (weave) (編排在一起的文字)

【典型考題】
A good reader can often figure out what new words mean by using _____.
A. contact   B. context
C. conflict   D. contest   [B]

continent[3] 〔'kɑntənənt 〕 n. 洲；大陸

continental[5] 〔,kɑntə'nɛntl̩ 〕 *adj.* 大陸的
【衍伸詞】 *continental climate* (大陸性氣候)

continual[4] 〔 kən'tɪnjuəl 〕 *adj.* 連續的 (= *constant*)

＊continue[1]〔kən'tɪnjʊ〕*v.* 繼續
(= *go on*)

He *continued* to write the novel.

【記憶技巧】*con* (with) + *tinue* (hold)
（保持某個動作，表示「繼續」）

continuity[5]〔͵kɑntə'njuətɪ〕*n.* 連續
(= *flow*)

＊continuous[4]〔kən'tɪnjʊəs〕*adj.*
連續的 (= *constant*)

【比較】continual 是「有間斷的」的連續，
continuous 是「沒間斷的」連續。

【典型考題】
The river flows ＿＿＿ for seven
months of the year, but it flows
intermittently in the dry season.
A. rapidly　　　B. urgently
C. continuously　D. temporarily　[**C**]

＊contract[3]〔'kɑntrækt〕*n.* 合約
(= *agreement*)　〔kən'trækt〕*v.*
收縮；感染

We have a *contract* with that
company.

【記憶技巧】*con* (together) + *tract*
(draw) （「合約」是雙方簽訂的文件）

contractor[6]〔'kɑntræktɚ〕*n.* 承包商

contradict[6]〔͵kɑntrə'dɪkt〕*v.*
與…矛盾 (= *negate*〔nɪ'get〕)

【記憶技巧】*contra* (against) + *dict*
(speak) （說出相反的話，表示產生矛盾）

contradiction[6]〔͵kɑntrə'dɪkʃən〕*n.*
矛盾 (= *conflict*)

The police are suspicious of his
story because there are many
contradictions in it.

＊contrary[4]〔'kɑntrɛrɪ〕*adj.* 相反的
(= *opposed*)　*n.* 正相反 (= *opposite*)

Contrary to what many people
believe, cats do become quite
attached to their owners.

【常考片語】*contrary to* (與…相反)
　　　　　on the contrary (相反地)

【典型考題】
＿＿＿ to what you think, our TV
program has been enjoyed by a large
audience.
A. Intensive　　B. Contrary
C. Fortunate　　D. Objective　[**B**]

＊contrast[4]〔'kɑntræst〕*n.* 對比
(= *opposition*)；對照；比較

I like the *contrast* between the two
colors.

【記憶技巧】*contra* (against) + *st*
(stand) （站在相反的立場，形成「對比」）

＊contribute[4]〔kən'trɪbjut〕*v.* 貢獻；
捐獻 (= *give*)

【片語】*contribute to* (對…有貢獻；
　　　　有助於)

【比較】attribute (歸因於)
　　　　distribute (分配；分發)

＊contribution[4]〔͵kɑntrə'bjuʃən〕*n.*
貢獻；捐贈 (= *donation*)

＊control[2]〔kən'trol〕*v. n.* 控制(= *rule*)

This plane was *controlled* by the
computer system.

【常考片語】*keep…under control* (控制
　　　　住…)

controller[2]〔kən'trolɚ〕*n.* 管理者

controversial[6] ﹝͵kɑntrəˈvɝʃəl﹞ *adj.*
引起爭論的；有爭議的 (= *debatable*)

【記憶技巧】*contro* (against) + *vers* (turn) + *ial* (adj.) (轉向相反的立場，就會「引起爭論」)

【典型考題】
It is a highly _____ plan to flood the valley in order to build a hydroelectric dam.
A. conventional B. controversial
C. contagious   D. converse   **[B]**

controversy[6] ﹝ˈkɑntrə͵vɝsɪ﹞ *n.* 爭論 (= *dispute*)

* **convenience**[4] ﹝kənˈvinjəns﹞ *n.* 方便
【片語】at *one's* convenience (在某人方便的時候)

【典型考題】
It is urgent, so please call me back at your earliest _____.
A. custom   B. development
C. convenience D. trust   **[C]**

** **convenient**[2] ﹝kənˈvinjənt﹞ *adj.*
方便的 (= *handy*)
Is Friday *convenient* for you?

* **convention**[4] ﹝kənˈvɛnʃən﹞ *n.* 代表大會 (= *meeting* = *conference* = *congress*)；習俗 (= *custom*)
The next sales *convention* will be held in Palm Springs in January.

* **conventional**[4] ﹝kənˈvɛnʃənḷ﹞ *adj.*
傳統的 (= *traditional*)

【典型考題】
I think more people will like this _____ design than the innovative one.
A. conventional B. considerable
C. revolutionary D. removable   **[A]**

** **conversation**[2] ﹝͵kɑnvəˈseʃən﹞ *n.*
對話 (= *talk*)
Mark and Mike are having a *conversation* over the telephone.

【典型考題】
The woman likes to show off and criticize people. She really should learn more about the art of _____.
A. interest   B. conversation
C. stranger   D. country   **[B]**

* **converse**[4] ﹝kənˈvɝs﹞ *v.* 談話 (= *talk*)
﹝ˈkɑnvɝs﹞ *adj.* 逆的；相反的

conversion[5] ﹝kənˈvɝʃən﹞ *n.* 轉換 (= *change*)

convert[5] ﹝kənˈvɝt﹞ *v.* 改變 (= *change*)；使改信 (宗教)
He *converted* from Hinduism to Buddhism

* **convey**[4] ﹝kənˈve﹞ *v.* 傳達 (= *communicate*)；運輸；傳遞；搬運；運送
No words can *convey* my feelings.
【記憶技巧】*con* (together) + *vey* (way)

convict[5] ﹝kənˈvɪkt﹞ *v.* 定罪
The man was *convicted* of armed robbery and sent to prison for 20 years.

conviction[6] ﹝kənˈvɪkʃən﹞ *n.* 定罪

* **convince**[4] ﹝kənˈvɪns﹞ *v.* 使相信 (= *persuade*)
【記憶技巧】*con* (thoroughly) + *vince* (conquer) (完全征服對方，使對方相信)
【常考片語】*convince sb. of sth.* (使某人相信某事)

‡cook[1]〔kʊk〕v. 做菜　n. 廚師

*cooker[2]〔'kʊkɚ〕n. 烹調器具

‡cookie[1]〔'kʊkɪ〕n.（甜的）餅乾

‡cool[1]〔kul〕adj. 涼爽的；很酷的
Please keep the medicine in a *cool* and dry place.

*cooperate[4]〔ko'ɑpə,ret〕v. 合作
（= *work together*）
【記憶技巧】*co*（together）+ *oper*（work）+ *ate*（v.）

*cooperation[4]〔ko,ɑpə'reʃən〕n.
合作（= *teamwork*）

*cooperative[4]〔ko'ɑpə,retɪv〕adj.
合作的（= *joint*）

coordinate[6]〔ko'ɔrdn̩,et〕v. 協調
（= *organize*）
My husband and I always *coordinate* our vacation time so that we can travel somewhere together.
【記憶技巧】*co*（with）+ *ordin*（order）+ *ate*（v.）（全部照順序來，就是協調一致）

*cope[4]〔kop〕v. 應付；處理（= *deal*）
【常考片語】*cope with*（應付；處理）

*copper[4]〔'kɑpɚ〕n. 銅

‡copy[2]〔'kɑpɪ〕v. 影印；抄寫；模仿；複製（= *reproduce*）n. 影本（= *print*）；複製品（= *reproduction*）
Copy down the questions in your notebook.

copyright[5]〔'kɑpɪ,raɪt〕n. 著作權
【記憶技巧】有影印（copy）的權利（right），就是有著作權（copyright）。

coral[5]〔'kɔrəl〕n. 珊瑚
【衍伸詞】*coral reef*（珊瑚礁）

*cord[4]〔kɔrd〕n. 細繩（= *rope*）

cordial[6]〔'kɔrdʒəl〕adj. 熱誠的
（= *warm*）
【記憶技巧】*cor* 為表 heart（心）的字根。

core[6]〔kor〕n. 核心

*cork[4]〔kɔrk〕n. 軟木塞

*corn[1]〔kɔrn〕n. 玉米

【衍伸詞】*cornflakes*（玉米薄片）

‡corner[2]〔'kɔrnɚ〕n. 角落；轉角
The post office is right on the *corner*.

corporate[6]〔'kɔrpərɪt〕adj. 法人的

corporation[5]〔,kɔrpə'reʃən〕n. 公司
【記憶技巧】*corpor*（body）+ *ation*（n.）

corps[6]〔kor〕n. 部隊；團體【注意發音】
（= *team*）
After finishing his basic training, Douglas joined an elite *corps* of the military.
【衍伸詞】*the Peace Corps*（和平部隊）
the Marine Corps（海軍陸戰隊）

corpse[6]〔kɔrps〕n. 屍體
（= *body* = *carcass*）
An unidentified male *corpse* was found in the deserted house.
【記憶技巧】*corps*（部隊）+ *e* = *corpse*（屍體）（死掉的部隊，就變成屍體）

‡correct[1]〔kə'rɛkt〕adj. 正確的
（= *right*）
All the answers are *correct*.
【記憶技巧】*cor*（wholly）+ *rect*（right）

C

* correspond[4] 〔͵kɔrə'spɑnd〕 v. 通信
（= write）；符合（= match）
Matt and Denise *corresponded*
regularly after leaving school.
【記憶技巧】 *cor* (together) + *respond*
(answer)（相互回信，即「通信」）
【片語】 *correspond with*（和…通信）
　　　　correspond to（符合）

correspondence[5] 〔͵kɔrə'spɑndəns〕
n. 通信（= communication）；符合
（= match）

correspondent[6] 〔͵kɔrə'spɑndənt〕
n. 通訊記者（= reporter）；特派員

corridor[5] 〔'kɔrədə〕 n. 走廊
（= hallway）

corrupt[5] 〔kə'rʌpt〕 adj. 貪污的
（= dishonest）；腐敗的（= vicious）
The *corrupt* official was found guilty
of stealing money from the state.
【記憶技巧】 *cor* (together) + *rupt*
(break)（大家一起破壞，就是「貪污的」）

corruption[6] 〔kə'rʌpʃən〕 n. 貪污
（= dishonesty）；腐敗（= vice）

cosmetic[6] 〔kɑz'mɛtɪk〕 adj. 化妝用
的；美容用的
【常考片語】 *cosmetic surgery*（整形手
術）（= plastic surgery）

cosmetics[6] 〔kɑz'mɛtɪks〕 n. pl. 化妝品
（= make-up）

cosmopolitan[6] 〔͵kɑzmə'pɑlətn〕
adj. 世界性的（= universal）；國際
的；見多識廣的　n. 四海為家的人
The citizens of the city come from
a variety of places, making it a
very *cosmopolitan* place.

*** cost[1] 〔kɔst〕 n. 費用（= price）
v. 花費；值…（= be priced at）
How much will it *cost* to repair
this car?

* costly[2] 〔'kɔstlɪ〕 adj. 昂貴的
（= expensive）

* costume[4] 〔'kɑstjum〕 n. 服裝
（= outfit = clothes）
【衍伸詞】 *costume ball*（化妝舞會）

* cottage[4] 〔'kɑtɪdʒ〕 n. 農舍（= cabin）

** cotton[2] 〔'kɑtn〕 n. 棉
This cloth is made from *cotton*.

*** couch[3] 〔kaʊtʃ〕 n. 長沙發（= sofa）
There is a cat on the *couch*.
【注意】「雙人沙發」稱作 loveseat，「單人沙
發」稱作 armchair（扶手椅），全部通稱
sofa（沙發）。

** cough[2] 〔kɔf〕 n. v. 咳嗽
The child has a bad *cough*.
【衍伸詞】 *cough syrup*（止咳糖漿）

* council[4] 〔'kaʊnsl̩〕 n. 議會
（= committee）
【記憶技巧】 *coun* (together) + *cil*
(call)（共同召集，是要參加「議會」）
【注意】 council（議會）和 counsel（建
議）讀音相同，但議會要召集（call a
meeting）才會有人來，所以是 council。
【衍伸詞】 *the city council*（市議會）

counsel[5] 〔'kaʊnsl̩〕 n. 勸告；建議
（= advice）
Unable to decide, Lily called Tony
for *counsel*.

counselor[5] 〔'kaʊnsl̩ə〕 n. 顧問
（= advisor = consultant
= counsellor【英式用法】）

count[1]〔 kaʊnt 〕*v.* 數（= *add up*)；
重要（= *matter*)
The little boy can *count* from one to ten.
It is quality, not quantity that *counts*.

countable[3]〔ˈkaʊntəbḷ 〕*adj.* 可數的
（= *numerable*)
【衍伸詞】 *a countable noun*（可數名詞）

counter[4]〔ˈkaʊntə 〕*n.* 櫃台
【衍伸詞】 *over the counter*（買藥時不用
醫生處方籤）

counterclockwise[5]
〔ˌkaʊntəˈklɑkˌwaɪz 〕*adv.* 逆時針方
向地（= *anticlockwise*)
We stood in a circle and passed the
ball around it clockwise and then
counterclockwise.

counterpart[6]〔ˈkaʊntəˌpart 〕*n.*
相對應的人或物（= *equal*)
The President of Mexico was eager
to meet his *counterpart*, the Prime
Minister, during his trip to England.

country[1]〔ˈkʌntrɪ 〕*n.* 國家；鄉下
I would like to live in the *country*.

countryside[2]〔ˈkʌntrɪˌsaɪd 〕*n.* 鄉間
（= *rural areas*)
The Japanese *countryside* looks its
best in October.

county[2]〔ˈkaʊntɪ 〕*n.* 郡；縣
Tony wants to move to the *County* of
Essex.
【記憶技巧】country 是國家，少一個 r，
就是比較小的 county（郡；縣）。

couple[2]〔ˈkʌpḷ 〕*n.* 一對男女（= *pair*)；
夫婦（= *husband and wife*)
We saw many young *couples* walking
in the park.

coupon[5]〔ˈkupɑn 〕*n.* 折價券
（= *voucher*〔ˈvaʊtʃə 〕)

【典型考題】
Mother usually clips _____ from
the newspaper to save money while
shopping.
A. coupons   B. beliefs
C. magic   D. articles   [A]

courage[2]〔ˈkɝɪdʒ 〕*n.* 勇氣（= *bravery*)
He is a man of *courage*.

courageous[4]〔 kəˈredʒəs 〕*adj.*
勇敢的（= *brave*)

course[1]〔 kors 〕*n.* 課程（= *classes*)
She took a *course* in French
literature.

court[2]〔 kort 〕*n.* 法院；（網球）球場
（= *field*)；天井；宮廷；庭院
（= *courtyard*)
Our school has a tennis *court*.

courteous[4]〔ˈkɝtɪəs 〕*adj.* 有禮貌的
（= *polite*)

【典型考題】
Jim is a _____ person: he is polite,
kind, and always shows respect for
others.
A. courteous   B. handsome
C. hateful   D. sensitive   [A]

courtesy[4]〔ˈkɝtəsɪ 〕*n.* 禮貌
（= *politeness*)

【典型考題】
Out of _____ and consideration, I
always write a thank-you note when
someone sends me a gift.
A. convenience   B. concentration
C. courtesy   D. courtship   [C]

C

courtyard[5] 〔'kort,jɑrd〕 *n.* 庭院；天井（ = *yard* = *court* ）

‡cousin[2] 〔'kʌzn̩〕 *n.* 表（堂）兄弟姊妹
I have six *cousins* on my mother's side.

‡cover[1] 〔'kʌvɚ〕 *v.* 覆蓋（ = *mask* ）；涵蓋　*n.* 蓋子
The car is *covered* with snow.

coverage[6] 〔'kʌvərɪdʒ〕 *n.* 涵蓋的範圍；新聞報導（ = *reporting* ）

covet[6] 〔'kʌvɪt〕 *v.* 貪圖；覬覦；垂涎（ = *desire* ）
Lisa secretly *coveted* Krista's diamond ring.

‡cow[1] 〔kaʊ〕 *n.* 母牛
You can see *cows* on the farm.
【比較】bull（公牛）

‡coward[3] 〔'kaʊɚd〕 *n.* 懦夫（ = *chicken* ）
【記憶技巧】*cow*（母牛）+ *ard*（人）

cowardly[5] 〔'kaʊɚdlɪ〕 *adj.* 膽小的（ = *timid* ）；懦弱的

‡cowboy[1] 〔'kaʊ,bɔɪ〕 *n.* 牛仔（ = *cattleman* ）
I'll be a *cowboy* at the party.

‡cozy[5] 〔'kozɪ〕 *adj.* 溫暖而舒適的
We added a rug and drapes to make the room look *cozy*.

‡crab[2] 〔kræb〕 *n.* 螃蟹
Crab is my favorite seafood.

‡crack[4] 〔kræk〕 *v.* 使破裂（ = *break* ）；說（笑話）（ = *tell* ）
【片語】*crack a joke*（說笑話）
　　　　crack down on（嚴格取締）

cracker[5] 〔'krækɚ〕 *n.* 薄脆餅；爆竹（ = *firecracker* ）

‡cradle[3] 〔'kredl̩〕 *n.* 搖籃

‡craft[4] 〔kræft〕 *n.* 技藝；技術（ = *skill* ）
The sculptor worked with fine *craft*.

‡cram[4] 〔kræm〕 *v.* 填塞（ = *jam* ）；K書　*n.* 填鴨式的用功
I don't think all of this stuff will fit in my suitcase, but I will try to *cram* it in.
【衍伸詞】*cram school*（補習班）

cramp[6] 〔kræmp〕 *n.* 抽筋（ = *spasm* ）
Kenny went to swim without doing a warm-up and got *cramps*.

‡crane[2] 〔kren〕 *n.* 起重機；鶴

‡crash[3] 〔kræʃ〕 *v. n.* 墜毀；撞毀（ = *smash* ）　*n.* 汽車相撞聲
Bobby *crashed* his car, but he was unhurt.
【衍伸詞】*air crash*（空難）

crater[5] 〔'kretɚ〕 *n.* 火山口（ = *hole* ）；隕石坑；（炸彈炸出的）彈坑

‡crawl[3] 〔krɔl〕 *v.* 爬行（ = *creep* ）
【典型考題】
It being a tiring day, as soon as I got home, I locked the door and ＿＿＿ into bed.
A. skinned　　B. stirred
C. crawled　　D. crouched　　[C]

‡crayon[2] 〔'kreən〕 *n.* 蠟筆

‡crazy[2] 〔'krezɪ〕 *adj.* 瘋狂的（ = *mad* ）
She went *crazy* with fear.

creak[5] 〔krik〕 v. 發出嘎嘎聲
n. 嘎嘎聲
The old bed *creaked* when the fat man lay down.

cream[2] 〔krim〕 n. 奶油
Do you take *cream* in your coffee?

create[2] 〔krɪˈet〕 v. 創造 (= *make*)
He *created* wonderful characters in his novels.
【記憶技巧】 *cre* (make) + *ate* (v.)

creation[4] 〔krɪˈeʃən〕 n. 創造
(= *production*)
【比較】 recreation (娛樂)

creative[3] 〔krɪˈetɪv〕 adj. 有創造力的
(= *inventive*)

creativity[4] 〔ˌkrieˈtɪvətɪ〕 n. 創造力
(= *imagination* = *originality*)

┌─【典型考題】────────
│ The writing teacher has found that
│ reading fantasies such as J. K. Rowling's
│ Harry Potter books may inspire her
│ students to think and write with _____.
│ A. creativity   B. generosity
│ C. superstition   D. foundation   [A]
└──────────────────

creator[3] 〔krɪˈetɚ〕 n. 創造者
(= *maker*)

creature[3] 〔ˈkritʃɚ〕 n. 生物
(= *living thing*) ; 動物 (= *animal*)

credibility[6] 〔ˌkrɛdəˈbɪlətɪ〕 n. 可信度
(= *believability*)

credible[6] 〔ˈkrɛdəbḷ〕 adj. 可信的
(= *believable*)
The manufacturer's claims for the miracle blade are too good to be *credible*.

【記憶技巧】 *cred* (believe) + *ible* (adj.)
【反義詞】 incredible (令人無法置信的)

credit[3] 〔ˈkrɛdɪt〕 n. 信用 (= *trust*)
【衍伸詞】 *credit card* (信用卡)

creek[5] 〔krik〕 n. 小河 (= *stream*)

creep[3] 〔krip〕 v. 悄悄地前進
(= *sneak*) ; 爬行 n. 爬行 ; (pl.) 毛骨悚然的感覺
The cat *crept* up on the bird silently.

crew[3] 〔kru〕 n. (船、飛機的) 全體工作人員
The sailboat has a *crew* of seven.

crib[5] 〔krɪb〕 n. 嬰兒床 ; 飼料槽

cricket[3] 〔ˈkrɪkɪt〕 n. 蟋蟀

crime[2] 〔kraɪm〕 n. 罪 (= *offense*)
He committed a serious *crime*.

criminal[3] 〔ˈkrɪmənḷ〕 n. 罪犯
(= *lawbreaker*)

cripple[4] 〔ˈkrɪpḷ〕 n. 跛子 ; 瘸子
(= *a disabled person*) v. 使殘廢
(= *disable*)

crisis[2] 〔ˈkraɪsɪs〕 n. 危機
(= *emergency*)
This country faced a political *crisis*.
【注意】 複數形為 crises。

┌─【典型考題】────────
│ In times of _____, one finds out who
│ one's real friends are.
│ A. condition   B. situation
│ C. mischief   D. crisis   [D]
└──────────────────

* crispy[3] (ˈkrɪspɪ) *adj.* 酥脆的

criterion[6] (kraɪˈtɪrɪən) *n.* 標準
(= *standard*)；基準
Appearance is only one *criterion* on which beauty contestants are judged.
【注意】複數形為 criteria。

* critic[4] (ˈkrɪtɪk) *n.* 評論家
(= *reviewer*)；批評者

* critical[4] (ˈkrɪtɪkl̩) *adj.* 批評的
(= *fault-finding*)；危急的 (= *risky*)
【衍伸詞】*a critical moment* (關鍵時刻)

* criticism[4] (ˈkrɪtəˌsɪzəm) *n.* 批評
(= *disapproval*)

* criticize[4] (ˈkrɪtəˌsaɪz) *v.* 批評
(= *find fault with*)

┌─【典型考題】──────
People who don't like to _____ others are popular.
A. notice　　　B. tell
C. send　　　D. criticize　　[D]
└──────────────

crocodile[5] (ˈkrɑkəˌdaɪl) *n.* 鱷魚
【片語】*shed crocodile tears* (假慈悲)
【比較】alligator (短吻鱷)

crook[6] (krʊk) *n.* 彎曲 (= *bend*)；
騙子 (= *cheat*)
Never ever trust David at all; he is nothing but a *crook*.

crooked[6] (ˈkrʊkɪd) *adj.* 彎曲的
(= *bent*)

* crop[2] (krɑp) *n.* 農作物

** cross[2] (krɔs) *v.* 越過　*n.* 十字架
We *crossed* a lake in a boat.
【衍伸詞】*the Red Cross* (紅十字會)

crossing[5] (ˈkrɔsɪŋ) *n.* 穿越處
(= *path*)
【衍伸詞】*zebra crossing* (斑馬線)

crouch[5] (kraʊtʃ) *v.* 蹲下；蹲；蹲伏
(= *squat*)
The cat *crouched* in front of the hole, waiting for the mouse to come out.

* crow[1,2] (kro) *n.* 烏鴉　*v.* (公雞) 啼
叫 (= *cry*)

** crowd[2] (kraʊd) *n.* 群眾 (= *group*)；
人群 (= *people*)
There are *crowds* of people at the market.
【衍伸詞】crowded (擁擠的)

* crown[3] (kraʊn) *n.* 皇冠

crucial[6] (ˈkruʃəl) *adj.* 關鍵性的；
非常重要的 (= *vital*)
This report is *crucial* so I will stay up all night to finish it.
【記憶技巧】*cruc* (cross) + *ial* (adj.)
(人生旅途遇到交叉口時，所做的選擇是「非常重要的」)

crude[6] (krud) *adj.* 未經加工的
(= *raw*)
The *crude* oil must be refined before it can be used.
【衍伸詞】*crude oil* (原油)

** cruel[2] (ˈkruəl) *adj.* 殘忍的 (= *brutal*)
Don't be *cruel* to animals.

cruelty[4] (ˈkruəltɪ) *n.* 殘忍
(= *inhumane treatment*)

cruise[6] (kruz) *n.* 巡航 (= *sail*)；
乘船遊覽
My family went on a two-week *cruise* of the Caribbean.

cruiser[6] 〔'kruzɚ〕 *n.* 巡洋艦;巡邏車

crumb[6] 〔krʌm〕 *n.* 碎屑 (= *bit*)
Leo left a lot of *crumbs* on the ground after eating cookies.

crumble[6] 〔'krʌmbḷ〕 *v.* 粉碎
(= *break up*)
The cookie was so dry that it *crumbled* in my hand.

crunch[5] 〔krʌntʃ〕 *v.* 嘎吱嘎吱地咬
(= *munch*);嘎吱嘎吱地踩   *n.* 嘎吱聲;壓碎聲;困境;關鍵時刻
Nicholas *crunched* peanuts all day long.

* **crunchy**[3] 〔'krʌntʃɪ〕 *adj.* 鬆脆的
(= *crispy*)
Look at all the fresh, *crunchy* vegetables at the salad bar!

* **crush**[4] 〔krʌʃ〕 *v.* 壓扁 (= *smash*);壓碎;摧毀   *n.* 迷戀
I accidentally sat on the bag and *crushed* the tomatoes that were inside.
【片語】 *have a crush on* (迷戀)

crust[6] 〔krʌst〕 *n.* 地殼

* **crutch**[3] 〔krʌtʃ〕 *n.* 枴杖
【片語】 *walk on crutches* (撐著枴杖走路)

cry[1] 〔kraɪ〕 *v.* 哭
The little babies always *cry*.

crystal[5] 〔'krɪstḷ〕 *n.* 水晶;水晶製品;結晶

* **cub**[1] 〔kʌb〕 *n.* 幼獸

cube[4] 〔kjub〕 *n.* 立方體
【比較】 tube (管子)

* **cucumber**[4] 〔'kjukʌmbɚ〕 *n.* 黃瓜

* **cue**[4] 〔kju〕 *v.* 暗示 (= *hint*)
The director *cued* the actors to begin their scene.

cuisine[5] 〔kwɪ'zin〕 *n.* 菜餚(= *food*);烹飪 (法)【注意發音】
【衍伸詞】 *French cuisine* (法國菜)
【重要知識】 來自法文,所以發音很特別。

* **cultivate**[6] 〔'kʌltə,vet〕 *v.* 培養
(= *develop*)
【記憶技巧】 *cultiv* (耕種) + *ate* (*v.*)

* **cultural**[3] 〔'kʌltʃərəl〕 *adj.* 文化的

* **culture**[2] 〔'kʌltʃɚ〕 *n.* 文化
Every nation has its own *culture*.

┌─【典型考題】────
│ It is difficult for a Westerner to understand and appreciate Chinese
│ _____.
│ A. situation   B. comet
│ C. telescope   D. culture   [D]
└──────────

cumulative[6] 〔'kjumjə,letɪv〕 *adj.* 累積的
It's not a good idea to take this drug for too long because it will have a *cumulative* effect on your body.

* **cunning**[4] 〔'kʌnɪŋ〕 *adj.* 狡猾的
(= *sly* 〔slaɪ〕)
It was very *cunning* of you to trick Jane into doing your work.

cup[1] 〔kʌp〕 *n.* 杯子
I broke my *cup* yesterday.

*cupboard[3] 〔'kʌbəd 〕 *n.* 碗櫥
【注意發音】

curb[5] 〔 kɝb 〕 *n.* (人行道旁的) 邊石；邊欄；路緣

*cure[2] 〔 kjur 〕 *v.* 治療 (= *heal*)
n. 治療法 (= *remedy*)
This medicine will *cure* your cold.

*curiosity[4] 〔ˌkjurɪ'ɑsətɪ 〕 *n.* 好奇心
(= *interest*)
Curiosity killed the cat.

┌─【典型考題】────
│ Deep inside the human heart is the
│ ──── about what other people do
│ in private. That's why the media
│ pursue and people peep.
│ A. attraction   B. curiosity
│ C. dependence   D. experiment   [B]
└────────────

*curious[2] 〔'kjurɪəs 〕 *adj.* 好奇的
(= *interested*)
She is too *curious* about other
people's business.

*curl[4] 〔 kɝl 〕 *n.* 捲曲 (= *twist*)

currency[5] 〔'kɝənsɪ 〕 *n.* 貨幣
(= *money*)
【衍伸詞】 *foreign currency* (外幣)

*current[3] 〔'kɝənt 〕 *adj.* 現在的
(= *ongoing* = *present*)
Our *current* methods of production
are too expensive.
【衍伸詞】 *current events* (時事)

┌─【典型考題】────
│ Languages change all the time. Many
│ words that are found in Shakespeare's
│ works are no longer in ──── use.
│ A. absolute   B. current
│ C. repetitive   D. valuable   [B]
└────────────

curriculum[5] 〔 kə'rɪkjələm 〕 *n.* 課程
(= *program*)
【記憶技巧】 這個字很長，不好背，所以要
分音節來背，cur-ri-cu-lum。
【衍伸詞】 curricular (課程的)
extracurricular (課外的)

curry[5] 〔'kɝɪ 〕 *n.* 咖哩

*curse[4] 〔 kɝs 〕 *v.* 詛咒 (= *swear*)
n. 詛咒 (= *swearword*)
Henry is so unlucky that it seems
as though he is *cursed*.

*curtain[2] 〔'kɝtn̩ 〕 *n.* 窗簾

*curve[4] 〔 kɝv 〕 *n.* 曲線
The child drew *curves* on the paper.

*cushion[4] 〔'kuʃən 〕 *n.* 墊子 (= *pad*)

*custom[2] 〔'kʌstəm 〕 *n.* 習俗
(= *practice*)
It's a *custom* for Japanese to bow
when they meet their acquaintances.

┌─【典型考題】────
│ There are different ──── in
│ different countries. That is why the
│ proverb goes, "Do in Rome as the
│ Romans do."
│ A. wonders   B. tourists
│ C. strangers   D. customs   [D]
└────────────

customary[6] 〔'kʌstəmˌɛrɪ 〕 *adj.* 習慣
的 (= *usual*)
【記憶技巧】 *custom* (習俗) + *ary* (*adj.*)

*customer[2] 〔'kʌstəmɚ 〕 *n.* 顧客
(= *guest*)
The store has a lot of *customers*.

customs[5] 〔'kʌstəmz 〕 *n.* 海關

【典型考題】
When the visitors got to _____, the officials checked their baggage.
A. elevator　　B. heaven
C. sidewalk　　D. customs　　**[D]**

‡**cut**[1] 〔 kʌt 〕 *v.* 切；割
She *cut* her finger with a knife.

‡**cute**[1] 〔 kjut 〕 *adj.* 可愛的 (= *lovely*)
She is such a *cute* girl.

*****cycle**[3] 〔'saɪkl̩ 〕 *n.* 循環
【記憶技巧】 *cycle* (circle)

D d

‡**dad**[1] 〔 dæd 〕 *n.* 爸爸
(= *daddy* = *papa* = *pa* = *pop*)
Dad told me a strange story.

‡**daddy**[1] 〔'dædɪ 〕 *n.* 爸爸

daffodil[6] 〔'dæfədɪl 〕 *n.* 黃水仙

*****daily**[2] 〔'delɪ 〕 *adj.* 每天的
I am paid on a *daily* basis.
【片語】 ***on a daily basis*** (每天)

*****dairy**[3] 〔'dɛrɪ 〕 *adj.* 乳製品的
n. 酪農場
【比較】 diary (日記)
【衍伸詞】 ***dairy product*** (乳製品)

*****dam**[3] 〔 dæm 〕 *n.* 水壩

‡**damage**[2] 〔'dæmɪdʒ 〕 *v.* 損害 (= *harm*)
When a road is *damaged*, someone must do the necessary repairs.

*****damn**[4] 〔 dæm 〕 *v.* 詛咒 (= *curse*)
Once he became a drug addict, he was *damned* to a life of misery.

*****damp**[4] 〔 dæmp 〕 *adj.* 潮濕的 (= *wet*)
Sheila wiped the counter with a *damp* cloth.

‡**dance**[1] 〔 dæns 〕 *v.* 跳舞

We can *dance* at the party tomorrow.

*****dancer**[1] 〔'dænsɚ 〕 *n.* 舞者

dandruff[6] 〔'dændrəf 〕 *n.* 頭皮屑

*****danger**[1] 〔'dendʒɚ 〕 *n.* 危險 (= *risk*)
A jungle is full of *danger*.
【反義詞】 security (安全)

‡**dangerous**[2] 〔'dendʒərəs 〕 *adj.* 危險的
(= *risky*)

【典型考題】
It is _____ to go out on a typhoon day. The sky is dark and the wind is strong.
A. careful　　B. fashionable
C. dangerous　　D. convenient　　**[C]**

*****dare**[3] 〔 dɛr 〕 *v.* 敢 (= *have the courage*)
I have never *dared* to speak to him.

‡**dark**[1] 〔 dɑrk 〕 *adj.* 黑暗的
The house is very *dark* at night.

*****darling**[3] 〔'dɑrlɪŋ 〕 *n.* 親愛的人

dart[5] 〔 dɑrt 〕 *n.* 飛鏢

*****dash**[3] 〔 dæʃ 〕 *v.* 猛衝 (= *rush*)
n. 破折號 (—)
He *dashed* to get the last train.

D

* **data**[2] 〔'detə〕 *n. pl.* 資料
  Thank you for giving me the *data*.
  【注意】單數為 datum〔'detəm〕。

‡ **date**[1] 〔det〕 *n.* 日期；約會
  What is your *date* of birth?

‡ **daughter**[1] 〔'dɔtɚ〕 *n.* 女兒
  Lucy is the only *daughter* of the family.

* **dawn**[2] 〔dɔn〕 *n.* 黎明
  We set out at *dawn*.

‡ **day**[1] 〔de〕 *n.* 天
  What *day* is today?

daybreak[6] 〔'de,brek〕 *n.* 破曉

dazzle[5] 〔'dæzḷ〕 *v.* 使目眩；使眼花
  We were *dazzled* by the car's headlights.
  【記憶技巧】*dazz* (daze) + *le*（表重複動作的字尾）

‡ **dead**[1] 〔dɛd〕 *adj.* 死的
  His father has been *dead* for nearly ten years.
  【反義詞】alive（活的）

* **deadline**[4] 〔'dɛd,laɪn〕 *n.* 最後期限
  (= *time limit*)
  Setting *deadlines* is the best way to do things efficiently.

deadly[6] 〔'dɛdlɪ〕 *adj.* 致命的
  (= *fatal* = *lethal*)

‡ **deaf**[2] 〔dɛf〕 *adj.* 聾的
  He is unable to hear you because he is *deaf*.
  【記憶技巧】仔細看 deaf 這個字，中間是 ea(r)（耳朵），所以是「聾的」。

【比較】blind（瞎的）
　　　　dumb（啞的）

deafen[3] 〔'dɛfən〕 *v.* 使聾
  (= *make deaf*)

‡ **deal**[1] 〔dil〕 *v.* 處理
  I'm busy, and there are still a lot of things that I have to *deal* with.
  【常考片語】*deal with*（應付；處理）

dealer[3] 〔'dilɚ〕 *n.* 商人

‡ **dear**[1] 〔dɪr〕 *adj.* 親愛的
  Alice is my *dear* friend.

* **death**[1] 〔dɛθ〕 *n.* 死亡
  Her *death* was a shock to him.

* **debate**[2] 〔dɪ'bet〕 *v.* 辯論
  We are *debating* which was best.
  【記憶技巧】*de* (down) + *bate* (beat)
  （「辯論」就是要打倒對方）

* **debt**[2] 〔dɛt〕 *n.* 債務
  If they paid me their *debts*, I should be quite well off.
  【注意】字中的 b 不發音。

* **decade**[3] 〔'dɛked〕 *n.* 十年
  Over the last *decade*, writer-director David Mamet has made many great films.
  【記憶技巧】*deca* (ten) + *de* (n.)

decay[5] 〔dɪ'ke〕 *v.* 腐爛 (= *rot*)
  The wooden floor began to *decay*.
  【記憶技巧】*de* (down) + *cay* (fall)
  （木頭「腐爛」，建築物會倒下）

deceive[5] 〔 dɪ'siv 〕 v. 欺騙（= *cheat*）
Misleading advertising may *deceive* the public.
【記憶技巧】 *de* (away) + *ceive* (take)
（把真相帶走，意味著「欺騙」）

【典型考題】
John did not know he had been entirely _____ by the salesman until he discovered the antique was a fake.
A. defeated   B. deceived
C. detected   D. disguised   [B]

‡**December**[1] 〔 dɪ'sɛmbɚ 〕 n. 十二月

decent[6] 〔'disn̩t 〕 adj. 得體的；高尚的（= *respectable*）；待人寬的
You must wear *decent* clothing if you want to go inside the temple.
【比較】 descent（下降）

‡**decide**[1] 〔 dɪ'saɪd 〕 v. 決定（= *make up one's mind*）
Just as I got down to work, my friends *decided* to visit me.
【記憶技巧】 *de* (off) + *cide* (cut)
（從一堆想法中把自己想要的部分割開並拿走，表示「決定」）

‡**decision**[2] 〔 dɪ'sɪʒən 〕 n. 決定（= *conclusion*）
【片語】 *make a decision*（做決定）

decisive[6] 〔 dɪ'saɪsɪv 〕 adj. 決定性的（= *conclusive*）

*****deck**[3] 〔 dɛk 〕 n. 甲板；一副（紙牌）
【衍伸詞】 *a deck of cards*（一副紙牌）

*****declaration**[5] 〔,dɛklə'reʃən 〕 n. 宣言（= *announcement*）

*****declare**[4] 〔 dɪ'klɛr 〕 v. 宣佈（= *announce*）
Carl was *declared* the winner of the boxing match.
【記憶技巧】 *de* (fully) + *clare* (clear)
（向大家表示得十分清楚，也就是「宣佈」）

【典型考題】
The Olympic chairperson _____ the Games open.
A. declared   B. departed
C. discovered   D. deserved   [A]

decline[6] 〔 dɪ'klaɪn 〕 v. 拒絕（= *refuse*）；衰退（= *worsen*）
Mary *declined* Tim's offer to give her a ride home.
【記憶技巧】 *de* (down) + *cline* (bend)
（「拒絕」別人的請求時，會彎下身子向對方說對不起）

*****decorate**[2] 〔'dɛkə,ret 〕 v. 裝飾（= *adorn*）
The hotel room was *decorated* with flowers.
【記憶技巧】 *decor* (ornament) + *ate* (v.)

【典型考題】
Mr. Lin usually _____ his restaurant with lights and flowers before the New Year.
A. celebrates   B. decorates
C. examines   D. notices   [B]

*****decoration**[4] 〔,dɛkə'reʃən 〕 n. 裝飾（= *adornment*）

‡**decrease**[4] 〔 dɪ'kris 〕 v. n. 減少（= *cut*）
We should *decrease* the amount of our trash.
【反義詞】 increase（增加）

D

dedicate[6] 〔'dɛdə,ket 〕 v. 使致力於；
奉獻 (= devote)；把 (著作) 獻給
【常考片語】　**be dedicated to** (致力於)
【記憶技巧】 **de** (away) + **dic** (proclaim)
+ **ate** (v.) (宣佈放棄某物，就是要「奉獻」)

dedication[6] 〔,dɛdə'keʃən 〕 n. 奉獻
(= devotion)；獻詞
We thank Ms. Kyle for her *dedication*
to our institute.

* **deed**[3] 〔 did 〕 n. 行為 (= action)；功績
The bystander who stopped the thief
was praised for his brave *deed*.

deem[6] 〔 dim 〕 v. 認為
(= consider = think)
The U.S. *deemed* peace talks between
the two countries necessary.

* **deep**[1] 〔 dip 〕 adj. 深的
The ocean is very *deep*.
【反義詞】 shallow (淺的)

deepen[3] 〔'dipən 〕 v. 加深

* **deer**[1] 〔 dɪr 〕 n. 鹿【單複數同形】
A *deer* is an animal with horns.

* **defeat**[4] 〔 dɪ'fit 〕 v. 打敗 (= beat)
He *defeated* his opponents in this
election.
【記憶技巧】 **de** (away) + **feat** (功績)
(把別人的功績拿走，就是「打敗」)

defect[6] 〔'difɛkt , dɪ'fɛkt 〕 n. 瑕疵
(= flaw)；缺點 (= shortcoming =
drawback = weakness)
In his mind, his girlfriend is like a
goddess. He can't find any *defect*
in her.

【記憶技巧】 **de** (down) + **fect** (make)
(沒有把事做好，顯露出自己的「缺點」)

* **defend**[4] 〔 dɪ'fɛnd 〕 v. 保衛 (= protect)
The forest ranger carries a rifle to
defend himself against bears.
【記憶技巧】 **de** (away) + **fend** (strike)
(把敵人打跑，就是「保衛」自己)

* **defense**[4] 〔 dɪ'fɛns 〕 n. 防禦
(= protection)
【反義詞】 offense (攻擊)
【衍伸詞】 **national defense** (國防)
┌─【典型考題】────────────
│ Every country needs strong national
│ ＿＿＿ against enemy invasions.
│ A. defense　　　B. balance
│ C. analysis　　　D. response　　**[A]**
└─────────────────────

* **defensible**[4] 〔 dɪ'fɛnsəbḷ 〕 adj. 可防
禦的

* **defensive**[4] 〔 dɪ'fɛnsɪv 〕 adj. 防禦的
(= protective)

deficiency[6] 〔 dɪ'fɪʃənsɪ 〕 n. 不足
(= lack)
The patient was diagnosed with a
vitamin *deficiency*.
【記憶技巧】 **de** (down) + **fic** (do) +
iency (n.) (往下減少，就會「不足」)

* **define**[3] 〔 dɪ'faɪn 〕 v. 下定義
How would you *define* your role in
the group?
【記憶技巧】 **de** (completely) + **fine**
(limit) (把限制完全說出，就是「下定義」)

* **definite**[4] 〔 ˈdɛfənɪt 〕 *adj.* 明確的
(= *certain*)
I want a *definite* answer right now.

> 【典型考題】
> We cannot give you a _____
> answer now; there are still many
> uncertainties on this issue.
> A. definite   B. familiar
> C. courteous   D. hollow   [A]

* **definition**[3] 〔 ˌdɛfəˈnɪʃən 〕 *n.* 定義
(= *explanation*)

degrade[6] 〔 dɪˈgred 〕 *v.* 降低（地位、
人格)(= *reduce*)；貶低；使丟臉
You should not *degrade* yourself by
stealing.
【記憶技巧】 *de* (down) + *grade* (等級)

** **degree**[2] 〔 dɪˈgri 〕 *n.* 程度；度
To what *degree* are you interested
in fishing?
【片語】 *to ~ degree* (到 ~ 程度)
          (= *to ~ extent*)

* **delay**[2] 〔 dɪˈle 〕 *v.* 延遲（ = *put off*)；
耽誤 (= *hold up*)
What *delayed* you so long
yesterday?
【記憶技巧】 *de* (away) + *lay* (leave)
    (離開到較遠的地方，就會「延遲」)

delegate[5] 〔 ˈdɛləgɪt , ˈdɛləˌget 〕
v. 代表 (= *represent*)
n. 代表 (= *representative*)
【記憶技巧】 *de* (away) + *legate* (send
with a commission) (背負任務離開，
就是去當「代表」)

delegation[5] 〔 ˌdɛləˈgeʃən 〕 *n.* 代表團

deliberate[6] 〔 dɪˈlɪbərɪt 〕 *adj.* 故意的
(= *planned*)
【記憶技巧】 可分音節背，de-li-be-rate。
【衍伸詞】 deliberately (故意地)
【反義詞】 unintentional (不是故意的)

* **delicate**[4] 〔 ˈdɛləkət , -kɪt 〕 *adj.* 細緻的
(= *refined*)
What a *delicate* piece of
embroidery!

*** **delicious**[2] 〔 dɪˈlɪʃəs 〕 *adj.* 美味的
(= *tasty*)
What a *delicious* dinner we enjoyed
tonight!
【記憶技巧】 *de* (intensive) + *lic*
    (entice 引誘) + *ious* (*adj.*)
    (食物有著強烈的誘惑，表示「美味的」)

* **delight**[4] 〔 dɪˈlaɪt 〕 *n.* 高興 (= *joy*)
Tina smiled in *delight* when she saw
her boyfriend approach.

> 【典型考題】
> The children were so _____ to see
> the clown appear on stage that they
> laughed, screamed, and clapped their
> hands happily.
> A. admirable   B. fearful
> C. delighted   D. intense   [C]

* **delightful**[4] 〔 dɪˈlaɪtfəl 〕 *adj.* 令人高興
的 (= *pleasant*)

delinquent[6] 〔 dɪˈlɪŋkwənt 〕
n. 犯罪者 (= *criminal*)
The young *delinquent* was punished
for his crime.
【記憶技巧】 *de* (completely) +
   linquent (leave) (完全悖離正道，就會
   變成「犯罪者」)

D

D

*deliver² 〔 dɪ'lɪvɚ 〕 v. 遞送 (= bring)

The postman *delivers* letters to our home every day.

【記憶技巧】背這個字要順便背 liver (肝臟)。

*delivery³ 〔 dɪ'lɪvərɪ 〕 n. 遞送 (= transfer)

【典型考題】

The special ＿＿＿ postal service is very efficient. A package sent can be received in a couple of hours.
A. delivery　　　B. directory
C. discovery　　D. dormitory　　[A]

*demand⁴ 〔 dɪ'mænd 〕 v. 要求 (= ask for)

The irate customers *demanded* to speak to the store manager.

【記憶技巧】 *de* (completely) + *mand* (order) (完全以下令的方式，就是「要求」)

【比較】 command (命令)

*democracy³ 〔 də'mɑkrəsɪ 〕 n. 民主政治

After the dictator was overthrown, *democracy* was established.

【記憶技巧】 *demo* (people) + *cracy* (rule) (由人民來管理，就是「民主」)

democrat⁵ 〔 'dɛmə,kræt 〕 n. 民主主義者；民主黨黨員

*democratic³ 〔 ,dɛmə'krætɪk 〕 adj. 民主的

*demonstrate⁴ 〔 'dɛmən,stret 〕 v. 示威 (= march in protest)；示範

The swimming teacher first *demonstrated* the stroke and then asked all of us to try it.

【記憶技巧】 *de* (fully) + *monstr* (show) + *ate* (v.) (完整地表演給大家看，就是「示範」)

*demonstration⁴ 〔 ,dɛmən'streʃən 〕 n. 示威 (= protest)；示範 (= show)

【片語】 *stage a demonstration*(舉行示威)

denial⁵ 〔 dɪ'naɪəl 〕 n. 拒絕；否認 (= negation)

Kenny is still in *denial* over Gina's breaking up with him.

denounce⁶ 〔 dɪ'naʊns 〕 v. 譴責 (= condemn)

The whole family *denounced* Victor when they found out he was the murderer.

【記憶技巧】 *de* (down) + *nounce* (announce)

【比較】 announce (宣佈)
　　　　pronounce (發言)
　　　　renounce (放棄)

*dense⁴ 〔 dɛns 〕 adj. 濃密的；密集的

There was little light in the *dense* forest.

【反義詞】 sparse (稀疏的)

density⁶ 〔 'dɛnsətɪ 〕 n. 密度 (= thickness)

dental⁶ 〔 'dɛntḷ 〕 adj. 牙齒的

【記憶技巧】 *dent* (tooth) + *al* (adj.)

***dentist² 〔 'dɛntɪst 〕 n. 牙醫

Dentists take care of people's teeth and treat diseases of the mouth.

*deny² 〔 dɪ'naɪ 〕 v. 拒絕 (= negate)；否認

* **depart**[4] 〔 dɪ'pɑrt 〕 v. 離開 (= *leave*)

Buses *depart* for the airport every twenty minutes.

【記憶技巧】 *de* (from) + *part* (分開)

(從某處分開，就是「離開」)

** **department**[2] 〔 dɪ'pɑrtmənt 〕 n. 部門 (= *section*)；系 (= *division*)

Eddie teaches in the literature *department*.

【衍伸詞】 *department store* (百貨公司)

* **departure**[4] 〔 dɪ'pɑrtʃɚ 〕 n. 離開 (= *leaving*)；出發

【典型考題】

The airport was closed because of the snowstorm, and our _____ for Paris had to be delayed until the following day.

A. movement　　B. registration

C. tendency　　D. departure　　**[D]**

** **depend**[2] 〔 dɪ'pɛnd 〕 v. 依賴；依靠 (= *rely*)

You cannot *depend* on your parents forever.

【常考】 *depend on* (依賴；視…而定)

【記憶技巧】 *de* (down) + *pend* (hang)

(懸掛東西需要「依賴」支撐物)

* **dependable**[4] 〔 dɪ'pɛndəbl̩ 〕 adj. 可靠的 (= *reliable*)

* **dependent**[4] 〔 dɪ'pɛndənt 〕 adj. 依賴的 (= *reliant*)

depict[6] 〔 dɪ'pɪkt 〕 v. 描繪；描述 (= *describe*)

The author *depicted* the hero of his story as honorable and just.

【記憶技巧】 *de* (fully) + *pict* (paint)

(完整地「描述」，就像把它畫出來一樣)

【典型考題】

The picture _____ the war vividly.

A. drew　　　B. designed

C. decorated　D. depicted　　**[D]**

* **deposit**[3] 〔 dɪ'pɑzɪt 〕 n. 存款

We had better make a bank *deposit* before we write any more checks.

【記憶技巧】 *de* (down) + *posit* (put)

(將錢放置在銀行，這筆錢就是「存款」)

* **depress**[4] 〔 dɪ'prɛs 〕 v. 使沮喪 (= *upset* = *discourage*)

When you *depress* someone, you make him or her sad.

【記憶技巧】 *de* (down) + *press* (press)

(壓到谷底，就是「使沮喪」)

* **depression**[4] 〔 dɪ'prɛʃən 〕 n. 沮喪 (= *sadness*)；不景氣 (= *recession*)

deprive[6] 〔 dɪ'praɪv 〕 v. 剝奪 (= *take away*)；使喪失 (= *rob*)

May's father has *deprived* her of her cell phone until she improves her grades.

【片語】 *deprive sb. of*… (剝奪某人的…)

* **depth**[2] 〔 dɛpθ 〕 n. 深度 (= *deepness*)；深厚；(*pl.*) 深處

deputy[6] 〔 'dɛpjətɪ 〕 adj. 副的 (= *assistant*)；代理的　n. 代理人

He is the *deputy* mayor of the city.

【衍伸詞】 depute 〔 dɪ'pjut 〕 v. 使代理

derive[6] 〔 də'raɪv 〕 v. 源自 (= *originate*) <*from*>；由…得到

Thousands of English words are *derived* from Latin.

【常考片語】 *be derived from* (源自) (= *derive from*)

【記憶技巧】 *de* (from) + *rive* (stream)

(從哪個地方流進來，就是「源自」哪裡)

D

descend[6] 〔dɪˈsɛnd〕 v. 下降（= *fall*）
The path *descends* to a lake.
【記憶技巧】 *de* (down) + *scend*
(climb)（往下爬，就是「下降」）
【反義詞】 ascend（上升）

descendant[6] 〔dɪˈsɛndənt〕 n. 子孫
（= *child*）
【反義詞】 ancestor（祖先）

descent[6] 〔dɪˈsɛnt〕 n. 下降（= *fall*）
【反義詞】 ascent（上升）

＊**describe**[2] 〔dɪˈskraɪb〕 v. 描述
（= *portray*）
He was *described* as being very
clever.
【記憶技巧】 *de* (fully) + *scribe*
(write)（寫得很詳細，也就是「描述」）

＊**description**[3] 〔dɪˈskrɪpʃən〕 n. 描述
（= *portrayal*）

descriptive[5] 〔dɪˈskrɪptɪv〕
adj. 敘述的

＊**desert**[2] 〔ˈdɛzət〕 n. 沙漠
〔dɪˈzɜt〕 v. 拋棄（= *abandon*）
There are many camels in the *desert*.
Ray *deserted* his wife and children.
【記憶技巧】 *de* (off) + *sert* (join)
（脫離連結，就是「拋棄」）

【典型考題】
You can't ＿＿＿＿ your dog in the
park just because it is old and sick.
A. exercise   B. encourage
C. divide   D. desert   [D]

＊**deserve**[4] 〔dɪˈzɜv〕 v. 應得
You've been working all morning—
you *deserve* a rest.

【典型考題】
The landslide after the typhoon
signals that environmental protection
＿＿＿＿ our attention.
A. accuses   B. stretches
C. obtains   D. deserves   [D]

＊**design**[2] 〔dɪˈzaɪn〕 v. n. 設計（= *plan*）
Adam *designs* clothes for me.
【記憶技巧】 *de* (out) + *sign* (mark)
（把符號畫出來，就是「設計」）

designate[6] 〔ˈdɛzɪgˌnet〕 v. 指定
（= *appoint*）
Neil Stone was *designated* relief
pitcher.
【記憶技巧】 *de* (out) + *sign* (mark)
+ *ate* (v.)

＊**designer**[3] 〔dɪˈzaɪnə〕 n. 設計師
（= *stylist*）

desirable[3] 〔dɪˈzaɪrəbḷ〕 *adj.* 合意的
【典型考題】
Everyone in our company enjoys
working with Jason. He's got all the
qualities that make a ＿＿＿＿ partner.
A. desirable   B. comfortable
C. frequent   D. hostile   [A]

＊**desire**[2] 〔dɪˈzaɪr〕 n. 慾望；渴望
Paul has a *desire* to help people.

＊**desk**[1] 〔dɛsk〕 n. 書桌
My grandfather made this *desk* for me.

despair[5] 〔dɪˈspɛr〕 n. 絕望
They gave up the experiment in
despair.
【片語】 *in despair*（絕望地）
【記憶技巧】 *de* (away) + *spair* (hope)
（失去希望，也就是「絕望」）

D

* **desperate**[4] 〔'dɛspərɪt〕 *adj.* 絕望的
 (= *hopeless*)；(因絕望) 不顧一切的

┌─【典型考題】─────────┐
Most of the refugees are ＿＿＿＿＿
because life is very hard for them.
A. sarcastic　　　B. insured
C. decomposed　　D. desperate　[D]
└──────────────────┘

despise[5] 〔dɪ'spaɪz〕 *v.* 輕視
 (= *scorn* = *look down upon*)
After they became slightly better off,
they *despised* us as poor relations.
【記憶技巧】 *de* (down) + *spise* (see)
　(把別人看得很低，即「輕視」)

* **despite**[4] 〔dɪ'spaɪt〕 *prep.* 儘管
 (= *in spite of*)
Despite her bad cold, Ellen insisted
on going to work.

** **dessert**[2] 〔dɪ'zɝt〕 *n.* 甜點
 "What do we have for *dessert*?"
 "Ice cream."
【記憶技巧】 *des* (apart) + *sert* (serve)
　(與主食分開端上的食物，就是「甜點」)

* **destination**[5] 〔,dɛstə'neʃən〕
 n. 目的地
Can you tell me what the final
destination of this train is?

destined[6] 〔'dɛstɪnd〕 *adj.* 注定的
Oliver was *destined* to be a teacher.

destiny[5] 〔'dɛstənɪ〕 *n.* 命運 (= *fate*)
His *destiny* was sealed after he lost
his final appeal in court.

* **destroy**[3] 〔dɪ'strɔɪ〕 *v.* 破壞 (= *ruin*)
The house was *destroyed* by fire.
【記憶技巧】 *de* (down) + *stroy* (build)
　(使建築物倒下，也就是「破壞」)

* **destruction**[4] 〔dɪ'strʌkʃən〕 *n.* 破壞
 (= *ruin*)
The earthquake caused widespread
destruction.

* **destructive**[5] 〔dɪ'strʌktɪv〕 *adj.* 破壞
 性的 (= *damaging*)
A bomb is a very *destructive*
weapon.

detach[6] 〔dɪ'tætʃ〕 *v.* 使分離
 (= *separate*)；拆開 < *from* >
To renew your subscription, simply
detach the card and mail it in.
【記憶技巧】 *de* (apart) + *tach* (stake
　拴)(把拴住的東西分開，就是「使分離」)
【比較】 at<u>tach</u> (附上；貼上)

* **detail**[3] 〔'ditel , dɪ'tel〕 *n.* 細節
In writing an order letter, you
should be careful to give every
detail necessary for it to be filled
accurately.
【記憶技巧】 *de* (entirely) + *tail* (cut)
　(將一件事徹底分割，就是「細節」)
【比較】 en<u>tail</u> (必然伴有；需要)
　　　 re<u>tail</u> (零售)

detain[6] 〔dɪ'ten〕 *v.* 拘留 (= *hold*)
Twelve of the protesters were
detained by the police.
【記憶技巧】 *de* (away) + *tain* (hold)
　(隔離於另一處，也就是「拘留」)

** **detect**[2] 〔dɪ'tɛkt〕 *v.* 偵查
 (= *investigate*)；偵測；查出
 (= *discover*)；查明；察覺 (= *notice*)
He soon *detected* the problem.
【注意】這個字在許多字典上多作「發現」解，事
實上它是 detective 的動詞，應翻成「偵查」。

* **detective**[4] 〔dɪ'tɛktɪv〕 *n.* 偵探

D

deter[6] 〔 dɪˈtɝ 〕 v. 阻止 (= *prevent* = *hinder*)；使打消念頭 (= *discourage*)
The bad weather did not *deter* us from going for a walk.
【記憶技巧】 *de* (away) + *ter* (frighten)
（把人嚇跑，就是「使人打消念頭」）

***detergent**[5] 〔 dɪˈtɝdʒənt 〕 n. 清潔劑 (= *cleaner*)

deteriorate[6] 〔 dɪˈtɪrɪə,ret 〕 v. 惡化 (= *worsen*)
No one has been taking care of the empty house and it is beginning to *deteriorate*.
【記憶技巧】 *deterior* (worse) + *ate* (v.)
【反義詞】 improve (改善)

***determination**[4] 〔 dɪ,tɝməˈneʃən 〕 n. 決心 (= *resolution*)

【典型考題】
A person of great _____ usually can achieve his goal.
A. affirmation   B. determination
C. information   D. imitation   [B]

***determine**[3] 〔 dɪˈtɝmɪn 〕 v. 決定 (= *decide*)；決心 (= *make up one's mind*)
The judge will *determine* which side is at fault.
【片語】 *be determined to V.* (決心…)

devalue[6] 〔 diˈvælju 〕 v. 使貶值 (= *depreciate*)
【反義詞】 revalue (使升值)

****develop**[2] 〔 dɪˈvɛləp 〕 v. 發展 (= *grow*)；研發
His company has *developed* a new kind of battery.
【記憶技巧】 *de* (undo) + *velop* (wrap)
（解開束縛，才能「研發」出新東西）

【典型考題】
Modern technology has finally succeeded in _____ a bomb that destroys people but does no harm to buildings.
A. rearing   B. raising
C. discovering   D. developing   [D]

***development**[2] 〔 dɪˈvɛləpmənt 〕 n. 發展 (= *growth*)

***device**[4] 〔 dɪˈvaɪs 〕 n. 裝置
This is an ingenious *device*.

***devil**[3] 〔ˈdɛvḷ〕 n. 魔鬼 (= *demon*)
Many horror movies are stories about the *devil*.

***devise**[4] 〔 dɪˈvaɪz 〕 v. 設計 (= *design*)；發明 (= *invent*)

***devote**[4] 〔 dɪˈvot 〕 v. 使致力於 (= *dedicate*)
The students are *devoted* to their studies.
【常考片語】 *be devoted to* (致力於)
【記憶技巧】 *de* (from) + *vote* (vow)
（發誓要做某件事，就是「致力於」）

***devotion**[5] 〔 dɪˈvoʃən 〕 n. 致力 (= *dedication*)；熱愛 (= *love*)

devour[5] 〔 dɪˈvaʊr 〕 v. 狼吞虎嚥 (= *swallow*)
Not having eaten for days, the refugee *devoured* her food at the camp.
【記憶技巧】 *de* (down) + *vour* (swallow)（把東西直接吞下去，就是「狼吞虎嚥」）

dew[2] 〔 dju 〕 n. 露水

diabetes[6] 〔͵daɪə'bitɪs〕 *n.* 糖尿病
My grandmother was found to have *diabetes*.

diagnose[6] 〔͵daɪəg'noz〕 *v.* 診斷
(= *identify*)
The doctor said he would need to run some tests before he could *diagnose* my illness.
【記憶技巧】 *dia* (through) + *gnose* (know) (透過「診斷」，才能得知詳情)

┌─【典型考題】──────┐
A doctor has to _____ your illness before giving you a prescription.
A. invent   B. express
C. diagnose   D. inform   [C]
└────────────────┘

diagnosis[6] 〔͵daɪəg'nosɪs〕 *n.* 診斷
(= *identification*)

diagram[6] 〔'daɪə͵græm〕 *n.* 圖表
(= *drawing*)；圖解；示意圖
【記憶技巧】 *dia* (out) + *gram* (draw)
(把東西畫出來，就是用「圖表」來表達)

dial[2] 〔'daɪəl〕 *v.* 撥 (號)
The first step in making a phone call is *dialing* the number.

dialect[5] 〔'daɪəlɛkt〕 *n.* 方言
Taiwanese is a major *dialect* spoken in Taiwan.
【記憶技巧】 *dia* (between) + *lect* (choose) (「方言」是特別選用的言詞)

dialogue[3] 〔'daɪə͵lɔg〕 *n.* 對話
(= *conversation*)
The story contains an interesting *dialogue* between the main characters.
【記憶技巧】 *dia* (between) + *logue* (speak) (兩人之間的言語，就是「對話」)

diameter[6] 〔daɪ'æmətɚ〕 *n.* 直徑
(= *width*)
【記憶技巧】 *dia* (through) + *meter* (measure) (透過測量才知道「直徑」)
【比較】 radius (半徑)

diamond[2] 〔'daɪəmənd〕 *n.* 鑽石
Diamonds are a girl's best friend.

diaper[4] 〔'daɪəpɚ〕 *n.* 尿布 (= *nappy*)
【衍伸詞】 *disposable diaper* (免洗尿布)

diary[2] 〔'daɪərɪ〕 *n.* 日記 (= *journal*)
I always write in my *diary* at night.
【比較】 dairy 〔'dɛrɪ〕 *adj.* 乳製品的

dictate[6] 〔'dɪktet〕 *v.* 聽寫；口授
【記憶技巧】 *dict* (say) + *ate* (*v.*)
【重要知識】 dictate 在發音字典上有兩種發音：〔'dɪktet , dɪk'tet 〕，但美國人多唸〔'dɪktet 〕。

dictation[6] 〔dɪk'teʃən〕 *n.* 聽寫

dictator[6] 〔'dɪktetɚ , dɪk'tetɚ〕 *n.* 獨裁者 (= *tyrant*)
The *dictator* has ruled the country with an iron fist for over twenty years.

dictionary[2] 〔'dɪkʃən͵ɛrɪ〕 *n.* 字典
Cindy looks up every word in the *dictionary*.

┌─【典型考題】──────┐
John is an active language learner. He always takes a _____ with him.
A. story   B. determination
C. dictionary   D. sentence   [C]
└────────────────┘

die[1] 〔daɪ〕 *v.* 死 (= *pass away*)
My grandmother *died* in 1998.

D

‡ **diet**[3] 〔'daɪət 〕 *n.* 飲食
He eats a well-balanced *diet*.
【片語】*go on a diet*（節食）

* **differ**[4] 〔'dɪfə 〕 *v.* 不同
（＝*be dissimilar*）
【記憶技巧】*dif* (apart) + *fer* (carry)

‡ **difference**[2] 〔'dɪfərəns 〕 *n.* 不同
（＝*dissimilarity*）
What is the *difference* between a lemon and a lime?

【典型考題】
There is a big ——— between understanding a language and speaking it.
A. business   B. prescription
C. difference   D. dessert   [C]

‡ **different**[1] 〔'dɪfərənt 〕 *adj.* 不同的
（＝*dissimilar*）

differentiate[6] 〔ˌdɪfə'rɛnʃɪˌet 〕 *v.*
區別（＝*distinguish*）
The two beetles look a lot alike but are *differentiated* by the shape of their heads.

‡ **difficult**[1] 〔'dɪfəˌkʌlt 〕 *adj.* 困難的
（＝*hard*）
English is not too *difficult* to learn.

‡ **difficulty**[2] 〔'dɪfəˌkʌltɪ 〕 *n.* 困難
【片語】*have difficulty (in) V-ing*（很難…）

‡ **dig**[1] 〔 dɪg 〕 *v.* 挖（＝*hollow out*）
The gardener has to *dig* a hole to plant a tree.

【典型考題】
Our dog always hides food under the ground. She ——— it out when she needs it.
A. digs   B. hands
C. knocks   D. packs   [A]

* **digest**[4] 〔 daɪ'dʒɛst 〕 *v.* 消化（＝*absorb*）
〔'daɪdʒɛst 〕 *n.* 文摘；綱要
【記憶技巧】*di* (apart) + *gest* (carry)
（吃下去的東西要分開，才能「消化」）

* **digestion**[4] 〔 daɪ'dʒɛstʃən 〕 *n.* 消化
（＝*absorption*）
Too much heavy food may interfere with your *digestion*.

* **digital**[4] 〔'dɪdʒətḷ 〕 *adj.* 數位的
A *digital* thermometer will give you an accurate measure of the temperature.

* **dignity**[4] 〔'dɪgnətɪ 〕 *n.* 尊嚴（＝*pride*）
She maintained her *dignity* throughout the trial.
【記憶技巧】*dign* (worthy) + *ity* (*n.*)
（「尊嚴」是有價值的東西）

【典型考題】
A man's ——— depends not upon his wealth or rank but upon his character.
A. dignity   B. personal
C. intellect   D. eloquence   [A]

dilemma[6] 〔 də'lɛmə 〕 *n.* 困境
Henry is in a dreadful *dilemma*. He loves his wife, but he can't stand his wife's parents.
【記憶技巧】*di* (double) + *lemma* (assumption)（在兩項假設之間，表示陷入「困境」）

* **diligence**[4] 〔'dɪlədʒəns , 'dɪlɪ- 〕 *n.* 勤勉（＝*industry*）；用功

‡ **diligent**[3] 〔'dɪlədʒənt , 'dɪlɪ- 〕 *adj.* 勤勉的（＝*hard-working*）；用功的
He is *diligent* in his studies.

*dim³ 〔 dɪm 〕adj. 昏暗的 (= *dark*)

The light was too *dim* for the boy
to read the book.

【反義詞】bright (明亮的)

*dime³ 〔 daɪm 〕n. 一角硬幣

dimension⁶ 〔 də'mɛnʃən , daɪ- 〕
n. 尺寸 (= *size*)；(⋯度) 空間
(= *length, height or width*)

We need to know the *dimensions*
of the windows so that we can buy
curtains that are the right size.

【記憶技巧】*di* (加重語氣的字首) +
mension (measure)

【衍伸詞】*three-dimensional space*
(三度空間)

diminish⁶ 〔 də'mɪnɪʃ 〕v. 減少
(= *decrease*)

With the perfection of modern
communication systems, sign and
signal language has *diminished* in
importance.

【記憶技巧】*di* (completely) + *mini*
(small) + *sh* (*v.*) (整個縮小，即「減少」)

【反義詞】increase (增加)

*dine³ 〔 daɪn 〕v. 用餐 (= *eat*)

Our group will *dine* at eight and then
go to an after-dinner show.

**dinner¹ 〔 'dɪnə 〕n. 晚餐

I would like to eat noodles for *dinner*.

**dinosaur² 〔 'daɪnəˌsɔr 〕n. 恐龍

He is interested in *dinosaurs*.

【記憶技巧】*dino* (terrible) + *saur*
(lizard) (「恐龍」的形狀就像大型蜥蜴)

*dip³ 〔 dɪp 〕v. 沾；浸 (= *immerse*)

The candy maker *dipped* the
strawberries in chocolate.

*diploma⁴ 〔 dɪ'plomə 〕n. 畢業證書

The principal will hand you your
diplomas as you cross the stage.

【記憶技巧】*di* (double) + *ploma*
(folded)

【典型考題】
Most young people in Taiwan are not
satisfied with a high school _____
and continue to pursue further
education in college.
A. maturity   B. diploma
C. foundation   D. guarantee   [B]

diplomacy⁶ 〔 dɪ'ploməsɪ 〕n. 外交；
外交手腕

**diplomat⁴ 〔 'dɪpləˌmæt 〕n. 外交官

I want to be a *diplomat* in the future.

【記憶技巧】*diploma* (畢業證書) + *t*
(要當外交官，必須拿到「畢業證書」)

diplomatic⁶ 〔 ˌdɪplə'mætɪk 〕
adj. 外交的；有外交手腕的

**direct¹ 〔 də'rɛkt 〕adj. 直接的
(= *straight*)

He is in *direct* contact with the mayor.

【反義詞】indirect (間接的)

【典型考題】
Eyes are sensitive to light. Looking at
the sun _____ could damage our
eyes.
A. hardly   B. specially
C. totally   D. directly   [D]

D

D

‡ **direction**[2] 〔 də'rɛkʃən 〕 n. 方向
(= *way*)

【片語】 *in all directions* (向四面八方)

┌─ 【典型考題】 ─────────────┐
He has a very good sense of _____.
When he arrives in a new city, he
doesn't have to depend too much on
a map.
A. education   B. element
C. direction   D. department   [C]
└──────────────────────────┘

* **director**[2] 〔 də'rɛktɚ 〕 n. 導演；主任

directory[6] 〔 də'rɛktərɪ 〕 n. 電話簿
(= *phone book*)
You'll find his number in the
telephone *directory*.

* **dirt**[3] 〔 dɝt 〕 n. 污垢 (= *filth*)

‡‡ **dirty**[1] 〔'dɝtɪ 〕 adj. 髒的 (= *filthy*)

disability[6] 〔,dɪsə'bɪlətɪ 〕 n. 無能力
(= *incapacity*)

disable[6] 〔 dɪs'ebḷ 〕 v. 使失去能力
(= *paralyze*)；使殘廢
Having been *disabled* by her illness,
she was unable to follow her
vocation.
【記憶技巧】 *dis* (deprive of) + *able*
(ability) (剝奪能力，即「使失去能力」)

* **disadvantage**[4] 〔,dɪsəd'væntɪdʒ 〕
n. 缺點 (= *weakness*)；不利的條件
Not having finished high school
turned out to be a great *disadvantage*
when he tried to find a job.
【記憶技巧】 *dis* (negative) +
advantage (負面的利益，就是「不利
的條件」)
【片語】 *to one's disadvantage* (對某
人不利)

* **disagree**[2] 〔,dɪsə'gri 〕 v. 不同意
We *disagree* on what the best place
to spend our vacation would be.

* **disagreement**[2] 〔,dɪsə'grimənt 〕
n. 意見不合 (= *argument*)

‡ **disappear**[2] 〔,dɪsə'pɪr 〕 v. 消失
(= *vanish*)
The cat *disappeared* in the dark.
【反義詞】 appear (出現)

* **disappoint**[3] 〔,dɪsə'pɔɪnt 〕 v. 使失望
(= *let down*)
The children expect presents at
Christmas and we can't *disappoint*
them.
【記憶技巧】 *dis* (undo) + *appoint* (沒有
達成指派的任務，就是「使失望」)

* **disappointment**[3]
〔,dɪsə'pɔɪntmənt 〕 n. 失望
(= *dejection*)

disapprove[6] 〔,dɪsə'pruv 〕 v. 不贊成
(= *object to*)
Amanda *disapproves* of the way
you handle your child.

* **disaster**[4] 〔 dɪz'æstɚ 〕 n. 災難
(= *catastrophe*)
The bad harvest is a *disaster* for
this poor country.
【記憶技巧】 *dis* (away) + *aster* (star)
(這個字源自占星學，當星星不在正確的
位置上時，會造成「災難」)
【衍伸詞】 *natural disaster* (天災)

disastrous[6] 〔 dɪz'æstrəs 〕 adj. 悲慘的
(= *tragic*)

disbelief[5] 〔,dɪsbə'lif 〕 n. 不信
(= *mistrust*)；懷疑 (= *doubt*)
Frank's *disbelief* concerning this
report was obvious.

D

* **discard**[5] 〔 dɪs'kɑrd 〕*v.* 丢棄 (= *throw away* = *desert* = *forsake* = *abandon*)
Nancy peeled eight apples for the pie and *discarded* the peels.
【記憶技巧】 *dis* (away) + *card* (卡片)
(把不要的卡片「丟棄」)

discharge[6] 〔 dɪs'tʃɑrdʒ 〕*v.* 解雇 (= *fire*)
The policeman was *discharged* for bribery.
【記憶技巧】 *dis* (not) + *charge* (收費)
(不再向老闆收費，因為被「解雇」)

disciple[5] 〔 dɪ'saɪpl 〕*n.* 弟子；門徒 (= *follower*)；追隨者
Bruce Lee was the world's most famous *disciple* of the martial arts.

disciplinary[6] 〔 'dɪsəplɪn,ɛrɪ 〕 *adj.* 紀律的

* **discipline**[4] 〔 'dɪsəplɪn 〕*n.* 紀律 (= *control*)；訓練 (= *training*)
His pupils showed good *discipline*.

disclose[6] 〔 dɪs'kloz 〕*v.* 洩漏 (= *reveal*)
The judge threatened the journalist with jail if he did not *disclose* the name of his source.
┌─【典型考題】────
│ I refused to _____ my income to the
│ market researcher.
│ A. expend   B. convict
│ C. twist   D. disclose   [D]
└──────────

disclosure[6] 〔 dɪs'kloʒɚ 〕*n.* 洩漏

* **disco**[3] 〔 'dɪsko 〕*n.* 迪斯可舞廳 (= *discotheque* 〔 'dɪskə,tɛk 〕)

discomfort[6] 〔 dɪs'kʌmfɚt 〕*n.* 不舒服 (= *uncomfortableness*)

* **disconnect**[4] 〔 ,dɪskə'nɛkt 〕*v.* 切斷 (= *shut off*)
Our cable service was *disconnected* when we did not pay the bill.
【記憶技巧】 *dis* (not) + *con* (together) + *nect* (bind)
┌─【典型考題】────
│ John had failed to pay his phone bill
│ for months, so his telephone was
│ _____ last week.
│ A. interviewed   B. discriminated
│ C. excluded   D. disconnected   [D]
└──────────

* **discount**[3] 〔 'dɪskaunt 〕*n.* 折扣 (= *cut price*)
To celebrate its 20th anniversary, this department store is selling everything at a *discount*.
【記憶技巧】 *dis* (away) + *count* (計算)
(要減掉計算出來的數字，就是「折扣」)

* **discourage**[4] 〔 dɪs'kɝɪdʒ 〕*v.* 使氣餒 (= *dishearten*)
Don't let the failure *discourage* you.
【記憶技巧】 *dis* (deprive of) + *courage* (剝奪勇氣，會「使人氣餒」)
┌─【典型考題】────
│ John's poor math score must have
│ _____ him a lot because he is not
│ attending the class any more.
│ A. expelled   B. discouraged
│ C. impressed   D. finished   [B]
└──────────

* **discouragement**[4] 〔 dɪs'kɝɪdʒmənt 〕 *n.* 氣餒 (= *disheartenment*)

** **discover**[1] 〔 dɪ'skʌvɚ 〕*v.* 發現 (= *find out*)
In the last hundred years, we have *discovered* how to use natural gas for cooking and heating.
【記憶技巧】 *dis* (deprive of) + *cover* (遮蓋)(使失去掩蓋，也就是「發現」)

*discovery³ 〔dɪˈskʌvərɪ〕 n. 發現
（= finding）

discreet⁶ 〔dɪˈskrit〕 adj. 謹慎的
（= cautious = prudent）
Zoe is very discreet and quiet at work.
【記憶技巧】discreet 中間有兩個 e，就是每件事情要檢查（examine）兩遍，所以是「謹慎的」。
【比較】discrete（個別的）
（注意：兩個 e 被分開了。）
【反義詞】indiscreet（輕率的）

discriminate⁵ 〔dɪˈskrɪməˌnet〕
v. 歧視（= treat differently）
It is now unlawful to discriminate on the basis of race, sex, or national origin.
【記憶技巧】dis (apart) + crimin (space) + ate (v.)（被分開在不同的空間，表示「歧視」）

discrimination⁶ 〔dɪˌskrɪməˈneʃən〕
n. 歧視（= bias）
【典型考題】
The 70-year-old professor sued the university for age _____ because his teaching contract had not been renewed.
A. possession　B. discrimination
C. commitment　D. employment　[B]

*discuss² 〔dɪˈskʌs〕 v. 討論
（= talk about）
Let's sit down to discuss this matter, OK?
【記憶技巧】dis (apart) + cuss (beat)（把事情攤開來說，就是「討論」）

*discussion² 〔dɪˈskʌʃən〕 n. 討論
（= talk）

*disease³ 〔dɪˈziz〕 n. 疾病（= illness = complaint = disorder = ailment）
The mosquito is a common carrier of disease.
【記憶技巧】dis (apart) + ease（輕鬆）（感染「疾病」，就無法輕鬆）

disgrace⁶ 〔dɪsˈgres〕 n. 恥辱
（= shame）
【記憶技巧】dis (not) + grace

disgraceful⁶ 〔dɪsˈgresfəl〕 adj.
可恥的（= shameful）

*disguise⁴ 〔dɪsˈgaɪz〕 v. n. 偽裝
（= camouflage 〔ˈkæməˌflɑʒ〕）
He fled the city by disguising himself as a woman.
【記憶技巧】dis (apart) + guise (appearance)（在別人面前以不同的樣子出現，就是「偽裝」）
【衍伸詞】a blessing in disguise（因禍得福）
【典型考題】
The thief went into the apartment building and stole some jewelry. He then _____ himself as a security guard and walked out the front gate.
A. balanced　　B. calculated
C. disguised　　D. registered　[C]

*disgust⁴ 〔dɪsˈgʌst〕 v. 使厭惡
（= sicken）
The smell of rotten meat disgusted us.
【記憶技巧】dis (apart) + gust (taste)（讓人不想品嚐，表示「厭惡」）
【衍伸詞】disgusting（令人噁心的）

**dish[1] 〔 dɪʃ 〕 *n.* 盤子（= *plate*）；菜餚
Used *dishes* are put in the sink.

**dishonest[2] 〔 dɪsˈɑnɪst 〕 *adj.* 不誠實的
He is a *dishonest* man.

*disk[3] 〔 dɪsk 〕 *n.* 光碟（= *disc*）

*dislike[3] 〔 dɪsˈlaɪk 〕 *v.* 不喜歡
Nick *dislikes* vegetables but loves
junk food.
【比較】unlike（不像）

dismantle[6] 〔 dɪsˈmæntḷ 〕 *v.* 拆除
（= *take down*）
We will *dismantle* the art display as
soon as the exhibition closes.

dismay[6] 〔 dɪsˈme 〕 *n.* 驚慌（= *panic*）；
失望；難過   *v.* 使不安；使失望
To my *dismay*, the bank closed
before I could get the money I
needed for my vacation.
【記憶技巧】*dis* (intensive) + *may*
(frighten)

*dismiss[4] 〔 dɪsˈmɪs 〕 *v.* 解散（= *free*）；
下（課）；不予考慮：解雇
The teacher *dismissed* his class
when the bell rang.
【記憶技巧】*dis* (away) + *miss* (send)
（把學生送走，就是讓他們「下課」）

*disorder[4] 〔 dɪsˈɔrdɚ 〕 *n.* 混亂；疾病
After the party, the house was in
great *disorder*.
【記憶技巧】*dis* (away) + *order*（秩序）
（沒有秩序，就是「混亂」）
【衍伸詞】*a stomach disorder*（胃病）

dispatch[6] 〔 dɪˈspætʃ 〕 *v.* 派遣
（= *send off* = *send out*）
I will *dispatch* a messenger to your
office right away.

dispensable[6] 〔 dɪˈspɛnsəbḷ 〕
adj. 可有可無的（= *unnecessary*）
We need to reduce the weight of
our luggage, so take out anything
that is *dispensable*.
【反義詞】necessary（必要的）

dispense[5] 〔 dɪˈspɛns 〕 *v.* 分發
（= *distribute*）；分配；給與；施與
The nurse walked around the
hospital ward, *dispensing* medicine.
【記憶技巧】*dis* (out) + *pense* (pay)
（把東西付出去，表示「分配」）
【片語】*dispense with*（免除；省卻）

disperse[6] 〔 dɪˈspɝs 〕 *v.* 驅散；傳播
The police *dispersed* the
demonstrators with tear gas.
【記憶技巧】*di* (apart) + *sperse* (scatter)

displace[6] 〔 dɪsˈples 〕 *v.* 取代
（= *take the place of*）
【記憶技巧】*dis* (deprive of) + *place*
(place)（使喪失位置，就是「取代」）

*display[2] 〔 dɪˈsple 〕 *v. n.* 展示（= *show*）
If you carry a large sum of cash,
don't *display* it openly.
【記憶技巧】*dis* (apart) + *play* (fold)
（將重疊的東西展開來，讓別人看到，就
是「展示」）
【片語】*on display*（展示的）

┌─【典型考題】──────────
At the Book Fair, exhibitors from 21
countries will ——— textbooks,
novels, and comic books.
A. predict   B. require
C. display   D. target   [C]
└──────────────────

displease[6] 〔 dɪsˈpliz 〕 *v.* 使不高興
（= *annoy*）

D

disposable[6] 〔 dɪˈspozəbḷ 〕 *adj.* 用完即丟的 (= *throwaway*)

【記憶技巧】 *dis* (apart) + *pos* (put) + *able* (*adj.*)

【典型考題】
The cup is _____, so you can throw it away after using it.
A. convenient   B. humorous
C. regular   D. disposable   [D]

disposal[6] 〔 dɪˈspozḷ 〕 *n.* 處理 (= *getting rid of something*)

The scientist had at his *disposal* a fully equipped laboratory.

【片語】 *at one's disposal* (隨某人自由處置)

dispose[5] 〔 dɪˈspoz 〕 *v.* 處置 (= *arrange*)

Where can I *dispose* of this trash?

【比較】 op<u>pose</u> (反對)
　　　　 sup<u>pose</u> (以為)
　　　　 pro<u>pose</u> (提議)

* **dispute**[4] 〔 dɪˈspjut 〕 *v.* 爭論 (= *argue about*)；否認 *n.* 爭論；糾紛

Economists *disputed* whether consumer spending was as strong as the figure suggested.

【記憶技巧】 *dis* (apart) + *pute* (think)
　　　　 (大家擁有不同的想法，就會開始「爭論」)

disregard[6] 〔 ˌdɪsrɪˈgɑrd 〕 *v.* 忽視 (= *ignore* = *neglect*)；輕視
n. 忽視；輕視；漠視

People who *disregard* a traffic law may have their driver's licenses suspended.

【記憶技巧】 *dis* (not) + *re* (again) + *gard* (watch) (不願再看一眼，就是故意「忽視」)

dissident[6] 〔 ˈdɪsədənt 〕 *n.* 意見不同者

The repressive government routinely arrests *dissidents*.

【記憶技巧】 *dis* (apart) + *sid* (sit) + *ent*
　　　　 (人) (分開坐的人，表示「意見不同者」)

dissolve[6] 〔 dɪˈzɑlv 〕 *v.* 溶解 (= *break up*)；化解 (= *put an end to*)

Sugar will *dissolve* quickly in a hot drink.

【記憶技巧】 *dis* (apart) + *solve* (loosen) (鬆開成為個體，也就是「溶解」)

dissuade[6] 〔 dɪˈswed 〕 *v.* 勸阻 (= *deter*)

No matter how hard I tried, I could not *dissuade* Martin from climbing the mountain alone.

【記憶技巧】 *dis* (off) + *suade* (urge) (力勸不要做某事，就是「勸阻」)

【反義詞】 persuade (說服)

* **distance**[2] 〔 ˈdɪstəns 〕 *n.* 距離

When you make a long-*distance* call, you have to dial the area code first.

【重要知識】 *at a distance* 是指「在稍遠的地方」，而 *in the distance* 則是指「在遠方」。

** **distant**[2] 〔 ˈdɪstənt 〕 *adj.* 遙遠的 (= *remote*)

The sun is *distant* from the earth.

【記憶技巧】 *di* (apart) + *st* (stand) + *ant* (*adj.*) (分開站著，即「遙遠的」)

* **distinct**[4] 〔 dɪˈstɪŋkt 〕 *adj.* 獨特的；不同的 (= *different*)

I like this brand of ice cream because it has a very *distinct* flavor.

* **distinction**[5] 〔 dɪˈstɪŋkʃən 〕 *n.* 差別 (= *difference*)

distinctive[5] 〔dɪ'stɪŋktɪv〕 *adj.* 獨特的
(= *unique*)

***distinguish**[4] 〔dɪ'stɪŋgwɪʃ〕 *v.* 分辨
(= *differentiate*)；區分；看出
The twins were so much alike that
it was impossible to *distinguish*
one from the other.
【記憶技巧】 *dis* (apart) + *tingu* (prick)
+ *ish* (v.) (以戳穿的方式來「分辨」)

┌─【典型考題】─────────
│ To avoid being misled by news
│ reports, we should learn to _____
│ between facts and opinions.
│ A. distinguish   B. complicate
│ C. reinforce   D. speculate   [A]
└───────────────────

***distinguished**[4] 〔dɪ'stɪŋgwɪʃt〕
adj. 卓越的 (= *excellent*)；傑出的；
著名的

distort[6] 〔dɪs'tɔrt〕 *v.* 使扭曲
(= *twist*)；曲解
Julie's version of the story *distorts*
the truth.
【記憶技巧】 *dis* (completely) + *tort*
(twist) (完全扭轉，就是「使扭曲」)

distract[6] 〔dɪ'strækt〕 *v.* 使分心
(= *draw away*)；轉移…的注意力
The driver was *distracted* by a dog
running across the road and had an
accident as a result.
【記憶技巧】 *dis* (apart) + *tract* (draw)
(拉往別的方向，也就是「使分心」)

distraction[6] 〔dɪ'strækʃən〕 *n.* 分心
(= *interference*)；使人分心的事物；
娛樂

distress[5] 〔dɪ'strɛs〕 *n.* 痛苦
(= *suffering*)；悲傷；危難
v. 使苦惱；使悲傷

The *distress* of losing her cat was
too much for her to bear.
【記憶技巧】 *di* (加重語氣的字首) +
stress (壓力) (壓力會帶來「痛苦」)

***distribute**[4] 〔dɪ'strɪbjut〕 *v.* 分配
(= *hand out*)；分發；配送；分佈
We will *distribute* the new product
to as many drugstores as possible.
【記憶技巧】 *dis* (apart) + *tribute* (give)
(將東西分送給出去，表示「分配」)

┌─【典型考題】─────────
│ The candidate found every way to
│ _____ her election materials to
│ the voters.
│ A. operate   B. recognize
│ C. distribute   D. cultivate   [C]
└───────────────────

***distribution**[4] 〔ˌdɪstrə'bjuʃən〕 *n.* 分
配 (= *spreading*)；分發；配送；傳播

***district**[4] 〔'dɪstrɪkt〕 *n.* 地區 (= *area*)；
行政區
The schools in this *district* are among
the best in the country.

distrust[6] 〔dɪs'trʌst〕 *v.* 不信任
(= *disbelieve*)；猜疑   *n.* 不相信
My mother *distrusted* my story
about the toy.

***disturb**[4] 〔dɪ'stɜb〕 *v.* 打擾 (= *bother*)
Sorry to *disturb* you, but I need to
ask you an important question.

┌─【典型考題】─────────
│ Mr. Smith won't tolerate talking
│ during class; he says it _____ others.
│ A. disturbs   B. deserves
│ C. destroys   D. dismisses   [A]
└───────────────────

D

disturbance[6] 〔dɪ'stɜbəns〕 n. 擾亂
(= *disorder*); 騷動;(精神或身體
的)失常

***ditch**[3] 〔dɪtʃ〕 n. 水溝;壕溝
As the tornado approached, the
farmer threw himself into a *ditch*
beside the road.

***dive**[3] 〔daɪv〕 v. 潛水
Our swimming teacher says that we
will learn how to *dive* next week.

diverse[6] 〔də'vɜs, daɪ-〕 adj. 各種的
(= *various*);多元的
The aquarium is filled with *diverse*
fish from all over the world.
【記憶技巧】 *di* (apart) + *verse* (turn)

diversify[6] 〔də'vɜsə,faɪ, daɪ-〕 v. 使
多樣化 (= *make diverse*);開發(新
產品)

diversion[6] 〔də'vɜʒən, daɪ-, -ʃən〕 n.
轉移;分散注意力 (= *distraction*);
娛樂;消遣 (= *pastime*)
Television is a common *diversion*.

diversity[6] 〔də'vɜsətɪ, daɪ-〕 n. 多樣性
(= *variety*)
【片語】 *a great diversity of* (很多各式
各樣的)
┌─【典型考題】──────────
│ Mary has a great _____ of interests
│ and is an interesting person to talk to.
│ A. destruction   B. environment
│ C. diversity   D. creature   [C]
└────────────────────

divert[6] 〔daɪ'vɜt〕 v. 轉移
(= *turn away from*)
The noise from the street *diverted*
his mind from studying.
【記憶技巧】 *vert* 為表 turn (轉) 的字根。

***divide**[2] 〔də'vaɪd〕 v. 劃分
(= *separate*);分割
Mom *divided* the pizza into four
pieces for us to share.
【片語】 *divide…into* ~ (把…分成~)
【記憶技巧】 *di* (apart) + *vide*
(separate) (把東西分開,就是「分割」)

***divine**[4] 〔də'vaɪn〕 adj. 神聖的
(= *sacred*)
The spring is said to have a *divine*
power to heal the sick.

***division**[2] 〔də'vɪʒən〕 n. 劃分
(= *separation*);分配
┌─【典型考題】──────────
│ Kate shared the cake with her sisters,
│ but her _____ was not equal.
│ A. gratitude   B. removal
│ C. division   D. contribution [C]
└────────────────────

***divorce**[4] 〔də'vɔrs〕 n. v. 離婚
The Petersons are said to be getting
a *divorce*.

dizzy[2] 〔'dɪzɪ〕 adj. 頭暈的
When he got up, he felt *dizzy*.

do[1] 〔du〕 v. 做
I *do* my homework every day.

***dock**[3] 〔dak〕 n. 碼頭 (= *port*)
The passengers waved good-bye to
the islanders as their ship moved
away from the *dock*.

doctor[1] 〔'daktɚ〕 n. 醫生
(= *Dr.* = *doc* = *physician*);博士
She went to see the *doctor* at two
o'clock.

doctrine [6] (ˋdɑktrɪn) *n.* 教條
(= *creed* (krid))；教義；信條
The church's *doctrines* are not
negotiable.
【記憶技巧】 *doc* (teach) + *trine*
（被教導的事，即為「教義」）

* **document** [5] (ˋdɑkjəmənt) *n.* 文件
My father is writing out a *document*.

documentary [6] (͵dɑkjəˋmɛntərɪ)
n. 記錄片
Mr. Young is a filmmaker, and he
makes *documentaries*.

‡**dodge** [3] (dɑdʒ) *v. n.* 躲避 (= *avoid*)
Unable to *dodge* the punch, the boxer
was hit in the face.
【衍伸詞】 *dodge ball* (躲避球)

‡**dog** [1] (dɔg) *n.* 狗
We keep two *dogs* at home.

‡**doll** [1] (dɑl) *n.* 洋娃娃
Most girls like to play with *dolls*.

┌─【典型考題】─────────────┐
Victoria's little daughter has beautiful
big eyes. Everyone says she is just
like a pretty _____.
A. ball   B. doll
C. pair   D. poster   **[B]**
└──────────────────────┘

‡**dollar** [1] (ˋdɑlɚ) *n.* 元
One *dollar* is the same as 100 cents.

* **dolphin** [2] (ˋdɑlfɪn) *n.* 海豚

dome [6] (dom) *n.* 圓頂

* **domestic** [3] (dəˋmɛstɪk) *adj.* 國內的
(= *home*)；家庭的
We are going to take a *domestic*
flight to Tainan.
【反義詞】 foreign (外國的)

┌─【典型考題】─────────────┐
If you fly from Taipei to Tokyo, you'll
be taking an international flight, rather
than a _____ one.
A. liberal   B. domestic
C. connected   D. universal   **[B]**
└──────────────────────┘

* **dominant** [4] (ˋdɑmənənt) *adj.* 支配的
(= *controlling*)；佔優勢的；統治的；
最有勢力的 (= *powerful*)
Our bank is the *dominant* company in
the field of investment management.
【記憶技巧】 *domin* (rule) + *ant* (*adj.*)
（有統治力量的，表示「最有勢力的」）

┌─【典型考題】─────────────┐
Buddhism is the _____ religion in
Thailand, with 90% of the total
population identifying as Buddhist.
A. racial   B. competitive
C. modest   D. dominant   **[D]**
└──────────────────────┘

* **dominate** [4] (ˋdɑmə͵net) *v.* 支配；
控制 (= *control*)
A man of strong will often *dominates*
others.

┌─【典型考題】─────────────┐
Matt is _____ by his older brother
and always does what he says.
A. respected   B. dominated
C. depressed   D. approved   **[B]**
└──────────────────────┘

donate [6] (ˋdonet) *v.* 捐贈 (= *give*)
【衍伸詞】 *donate blood* (捐血)

donation [6] (doˋneʃən) *n.* 捐贈
(= *offering*)；捐款
At the end of the service, they
passed around a plate for *donations*.
【記憶技巧】 *don* (give) + *ation* (*n.*)

‡**donkey** [2] (ˋdɑŋkɪ) *n.* 驢子 (= *ass*)
Don't be dumb like a *donkey*.

donor[6] 〔ˈdonɚ〕 *n.* 捐贈者（= *giver*）
The organs came from an unidentified *donor*.

doom[6] 〔dum〕 *v.* 註定
（= *destine* 〔ˈdɛstɪn〕）
If you make no effort, you are *doomed* to fail.

【重要知識】片語 *be doomed to*（注定～）要加不好的結果，例如："You're doomed to failure."（你注定要失敗。），與中性片語 *be destined to* 要有所區別。

door[1] 〔dɔr〕 *n.* 門
Please lock the *door* when you come in.

doorstep[5] 〔ˈdɔrˌstɛp〕 *n.* 門階

doorway[5] 〔ˈdɔrˌwe〕 *n.* 門口

dormitory[4,5] 〔ˈdɔrməˌtorɪ〕 *n.* 宿舍
（= *dorm*）
Students have a choice of living in the *dormitory* or finding an apartment off campus.
【記憶技巧】*dormit* (sleep) + *ory* (place)（睡覺的地方，也就是「宿舍」）

dosage[6] 〔ˈdosɪdʒ〕 *n.* 劑量

dose[3] 〔dos〕 *n.*（藥的）一劑；服用量
Don't take more than the prescribed *dose* of this medicine.

dot[2] 〔dɑt〕 *n.* 點
Her skirt is green with red *dots*.
【衍伸詞】*polka dot*（衣料的圓點花樣）

double[2] 〔ˈdʌbḷ〕 *adj.* 兩倍的
v. 變成兩倍
His income is *double* what it was last year.
【記憶技巧】*dou* (two) + *ble* (fold)（twofold 就是「兩倍的」）

doubt[2] 〔daʊt〕 *v. n.* 懷疑；不相信
（= *distrust*）
I *doubt* that he will succeed.
【注意】字中的 b 不發音。
【常考】*no doubt*（無疑地）

doubtful[3] 〔ˈdaʊtfəl〕 *adj.* 懷疑的；不確定的（= *uncertain*）

【典型考題】
Because Mr. Chang has been busy these days, it's _____ that he will come to the party.
A. suspenseful   B. conceivable
C. doubtful   D. inevitable   [C]

dough[5] 〔do〕 *n.* 麵糰【注意發音】

doughnut[2] 〔ˈdoˌnʌt〕 *n.* 甜甜圈

dove[1] 〔dʌv〕 *n.* 鴿子（= *pigeon*）

down[1] 〔daʊn〕 *adv.* 向下

download[4] 〔ˈdaʊnˌlod〕 *v.* 下載
You can *download* this program from our website.
【記憶技巧】*down*（向下）+ *load* (carry)
【反義詞】upload（上傳）

downstairs[1] 〔ˈdaʊnˈstɛrz〕
adv. 到樓下
He fell *downstairs* and broke his leg.

downtown[2] 〔ˈdaʊnˈtaʊn〕
adv. 到市中心
We went *downtown* to buy some new clothes.

downward[5] 〔ˈdaʊnwɚd〕 *adj.* 向下的
【反義詞】upward（向上的）

downwards[5] 〔ˈdaʊnwɚdz〕 *adv.* 向下

*__doze__⁴ 〔 doz 〕 v. 打瞌睡　 n. 瞌睡
Grandmother *dozed* in her chair by
the fire.

【比較】只要記得睡著的符號是 Z，就不會
搞混 do**z**e（打瞌睡）和 do**s**e（一劑）。

*__dozen__¹ 〔 ˈdʌzn̩ 〕 n.　一打
Karen has a *dozen* roses.

【記憶技巧】 *do* (two) + *zen* (ten)

*__Dr.__² 〔 ˈdɑktɚ 〕 n.　醫生；博士(=*Doctor*)

*__draft__⁴ 〔 dræft 〕 n.　草稿（ = *outline* ）；
匯票；徵兵　 v. 草擬；徵召…入伍

*__drag__² 〔 dræg 〕 v.　拖（ = *pull* ）
Not able to lift the suitcase, he
dragged it down the hall.

*__dragon__² 〔 ˈdrægən 〕 n.　龍
In fairy tales, *dragons* are dangerous
animals.

【比較】 phoenix（鳳凰）

*__dragonfly__² 〔 ˈdrægən͵flaɪ 〕 n.　蜻蜓

*__drain__³ 〔 dren 〕 n.　排水溝（ = *ditch* ）
 v.　排出…的水
We *drain* the swimming pool in the
winter and refill it at the beginning
of the summer.

*__drama__² 〔 ˈdrɑmə, ˈdræmə 〕 n.　戲劇
（ = *play* ）
He wrote many great *dramas*.

*__dramatic__³ 〔 drəˈmætɪk 〕 adj.　戲劇性
的；誇張的（ = *exaggerated* ）

【衍伸詞】 dramatically（相當大地）

__drape__⁵ 〔 drep 〕 n.　窗簾；褶綴

__drastic__⁶ 〔 ˈdræstɪk 〕 adj.　激烈的
（ = *severe* ）；劇烈的；有力的

Doctors were reluctant to take the
drastic step of cutting off the man's
leg.

*__draw__¹ 〔 drɔ 〕 v.　拉（ = *pull* ）；吸引
（ = *attract* ）；畫（ = *make a picture* ）
Amy is *drawing* a tree with a
pencil.

【片語】 *draw* one's *attention to*（吸引
某人注意）

__drawback__⁶ 〔 ˈdrɔ͵bæk 〕 n.　缺點
（ = *disadvantage* ）
Many pure metals are too soft, rust
too easily, or have some other
drawbacks.

【記憶技巧】 *draw*（拉）+ *back*（往後）
（把人往後拉，讓人退步的，就是「缺點」）

┌─【典型考題】─────────
One ＿＿＿＿ to living in Singapore is
that it's always hot there.
A. advantage　　 B. curiosity
C. fantasy　　　 D. drawback　　[D]
└──────────────

*__drawer__² 〔 drɔr 〕 n.　抽屜；製圖者
I put the book in the left-hand
drawer.

*__drawing__² 〔 ˈdrɔɪŋ 〕 n.　圖畫（ = *picture* ）

*__dread__⁴ 〔 drɛd 〕 v.　害怕（ = *fear* ）
Most of us *dread* a visit to the dentist.

*__dreadful__⁵ 〔 ˈdrɛdfəl 〕 adj.　可怕的
（ = *fearful* ）；糟透了的；非常討厭的

┌─【典型考題】─────────
When I saw the ＿＿＿＿ accident, I
was scared to death.
A. rough　　　 B. familiar
C. dreadful　 D. pleasant　　[C]
└──────────────

*__dream__¹ 〔 drim 〕 n.　夢　 v.　做夢

dreary[6] 〔'drɪrɪ 〕 *adj.*（天氣）陰沉的
（ = *depressing* ）；無聊的（ = *boring* ）；
令人沮喪的
The *dreary* weather depressed him.

【注意】這個字有總共有三種唸法：
〔'drɪrɪ, 'drɪrɪ, 'drɛrɪ 〕

dress[2] 〔 drɛs 〕 *n.* 衣服（ = *clothing* ）；
洋裝
Linda ironed her *dress* before
wearing it.

dresser[5] 〔'drɛsɚ 〕 *n.* 梳妝台
（ = *dressing table* ）；帶鏡衣櫃
There are three books on the *dresser*.

dressing[5] 〔'drɛsɪŋ 〕 *n.* 調味醬
（ = *sauce* ）；穿衣；打扮
What kind of *dressing* would you
like on your salad?

drift[4] 〔 drɪft 〕 *v.* 漂流（ = *float* ）
The fisherman took down his sail,
content to *drift* with the current.

drill[4] 〔 drɪl 〕 *n.* 鑽孔機（ = *borer* ）；
練習（ = *practice* ）；演習   *v.* 鑽孔

drink[1] 〔 drɪŋk 〕 *v.* 喝；喝酒   *n.* 飲料
（ = *beverage* ）
I *drink* water when I am thirsty.

drip[3] 〔 drɪp 〕 *v.* 滴下
Water *dripped* constantly from the
faucet, so we had it replaced.

drive[1] 〔 draɪv 〕 *v.* 開車；驅使（ = *force* ）
She *drives* very cautiously.

driver[1] 〔'draɪvɚ 〕 *n.* 駕駛人

driveway[5] 〔'draɪv,we 〕 *n.* 私人車道

drizzle[6] 〔'drɪzl̩ 〕 *v.* 下毛毛雨
It *drizzled* on and off last Sunday.

drop[2] 〔 drɑp 〕 *v.* 落下（ = *fall* ）
n. 一滴
The book *dropped* from the desk to
the floor.

drought[6] 〔 draʊt 〕 *n.* 乾旱
（ = *water shortage* ）
We face a water shortage due to the
severe *drought*.

drown[3] 〔 draʊn 〕 *v.* 淹死；使淹死
There were only ten survivors; the
rest of the ferry passengers *drowned*.

drowsy[3] 〔'draʊzɪ 〕 *adj.* 想睡的
（ = *sleepy* ）；使人昏昏欲睡的
The cold medicine made Edith feel
drowsy.

drug[2] 〔 drʌg 〕 *n.* 藥
Scientists are always developing
new *drugs* for a variety of diseases.

drugstore[2] 〔'drʌg,stɔr 〕 *n.* 藥房
In the U.S.A., *drugstores* often also
sell cosmetics, candy, magazines, etc.

┌─【典型考題】────
She went into the _____ for some
cough medicine.
A. drugstore   B. material
C. service   D. package   [A]
└────

drum[2] 〔 drʌm 〕 *n.* 鼓
【衍伸詞】 drummer（鼓手）

drunk[3] 〔 drʌŋk 〕 *adj.* 喝醉的
After four glasses of wine, he was
clearly *drunk*.
【片語】 *drunk driving*（酒醉駕車）

dry[1] 〔 draɪ 〕 *adj.* 乾的　*v.* (使) 變乾
　【反義詞】 wet (濕的)

dryer[2] 〔'draɪɚ 〕 *n.* 烘乾機 (= *drier*)
　【衍伸詞】 *hair dryer* (吹風機)

dual[6] 〔'djuəl 〕 *adj.* 雙重的
　Maria's career involves a *dual* role
　for her as a counselor and a teacher.
　【記憶技巧】 *du* (two) + *al* (*adj.*)

dubious[6] 〔'djubɪəs 〕 *adj.* 可疑的
　(= *doubtful*)；無把握的
　The claim that there was life on
　Mars seemed *dubious* to us.

duck[1] 〔 dʌk 〕 *n.* 鴨子

duckling[1] 〔'dʌklɪŋ 〕 *n.* 小鴨
　【衍伸詞】 *ugly duckling* (醜小鴨)

due[3] 〔 dju 〕 *adj.* 到期的 (= *payable*)；
　預定的；應得的；適當的
　The gas bill is *due*, so you had better
　pay it right away.
　【衍伸詞】 *due reward* (應得的報酬)
　【片語】 *due to* (由於)

　┌─【典型考題】─────
　│ Do you know what time the next bus
　│ is _____? I've been waiting here
　│ for more than 30 minutesm .
　│ A. apt　　　　　B. due
　│ C. bound　　　　D. docked　　[B]
　└───────────────

dull[2] 〔 dʌl 〕 *adj.* 遲鈍的
　(= *insensitive*)；笨的 (= *stupid*)
　Jake thinks he is too *dull* to succeed
　in math, but I think he just needs to
　study harder.

dumb[2] 〔 dʌm 〕 *adj.* 啞的 (= *mute*)；
　笨的 (= *stupid*)
　He can't answer your question
　because he is *dumb*.

dump[3] 〔 dʌmp 〕 *v.* 傾倒 (= *throw
　away*)；拋棄 (= *desert*)　*n.* 垃圾場
　The truck *dumped* the sand next to
　the building site.
　【片語】 *down in the dumps* (悶悶不樂)

dumpling[2] 〔'dʌmplɪŋ 〕 *n.* 水餃

durable[4] 〔'djurəbl̩ 〕 *adj.* 耐用的
　(= *tough*)；持久的
　When times are good and incomes
　high, *durable* goods will have the
　greatest increase in sales.
　【記憶技巧】 *dur* (last) + *able* (*adj.*)
　　　(可以持續用下去，表示「耐用的」)

　┌─【典型考題】─────
　│ This pot is made of strong steel and is
　│ very _____. I've used it for years.
　│ A. scary　　　　B. weak
　│ C. hot　　　　　D. durable　　[D]
　└───────────────

duration[5] 〔 djʊ'reʃən 〕 *n.* 期間
　(= *period*)；持續時間

during[1] 〔'djurɪŋ 〕 *prep.* 在…期間
　Albert always sleeps *during* class.

dusk[5] 〔 dʌsk 〕 *n.* 黃昏 (= *sunset*)

dust[3] 〔 dʌst 〕 *n.* 灰塵　*v.* 除去…的
　灰塵

dusty[4] 〔'dʌstɪ 〕 *adj.* 滿是灰塵的

duty[2] 〔'djutɪ 〕 *n.* 責任；關稅
　The *duty* of a student is to study.
　【衍伸詞】 duty-free (免稅的)

DVD[4] 　*n.* 數位影音光碟
　(= *digital video disk*)

dwarf[5] 〔 dwɔrf 〕 *n.* 侏儒；矮人
　v. 使矮小；使相形見絀
　【記憶技巧】 德瓦夫 (dwarf) 是個侏儒。

D

dwell[5] 〔dwɛl〕 v. 居住（= *live*）
Rebecca *dwelled* in New York
before moving to Hong Kong.
【片語】*dwell in*（住在）

dwelling[5] 〔'dwɛlɪŋ〕 n. 住宅
（= *home*）；家

* **dye**[4] 〔daɪ〕 v. 染（= *color*）
n.（用於衣服、頭髮等）染劑；染料
She has *dyed* her hair brown.

* **dynamic**[4] 〔daɪ'næmɪk〕 adj. 充滿活
力的（= *energetic*）；不斷變化的；
動力的

We need an experienced and
dynamic man for this job.
【記憶技巧】*dynam*（power）+ *ic*（adj.）

dynamite[6] 〔'daɪnə,maɪt〕 n. 炸藥
（= *explosive*）；驚人的人或物
Dynamite is used to blast open
tunnels.
【記憶技巧】*dynam*（power）+ *ite*（n.）
（有巨大力量的東西，就是「炸藥」）

* **dynasty**[4] 〔'daɪnəstɪ〕 n. 朝代；王朝
Under the Ming *dynasty* China had
a prosperous economy.

E e

each[1] 〔itʃ〕 adj. 每個
Each student in the class got a present.

* **eager**[3] 〔'igɚ〕 adj. 渴望的
The birthday boy was so *eager* to
open his present that he even forgot
to say thank you.

eagle[1] 〔'igl̩〕 n. 老鷹

ear[1] 〔ɪr〕 n. 耳朵

early[1] 〔'ɝlɪ〕 adj. 早的　adv. 早

* **earn**[2] 〔ɝn〕 v. 賺（= *be paid*）
How much do you *earn* a week?

* **earnest**[4] 〔'ɝnɪst〕 adj. 認真的
（= *serious*）
Most mothers are very *earnest* about
their children's education.
【片語】*in earnest*（認真地）

【典型考題】
He made a(n) ＿＿＿ attempt to
lose weight.
A. arrogant　　B. manual
C. earnest　　　D. poisonous　[C]

earnings[3] 〔'ɝnɪŋz〕 n. pl. 收入
（= *income*）

* **earphone**[4] 〔'ɪr,fon〕 n. 耳機
（= *headphone*）

earth[1] 〔ɝθ〕 n. 地球
We live on *earth*.

* **earthquake**[2] 〔'ɝθ,kwek〕 n. 地震
In those island nations, *earthquakes*
happen once in a while.

* **ease**[1] 〔iz〕 n. 容易；輕鬆
v. 減輕；舒緩
He solved the math problem with
ease.
【片語】*with ease*（輕易地）

‡**east**[1] 〔 ist 〕 *n.* 東方

***eastern**[2] 〔'istən 〕 *adj.* 東方的

‡**easy**[1] 〔'izɪ 〕 *adj.* 容易的

‡**eat**[1] 〔 it 〕 *v.* 吃

ebb[6] 〔 ɛb 〕 *n. v.* 衰退；退潮 (= *retreat*)
【反義詞】 flow (漲潮)

eccentric[6] 〔 ɪk'sɛntrɪk 〕 *adj.* 古怪的
(= *strange* = *odd*)；怪異的
n. 行為古怪的人
Ann is such an *eccentric* girl that
no one likes to be with her.
【記憶技巧】 *ec* (out) + *centr* (center) +
ic (*adj.*) (脫離正常中心，表示「古怪的」)

***echo**[3] 〔'ɛko 〕 *n.* 回音 (= *resonance*)；
重複；共鳴 *v.* 發出回聲；附和
The *echo* of our shouts gradually
diminished.

eclipse[5] 〔 ɪ'klɪps 〕 *n.* (日、
月) 蝕 (= *blocking*)
The sky became noticeably
darker during the solar *eclipse*.
【片語】 *solar eclipse* (日蝕)
【記憶技巧】 *ec* (out) + *lipse* (leave)
(太陽或月亮從天空消失，即發生「(日、
月) 蝕」)

ecology[6] 〔 ɪ'kalədʒɪ 〕 *n.* 生態學；
生態環境
【記憶技巧】 *eco* (house) + *logy* (study)
(研究生活環境的學問，就是「生態學」)

***economic**[4] 〔,ikə'namɪk 〕 *adj.* 經濟的
(= *financial*)
An *economic* system must settle the
questions of what goods shall be
produced and who shall get them.

***economical**[4] 〔,ikə'namɪkḷ 〕
adj. 節省的 (= *inexpensive*)；
節儉的 (= *thrifty* = *frugal*)
Economical shoppers wait for
special sales.

┌─【典型考題】─────────
│ My sister doesn't like to waste money
│ and is very _____ when she goes
│ shopping.
│ A. financial   B. extravagant
│ C. economical   D. careless   [C]
└─────────────────

***economics**[4] 〔,ikə'namɪks 〕 *n.* 經濟學

***economist**[4] 〔 ɪ'kanəmɪst 〕 *n.* 經濟學家

***economy**[4] 〔 ɪ'kanəmɪ 〕 *n.* 經濟
(= *financial system*)

ecstasy[6] 〔'ɛkstəsɪ 〕 *n.* 狂喜；忘我；
(大寫) 搖頭丸
Our team celebrated in *ecstasy* after
we won the championship for the
first time.
【記憶技巧】 *ec* (out) + *stasy* (standing)
(高興地跳出去，表示「狂喜」)
【注意】 ecstasy 現在也指「搖頭丸」。

‡**edge**[1] 〔 ɛdʒ 〕 *n.* 邊緣 (= *brink*)；優勢
(= *advantage*)
The *edge* of the plate was broken.

***edible**[6] 〔'ɛdəbḷ 〕 *adj.* 可吃的
(= *eatable*)
You must be careful when you pick
mushrooms because not all of them
are *edible*.
【記憶技巧】 *ed* (eat) + *ible* (*adj.*)

***edit**[3] 〔'ɛdɪt 〕 *v.* 編輯
Laura *edits* English books.
【記憶技巧】 *e* (out) + *dit* (give)

E

* **edition**[3]〔ɪˋdɪʃən〕n.（發行物的）版
　（＝*version*）
　【衍伸詞】*limited edition*（限定版）

* **editor**[3]〔ˋɛdɪtɚ〕n. 編輯（＝*compiler*）
　The *editor* made a few changes to
　the reporter's story.

editorial[6]〔͵ɛdəˋtɔrɪəl〕n. 社論
　adj. 編輯的
　Have you read the *editorial* in
　today's newspaper? It is excellent.

* **educate**[3]〔ˋɛdʒə͵ket〕v. 教育（＝*teach*）
　Their son was *educated* in
　Switzerland and only recently
　returned home.
　【記憶技巧】*e*（out）＋*ducate*（lead）
　（引導出才能，也就是「教育」）

* **education**[2]〔͵ɛdʒəˋkeʃən〕n. 教育
　（＝*teaching*）

* **educational**[3]〔͵ɛdʒəˋkeʃənḷ〕
　adj. 教育的（＝*teaching*）；
　有教育意義的（＝*instructive*）

eel[5]〔il〕n. 鰻魚
　【衍伸詞】*as slippery as an eel*（如鰻
　魚般滑溜的；難以信賴的）

* **effect**[2]〔ɪˋfɛkt〕n. 影響
　（＝*influence*＝*impact*）
　The accident had a direct *effect* on us.
　【片語】*have an effect on*（對…有影響）
　【記憶技巧】*ef*（out）＋*fect*（make）
　（產生出來的結果，表示「影響」）

* **effective**[2]〔ɪˋfɛktɪv〕*adj.* 有效的
　【反義詞】ineffective（無效的）

【典型考題】
The teacher's way of keeping those
students quiet is really _____.
A. willing　　　B. affecting
C. eager　　　　D. effective　　[D]

* **efficiency**[4]〔əˋfɪʃənsɪ〕n. 效率
　The increase in the output of Factory
　B is due to the *efficiency* of its
　production methods.

* **efficient**[3]〔əˋfɪʃənt〕*adj.* 有效率的
　【比較】pro<u>ficient</u>（精通的）
　　　　　suf<u>ficient</u>（足夠的）

【典型考題】
Cars in the future will be characterized
by their _____ use of gasoline.
A. affective　　　B. efficient
C. immediate　　　D. traditional　[B]

* **effort**[2]〔ˋɛfɚt〕n. 努力
　We can do nothing without *effort*.
　【記憶技巧】*ef*（out）＋*fort*（strong）
　（使出力量，就是「努力」）

【典型考題】
Actually it takes everyone's _____
to reduce noise in the neighborhood.
A. effort　　　　B. improvement
C. information　　D. connection　[A]

* **egg**[1]〔ɛg〕n. 蛋

ego[5]〔ˋigo〕n. 自我（＝*self-image*）；
　自尊心（＝*self-esteem*＝*self-respect*）
　Your criticism of Ned's performance
　hurt his *ego*.

* **either**[1]〔ˋiðɚ〕*adv.* …或～；也（不）
　I don't have *either* a cat or a dog.
　If you do not go, I shall not, *either*.
　【片語】*either* A *or* B（A或B）

elaborate[5] 〔 ɪ'læbərɪt 〕 *adj.* 複雜的；精巧的　*v.* 精心製作；擬定
Father gave me an *elaborate* hat as a present.
【記憶技巧】*e* (out) + *labor* (work) + *ate* (*adj.*)（努力做出來的，也就是「精巧的」）
【注意】elaborate 也可做動詞，作「詳細說明」解。

* **elastic**[4] 〔 ɪ'læstɪk 〕 *adj.* 有彈性的（= *flexible*）；可變通的
Victor was prepared because he wore pants with an *elastic* waist to the all-you-can-eat buffet.

* **elbow**[3] 〔 'ɛl,bo 〕 *n.* 手肘
【記憶技巧】*el* (forearm) + *bow* (弓)（前臂可以弓起來的部分，就是「手肘」）

* **elder**[2] 〔 'ɛldɚ 〕 *adj.* 年長的　*n.* 年長者
She is my *elder* sister.
【衍伸詞】*one's elders* (長輩)

* **elderly**[3] 〔 'ɛldɚlɪ 〕 *adj.* 年老的
【衍伸詞】*the elderly* (老人)

* **elect**[2] 〔 ɪ'lɛkt 〕 *v.* 選舉
We *elected* him as our mayor.
【記憶技巧】*e* (out) + *lect* (choose)（選出想要的，就是「選舉」）

* **election**[3] 〔 ɪ'lɛkʃən 〕 *n.* 選舉

* **electric**[3] 〔 ɪ'lɛktrɪk 〕 *adj.* 電的
The *electric* light went out.

* **electrical**[3] 〔 ɪ'lɛktrɪkḷ 〕 *adj.* 與電有關的

* **electrician**[4] 〔 ɪ,lɛk'trɪʃən 〕 *n.* 電工

* **electricity**[3] 〔 ɪ,lɛk'trɪsətɪ 〕 *n.* 電（= *power*）
The air-conditioner is run by *electricity*.

electron[6] 〔 ɪ'lɛktrɑn 〕 *n.* 電子

* **electronic**[3] 〔 ɪ,lɛk'trɑnɪk 〕 *adj.* 電子的

* **electronics**[4] 〔 ɪ,lɛk'trɑnɪks 〕 *n.* 電子學
The silicon chip has revolutionized *electronics*.

* **elegant**[4] 〔 'ɛləgənt 〕 *adj.* 優雅的（= *graceful*）
Her *elegant* manners impressed everyone at the party.

* **element**[2] 〔 'ɛləmənt 〕 *n.* 要素（= *factor*）
Constant practice is an important *element* of developing good speaking skills.

* **elementary**[4] 〔 ,ɛlə'mɛntərɪ 〕 *adj.* 基本的（= *basic*）
【衍伸詞】*elementary school* (小學)

** **elephant**[1] 〔 'ɛləfənt 〕 *n.* 大象
Elephants are found in Asia and Africa.

elevate[5] 〔 'ɛlə,vet 〕 *v.* 提高（= *raise*）
A virus will often *elevate* a patient's body temperature.
【記憶技巧】*e* (up) + *lev* (raise) + *ate*

【典型考題】
We saw some roads in the earthquake-hit areas were _____. Some of them were even higher than the houses.
A. alleviated　　B. eliminated
C. elevated　　D. associated　　[C]

E

E

* **elevator**[2] 〔'ɛləˌvetɚ〕 *n.* 電梯(= *lift*)；
升降機
【比較】escalator (電扶梯)

‡‡ **eleven**[1] 〔ɪ'lɛvən〕 *n.* 十一

eligible[6] 〔'ɛlɪdʒəbḷ〕 *adj.* 有資格的
(= *qualified*)
Only those over the age of 18 are
eligible to win prizes in the lottery.
【記憶技巧】 *e* (out) + *lig* (choose) +
ible (被選出來的，就是「有資格的」) .

* **eliminate**[4] 〔ɪ'lɪməˌnet〕 *v.* 除去
(= *remove*)；淘汰；排除
In order to lose weight, Ricky
decided to *eliminate* all sweets from
his diet.
【記憶技巧】 *e* (out) + *limin* (門檻) +
ate (*v.*) (排除在門檻以外，表示「除去」)

┌─【典型考題】──────────
│ I tried out for the school play but I was
│ ──── in the second round of auditions.
│ A. chosen   B. eliminated
│ C. improved   D. involved   **[B]**
└────────────────────────

elite[6] 〔ɪ'lit〕 *n.* 菁英分子；人才
【集合名詞】   *adj.* 菁英的
The *elite* of Hollywood were all
present at the Oscars.

eloquence[6] 〔'ɛləkwəns〕 *n.* 口才
(= *fluency*)；雄辯

eloquent[6] 〔'ɛləkwənt〕 *adj.* 口才好的
(= *fluent*)；滔滔不絕的
Everyone was impressed by the
eloquent speaker.
【記憶技巧】 *e* (out) + *loqu* (speak) +
ent (*adj.*) (滔滔不絕地說出自己的想法，
表示「雄辯的」)

‡ **else**[1] 〔ɛls〕 *adj.* 其他的   *adv.* 其他

* **elsewhere**[4] 〔'ɛlsˌhwɛr〕 *adv.* 在別處
I'm afraid we don't have that book
in stock; you'll have to look
elsewhere.

‡‡ **e-mail**[4] 〔'iˌmel〕 *n.* 電子郵件
(= *electronic mail*)

embark[6] 〔ɪm'bɑrk〕 *v.* 搭乘
(= *board*)；從事 (= *undertake*)
We *embarked* early.
We *embarked* on a month-long
journey through India.
【片語】 *embark on* (著手從事)

‡ **embarrass**[4] 〔ɪm'bærəs〕 *v.* 使尷尬
(= *abash*)
Your question did *embarrass* me.
I don't want to answer it.
【記憶技巧】 這個字很容易拼錯，最好分段
背：emb-arr-ass。

* **embarrassment**[4] 〔ɪm'bærəsmənt〕
n. 尷尬 (= *shame*)

* **embassy**[4] 〔'ɛmbəsɪ〕 *n.* 大使館
There is tight security at most
foreign *embassies*.
【衍伸詞】 <u>a</u>mbassador (大使)

embrace[5] 〔ɪm'bres〕 *v.* 擁抱
(= *hug*)；包括；欣然接受   *n.* 擁抱
Upon seeing her son after a long
separation, the mother *embraced*
him tightly.
【記憶技巧】 *em* (in) + *brace* (two
arms) (在雙臂之中，也就是「擁抱」)

* **emerge**[4] 〔ɪ'mɝdʒ〕 *v.* 出現 (= *appear*)
The chicks *emerged* slowly from
the eggs.

【記憶技巧】*e* (out of) + *merge* (sink)
（從沉沒狀態跑出來，表示「出現」）

【比較】im<u>merge</u>（使沉浸）
　　　　sub<u>merge</u>（沉入水中）

【典型考題】
Watching the sun _____ from a sea of clouds is a must-do activity for all visitors to Ali Mountain.
A. emerging　　B. flashing
C. rushing　　　D. floating　　[A]

* **emergency**[3] 〔ɪˈmɝdʒənsɪ〕 *n.* 緊急情況（= *crisis*）

It is important to remain calm in an *emergency*.

emigrant[6] 〔ˈɛməgrənt〕 *n.* (移出的) 移民

emigrate[6] 〔ˈɛməˌgret〕 *v.* 移出（= *move abroad*）

Because of the poor economy here, many people have *emigrated*.

【記憶技巧】*e* (out) + *migr* (move) + *ate* (*v.*)

【反義詞】immigrate（移入）

emigration[6] 〔ˌɛməˈgreʃən〕 *n.* 移出

** **emotion**[2] 〔ɪˈmoʃən〕 *n.* 情緒（= *feeling*）；感情

Love, joy, and hate are all *emotions*.

【記憶技巧】*e* (out) + *mot* (move) + *ion* (*n.*)（内心釋放出的感覺就是「情緒」）

【典型考題】
He has never learned to control his _____. He tends to lose his temper whenever his teammates disagree with him.
A. bundle　　　B. environment
C. emotions　　D. damage　　[C]

* **emotional**[4] 〔ɪˈmoʃənḷ〕 *adj.* 感情的；感動人的；激動的

* **emperor**[3] 〔ˈɛmpərɚ〕 *n.* 皇帝
【比較】empress（皇后；女皇）

* **emphasis**[4] 〔ˈɛmfəsɪs〕 *n.* 強調（= *stress*）
【片語】*put emphasis on*（強調）

* **emphasize**[3] 〔ˈɛmfəˌsaɪz〕 *v.* 強調（= *stress*）

Which word should I *emphasize*?

emphatic[6] 〔ɪmˈfætɪk〕 *adj.* 強調的（= *emphasized*）；加重語氣的

* **empire**[4] 〔ˈɛmpaɪr〕 *n.* 帝國（= *kingdom*）
【記憶技巧】*em* (in) + *pire* (order)

* **employ**[3] 〔ɪmˈplɔɪ〕 *v.* 雇用（= *hire*）

The company *employs* 500 workers.

* **employee**[3] 〔ˌɛmplɔɪˈi〕 *n.* 員工（= *worker*）

* **employer**[3] 〔ɪmˈplɔɪɚ〕 *n.* 雇主
【注意】字尾 ee 表「被動」；er 表「主動」。

* **employment**[3] 〔ɪmˈplɔɪmənt〕 *n.* 雇用；工作（= *work*）

** **empty**[3] 〔ˈɛmptɪ〕 *adj.* 空的
【反義詞】full（滿的）

* **enable**[3] 〔ɪnˈebḷ〕 *v.* 使能夠（= *allow*）

Cell phones *enable* us to stay in touch with others easily.

enact[6] 〔ɪnˈækt〕 *v.* 制定

The proposed law will be *enacted* if a majority of the legislators vote for it.

enactment[6] 〔ɪnˈæktmənt〕 *n.* (法律的) 制定（= *legislation*）；法規

E

E

* **enclose**[4]〔ɪnˋkloz〕v.（隨函）附寄
（= send with）
We *enclosed* some recent photos of the baby in the letter.
【記憶技巧】*en* (in) + *close*（在把信封黏起來之前，將東西放進去，就是「附寄」）

enclosure[6]〔ɪnˋkloʒɚ〕n. 附寄物

* **encounter**[4]〔ɪnˋkaʊntɚ〕v. 遭遇
（= come across）
The travelers *encountered* many tough problems but finally solved them.
【記憶技巧】*en* (in) + *counter* (against)（進入衝突狀態，表示「遭遇」）

* **encourage**[2]〔ɪnˋkɝɪdʒ〕v. 鼓勵
（= inspire）
Many people worry that the computerized Taiwan Lottery will *encourage* gambling.

* **encouragement**[2]〔ɪnˋkɝɪdʒmənt〕n. 鼓勵（= inspiration）

encyclopedia[6]〔ɪnˏsaɪkləˋpidɪə〕n. 百科全書
Mia received a complete set of *encyclopedia* on animals from her uncle for her birthday.
【記憶技巧】*en* (in) + *cyclo* (circle) + *pedia* (education)（包含所有學問的書，即為「百科全書」）

*** **end**[1]〔ɛnd〕n. v. 結束

* **endanger**[4]〔ɪnˋdendʒɚ〕v. 危害
（= put in danger）
Don't *endanger* others by driving drunk.

endeavor[5]〔ɪnˋdɛvɚ〕v. 努力
（= strive） n. 努力（= effort）

I will *endeavor* to find the missing materials, but I'm not sure if I will succeed.
【記憶技巧】*en* (in) + *deavor* (duty)（盡自己的責任，也就是要「努力」）

* **ending**[2]〔ˋɛndɪŋ〕n. 結局

endurance[6]〔ɪnˋdjʊrəns〕n. 忍耐
（= patience）；耐力

* **endure**[4]〔ɪnˋdjʊr〕v. 忍受（= bear）
I have *endured* your unfair treatment for too long. I want out.
【記憶技巧】*en* (in) + *dure* (last)（處於持續狀態，表示「忍受」）

** **enemy**[2]〔ˋɛnəmɪ〕n. 敵人
He has many *enemies* in the political world.
【記憶技巧】*en* (not) + *emy* (friend)（不是朋友，也就是「敵人」）

** **energetic**[3]〔ˏɛnɚˋdʒɛtɪk〕adj. 充滿活力的（= active）
He is young and *energetic*.

** **energy**[2]〔ˋɛnɚdʒɪ〕n. 活力（= power）
【記憶技巧】*en* (at) + *erg* (work) + *y* (n.)（工作時，最需要的就是「活力」）

【典型考題】
Let's have some ice cream so that we may have more _____ to do the shopping.
A. cookies   B. money
C. energy   D. time   [C]

* **enforce**[4]〔ɪnˋfors〕v. 實施；執行
There is a traffic officer stationed at the intersection to *enforce* the rule against jaywalking.
【記憶技巧】*en* (in) + *force* (strong)（用力做事，就是「執行」）

* **enforcement**[4] 〔 ɪnˈforsmənt 〕 *n.* 實施
  (= *implementation*)；執行

* **engage**[3] 〔 ɪnˈgedʒ 〕 *v.* 從事；訂婚
  They *engaged* in a long discussion.
  【片語】 *engage in* (從事；參與)

* **engagement**[3] 〔 ɪnˈgedʒmənt 〕
  n. 訂婚

＊ **engine**[3] 〔ˈɛndʒən 〕 *n.* 引擎 (= *motor*)
  This car has a new *engine*.

＊ **engineer**[3] 〔ˌɛndʒəˈnɪr 〕 *n.* 工程師
  The car was designed by *engineers*.

* **engineering**[4] 〔ˌɛndʒəˈnɪrɪŋ 〕 *n.*
  工程學

＊＊ **English**[1] 〔ˈɪŋglɪʃ 〕 *n.* 英語
  Ellen studies *English* every Sunday.

  enhance[6] 〔 ɪnˈhæns 〕 *v.* 提高
  (= *raise*)；改善 (= *improve*)；增加
  The right accessories will *enhance*
  the beauty of your dress.
  【記憶技巧】 *en* (in) + *hance* (high)

  enhancement[6] 〔 ɪnˈhænsmənt 〕 *n.*
  提高；改善 (= *improvement*)；增進

＊＊ **enjoy**[2] 〔 ɪnˈdʒɔɪ 〕 *v.* 享受；喜歡
  (= *take pleasure in*)
  How did you *enjoy* your trip?

* **enjoyable**[3] 〔 ɪnˈdʒɔɪəbl̩ 〕 *adj.* 令人
  愉快的 (= *pleasant*)

* **enjoyment**[2] 〔 ɪnˈdʒɔɪmənt 〕 *n.* 樂趣

* **enlarge**[4] 〔 ɪnˈlɑrdʒ 〕 *v.* 擴大；放大
  She *enlarged* her restaurant.

【典型考題】
These two photographs are too small.
Let's have them _____.
A. increased   B. formalized
C. enlarged   D. enclosed   [C]

* **enlargement**[4] 〔 ɪnˈlɑrdʒmənt 〕
  n. 擴大 (= *expansion*)；放大

  enlighten[6] 〔 ɪnˈlaɪtn̩ 〕 *v.* 啟蒙；教導
  (= *educate*)
  Dave believed in Santa Claus until
  his older brother *enlightened* him.

  enlightenment[6] 〔 ɪnˈlaɪtn̩mənt 〕
  n. 啟發 (= *understanding*)

* **enormous**[4] 〔 ɪˈnɔrməs 〕 *adj.* 巨大的
  (– *huge*)
  The construction was estimated to
  cost an *enormous* amount of money.
  【記憶技巧】 *e* (out of) + *norm* (標準)
  + *ous* (*adj.*) (超出標準，即「巨大的」)

＊＊ **enough**[1] 〔 ɪˈnʌf , əˈnʌf 〕 *adj.* 足夠的
  adv. 足夠地
  Have you got *enough* money to pay
  for this meal?

  enrich[6] 〔 ɪnˈrɪtʃ 〕 *v.* 使豐富
  Reading books can *enrich* your mind.

  enrichment[6] 〔 ɪnˈrɪtʃmənt 〕 *n.*
  豐富；充實 (= *improvement*)

  enroll[5] 〔 ɪnˈrol 〕 *v.* 登記 (= *register*)；
  入學 (= *enter*)
  25 students have already *enrolled* in
  the class, so it is almost full.
  【片語】 *enroll in* (就讀)
  【記憶技巧】 *en* (in) + *roll* (名冊)
      (把名字寫在名冊中，就是要「入學」)

E

enrollment[5] 〔 ɪnˈrolmənt 〕 n. 登記
(= *registration*)；入學；註冊人數
The university increased its
enrollment by offering partial
scholarships to needy students.

enter[1] 〔ˈɛntɚ 〕 v. 進入 (= *go into*)

enterprise[5] 〔ˈɛntɚˌpraɪz 〕 n. 企業
(= *company*)
His successful *enterprise* has netted
him millions of dollars a year.
【記憶技巧】 *enter* (among) + *prise*
(take in hand)

entertain[4] 〔ˌɛntɚˈten 〕 v. 娛樂
(= *amuse*)
The host *entertained* all the guests
with his funny tricks.
┌─【典型考題】────────
│ The book is not only informative but
│ also _____, making me laugh and
│ feel relaxed while reading it.
│ A. understanding   B. infecting
│ C. entertaining   D. annoying   **[C]**
└────────────────

entertainment[4] 〔ˌɛntɚˈtenmənt 〕
n. 娛樂 (= *amusement*)
┌─【典型考題】────────
│ Movies, sports, and reading are forms
│ of _____. They help us relax.
│ A. tournament   B. entertainment
│ C. asset   D. contest   **[B]**
└────────────────

enthusiasm[4] 〔 ɪnˈθjuzɪˌæzəm 〕
n. 熱忱
John loves to study, and he does all
his schoolwork with *enthusiasm*.
【記憶技巧】 這個字要分音節背 en-thu-
si-asm，才不會拼錯。

enthusiastic[5] 〔 ɪnˌθjuzɪˈæstɪk 〕
adj. 熱心的 (= *earnest*)

entire[2] 〔 ɪnˈtaɪr 〕 adj. 整個的(= *whole*)
┌─【典型考題】────────
│ She spent the _____ day shopping
│ with her friends.
│ A. entire   B. classic
│ C. central   D. broad   **[A]**
└────────────────

entitle[5] 〔 ɪnˈtaɪtḷ 〕 v. 將…命名為
(= *name*)；給…權利 (= *authorize*)
The book is *entitled* "To Kill a
Mockingbird."

entrance[2] 〔ˈɛntrəns 〕 n. 入口
(= *way in*)；入學資格 (= *admission*)
We used the back *entrance* to the
building.
【反義詞】 exit (出口)

entry[3] 〔ˈɛntrɪ 〕 n. 進入 (= *entering*)

envelope[2] 〔ˈɛnvəˌlop 〕 n. 信封
Nancy forgot to write the address on
the *envelope*.
【記憶技巧】「信封」是把信件從頭到尾包
起來，所以是 e 開頭 e 結尾。

envious[4] 〔ˈɛnvɪəs 〕 adj. 羨慕的；
嫉妒的
Marla is *envious* of her sister's
accomplishments.
【片語】 *be envious of* (羨慕；嫉妒)

environment[2] 〔 ɪnˈvaɪrənmənt 〕
n. 環境 (= *surroundings*)
The *environment* here is good.
【記憶技巧】 *en* (in) + *viron* (circuit) +
ment (n.) (環繞在周圍，也就是「環境」)

environmental[3] 〔 ɪnˌvaɪrənˈmɛntḷ 〕
adj. 環境的
【衍伸詞】 *environmental protection*
(環保)

E

＊**envy**³〔ˈɛnvɪ〕 n. 羨慕；嫉妒
（＝*jealousy*）

epidemic⁶〔͵ɛpəˈdɛmɪk〕 n. 傳染病
（＝*outbreak*）；盛行
adj. 傳染性的；流行性的
Health officials fear that the new virus
may cause a worldwide *epidemic*.
【記憶技巧】*epi* (among) + *dem*
(people) + *ic*（會在民眾之間互相感染，
即「傳染病」）

episode⁶〔ˈɛpə͵sod〕 n.（連續劇的）
一集（＝*part*）；片段；事件；（病的）
發作
Did you see the latest *episode* of the
drama series?

EQ⁶ n. 情緒商數（＝*emotional*
quotient ＝ *emotional intelligence*）

＊＊**equal**¹〔ˈikwəl〕 adj. 平等的（＝*fair*）；
相等的（＝*the same*） v. 等於
Men and women have *equal* rights.
【片語】*be equal to*（和～相等）

＊**equality**⁴〔ɪˈkwɑlətɪ〕 n. 相等
（＝*sameness*）；平等（＝*fairness*）

equate⁵〔ɪˈkwet〕 v. 把…視為同等
Many people *equate* wealth with
success.

equation⁶〔ɪˈkweʃən〕 n. 方程式；
等式；相等；等同看待

equator⁶〔ɪˈkwetɚ〕 n. 赤道

＊**equip**⁴〔ɪˈkwɪp〕 v. 裝備；使配備
（＝*supply*）
A vehicle *equipped* for transporting
sick or injured people is an ambulance.

＊**equipment**⁴〔ɪˈkwɪpmənt〕 n. 設備
（＝*supplies*）

equivalent⁶〔ɪˈkwɪvələnt〕 adj. 相等
的（＝*equal*）；等值的 n. 相等物
One U.S. dollar is *equivalent* to 33
New Taiwan dollars.
【片語】*be equivalent to*（等於）
【記憶技巧】*equi* (equal) + *val* (value)
+ *ent* (adj.)

＊**era**⁴〔ˈɪrə ͵ˈirə〕 n. 時代（＝*age*）
【注意發音】
Britain was a great power during the
Colonial *era*.

＊**erase**³〔ɪˈres〕 v. 擦掉
The teacher *erased* the old example
from the board and wrote a new one.
【記憶技巧】*e* (out of) + *rase* (scrape
擦去)

＊＊＊**eraser**²〔ɪˈresɚ〕 n. 橡皮擦

erect⁵〔ɪˈrɛkt〕 v. 豎立（＝*put up*）；
建立（＝*found*）
He *erected* a television antenna on
the balcony.
【記憶技巧】*e* (up) + *rect* (straight)
（使物體筆直向上，也就是「豎立」）

erode⁶〔ɪˈrod〕 v. 侵蝕
（＝*wear away*）；損害（＝*destroy*）
The beach has been severely *eroded*
by the waves.
【記憶技巧】*e* (away) + *rode* (gnaw
咬)（咬掉，表示「腐蝕」）

＊**errand**⁴〔ˈɛrənd〕 n. 差事（＝*task*）
I have several *errands* to do today,
which include mailing this package.

E

*error[2] 〔ˈɛrɚ〕 *n.* 錯誤（= *mistake*）
There are too many *errors* in his report.
【衍伸詞】 err（犯錯）

┌─【典型考題】──────
Be careful. One _____ in the data you record will destroy all our efforts.
A. corner　　　 B. error
C. clown　　　 D. display　　 [B]
└──────────────

erupt[5] 〔ɪˈrʌpt〕 *v.* 爆發（= *explode*）；突然發生（= *break out*）

┌─【典型考題】──────
Last year in Italy, an active volcano _____, sending a slow moving river of hot lava through the town.
A. explored　　 B. exposed
C. erupted　　 D. distributed　 [C]
└──────────────

eruption[6] 〔ɪˈrʌpʃən〕*n.* 爆發
（= *explosion*）；突然發生
（= *outbreak*）
On May 8, 1902, a volcanic *eruption* took place and destroyed Saint-Pierre.
【記憶技巧】 *e* (out) + *rupt* (break) + *ion* (*n.*)（突然噴射出來，表示「爆發」）

escalate[6] 〔ˈɛskəˌlet〕 *v.* 逐漸擴大
（= *grow*）；逐漸上漲（= *surge*）
When supplies of a given product are limited, the price of that product *escalates*.

*escalator[4] 〔ˈɛskəˌletɚ〕 *n.* 電扶梯
It's not a good idea to take your baby's stroller on the *escalator*. Why not use the elevator instead?

*escape[3] 〔əˈskep〕 *v.* 逃走；（= *get away*）　 *n.* 逃脫；解悶

He *escaped* from jail by climbing over a wall.
【記憶技巧】 *es* (out of) + *cape*（無袖的短外套）（迅速脫掉外套，表示「逃走」）

escort[5] 〔ˈɛskɔrt〕 *n.* 護送者；男伴；護花使者（= *companion*）　 *v.* 護送
Not being able to find an *escort*, Ginny decided to go to the dance alone.

*especially[2] 〔əˈspɛʃəlɪ〕 *adv.* 特別地
It's *especially* cold today.

┌─【典型考題】──────
The teacher loved to teach young students, _____ those who were smart.
A. officially　　 B. especially
C. popularly　　 D. similarly　 [B]
└──────────────

*essay[4] 〔ˈɛse〕 *n.* 論說文；文章
（= *composition*）
Our teacher asked us to write an *essay* on an important invention of the twentieth century.

essence[6] 〔ˈɛsn̩s〕 *n.* 精髓；本質
（= *nature*）
The *essence* of a good sushi chef is the ability to cut perfect pieces of raw fish.
【記憶技巧】 *ess* (to be) + *ence* (*n.*)
（存在的東西，即「本質」）

*essential[4] 〔əˈsɛnʃəl〕 *adj.* 必要的
（= *necessary*）；非常重要的（= *vital*）
Food and water are *essential* to life.

┌─【典型考題】──────
Water is _____ to every living thing.
A. cautious　　 B. miraculous
C. observant　　 D. essential　 [D]
└──────────────

* **establish**[4] 〔ə'stæblɪʃ〕 v. 建立
  (= *found*)
  This company was *established*
  in 1974.
  【記憶技巧】 *e* + *stabli* (stable) + *sh*
  (*v.*) (使穩固，就是「建立」)

* **establishment**[4] 〔ə'stæblɪʃmənt 〕
  n. 建立 (= *founding*)；機構
  (= *organization*)

  estate[5] 〔ə'stet 〕 *n.* 財產 (= *assets*)；
  地產 (= *a landed property*)
  My uncle's *estate* was divided
  equally among his three children.
  【衍伸詞】 *real estate* (不動產)

  esteem[5] 〔ə'stim 〕 *n.* 尊敬
  (= *regard*)；敬重 *v.* 尊敬
  He lowered himself in our *esteem*
  by his foolish behavior.
  【片語】 *hold sb. in high esteem* (非常
  尊重某人)

* **estimate**[4] 〔'ɛstə,met 〕 *v.* 估計；估算
  (= *calculate*) 〔'ɛstəmɪt 〕 *n.* 估計
  I asked the repairman to *estimate*
  how long it would take him to finish
  the job.

  eternal[5] 〔ɪ'tɝnḷ 〕 *adj.* 永恆的
  (= *everlasting*)；不斷的；不朽的
  Caroline is such an *eternal* optimist
  that nothing ever brings her down.

  eternity[6] 〔ɪ'tɝnətɪ 〕 *n.* 永恆
  (= *infinity*)；極長的時間

  ethic[5] 〔'ɛθɪk 〕 *n.* 道德規範；倫理守則
  adj. 倫理的；道德的

  ethical[6] 〔'ɛθɪkḷ 〕 *adj.* 道德的
  (= *moral*)；倫理的
  It would not be *ethical* for me to tell
  you what the test questions are going
  to be.

  ethics[5] 〔'ɛθɪks 〕 *n.* 倫理學；倫理；
  道德

  ethnic[6] 〔'ɛθnɪk 〕 *adj.* 種族的
  The population of the city is composed
  of many different *ethnic* groups.

  evacuate[6] 〔ɪ'vækjʊ,et 〕 *v.* 疏散
  (= *clear*)
  Upon receiving a bomb threat, the
  building manager *evacuated* all the
  residents.
  【記憶技巧】 *e* (out) + *vacu* (vacuum
  真空) + *ate* (*v.*) (使淨空，表示「疏散」)

* **evaluate**[4] 〔ɪ'væljʊ,et 〕 *v.* 評估
  (= *assess*)
  Speech contestants will be *evaluated*
  on the basis of fluency and speech
  content.
  【記憶技巧】 *e* (out) + *valu(e)* (價值)
  + *ate* (*v.*) (算出價值，即「評估」)

* **evaluation**[4] 〔ɪ,væljʊ'eʃən 〕
  n. 評價；評估 (= *assessment*)

‡ **eve**[4] 〔iv 〕 *n.* (節日的) 前夕
  Christmas *Eve* is a happy time for
  children.

‡ **even**[1] 〔'ivən 〕 *adv.* 甚至 *adj.* 平坦的；
  偶數的
  【反義詞】 odd (奇數的)

‡ **evening**[1] 〔'ivnɪŋ 〕 *n.* 傍晚

* **event**[2] 〔ɪ'vɛnt 〕 *n.* 事件
  (= *occurrence*)；大型活動
  His visit was quite an *event*.

E

* **eventual**[4] 〔 ɪˋvɛntʃʊəl 〕 adj. 最後的
  (= *final*)
  Although Mr. Adams is only fifty-five now, he is already preparing for his *eventual* retirement.
  【衍伸詞】 eventually (最後;終於)

‡ **ever**[1] 〔ˋɛvɚ 〕 adv. 曾經
  Have you *ever* seen a lion?

evergreen[5] 〔ˋɛvɚˏgrin 〕 adj. 常綠的;歷久不衰的　n. 常綠植物

‡ **every**[1] 〔ˋɛvrɪ ,ˋɛvərɪ 〕 adj. 每一個

* **evidence**[4] 〔ˋɛvədəns 〕 n. 證據
  (= *proof*)
  The judge said that there was not enough *evidence* to prove that the man was guilty.

  【典型考題】
  There isn't enough _____ to prove that the woman stole the vase.
  A. evidence　　B. convenience
  C. influence　　D. obedience　[A]

* **evident**[4] 〔ˋɛvədənt 〕 adj. 明顯的
  (= *obvious*)
  【記憶技巧】 *e* (out) + *vid* (see) + *ent* (adj.) (可以看到外面的,表示「明顯的」)

‡ **evil**[3] 〔ˋivḷ 〕 adj. 邪惡的 (= *wicked*)
  The old witch was *evil*.

evolution[6] 〔ˏɛvəˋluʃən 〕 n. 進化
  (= *development*);發展;演變
  Brain size increased dramatically during human *evolution*.
  【記憶技巧】 *e* (out) + *volut* (roll) + *ion* (n.) (向外滾動,求發展,就是「進化」)

evolve[6] 〔ɪˋvɑlv 〕 v. 進化
  (= *develop*);發展;演化
  【比較】 in<u>volve</u> (牽涉);re<u>volve</u> (公轉)

* **exact**[2] 〔 ɪgˋzækt 〕 adj. 精確的
  (= *accurate*)
  Your description is not very *exact*.

  【典型考題】
  Can you tell me the _____ number of the people who will attend the meeting?
  A. dull　　　　B. exact
  C. dizzy　　　D. cruel　　[B]

* **exaggerate**[4] 〔 ɪgˋzædʒəˏret 〕 v. 誇大
  (= *overstate*)
  Charles *exaggerated* his role in the game so much that you would think he won it single-handedly.
  【記憶技巧】 *ex* (out) + *ag* (to) + *gerate* (carry) (向外擴張,也就是「誇大」)

  【典型考題】
  Don't take what he says too seriously; he is always _____.
  A. exaggerating　B. recommending
  C. diminishing　　D. associating　[A]

* **exaggeration**[5] 〔 ɪgˏzædʒəˋreʃən 〕 n. 誇大 (= *overstatement*)

‡ **exam**[1] 〔 ɪgˋzæm 〕 n. 考試
  (= *examination*)
  Students have to take a lot of *exams*.
  【片語】 *take an exam* (參加考試)

  【典型考題】
  Sally worries that she can't pass the final _____.
  A. exam　　　　B. color
  C. dessert　　　D. housework　[A]

* **examination**[1] 〔 ɪgˏzæməˋneʃən 〕 n. 考試 (= *exam*);檢查 (= *inspection*)

* **examine**[1] 〔 ɪgˈzæmɪn 〕 v. 檢查
(= *inspect*)；仔細研究；測驗 (= *test*)
He *examined* the room.

【典型考題】
Jason's car broke down twice
yesterday. I think he had better have
it _____ .
A. examined   B. expressed
C. accepted   D. emptied   [A]

* **examinee**[4] 〔 ɪgˌzæməˈni 〕 n. 應試者
【記憶技巧】 *ee* 表「被～的人」。

* **examiner**[4] 〔 ɪgˈzæmɪnɚ 〕 n. 主考官
(= *tester*)

‡ **example**[1] 〔 ɪgˈzæmpl̩ 〕 n. 例子
Here is another *example*.
【片語】 *for example* (例如)

exceed[5] 〔 ɪkˈsid 〕 v. 超過 (= *surpass*)
If you *exceed* the speed limit, you
risk getting a ticket.
【記憶技巧】 *ex* (out) + *ceed* (go)
(超出範圍，走向外面，也就是「超過」)

excel[5] 〔 ɪkˈsɛl 〕 v. 勝過 (= *surpass*)
擅長 (= *be good at*)
This university *excels* in engineering
courses.

* **excellence**[3] 〔 ˈɛksl̩əns 〕 n. 優秀
(= *superiority*)

【典型考題】
Many people strive all their lives for
_____ in whatever they do.
A. excellence   B. keyboard
C. collection   D. suffering   [A]

‡ **excellent**[2] 〔 ˈɛksl̩ənt 〕 adj. 優秀的
(= *outstanding*)

‡ **except**[1] 〔 ɪkˈsɛpt 〕 *prep.* 除了
(= *other than*)
I like all animals *except* snakes.
【記憶技巧】 *ex* (out) + *cept* (take)
(把東西拿掉，即「除了」)
【比較】 besides *prep.* 除了…之外 (還有)

* **exception**[4] 〔 ɪkˈsɛpʃən 〕 n. 例外
(= *exclusion*)
It is regrettable that there can be no
exception to this rule.

【典型考題】
Everyone in the office must attend the
meeting tomorrow. There are no
_____ allowed.
A. exceptions   B. additions
C. divisions   D. measures   [A]

* **exceptional**[5] 〔 ɪkˈsɛpʃənl̩ 〕
adj. 例外的 (= *uncommon*)；
優異的 (= *extraordinary*)

excerpt[6] 〔 ɪkˈsɝpt 〕 v. 摘錄
(= *select*)；節錄 〔 ˈɛksɝpt 〕 n.
摘錄 (= *selection*)；節錄

excess[5] 〔 ɪkˈsɛs 〕 n. 超過
(= *overabundance*)；過量

excessive[6] 〔 ɪkˈsɛsɪv 〕 adj. 過度的；
過多的；過分的 (= *too much*)
The customer claimed that the
repair bill was *excessive* and
refused to pay it.

* **exchange**[3] 〔 ɪksˈtʃendʒ 〕 v. 交換
Can we *exchange* seats?
【記憶技巧】 *ex* (fully) + *change*
(完全變換，就是「交換」)

‡ **excite**[2] 〔 ɪkˈsaɪt 〕 v. 使興奮 (= *thrill*)
【衍伸詞】 excited (興奮的)
       exciting (令人興奮的；刺激的)

E

* excitement [2] 〔 ɪk'saɪtmənt 〕 *n.* 興奮
(= *thrill*)

exclaim [5] 〔 ɪk'sklem 〕 *v.* 大叫
(= *cry out*)

The woman *exclaimed* that her bag had been stolen on the train.

【記憶技巧】 *ex* (加強語氣的字首) + *claim* (call) (用力叫，即「大叫」)

exclude [5] 〔 ɪk'sklud 〕 *v.* 排除
(= *keep out*)

After arguing with his friends, Pete found that he was *excluded* from the group.

【反義詞】 include (包括)

┌─【典型考題】─────────
│ We can _____ Karen as a possible
│ president because she is not interested
│ in the job.
│ A. commend B. exclude
│ C. accept   D. refer [B]
└──────────────────

exclusive [6] 〔 ɪk'sklusɪv 〕 *adj.* 獨家的
(= *only*)；獨有的 (= *entire*)

Our store is the *exclusive* seller of Gucci products in the city.

【衍伸詞】 exclusively (專門地；僅)

‡ excuse [2] 〔 ɪk'skjuz 〕 *v.* 原諒
〔 ɪk'skjus 〕 *n.* 藉口

Excuse me for what I said to you yesterday.

execute [5] 〔 'ɛksɪ,kjut 〕 *v.* 執行
(= *carry out*)；處死 (= *put to death*)

We will be unable to *execute* this plan until we get approval from the boss.

【記憶技巧】 *ex* (out) + *ecute* (follow)
(遵循計畫，就是「執行」)

execution [6] 〔 ,ɛksɪ'kjuʃən 〕 *n.* 執行
(= *carrying out*)；處死 (= *killing*)

executive [5] 〔 ɪg'zɛkjutɪv 〕 *n.* 主管
(= *administer*) *adj.* 執行的
(= *administrative*)；行政的

【衍伸詞】 CEO (總裁；執行長)
(= *chief executive officer*)

‡ exercise [2] 〔 'ɛksɚ,saɪz 〕 *v.* 運動
(= *work out*) *n.* 運動；練習

They *exercise* every day, so they are healthy.

exert [6] 〔 ɪg'zɝt 〕 *v.* 運用 (= *use*)；
施加 (壓力)；盡 (力)

The senator *exerts* great influence over gun control legislation.

【記憶技巧】 *ex* (out) + *ert* (join) (把可
利用的資源一起拿來使用，就是「運用」)

* exhaust [4] 〔 ɪg'zɔst 〕 *v.* 使筋疲力盡
(= *tire out*)；用光 (= *use up*)
n. 廢氣

The *exhaust* from various vehicles pollutes the air.

【記憶技巧】 *ex* (off) + *haust* (draw)
(從排氣管抽出來的東西，就是「廢氣」)

* exhibit [4] 〔 ɪg'zɪbɪt 〕 *v.* 展示；展現
(= *display*)

They *exhibited* great power of endurance during the climb.

【記憶技巧】 *ex* (out) + *hibit* (hold)
(把東西拿出來，就是「展示」)

* exhibition [3] 〔 ,ɛksə'bɪʃən 〕 *n.* 展覽會
(= *display*)

exile[5] 〔ɪgˈzaɪl〕 v. 放逐 (= *banish*)；
流放　n. 放逐 (= *banishment*)；
流逐；流亡者

The ex-president was *exiled* from
his own country.

【記憶技巧】*ex* (away) + *ile* (wander
徘徊) (徘徊離去，即「放逐」)

*exist[2] 〔ɪgˈzɪst〕 v. 存在 (= *be*)
The city library has *existed* since 1947.

【記憶技巧】*ex* (forth) + *ist* (stand)
(繼續站在世界上，表示「存在」)

*existence[3] 〔ɪgˈzɪstəns〕 n. 存在
(= *being*)

【片語】*come into existence* (產生)

*exit[3] 〔ˈɛgzɪt, ˈɛksɪt〕 n. 出口
(= *way out*)

When there is a fire, you can run out
through the emergency *exit*.

【典型考題】
When you stay at a hotel, to be on the
safe side, you must look for its _____
first.
A. exits 　　　B. restrooms
C. bathrooms 　D. entries 　　[A]

exotic[6] 〔ɪgˈzɑtɪk〕 adj. 有異國風味的
(= *foreign*)

The ornaments I bought in the local
Hawaiian shop look *exotic* and
beautiful.

【記憶技巧】*exo* (outside) + *tic* (adj.)

*expand[4] 〔ɪkˈspænd〕 v. 擴大
(= *increase*)

He is trying to *expand* his business.

【記憶技巧】*ex* (out) + *pand* (spread)
(向外擴展，也就是「擴大」)

【典型考題】
We are trying to _____ our market
by appealing to teenagers.
A. please 　　　B. expand
C. trade 　　　　D. inflate 　　[B]

*expansion[4] 〔ɪkˈspænʃən〕 n. 擴大
(= *increase*)

【典型考題】
The _____ of this empire led to
many wars with its neighboring
countries.
A. expansion 　B. exception
C. experience 　D. explanation 　[A]

*expect[2] 〔ɪkˈspɛkt〕 v. 期待
(= *anticipate*)

We did not *expect* the performance
to be as excellent as it was.

【記憶技巧】*ex* (out) + *pect* (look)
(因為「期待」，就會不停向外張望)

【比較】inspect (檢查)
　　　　respect (尊敬)

【典型考題】
I'd rather not go out because I'm
_____ my sister to stop by.
A. assuming 　　B. expecting
C. hesitating 　　D. arriving 　　[B]

*expectation[3] 〔ˌɛkspɛkˈteʃən〕
n. 期望；期待 (= *anticipation*)

【片語】*live up to* one's *expectations*
(不辜負某人的期望)

【典型考題】
We are positive that his son must have
lived up to his _____.
A. examinations 　B. examples
C. expressions 　　D. expectations 　[D]

expedition[6] 〔͵ɛkspɪˈdɪʃən〕 *n.* 探險
(= *exploration*)；旅行 (= *journey*)

China recently made its first manned *expedition* into space.

【記憶技巧】 *ex* (out) + *pedi* (foot) + *tion* (走出戶外，尋求「探險」的感覺)

expel[6] 〔ɪkˈspɛl〕 *v.* 驅逐 (= *exile*)；開除 (= *kick out*)

The behavior of the three students was so bad that they were all *expelled* from school.

【記憶技巧】 *ex* (out) + *pel* (drive)
(趕到外面，也就是「驅逐」)

expense[3] 〔ɪkˈspɛns〕 *n.* 費用 (= *cost*)

expensive[2] 〔ɪkˈspɛnsɪv〕 *adj.* 昂貴的 (= *costly*)

experience[2] 〔ɪkˈspɪrɪəns〕 *n.* 經驗 (= *happening*)

experiment[3] 〔ɪkˈspɛrəmənt〕 *n.* 實驗 (= *test*)

We usually perform chemistry *experiments* in the science lab.

experimental[4] 〔ɪk͵spɛrəˈmɛntḷ〕 *adj.* 實驗的

expert[2] 〔ˈɛkspɝt〕 *n.* 專家

Mechanical engineers are *experts* in machinery.

expertise[6] 〔͵ɛkspɚˈtiz〕 *n.* 專門的知識 (= *knowledge*)；特殊技能
【記憶技巧】 *expert* + *ise*

expiration[6] 〔͵ɛkspəˈreʃən〕 *n.* 期滿 (= *termination*)

expire[6] 〔ɪkˈspaɪr〕 *v.* 到期 (= *terminate*)

When will the season ticket *expire*?
【記憶技巧】 *ex* (out) + *pire* (breathe)
(吐出最後一口氣，表示生命已「到期」)

explain[2] 〔ɪkˈsplen〕 *v.* 解釋 (= *make clear*)

I don't understand what you're talking about. Would you *explain* yourself a little?
【記憶技巧】 *ex* (fully) + *plain* (flatten)
(使所有人的想法一樣平整，就要「解釋」)

explanation[4] 〔͵ɛkspləˈneʃən〕 *n.* 解釋

explicit[6] 〔ɪkˈsplɪsɪt〕 *adj.* 明確的 (= *clear*)；清楚的；露骨的

Our instructions were quite *explicit*.
【記憶技巧】 *ex* (out) + *plicit* (fold)
(向外摺疊，讓人一目了然，表示「明確的」)

【典型考題】
He made his explanation ⸺ and direct so that everyone could follow easily.
A. tentative   B. explicit
C. complex   D. incorrect   [B]

explode[3] 〔ɪkˈsplod〕 *v.* 爆炸 (= *blow up*)

Police were able to defuse the bomb before it *exploded*.

exploit[6] 〔ɪkˈsplɔɪt〕 *v.* 利用 (= *make good use of*)；剝削 (= *abuse*)；開發

Man has already *exploited* many of Earth's resources.

exploration[6] 〔͵ɛkspləˈreʃən〕 *n.* 探險 (= *expedition*)；研究 (= *research*)

They decided to go on a space *exploration*.

* **explore** [4] 〔 ɪk'splor 〕 v. 在…探險；
探測；探討；研究 (= *research*)
The children loved *exploring* the old
castles in England.

【典型考題】
Travelling is a good way for us to
_____ different cultures and broaden
our horizons.
A. assume   B. explore
C. occupy   D. inspire   [B]

* **explosion** [4] 〔 ɪk'sploʒən 〕 n. 爆炸
(= *blowup*)

【典型考題】
The fire in the fireworks factory in
Changhua set off a series of powerful
_____ and killed four people.
A. explosions   B. extensions
C. inspections   D. impressions   [A]

* **explosive** [4] 〔 ɪk'splosɪv 〕 adj. 爆炸性
的   n. 炸彈

【典型考題】
To prevent terrorist attacks, the security
guards at the airport check all luggage
carefully to see if there are any
_____ items or other dangerous
objects.
A. dynamic   B. identical
C. permanent   D. explosive   [D]

* **export** [3] 〔 ɪks'port , ɛks'port 〕 v. 出口
We now *export* all kinds of industrial
products.
【反義詞】 import (進口)

* **expose** [4] 〔 ɪk'spoz 〕 v. 暴露
(= *uncover*)；使接觸 (= *lay open to*)
Don't *expose* yourself to the sun too
long. It may do harm to your skin.
【記憶技巧】 *ex* (out) + *pose* (put)
    (放在外面，就是「暴露」)

【典型考題】
This plant does well in the shade, so
don't _____ it to too much sun.
A. expose   B. reveal
C. show   D. place   [A]

* **exposure** [4] 〔 ɪk'spoʒɚ 〕 n. 暴露；接觸
(= *contact*)

** **express** [2] 〔 ɪk'sprɛs 〕 v. 表達
(= *communicate*)   adj. 快遞的；
快速的 (= *speedy*)
I'd like to *express* my deepest
gratitude to you.
【記憶技巧】 *ex* (out) + *press* (壓)
    (將想法從腦子裡壓出去，即「表達」)
【衍伸詞】 *an express train* (快車)

【典型考題】
In a democratic country, people can
_____ their opinions freely.
A. express   B. prefer
C. insist   D. recover   [A]

* **expression** [3] 〔 ɪk'sprɛʃən 〕 n. 說法；
表達 (= *explanation*)；表情 (= *face*)

expressive [3] 〔 ɪk'sprɛsɪv 〕 adj. 表達的
(= *telling*)；富於表情的 (= *vivid*)

exquisite [6] 〔 ɪk'skwɪzɪt 〕 adj. 精緻的
(= *fine*)；高雅的 (= *graceful*)
He has *exquisite* taste in music.
【重要知識】根據統計，美國只有 24% 年紀較大
的人，把 exquisite 唸成〔'ɛkskwɪzɪt〕，76%
的人唸成〔ɪk'skwɪzɪt〕。

* **extend** [4] 〔 ɪk'stɛnd 〕 v. 延伸 (= *make
broader*)；延長 (= *make longer*)
They *extended* their visit by another
day.
【記憶技巧】 *ex* (out) + *tend* (stretch)

E

* **extension**[5] 〔 ɪk'stɛnʃən 〕 *n.* 延伸；
（電話）分機
May I have *extension* 601, please?

* **extensive**[5] 〔 ɪk'stɛnsɪv 〕*adj.* 大規模的
（= *massive* ）；廣泛的；大量的
After *extensive* renovations, the old
house looks as good as new.

* **extent**[4] 〔 ɪk'stɛnt 〕 *n.* 程度（= *degree* ）
We have to find out the *extent* of
the problem before we can discuss
how to solve it.

exterior[5] 〔 ɪk'stɪrɪə 〕 *adj.* 外表的
（= *on the outside* ）；外面的　*n.* 外部
The *exterior* of the theater needs to
be redecorated.
【反義詞】 interior（內部的；內部）

external[5] 〔 ɪk'stɝnḷ 〕 *adj.* 外部的
（= *outside* ）；外用的
The *external* part of the theater
needs to be redecorated.
【反義詞】 internal（內部的）
【注意】exterior 和 external 這兩個字有時候
可混用，但作「外用的」解時，只能用 external。

extinct[5] 〔 ɪk'stɪŋkt 〕 *adj.* 絕種的
（= *having died out* ）
If we do not protect endangered
species, they will soon become
extinct.
【衍伸詞】 extinction（絕種）

* **extra**[2] 〔'ɛkstrə 〕*adj.* 額外的
I don't need any *extra* help.
【典型考題】
They were behind schedule and had
to apply for _____ manpower to
complete their project in time.
A. basic　　　B. extra
C. introductory D. profound　[B]

extract[6] 〔 ɪk'strækt 〕 *v.* 拔出
（= *draw out* ）〔'ɛkstrækt 〕 *n.* 摘錄
The dentist said that I would have
to have the bad tooth *extracted*.
【記憶技巧】 *ex* (out) + *tract* (draw)
（拉出來，即「拔出」）

extracurricular[6]
〔,ɛkstrəkə'rɪkjələ 〕 *adj.* 課外的
Ian is involved in several
extracurricular activities, such as the
drama club and the baseball team.
【記憶技巧】 *extra* + *curricular*（課程
的）（在課程之外，即「課外的」）

* **extraordinary**[5] 〔 ɪk'strɔrdn̩,ɛrɪ 〕
adj. 不尋常的（= *unusual* ）；非常奇
怪的；特別的
The job in Japan was an
extraordinary opportunity for a
recent graduate.
【記憶技巧】 *extra* + *ordinary*（普通的）
（超出普通的範圍，即「特別的」）

* **extreme**[3] 〔 ɪk'strim 〕 *adj.* 極端的；
偏激的；罕見的　*n.* 極端
Alan was in such *extreme* despair
when his girlfriend left him.
【衍伸詞】 extremely（極度地；非常地）

‡ **eye**[1] 〔 aɪ 〕 *n.* 眼睛

* **eyebrows**[2] 〔'aɪ,braʊz 〕 *n. pl.* 眉毛

eyelash[5] 〔'aɪ,læʃ 〕 *n.* 睫毛

eyelid[5] 〔'aɪ,lɪd 〕 *n.* 眼皮
【記憶技巧】 *eye* + *lid*（蓋子）

eyesight[6] 〔'aɪ,saɪt 〕 *n.* 視力

F f

*__fable__[3] 〔ˋfebḷ〕 *n.* 寓言；故事
(= *story*)
【衍伸詞】*Aesop's Fables* (伊索寓言)

__fabric__[5] 〔ˋfæbrɪk〕 *n.* 布料；織品
【典型考題】
Many think cotton is the most
comfortable _____ to wear in hot
weather.
A. fabric　　　　B. coverage
C. software　　　D. wardrobe　　[A]

__fabulous__[6] 〔ˋfæbjələs〕 *adj.* 極好的
(= *wonderful*)
Natasha owns a *fabulous* beach
house right next to the sea.
【記憶技巧】*fabul* (fable) + *ous* (adj.)

‡‡__face__[1] 〔fes〕 *n.* 臉　*v.* 面對；使面對
【片語】*be faced with* (面對)

__facial__[4] 〔ˋfeʃəl〕 *adj.* 臉部的
The judge's *facial* expression didn't
change at all.

__facilitate__[6] 〔fəˋsɪlə͵tet〕 *v.* 使便利
An addressing machine *facilitates*
the handling of bulk mail.
【典型考題】
The reason for designing the special
bus lane is to _____ the traffic flow,
not to slow it down.
A. account　　　B. discount
C. facilitate　　 D. influence　　[C]

*__facility__[4] 〔fəˋsɪlətɪ〕 *n.* 設備；設施
(= *equipment*)；廁所【常用複數】
At most schools, *facilities* for
learning and recreation are available
to students.

【重要知識】如果跟外國人說：I need to use
the *facilities*. 他會認為你英文很好。這裡的
facilities 是指「衛生設備」，也就是「廁所」。

‡‡__fact__[1] 〔fækt〕 *n.* 事實 (= *truth*)
A *fact* is something that is true.

__faction__[6] 〔ˋfækʃən〕 *n.* 派系
The rebel *faction* refused to
negotiate with the government.

*__factor__[3] 〔ˋfæktɚ〕 *n.* 因素
(= *determinant* = *element*)
Diligence and perseverance were
important *factors* in his success.
【記憶技巧】*fact* (make) + *or* (n.)
(造成的原因，也就是「因素」)

‡‡__factory__[1] 〔ˋfæktrɪ〕 *n.* 工廠
(= *workshop*)　*adj.* 工廠的
The children are going to visit a car
factory.

__faculty__[6] 〔ˋfækḷtɪ〕 *n.* 全體教職員
(= *staff*)；能力
Every member of the *faculty* must
attend the teacher's meeting.

__fad__[5] 〔fæd〕 *n.* 一時的流行 (= *craze*)

*__fade__[3] 〔fed〕 *v.* 褪色 (= *lose color*)；
逐漸消失
My orange T-shirt *faded* when I
washed it.
【典型考題】
His dark brown jacket had holes in the
elbows, and had _____ to light
brown, but he continued to wear it.
A. cycled　　　　B. faded
C. loosened　　　D. divided　　[B]

F

Fahrenheit[5] 〔'færən,haɪt 〕
adj. 華氏的
【注意】字中的第一個 h 不發音。
【比較】Celsius（攝氏的）
　　　　centigrade（攝氏的）

fail[2] 〔 fel 〕 *v.* 失敗（= *be unsuccessful*）
Our plan has *failed*.

failure[2] 〔'feljə 〕 *n.* 失敗；失敗的人

faint[3] 〔 fent 〕 *v.* 昏倒
The gym was so hot that several
of the students *fainted* during the
assembly.

fair[2] 〔 fɛr 〕 *adj.* 公平的（= *impartial*）
The judge made a *fair* decision.
【反義詞】unfair（不公平的）

fairly[3] 〔'fɛrlɪ 〕 *adv.* 公平地
（= *justly*）；相當地（= *quite*）

fairy[3] 〔'fɛrɪ 〕 *n.* 仙女（= *genie*）
An old story says that *fairies* live
in the forest.
【片語】*fairy tale*（童話故事）

faith[3] 〔 feθ 〕 *n.* 信念（= *belief*）；
信任（= *trust*）
I have no *faith* in Lisa's ability to
do the job.

faithful[4] 〔'feθfəl 〕 *adj.* 忠實的
（= *loyal*）
┌【典型考題】────────────
│ John's vision was direct, concrete, and
│ simple, and he _____ recorded the
│ incidents of everyday life.
│ A. universally　　B. scarcity
│ C. passively　　　D. faithfully　　[D]
└──────────────────────

fake[3] 〔 fek 〕 *adj.* 假的；仿冒的
（= *false*）

Donna paid a lot of money for a
famous painting but it turned out
to be *fake*.

fall[1] 〔 fɔl 〕 *v.* 落下（= *drop down*）
n. 秋天（= *autumn*）
The rain is *falling* from the sky.
I got married in the *fall* of 2007.
【重要知識】秋天落葉，所以 fall 有「落下」和「秋
天」兩個意思，也象徵一年的結束。注意美國人的
季節序是「冬春夏秋」，因為 1 月份新年是冬天。

false[1] 〔 fɔls 〕 *adj.* 錯誤的（= *wrong*）；
偽造的；假的
It was *false* news. Don't believe it.
【反義詞】 true（正確的；真的）

falter[5] 〔'fɔltə 〕 *v.* 搖晃（= *sway*）；
蹣跚；站不穩（= *stagger*）
The boxing champ *faltered* a bit when
he was hit with a powerful uppercut.

fame[4] 〔 fem 〕 *n.* 名聲（= *celebrity*）
The actor's *fame* increased after he
won an Academy Award.
┌【典型考題】────────────
│ The popular baseball player's _____
│ grew after his team won the
│ championship.
│ A. fame　　　　B. frame
│ C. blame　　　D. shame　　　[A]
└──────────────────────

familiar[3] 〔 fə'mɪljə 〕 *adj.* 熟悉的
（= *well-known*）
I am not *familiar* with this song.
Do you know who the singer is?
【記憶技巧】*famili*（family）+ *ar*（adj.）
┌【典型考題】────────────
│ Although Martha had been away
│ from home for a long time, when she
│ came near her house, everything
│ suddenly became _____.
│ A. functional　　B. impulsive
│ C. emotional　　D. familiar　　[D]
└──────────────────────

F

familiarity[6] 〔fə͵mɪlɪˈærətɪ〕 *n.* 熟悉
（＝ *acquaintance*）
Familiarity breeds contempt.

family[1] 〔ˈfæməlɪ〕 *n.* 家庭（＝ *home*）；
家人（＝ *kin*）

famine[6] 〔ˈfæmɪn〕 *n.* 飢荒
（＝ *hunger disaster* ＝ *starvation*）
The drought resulted in a *famine*
and many people starved to death.

famous[2] 〔ˈfeməs〕 *adj.* 有名的
（＝ *notable* ＝ *well-known*）

【典型考題】
Glen is a very _____ TV star; even
children know his name.
A. famous　　　B. hungry
C. serious　　　D. weak　　　　[A]

fan[3,1] 〔fæn〕 *n.* (影、歌、球) 迷；
風扇（＝ *wind blower*）

fancy[3] 〔ˈfænsɪ〕 *adj.* 花俏的
（＝ *extravagant*）；昂貴的
My boyfriend invited me to a *fancy*
restaurant on Valentine's Day.

fantastic[4] 〔fænˈtæstɪk〕 *adj.* 極好的
（＝ *amazing*）
She's really a *fantastic* girl.

fantasy[4] 〔ˈfæntəsɪ〕 *n.* 幻想（＝ *dream*）

far[1] 〔fɑr〕 *adj.* 遠的

fare[3] 〔fɛr〕 *n.* 車資
Can you tell me what the *fare* from
London to Manchester is?
【比較】fee (學費；會費；入場費)

farewell[4] 〔͵fɛrˈwɛl〕 *n.* 告別
Albert said he had to leave and we
bid him *farewell*.

farm[1] 〔fɑrm〕 *n.* 農田

farmer[1] 〔ˈfɑrmɚ〕 *n.* 農夫
（＝ *peasant*）

farther[3] 〔ˈfɑrðɚ〕 *adj.* 更遠的
The bank is on the corner and the
post office is just a little *farther*.

fascinate[5] 〔ˈfæsn͵et〕 *v.* 使著迷
（＝ *charm*）；強烈吸引
The children were *fascinated* by the
magician's tricks.
【片語】*be fascinated by* (對～著迷)
【記憶技巧】*fascin* (spell) ＋ *ate* (*v.*)
(施以咒語，迷惑別人)

fascination[6] 〔͵fæsn͵eʃən〕 *n.* 魅力
（＝ *charm*）；吸引力；使人著迷的
東西

fashion[3] 〔ˈfæʃən〕 *n.* 流行（＝ *vogue*）；
時尚 (業)；方式　*v.* 精心製成
Narrow trousers are the latest
fashion.

fashionable[3] 〔ˈfæʃənəbļ〕
adj. 流行的

fast[1] 〔fæst〕 *adj.* 快的

fasten[3] 〔ˈfæsn̩〕 *v.* 繫上
You must *fasten* your seat belt if you
want to sit in the front of the car.
【記憶技巧】*fast* (牢固的) ＋ *en* (*v.*)

fat[1] 〔fæt〕 *adj.* 胖的

fatal[4] 〔ˈfetḷ〕 *adj.* 致命的
（＝ *deadly* ＝ *lethal*）
The patient's family were relieved to
learn that his illness was not *fatal*.

fate[3] 〔fet〕 *n.* 命運（＝ *destiny*）
It was Holly's *fate* to meet her Mr.
Right in Las Vegas.

F

‡father[1] 〔'faðɚ〕 *n.* 父親

fatigue[5] 〔fə'tig〕 *n.* 疲勞（= *tiredness*）
He fell asleep soon owing to *fatigue*.
【記憶技巧】只要記住 gue 只發 / g / 的音。

‡faucet[3] 〔'fɔsɪt〕 *n.* 水龍頭（= *tap*）
Remember to turn off the *faucet*.

‡fault[2] 〔fɔlt〕 *n.* 過錯（= *mistake*）
It was his *fault* that the window broke.

【典型考題】
I'm sorry for breaking your window. It's all my _____.
A. fault   B. idea
C. joke   D. question   [A]

*favor[2] 〔'fevɚ〕 *n.* 恩惠（= *benefit*）；
幫忙（= *help*）
Please do me the *favor* of turning off your cell phone.
【片語】*do sb. a favor*（幫某人的忙）

*favorable[4] 〔'fevərəbḷ〕 *adj.* 有利的（= *advantageous*）
Considering the *favorable* response of the audience, I think we should give first prize in the speech contest to Ian.

‡favorite[2] 〔'fevərɪt〕 *adj.* 最喜愛的（= *preferred*）
【記憶技巧】*favor*（偏愛）+ *ite*（*adj.*）
（特別偏愛的，就是「最喜愛的」）

【典型考題】
He likes A-mei. She's his _____ singer.
A. facial   B. exciting
C. favorite   D. false   [C]

*fax[3] 〔fæks〕 *v.* 傳真（= *facsimile*）

‡fear[1] 〔fɪr〕 *v. n.* 害怕；恐懼（= *dread*）

fearful[2] 〔'fɪrfəl〕 *adj.* 害怕的（= *afraid*）；可怕的（= *dreadful*）
We are *fearful* that the river will flood if it keeps raining.

feasible[6] 〔'fizəbḷ〕 *adj.* 可實行的（= *practicable*）
People used to think it was impossible to live in outer space, but now it seems *feasible*.
【記憶技巧】*feas*（do）+ *ible*（*adj.*）

【典型考題】
The company decided to put the plan into operation because it was the most _____ one.
A. addictive   B. liable
C. vulnerable   D. feasible   [D]

*feast[4] 〔fist〕 *n.* 盛宴（= *banquet*〔'bæŋkwɪt〕）
It is traditional to enjoy a *feast* after a wedding.
【記憶技巧】*f* + *east*（東方）

*feather[3] 〔'fɛðɚ〕 *n.* 羽毛
Birds of a *feather* flock together.

*feature[3] 〔'fitʃɚ〕 *n.* 特色（= *characteristic*）   *v.* 以…為特色
Wet weather is a *feature* of life in Scotland.

【典型考題】
My apartment has one _____ I like. It has a fireplace in the living room.
A. mystery   B. triumph
C. character   D. feature   [D]

‡February[1] ﹝ˈfɛbjuˌɛrɪ﹞ *n.* 二月
February is the second month of
the year.

【重要知識】這字也可唸成﹝ˈfɛbruˌɛrɪ﹞。根據
發音字典，現在美國人 64% 唸 /ju/，36% 唸 /ru/。

federal[5] ﹝ˈfɛdərəl﹞ *adj.* 聯邦的
(= *confederate*)
【記憶技巧】*feder* (treaty) + *al* (*adj.*)
（由盟約束縛的，就是「聯邦的」）

federation[6] ﹝ˌfɛdəˈreʃən﹞ *n.* 聯邦
政府 (= *federal government*)；聯盟
(= *league*)

‡fee[2] ﹝ fi ﹞ *n.* 費用 (= *charge*)；服務費；
入場費
The entrance *fee* to the exhibition is
20 dollars.

feeble[5] ﹝ˈfibḷ﹞ *adj.* 虛弱的 (= *weak*)；
微弱的；無效的；軟弱的
My grandmother is getting old and
feeble, so we need to find someone
to take care of her.

‡feed[1] ﹝ fid ﹞ *v.* 餵
We *feed* the birds every day.

feedback[6] ﹝ˈfidˌbæk﹞ *n.* 反應
(= *response*)；回饋；反饋；意見

‡feel[1] ﹝ fil ﹞ *v.* 覺得
I *feel* happy because I am playing
with friends.

‡feeling[1] ﹝ˈfilɪŋ﹞ *n.* 感覺

‡feelings[1] ﹝ˈfilɪŋz﹞ *n. pl.* 感情

fellow[2] ﹝ˈfɛlo﹞ *n.* 傢伙；同伴
We were *fellows* at school.
【片語】*fellow at school* (同學)

‡female[2] ﹝ˈfimel﹞ *n.* 女性 (= *woman*)
adj. 女性的 (= *feminine*)
【反義詞】male (男性；男性的)

feminine[5] ﹝ˈfɛmənɪn﹞ *adj.* 女性的
(= *ladylike*)

‡fence[2] ﹝ fɛns ﹞ *n.* 籬笆；圍牆
That small house doesn't have a
fence.

ferry[4] ﹝ˈfɛrɪ﹞ *n.* 渡輪
(= *transportation boat*)

fertile[4] ﹝ˈfɝtḷ﹞ *adj.* 肥沃的
Several types of fruit tree grow in
the *fertile* valley.
【反義詞】sterile (貧瘠的)

fertility[6] ﹝ fɝˈtɪlətɪ﹞ *n.* 肥沃

fertilizer[5] ﹝ˈfɝtḷˌaɪzɚ﹞ *n.* 肥料

‡festival[2] ﹝ˈfɛstəvḷ﹞ *n.* 節日
(= *holiday*)
Christmas is an important church
festival.

┌─【典型考題】─────────
│ Easter is one of the biggest ____
│ for Christians. It is a day to
│ celebrate the rebirth of Jesus.
│ A. festivals   B. funerals
│ C. fields   D. fortresses   [A]
└────────────────────

fetch[4] ﹝ fɛtʃ ﹞ *v.* 拿來；去拿
We taught our dog to *fetch* the
newspaper from the front yard.

‡fever[2] ﹝ˈfivɚ﹞ *n.* 發燒
He has a little *fever*.

‡few[1] ﹝ fju ﹞ *adj.* 很少的

fiancé[5] ﹝ˌfiənˈse , fiˈɑnse﹞ *n.* 未婚夫
(= *husband-to-be*)

fiancée[5] 〔͵fɪən'se, fi'anse〕*n.* 未婚妻
(= *wife-to-be*)

fiber[5] 〔'faɪbɚ〕*n.* 纖維

* **fiction**[4] 〔'fɪkʃən〕*n.* 小說 (= *novel*);
虛構的事 (= *made-up story*)
As a proverb goes, "Truth is stranger
than *fiction*."
【記憶技巧】*fict* (feign) + *ion* (*n.*)
(「小說」的內容是不真實的)
【衍伸詞】 fictional (虛構的;小說的)

fiddle[5] 〔'fɪdl̩〕*n.* 小提琴 (= *violin*)
v. 撥弄 (= *thrum*)

【重要知識】有這麼一個可愛的片語 *be fit as
a fiddle* 意思是「非常健康」,因為小提琴像
人的身體,腰細、屁股大。

fidelity[6] 〔fə'dɛlətɪ, faɪ'dɛlətɪ〕
n. 忠實;忠誠;忠貞 (= *faithfulness*)
Henry's *fidelity* is beyond question;
he always fulfills his obligations.
【記憶技巧】*fidel* (faith) + *ity* (*n.*)
【衍伸詞】*high fidelity* (高傳眞)(= *hi-fi*)

* **field**[2] 〔fild〕*n.* 田野 (= *land*)
The children are playing in the *field*.

* **fierce**[4] 〔fɪrs〕*adj.* 兇猛的
(= *ferocious*);激烈的 (= *intense*)
The house is guarded by a *fierce* dog.

┌─【典型考題】─────────┐
Since the contestants were all very
good, the competition for the first
prize was _____.
A. sincere   B. fierce
C. radiant   D. efficient   [B]
└──────────────────┘

fifteen[1] 〔fɪf'tin〕*n.* 十五

fifty[1] 〔'fɪftɪ〕*n.* 五十

fight[1] 〔faɪt〕*v.* 打架
Dogs always *fight* with cats.

* **fighter**[2] 〔'faɪtɚ〕*n.* 戰士
【衍伸詞】*fire fighter* (消防隊員)

* **figure**[2] 〔'fɪgjɚ〕*n.* 數字 (= *number*);
人物 (= *famous person*)
He wrote the date in *figures*.
He became a familiar *figure* to the
townspeople.
【片語】*figure out* (了解;算出)

* **file**[3] 〔faɪl〕*n.* 檔案 (= *documents*);
文件夾;縱隊   *v.* 歸檔;提出

fill[1] 〔fɪl〕*v.* 使充滿;填補;修補
【片語】*be filled with* (充滿)(= *be full of*)
┌─【典型考題】─────────┐
Newspapers are _____ with
advertisements for all kinds of
consumer goods.
A. full   B. filled
C. fitted   D. fixed   [B]
└──────────────────┘

film[2] 〔fɪlm〕*n.* 影片 (= *movie*);
底片;薄層   *v.* 拍攝

filter[5] 〔'fɪltɚ〕*v.* 過濾 (= *screen*);
透進;慢慢傳開   *n.* 過濾器
Tap water should be *filtered* and
boiled before you drink it.

fin[5] 〔fɪn〕*n.* 鰭
【衍伸詞】*shark's fin* (魚翅)

* **final**[1] 〔'faɪnl̩〕*adj.* 最後的 (= *last*)
This is your *final* chance.
【記憶技巧】*fin* (end) + *al* (*adj.*)
【衍伸詞】 finally (最後;終於)

* **finance**[4] 〔'faɪnæns〕*n.* 財務
(= *economic affairs*)   *v.* 資助
The city's *finances* are bad.
We are trying to raise money to
finance a new gym.
【記憶技巧】*fin* (end) + *ance* (*n.*)
(使結束債務,即「資助」)

【重要知識】現在 87％美國人唸成〔ˋfaɪnæns〕，13％的人唸成〔fəˋnæns〕。

* **financial**[4] 〔faɪˋnænʃəl〕 *adj.* 財務的

【典型考題】
Some students get ＿＿＿＿ aid from the government to support their education.
A. financial   B. vocational
C. professional   D. intellectual   [A]

‡ **find**[1] 〔faɪnd〕 *v.* 找到

‡ **fine**[1] 〔faɪn〕 *adj.* 晴朗的；美麗的；好的（= *good*） *n.* 罰款   *v.* 對…處以罰款
The weather is *fine*, isn't it?

‡ **finger**[1] 〔ˋfɪŋgɚ〕 *n.* 手指

‡ **finish**[1] 〔ˋfɪnɪʃ〕 *v.* 結束；完成（= *accomplish* = *complete*）
I'll *finish* this work at nine o'clock.

finite[6] 〔ˋfaɪnaɪt〕 *adj.* 有限的（= *limited*）
Ralph's *finite* patience reached its limit and he shushed the people talking in the library.
【記憶技巧】*fin* (end) + *ite* (*adj.*)
（有終點的，表示「有限的」）
【反義詞】 infinite〔ˋɪnfənɪt〕*adj.* 無限的

‡ **fire**[1] 〔faɪr〕 *n.* 火；火災   *v.* 解雇
Are you afraid of *fire*?

* **firecrackers**[4] 〔ˋfaɪrˏkrækɚz〕 *n. pl.* 鞭炮（= *fireworks*）
The family lit *firecrackers* to celebrate the new year.
【記憶技巧】*fire* + *crack*（破裂）+ *ers*
（「鞭炮」點火之後，碎片會散落一地）

fireman[2] 〔ˋfaɪrmən〕 *n.* 消防隊員（= *firefighter*）

* **fireplace**[4] 〔ˋfaɪrˏples〕 *n.* 壁爐（= *hearth*）

fireproof[6] 〔ˋfaɪrˋpruf〕 *adj.* 防火的
【比較】 waterproof（防水的）
soundproof（隔音的）
bulletproof（防彈的）

* **firework**[3] 〔ˋfaɪrˏwɝk〕 *n.* 煙火
Fireworks lit up the sky on the Fourth of July.

* **firm**[2] 〔fɝm〕 *adj.* 堅定的   *n.* 公司
Tom was *firm* in his refusal to help us, so there is no point in talking to him again.
【比較】 confirm（證實）；affirm（斷言）

‡ **first**[1] 〔fɝst〕 *adj.* 第一的

‡ **fish**[1] 〔fɪʃ〕 *n.* 魚

‡ **fisherman**[2] 〔ˋfɪʃɚmən〕 *n.* 漁夫

fishery[5] 〔ˋfɪʃərɪ〕 *n.* 漁業

* **fist**[3] 〔fɪst〕 *n.* 拳頭
The angry man shook his *fist* at them.

‡ **fit**[2] 〔fɪt〕 *v.* 適合
The skirt *fits* you well.

‡ **fix**[2] 〔fɪks〕 *v.* 修理（= *repair*）
The machine needs to be *fixed*.

‡ **flag**[2] 〔flæg〕 *n.* 旗子（= *banner*）
There are three colors on our national *flag*.

flake[5] 〔flek〕 *n.* 薄片（= *peel*）
There are large *flakes* of snow falling on Mt. Jade.
【衍伸詞】 snowflake（雪花）
cornflake（玉米薄片）

F

* **flame**[3] 〔 flem 〕 *n.* 火焰 (= *fire*)

The *flame* of the candle was our only light when the electricity was cut off.

【注意】火舌亂竄，就如同 fl 字群一樣搖擺不定。flame 是指閃動的「火焰」部分。

flap[5] 〔 flæp 〕 *v.* 拍動 (= *beat*)；(鳥) 振 (翅)；擺盪　*n.* 振動；片狀懸垂物；激動

The chickens *flapped* their wings in alarm when the fox came near.

【記憶技巧】clap-flap-slap 要一起背，這三個字都跟拍的動作有關，意思分別是「拍手」、「拍動」、「打耳光」。

flare[6] 〔 flɛr 〕 *v.* (火光) 閃耀 (= *fire blow*)；(天然) 發光 (= *glow*)；閃亮 (= *flash*)；(火光) 搖曳 (= *flicker*)

The campfire *flared* in the wind.

* **flash**[2] 〔 flæʃ 〕 *n.* 閃光；(光的) 閃爍 (= *shimmer*)

We were startled by a *flash* of light and then realized that it was lightning.

* **flashlight**[2] 〔'flæʃ,laɪt 〕 *n.* 閃光燈 (= *spotlight*)；手電筒

* **flat**[2] 〔 flæt 〕 *adj.* 平的 (= *level and smooth*)

The floor is quite *flat*.

* **flatter**[4] 〔'flætɚ 〕 *v.* 奉承；討好 (= *gratify*)

Greg *flattered* Janice by praising her cooking even though it was not really very good.

* **flavor**[3] 〔'flevɚ 〕 *n.* 口味 (= *taste*)

Strawberry is my favorite *flavor* of ice cream.

flaw[5] 〔 flɔ 〕 *n.* 瑕疵 (= *defect*)

I am going to return this vase to the store because there is a small *flaw* in it.

【衍伸詞】 flawless (完美無缺的)

* **flea**[3] 〔 fli 〕 *n.* 跳蚤 (= *bug*)

【衍伸詞】 *flea market* (跳蚤市場)

* **flee**[4] 〔 fli 〕 *v.* 逃走 (= *run away*)；逃離 (= *escape*)

The bank robbers *fled* the scene in a green car.

【注意】三態變化為：flee-fled-fled

fleet[6] 〔 flit 〕 *n.* 艦隊；船隊

A *fleet* of tall ships will be in the harbor for the rest of the week.

* **flesh**[3] 〔 flɛʃ 〕 *n.* 肉 (= *body tissue*)

The doctor said it was just a *flesh* wound and not to worry too much.

【片語】 *flesh wound* (皮肉傷；輕傷)

【注意】活的動物 (身體) 的肉是 flesh；而死的動物 (食用) 的肉則是 meat。

* **flexible**[4] 〔'flɛksəb! 〕 *adj.* 有彈性的 (= *pliable*)

We like *flexible* working hours.

【記憶技巧】 *flex* (bend) + *ible* (adj.) (可彎曲的，就是「有彈性的」)

【典型考題】
Nowadays many companies adopt a ———— work schedule which allows their employees to decide when to arrive at work—from as early as 6 a.m. to as late as 11 a.m.
A. relative　　B. severe
C. primitive　　D. flexible　　**[D]**

flick[5] 〔 flɪk 〕 *n. v.* 輕彈
With a *flick* of a finger, he attracted my attention.

flicker[6] 〔'flɪkɚ 〕 *v.* 閃爍不定
(= *sparkle*)
The small candle *flickered* in the wind.

* **flight**[2] 〔 flaɪt 〕 *n.* 班機
He took the five o'clock *flight* to Tokyo.

fling[6] 〔 flɪŋ 〕 *v.* 扔 (= *throw*)；拋
Nancy *flung* her coat on the chair and ran to her room.

flip[5] 〔 flɪp 〕 *v.* 輕拋 (= *toss*)；使翻動；突然改變；快速轉換（電視頻道）
n. 急拋；急彈；空翻
We *flipped* a coin to decide who should take out the garbage.

* **float**[3] 〔 flot 〕 *v.* 飄浮；漂浮於
(= *drift*)；漂泊；提出   *n.* 飄浮物；救生圈；花車；股票上市；有冰淇淋的飲料
When he became tired, the swimmer turned over and *floated* on his back.

* **flock**[3] 〔 flɑk 〕 *v.* 聚集   *n.* (鳥、羊) 群
People *flocked* to see the baseball star.

【典型考題】
Standing on the seashore, we saw a ＿＿＿＿ of seagulls flying over the ocean before they glided down and settled on the water.
A. pack   B. flock
C. herd   D. school   [B]

* **flood**[2] 〔 flʌd 〕 *n.* 水災

‡ **floor**[1] 〔 flɔr 〕 *n.* 地板；樓層
This elevator stops at every *floor*.

* **flour**[2] 〔 flaʊr 〕 *n.* 麵粉【注意發音】
(= *wheat powder*)

flourish[5] 〔'flɝɪʃ 〕 *v.* 繁榮 (= *boom*)；興盛 (= *prosper*)
His business is *flourishing*.
【記憶技巧】 *flour* (flower) + *ish* (*v.*)

* **flow**[2] 〔 flo 〕 *v.* 流；暢通；飄拂
n. 流動
The water was *flowing* out.

‡ **flower**[1] 〔'flaʊɚ 〕 *n.* 花 (= *bloom*)

* **flu**[2] 〔 flu 〕 *n.* 流行性感冒 (= *influenza*)
He is in bed with the *flu*.

fluency[5] 〔'fluənsɪ 〕 *n.* 流利

* **fluent**[4] 〔'fluənt 〕 *adj.* 流利的
(= *smooth and articulate*)
Margaret hopes to become a *fluent* Japanese speaker so that she can work as a translator.
【記憶技巧】 *flu* (flow) + *ent* (*adj.*)
(說話像水流一樣順暢，表示「流利的」)

fluid[6] 〔'fluɪd 〕 *n.* 液體 (= *liquid*)
【記憶技巧】 *flu* (flow) + *id*
【比較】 solid (固體)

* **flunk**[4] 〔 flʌŋk 〕 *v.* 使不及格；當掉
(= *fail*)
If the average of your scores is not at least 60 percent, you will *flunk* this course.

* **flush**[4] 〔 flʌʃ 〕 *v.* 臉紅
His face was *flushed* because he had run all the way from the dormitory.

F

‡**flute**[2] 〔 flut 〕 *n.* 笛子
Jason asked his mother to buy a
flute for him.

flutter[6] 〔 'flʌtɚ 〕 *v.* 拍動（翅膀）
（=*flap*）
The small bird tried to *flutter* its
wings.
【重要知識】許多 tter 結尾的字都是模仿聲音，
如：twitter 〔'twɪtɚ 〕吱喳聲。

‡**fly**[1] 〔 flaɪ 〕 *v.* 飛　*n.* 蒼蠅

***foam**[4] 〔 fom 〕 *n.* 泡沫（=*bubbles*）；
泡棉　*v.* 起泡沫
Bill doesn't often drink draft beer
because he doesn't like the *foam*.

***focus**[2] 〔'fokəs 〕 *n.* 焦點
v. 對準焦點；集中
She always wants to be the *focus* of
attention.
【片語】***focus on***（把焦點對準於；集中於）

foe[5] 〔 fo 〕 *n.* 敵人（=*enemy*）；對手
（=*opponent*）
After we cleared up the
misunderstanding, I no longer
considered Jason my *foe* but my
friend.

***fog**[1] 〔 fɔg , fɑg 〕 *n.* 霧（=*heavy mist*）
Fog is a cloud near the ground.

‡**foggy**[2] 〔'fɑgɪ 〕 *adj.* 多霧的

foil[5] 〔 fɔɪl 〕 *n.* 金屬薄片；箔；陪襯者
v. 阻撓；挫敗
【記憶技巧】*f* + *oil*
【衍伸詞】***tin foil***（錫箔）

***fold**[3] 〔 fold 〕 *v.* 摺疊（=*lay in creases*）
Please don't *fold* this paper; put it
in a folder to keep it flat.

***folk**[3] 〔 fok 〕 *n.* 人們（=*people*）
adj. 民間的

folklore[5] 〔'fok,lor 〕 *n.* 民間傳說
（=*tales*）
【比較】ghost lore　鬼怪傳說
（這是二個英文字不能合在一起）

‡**follow**[1] 〔'falo 〕 *v.* 跟隨（=*pursue*）；
遵守（=*observe*）
Follow me.
We should *follow* the rules.

***follower**[3] 〔'faloɚ 〕 *n.* 信徒

***following**[2] 〔'faləwɪŋ 〕 *adj.* 下列的

***fond**[3] 〔 fand 〕 *adj.* 喜歡的
Uncle Henry is *fond* of gardening.
【片語】***be fond of***（喜歡）

‡**food**[1] 〔 fud 〕 *n.* 食物

‡**fool**[2] 〔 ful 〕 *n.* 傻瓜
He is such a *fool* that he doesn't
know what to do.

***foolish**[2] 〔'fulɪʃ 〕 *adj.* 愚蠢的
【記憶技巧】*ish* 結尾表「帶有～性質」。

‡**foot**[1] 〔 fʊt 〕 *n.* 腳；英呎
Wendy hurt her left *foot*.
【注意】複數形是 feet。

***football**[2] 〔'fʊt,bɔl 〕 *n.* 橄欖球；足球
Football is an exciting game.

‡**for**[1] 〔 fɔr 〕 *prep.* 為了；給　*conj.* 因為
This apple is *for* Anne.

***forbid**[4] 〔 fɚ'bɪd 〕 *v.* 禁止
（=*prohibit* = *ban*）
My parents *forbid* me to go to
Internet cafés at night.

***force**[1] 〔 fors 〕 *n.* 力量　*v.* 強迫

* **forecast**[4] 〔'for͵kæst 〕 *n.* 預測
  (= *prediction*)   *v.* 預測 (= *predict*)
  The weather bureau has *forecast*
  freezing temperatures for next week.
  【記憶技巧】 *fore* (before) + *cast*
    (throw)（事先放出消息，就是「預測」）

* **forehead**[3] 〔'fɔr͵hɛd 〕 *n.* 額頭
  John is rubbing his *forehead*;
  maybe he has a headache.
  【重要知識】88% 的美國人唸成〔'fɔr͵hɛd 〕，
  老一輩的人唸成〔'fɔrɪd 〕。

‡foreign[1] 〔'fɔrɪn 〕 *adj.* 外國的
  (= *alien*)；不屬於本身的；外來的
  Our new classmate has a *foreign*
  accent.
  ┌─【典型考題】──────────
  │ English is studied by us as a _____
  │ language.
  │ A. polite   B. foreign
  │ C. science   D. strange   **[B]**
  └────────────────────

‡‡foreigner[2] 〔'fɔrɪnɚ 〕 *adj.* 外國人
  (= *alien person*)

 foresee[6] 〔 for'si 〕 *v.* 預料 (= *predict*)
  I *foresee* that there will be problems.
  【記憶技巧】 *fore* (before) + *see*

‡forest[1] 〔'fɔrɪst 〕 *n.* 森林 (= *woods*)
  Monkeys live in a *forest*.
  【衍伸詞】 *tropical rain forest*（熱帶雨林）

* **forever**[3] 〔 fɚ'ɛvɚ 〕 *adv.* 永遠
  (= *eternally*)
  No one can live *forever*.

‡forget[1] 〔 fɚ'gɛt 〕 *v.* 忘記
  Robert *forgot* to bring his book to
  school.

* **forgetful**[5] 〔 fɚ'gɛtfəl 〕 *adj.* 健忘的

‡forgive[2] 〔 fɚ'gɪv 〕 *v.* 原諒 (= *pardon*)
  Mom *forgave* me for stealing her
  money.
  【衍伸詞】 *forgive and forget*（既往不咎）
  ┌─【典型考題】──────────
  │ I will _____ you, but you will have
  │ to say you are sorry.
  │ A. return   B. avoid
  │ C. forgive   D. regret   **[C]**
  └────────────────────

‡‡fork[1] 〔 fɔrk 〕 *n.* 叉子
  When we eat, we use *forks* and knives.

‡form[2] 〔 fɔrm 〕 *v.* 形成 (= *shape*)
  n. 形式 (= *accepted procedure*)

‡formal[2] 〔'fɔrml̩ 〕 *adj.* 正式的
  (= *official*)
  I wore *formal* clothes to the party.
  【記憶技巧】 *form* (form) + *al* (*adj.*)
    （拘泥形式的，也就是「正式的」）
  【反義詞】 informal（非正式的）

 format[5] 〔'fɔrmæt 〕 *n.* 格式 (= *layout*)

* **formation**[4] 〔 fɔr'meʃən 〕 *n.* 形成
  (= *establishment*)
  They are discussing the *formation* of
  the earth.

‡former[2] 〔'fɔrmɚ 〕 *n.* 前者
  (= *previous one*)   *adj.* 前任的
  The *former* is better than the latter.
  【反義詞】 latter（後者）

 formidable[6] 〔'fɔrmɪdəbl̩ 〕 *adj.* 可怕
  的 (= *terrifying*)；難對付的
  The other team has won nine games
  out of ten, so they are a *formidable*
  opponent.
  【記憶技巧】 分音節背 for-mi-da-ble。

F

F

***formula**[4] 〔'fɔrmjələ 〕 *n.* 公式；式
The chemical *formula* of water is H_2O.

formulate[6] 〔'fɔrmjə,let 〕 *v.* 使公式化

forsake[6] 〔 fə'sek 〕 *v.* 抛棄
(= *abandon*)
Jim *forsook* his girlfriend for another
girl.
【記憶技巧】*for* (completely) + *sake*
(deny) (完全拒絕，表示將「抛棄」對方)
【三態變化為：forsake-forsook-forsaken】

***fort**[4] 〔 fɔrt 〕 *n.* 堡壘 (= *fortress*)

***forth**[3] 〔 forθ , fɔrθ 〕 *adv.* 向前
(= *forward*)
The wind chimes moved back and
forth.
【片語】*back and forth* (來回地)

forthcoming[6] 〔'forθ'kʌmɪŋ 〕
adj. 即將出現的 (= *imminent*)
The movie star will be interviewed in
a *forthcoming* issue of the magazine.

fortify[6] 〔'fɔrtə,faɪ 〕 *v.* 強化
(= *strengthen*)
The castle was *fortified* after the
attack.
【記憶技巧】*fort* (strong) + *ify* (make)
【注意】背這個字要先背 fort (堡壘)，建堡
壘能強化防禦。

***fortunate**[4] 〔'fɔrtʃənɪt 〕 *adj.* 幸運的
(= *lucky*)
Alan was *fortunate* to find a job so
quickly.

***fortune**[3] 〔'fɔrtʃən 〕 *n.* 運氣 (= *fate*)；
財富 (= *wealth*)

****forty**[1] 〔'fɔrtɪ 〕 *n.* 四十

****forward**[2] 〔'fɔrwəd 〕 *adv.* 向前
(= *forth* = *forwards* 【英式用法】)
adj. 向前的 (= *advancing*)
Go *forward* and you can see the
bookstore on the corner.

***forwards**[2] 〔'fɔrwədz 〕 *adv.* 向前

fossil[4] 〔'fɑsḷ 〕 *n.* 化石
【衍伸詞】*fossil fuel* (石化燃料)

foster[6] 〔'fɑstɚ 〕 *adj.* 收養的
(= *adopted* = *adoptive*)
v. 養育；培養
Jeff was Mr. Lee's *foster* child.
【重要知識】一般字典唸成〔'fɔstɚ 〕，但現在
美國人唸成〔'fɑstɚ 〕。

foul[5] 〔 faʊl 〕 *adj.* 污穢的 (= *dirty*)
有惡臭的 (= *stinking*)；(比賽時)
犯規的；邪惡的；不正當的 (= *unjust*)
Paul's *foul* breath is terrible.
【片語】*foul breath* (口臭)
【衍伸詞】*foul play* (犯規)

***found**[3] 〔 faʊnd 〕 *v.* 建立
Mr. Lee *founded* the company in
1954.

***foundation**[4] 〔 faʊn'deʃən 〕 *n.* 建立
(= *establishment*)；基礎 (= *basis*)

***founder**[4] 〔'faʊndɚ 〕 *n.* 創立者
(= *establisher*)

***fountain**[3] 〔'faʊntṇ 〕 *n.* 噴泉
(= *spring*)；泉源 (= *source*)
【記憶技巧】*foun* (spring 泉) + *tain*
(hold) (裝湧泉的地方，即「噴泉」)

fowl[5] 〔 faʊl 〕 *n.* 鳥 (= *bird*)；家禽
【集合名詞】
My dad carried his shotgun and
went out hunting for *fowl*.

‡fox[2] 〔faks〕 *n.* 狐狸

fraction[5] 〔'frækʃən〕 *n.*
小部分 (= *part*)；分數
We had better do some more
research, for we have only a
fraction of the data that we need.

fracture[6] 〔'fræktʃɚ〕 *n.* 骨折
(= *break*)；斷裂；裂縫
The X-ray shows that I suffered a
fracture in my wrist.
【記憶技巧】*frac* (break) + *ture* (*n.*)
(骨頭斷裂，表示「骨折」)

fragile[6] 〔'frædʒəl , 'frædʒaɪl〕
adj. 易碎的 (= *breakable*)；脆弱的
With age, human bones become
more *fragile*.
【記憶技巧】*frag* (break) + *ile* (*adj.*)
(容易損壞的，也就是「脆弱的」)

fragment[6] 〔'frægmənt〕 *n.* 碎片
(= *chip*)
Joy stepped on a *fragment* of glass
and cut her foot.
【片語】*in fragments* (成碎片地)

*fragrance[4] 〔'fregrəns〕 *n.* 芳香

fragrant[4] 〔'fregrənt〕 *adj.* 芳香的
The flower smells *fragrant*.

frail[6] 〔frel〕 *adj.* 虛弱的
(= *weak* = *feeble*)
The old man is too *frail* to take care
of himself.

*frame[4] 〔frem〕 *n.* 骨架；框架
(= *casing*)
This photograph looks so much
more attractive in a nice *frame*.

framework[5] 〔'frem,wɝk〕 *n.* 骨架
(= *skeleton*)；框架；結構

‡frank[2] 〔fræŋk〕 *adj.* 坦白的(= *honest*)
He is *frank* with me about
everything.

frantic[5] 〔'fræntɪk〕 *adj.* 發狂的
(= *mad*)
The noise is driving me *frantic*.

fraud[6] 〔frɔd〕 *n.* 詐欺；詐騙
(= *deception*)
The woman was convicted of *fraud*
after selling fake insurance policies.

freak[6] 〔frik〕 *n.* 怪人；怪異的事物；
狂熱愛好者　*adj.* 反常的；怪異的
v. (使) 大吃一驚

‡free[1] 〔fri〕 *adj.* 自由的
(= *unrestrained*)；免費的

*freedom[2] 〔'fridəm〕 *n.* 自由
(= *liberty*)
He has *freedom* to do what he likes.

*freeway[4] 〔'fri,we〕 *n.* 高速公路
(= *expressway*)
【注意】freeway 比 highway (公路) 速限
更高，開起來更接近 free 的狀態。

*freeze[3] 〔friz〕 *v.* 結冰

‡freezer[2] 〔'frizɚ〕 *n.* 冰箱
There is a lot of food in our *freezer*.

freight[5] 〔fret〕 *n.* 貨物 (= *cargo*)

*frequency[4] 〔'frikwənsɪ〕 *n.* 頻繁
(= *constancy*)；頻率；次數
Andrea lives nearby so she visits the
coffee shop with great *frequency*.

*frequent[3] 〔'frikwənt〕 *adj.* 經常的；
習慣的；屢次的　*v.* 常去

‡fresh[1] 〔 frɛʃ 〕 *adj.* 新鮮的（= *new* ）；新進的；涼爽的；生氣蓬勃的；沒鹽份的
The cake is very *fresh*.
【反義詞】 stale（不新鮮的）
【衍伸詞】 *fresh water*（淡水）

*freshman[4] 〔 'frɛʃmən 〕 *n.* 大一新生

fret[6] 〔 frɛt 〕 *v.* 煩惱；（使）苦惱；焦慮（= *worry* ）
Don't *fret* about the exam; you're going to do fine.

friction[6] 〔 'frɪkʃən 〕 *n.* 摩擦（= *rubbing* ）；不合；分歧
Mary and Jane are both tidy, so they share the room without any *friction*.
【記憶技巧】 *frict* (rub) + *ion* (n.)

‡Friday[1] 〔 'fraɪdɪ 〕 *n.* 星期五

‡friend[1] 〔 frɛnd 〕 *n.* 朋友（= *companion* ）
Everyone needs a *friend* to share his feelings with.

‡friendly[2] 〔 'frɛndlɪ 〕 *adj.* 友善的（= *amiable* ）

【典型考題】
People in this small town are quite
_____ to strangers; they always try to help strangers.
A. careful   B. friendly
C. honest   D. successful **[B]**

‡friendship[3] 〔 'frɛndʃɪp 〕 *n.* 友誼
【記憶技巧】 *friend* + *ship*（抽象名詞字尾）

*fright[2] 〔 fraɪt 〕 *n.* 驚嚇（= *horror* ）

‡frighten[2] 〔 'fraɪtn̩ 〕 *v.* 使驚嚇（= *horrify* ）
I'm sorry I *frightened* you.

‡frog[1] 〔 frɑg 〕 *n.* 青蛙
Frogs are jumping in the rain.

‡front[1] 〔 frʌnt 〕 *n.* 前面
Don't park your car in *front* of the building.
【片語】 *in front of*（在…前面）

frontier[5] 〔 frʌn'tɪr 〕 *n.* 邊境；邊界（= *boundary* = *border* ）
Because the country is on good terms with its neighbor, it does not guard the *frontier*.
【記憶技巧】 *front* (front) + *ier*
（位於國家比較前面的地方，即「邊境」）

*frost[4] 〔 frɔst 〕 *n.* 霜；嚴寒（期）*v.* 結霜；在…上灑糖霜
【比較】 defrost（除霜；解凍）

*frown[4] 〔 fraʊn 〕 *v.* 皺眉頭（= *wrinkle the brow* ）*n.* 皺眉；不悅之色
Why are you *frowning*? Is something bothering you?

‡fruit[1] 〔 frut 〕 *n.* 水果；果實；成果

*frustrate[3] 〔 'frʌstret 〕 *v.* 使受挫折（= *discourage* ）
If the lesson is too difficult, it will *frustrate* the students.
【記憶技巧】 *frustr* (in vain) + *ate* (v.)
（所做的一切都白費，便會感到受挫）

【典型考題】
Though Kevin failed in last year's singing contest, he did not feel _____. This year he practiced day and night and finally won first place in the competition.
A. relieved   B. suspected
C. discounted D. frustrated **[D]**

* **frustration**⁴ 〔 frʌs'treʃən 〕 *n.* 挫折
（ = *disappointment* ）；失望；阻撓

‡‡ **fry**³ 〔 fraɪ 〕 *v.* 油炸；油炒；油煎
n. 油炸物
She *fried* a fish.

* **fuel**⁴ 〔 'fjuəl 〕 *n.* 燃料
A car usually uses gasoline as *fuel*.

* **fulfill**⁴ 〔 fʊl'fɪl 〕 *v.* 履行（義務、約定）
實現（ = *accomplish* ）
If he's lazy he'll never *fulfill* his
ambition to be a doctor.
【記憶技巧】 *ful(l)* + *fill* （填滿）

* **fulfillment**⁴ 〔 fʊl'fɪlmənt 〕 *n.* 實現
（ = *accomplishment* ）

┌─【典型考題】────────
Her dream of being a dancer finally
came to _____ when she got the
opportunity to perform on the stage.
A. fulfillment　　B. department
C. conclusion　　D. punishment　　[A]
└──────────────────

‡‡ **full**¹ 〔 fʊl 〕 *adj.* 充滿的
This river is *full* of fish.
【片語】 *be full of* （充滿了）（ = *be filled
with* ）

fume⁵ 〔 fjum 〕 *n. pl.* 煙霧（ = *smoke* ）；
臭氣　 *v.* 生氣；發怒；冒煙

‡‡ **fun**¹ 〔 fʌn 〕 *n.* 樂趣（ = *amusement* ）
I had so much *fun* at the party last
night.
【片語】 *have fun* （玩得愉快）

* **function**² 〔 'fʌŋkʃən 〕 *n.* 功能（ = *use* ）
v. 起作用；擔任
What is the *function* of the heart?
【記憶技巧】 *funct* (perform) + *ion* (n.)
（能執行某件事，就是有某種「功能」）

* **functional**⁴ 〔 'fʌŋkʃənḷ 〕 *adj.* 功能的
（ = *operative* ）

* **fund**³ 〔 fʌnd 〕 *n.* 資金（ = *money* ）；
基金（ = *money reserve* ）
【衍伸詞】 *fund raising* （募款）

* **fundamental**⁴ 〔 ˌfʌndə'mɛntḷ 〕
adj. 基本的（ = *basic* ）
Good health care is one of the
fundamental needs of our society.
【記憶技巧】 *funda* (base) + *ment* (n.)
+ *al* (adj.)

* **funeral**⁴ 〔 'fjunərəl 〕 *n.* 葬禮

‡‡ **funny**¹ 〔 'fʌnɪ 〕 *adj.* 好笑的
（ = *comical* ）；有趣的

* **fur**³ 〔 fɝ 〕 *n.* 毛皮　 *adj.* 毛皮製的

* **furious**⁴ 〔 'fjʊrɪəs 〕 *adj.* 狂怒的
Father was *furious* when he saw
the scratch on his new car.
【記憶技巧】 *fur* + *ious* (adj.)
（被惹毛就會「狂怒的」）

┌─【典型考題】────────
The angry passengers argued _____
with the airline staff because their
flight was cancelled without any
reason.
A. evidently　　B. furiously
C. obediently　　D. suspiciously　[B]
└──────────────────

* **furnish**⁴ 〔 'fɝnɪʃ 〕 *v.* 裝置家具
（ = *equip and decorate* ）
My landlord will *furnish* the room
with a sofa and two chairs.
【記憶技巧】 *furn* （備有）+ *ish* (v.)（使
家裡擁有所需的裝備，就是「裝置家具」）
【衍伸詞】 furnished （附家具的）

F

⁑furniture³ 〔'fɝnɪtʃɚ〕 n. 傢俱
(= *household property*)
【片語】***a piece of furniture*** (一件傢俱)

*further² 〔'fɝðɚ〕 adj. 更進一步的
adv. 更進一步地 (= *more*)
He will need *further* help.

*furthermore⁴ 〔'fɝðɚ,mor〕 adv. 此外
(= *moreover*)
Ted is the most talented pianist we
have. *Furthermore*, he is very reliable.

fury⁵ 〔'fjʊrɪ〕 n. 憤怒
(= *extreme anger*)

fuse⁵ 〔fjuz〕 n. 保險絲

fuss⁵ 〔fʌs〕 n. 大驚小怪
(= *disturbance*)
She made a great *fuss* when her son
was just five minutes late.
【片語】***make a fuss*** (大驚小怪)

⁑future² 〔'fjutʃɚ〕 n. 未來 adj. 未來的
【片語】***in the future*** (將來)

G g

*gain² 〔gen〕 v. 獲得(= *get* = *obtain*)；
增加 n. 增長；好處；利潤
He *gained* a bad reputation.

galaxy⁶ 〔'gæləksɪ〕 n. 銀河；星系
The *galaxy* to which our solar system
belongs is also called the Milky Way.

*gallery⁴ 〔'gælərɪ〕 n. 畫廊；走廊
(= *corridor*)
The *gallery* is showing the work of
several local artists.

*gallon³ 〔'gælən〕 n. 加侖 (容量單位)

gallop⁵ 〔'gæləp〕 v. 疾馳；騎馬疾馳
The messenger *galloped* all night on
his horse to bring the urgent message.

*gamble³ 〔'gæmbl̩〕 v. 賭博
They *gambled* at cards all night.

【典型考題】
Aside from playing the lottery, he
doesn't _____ at all.
A. gamble   B. inquire
C. invent   D. strive   [A]

⁑game¹ 〔gem〕 n. 遊戲

*gang³ 〔gæŋ〕 n. 幫派
(= *band of gangsters*)

*gangster⁴ 〔'gæŋstɚ〕 n. 歹徒
(= *bandit*)
【記憶技巧】***gang*** (幫派) + ***ster*** (人)
(參加幫派者，即「歹徒」)

*gap³ 〔gæp〕 n. 裂縫；差距
Sunshine came in through a *gap* in
the curtains.
【衍伸詞】***generation gap*** (代溝)
【片語】***bridge the gap*** (彌補差距)

⁑garage² 〔gə'rɑʒ〕 n. 車庫
Tom's parents park their car in the
garage.
【記憶技巧】***gar*** (cover) + ***age*** (表地點)
(「車庫」就是提供車子遮蔽的地方)

⁑garbage² 〔'gɑrbɪdʒ〕 n. 垃圾
(= *trash*)
We must take out the *garbage* at
9:00.

G

‡**garden**[1] 〔ˈgɑrdn̩〕 *n.* 花園;庭園
Grandpa usually spends his free time in the *garden*.

***gardener**[2] 〔ˈgɑrdnɚ〕 *n.* 園丁;園藝家

***garlic**[3] 〔ˈgɑrlɪk〕 *n.* 大蒜

garment[5] 〔ˈgɑrmənt〕 *n.*【正式】衣服;服裝 (= *dress*)
This *garment* needs to be dry-cleaned.

‡**gas**[1] 〔gæs〕 *n.* 瓦斯;汽油;氣體
【衍伸詞】 *gas station* (加油站)
【重要知識】 「瓦斯」就是 gas 的音譯,指「汽油」時,則是 gasoline 的簡稱。

***gasoline**[3] 〔ˈgæsl̩ˌin〕 *n.* 汽油 (= *gas* = *petrol*【英式用法】)
Gasoline is necessary in our daily life.

gasp[5] 〔gæsp〕 *v.* 喘氣;屏息
Arthur *gasped* in surprise when a strange face appeared at the window.
【記憶技巧】 *gas* + *p*

‡**gate**[2] 〔get〕 *n.* 大門
The castle's *gate* is very high.

‡**gather**[2] 〔ˈgæðɚ〕 *v.* 聚集 (= *assemble*)
A lot of people *gathered* to see the parade.

gathering[5] 〔ˈgæðərɪŋ〕 *n.* 聚會 (= *assembly*)

gay[5] 〔ge〕 *n.* 男同性戀者 (= *homosexual*) *adj.* 男同性戀的
【比較】 lesbian (女同性戀者)

***gaze**[4] 〔gez〕 *v. n.* 凝視;注視 (= *stare*)
The climbers *gazed* at the view from the top of the mountain.

***gear**[4] 〔gɪr〕 *n.* 排檔

She changed *gear* to make the car go up the hill faster.

gender[5] 〔ˈdʒɛndɚ〕 *n.* 性別 (= *sexuality*)
Gender bias is a cause of inequality in the workforce.

***gene**[4] 〔dʒin〕 *n.* 基因
Scientists believe that certain *genes* can determine everything from our eye color to our personality.

‡**general**[1,2] 〔ˈdʒɛnərəl〕 *adj.* 一般的 (= *common*) *n.* 將軍 (= *commander*)
The book is intended for the *general* reader.

generalize[6] 〔ˈdʒɛnərəlˌaɪz〕 *v.* 歸納;做出結論 (= *conclude*)
We tried to *generalize* the results of the study to the entire population.

generate[6] 〔ˈdʒɛnəˌret〕 *v.* 產生 (= *produce*)
The construction work on the road *generates* a lot of noise and dust.
【記憶技巧】 *gener* (produce) + *ate* (*v.*)

***generation**[4] 〔ˌdʒɛnəˈreʃən〕 *n.* 世代
【片語】 *from generation to generation* (一代接一代)

generator[6] 〔ˈdʒɛnəˌretɚ〕 *n.* 發電機 (= *dynamo*)

G

* **generosity**[4] 〔͵dʒɛnə'rɑsətɪ 〕 *n.* 慷慨

We were all impressed by the
generosity of Tim's large donation.

【典型考題】────
We are grateful for his _____ in
giving a large contribution to our
educational foundation.
A. generosity   B. hypothesis
C. appreciation   D. experiment   [A]

‡ **generous**[2] 〔'dʒɛnərəs 〕 *adj.* 慷慨的；
大方的（ = *liberal* ）

【反義詞】stingy（吝嗇的；小氣的）

genetic[6] 〔 dʒə'nɛtɪk 〕 *adj.* 遺傳的
（ = *hereditary* ）

Karen is an expert in *genetic*
diseases.

genetics[6] 〔 dʒə'nɛtɪks 〕 *n.* 遺傳學

【記憶技巧】*gene*（基因）+ *tics*（學術）

‡ **genius**[4] 〔'dʒinjəs 〕 *n.* 天才；天賦

Mark is smart and he is thought of
as a *genius*.

‡ **gentle**[2] 〔'dʒɛntḷ 〕 *adj.* 溫柔的
（ = *mild and benign* ）

Ricky is very *gentle*.

‡ **gentleman**[2] 〔'dʒɛntḷmən 〕 *n.* 紳士

This *gentleman* wishes to see the
manager.

【記憶技巧】*gentle* + *man*

* **genuine**[4] 〔'dʒɛnjʊɪn 〕 *adj.* 真正的
（ = *real* ）

Is this a *genuine* antique or a copy?

【記憶技巧】*genu*（innate）+ *ine*（*adj.*）
（天生未經加工的，就是「真正的」）

【反義詞】counterfeit（偽造的；仿冒的）

【典型考題】────
Of course _____ gold jewelry is more
expensive than imitation gold.
A. truthful   B. artificial
C. simulated   D. genuine   [D]

geographical[5] 〔͵dʒiə'græfɪkḷ 〕
adj. 地理的

* **geography**[2] 〔 dʒi'ɑgrəfɪ 〕 *n.* 地理學

I am going to have an exam in
geography tomorrow.

【記憶技巧】*geo*（earth）+ *graph*
（write）+ *y*（*n.*）（「地理學」記錄有關土
地的事情）

geometry[5] 〔 dʒi'ɑmətrɪ 〕 *n.* 幾何學

【記憶技巧】*geo*（earth）+ *metry*
（measurement）（測量土地要用到「幾
何學」）

* **germ**[4] 〔 dʒɝm 〕 *n.* 病菌（ = *bacterium* ）

Washing your hands frequently will
kill *germs* that might otherwise
make you sick.

* **gesture**[3] 〔'dʒɛstʃɚ 〕 *n.* 手勢

The police officer indicated that we
should proceed with a *gesture*.

【記憶技巧】*gest*（carry）+ *ure*（*n.*）
（用「手勢」帶出自己想要表達的意思）

【比較】con*gest*（阻塞；擁擠）
di*gest*（消化）

‡ **get**[1] 〔 gɛt 〕 *v.* 得到

‡ **ghost**[1] 〔 gost 〕 *n.* 鬼

Do you believe in *ghosts*?

‡ **giant**[2] 〔'dʒaɪənt 〕 *n.* 巨人

The basketball players on this team
are all *giants*.

【注意】giant 也可指「大公司」或「偉人」，
如 a scientific giant（偉大的科學家）。

G

‡‡**gift**[1] 〔 gɪft 〕 *n.* 禮物

***gifted**[4] 〔 'gɪftɪd 〕 *adj.* 有天份的
(= *talented*)
Rachel is a *gifted* pianist and it is a
pleasure to listen to her.
【記憶技巧】「天份」是上天所賦予的禮物
(gift)，所以 gifted 就是「有天份的」。

***gigantic**[4] 〔 dʒaɪ'gæntɪk 〕 *adj.* 巨大的
(= *extremely large* = *huge* = *enormous*)
You can find anything you want in
this *gigantic* store.
【反義詞】 tiny (微小的)

***giggle**[4] 〔 'gɪgl 〕 *v.* 咯咯地笑(= *snicker*)
The children *giggled* when Danny
told a joke.
【記憶技巧】 這個字的發音聽起來就像笑聲。

***ginger**[4] 〔 'dʒɪndʒɚ 〕 *n.* 薑

***giraffe**[2] 〔 dʒə'ræf 〕 *n.* 長頸鹿

‡‡**girl**[1] 〔 gɝl 〕 *n.* 女孩

‡‡**give**[1] 〔 gɪv 〕 *v.* 給

glacier[5] 〔 'gleʃɚ 〕 *n.* 冰河
【比較】 iceberg (冰山)

‡‡**glad**[1] 〔 glæd 〕 *adj.* 高興的(= *delightful*)
I'm *glad* to see you again.

glamour[6] 〔 'glæmɚ 〕 *n.* 魅力 (= *allure*)
Most people enjoy the *glamour* of
the award ceremony.

***glance**[3] 〔 glæns 〕 *n. v.* 看一眼
(= *glimpse*)
I just *glanced* at the paper because
I didn't have time to sit down and
read it.
【片語】 *take a glance* (看一眼)

glare[5] 〔 glɛr 〕 *v.* 怒視；發出強光
n. 怒視；瞪眼；強光
The woman *glared* at me after I
accidentally stepped on her foot.
【記憶技巧】 字首 *gl* 表「光」之意，glare
就是目露兇光。
【比較】 glimmer (發微光；閃爍不定)
glory (光輝；榮耀)

‡‡**glass**[1] 〔 glæs 〕 *n.* 玻璃；玻璃杯

‡‡**glasses**[1] 〔 'glæsɪz 〕 *n. pl.* 眼鏡
I need *glasses* when I read.

glassware[6] 〔 'glæs,wɛr 〕 *n.* 玻璃製品
【記憶技巧】 *glass* + *ware* (製品)

gleam[5] 〔 glim 〕 *v.* 閃爍 (= *glimmer*)；
發出微光 *n.* 微光；(希望) 閃現
The maid shined the floor until it
gleamed.

glee[5] 〔 gli 〕 *n.* 高興 (= *joy* = *delight*)；
幸災樂禍
The young girl danced with *glee*.

***glide**[4] 〔 glaɪd 〕 *v.* 滑行 (= *slide*)；
滑動；滑翔；悄悄地走；做事順利
I threw the paper airplane and
watched it *glide* around the room.

***glimpse**[4] 〔 glɪmps 〕 *n. v.* 看一眼
(= *glance*)；瞥見
Janice was excited when she
glimpsed her favorite singer in the
hotel lobby.
【片語】 catch a glimpse of 看一眼
(= *take a glimpse at*)

glisten[6] 〔 'glɪsn̩ 〕 *v.* 閃爍 (= *flicker*)
The farmer's face *glistened* with
sweat.
【記憶技巧】 *g* + *listen* (聽)

G

glitter[5] 〔'glɪtɚ〕 v. 閃爍
(= sparkle = gleam)
The Christmas tree glittered with small electric lights.

*ˣ**global**[3] 〔'globḷ〕 adj. 全球的
(= worldwide)
Because it affects everyone, the environment is a global concern.
【衍伸詞】 **global warming** (全球暖化)

*ˣ**globe**[4] 〔 glob 〕 n. 地球 (= earth)

gloom[5] 〔 glum 〕 n. 陰暗 (= darkness)

gloomy[6] 〔'glumɪ〕 adj. 昏暗的
(= dark)
The house is so gloomy when the curtains are closed.
【記憶技巧】 **gloom** (陰暗) + **y** (adj.)

*ˣ**glorious**[4] 〔'glorɪəs〕 adj. 光榮的
(= honorable)
Winning a gold medal in the Olympics was a glorious achievement.

*ˣ**glory**[3] 〔'glorɪ〕 n. 光榮 (= honor);
榮譽；輝煌

glove[2] 〔 glʌv 〕 n. 手套
Baseball players need to wear gloves.
【記憶技巧】 **g** + **love**

*ˣ**glow**[3] 〔 glo 〕 v. 發光 (= radiate light)
My new watch will glow in the dark.

glue[2] 〔 glu 〕 n. 膠水

GMO[6] n. 基因改造生物
(= genetically modified organism)
【比較】 **GM food** (基因改造食品)

gnaw[5] 〔 nɔ 〕 v. 啃 (= chew on);咬；
侵蝕；使折磨【注意發音】
My dog is gnawing the bone.

go[1] 〔 go 〕 v. 去

goal[2] 〔 gol 〕 n. 目標 (= aim)
Getting into university is my goal.

┌─【典型考題】─────
│ The Bush Administration's _____
│ is to raise fifty million dollars for the
│ hurricane victims in one month.
│ A. treatment   B. goal
│ C. bargain   D. ability   [B]
└────────────────

goat[2] 〔 got 〕 n. 山羊
Goats make funny sounds.
【比較】 sheep (綿羊)

gobble[5] 〔'gabḷ〕 v. 狼吞虎嚥
(= devour)
He selfishly gobbled up all the dessert before anybody else could take a bite.
【記憶技巧】 **gob** (一團；大量) + **ble** (表重複的動詞字尾) (不斷地把大量的食物往嘴裡送，也就是「狼吞虎嚥」)

*ˣ**god**[1] 〔 gad 〕 n. 神 (= deity)
【比較】 God (上帝)

*ˣ**goddess**[1] 〔'gadɪs〕 n. 女神
(= female deity)
【記憶技巧】 **godd** (神) + **ess** (女性名詞)
【比較】 host**ess** (女主人)
　　　　 wait**ress** (女服務生)
　　　　 prin**cess** (公主)

*ˣ**gold**[1] 〔 gold 〕 n. 黃金
Gold is a shiny, yellow metal.

G

golden[2] 〔'goldn̩〕*adj.* 金色的
（= *gold color*）；金製的
（= *made of gold*）
【記憶技巧】*gold* + *en*（由～做成）
【比較】wooden（木製的）
woolen（羊毛製的）

golf[2] 〔gɑlf，gɔlf〕*n.* 高爾夫球
Everyone in my family plays *golf*.
【衍伸詞】*golf course*（高爾夫球場）

good[1] 〔gʊd〕*adj.* 好的（= *great*）；
擅長的；有效的　*n.* 優勢；利益

good-bye[1] 〔gʊd'baɪ〕*interj.* 再見
（= *goodbye*；*bye*）

goods[4] 〔gʊdz〕*n. pl.* 商品
（= *commodity* = *merchandise*）；
貨物；財物；動產
In a stationery store, one can easily
find writing *goods*, such as paper,
pens, pencils, ink, envelopes, etc.

goose[1] 〔gus〕*n.* 鵝
The farmer is running after the *goose*.
【注意】複數形是 geese〔gis〕。

gorge[5] 〔gɔrdʒ〕*n.* 峽谷（= *canyon*）
v. 拚命吃喝（= *gobble*）
【衍伸詞】*Taroko Gorge*（太魯閣峽谷）
【記憶技巧】gorge 喉音重，模擬狹窄如
喉嚨的「峽谷」，和「拚命吃喝」聲。

gorgeous[5] 〔'gɔrdʒəs〕*adj.* 非常漂亮
的（= *beautiful*）；華麗的
The movie star wore a *gorgeous* gown
to the award ceremony.
【記憶技巧】*gorge*（throat）+ *ous*（表
「充滿」的字尾）（看到「美麗的」東西，
喉嚨會充滿讚美的話）

gorilla[5] 〔gə'rɪlə〕*n.* 大猩猩

gospel[5] 〔'gɑspl̩〕*n.* 福音
（= *Christian teachings*）
【記憶技巧】*go*(*d*) + *spel*(*l*)
（上帝說的話，就是「福音」）

gossip[3] 〔'gɑsəp〕*v.* 說閒話
（= *talk about others*）
It's not a good idea to *gossip* about
your friends, especially when you
are not sure whether the story is
true.

govern[2] 〔'gʌvən〕*v.* 統治（= *rule*）
After *governing* the country for
twenty years, the ruler decided
to retire.

government[2] 〔'gʌvənmənt〕*n.* 政府
（= *administrative authority*）

governor[3] 〔'gʌvənə〕*n.* 州長
（= *highest administrator*）

gown[3] 〔gaʊn〕*n.* 禮服（= *robe*）
Cheryl wore a beautiful *gown* to
the formal dance.
【衍伸詞】*wedding gown*（結婚禮服）

grab[3] 〔græb〕*v.* 抓住（= *grasp*）；
吸引；趕緊　*n.* 抓住
The climber *grabbed* the rope and
pulled himself up.

grace[4] 〔gres〕*n.* 優雅（= *elegance*）
Louise may not be the most beautiful
dancer, but no one has more *grace*
than she does.

G

* **graceful**[4] 〔'gresfəl 〕 *adj.* 優雅的
（ = *elegant* ）

【典型考題】
The ballet dancers' _____ movements delighted all the audience.
A. truthful　　　B. doubtful
C. graceful　　　D. helpful　　[C]

* **gracious**[4] 〔'greʃəs 〕 *adj.* 親切的
（ = *kind* ）

‡ **grade**[2] 〔 gred 〕 *n.* 成績
（ = *score* = *mark* ）

Mary always got high *grades* in school.

【典型考題】
We're so surprised that Tom always gets very good _____ in math.
A. grades　　　B. graduate
C. great　　　D. produce　　[A]

* **gradual**[3] 〔'grædʒuəl 〕 *adj.* 逐漸的
No one noticed the *gradual* rise of the river until it was too late.
【記憶技巧】 *gradu* (step) + *al* (adj.)
（一步一步來，即「逐漸的」）
【衍伸詞】 gradually（逐漸地）

* **graduate**[3] 〔'grædʒu,et 〕 *v.* 畢業
We will all *graduate* from high school in June.
【記憶技巧】 *gradu* (grade) + *ate* (v.)
（不斷升級，最後「畢業」）

* **graduation**[4] 〔,grædʒu'eʃən 〕 *n.* 畢業

* **grain**[3] 〔 gren 〕 *n.* 穀物
These farmers grow *grains*, such as wheat, barley, and so on.

‡ **gram**[3] 〔 græm 〕 *n.* 公克
Mom asked me to buy 200 *grams* of sugar.

* **grammar**[4] 〔'græmɚ 〕 *n.* 文法
（ = *syntax* ）

* **grammatical**[4] 〔 grə'mætɪkḷ 〕
adj. 文法上的

* **grand**[1] 〔 grænd 〕 *adj.* 雄偉的
（ = *magnificent* ）；壯麗的
I was deeply impressed by the *grand* building.

* **grandchild**[1] 〔'grænd,tʃaɪld 〕
n. 孫子；孫女
【記憶技巧】 *grand-* 表較年長或較年幼的字首。

‡ **granddaughter**[1] 〔'græn,dɔtɚ 〕
n. 孫女
My father has five *granddaughters*.

‡ **grandfather**[1] 〔'grænd,fɑðɚ 〕 *n.* 祖父
（ = *grandpa* ）
My *grandfather* died when I was young.

‡ **grandmother**[1] 〔'grænd,mʌðɚ 〕
n. 祖母（ = *grandma* ）
My *grandmother* is still alive.

‡ **grandson**[1] 〔'græn,sʌn 〕 *n.* 孫子
My mother wants to have a *grandson*.

grant[5] 〔 grænt 〕 *v.* 答應（ = *promise* ）；
給予（ = *give* ）
I didn't *grant* him that request.

‡ **grape**[2] 〔 grep 〕 *n.* 葡萄
Wine is made from *grapes*.
【比較】 raisin（葡萄乾）

* **grapefruit**[4] 〔'grep,frut 〕 *n.* 葡萄柚
【注意】為什麼葡萄柚叫作 grapefruit？
其實是因為葡萄柚長在樹上的樣子，和葡萄一樣是一堆一堆的。

graph[6] 〔 græf 〕 *n.* 圖表（ = *diagram* ）

graphic[6] 〔ˋgræfɪk〕 *adj.* 圖解的；
（敘述等）生動的；逼真的

* **grasp**[3] 〔 græsp 〕 *v.* 抓住（ = *grip* ）
Timmy *grasped* my hand tightly
during the scary part of the movie.

‡**grass**[1] 〔 græs 〕 *n.* 草

* **grasshopper**[3] 〔ˋgræsˌhɑpɚ〕 *n.* 蚱蜢
（ = *locust* ）
【記憶技巧】*grass* + *hop*（跳）+ *per*
（在草叢中跳來跳去的，就是「蚱蜢」）

grassy[2] 〔ˋgræsɪ〕 *adj.* 多草的
【記憶技巧】*-y* 表「多…的；有…的」字尾。

* **grateful**[4] 〔ˋgretfəl〕 *adj.* 感激的
（ = *appreciative* ）
I am *grateful* for all your help and
support.

* **gratitude**[4] 〔ˋgrætəˌtjud〕 *n.* 感激
（ = *appreciation* ）
【記憶技巧】*grat*（grateful）+ *itude*（表
「狀態」）

* **grave**[4] 〔 grev 〕 *n.* 墳墓（ = *tomb* ）
He was digging his own *grave* by
taking such dangerous actions.

* **gravity**[5] 〔ˋgrævətɪ〕 *n.* 重力；地心
引力（ = *gravitation* ）
Astronauts can float freely in space
because they are not subject to the
force of *gravity*.
【記憶技巧】*grav*（heavy）+ *ity*（*n.*）

‡**gray**[1] 〔 gre 〕 *adj.* 灰色的（ = *grey* ）
The color of an elephant is *gray*.

graze[5] 〔 grez 〕 *v.* 吃草

grease[5] 〔 gris 〕 *n.* 油脂

* **greasy**[4] 〔ˋgrisɪ〕 *adj.* 油膩的
Betty felt ill after eating too many
greasy French fries.

‡**great**[1] 〔 gret 〕 *adj.* 很棒的；重大的
（ = *important* ）

greed[5] 〔 grid 〕 *n.* 貪心；貪婪
King Midas's *greed* led him to spend
a life of grief.

【典型考題】

His ＿＿＿＿ for power resulted in
tragedy.
A. cause　　　　B. fame
C. issue　　　　D. greed　　　[D]

‡**greedy**[2] 〔ˋgridɪ〕 *adj.* 貪心的；貪婪的
（ = *eager* ）

‡**green**[1] 〔 grin 〕 *adj.* 綠色的；環保的

* **greenhouse**[3] 〔ˋgrinˌhaʊs〕 *n.* 溫室
If the climate becomes too hot
because of the *greenhouse* effect, life
on earth can not continue to exist.
【常考】*greenhouse effect*（溫室效應）
【重要知識】如果指 green house，重音在 house
上。形容詞加名詞，通常重音在名詞上。

* **greet**[2] 〔 grit 〕 *v.* 問候（ = *hail* ）；迎接
Juniors should *greet* seniors.

* **greeting**[4] 〔ˋgritɪŋ〕 *n.* 問候

* **grief**[4] 〔 grif 〕 *n.* 悲傷（ = *sadness* ）
Albert was too mature to display his
grief in public.
【記憶技巧】*gr*（gravity）+ *ief*（心中有
沉重的事，即「悲傷」）

* **grieve**[4] 〔 griv 〕 *v.* 悲傷（ = *mourn* ）；
使悲傷

grill[6] 〔 grɪl 〕 *n.* 烤架；燒烤店；燒烤
的肉類食物　*v.* 烤；盤問

G

grim⁵ 〔 grɪm 〕 *adj.* 嚴厲的 (= *stern*)；令人擔憂的；簡陋的；差勁的
Our math teacher always wears a *grim* face.

【典型考題】
Due to the worldwide recession, the World Bank's forecast for next year's global economic growth is ＿＿＿.
A. keen   B. fine
C. grim   D. foul   [C]

***grin**³ 〔 grɪn 〕 *v.* 露齒而笑；咧嘴笑 *n.* 露齒而笑
Jack *grinned* when I told him the joke, but he didn't laugh out loud.

***grind**⁴ 〔 graɪnd 〕 *v.* 磨
The waiter asked if we wanted him to *grind* some pepper over our pasta.

grip⁵ 〔 grɪp 〕 *v.* 緊抓 (= *grasp*)；強烈地影響；使感興趣 *n.* 緊握；了解；控制
I didn't *grip* the coffee cup tightly and it crashed to the floor.

groan⁵ 〔 gron 〕 *v.* 呻吟 (= *moan*)
Jason fell down the stairs and lay at the bottom, *groaning* in pain.

grocer⁶ 〔 'grosɚ 〕 *n.* 雜貨商

***grocery**³ 〔 'grosərɪ 〕 *n.* 雜貨店 (= *grocer's shop*)
You can buy some vegetables at the *grocery* store.
【記憶技巧】 *grocer* (雜貨商) + *y* (place)

grope⁶ 〔 grop 〕 *v.* 摸索 (= *feel one's way*)；尋找 (= *search*)
Andy *groped* for his car keys in his pocket.
【記憶技巧】 *g* + *rope* (繩子)

gross⁵ 〔 gros 〕 *adj.* 全部的 (= *total*)；十足的 (= *sheer*)；嚴重的
My *gross* income is pretty good, but taxes and other deductions make it a lot smaller.

‡**ground**¹ 〔 graʊnd 〕 *n.* 地面 (= *land*)；理由 (= *reason*) *v.* 禁足
She lay on the *ground*.
【衍伸詞】 *on the ground*(s) *of* (因為)

‡**group**¹ 〔 grup 〕 *n.* 群；團體；小組
In class, we form *groups* to do different things.

‡**grow**¹ 〔 gro 〕 *v.* 成長；變得 (= *become*)

growl⁵ 〔 graʊl 〕 *v.* 咆哮 *n.* 低聲怒吼
"Be quiet!" he *growled*.
【記憶技巧】 先背 owl (貓頭鷹)。

***growth**² 〔 groθ 〕 *n.* 成長 (= *increase*)

grumble⁵ 〔 'grʌmbl̩ 〕 *v.* 抱怨 (= *complain*)；發牢騷；對…表示不滿 *n.* 抱怨；牢騷；轟隆聲
He is always *grumbling* in the morning because he hates getting up for work.

***guarantee**⁴ 〔 ˌgærən'ti 〕 *v. n.* 保證 (= *promise* = *warrant*)
They *guarantee* this clock for a year.

‡**guard**² 〔 gɑrd 〕 *n.* 警戒 (= *caution*)；警衛 (= *watchman*) *v.* 看守
【比較】 bodyguard (保鑣)

guardian³ 〔 'gɑrdɪən 〕 *n.* 監護人；守護者
【記憶技巧】 *guard* (watch over) + *ian* (人)(負責看管的人，就是「監護人」)

‡**guava**[2] 〔ˈgwɑvə 〕 *n.* 芭樂

guerrilla[6] 〔 gəˈrɪlə 〕 *n.* 游擊隊隊員
adj. 游擊戰的;游擊的
【記憶技巧】游擊隊隊員都身強體壯,像大
猩猩(gorilla)一樣。

‡**guess**[1] 〔 gɛs 〕 *v.* 猜
Can you *guess* my age?

‡**guest**[1] 〔 gɛst 〕 *n.* 客人

*****guidance**[3] 〔ˈgaɪdn̩s 〕 *n.* 指導
(= *advice*);方針

‡**guide**[1] 〔 gaɪd 〕 *v.* 引導;帶領
n. 引導;導遊;指標;指南
She *guided* the visitors around the
city.

guideline[5] 〔ˈgaɪd͵laɪn 〕 *n.* 指導方針;
參考

*****guilt**[4] 〔 gɪlt 〕 *n.* 罪;罪惡感
(= *bad conscience*)

*****guilty**[4] 〔ˈgɪltɪ 〕 *adj.* 有罪的
Proved *guilty* of bribery, the official
was soon sent to jail.
【反義詞】 innocent (無罪的;清白的)

‡**guitar**[2] 〔 gɪˈtɑr 〕 *n.* 吉他
John plays the *guitar* very well.

*****gulf**[4] 〔 gʌlf 〕 *n.* 海灣(= *bay*);差距;
歧異;深溝

The *Gulf* of Mexico stretches from
Mexico to Florida.
【記憶技巧】海灣(gulf)的形狀,就像 u
字型;高爾夫球(golf)的形狀則像 o。

gulp[5] 〔 gʌlp 〕 *v.* 大口地喝;狼吞虎
嚥;大口呼吸 *n.* 一大口(水)
Chris *gulped* down two bottles of
Coke.

*****gum**[3] 〔 gʌm 〕 *n.* 牙齦;膠水;樹膠;
口香糖(= *chewing gum*)

‡**gun**[1] 〔 gʌn 〕 *n.* 槍;噴霧器;噴槍
v. 用槍射擊
He taught Helen how to shoot a
gun.

gust[5] 〔 gʌst 〕 *n.* 一陣風(= *blast*);
(感情等的)爆發 *v.* (風)一陣猛吹

gut[5] 〔 gʌt 〕 *n.* 腸(= *bowel*);腹部
pl. 內臟;勇氣;核心部分
【比較】guts (內臟;勇氣;膽量)

‡**guy**[2] 〔 gaɪ 〕 *n.* 人;傢伙
Mr. Johnson is a nice *guy*.

‡**gym**[3] 〔 dʒɪm 〕 *n.* 體育館;健身房
(= *gymnasium*)
We play basketball in a *gym*.

Gypsy[5] 〔ˈdʒɪpsɪ 〕 *n.* 吉普賽人

H h

‡**habit**[2] 〔ˈhæbɪt 〕 *n.* 習慣(= *tendency*)
The boy has very good *habits*.

【片語】 *acquire a habit* (養成習慣)
give up a habit (改掉習慣)

habitat[6] 〔'hæbə,tæt〕 n. 棲息地
People have destroyed the natural *habitat* of many species.
【記憶技巧】*habit*（習慣）+ *at*（習慣留在某地，此地就是「棲息地」）

*****habitual**[4] 〔hə'bɪtʃuəl〕 adj. 習慣性的（= *regular*）；養成習慣的

hack[6] 〔hæk〕 v. 猛砍；侵入電腦
Daniel *hacked* at that old tree.

hacker[6] 〔'hækɚ〕 n. 駭客
It is important to prevent the intrusion of *hackers* into the computer network.

hail[6,5] 〔hel〕 v. 向～歡呼（= *applaud*）；呼叫；下冰雹　n. 冰雹；呼叫
The spectators *hailed* the champion.
【比較】wail（哭叫）

【典型考題】
When the fire fighter walked out of the burning house with the crying baby in his arms, he was ———— as a hero by the crowd.
A. previewed　B. cautioned
C. doomed　D. hailed　[D]

*****hair**[1] 〔hɛr〕 n. 頭髮
Rose has long black *hair*.

****haircut**[1] 〔'hɛr,kʌt〕 n. 理髮；髮型
I had a *haircut* yesterday.

hairdo[5] 〔'hɛr,du〕 n. 髮型

****hairdresser**[3] 〔'hɛr,drɛsɚ〕 n. 美髮師
I went to another *hairdresser*.
【比較】barber（理髮師）

hairstyle[5] 〔'hɛr,staɪl〕 n. 髮型

****half**[1] 〔hæf〕 n. 一半【注意發音】
Half of the boys in this room are my friends.

****hall**[2] 〔hɔl〕 n. 大廳
Your father is waiting for you across the *hall*.

*****hallway**[3] 〔'hɔl,we〕 n. 走廊
（= *passageway*）

*****halt**[4] 〔hɔlt〕 n. v. 停止（= *stop*）
The dentist *halted* the procedure when his patient said he was in pain.

****ham**[1] 〔hæm〕 n. 火腿
I had *ham* and eggs for my breakfast.

****hamburger**[2] 〔'hæmbɝgɚ〕 n. 漢堡
（= *burger*）
I think I'll have a *hamburger*.

【重要知識】「漢堡」是沒有火腿的，它的名稱是源自德國城市「漢堡」（Hamburg）

****hammer**[2] 〔'hæmɚ〕 n. 鐵鎚　v. 擊打

****hand**[1] 〔hænd〕 n. 手

*****handful**[3] 〔'hænd,ful〕 n. 一把
Alice picked up a *handful* of dirt and put it in the pot.
【片語】*a handful of*（一把；一些）

*****handicap**[5] 〔'hændɪ,kæp〕 n. 身心殘障；障礙（= *disadvantage*）
People with a physical *handicap* may need more help.
【衍伸詞】handicapped（殘障的）

*****handicraft**[5] 〔'hændɪ,kræft〕
n. 手工藝；手工藝品
Batik is one of the traditional *handicrafts* of Indonesia.
【記憶技巧】*handi*（handy）+ *craft*（skill）

❊handkerchief[2] 〔ˈhæŋkətʃɪf〕 *n.* 手帕
She dropped her *handkerchief*.
【記憶技巧】 *hand* + *ker* (cover) + *chief* (head) (手帕可以拿來蓋住頭)

❊handle[2] 〔ˈhændḷ〕 *v.* 處理
The court has many cases to *handle*.

❊handsome[2] 〔ˈhænsəm〕 *adj.* 英俊的
Todd is a *handsome* man.

❊handwriting[4] 〔ˈhændˌraɪtɪŋ〕 *n.* 筆跡
The doctor's *handwriting* is so difficult to read that I'm not sure what medicine he prescribed.

❊handy[3] 〔ˈhændɪ〕 *adj.* 便利的 (= *convenient*);手邊的 (= *accessible*);附近的
It's very *handy* to live next door to a convenience store.

┌─【典型考題】─────────
Everything is cheaper in the market, but 7-Eleven is so _____ that I usually go there.
A. various   B. ridiculous
C. usable   D. handy   **[D]**
└──────────────────────

❊hang[2] 〔hæŋ〕 *v.* 懸掛 (= *suspend*); 吊死 (= *kill with rope*)
She *hung* the picture on the wall.
【三態變化爲:hang-hung-hung】
【注意】hang 如作「吊死」解,三態變化 爲 hang-hanged-hanged。

❊hanger[2] 〔ˈhæŋə〕 *n.* 衣架 (= *clothes hanger*)
How about that one on the *hanger*?

❊happen[1] 〔ˈhæpən〕 *v.* 發生

❊happy[1] 〔ˈhæpɪ〕 *adj.* 快樂的

harass[6] 〔həˈræs〕 *v.* 騷擾
Bryan would not stop *harassing* Sarah, so she called the police.
【記憶技巧】 分音節背 ha-rass。

harassment[6] 〔həˈræsmənt〕 *n.* 騷擾
【衍伸詞】 *sexual harassment* (性騷擾)

＊harbor[3] 〔ˈharbə〕 *n.* 港口 (= *port*)
Kaohsiung has a *harbor* and wide roads, so transportation is good.

❊hard[1] 〔hard〕 *adj.* 困難的(= *difficult*); 硬的   *adv.* 努力地 (= *diligently*)
It is a *hard* question to answer.

＊harden[4] 〔ˈhardṇ〕 *v.* 變硬;使麻木

❊hardly[2] 〔ˈhardlɪ〕 *adv.* 幾乎不
I can *hardly* believe it.

┌─【典型考題】─────────
The old man could _____ swallow because his throat was too dry.
A. actually   B. strictly
C. exactly   D. hardly   **[D]**
└──────────────────────

＊hardship[4] 〔ˈhardʃɪp〕 *n.* 艱難 (= *difficulty*)
【記憶技巧】 *-ship* 表「樣子」的字尾。

＊hardware[4] 〔ˈhardˌwɛr〕 *n.* 硬體;五金
【比較】 software (軟體)

hardy[5] 〔ˈhardɪ〕 *adj.* 強健的;耐寒的

＊harm[3] 〔harm〕 *v. n.* 傷害 (= *damage*)

＊harmful[3] 〔ˈharmfəl〕 *adj.* 有害的 (= *damaging*)

＊harmonica[4] 〔harˈmanɪkə〕 *n.* 口琴
【記憶技巧】 *har* + *monica* (女子名)

H

H

* **harmony** [4] 〔'hɑrmənɪ〕 *n.* 和諧
（＝*accord*）
The choir sang in perfect *harmony*.

harness [5] 〔'hɑrnɪs〕 *v.* 利用（＝*use*）
n. 馬具
We can *harness* solar energy to
replace electricity.

* **harsh** [4] 〔hɑrʃ〕 *adj.* 嚴厲的
（＝*severe*）；無情的（＝*unpleasant*）
Barry was upset by the others' *harsh*
criticism of his artwork.

* **harvest** [3] 〔'hɑrvɪst〕 *n.* 成果；收穫
（＝*reaping*）　*v.* 收穫（＝*reap*）
Farmers are predicting a record
harvest this year.
【記憶技巧】*har* + *vest*（背心）

* **haste** [4] 〔hest〕 *n.* 匆忙（＝*hurry*）
When he realized he was late for work,
Jeff left the house in great *haste*.
【片語】*in haste*（匆忙地）

* **hasten** [4] 〔'hesn̩〕 *v.* 催促；加速；
趕快（＝*hurry*）

* **hasty** [3] 〔'hestɪ〕 *adj.* 匆忙的（＝*hurried*）

‡ **hat** [1] 〔hæt〕 *n.* 帽子

* **hatch** [3] 〔hætʃ〕 *v.* 孵化（＝*breed*）；
孵出；策劃　*n.*（船或飛機的）艙口
Some birds have built a nest outside
my window and I expect the eggs to
hatch very soon.

【典型考題】
Baby whales are not ＿＿＿＿ from
eggs but are born alive.
A. hatched　　B. drowned
C. trapped　　D. blown　　　[A]

‡ **hate** [1] 〔het〕 *v.* 恨；討厭
My brother *hates* snakes.

hateful [2] 〔'hetfəl〕 *adj.* 可恨的

* **hatred** [4] 〔'hetrɪd〕 *n.* 憎恨
Ned's *hatred* for the city is a result of
a bad experience he had there as a
tourist.
【記憶技巧】*hat*(*e*) + *red*（憎恨別人，就
會眼紅）

haul [5] 〔hɔl〕 *v.* 拖；拉（＝*drag*）
It took three of us to *haul* the sofa
up the stairs.

haunt [5] 〔hɔnt〕 *v.*（鬼魂）出沒於；
使困擾（＝*trouble*）
Is this castle *haunted*?
【衍伸詞】*haunted house*（鬼屋）

‡ **have** [1] 〔hæv〕 *v.* 有；吃；喝

* **hawk** [3] 〔hɔk〕 *n.* 老鷹

* **hay** [3] 〔he〕 *n.* 乾草
We store *hay* for the animals to eat
during the winter.

hazard [6] 〔'hæzəd〕 *n.* 危險
（＝*danger*）；危險物　*v.* 冒…的險
A policeman's life is full of *hazard*.

‡ **head** [1] 〔hɛd〕 *n.* 頭　*v.*（朝…）前進

* **headline** [3] 〔'hɛd,laɪn〕 *n.*（報紙的）
標題
Did you see the *headlines* about the
murder?

* **headphone** [4] 〔'hɛd,fon〕 *n.* 耳機
（＝*earphone*）

H

* **headquarters**³ 〔ˈhɛdˈkwɔrtɚz 〕
  n. 總部
  This is just a branch office. Our *headquarters* are located in Hong Kong.
  【記憶技巧】 *head + quarters*

* **heal**³ 〔 hil 〕 *v.* 痊癒 (= *get well*)；
  (使) 復原；調停
  If you keep the wound clean and dry, it will *heal* soon.

‡ **health**¹ 〔 hɛlθ 〕 *n.* 健康 (= *fitness*)
  Nothing is better than having good *health*.

* **healthful**⁴ 〔ˈhɛlθfəl 〕 *adj.* 有益健康的
  (= *beneficial*)

‡ **healthy**² 〔ˈhɛlθɪ 〕 *adj.* 健康的 (= *fit*)；
  有益健康的

* **heap**³ 〔 hip 〕 *n.* 一堆
  (= *a large pile of sth.*)
  Please hang up the towels instead of leaving them in a *heap* on the floor.

‡ **hear**¹ 〔 hɪr 〕 *v.* 聽到

‡ **heart**¹ 〔 hɑrt 〕 *n.* 心；心地

  hearty⁵ 〔ˈhɑrtɪ 〕 *adj.* 真摯的
  (= *sincere*)；熱情友好的 (= *friendly*)
  【記憶技巧】 *-y* 表「有的」字尾，有心的就是「真摯的」。

‡ **heat**¹ 〔 hit 〕 *n.* 熱 (= *hotness*)
  The sun gives us *heat* and light.

‡ **heater**² 〔ˈhitɚ 〕 *n.* 暖氣機
  【比較】 *air conditioner* (冷氣機)

* **heaven**³ 〔ˈhɛvən 〕 *n.* 天堂 (= *paradise*)

  heavenly⁵ 〔ˈhɛvənlɪ 〕 *adj.* 天空的；
  天堂的

‡ **heavy**¹ 〔ˈhɛvɪ 〕 *adj.* 重的 (= *weighty*)；
  大量的 (= *considerable*)；嚴重的
  (= *severe*)
  This box is very *heavy*.
  【衍伸詞】 *heavy rain* (大雨)

  hedge⁵ 〔 hɛdʒ 〕 *n.* 樹籬；預防辦法
  v. 用樹籬圍住；迴避

  heed⁵ 〔 hid 〕 *v. n.* 聽從；注意
  (= *note* = *notice*)
  Please *heed* the advice of your elders.
  He seldom takes *heed* of what others say.
  【片語】 *take heed of* (注意)

* **heel**³ 〔 hil 〕 *n.* 腳跟 *pl.* 高跟鞋
  The shoes look nice, but they are too tight in the *heel*.
  【衍伸詞】 *Achilles*⁽ˊ⁾ *heel* (致命傷)

‡ **height**² 〔 haɪt 〕 *n.* 高度 (= *tallness*)；
  身高；海拔；高峰 *pl.* 高處
  The tree grows to a *height* of 20 feet.

  heighten⁵ 〔ˈhaɪtn̩ 〕 *v.* 升高 (= *raise*)；
  加強

  heir⁵ 〔 ɛr 〕 *n.* 繼承人 (= *successor*)；(職位、工作或思想等) 後繼者【注意發音】
  As the *heir* to his family's fortune, Billy has never had to worry about finding a job.

* **helicopter**⁴ 〔ˈhɛlɪˌkɑptɚ 〕 *n.* 直昇機
  A *helicopter* is an aircraft that can go straight up into the air.
  【記憶技巧】 分音節背 he-li-cop-ter。

* **hell**³ 〔 hɛl 〕 *n.* 地獄 (= *the underworld*)
  【反義詞】 heaven (天堂)

‡ **hello** 〔 həˈlo 〕 *interj.* 哈囉

***helmet**[3] 〔'hɛlmɪt 〕 *n.* 安全帽
All motorcyclists are required to wear *helmets* on the city streets.

‡‡**help**[1] 〔 hɛlp 〕 *v.* 幫助；幫忙 (= *aid*)
n. 有幫助的人或物；幫手

‡‡**helpful**[2] 〔'hɛlpfəl 〕 *adj.* 有幫助的

hemisphere[6] 〔'hɛməs‚fɪr 〕 *n.* 半球；大腦半球
The left *hemisphere* of our brain is responsible for language, vision, the senses, and movement on the right side of the body.
【記憶技巧】*hemi* (half) + *sphere* (球體)

‡**hen**[2] 〔 hɛn 〕 *n.* 母雞；雌禽 *adj.* 雌的
My grandfather raises *hens* in the country.
【比較】cock (公雞)

hence[5] 〔 hɛns 〕 *adv.* 因此 (= *therefore*)；今後

herald[5] 〔'hɛrəld 〕 *n.* 預兆 (= *sign*)；前鋒 *v.* 預告 (= *indicate*)
The robin is a *herald* of spring.
That kind of wind *heralds* the approach of a storm.
【注意】herald 也常用於報紙名稱，如 The New York Herald (紐約前鋒論壇報)。

herb[5] 〔 ɝb , hɝb 〕 *n.* 草藥
【記憶技巧】*her* + *b*

***herd**[4] 〔 hɝd 〕 *n.* (牛) 群
The ranchers moved the *herd* from one pasture to another.

hereafter[6] 〔 hɪr'æftɚ 〕 *adv.* 今後 (= *from now on*)；將來
Eric will work harder *hereafter*.

heritage[6] 〔'hɛrətɪdʒ 〕 *n.* 遺產 (= *inheritance*)
These historic buildings are an important part of our *heritage*.
【記憶技巧】*her* (heir 繼承人)
【比較】in*herit* (繼承)

【典型考題】
The dying millionaire's _____ will all go to the orphanage after his death.
A. heredity　　B. heritage
C. debt　　　　D. genes　　[B]

hermit[5] 〔'hɝmɪt 〕 *n.* 隱士
The *hermit* lives alone in the mountains and rarely goes to town.
【記憶技巧】*her* + *mit*

*‡**hero**[2] 〔'hɪro 〕 *n.* 英雄 (= *great man*)；偶像 (= *idol*)；男主角
My father is my *hero*.

heroic[5] 〔 hɪ'ro‧ɪk 〕 *adj.* 英雄的；英勇的

heroin[6] 〔'hɛro‧ɪn 〕 *n.* 海洛英

***heroine**[2] 〔'hɛro‧ɪn 〕 *n.* 女英雄；女主角
【注意】heroine 和 heroin 是同音字，且拼法只差一個 e，如果不小心拼錯，麻煩可大了！

***hesitate**[3] 〔'hɛzə‚tet 〕 *v.* 猶豫
When you see a good opportunity, don't *hesitate* to take advantage of it.
【記憶技巧】*hesit* (stick 黏住) + *ate* (*v.*) (「猶豫」不決，就像被黏住)

【典型考題】
If I can help you with the project, don't _____ to call me.
A. concern　　B. hesitate
C. notify　　　D. submit　　[B]

* **hesitation**[4] 〔͵hɛzə'teʃən 〕 *n.* 猶豫

heterosexual[5] 〔͵hɛtərə'sɛkʃuəl 〕
adj. 異性戀的
【記憶技巧】*hetero* (different) + *sex*
（性別）+ *ual* (*adj.*)（喜歡不同性別，
表示這個人是異性戀）
【反義詞】homosexual（同性戀的）

‡ **hide**[2] 〔 haɪd 〕 *v.* 隱藏（= *conceal*）；
遮掩；躲藏；隱瞞（真相等）
The girl *hides* herself from her
mother.

hi-fi[5] 〔'haɪ'faɪ 〕 *n.* 高傳眞
（= *high-fidelity*） *adj.* 高傳眞的

‡ **high**[1] 〔 haɪ 〕 *adj.* 高的（= *tall*）
adv. 高高地 *n.* 高點

highlight[6] 〔'haɪ͵laɪt 〕 *v.* 強調
（= *emphasize*） *n.* 最精彩的部分
Our boss always *highlights* the
importance of good customer
service.
【記憶技巧】*high* + *light*（用強光照，
表示「強調」）

┌─【典型考題】────────────
│ In his speech, Dr. Huang presented
│ all the reports about the energy crisis
│ to ─────── the need for developing
│ new energy resources.
│ A. command   B. formulate
│ C. highlight   D. regulate   [C]
└────────────────────────

* **highly**[4] 〔'haɪlɪ 〕 *adv.* 非常地（= *very*）

‡ **highway**[2] 〔'haɪ͵we 〕 *n.* 公路
We're driving on the *highway*.

hijack[5] 〔'haɪ͵dʒæk 〕 *v.* 劫（機）
Four men *hijacked* the plane and
demanded to be flown to Africa.
【記憶技巧】*hi* + *jack*（男子名）

‡ **hike**[3] 〔 haɪk 〕 *v.* 健行
I go *hiking* every Sunday morning.

‡ **hill**[1] 〔 hɪl 〕 *n.* 山丘
We climbed a *hill* last Sunday.

* **hint**[3] 〔 hɪnt 〕 *n.* 暗示
I won't tell you where we're going,
but I'll give you a *hint*.

‡ **hip**[2] 〔 hɪp 〕 *n.* 屁股
The boy hurt his *hip*.
【衍伸詞】hip-hop（饒舌歌；嘻哈風）

‡ **hippo**[2] 〔'hɪpo 〕 *n.* 河馬
We can see a lot of *hippos* in the zoo.

* **hippopotamus**[2] 〔͵hɪpə'patəməs 〕
n. 河馬（= *hippo*）

‡ **hire**[2] 〔 haɪr 〕 *v.* 雇用（= *employ*）；
租用；出租 *n.* 出租；出租費；雇用
He *hired* a workman to paint
the wall.

hiss[5] 〔 hɪs 〕 *v.* 發出嘶嘶聲；
發出噓聲 *n.* 嘶嘶聲
The audience *hissed* at the actor
for his bad performance.

* **historian**[3] 〔 hɪs'torɪən 〕 *n.* 歷史學家

* **historic**[3] 〔 hɪs'tɔrɪk 〕 *adj.* 歷史上重
要的

* **historical**[3] 〔 hɪs'tɔrɪkl̩ 〕 *adj.* 歷史的；
歷史學的

‡ **history**[1] 〔'hɪstrɪ 〕 *n.* 歷史（= *the past*）
History is my favorite subject.

‡ **hit**[1] 〔 hɪt 〕 *v.* 打（= *strike*）；達到
（= *reach*） *n.* 成功的事物（= *success*）
He was *hit* by the teacher because
he didn't do his homework.

H

* **hive**[3]〔haɪv〕*n.* 蜂巢（ = *beehive* ）；
蜂房；群居一起的蜜蜂；嘈雜繁忙
The beekeeper carefully removed
the cover of the *hive*.

hoarse[5]〔hors〕*adj.* 沙啞的
（ = *rough* ）；刺耳的；嘶啞的
My classmate was *hoarse* from
singing many folk songs all day long.
【記憶技巧】講話像 horse 的叫聲一樣沙啞。

*** **hobby**[2]〔ˈhɑbɪ〕*n.* 嗜好（ = *pastime* ）
My favorite *hobby* is collecting
stamps.

hockey[5]〔ˈhɑkɪ〕*n.* 曲棍球

*** **hold**[1]〔hold〕*v.* 握住
He *held* my hand softly.

holder[2]〔ˈholdɚ〕*n.* 保持者

* **hole**[1]〔hol〕*n.* 洞
There is a *hole* in this bowl.

*** **holiday**[1]〔ˈhɑləˌde〕*n.* 假日
People don't work or go to school
on a *holiday*.

* **hollow**[3]〔ˈhɑlo〕*adj.* 中空的
（ = *empty* ）；虛假的
The squirrel built a nest in the
hollow trunk of the tree.
【反義詞】 solid（ 實心的 ）

* **holy**[3]〔ˈholɪ〕*adj.* 神聖的（ = *sacred* ）
Easter is one of the *holy* days of the
Catholic church.

*** **home**[1]〔hom〕*n.* 家

* **homeland**[4]〔ˈhomˌlænd〕*n.* 祖國
（ = *mother country* ）

Although they liked their new
country, the immigrants still missed
their *homeland*.

* **homesick**[2]〔ˈhomˌsɪk〕*adj.* 想家的
I became *homesick* after a week's
stay at my aunt's.

hometown[3]〔ˈhomˈtaʊn〕*n.* 家鄉

** **homework**[1]〔ˈhomˌwɝk〕*n.* 功課
（ = *schoolwork* ）；準備作業

homosexual[5]〔ˌhoməˈsɛkʃʊəl〕
adj. 同性戀的
【記憶技巧】*homo* (same) + *sex*（ 性別 ）
+ *ual* (*adj.*)（ 喜歡同樣性別的人 ）

** **honest**[2]〔ˈɑnɪst〕*adj.* 誠實的（ = *frank* ）
You need to be *honest* with yourself.
【反義詞】 dishonest（ 不誠實的 ）

* **honesty**[3]〔ˈɑnɪstɪ〕*n.* 誠實
（ = *frankness* ）

** **honey**[2]〔ˈhʌnɪ〕*n.* 蜂蜜

* **honeymoon**[4]〔ˈhʌnɪˌmun〕*n.* 蜜月
旅行
The newlyweds will spend their
honeymoon in Bali.
【記憶技巧】*honey* + *moon* (month)

honk[5]〔hɔŋk〕*v.* 按（ 喇叭 ）；（ 鵝、
雁 ）叫   *n.*（ 汽車的 ）喇叭聲；雁鳴聲

* **honor**[3]〔ˈɑnɚ〕*n.* 光榮(= *high respect*)
v. 表揚（ = *treat with honor* ）
It is an *honor* for me to meet such
a respected scientist.

* **honorable**[4]〔ˈɑnərəbl̩〕*adj.* 光榮的

honorary[6] 〔'ɑnə,rɛrɪ 〕 *adj.* 名譽的
Mr. Wang was awarded an *honorary* degree by NTU.

hood[5] 〔hʊd 〕 *n.* (外衣上的) 風帽；兜帽；(汽車) 引擎蓋
【衍伸詞】 *Little Red Riding Hood* (小紅帽)

hoof[5] 〔huf 〕 *n.* (馬) 蹄

***hook**[4] 〔hʊk 〕 *n.* 鉤子   *v.* 鉤住
Ben hung his jacket on a *hook* behind the door.

hop[2] 〔hɑp 〕 *v.* 跳 (= *jump*)；單腳跳躍；匆匆跳上 (下) 車；搭乘；頻繁地變動   *n.* 跳躍；短徒旅行
The children are *hopping* on the bed.

hope[1] 〔hop 〕 *v.* 希望
I *hope* I will pass the exam.

***hopeful**[4] 〔'hopfəl 〕 *adj.* 充滿希望的

***horizon**[4] 〔hə'raɪzn̩ 〕 *n.* 地平線
pl. 知識範圍；眼界
We watched until the sun sank below the *horizon*.
【衍伸詞】 horizons (知識範圍)
【重要片語】 *broaden* one's *horizons* (拓展眼界；增廣見聞)

horizontal[5] 〔,hɑrə'zɑntl̩ 〕 *adj.* 平行的 (= *parallel*)
【反義詞】 vertical (垂直的)

hormone[6] 〔'hɔrmon 〕 *n.* 荷爾蒙

***horn**[3] 〔hɔrn 〕 *n.* (牛、羊的) 角；喇叭

horrible[3] 〔'hɔrəbl̩ ,'harəbl̩ 〕 *adj.* 可怕的 (= *terrible*)
The food at the school was *horrible*.

***horrify**[4] 〔'hɔrə,faɪ ,'harə,faɪ 〕 *v.* 使驚嚇 (= *terrify*)

***horror**[3] 〔'hɔrə ,'harə 〕 *n.* 恐怖 (= *terror*)

horse[1] 〔hɔrs 〕 *n.* 馬
【片語】 *eat like a horse* 食量很大
eat like a bird 食量很小

***hose**[4] 〔hoz 〕 *n.* 軟管 (= *a flexible pipe*)

hospitable[6] 〔'hɑspɪtəbl̩ 〕 *adj.* 好客的
It was very *hospitable* of you to take in the strangers.

hospital[2] 〔'hɑspɪtl̩ 〕 *n.* 醫院
Hospitals, doctors, and nurses provide medical care.

hospitality[6] 〔,hɑspɪ'tælətɪ 〕 *n.* 好客 (= *welcome*)；慇懃款待
【記憶技巧】 *hospital* + *ity* (表特性的字尾) (醫院最喜歡有許多病人，所以擁有跟醫院一樣的特性，表「好客；慇懃款待」)

hospitalize[6] 〔'hɑspɪtl̩,aɪz 〕 *v.* 使住院

***host**[2,4] 〔host 〕 *n.* 主人；主持人   *v.* 擔任…的主人；主辦
He was the *host* at the party.

【典型考題】
Many students like to watch that talk show because the _____ is brilliant at entertaining young people.
A. guest   B. owner
C. player   D. host   [D]

hostage[5] 〔'hɑstɪdʒ 〕 *n.* 人質
【記憶技巧】 *host* (主人) + *age*

* **hostel** [4] 〔'hɑstḷ〕 n. 青年旅館
The students decided to stay in *hostels* during the trip in order to save money.

* **hostess** [2] 〔'hostɪs〕 n. 女主人

hostile [5] 〔'hɑstḷ , 'hɑstɪl〕 adj. 有敵意的 (= *unfriendly*)；敵對的
He is *hostile* to me. He treats me as if I were his enemy.
【記憶技巧】*host* (enemy) + *ile* (adj.)
(敵人都處於「敵對的」立場)
【比較】neutral (中立的)

hostility [6] 〔hɑs'tɪlətɪ〕 n. 敵意
(= *unfriendliness*)；反對
(= *opposition*)

‡ **hot** [1] 〔hɑt〕 adj. 熱的 (= *heated*)；辣的；熱情的；最新的；活躍的

‡ **hotel** [2] 〔ho'tɛl〕 n. 旅館
He stayed in a *hotel* while he was in Spain.

hound [5] 〔haʊnd〕 n. 獵犬 v. 對…窮追不捨；騷擾；迫使…離開
【衍伸詞】*Greyhound bus* (灰狗巴士)

‡ **hour** [1] 〔aʊr〕 n. 小時
【注意】複數形 hours 有時作「時間」解。

* **hourly** [3] 〔'aʊrlɪ〕 adj. 每隔一小時的

‡ **house** [1] 〔haʊs〕 n. 房子

* **household** [4] 〔'haʊs,hold〕 adj. 家庭的 (= *domestic*) n. 一家人；家庭
Jack never helps his mother with the *household* chores.
【片語】*household chores* (家事)

* **housekeeper** [3] 〔'haʊs,kipɚ〕 n. 女管家；家庭主婦 (= *housewife*)

‡ **housewife** [4] 〔'haʊs,waɪf〕 n. 家庭主婦
(= *housekeeper* = *homemaker*)
My mother is a *housewife*.

‡ **housework** [4] 〔'haʊs,wɝk〕 n. 家事
(= *household chores*)
My brother and I shared the *housework*.
【比較】homework (家庭作業)

* **housing** [5] 〔'haʊzɪŋ〕 n. 住宅

hover [5] 〔'hʌvɚ〕 v. 盤旋；徘徊；搖擺不定
The flying disk *hovered* overhead for half an hour and scared everybody.
【記憶技巧】*h* + *over* (在…上面)

【典型考題】
The helicopters —— over the sea, looking for the divers who had been missing for more than 30 hours.
A. tackled   B. rustled
C. strolled   D. hovered   [D]

‡ **however** [2] 〔haʊ'ɛvɚ〕 adv. 然而
This, *however*, is not your fault.

howl [5] 〔haʊl〕 v. 嗥叫；哀嚎；吼叫；大聲叫；咆哮；號啕大哭
The lonely dog began to *howl* as soon as his owner left the house.
【記憶技巧】*how* + *l*

* **hug** [3] 〔hʌg〕 v. n. 擁抱 (= *embrace*)
Nancy *hugged* her daughter goodbye when she dropped her off at kindergarten.

* **huge** [1] 〔hjudʒ〕 adj. 巨大的
(= *enormous*)
There is a *huge* rock on the road.

*** hum** [2] 〔 hʌm 〕 *v.* 哼唱；嗡嗡作響
（ = *buzz* ）   *n.* 蜜蜂嗡嗡聲
As he couldn't remember the words, Dave just *hummed* the song.

**** human** [1] 〔'hjumən 〕 *n.* 人
（ = *human being* ）   *adj.* 人（類）的
【常考】*human beings* （人類）

humanitarian [6] 〔 hju,mænə'tɛrɪən 〕
n. 人道主義者；慈善家
（ = *philanthropist* ）   *adj.* 人道主義的
（ = *humane* 〔 hju'men 〕）

*** humanity** [4] 〔 hju'mænətɪ 〕 *n.* 人類
（ = *mankind* ）；人性（ = *human nature* ）
【記憶技巧】*-ity* （抽象名詞字尾）

**** humble** [2] 〔'hʌmbl̩ 〕 *adj.* 謙卑的
（ = *modest* ）；卑微的（ = *lowly* ）
【記憶技巧】*hum* (ground) + *(a)ble*
（ 把自己的地位擺得比別人低，表示謙卑 ）
【反義詞】arrogant （傲慢的；自大的）

> 【典型考題】
> Jack is a ＿＿＿ person. He never talks about his background or boasts about his wealth.
> A. generous   B. compassionate
> C. humble   D. reasonable   **[C]**

*** humid** [2] 〔'hjumɪd 〕 *adj.* 潮溼的
（ = *damp* 〔 dæmp 〕 = *wet* = *moist* ）

*** humidity** [4] 〔 hju'mɪdətɪ 〕 *n.* 潮溼
（ = *dampness* ）

> 【典型考題】
> The roasting heat and high ＿＿＿ made me feel hot and sticky, no matter what I did to cool off.
> A. density   B. humidity
> C. circulation   D. atmosphere   **[B]**

humiliate [6] 〔 hju'mɪlɪ,et 〕 *v.* 使丟臉
（ = *shame* ）；羞辱
If you point out Carl's mistake in front of the others, you may *humiliate* him.
【記憶技巧】*humili* (ground) + *ate* (*v.*)
（ 將對方的臉往地面壓，表示使對方丟臉 ）

**** humor** [2] 〔'hjumɚ 〕 *n.* 幽默
（ = *humour* 【英式用法】）
I don't see the *humor* of it.

**** humorous** [3] 〔'hjumərəs 〕 *adj.* 幽默的
（ = *funny* ）

hunch [6] 〔 hʌntʃ 〕 *n.* 直覺
（ = *intuition* ）；預感
I had a *hunch* that the plan would end in failure.

**** hundred** [1] 〔'hʌndrəd 〕 *n.* 百

**** hunger** [2] 〔'hʌngɚ 〕 *n.* 飢餓
（ = *starvation* ）；渴望（ = *desire* ）
He died of *hunger*.

**** hungry** [1] 〔'hʌngrɪ 〕 *adj.* 飢餓的
（ = *starving* ）；渴望的（ = *eager* ）

**** hunt** [2] 〔 hʌnt 〕 *v.* 打獵；獵捕
n. 尋找（ = *search* ）
The hunters are *hunting* rabbits.

**** hunter** [2] 〔'hʌntɚ 〕 *n.* 獵人

hurdle [6] 〔'hɝdl̩ 〕 *n.* 障礙物
（ = *obstacle* ）；跨欄
In this race runners must jump over several *hurdles*.

hurl [5] 〔 hɝl 〕 *v.* 用力投擲（ = *fling* = *throw* ）；向…猛撲；氣憤地叫嚷
The rioters *hurled* rocks at the police.

***hurricane**[4] 〔'hɝɪˌken 〕 *n.* 颶風；暴風雨
Every year *hurricanes* cause thousands of dollars worth of damage to property.
【注意】在太平洋地區形成的稱為 typhoon；在大西洋地區形成的稱作 hurricane。

‡‡**hurry**[2] 〔'hɝɪ 〕 *v.* 趕快 (= *rush*)；催促
Hurry up, or you'll be late.
【片語】 *hurry up* (趕快)

‡‡**hurt**[1] 〔 hɝt 〕 *v.* 傷害 (= *injure*)；使痛苦；疼痛   *n.* 傷；損害；苦痛
My back was *hurt* in the accident.

‡‡**husband**[1] 〔'hʌzbənd 〕 *n.* 丈夫
Her *husband* has been working in France.

***hush**[3] 〔 hʌʃ 〕 *v.* 使安靜 (= *make silent*)；(叫人保持安靜) 噓
The principal's words *hushed* the students.
【衍伸詞】 *hush money* (遮羞費；封口錢)
【重要知識】老一輩的美國人叫別人安靜時，手指著嘴巴說 hush，現在人會說 shh…。

***hut**[3] 〔 hʌt 〕 *n.* 小木屋 (= *cabin*)
There are several *huts* on the mountain where hikers can spend the night.

***hydrogen**[4] 〔'haɪdrədʒən 〕 *n.* 氫
【記憶技巧】 *hydro* (water) + *gen* (produce) (水由氫和氧兩種元素組成)
【比較】 hydroelectric (水力發電的)

hygiene[6] 〔'haɪdʒin 〕 *n.* 衛生 (= *cleanliness* 〔'klɛnlɪnɪs 〕)
Good *hygiene* is extremely important in a hospital.
【衍伸詞】 *public hygiene* (公共衛生)
             personal hygiene (個人衛生)

hymn[5] 〔 hɪm 〕 *n.* 聖歌；讚美詩 (= *a song of praise*)

hypocrisy[6] 〔 hɪ'pakrəsɪ 〕 *n.* 偽善；虛偽 (= *insincerity*)
Hypocrisy is not a virtue.
【記憶技巧】 *hypo* (under) (真正的性格隱藏在下面，表示在大家面前裝得很和善)

hypocrite[6] 〔'hɪpəˌkrɪt 〕 *n.* 偽君子 (= *pretender*)
Senator Smith has been accused of being a *hypocrite* for reneging on his campaign promises.

hysterical[6] 〔 hɪs'tɛrɪkḷ 〕 *adj.* 歇斯底里的
The woman became *hysterical* when she saw her house was on fire.

I i

‡‡**ice**[1] 〔 aɪs 〕 *n.* 冰
Nancy puts some *ice* in the drink.

***iceberg**[4] 〔'aɪsˌbɝg 〕 *n.* 冰山
【比較】 glacier (冰河)

***icy**[3] 〔'aɪsɪ 〕 *adj.* 結冰的；冷漠的 (= *indifferent*)

‡‡**idea**[1] 〔 aɪ'diə 〕 *n.* 想法 (= *opinion*)；主意 (= *plan*)

*__ideal__[3] 〔 aɪ'diəl 〕 *adj.* 理想的（= *highly satisfactory*）；完美的　*n.* 理想

The winter vacation is an *ideal* time to go abroad because we have several days off.

*__identical__[4] 〔 aɪ'dɛntɪkḷ 〕 *adj.* 完全相同的（= *the same*）

After he broke his mother's vase, Walter bought an *identical* one for her.

【典型考題】

The study of the characteristics of these two plants shows that they are _____ only in appearance.
A. identical　　　B. superficial
C. potential　　　D. eventual　[A]

*__identification__[4] 〔 aɪˌdɛntəfə'keʃən 〕 *n.* 確認身分；身分證明（文件）

*__identify__[4] 〔 aɪ'dɛntəˌfaɪ 〕 *v.* 辨認（= *recognize*）；指認；認同

The teacher can easily *identify* the students if they are in uniform.

【記憶技巧】*identi* (the same) + *fy* (v.)
（發現是一樣的，也就是「確認」）

【典型考題】

People in this community tend to _____ with the group they belong to, and often put group interests before personal ones.
A. appoint　　　B. eliminate
C. occupy　　　D. identify　[D]

*__identity__[3] 〔 aɪ'dɛntətɪ 〕 *n.* 身分；身分證件

【衍伸詞】*identity card*（身分證）

*__idiom__[4] 〔'ɪdɪəm 〕 *n.* 成語（= *phrase*）；慣用語

idiot[5] 〔'ɪdɪət 〕 *n.* 白痴

*__idle__[4] 〔'aɪdḷ 〕 *adj.* 遊手好閒的（= *unemployed*）；懶惰的（= *lazy*）

You should do something useful instead of sitting here *idle* all day.

*__idol__[4] 〔'aɪdḷ 〕 *n.* 偶像

Teens will often go to great lengths to get a glimpse of their *idols*.

【記憶技巧】id__ol__ 是受崇敬的事物（__o__bject）。

‡**if**[1] 〔 ɪf 〕 *conj.* 如果；是否

*__ignorance__[3] 〔'ɪgnərəns 〕 *n.* 無知

Ignorance is bliss.

*__ignorant__[4] 〔'ɪgnərənt 〕 *adj.* 無知的（= *unaware*）

‡**ignore**[2] 〔 ɪg'nor 〕 *v.* 忽視（= *neglect*）

He *ignored* the traffic light and caused an accident.

【記憶技巧】*i* (not) + *gnore* (know)
（裝作不知道，就是「忽視」）

【典型考題】

Mr. Chang never _____ any questions from his students even if they sound stupid.
A. reforms　　　B. depresses
C. ignores　　　D. confirms　[C]

‡**ill**[2] 〔 ɪl 〕 *adj.* 生病的（= *sick*）；壞的　*n.* 罪惡；*pl.* 不幸　*adv.* 惡意地

illuminate[6] 〔 ɪ'luməˌnet 〕 *v.* 照亮（= *light up*）；闡明；解釋；啟發

This lamp is not bright enough to *illuminate* the entire room.

【記憶技巧】*il* (on) + *lumin* (light) + *ate* (v.)（把燈照在~上，就是「照亮」）

illusion[6] 〔ɪ'luʒən〕 *n.* 幻覺（ =*false impression* ）；錯誤觀念（ =*false belief* ）
An optical *illusion* is a visual trick.
【片語】 *optical illusion*（視覺幻象）

*****illustrate**[4] 〔'ɪləstret〕 *v.* 圖解說明；
說明（ =*explain* ）
【記憶技巧】 *il* (in) + *lustr* (bright) + *ate* (*v.*)（使變亮，就是用圖解說明，使讀者一目了然）

*****illustration**[4] 〔,ɪləs'treʃən〕 *n.* 插圖（ =*picture* ）；實例（ =*example* ）
Books with *illustrations* often give the readers better ideas than those without them.

【典型考題】
David's new book made it to the best-seller list because of its beautiful _____ and amusing stories.
A. operations   B. illustrations
C. engagements D. accomplishments
[B]

*****image**[3] 〔'ɪmɪdʒ〕 *n.* 形象（ =*idea* ）；
圖像（ =*picture* ）
His behavior ruined his public *image*.

【典型考題】
The _____ I have of the principal is that of a very kind and gentle person.
A. aspect   B. effect
C. image   D. message   [C]

*****imaginable**[4] 〔ɪ'mædʒɪnəbl̩〕
adj. 想像得到的

*****imaginary**[4] 〔ɪ'mædʒə,nɛrɪ〕
adj. 虛構的（ =*made-up* ）；想像的
【記憶技巧】 *-ary* 表「與…有關」的字尾。

*****imagination**[3] 〔ɪ,mædʒə'neʃən〕
n. 想像力（ =*creativity* ）

*****imaginative**[4] 〔ɪ'mædʒə,netɪv〕
adj. 有想像力的（ =*creative* ）

【典型考題】
This scientist is very _____. His original experiments are widely admired.
A. imaginative B. representative
C. cooperative   D. persuasive   [A]

**imagine[2] 〔ɪ'mædʒɪn〕 *v.* 想像
You can *imagine* how nice the new car is.

【典型考題】
There is serious pollution here. I cannot _____ that there were fish in the water before.
A. imagine   B. examine
C. link   D. criticize   [A]

*****imitate**[4] 〔'ɪmə,tet〕 *v.* 模仿（ =*copy* ）
My younger son likes to *imitate* his older brother.

*****imitation**[4] 〔,ɪmə'teʃən〕 *n.* 模仿（ =*copy* ）；仿製品

*****immediate**[3] 〔ɪ'midɪɪt〕 *adj.* 立即的（ =*instant* ）
The general has ordered an *immediate* stop to the fighting.
【記憶技巧】 *im* (not) + *medi* (middle) + *ate* (*adj.*)（事情立刻做完，不中斷）

immense[5] 〔ɪ'mɛns〕 *adj.* 巨大的（ =*huge* ）；廣大的
After the explorers crossed the mountains, they found an *immense* desert before them.
【記憶技巧】 *im* (not) + *mense* (measure)（大到無法衡量，表示巨大）

***immigrant**[4] 〔ˈɪməgrənt〕 *n.* (從外國來的)移民 (= *settler*)

As a recent *immigrant*, Jean still has a lot to learn about her new home.

***immigrate**[4] 〔ˈɪməˌgret〕 *v.* 移入

【記憶技巧】 *im* (into) + *migr* (move) + *ate* (*v.*)(把東西搬進去,就是「移入」)

***immigration**[4] 〔ˌɪməˈgreʃən〕 *n.* 移入;出入境管理 *adj.* 移民的

immune[6] 〔ɪˈmjun〕 *adj.* 免疫的 (= *resistant*);不受影響的;豁免的

Once you have had the measles, you are usually *immune* to the disease.

【片語】 *be immune to* (對…免疫)

***impact**[4] 〔ˈɪmpækt〕 *n.* 影響 (= *effect*);衝擊;撞擊力 〔ɪmˈpækt〕 *v.* 影響;對…有衝擊

The driver hit a fence and the *impact* crushed the front of his car.

imperative[6] 〔ɪmˈpɛrətɪv〕 *adj.* 緊急的 (= *urgent*);必要的 (= *necessary*);(語氣)武斷的

It is *imperative* to stabilize Taiwan's political and economic situation as soon as possible.

imperial[5] 〔ɪmˈpɪrɪəl〕 *adj.* 帝國的;皇室的;帝王的

Japan's *imperial* family includes the emperor, his wife and their children.

implement[6] 〔ˈɪmpləˌmɛnt〕 *v.* 實施 (= *carry out*);執行 〔ˈɪmpləmənt〕 *n.* 工具;器具

To prevent the epidemic from spreading, certain policies must be *implemented*.

【記憶技巧】 *im* (in) + *ple* (fill) + *ment*

implication[6] 〔ˌɪmplɪˈkeʃən〕 *n.* 暗示 (= *suggestion*)

implicit[6] 〔ɪmˈplɪsɪt〕 *adj.* 暗示的 (= *implied*);含蓄的

【反義詞】 explicit (明白表示的)

***imply**[4] 〔ɪmˈplaɪ〕 *v.* 暗示 (= *suggest*);意味著 (= *mean*)

Are you *implying* that I am not telling the truth?

【記憶技巧】 *im* (in) + *ply* (fold) (話中有話,也就是「暗示」)

┌─【典型考題】─────────
│ Sue didn't come right out and say that John was fired, but she _____ it.
│ A. explained   B. announced
│ C. quoted   D. implied   **[D]**
└────────────────────

***import**[3] 〔ɪmˈport〕 *v.* 進口 (= *bring in*) *n.* 進口品 (= *imported goods*)

Europe *imports* coal from America.

【反義詞】 export (出口)

****importance**[2] 〔ɪmˈpɔrtn̩s〕 *n.* 重要性 (= *significance*)

The *importance* of using your time well is quite clear.

****important**[1] 〔ɪmˈpɔrtn̩t〕 *adj.* 重要的 (= *significant*)

impose[5] 〔ɪmˈpoz〕 *v.* 強加 < *on* > (= *place*);實施;推行

My brother is such a bully that he always *imposes* his wishes on me.

【記憶技巧】 *im* (on) + *pose* (place) (把東西放在上面,表示「強加」)

imposing[6] 〔ɪmˈpozɪŋ〕 *adj.* 雄偉的 (- *impressive* = *grand*);壯觀的

They lived in a large and *imposing* building near the mountain.

I

*impress[3] 〔 ɪmˈprɛs 〕v. 使印象深刻
We were greatly *impressed* by
his speech.
【記憶技巧】*im* (in) + *press*（壓）
（壓進腦海裡，表示「使印象深刻」）

*impression[4] 〔 ɪmˈprɛʃən 〕n. 印象
（= *idea* ）

*impressive[3] 〔 ɪmˈprɛsɪv 〕adj. 令人
印象深刻的（= *striking* ）；令人感動
的；令人欽佩的

【典型考題】────────────
The professor's speech on environmental
protection was really _____.
A. impressive   B. insecure
C. indeed   D. image   [A]

imprison[6] 〔 ɪmˈprɪzn̩ 〕v. 囚禁
（= *jail* ）；限制
The kidnappers *imprisoned* their
hostage in the basement.
【記憶技巧】*im* (in) + *prison*（監獄）

imprisonment[6] 〔 ɪmˈprɪzn̩mənt 〕
n. 囚禁（= *captivity* ）

‡improve[2] 〔 ɪmˈpruv 〕v. 改善
To make something better is to
improve it.
【記憶技巧】*im*（表「引起」的字首）+
prove (profit)（「改善」會帶來好處）

*improvement[2] 〔 ɪmˈpruvmənt 〕
n. 改善

impulse[5] 〔 ˈɪmpʌls 〕n. 衝動
（= *urge* ）；一時的念頭；（電）脈衝
Those who act on *impulse* tend to
make mistakes and feel regretful
afterwards.

【常考片語】*on impulse*（衝動地）
【記憶技巧】*im* (in) + *pulse* (push)
（被心裡的想法驅使，因而產生「衝動」）

【典型考題】────────────
A man who is apt to be moved by
sudden _____ acts first and thinks
afterwards.
A. deposit   B. deliberation
C. anxiety   D. impulse   [D]

incense[5] 〔 ˈɪnsɛns 〕n.（供神的）香
〔 ɪnˈsɛns 〕v. 激怒（= *enrage* ）
Burning *incense* is part of practicing
Buddhism.
【記憶技巧】*in* + *cense*（使燃燒）（拜拜
要燃燒的東西，就是「香」）

incentive[6] 〔 ɪnˈsɛntɪv 〕n. 動機
（= *motive* ）；鼓勵（= *encouragement* ）
The promise of a bonus acted as an
incentive for the employees to make
greater efforts.

‡inch[1] 〔 ɪntʃ 〕n. 英吋
（= *2.54 centimeters* ）
She is three *inches* taller than me.

*incident[4] 〔 ˈɪnsədənt 〕n. 事件
（= *event* ）
There were 17 reported *incidents* of
high radiation exposure at nuclear
plants between 1957 and 1988.
【比較】accident（意外）

incidental[6] 〔 ˌɪnsəˈdɛntl̩ 〕adj. 附帶的
（= *accompanying* ）；偶發的；伴隨的
The bus fare was an *incidental*
expense so I didn't include it in my
business expenses.

incline[6] 〔 ɪnˈklaɪn 〕 v. 使傾向於
【常考】**be inclined to**（易於；傾向於）

include[2] 〔 ɪnˈklud 〕 v. 包括
（= *contain*）
The price *includes* the service charge.
【記憶技巧】**in** (in) + **clude** (shut)
（把東西關在裡面，就是「包括」）
【反義詞】 exclude（排除）

including[4] 〔 ɪnˈkludɪŋ 〕 prep. 包括
（= *as well as*）
Everyone had a lot of fun, *including* my father.

inclusive[6] 〔 ɪnˈklusɪv 〕 adj. 包括的
（= *covering*）；費用全包的
【片語】**inclusive of**（包括）

income[2] 〔ˈɪnˌkʌm 〕 n. 收入
She has an *income* of 2,000 dollars a week.

increase[2] 〔 ɪnˈkris 〕 v. 增加（= *rise*）
〔ˈɪnkris 〕 n. 增加
My weight has *increased* by ten pounds.

【典型考題】
New schools have to be set up because the number of students is _____.
A. increasing　　B. clapping
C. condemning　D. expressing　[A]

indeed[3] 〔 ɪnˈdid 〕 adv. 的確
（= *certainly*）；眞正地（= *really*）
A friend in need is a friend *indeed*.
【記憶技巧】**in** + **deed**（行爲）

independence[2] 〔ˌɪndɪˈpɛndəns 〕
n. 獨立（= *self-reliance*）

independent[2] 〔ˌɪndɪˈpɛndənt 〕 adj.
獨立的（= *self-reliant*）；不依賴的
He is *independent* of his parents.
【片語】**be independent of**（不依賴）

index[5] 〔ˈɪndɛks 〕 n. 索引
Matt found the topic he wanted in the *index*.

indicate[2] 〔ˈɪndəˌket 〕 v. 指出
（= *show*）；顯示；表達（= *express*）
The flashing light *indicates* that there is some road construction ahead.
【記憶技巧】**in** (towards) + **dic** (proclaim 宣稱) + **ate** (v.)

indication[4] 〔ˌɪndəˈkeʃən 〕 n. 跡象
（= *sign*）；指標

【典型考題】
There are many _____ that the economy will recover from the recession.
A. indications　　B. organizations
C. contributions　D. traditions　[A]

indifference[5] 〔 ɪnˈdɪfrəns 〕
n. 漠不關心；冷漠
【記憶技巧】**in** (no) + **difference**（不同）
（覺得沒有什麼不同，也就是「漠不關心」）

indifferent[5] 〔 ɪnˈdɪfrənt 〕 adj. 漠不
關心的（= *unconcerned*）；冷漠的
He was *indifferent* to fame or monetary reward.
【片語】**be indifferent to**（對～漠不關心）

indignant[5] 〔 ɪnˈdɪgnənt 〕 adj. 憤怒的
（= *furious*）
【記憶技巧】**in** (not) + **dign** (worthy) + **ant**（被評爲沒有價值，會感到「憤慨的」）

indignation[6] 〔͵ɪndɪgˈneʃən 〕 *n.* 憤怒
（ = *fury* ）

indispensable[5] 〔͵ɪndɪsˈpɛnsəb!̣ 〕
adj. 不可或缺的（ = *essential* ）
It is *indispensable* to have a doctrine
if only to avoid being deceived by
false doctrines.
【記憶技巧】*in* (not) + *dispensable*
（可有可無的）

* **individual**[3] 〔͵ɪndəˈvɪdʒʊəl 〕 *n.* 個人
（ = *person* ） *adj.* 個別的（ = *separate* ）
We use *individual* textbooks.
【記憶技巧】*in* (not) + *divid* (divide)
+ *ual* (*adj.*)（不能再分割，表示已經是
獨立的個體）

┌─【典型考題】─────────
│ In team sports, how all members work
│ as a group is more important than how
│ they perform _____ .
│ A. frequently   B. typically
│ C. individually   D. completely   [C]
└──────────────────────

* **indoor**[3] 〔ˈɪn͵dor 〕 *adj.* 室內的
The club has both an *indoor* and an
outdoor swimming pool.

* **indoors**[3] 〔ˈɪnˈdorz 〕 *adv.* 在室內

induce[5] 〔 ɪnˈdjus , ɪnˈdus 〕 *v.* 引起
（ = *cause* ）；導致；催生
This medicine *induces* sleep.
【記憶技巧】*in* (in) + *duce* (lead)
（將情況引領到某個方向，表示「引起」）
【比較】re<u>duce</u>（減少）
de<u>duce</u>（推論）
se<u>duce</u>（引誘）

indulge[5] 〔 ɪnˈdʌldʒ 〕 *v.* 使沈迷；
沈迷於；放縱
They *indulged* themselves in
eating and drinking.

【片語】*indulge oneself in* （沈迷於）
【記憶技巧】*in* (towards) + *dulge*
(kind)（溫柔以對會使人沈迷）

* **industrial**[3] 〔 ɪnˈdʌstrɪəl 〕 *adj.* 工業的
This is an *industrial* area; most
people work in factories.
【記憶技巧】industrial 字尾像工廠的煙
囪，不要和 industrious（勤勉的）搞混。

* **industrialize**[4] 〔 ɪnˈdʌstrɪəl͵aɪz 〕 *v.*
使工業化

* **industry**[2] 〔ˈɪndəstrɪ 〕 *n.* 產業；工業
（ = *production* ）；勤勉（ = *diligence* ）
【注意】industry 這個字有兩種形容詞的變化：
① industrious 勤勉的 ② industrial 工業的

inevitable[6] 〔 ɪnˈɛvətəb!̣ 〕 *adj.* 不可
避免的（ = *unavoidable* ）；必然的
An argument is *inevitable* because
they dislike each other so much.
【記憶技巧】*in* (not) + *evit* (avoid 避
免) + *able* (*adj.*)

* **infant**[4] 〔ˈɪnfənt 〕 *n.* 嬰兒（ = *baby* ）；
幼兒 *adj.* 初期的
A young couple with an *infant* have
moved in upstairs.
【記憶技巧】*in* (not) + *fant* (speak)
（「嬰兒」還不太會說話）

* **infect**[4] 〔 ɪnˈfɛkt 〕 *v.* 感染；傳染
Cover your mouth when you cough
or you may *infect* other people.
【記憶技巧】*in* (in) + *fect* (make)
（使病菌進入體內，就是「傳染」）

* **infection**[4] 〔 ɪnˈfɛkʃən 〕 *n.* 感染

* **infectious**[6] 〔 ɪnˈfɛkʃəs 〕 *adj.* 傳染性的
（ = *contagious* ）
Laughter is *infectious*.

infer[6] 〔 ɪnˋfɝ 〕 *v.* 推論
I *inferred* from his enthusiasm that he is satisfied with his new position.
【記憶技巧】 *in* (into) + *fer* (carry)

inference[6] 〔ˋɪnfərəns 〕 *n.* 推論 (= *deduction*)；推斷

*__inferior__[3] 〔 ɪnˋfɪrɪɚ 〕 *adj.* 較差的 (= *worse*)；劣質的 (= *bad*)
Although this television is more expensive, it is *inferior* to that one.
【反義詞】 superior (較優秀的)

infinite[5] 〔ˋɪnfənɪt 〕 *adj.* 無限的 (= *limitless*)；極大的
Even the most powerful telescope cannot tell us everything about the *infinite* universe.
【記憶技巧】 *in* (not) + *fin* (end) + *ite* (*adj.*) (沒有終點的，就是「無限的」)
【反義詞】 finite 〔ˋfaɪnaɪt 〕 *adj.* 有限的

*__inflation__[4] 〔 ɪnˋfleʃən 〕 *n.* 通貨膨脹 (= *rising prices*)；膨脹 (= *swelling*)
With the high rate of *inflation*, people are worried that they may not be able to afford the necessities of life.
【記憶技巧】 *in* (into) + *flat* (blow) + *ion* (*n.*) (價格上升像對氣球吹氣一樣)

**__influence__[2] 〔ˋɪnfluəns 〕 *n.* 影響 (= *impact*)
Television has had a great *influence* on young people.
【常考】 *have an influence on* (對…有影響)

*__influential__[4] 〔ˌɪnfluˋɛnʃəl 〕 *adj.* 有影響力的

*__inform__[3] 〔 ɪnˋfɔrm 〕 *v.* 通知 (= *notify*)
We should *inform* the committee of the change of plans.

【片語】 *inform sb. of sth.* (通知某人某事)
【記憶技巧】 *in* (into) + *form* (form)
(事先的「通知」就是讓人心中有個底)

**__information__[4] 〔ˌɪnfɚˋmeʃən 〕 *n.* 資訊 (= *news*)；情報；消息

*__informative__[4] 〔 ɪnˋfɔrmətɪv 〕 *adj.* 知識性的 (= *instructive*)
【衍伸詞】 *informative program* (知識性的節目)

ingenious[6] 〔 ɪnˋdʒinjəs 〕 *adj.* 有發明才能的；巧妙的；聰明的 (= *clever*)；別出心裁的 (= *creative*)
The magician's *ingenious* escape bewildered the young audience.
【比較】 genius (天才)

ingenuity[6] 〔ˌɪndʒəˋnuətɪ 〕 *n.* 聰明 (= *cleverness*)；創意
Thanks to Clay's *ingenuity*, we were able to get the car running again.
【記憶技巧】 *in* (into) + *genuity* (produce) (聰明才智是天生的)

*__ingredient__[4] 〔 ɪnˋgridɪənt 〕 *n.* 原料 (= *component*)；材料；要素(= *factor*)
The main *ingredient* of this dish is chicken.
【記憶技巧】 *in* (in) + *gredi* (walk) + *ent* (*n.*) (製作產品時加入的東西)

inhabit[6] 〔 ɪnˋhæbɪt 〕 *v.* 居住於 (= *dwell in* = *reside in* = *live in*)
Some rabbits *inhabit* the garden behind our house.
【典型考題】
Before the arrival of the white man, Australia was ———— solely by aborigines.
A. displayed　　B. inhabited
C. consulted　　D. jeered　　**[B]**

inhabitant[6] 〔 ɪn'hæbətənt 〕 *n.* 居民
(= *resident*)
Due to the size of the typhoon, the government ordered the *inhabitants* of coastal towns to leave.
【記憶技巧】 *in* (in) + *habit* (live) + *ant* (person) (住在裡面的人就是「居民」)

inherent[6] 〔 ɪn'hɪrənt 〕 *adj.* 與生俱來的 (= *natural*);固有的;天生的
Mozart had an *inherent* musical talent.
【記憶技巧】 *in* (in) + *here* (stick) + (*e*)*nt* (*adj.*) (黏在身上的)
┌─【典型考題】─────────
│ Human rights are fundamental rights
│ to which a person is _____ entitled,
│ that is, rights she or he is born with.
│ A. inherently   B. imperatively
│ C. authentically   D. alternatively   [A]
└───────────────────

inherit[5] 〔 ɪn'hɛrɪt 〕 *v.* 繼承
(= *take over*)
As she is the only child, Melanie will *inherit* the family business.
【比較】 heritage (遺產)

*****initial**[4] 〔 ɪ'nɪʃəl 〕 *adj.* 最初的
(= *beginning*)   *n.* (字的)起首字母
The *initial* response to the proposal surprised the government officials.

initiate[5] 〔 ɪ'nɪʃɪˌet 〕 *v.* 創始
(= *begin*);發起 (= *launch*)

initiative[6] 〔 ɪ'nɪʃɪˌetɪv 〕 *n.* 主動權
(= *lead*)
【常考片語】 *take the initiative* (採取主動)

inject[6] 〔 ɪn'dʒɛkt 〕 *v.* 注射 (= *shoot*)
【記憶技巧】 *in* (into) + *ject* (throw)
(投擲進去,也就是「注射」)

injection[6] 〔 ɪn'dʒɛkʃən 〕 *n.* 注射
(= *shot*)
The nurse gave me an *injection* to stop my pain.

*****injure**[3] 〔 'ɪndʒɚ 〕 *v.* 傷害 (= *harm*)
Don't hold the knife like that or you may *injure* yourself.
【記憶技巧】 *in* (not) + *jure* (right)
(「傷害」別人是不正當的行為)

*****injury**[3] 〔 'ɪndʒərɪ 〕 *n.* 傷 (= *wound*);
受傷 (= *harm*)

injustice[6] 〔 ɪn'dʒʌstɪs 〕 *n.* 不公平
(= *inequality*);不公正
【記憶技巧】 *in* (not) + *justice* (公平)

﹡ink[2] 〔 ɪŋk 〕 *n.* 墨水;(章魚或墨魚噴出的)墨汁
My pen is running out of *ink*.

inland[5] 〔 'ɪnlənd 〕 *adj.* 內陸的
(= *interior*);國內的

*****inn**[3] 〔 ɪn 〕 *n.* 小旅館 (= *hostel*);
小酒館 (= *bar*)
We stayed at a small *inn* just outside the town.

*****inner**[3] 〔 'ɪnɚ 〕 *adj.* 內部的
(= *internal*);接近中心的;核心的;隱藏的
Upon hearing that a tornado had been sighted, they moved to an *inner* room of the house.
【反義詞】 outer (外部的)

*****innocence**[4] 〔 'ɪnəsn̩s 〕 *n.* 清白
(= *guiltlessness*);天真
(= *ingenuousness*)
Convinced of the boy's *innocence*, the police let him go.

***innocent**[3] 〔'ɪnəsn̩t 〕 *adj.* 清白的;
天眞的
【記憶技巧】*in* (not) + *noc* (harm) +
ent (*adj.*) (沒有傷害別人,表示這個人
是「清白的」)
【反義詞】 guilty (有罪的)

innovation[6] 〔,ɪnə'veʃən 〕 *n.* 創新
(= *creation*);發明
The company claims that the new
product is an *innovation* in hair care.
【記憶技巧】*in* (in) + *nov* (new) +
ation (*n.*) (新的東西進入生活中)

innovative[6] 〔'ɪnə,vetɪv 〕 *adj.* 創新的
(= *original*)
【重要知識】這個字很難唸,52%的美國人唸
〔'ɪnə,vetɪv 〕,42% 的人唸〔'ɪnəvətɪv 〕。

innumerable[5] 〔 ɪ'njumərəbl̩ 〕
adj. 無數的 (= *countless*)
There are *innumerable* fish in the seas.
【記憶技巧】*in* (not) + *numer* (number)
+ *able* (*adj.*)(不知道數目,表示「無數的」)

***input**[4] 〔'ɪn,pʊt 〕 *n.* 輸入;投入;
輸入的資訊
We mustn't forget the sales
department's *input*.
【反義詞】 output (輸出;產品)

inquire[5] 〔 ɪn'kwaɪr 〕 *v.* 詢問(= *ask*);
打聽
The man went to the tourist office
and *inquired* about city tours.
【記憶技巧】*in* (into) + *quire* (seek)
(深入尋求,就是「詢問」)

inquiry[6] 〔 ɪn'kwaɪrɪ 〕 *n.* 詢問
(= *question*);調查 (= *investigation*)
【重要知識】74%美國人唸成〔'ɪnkwərɪ 〕,26%
唸成〔 ɪn'kwaɪrɪ 〕,現在只有老一輩的人重音
唸在第二音節上。

‡**insect**[2] 〔'ɪnsɛkt 〕 *n.* 昆蟲
A mosquito is an *insect*.
【記憶技巧】*in* (into) + *sect* (cut) (「昆
蟲」的身體看起來像是一節一節的)

***insert**[4] 〔 ɪn'sɝt 〕 *v.* 插入 (= *put in*)
Mindy *inserted* the phone card and
made a call.
【記憶技巧】*in* (into) + *sert* (join)
(加在裡面,就是「插入」)

‡**inside**[1] 〔 ɪn'saɪd 〕 *prep.* 在⋯裡面
No one is *inside* the school.

insight[6] 〔'ɪn,saɪt 〕 *n.* 洞察力 < *into* >
(= *understanding*);深入了解;見識
The documentary on environmental
protection has given me some
insight into the problem.
【記憶技巧】*in* + *sight* (看) (往內看,
才有「深入的了解」)

***insist**[2] 〔 ɪn'sɪst 〕 *v.* 堅持 (= *persist*);
堅持認為 (= *claim*)
I *insist* that he stay at home.
【記憶技巧】*in* (on) + *sist* (stand) (一直
站在自己的立場,就是「堅持」自己的想法)

【典型考題】
I didn't want to mow the lawn but my
brother _____ that it was my turn.
A. offered   B. allowed
C. conceded   D. insisted   [D]

insistence[6] 〔 ɪn'sɪstəns 〕 *n.* 堅持
(= *demand*)

***inspect**[3] 〔 ɪn'spɛkt 〕 *v.* 檢查
(= *examine*)
The factory employs someone to
inspect the finished products for flaws.
【記憶技巧】*in* (into) + *spect* (look)
(窺視內部,進行「檢查」)

I

*__inspection__[4] 〔 ɪnˈspɛkʃən 〕 _n._ 檢查
（ = _examination_ ）；審查（ = _review_ ）

*__inspector__[3] 〔 ɪnˈspɛktɚ 〕 _n._ 檢查員
（ = _examiner_ ）

*__inspiration__[4] 〔 ˌɪnspəˈreʃən 〕
_n._ 靈感（ = _inventiveness_ ）；
鼓舞（ = _motivation_ ）
The writer declared that his
experiences during the war were
the _inspiration_ for his work.
【記憶技巧】 _in_ (into) + _spir_ (breathe)
+ _ation_ (_n._)（多吸一點氧氣可讓腦袋保持
清晰，有助於產生「靈感」）

【典型考題】
To poets, the beautiful scenery of
Sun Moon Lake is a great source of
_____.
A. contribution　B. illusion
C. inspiration　　D. distribution　[C]

*__inspire__[4] 〔 ɪnˈspaɪr 〕 _v._ 激勵
（ = _encourage_ ）；給予靈感
（ = _give sb. the idea_ ）

【典型考題】
The story of his success _____ us to
make more efforts.
A. socialized　　　B. demonstrated
C. inspired　　　　D. punished　　[C]

*__install__[4] 〔 ɪnˈstɔl 〕 _v._ 安裝
（ = _set up for use_ ）；安置（ = _settle_ ）
We will have to _install_ a new air
conditioner.

__installation__[6] 〔 ˌɪnstəˈleʃən 〕 _n._ 安裝
（ = _setting up_ ）；安裝設備

__installment__[6] 〔 ɪnˈstɔlmənt 〕 _n._ 分期
付款的錢
I just paid the last _installment_ on
the refrigerator; now we own it.

*__instance__[2] 〔 ˈɪnstəns 〕 _n._ 實例
（ = _example_ ）
I visited several countries, for
instance, Japan, France, and Spain.
【片語】 _for instance_（例如）

*__instant__[2] 〔 ˈɪnstənt 〕 _adj._ 立即的
The book was an _instant_ best-seller,
and the author became famous
overnight.
【衍伸詞】 _instant noodles_（速食麵）

*__instead__[3] 〔 ɪnˈstɛd 〕 _adv._ 作爲代替
There was no Coke, so I had orange
juice _instead_.
【衍伸詞】 _instead of_（而不是）

*__instinct__[4] 〔 ˈɪnstɪŋkt 〕 _n._ 本能；直覺
（ = _intuition_ ）
Birds fly south in winter by _instinct_.
【記憶技巧】 _in_ (on) + _stinct_ (prick)
（被刺激，才能發揮出「本能」）

*__institute__[5] 〔 ˈɪnstəˌtjut 〕 _n._ 協會；
機構；學院　_v._ 設立；制定
The millionaire founded an _institute_
dedicated to helping the poor.
【記憶技巧】 _in_ (up) + _stitute_ (stand)
【比較】 constitute（組成）
　　　　 substitute（代替）

*__institution__[6] 〔 ˌɪnstəˈtjuʃən 〕 _n._ 機構
【衍伸詞】 _a charitable institution_（慈
善機構）

*__instruct__[4] 〔 ɪnˈstrʌkt 〕 _v._ 教導
（ = _teach_ ）
My brother has promised to _instruct_
me in how to use the machine.
【記憶技巧】 _in_ (in) + _struct_ (build)
（透過「教導」，把所學的内容建構在心中）
【比較】 con__struct__（建造）
　　　　 ob__struct__（阻礙）

* **instruction**[3] 〔 ɪn'strʌkʃən 〕 *n.* 教導
(= *teaching*)   *pl.* 使用說明
(= *directions*)

* **instructor**[4] 〔 ɪn'strʌktɚ 〕 *n.* 講師
(= *teacher*)

* **instrument**[2] 〔'ɪnstrəmənt 〕
n. 儀器；樂器
Pianos and violins are musical
instruments.

* **insult**[4] 〔 ɪn'sʌlt 〕 *v.* 侮辱
〔'ɪnsʌlt 〕 *n.* 侮辱
Ever since John *insulted* her, the
teacher has had it in for him.
【記憶技巧】 *in* (on) + *sult* (leap)
(跳到別人的身上，表示「侮辱」)
【比較】 result (結果)
consult (請教；查閱)

* **insurance**[4] 〔 ɪn'ʃʊrəns 〕 *n.* 保險
(= *coverage*)
After the house burned down, we
were very happy that we had fire
insurance.

insure[5] 〔 ɪn'ʃʊr 〕 *v.* 為⋯投保
(= *protect by insurance*)
【記憶技巧】 *in* (into) + *sure* (secure)
(表示希望被保險人能有安全的保障)
【比較】 assure (向~保證)
ensure (確保)

intact[6] 〔 ɪn'tækt 〕 *adj.* 完整的
(= *undamaged*)；未受損傷的
The relic was found *intact* after
two thousand years.

【記憶技巧】 *in* (not) + *tact* (touch)
(未經接觸，表示維持良好狀況)

┌─【典型考題】────
The church was the only building on
the block that remained _____.
A. immense   B. aware
C. intact   D. potential   [C]
└────────────────

integrate[6] 〔'ɪntə,gret 〕 *v.* 整合
(= *unify*)；合併；(使) 融入
When the new high school is
completed, the students of two
smaller schools will be *integrated.*
【記憶技巧】 *in* (not) + *tegr* (touch)
+ *ate* (*v.*)

integration[6] 〔,ɪntə'greʃən 〕 *n.* 整合
(= *incorporation*)；融入

integrity[6] 〔 ɪn'tɛgrətɪ 〕 *n.* 正直
(= *honesty*)；完整
When money began to disappear
from the account, we questioned
the *integrity* of the accountant.

┌─【典型考題】────
The judge was respected for his _____.
A. inferiority   B. integrity
C. intimacy   D. indicator   [B]
└────────────────

intellect[6] 〔'ɪntl̩,ɛkt 〕 *n.* 智力；知識
分子

* **intellectual**[4] 〔,ɪntl̩'ɛktʃʊəl 〕
adj. 智力的 (= *mental*)；理解力的
n. 知識份子
Nutrition is important for children's
intellectual development.

* **intelligence**[4] 〔 ɪn'tɛlədʒəns 〕
n. 聰明才智（= *cleverness*）；情報
（= *information*）
The students were given an
intelligence test.
【記憶技巧】*inte* (between) + *lligence*
(read)（read between the lines 有智
慧的人，才能讀出字裡行間的意思）

** **intelligent**[4] 〔 ɪn'tɛlədʒənt 〕
adj. 聰明的（= *smart* = *clever*）

* **intend**[4] 〔 ɪn'tɛnd 〕v. 打算（= *plan*）；
意圖；打算作為…之用 <*for*>
I had *intended* to stay there for a
week, but due to an accident, I
stayed there more than a month.
【記憶技巧】*in* (towards) + *tend*
(stretch)（把手伸過去，就是「打算」
做某事）

* **intense**[4] 〔 ɪn'tɛns 〕adj. 強烈的
（= *fierce*）
The *intense* heat made everyone
feel tired and irritable.
【衍伸詞】*intense heat*（酷暑）

* **intensify**[4] 〔 ɪn'tɛnsə,faɪ 〕v. 加強
（= *strengthen*）
┌─【典型考題】──────────
The weather bureau issued a warning
when the storm began to _____
A. notify   B. intensify
C. personify   D. signify   [B]
└──────────────────

* **intensity**[4] 〔 ɪn'tɛnsətɪ 〕n. 強度
（= *force*）

* **intensive**[4] 〔 ɪn'tɛnsɪv 〕adj. 密集的
（= *concentrated*）
The sales force received *intensive*
training over the weekend.

intent[5] 〔 ɪn'tɛnt 〕n. 意圖
（= *intention*）；目的   adj. 專心的
She is *intent* on her report.
【記憶技巧】*in* + *tent*（帳篷）
（躲在帳篷裡，「專心」做事）

* **intention**[4] 〔 ɪn'tɛnʃən 〕n. 企圖
（= *plan*）
┌─【典型考題】──────────
The driver signaled his _____ to turn
right at the corner.
A. passion   B. intention
C. destination   D. affection   [B]
└──────────────────

* **interact**[4] 〔 ,ɪntə'ækt 〕v. 互動；相互
作用
These two chemicals will *interact* and
produce a gas with a terrible smell.
【記憶技巧】*inter* (between) + *act*
（行動）
┌─【典型考題】──────────
John should _____ more often with
his friends and family after work,
instead of staying in his room to play
computer games.
A. explore   B. interact
C. negotiate   D. participate   [B]
└──────────────────

* **interaction**[4] 〔 ,ɪntə'ækʃən 〕n. 相互
作用

** **interest**[1] 〔 'ɪntrɪst 〕v. 使感興趣
（= *fascinate*）；引起…的關注
n. 興趣；吸引力；利息；利益
The story didn't *interest* me.
【片語】*be interested in*（對…感興趣）

* **interfere**[4] 〔 ,ɪntə'fɪr 〕v. 干涉
（= *get involved* = *meddle*）；妨礙
I tried to help my friends resolve
their argument, but they told me not
to *interfere*.
【記憶技巧】*inter* (between) + *fere*
(strike)（從中間打擊，表示「干涉」）

*interference[5]〔͵ɪntəˈfɪrəns〕*n.* 干涉
(= *intervention* 〔͵ɪntəˈvɛnʃən〕)

interior[5]〔ɪnˈtɪrɪɚ〕*adj.* 內部的
(= *inner*)   *n.* 內部；內陸
The *interior* walls of the house
needed to be repainted.
【衍伸詞】*interior design*（室內設計）
【反義詞】exterior（外部的）

*intermediate[4]〔͵ɪntəˈmidɪɪt〕
adj. 中級的 (= *average*)
Daniel's English has improved to
an *intermediate* level.
【記憶技巧】*inter* (between) + *mediate*
(middle)（在中間，就是「中級的」）

*internal[3]〔ɪnˈtɝnḷ〕*adj.* 內部的
(= *inner*)
The wage dispute is an *internal*
problem at the factory.
【反義詞】external（外部的）

‡international[2]〔͵ɪntəˈnæʃənḷ〕
adj. 國際的
English has become a very
important *international* language.

‡Internet[4]〔ˈɪntə͵nɛt〕*n.* 網際網路
(= *the Net* = *the Web*)
If you have a computer, you can use
the *Internet* to find information.

*interpret[4]〔ɪnˈtɝprɪt〕*v.* 解釋
(= *explain*)；口譯 (= *translate orally*)
How do you *interpret* this dream?
【記憶技巧】*inter* (between) +
pret (price)（在兩者間確定價值）
┌─【典型考題】────────
This poem may be ＿＿＿ in several
different ways and each of them
makes sense.
A. negotiated   B. designated
C. interpreted   D. substituted   [C]
└──────────────

*interpretation[5]〔ɪn͵tɝprɪˈteʃən〕
n. 解釋 (= *explanation*)

interpreter[5]〔ɪnˈtɝprɪtɚ〕*n.* 口譯者
(= *translator*)

‡interrupt[3]〔͵ɪntəˈrʌpt〕*v.* 打斷
(= *disrupt*)
I don't want to be *interrupted*.
【記憶技巧】*inter* (between) + *rupt*
(break)（從中間破壞，就是「打斷」）
┌─【典型考題】────────
A polite person never ＿＿＿ others
while they are discussing important
matters.
A. initiates   B. instills
C. inhabits   D. interrupts   [D]
└──────────────

*interruption[4]〔͵ɪntəˈrʌpʃən〕
n. 打斷 (= *disruption* 〔dɪsˈrʌpʃən〕)

intersection[6]〔͵ɪntəˈsɛkʃən〕*n.*
十字路口 (= *crossroads*)
There was an accident at the
intersection of Main Street and
Maple Avenue.
【記憶技巧】*inter* (between) + *sect*
(cut) + *ion* (n.)（「十字路口」看起來
像是兩條馬路切斷彼此的通路）

interval[6]〔ˈɪntəvḷ〕*n.*（時間的）間隔
(= *period*)；間隔的空間
You should go see a doctor for a
checkup at regular *intervals*.
【記憶技巧】*inter* (between) + *val*
(wall)（牆與牆之間的空間就是「間隔」）

intervene[6]〔͵ɪntəˈvin〕*v.* 介入
(= *interfere*)；調停
The officer tried to *intervene* in the
dispute of these men.

I

intervention[6] 〔͵ɪntə'vɛnʃən 〕 *n.* 介入
(= *interference*)
Thanks to the *intervention* of the U.N., a war was avoided.
【記憶技巧】 *inter* (between) + *vent* (come) + *ion* (*n.*) (走進兩人之間，即「介入」)

***interview[2] 〔'ɪntə͵vju 〕 *n.* 面試
Jim is going to ABC Company for a job *interview*.
【記憶技巧】 *inter* (between) + *view* (看)(「面試」的時候要互相看)

intimacy[6] 〔'ɪntəməsɪ 〕 *n.* 親密
(= *closeness*)

*intimate[4] 〔'ɪntəmɪt 〕 *adj.* 親密的
(= *close*)
Robert counts Mike among his *intimate* friends.

┌─【典型考題】─────
│ An open display of _____ behavior
│ between men and women, such as
│ hugging and kissing, is not allowed in
│ some conservative societies.
│ A. intimate　　　B. ashamed
│ C. earnest　　　D. urgent　　　[A]
└────────────────

intimidate[6] 〔ɪn'tɪmə͵det 〕 *v.* 威脅
(= *threaten*)；使害怕
The gang has been *intimidating* the residents for years.
【記憶技巧】 *in* (in) + *timid* (膽小的) + *ate* (*v.*) (「威脅」會使人膽怯)

***into[1] 〔'ɪntu 〕 *prep.* 到…之內

*intonation[4] 〔͵ɪnto'neʃən 〕 *n.* 語調
If one wants to speak English without a foreign accent, one has to learn correct *intonation*.

【記憶技巧】 *in* (into) + *ton* (tone) + *ation* (*n.*) (說話要融入腔調，才會有「語調」產生)

┌─【典型考題】─────
│ Even though they both speak Chinese,
│ their _____ is totally different.
│ A. intuition　　　B. institution
│ C. indication　　　D. intonation　[D]
└────────────────

*introduce[2] 〔͵ɪntrə'djus 〕 *v.* 介紹；引進
The teacher *introduced* Ted to the class.
【記憶技巧】 *intro* (inward) + *duce* (lead) (「介紹」別人的時候，通常會把他帶領到人群中讓大家看清楚)

┌─【典型考題】─────
│ It is the host's duty to _____ strangers
│ to each other at a party.
│ A. introduce　　　B. inform
│ C. immigrate　　　D. inspire　　[A]
└────────────────

*introduction[3] 〔͵ɪntrə'dʌkʃən 〕 *n.* 介紹 (= *presentation*)；引進；入門；序言

intrude[6] 〔ɪn'trud 〕 *v.* 闖入；打擾
(= *trespass* 〔'trɛspəs 〕)
The Mitchells asked me to stay for dinner, but I didn't want to *intrude*.
【記憶技巧】 *in* (into) + *trude* (thrust) (擠進別人家裡作客，表示「打擾」)

intruder[6] 〔ɪn'trudə 〕 *n.* 入侵者
(= *trespasser* 〔'trɛspəsə 〕)
An *intruder* broke into their house last night.

intuition[5] 〔͵ɪntju'ɪʃən 〕 *n.* 直覺
(= *instinct* = *sixth sense*)
Priscilla had a strong *intuition* that something had happened to her sister.
【記憶技巧】 *in* (in) + *tui* (watch) + *tion* (*n.*) (有洞察力，表示擁有敏銳的「直覺」)

* **invade**[4] 〔 ɪnˈved 〕 v. 入侵
Ants *invaded* our kitchen so we called an exterminator.
【記憶技巧】 *in* (into) + *vade* (go)
（走進別人的地盤，表示「入侵」）
【比較】 evade （逃避；閃避）
pervade （遍布；瀰漫）

【典型考題】
The Normans ———— England in 1066.
A. interpreted　B. invaded
C. interfered　D. invested　　[**B**]

invaluable[6] 〔 ɪnˈvæljəbl̩ 〕 adj. 珍貴的；無價的（ = *priceless* = *valuable* ）
Recent research has provided *invaluable* information on worldwide weather patterns.
【反義詞】 valueless；worthless
（無價值的；沒有價值的）
【注意】 *in* (not) + *valu* (value) + *able*
（無法評估價值，表示「珍貴的；無價的」）

* **invasion**[4] 〔 ɪnˈveʒən 〕 n. 侵略；侵害

** **invent**[2] 〔 ɪnˈvɛnt 〕 v. 發明（ = *create* ）
He *invented* the first electric clock.
【記憶技巧】 *in* (upon) + *vent* (come)
（「發明」東西，就是靈感突然跑來腦中）

* **invention**[4] 〔 ɪnˈvɛnʃən 〕 n. 發明
（ = *creation* ）

* **inventor**[3] 〔 ɪnˈvɛntə 〕 n. 發明者
（ = *creator* ）

inventory[6] 〔ˈɪnvənˌtorɪ 〕 n. 存貨清單；詳細目錄；盤點存貨
The *inventory* of all the goods needs to be checked again.

* **invest**[4] 〔 ɪnˈvɛst 〕 v. 投資（ = *put in* ）
Harvey spends only a portion of his income and *invests* the rest.
【記憶技巧】 *in* (in) + *vest* (clothe)
（錢先放入別人的口袋，就是「投資」）
【片語】 *invest in* （投資）

【典型考題】
Our country has become hi-tech by ———— heavily in the electronics industry.
A. inspiring　　B. invading
C. investing　　D. inventing　　[**C**]

* **investigate**[3] 〔 ɪnˈvɛstəˌget 〕 v. 調查（ = *examine* ）
We are *investigating* the cause of the accident.
【記憶技巧】 *in* (in) + *vestig* (trace) + *ate* （往內追蹤，就是「調查」）

* **investigation**[4] 〔 ɪnˌvɛstəˈgeʃən 〕 n. 調查（ = *examination* ）

investigator[6] 〔 ɪnˈvɛstəˌgetə 〕 n. 調查員（ = *examiner* ）；偵查員；探員

* **investment**[4] 〔 ɪnˈvɛstmənt 〕 n. 投資（ = *investing* ）；投入資本；投資項目

** **invitation**[2] 〔ˌɪnvəˈteʃən 〕 n. 邀請

** **invite**[2] 〔 ɪnˈvaɪt 〕 v. 邀請
I *invited* her to dinner.

* **involve**[4] 〔 ɪnˈvɑlv 〕 v. 使牽涉 < *in* >（ = *concern* ）；包含；需要
Only Angie was not *involved* in the cheating, and only she will not be punished.
【記憶技巧】 *in* (in) + *volve* (roll)
（捲入其中，也就是「牽涉」）

*involvement[4] 〔 ɪn'vɑlvmənt 〕
 n. 牽涉 (= *association*)；興趣；
 戀愛關係

inward[5] 〔'ɪnwəd 〕 *adv.* 向內地
 (= *inwards*)
 The psychologist told me to look
 inward to find the solutions to my
 problems.

IQ[6] n. 智商 (= *intelligence quotient*)
 【比較】EQ (情緒智商)

**iron[1] 〔'aɪən 〕 n. 鐵   v. 熨燙
 This gun is made of *iron*.

ironic[6] 〔 aɪ'rɑnɪk 〕 *adj.* 諷刺的
 (= *sarcastic*)
 It is *ironic* that he was cheated on by
 his girlfriend.

irony[6] 〔'aɪrənɪ 〕 n. 諷刺
 (= *sarcasm* 〔'sɑrkæzəm 〕)

irritable[6] 〔'ɪrətəbḷ 〕 *adj.* 易怒的
 (= *bad-tempered*)

irritate[6] 〔'ɪrə,tet 〕 v. 激怒 (= *annoy*)
 The little girl *irritated* her mother by
 asking the same question over and
 over again.

┌─【典型考題】──────
│ The sound of the flies is _____ me.
│ A. scratching   B. bothersome
│ C. irritating   D. biting   [C]
└──────────────

irritation[6] 〔,ɪrə'teʃən 〕 n. 激怒
 (= *annoyance*)

***island[2] 〔'aɪlənd 〕 n. 島 (= *isle*)
 An *island* is a piece of land with
 water all around it.
 【記憶技巧】*is* (是) + *land* (土地)
  (「島」就是一塊地)

isle[5] 〔 aɪl 〕 n. 島【注意發音】

┌─────────────────
│ 【注意】這個字常用於詩歌或地名中，如：
│ the British Isles (不列顛群島)。另外，
│ 需注意 s 不發音，和 aisle (走道) 是同音字。
└─────────────────

*isolate[4] 〔'aɪsḷ,et 〕 v. 使隔離
 (= *insulate* 〔'ɪnsə,let 〕)
 SARS patients must be *isolated*
 from others in the hospital.
 【記憶技巧】*isol* (island) + *ate* (v.)
  (病人像小島一樣被孤立，表示遭到隔離)

┌─【典型考題】──────
│ Doctors decided to _____ the patient
│ until the nature of his illness could be
│ determined.
│ A. alienate   B. violate
│ C. isolate   D. operate   [C]
└──────────────

*isolation[4] 〔,aɪsḷ'eʃən 〕 n. 隔離
 (= *separation*)；分離；孤獨

issue[5] 〔'ɪʃu ,'ɪʃju 〕 n. 議題
 (= *matter*)；問題；(期刊的) 一期；
 發行   v. 發行；發佈
 Unemployment is an important *issue*.

*itch[4] 〔 ɪtʃ 〕 v. n. 癢 (= *tickle*)；
 使發癢；渴望
 Shortly after he touched the plant,
 Bart's hand began to *itch*.

*item[2] 〔'aɪtəm 〕 n. 項目
 We have many *items* to discuss
 today.

*ivory[3] 〔'aɪvərɪ 〕 n. 象牙 (= *tusk*)；
 象牙製品   *adj.* 象牙白的；乳白色的
 【衍伸詞】*ivory tower* (象牙塔)

ivy[5] 〔'aɪvɪ 〕 n. 常春藤

J j

jack[5] 〔 dʒæk 〕 *n.* 起重機

jacket[2] 〔ˋdʒækɪt 〕 *n.* 夾克（ = *coat* ）
The waiter in the white *jacket* is very polite.

jade[5] 〔 dʒed 〕 *n.* 玉

Mt. Jade（玉山）

jail[3] 〔 dʒel 〕 *n.* 監獄（ = *prison* ）
The suspect was kept in *jail* until his trial.

jam[1,2] 〔 dʒæm 〕 *n.* 果醬；阻塞
（ = *congestion* ）
Cathy loves toast with strawberry *jam*.
I got caught in a traffic *jam*.
【注意】jam 作「阻塞」解時，是可數名詞。

janitor[5] 〔ˋdʒænətɚ 〕 *n.* 管理員
（ = *custodian* ）
【記憶技巧】*jani*（Janus 門神）+ *tor*

January[1] 〔ˋdʒænjʊˏɛrɪ 〕 *n.* 一月

jar[3] 〔 dʒɑr 〕 *n.* 廣口瓶；一罐的量；
陶罐　*v.*（使）碰撞；使感到不快；
不一致 < *with* >
There is a *jar* of peanut butter on the shelf.

jasmine[5] 〔ˋdʒæsmɪn 〕 *n.* 茉莉

jaw[3] 〔 dʒɔ 〕 *n.* 顎
【比較】jaws（動物的）嘴

jaywalk[5] 〔ˋdʒeˏwɔk 〕 *v.* 擅自穿越馬路

You had better use the crosswalk instead of *jaywalking*.
【記憶技巧】*jay*（周杰倫）+ *walk*（走路）

jazz[2] 〔 dʒæz 〕 *n.* 爵士樂
We went to a *jazz* concert last night.

jealous[3] 〔ˋdʒɛləs 〕 *adj.* 嫉妒的
（ = *envious* ）
Mary is *jealous* of Helen's beauty.

jealousy[4] 〔ˋdʒɛləsɪ 〕 *n.* 嫉妒
（ = *envy* ）

jeans[2] 〔 dʒinz 〕 *n. pl.* 牛仔褲
Most teenagers like to wear *jeans*.

jeep[2] 〔 dʒip 〕 *n.* 吉普車
A *jeep* is good as a family car.

jeer[5] 〔 dʒɪr 〕 *v.* 嘲笑（ = *mock* ）
We shouldn't *jeer* at the poor.
【片語】*jeer at*（嘲笑）（ = *laugh at* ）

jelly[3] 〔ˋdʒɛlɪ 〕 *n.* 果凍

jet[3] 〔 dʒɛt 〕 *n.* 噴射機
【衍伸詞】*jet lag*（時差）

jewel[3] 〔ˋdʒuəl 〕 *n.* 珠寶【可數名詞】
【記憶技巧】*jew*（猶太人）+ *el*
（猶太人很會賺錢，身上總有「珠寶」）

jewelry[3] 〔ˋdʒuəlrɪ 〕 *n.* 珠寶【集合名詞】
（ = *jewels* ）

jingle[5] 〔ˋdʒɪŋgl̩ 〕 *n.* 叮噹的響聲
v. 使叮噹響
【注意】聖誕節唱 Jingle Bells，就是這個字唷！

J

‡**job**[1] 〔 dʒɑb 〕 *n.* 工作（ = *work* ）

‡**jog**[2] 〔 dʒɑg 〕 *v.* 慢跑
I like to *jog* in the morning.

‡**join**[1] 〔 dʒɔɪn 〕 *v.* 加入
Scott *joined* the army last year.

***joint**[2] 〔 dʒɔɪnt 〕 *n.* 關節
I have a pain in the knee *joint*.

***joke**[1] 〔 dʒok 〕 *n.* 笑話；玩笑
v. 開玩笑
Mr. Black told a *joke* to his children.

jolly[5] 〔 ˈdʒɑlɪ 〕 *adj.* 愉快的（ = *happy* ）
My family had a very *jolly* moment last night.

***journal**[3] 〔 ˈdʒɝnḷ 〕 *n.* 期刊；雜誌；報紙；日誌；日記
My research paper was published in a famous *journal*.

journalism[5] 〔 ˈdʒɝnḷˌɪzəm 〕 *n.* 新聞學

‡**journalist**[5] 〔 ˈdʒɝnḷɪst 〕 *n.* 記者
（ = *reporter* ）
Stuart wants to be a *journalist*.
【記憶技巧】 *-ist* 表「從事～的專家」的字尾。

***journey**[3] 〔 ˈdʒɝnɪ 〕 *n.* 旅程（ = *travel* ）

‡**joy**[1] 〔 dʒɔɪ 〕 *n.* 喜悅（ = *pleasure* ）

***joyful**[3] 〔 ˈdʒɔɪfəl 〕 *adj.* 愉快的
（ = *pleasing* ）
The class reunion was a *joyful* event.

joyous[6] 〔 ˈdʒɔɪəs 〕 *adj.* 愉快的
（ = *joyful* ）

***judge**[2] 〔 dʒʌdʒ 〕 *v.* 判斷　*n.* 法官
You can't *judge* a person by his appearance.

***judgment**[2] 〔 ˈdʒʌdʒmənt 〕 *n.* 判斷

【典型考題】
In order to make no mistake, be sure to think twice before you make a(n) _____.
A. sentiment　　B. equipment
C. achievement　D. judgment　　[D]

jug[5] 〔 dʒʌg 〕 *n.* 水罐（ = *pitcher* ）

‡**juice**[1] 〔 dʒus 〕 *n.* 果汁
I drink a glass of orange *juice* every morning.

***juicy**[2] 〔 ˈdʒusɪ 〕 *adj.* 多汁的

‡**July**[1] 〔 dʒuˈlaɪ 〕 *n.* 七月

‡**jump**[1] 〔 dʒʌmp 〕 *v.* 跳（ = *leap* ）
That big dog *jumped* over the fence.

‡**June**[1] 〔 dʒun 〕 *n.* 六月
【衍伸詞】 *June bride* （六月新娘）

***jungle**[3] 〔 ˈdʒʌŋgḷ 〕 *n.* 叢林
It's not a good idea to venture into the *jungle* alone because you might get lost.

***junior**[4] 〔 ˈdʒunjɚ 〕 *adj.* 年少的
（ = *young* ）
【反義詞】 senior （年長的）

***junk**[3] 〔 dʒʌŋk 〕 *n.* 垃圾（ = *rubbish* ）；無價值的東西
【衍伸詞】 *junk food* （垃圾食品）

J

jury[5] 〔'dʒʊrɪ〕 *n.* 陪審團

‡‡**just**[1] 〔dʒʌst〕 *adv.* 剛剛;僅
  (= *merely* = *only*)   *adj.* 公正的

***justice**[3] 〔'dʒʌstɪs〕 *n.* 正義
  (= *justness*);公正;公平
  When people go to court they hope
  to find *justice*.

justify[5] 〔'dʒʌstə,faɪ〕 *v.* 使正當化;
  為⋯辯護
  The end *justifies* the means.
  【記憶技巧】*just* (right) + *ify* (v.)

【典型考題】
The government cannot find a good
reason to ＿＿＿＿ its high expenses on
weapons, especially when the number
of people living in poverty is so high.
A. abolish   B. escort
C. justify   D. mingle   [C]

---

juvenile[5] 〔'dʒuvə,naɪl〕 *adj.* 青少年的
  (= *youthful*)
  Because he was a *juvenile* offender,
  the boy did not receive a harsh
  punishment for his crime.
  【記憶技巧】*juven* (young) + *ile* (adj.)
  【衍伸詞】*juvenile delinquency* (青少
    年犯罪)

K k

‡‡**kangaroo**[3] 〔,kæŋgə'ru〕 *n.* 袋鼠
  The *kangaroo* is a symbol of
  Australia.
  【比較】koala (無尾熊)

***keen**[4] 〔kin〕 *adj.* 渴望的 (= *eager*);
  強烈的;敏銳的;鋒利的
  Betty is thrilled that she got into a
  good university and she is *keen* to
  start her courses.

‡‡**keep**[1] 〔kip〕 *v.* 保存 (= *preserve*);
  保持;持續;飼養

  keeper[1] 〔'kipɚ〕 *n.* 管理員;(動物園
    的) 飼養員;看守人 (= *overseer*)

  kernel[6] 〔'kɝnḷ〕 *n.* 核心 (= *core*);
    (種籽的) 仁;要點;一點
    The *kernel* of that problem is money.

***ketchup**[2] 〔'kɛtʃəp〕 *n.* 蕃茄醬
  Please pass me the *ketchup*.

***kettle**[3] 〔'kɛtḷ〕 *n.* 茶壺

‡‡**key**[1] 〔ki〕 *n.* 鑰匙   *adj.* 非常重要的
  (= *significant*);關鍵性的
  He held a *key* position in the firm.

***keyboard**[3] 〔'ki,bord〕 *n.* 鍵盤
  Ken is typing on the computer
  keyboard.

***kick**[1] 〔kɪk〕 *v.* 踢
  The children *kicked* the ball for fun.

‡‡**kid**[1] 〔kɪd〕 *n.* 小孩 (= *child*)
  v. 開玩笑 (= *joke*)
  They've got three *kids*.

kidnap[6] 〔'kɪdnæp〕 *v.* 綁架(= *abduct*)
  The criminal hoped to make a lot of
  money by *kidnapping* a rich man.
  【記憶技巧】*kid* (小孩) + *nap* (午覺)
    (小孩睡午覺時,最容易被「綁架」)

* **kidney**[3] 〔ˈkɪdnɪ〕 *n.* 腎臟

‡‡ **kill**[1] 〔kɪl〕 *v.* 殺死 (= *murder*)；
止 (痛)；打發 (時間)
Lions *kill* small animals for food.

‡‡ **kilogram**[3] 〔ˈkɪləˌgræm〕 *n.* 公斤
We measure weight in *kilograms*.
【記憶技巧】 *kilo* (thousand) + *gram*
(公克)(一千公克，也就是一「公斤」)

‡‡ **kilometer**[3] 〔kəˈlɑmətɚ〕 *n.* 公里
(= *km* = *kilometre* 【英式用法】)
Kaohsiung is about 400 *kilometers*
away from Taipei.
【重要知識】現在美國知識份子只有 16% 的人唸
〔ˈkɪləˌmitɚ〕，84% 的人都唸〔kəˈlɑmətɚ〕。
另外，常用 kilo 代替 kilogram (公斤)，而
不用來代替 kilometer。

kin[5] 〔kɪn〕 *n.* 親戚【集合名詞】
(= *relatives*)
I'm going home to see my friends
and *kin*.

‡‡ **kind**[1] 〔kaɪnd〕 *adj.* 親切的
(= *friendly*)；仁慈的   *n.* 種類
It's very *kind* of you.

‡ **kindergarten**[2] 〔ˈkɪndɚˌgɑrtn̩〕 *n.*
幼稚園
My younger sister is studying in the
kindergarten.
【記憶技巧】 *kinder* (小孩) + *garten*
(garden) (注意是 <u>ten</u>，不要背錯)

kindle[5] 〔ˈkɪndl̩〕 *v.* 點燃
(= *ignite* 〔ɪgˈnaɪt〕)；使明亮
The sparks *kindled* the paper.
The rising sun *kindled* the palace.

‡‡ **king**[1] 〔kɪŋ〕 *n.* 國王
They made him *King* of England.

* **kingdom**[2] 〔ˈkɪŋdəm〕 *n.* 王國
Holland is a *kingdom*.
【記憶技巧】 *king* (國王) + *dom*
(domain 領域) (「王國」是國王的領域)

‡ **kiss**[1] 〔kɪs〕 *v., n.* 親吻
She *kissed* the baby on the face.

* **kit**[3] 〔kɪt〕 *n.* 一套用具；工具箱
There are some bandages in the
medicine *kit*.

‡ **kitchen**[1] 〔ˈkɪtʃɪn〕 *n.* 廚房

‡ **kite**[1] 〔kaɪt〕 *n.* 風箏
【片語】 *fly a kite* (放風箏)

* **kitten**[1] 〔ˈkɪtn̩〕 *n.* 小貓

‡ **knee**[1] 〔ni〕 *n.* 膝蓋
Tony fell and hurt his *knees*.

* **kneel**[3] 〔nil〕 *v.* 跪下
The minister asked the congregation
to *kneel* and pray.
【記憶技巧】 *knee* (膝蓋) + *l*

‡ **knife**[1] 〔naɪf〕 *n.* 刀子 (= *blade*)
Michelle used a *knife* to cut the
apple.

* **knight**[3] 〔naɪt〕 *n.* 騎士
【記憶技巧】 *k* + *night* (夜晚)
(「騎士」常在夜晚出動)

* **knit**[3] 〔nɪt〕 *v.* 編織
My grandmother *knit* this sweater
for me.

* **knob**[3] 〔nɑb〕 *n.* 圓形把手
(= *a round handle*)
The *knob* doesn't turn; the door
must be locked.

‡**knock**[2]〔nɑk〕*v.* 敲（= *strike*）
The kid *knocked* on the door.

***knot**[3]〔nɑt〕*n.* 結
The child could not untie the *knot* in his shoelace.
【記憶技巧】*k* + *not*（打不開的東西，就是「結」）
【片語】*tie the knot*（結婚）

‡**know**[1]〔no〕*v.* 知道

‡**knowledge**[2]〔'nɑlɪdʒ〕*n.* 知識
Knowledge is power.

knowledgeable[5]〔'nɑlɪdʒəbl̩〕
adj. 知識豐富的（= *well-informed*）

***knuckle**[4]〔'nʌkl̩〕*n.* 指關節（= *a finger joint*）
Gail knocked on the door with her *knuckles*.

***koala**[2]〔kə'ɑlə〕*n.* 無尾熊

L l

***lab**[4]〔læb〕*n.* 實驗室（= *laboratory*）
The students performed the experiment in the *lab*.

***label**[3]〔'lebl̩〕*n.* 標籤（= *tag*）；稱號
v. 給…加標籤；看作
According to the *label*, this shirt is made of cotton.

【典型考題】
When taking medicine, we should read the instructions on the _____ carefully because they provide important information such as how and when to take it.
A. medals   B. quotes
C. labels   D. recipes   [C]

***labor**[4]〔'lebɚ〕*n.* 勞動；勞工；勞力（= *workforce*）
Labor has the right to strike.

***laboratory**[4]〔'læbrə,torɪ〕*n.* 實驗室（= *lab*）

***lace**[3]〔les〕*n.* 蕾絲；鞋帶 *v.* 把…繫緊；給（飲料或食物）摻雜

‡**lack**[1]〔læk〕*v. n.* 缺乏
I don't seem to *lack* anything.

lad[5]〔læd〕*n.* 小伙子；少年

***ladder**[3]〔'lædɚ〕*n.* 梯子
【衍伸詞】*the social ladder*（立身成功的途徑）

‡**lady**[1]〔'ledɪ〕*n.* 女士（= *madam*）
You are quite a young *lady*.

***ladybug**[2]〔'ledɪ,bʌg〕*n.* 瓢蟲
【記憶技巧】*lady*（女士）+ *bug*（昆蟲）（「瓢蟲」的殼花樣眾多，像愛美的女士）

***lag**[4]〔læg〕*n.* 落後
A *lag* in technological development is one of the problems in the region.
【衍伸詞】*jet lag*（時差）

‡**lake**[1]〔lek〕*n.* 湖
Jim lives near a *lake*.

‡**lamb**[1]〔læm〕*n.* 羔羊
A *lamb* is a young sheep.
【記憶技巧】lamb 就是羊 baby，而 lame 就是腳（feet）有問題。

L

lame[5] 〔 lem 〕 *adj.* 跛的（= *disabled* ）；殘廢的；(藉口等) 不充分的

lament[6] 〔 ləˈmɛnt 〕 *v.* 愀惜；哀悼（= *mourn* ）　*n.* 哀悼；悲傷；哀歌
We all *lamented* the death of our friend.

✲✲✲lamp[1] 〔 læmp 〕 *n.* 燈；檯燈
Turn on the *lamp*, please.

✲✲✲land[1] 〔 lænd 〕 *n.* 陸地（= *earth* ）　*v.* 降落
He traveled over *land* and sea.

landlady[5] 〔ˈlændˌledɪ 〕 *n.* 女房東

landlord[5] 〔ˈlændˌlɔrd 〕 *n.* 房東

✲landmark[4] 〔ˈlændˌmark 〕 *n.* 地標
New York City has some famous *landmarks*.
【記憶技巧】*land* + *mark* (標誌)
(土地上的標誌，就是「地標」)

【典型考題】
As one of the tallest building in the world, Taipei 101 has become a new _____ of Taipei City.
A. incident　　B. geography
C. skylight　　D. landmark　　[D]

✲landscape[4] 〔ˈlænskep 〕 *n.* 風景（= *scenery* ）
We took several photographs of the beautiful *landscape* of southern France.

✲landslide[4] 〔ˈlændˌslaɪd 〕 *n.* 山崩（= *landslip* ）
Continuous heavy rain for days brought about *landslides* in many areas.
【記憶技巧】*land* + *slide* (滑落)
(土地滑下來，就是「山崩」)

✲lane[2] 〔 len 〕 *n.* 巷子；車道
Because of road construction, traffic is restricted to one *lane* in each direction.

✲✲language[2] 〔ˈlæŋgwɪdʒ 〕 *n.* 語言
He can speak five *languages*.

✲✲lantern[2] 〔ˈlæntən 〕 *n.* 燈籠
【衍伸詞】*Lantern Festival* (元宵節)

✲lap[2] 〔 læp 〕 *n.* 膝上
The boy held the dog on his *lap*.
【衍伸詞】laptop (膝上型電腦)

✲large[1] 〔 lardʒ 〕 *adj.* 巨大的（= *big* ）

✲largely[4] 〔ˈlardʒlɪ 〕 *adv.* 大部分（= *mainly* ）；主要地；大致上；大多

laser[5] 〔ˈlezə 〕 *n.* 雷射

✲last[1] 〔 læst 〕 *adj.* 最後的；最不可能的
The *last* game starts at seven o'clock.
He is the *last* person to betray you.

✲late[1] 〔 let 〕 *adj.* 遲到的；已故的
Jimmy was *late* for school this morning.

✲lately[4] 〔ˈletlɪ 〕 *adv.* 最近（= *recently* ）

✲latest[2] 〔ˈletɪst 〕 *adj.* 最新的
【典型考題】
If you want to know the present trends, try to browse through the _____ issues of all the fashion magazines.
A. nearest　　B. favorite
C. latest　　　D. trendiest　　[C]

latitude[5] 〔ˈlætəˌtjud 〕 *n.* 緯度
Climate in the United States is affected by *latitude*, elevation, distance from oceans, and prevailing winds.
【記憶技巧】*lat* (side) + *itude* (抽象名詞字尾)
【比較】altitude (高度；海拔)
longitude (經度)

L

⁑latter³ 〔'lætɚ〕*pron.* 後者
I can speak English and Chinese, and the *latter* is my mother tongue.
【比較】former（前者）

⁑laugh¹ 〔læf〕*v.* 笑（＝*chuckle*）
【片語】*laugh at*（嘲笑）

⁎laughter³ 〔'læftɚ〕*n.* 笑
Laughter is the best medicine.

⁎launch⁴ 〔lɔntʃ〕*v.* 發射；發動
The rocket will be *launched* on Friday.
They *launched* an attack.

⁎laundry³ 〔'lɔndrɪ〕*n.* 洗衣服；待洗的衣物
We always do the *laundry* on Tuesday and the shopping on Wednesday.
【片語】*do the laundry*（洗衣服）
【記憶技巧】*laun*（wash）＋*dry*（烘乾）

lava⁶ 〔'lɑvə , 'lævə〕*n.* 岩漿；火山岩
【比較】lavatory（廁所）

⁑law¹ 〔lɔ〕*n.* 法律；定律

⁎lawful⁴ 〔'lɔfəl〕*adj.* 合法的（＝*legal*）

lawmaker⁵ 〔'lɔ,mekɚ〕*n.* 立法委員（＝*legislator*）；立法者
【記憶技巧】*law* ＋ *maker*（製作者）

⁎lawn³ 〔lɔn〕*n.* 草地

【典型考題】
The _____ in front of the house is kept very neat.
A. plug   B. lawn
C. reward   D. shore   [B]

⁑lawyer² 〔'lɔjɚ〕*n.* 律師
（＝*attorney*〔ə'tɜnɪ〕）

⁎lay¹ 〔le〕*v.* 放置（＝*put*）；下（蛋）；奠定
This hen *lays* an egg every day.
【片語】*lay emphasis on*（重視）
         lay the foundation（奠定基礎）
【比較】lay-laid-laid（下蛋；放置；奠定）
         lie-lay-lain（躺）
         lie-lied-lied（說謊）

layer⁵ 〔'leɚ〕*n.* 層（＝*covering*）；級別；階層 *v.* 把⋯堆積成層
Mother made a three-*layer* cake for my birthday.

layman⁶ 〔'lemən〕*n.* 門外漢（＝*nonprofessional*）；外行人
【記憶技巧】*lay*（下蛋；放置）＋*man*

layout⁶ 〔'le,aʊt〕*n.* 設計圖（＝*design*）；格局；版面設計
The thieves studied the *layout* of the building.

⁑lazy¹ 〔'lezɪ〕*adj.* 懶惰的
My brother is very *lazy*.
【反義詞】diligent（勤勉的）

LCD⁶ *n.* 液晶顯示器（＝*liquid crystal display*）

⁑lead¹,⁴ 〔lid〕*v.* 帶領 *n.* 率先
〔lɛd〕*n.* 鉛
The teacher *leads* students to the playground.
【片語】*lead to*（導致）

⁑leader¹ 〔'lidɚ〕*n.* 領導者

⁎leadership² 〔'lidɚʃɪp〕*n.* 領導能力

⁎leaf¹ 〔lif〕*n.* 葉子
It's fall, and the *leaves* on the trees are falling.

L

league[5] 〔 lig 〕 *n.* 聯盟（= *association*）
We were all thrilled when our team won the *league* championship.
【衍伸詞】 *major league*（美國職棒大聯盟）

***leak**[3] 〔 lik 〕 *v.* 漏出　*n.* 漏洞；漏水；小便
There was a hole in my cup and the coffee *leaked* all over the table.

***lean**[4] 〔 lin 〕 *v.* 倚靠（= *incline*）；傾斜
adj. 瘦的；收穫少的
He *leaned* against the wall.
【片語】 *lean against*（倚靠）

***leap**[3] 〔 lip 〕 *v.* 跳（= *jump*）；突然而迅速地移動；猛漲　*n.* 跳；激增
Not wanting to get our feet wet, we *leaped* across the puddle.

‡**learn**[1] 〔 lɜn 〕 *v.* 學習（= *pick up*）；知道；熟記

***learned**[4] 〔'lɜnɪd 〕 *adj.* 有學問的（= *scholarly*）；學術性的；學而得的
【注意】 learned 中的 ed，唸 / ɪd /。

learning[4] 〔'lɜnɪŋ 〕 *n.* 學問（= *knowledge*）；學習
There is no royal road to *learning*.

‡**least**[1] 〔 list 〕 *adj.* 最少的　*adv.* 最不
He has the *least* experience of them all.
【衍伸詞】 *at least*（至少）

***leather**[3] 〔'lɛðɚ 〕 *n.* 皮革
【衍伸詞】 *genuine leather*（真皮）

‡**leave**[1] 〔 liv 〕 *v.* 遺留；使處於（某種狀態）；離開（= *go away from*）
n. 允許；休假
The bus will *leave* the station in ten minutes.

***lecture**[4] 〔'lɛktʃɚ 〕 *n.* 講課；說教；教訓；演講（= *speech*）　*v.* 演講；講課；訓誡
Please turn your cell phones off before the *lecture* begins.
【記憶技巧】 *lect* (read) + *ure* (n.)
（準備「演講」都會先讀自己寫的稿子）

***lecturer**[4] 〔'lɛktʃərɚ 〕 *n.* 講師；講者

‡**left**[1] 〔 lɛft 〕 *n.* 左邊

‡**leg**[1] 〔 lɛg 〕 *n.* 腿（= *limb*）
【衍伸詞】 *pull one's leg*（開某人玩笑）

***legal**[2] 〔'ligl 〕 *adj.* 合法的；法律的（= *lawful* = *legitimate*）
Mr. Chen owns a company. All his *legal* business is handled by a law firm in Taipei.
【反義詞】 illegal（非法的）

***legend**[4] 〔'lɛdʒənd 〕 *n.* 傳說
The adventures of the explorer are the basis of many popular *legends*.

【典型考題】
King Arthur is the hero of an old
_____.
A. legend　　　B. laboratory
C. mercy　　　D. loyalty　　[A]

legendary[6] 〔'lɛdʒənd,ɛrɪ 〕 *adj.* 傳說的；傳奇性的

legislation[5] 〔,lɛdʒɪs'leʃən 〕 *n.* 立法

legislative[6] 〔'lɛdʒɪs,letɪv 〕 *adj.* 立法的
【衍伸詞】 *the Legislative Yuan*（立法院）

legislator[6] 〔'lɛdʒɪs,letɚ〕*n.* 立法委員 (= *lawmaker*)

The *legislators* will vote on the new law tomorrow.

【記憶技巧】 *legis* (law) + *lator* (proposer 提出者) (提出法律者，就是 「立法委員」)

legislature[6] 〔'lɛdʒɪs,letʃɚ〕*n.* 立法 機關

legitimate[6] 〔lɪ'dʒɪtəmɪt〕*adj.* 正當的 (= *just*)；合理的；合法的 (= *lawful*)

You must have a *legitimate* reason for missing class, or your absence will not be excused.

【記憶技巧】分音節背 le-gi-ti-mate。

*__**leisure**[3] 〔'liʒɚ〕*n.* 空閒；悠閒

This relaxing trip is good for the man who loves *leisure*.

*__**leisurely**[4] 〔'liʒɚlɪ〕*adv.* 悠閒地

‡**lemon**[2] 〔'lɛmən〕*n.* 檸檬

*__**lemonade**[2] 〔,lɛmən'ed〕*n.* 檸檬水

‡**lend**[2] 〔lɛnd〕*v.* 借 (出)

Can you *lend* me your car?

【反義詞】 borrow 借 (入)

*__**length**[2] 〔lɛŋθ〕*n.* 長度 (= *distance*)； 一條細長的東西

The river has a *length* of 100 kilometers.

【記憶技巧】 *leng* (long) + *th* (抽象名詞 字尾)

【片語】 *at length* (最後；終於)

*__**lengthen**[3] 〔'lɛŋθən〕*v.* 加長；(使) 變長；延長 (= *make longer*)

┌─【典型考題】─────────
We added two songs in order to _____ the music program.
A. legalize   B. sacrifice
C. lengthen   D. export   [C]
└──────────────────

lengthy[6] 〔'lɛŋθɪ〕*adj.* 冗長的；漫長 的 (= *long*)

┌─【典型考題】─────────
The speaker's explanation was so _____ that we could not see the point clearly.
A. coherent   B. crucial
C. various   D. lengthy   [D]
└──────────────────

*__**lens**[3] 〔lɛnz〕*n.* 鏡頭；鏡片；(眼球的) 水晶體

I dropped my glasses and broke one *lens*.

【衍伸詞】 *contact lenses* (隱形眼鏡)

*__**leopard**[2] 〔'lɛpɚd〕*n.* 豹【注意發音】

【記憶技巧】 *leo* (獅子) + *pard*

‡**less**[1] 〔lɛs〕*adj.* 較少的   *adv.* 較不

‡**lessen**[5] 〔'lɛsn̩〕*v.* 減少 (= *reduce*)； 變小

*__**lesson**[1] 〔'lɛsn̩〕*n.* 課 (= *class*)； 教訓；訓誡

lest[5] 〔lɛst〕*conj.* 以免

We made reservations three months ahead *lest* the flight be full.

‡**let**[1] 〔lɛt〕*v.* 讓

My father won't *let* me go to the concert.

‡**letter**[1] 〔'lɛtɚ〕*n.* 信 (= *mail*)；字母

‡**lettuce**[2] 〔'lɛtɪs〕*n.* 萵苣

Lettuce is a plant with large green leaves.

L

****level**[1] 〔ˈlɛvḷ〕 n. 水平線；水平面；水準；地位；層級；程度 (= *degree*) Robert is a man with a high *level* of education.

liable[6] 〔ˈlaɪəbḷ〕 adj. 應負責的 (= *responsible*)；有做⋯責任的；有⋯傾向的 (= *likely*)；易罹患⋯的 < to > If the food makes someone sick, the restaurant owner may be *liable*.

***liar**[3] 〔ˈlaɪɚ〕 n. 說謊者 Nina is such a *liar* that you should never believe what she says. 【記憶技巧】 *-ar* 表「人」的名詞字尾。

***liberal**[3] 〔ˈlɪbərəl〕 adj. 開明的 (= *open-minded*)；大量的；慷慨的；不嚴格的　n. 思想開放的人 Jenny's parents are quite *liberal* and give her a lot of freedom.

liberate[6] 〔ˈlɪbəˌret〕 v. 解放 (= *free*) 【記憶技巧】 *liber* (free) + *ate* (v.) （使自由，就是「解放」）

liberation[6] 〔ˌlɪbəˈreʃən〕 n. 解放運動 【衍伸詞】 *Women's Liberation Movement* (婦女解放運動)

***liberty**[3] 〔ˈlɪbɚtɪ〕 n. 自由 (= *freedom*) 【衍伸詞】 *the Statue of Liberty* (自由女神像)

***librarian**[3] 〔 laɪˈbrɛrɪən 〕n. 圖書館員

****library**[2] 〔ˈlaɪˌbrɛrɪ〕 n. 圖書館 A *library* has a collection of books.

***license**[4] 〔ˈlaɪsṇs〕 n. 執照 Don't drive without a *license* or you could get a big ticket.

【記憶技巧】 *lic* (be permitted) + *ense* （表動作的名詞字尾）（擁有「執照」，就是被允許做某件事） 【衍伸詞】 *driver's license* (駕照)

****lick**[2] 〔 lɪk 〕 v. 舔 Many pets like to *lick* their owners to show their love.

****lid**[2] 〔 lɪd 〕 n. 蓋子 Take the *lid* off the pot.

****lie**[1] 〔 laɪ 〕 v. 躺；說謊；位於；在於　n. 謊言 He went to *lie* down on the bed. 【比較】 lie-lied-lied (說謊) 　　　　lie-lay-lain (躺) 　　　　lay-laid-laid (下蛋；放置；奠定)

lieutenant[5] 〔 luˈtɛnənt 〕 n. 上尉 【記憶技巧】 *lieu* (place) + *tenant* (holder) (「上尉」是保衛某地的人)

****life**[1] 〔 laɪf 〕 n. 生活；生命 *Life* is full of surprises.

***lifeboat**[3] 〔ˈlaɪfˌbot〕 n. 救生艇 【比較】 *life vest* (救生衣)

***lifeguard**[3] 〔ˈlaɪfˌgɑrd〕 n. 救生員 (= *lifesaver*) 【記憶技巧】 *life* + *guard* (守護) (「救生員」是守護生命的人) 【比較】 bodyguard (保鑣)

lifelong[5] 〔ˈlaɪfˈlɔŋ〕 adj. 終身的 ┌【典型考題】──────── Live and learn. Education doesn't stop after school. It is a ＿＿＿＿ process. A. obedient　　　B. realistic C. promising　　　D. lifelong　　[D]

L

* **lifetime**[3] 〔'laɪf,taɪm 〕 *n.* 一生

My grandmother never saw such a thing in her *lifetime*.

** **lift**[1] 〔 lɪft 〕 *v.* 舉起；抱起 (= *raise*)

The mother *lifts* her baby up gently.

【典型考題】
I _____ the chairs carefully and placed them in order.
A. rised　　　　B. left
C. handed　　　D. lifted　　　[**D**]

*** **light**[1] 〔 laɪt 〕 *n.* 燈

When it's dark, we cannot see without *light*.

* **lighten**[4] 〔'laɪtn̩ 〕 *v.* 照亮 (= *brighten*)；變亮；減輕

* **lighthouse**[3] 〔'laɪt,haʊs 〕 *n.* 燈塔

** **lightning**[2] 〔'laɪtnɪŋ 〕 *n.* 閃電

During the storm, we saw *lightning* in the sky.

*** **like**[1] 〔 laɪk 〕 *v.* 喜歡　*prep.* 像

I *like* this bag so much.

【注意】dislike 是「不喜歡」，unlike 是「不像」。

likelihood[5] 〔'laɪklɪ,hʊd 〕 *n.* 可能性 (= *probability*)

【記憶技巧】 *likeli* (likely) + *hood* (表性質的字尾) (可能的性質，就是「可能性」)

** **likely**[1] 〔'laɪklɪ 〕 *adj.* 可能的 (= *probable*)　*adv.* 可能地

It is *likely* to rain soon.

【注意】likely 可用於「人」和「非人」，而 possible 原則上只可用於「非人」。

【典型考題】
Since we are short of manpower in the factory, it is very _____ we will hire some people next month.
A. badly　　　B. nearly
C. mostly　　　D. likely　　　[**D**]

likewise[6] 〔'laɪk,waɪz 〕 *adv.* 同樣地 (= *similarly*)

He tried to do *likewise* but failed.

【典型考題】
Ken ran across the street and his younger brother did _____.
A. likely　　　B. same
C. likewise　　D. bitterly　　　[**C**]

* **lily**[1] 〔'lɪlɪ 〕 *n.* 百合

【衍伸詞】 *water lily* (睡蓮；荷花)

* **limb**[3] 〔 lɪm 〕 *n.* 四肢；大樹枝

Many people lost their *limbs* when they unknowingly stepped on a landmine.

【記憶技巧】 lamb (羔羊) 是 animal (動物)，不要搞混。

lime[5] 〔 laɪm 〕 *n.* 石灰；萊姆；萊姆酒

* **limit**[2] 〔'lɪmɪt 〕 *v.* 限制 (= *restrict* = *confine*)　*n.* 限制

Limit your answer to yes or no.

* **limitation**[4] 〔,lɪmə'teʃən 〕 *n.* 限制 (= *restriction*)

【典型考題】
The small size of the hall is a(n) _____ when you are planning big events.
A. advantage　　B. limitation
C. exaggeration　D. description　　[**B**]

L

limousine[6] 〔ˈlɪməˌzin , ˌlɪməˈzin 〕
　　n. 小型巴士；豪華轎車（= *limo*）
　　【記憶技巧】日本把這種巴士叫做「利木
　　津」巴士。

limp[5] 〔 lɪmp 〕*v.* 跛行；艱難地移動
　　（= *walk lamely*）　　*n.* 跛行
　　adj. 軟的；無力的
　　Georgia twisted her ankle and *limped*
　　all the way home.
　　【記憶技巧】背這個字要想到 limb（四
　　肢），就不會和 lamp（燈）搞混。

line[1] 〔 laɪn 〕*n.* 線；行；一排（貨品）
　　種類　　*v.* 給（衣服或容器）安襯裏；
　　沿⋯排列

linen[3] 〔ˈlɪnɪn 〕*n.* 亞麻布

liner[6] 〔ˈlaɪnɚ 〕*n.* 客輪；班機；襯裏

linger[5] 〔ˈlɪŋgɚ 〕*v.* 逗留（= *stay*）；
　　徘徊
　　The view from the mountaintop
　　was so beautiful that we *lingered*
　　there the whole afternoon.

linguist[6] 〔ˈlɪŋgwɪst 〕*n.* 語言學家
　　【記憶技巧】*lingu* (language) + *ist*（人）
　　【比較】bilingual（能說兩種語言的）

link[2] 〔 lɪŋk 〕*v.* 連結（= *connect*）
　　The new canal will *link* the two
　　rivers.

lion[1] 〔ˈlaɪən 〕*n.* 獅子

lip[1] 〔 lɪp 〕*n.* 嘴唇
　　We move our *lips* when we speak.

lipstick[3] 〔ˈlɪpˌstɪk 〕*n.* 口紅
　　【記憶技巧】*lip*（嘴唇）+ *stick*（棒狀物）
　　（用來擦嘴唇的棒狀物，即「口紅」）

liquid[2] 〔ˈlɪkwɪd 〕*n.* 液體（= *fluid*）
　　Oil, milk, and water are all *liquids*.
　　【衍伸詞】*liquid paper*（立可白）
　　【比較】solid（固體）

liquor[4] 〔ˈlɪkɚ 〕*n.* 烈酒
　　The bartender recycled all the
　　empty *liquor* bottles.

list[1] 〔 lɪst 〕*n.* 名單
　　There were ten names on the *list*.
　　【衍伸詞】*waiting list*（候補名單）

listen[1] 〔ˈlɪsn̩ 〕*v.* 聽

listener[2] 〔ˈlɪsn̩ɚ 〕*n.* 聽衆

liter[6] 〔ˈlitɚ 〕*n.* 公升
　　He drank a *liter* of milk.

literacy[6] 〔ˈlɪtərəsɪ 〕*n.* 識字；讀寫
　　的能力

literal[6] 〔ˈlɪtərəl 〕*adj.* 字面的
　　I don't know the *literal* meaning of
　　that word.
　　【衍伸詞】literally（照字面地）

literary[4] 〔ˈlɪtəˌrɛrɪ 〕*adj.* 文學的
　　The author's new novel was featured
　　in a *literary* review.
　　【記憶技巧】*liter* (letter 字母) + *ary*
　　（*adj.*）（有關文字的，就是「文學的」）

literate[6] 〔ˈlɪtərɪt 〕*adj.* 識字的
　　【反義詞】illiterate（不識字的）

literature[4] 〔ˈlɪtərətʃɚ 〕*n.* 文學；
　　文學作品

litter[3] 〔ˈlɪtɚ 〕*v.* 亂丟垃圾
　　（= *discard rubbish*）　　*n.* 垃圾
　　The sign said, "No *littering* in the
　　park."

L

※little[1] 〔ˈlɪtḷ〕 *adj.* 小的（ = *small* ）；
很少的；幾乎沒有的

※live[1] 〔lɪv〕 *v.* 住；生活　〔laɪv〕 *adj.*
活的；現場的　　*adv.* 現場地

***lively**[3] 〔ˈlaɪvlɪ〕 *adj.* 活潑的
（ = *active* ）；有活力的；熱烈的
My daughter is a *lively* girl.

***liver**[3] 〔ˈlɪvɚ〕 *n.* 肝臟

livestock[5] 〔ˈlaɪvˌstɑk〕 *n.* 家畜
（ = *domestic animals* ）
【記憶技巧】 *live*（活的）+ *stock*（存貨）
（在農業社會中，「家畜」就是活的存貨）

lizard[5] 〔ˈlɪzɚd〕 *n.* 蜥蜴
【比較】 w**izard**（巫師）

***load**[3] 〔lod〕 *n.* 負擔
Finishing the report is a heavy *load*
for her.

※loaf[2] 〔lof〕 *n.* 一條（ 麵包 ）　*v.* 閒混
My mother puts a *loaf* in the basket.

***loan**[4] 〔lon〕 *n.* 貸款；借出
v. 借出；借給
Not being able to afford the cost
of the car, they asked the bank for
a *loan*.

***lobby**[3] 〔ˈlɑbɪ〕 *n.* 大廳
（ = *entrance hall* ）

***lobster**[3] 〔ˈlɑbstɚ〕 *n.* 龍蝦
【比較】 shrimp（蝦子）

※local[2] 〔ˈlokḷ〕 *adj.* 當地的
n. 當地人；本地居民
I'm not used to the *local* customs
yet.
【記憶技巧】 *loc*（place）+ *al*（adj.）
（地方性的，也就是「當地的」）

***locate**[2] 〔loˈket , ˈloket〕 *v.* 使位於
（ = *situate* ）；找出；查出（ 位置 ）
The house is *located* by the river.

***location**[4] 〔loˈkeʃən〕 *n.* 位置
（ = *position* ）

※lock[2] 〔lɑk〕 *v.* 鎖（ = *fasten* ）　　*n.* 鎖
Don't forget to *lock* the door.

※※locker[4] 〔ˈlɑkɚ〕 *n.* 置物櫃

locomotive[5] 〔ˌlokəˈmotɪv〕
n. 火車頭
【記憶技巧】 *loco*（place）+ *motive*
（moving）（「火車頭」可帶領乘客由某地
移動到另一個地方）

locust[5] 〔ˈlokəst〕 *n.* 蝗蟲

lodge[5] 〔lɑdʒ〕 *v.* 投宿；住宿；收容
（ = *accommodate* ）　　*n.* 小屋
We plan to *lodge* in that big motel
tomorrow night.

lofty[5] 〔ˈlɔftɪ〕 *adj.* 崇高的（ = *noble* ）；
高尚的；高聳的；高傲的
Mike always sets *lofty* goals, but
never accomplishes them.

***log**[2] 〔lɔg〕 *n.* 圓木；航海日誌
v. 記載；飛行或航行；伐木
In the summer camp, we lived in a
cabin built of *logs*.

***logic**[4] 〔ˈlɑdʒɪk〕 *n.* 邏輯
【記憶技巧】 *log*（speak）+ *ic*（學術用語
字尾）（說話的學術，說話顯示一個人的
思考是否有「邏輯」）

***logical**[4] 〔ˈlɑdʒɪkḷ〕 *adj.* 合乎邏輯的
When Francine said she was going
to the doctor, John made the *logical*
conclusion that she did not feel well.

L

logo[5] 〔'logo〕 *n.* 商標圖案
(= *logotype* = *trademark*)

***lollipop**[3] 〔'lalɪ,pap〕 *n.* 棒棒糖

lone[2] 〔lon〕 *adj.* 孤單的 (= *solitary*)
【衍伸詞】 loner (獨行俠)

‡**lonely**[2] 〔'lonlɪ〕 *adj.* 寂寞的
(= *lonesome*)
Jimmy is a *lonely* boy.

┌─【典型考題】─────
│ Did you feel _____ while your parents
│ were away from home?
│ A. outstanding   B. missing
│ C. lonely   D. disgusted   [C]
└──────────────

lonesome[5] 〔'lonsəm〕 *adj.* 寂寞的
【記憶技巧】 -*some* 表「有…傾向的」字尾。

‡**long**[1] 〔lɔŋ〕 *adj.* 長的   *adv.* 長時間地
n. 長時間   *v.* 渴望

longevity[6] 〔lan'dʒɛvətɪ〕 *n.* 長壽
(= *long life*)
The old man says his *longevity* is
due to good genes and a good diet.

longitude[5] 〔'landʒə,tjud〕 *n.* 經度
【記憶技巧】 long 是長的，所以 longitude
指的是南北走向的經度。
【比較】 latitude (緯度)

‡**look**[1] 〔lʊk〕 *v.* 看；看起來   *n.* 看；
外表；樣子
I'm *looking* at a small dog.

***loose**[3] 〔lus〕 *adj.* 鬆的
Please make the belt tighter; it is
too *loose* for comfort.
【反義詞】 tight (緊的)

***loosen**[3] 〔'lusn̩〕 *v.* 鬆開
【比較】 tighten (使變緊)

┌─【典型考題】──────
│ These warm-up exercises are designed
│ to help people _____ their muscles
│ and prevent injuries.
│ A. produce   B. connect
│ C. broaden   D. loosen   [D]
└───────────────

***lord**[3] 〔lɔrd〕 *n.* (封建時代的) 領主；
君主；主人；支配者；(大寫) 上帝
Sir James is the *lord* of the manor.

‡**lose**[2] 〔luz〕 *v.* 遺失；失去；失敗
Nancy *loses* her pens very often.

***loser**[2] 〔'luzɚ〕 *n.* 失敗者
He is not a bad *loser*; he takes
defeat well.

***loss**[2] 〔lɔs〕 *n.* 損失
It's a great *loss* to me.

***lot**[1] 〔lat〕 *n.* 很多；籤；一塊土地
We always have a *lot* of rain in May.
【片語】 *draw lots* (抽籤)
【衍伸詞】 *parking lot* (停車場)

***lotion**[4] 〔'loʃən〕 *n.* 乳液
【比較】 toner (化粧水)

lottery[5] 〔'latərɪ〕 *n.* 彩券
【記憶技巧】 *lot* (籤) + *tery*

lotus[5] 〔'lotəs〕 *n.* 蓮花

‡**loud**[1] 〔laʊd〕 *adj.* 大聲的   *adv.* 大聲地
The man speaks in a *loud* voice.

***loudspeaker**[3] 〔'laʊd'spikɚ〕 *n.* 擴音
器；喇叭
The results of the contest were
announced over the *loudspeaker*.

【重要知識】 loudspeaker 是整組擴音器的「喇
叭」；microphone 是對著嘴巴的「麥克風」。

L

lounge[6] 〔laʊndʒ〕 *n.* 交誼廳；休息室；（機場等的）等候室
【衍伸詞】*lounge bar*（高級酒吧）

*__lousy__[4] 〔'laʊzɪ〕 *adj.* 差勁的
Grace did such a *lousy* job on the assignment that her teacher told her to do it over again.

***love**[1] 〔lʌv〕 *n. v.* 愛

***lovely**[2] 〔'lʌvlɪ〕 *adj.* 可愛的

*__lover__[2] 〔'lʌvɚ〕 *n.* 情人

***low**[1] 〔lo〕 *adj.* 低的
This chair is too *low* for Rose.

*__lower__[2] 〔'loɚ〕 *v.* 降低

*__loyal__[4] 〔'lɔɪəl〕 *adj.* 忠實的（= *faithful*）
He wanted to be *loyal* to his family.
【比較】royal（皇家的）

*__loyalty__[4] 〔'lɔɪəltɪ〕 *n.* 忠實（= *faithfulness*）；忠誠；忠心

*__luck__[2] 〔lʌk〕 *n.* 運氣；幸運

***lucky**[1] 〔'lʌkɪ〕 *adj.* 幸運的（= *fortunate*）
You are a *lucky* girl to have so many good friends.

*__luggage__[3] 〔'lʌgɪdʒ〕 *n.* 行李【集合名詞】（= *baggage*）
【重要知識】美國人多用 bag 代替 luggage。

【典型考題】
Remember to bring all your ＿＿＿＿ with you when you get off the train.
A. booth　　　　B. laboratory
C. beam　　　　D. luggage　　　**[D]**

*__lullaby__[3] 〔'lʌlə,baɪ〕 *n.* 搖籃曲（= *cradlesong* 〔'kredl̩,sɔŋ〕）
The mother sang a *lullaby* as she put the baby to bed.
【記憶技巧】*lull*（使入睡）+ *a* + *by* (bye)（哄小孩説再見就唱「搖籃曲」）

lumber[5] 〔'lʌmbɚ〕 *n.* 木材（= *timber*【英式用法】= *wood*）　*v.* 給（人）增加麻煩；緩慢吃力地移動

lump[5] 〔lʌmp〕 *n.* 塊（= *mass*）；腫塊　*v.* 把…歸併在一起
He had a *lump* on his head where someone had hit him while he was walking home the night before.
【衍伸詞】*a lump of sugar*（一塊糖）

*__lunar__[4] 〔'lunɚ〕 *adj.* 月亮的
Neil Armstrong was the first astronaut to walk on the *lunar* surface.
【衍伸詞】*lunar calendar*（陰曆；農曆）
【比較】solar（太陽的）

lunatic[6] 〔'lunə,tɪk〕 *n.* 瘋子　*adj.* 精神錯亂的
Peggy said that her neighbor is a *lunatic* who ought to be locked up.
【記憶技巧】*luna* (moon)（源自瘋病與月亮有關的迷信）
【重要知識】字尾是 ic，重音通常在倒數第二音節上，但這個字例外。

***lunch**[1] 〔lʌntʃ〕 *n.* 午餐

*__luncheon__[1] 〔'lʌntʃən〕 *n.* 午餐
The *luncheon* will begin at twelve o'clock

*__lung__[3] 〔lʌŋ〕 *n.* 肺
Smoking causes air pollution and harms our *lungs*.
【衍伸詞】*lung cancer*（肺癌）

L

lure[6] 〔 lur 〕 *v.* 誘惑 *n.* 誘惑；誘惑力
The policeman's daughter was
lured away from home.
【比較】al**lure**（誘惑）常用在好的方面。

lush[6] 〔 lʌʃ 〕 *adj.* 綠油油的（=*green*）

***luxurious**[4] 〔 lʌgˋʒurɪəs 〕 *adj.* 豪華的
We decided to pay a little more and
upgrade to a more *luxurious* cabin.

【重要知識】79% 的美國人唸成〔 lʌgˋʒurɪəs 〕，
21% 的人唸成〔 lʌkˋʃurɪəs 〕。

***luxury**[4] 〔ˋlʌkʃərɪ,ˋlʌgzərɪ〕 *n.* 豪華
【記憶技巧】*lux*（洗髮精品牌）+ *ury*

lyric[6] 〔ˋlɪrɪk〕 *adj.* 抒情的 *n.* 抒情詩
I like *lyric* poetry.
【衍伸詞】lyrics（歌詞）

M m

***ma'am**[4] 〔 mæm,mɑm 〕 *n.* 女士
Yes, *ma'am*?

***machine**[1] 〔 məˋʃin 〕 *n.* 機器
Machines help us to do things
more easily.

***machinery**[4] 〔 məˋʃinərɪ 〕 *n.* 機器
【集合名詞】
【記憶技巧】*-ery* 表「…類事物」的字尾。

***mad**[1] 〔 mæd 〕 *adj.* 發瘋的（=*crazy*）
He behaves as if he were *mad*.

***madam**[4] 〔ˋmædəm〕 *n.* 女士
"*Madam*, would you care for tea or
coffee?"

***magazine**[2] 〔ˋmægə,zin〕 *n.* 雜誌
Children's *magazines* are full of
interesting pictures.
【比較】journal（期刊）
【重要知識】現在，新一代的美國人多唸
〔ˋmægə,zin〕，較少人唸〔,mægəˋzin〕。

***magic**[2] 〔ˋmædʒɪk〕 *n.* 魔術；魔法
The girl was turned by *magic* into
a swan.

***magical**[3] 〔ˋmædʒɪkḷ〕 *adj.* 神奇的

***magician**[2] 〔 məˋdʒɪʃən 〕 *n.* 魔術師

***magnet**[3] 〔ˋmægnɪt〕 *n.* 磁鐵

***magnetic**[4] 〔 mægˋnɛtɪk 〕 *adj.* 有磁
性的
【衍伸詞】*magnetic field*（磁場）
【典型考題】
Agnes seems to have a _____
personality. Almost everyone is
immediately attracted to her when they
first see her.
A. clumsy   B. durable
C. furious   D. magnetic   [D]

***magnificent**[4] 〔 mægˋnɪfəsṇt 〕 *adj.*
壯麗的；很棒的（=*splendid*）
Switzerland is a country with
magnificent scenery.
【記憶技巧】*magn*（great）+ *ific*（do）
+ *ent*（adj.）
【典型考題】
In Iraq Saddam Hussein owned several
_____ palaces.
A. magnificent   B. maximum
C. multiple   D. moderate   [A]

M

magnify[5] 〔'mægnə,faɪ 〕 v. 放大

magnitude[6] 〔'mægnə,tjud 〕 n. 規模
（= *size*）；震度
The *magnitude* of the earthquake
was so great that it was felt
thousands of miles away.
【記憶技巧】 *-itude* 表抽象名詞的字尾。

* **maid**[3] 〔 med 〕 n. 女傭

maiden[5] 〔'medn̩ 〕 n. 少女；未婚的年
輕女子 *adj.* 未婚的；處女的；初次的
【衍伸詞】 *maiden voyage*（處女航；首航）

‡ **mail**[1] 〔 mel 〕 v. 郵寄 n. 信件

* **main**[2] 〔 men 〕 *adj.* 主要的（= *primary*）
This is the *main* building of our
college.

* **mainland**[5] 〔'men,lænd 〕 n. 大陸
Four hours after leaving the island,
they finally saw the *mainland*.
【衍伸詞】 *mainland China*（中國大陸）

mainstream[5] 〔'men,strim 〕 n. 主流
People in this small village think
very differently from those in the
mainstream.
【記憶技巧】 *main* + *stream*（河流）

* **maintain**[2] 〔 men'ten 〕 v. 維持
（= *keep*）；維修
The increase in sales is being
maintained.
【記憶技巧】 *main* (hand) + *tain* (hold)
（把東西握在手中，表示「維持」）

┌─【典型考題】───────
│ The Browns spend a great deal of time
│ _____ their beautiful yard.
│ A. containing B. restraining
│ C. remaining D. maintaining [D]
└─────────────────

maintenance[5] 〔'mentənəns 〕 n.
維修
Without the proper *maintenance*,
your car will not last long.

┌─【典型考題】───────
│ The gym is closed on Monday for
│ routine _____ work.
│ A. disturbance B. eloquence
│ C. maintenance D. alliance [C]
└─────────────────

majestic[5] 〔 mə'dʒɛstɪk 〕 *adj.* 雄偉的
（= *grand*）
The Taj Mahal is one of the most
majestic buildings in India.

majesty[5] 〔'mædʒɪstɪ 〕 n. 威嚴
（= *dignity*）
The *majesty* of the king is very
impressive.

‡ **major**[3] 〔'medʒɚ 〕 *adj.* 主要的
The *major* problem of this artist is
a lack of creativity.

* **majority**[3] 〔 mə'dʒɔrətɪ 〕 n. 大多數
A *majority* of the voters approved
of the candidate and he won the
election.
【反義詞】 minority（少數）

‡ **make**[1] 〔 mek 〕 v. 製作；製造

* **makeup**[4] 〔'mek,ʌp 〕 n. 化妝品
（= *make-up* = *cosmetics*）；化妝
Some girls in my junior high school
have started wearing *makeup*.
【片語】 *wear makeup*（化妝）

malaria[6] 〔 mə'lɛrɪə 〕 n. 瘧疾
It is important to avoid mosquito
bites here because the insect
carries *malaria*.
【記憶技巧】 *mal* (bad) + *aria* (air)
（以前的人認為「瘧疾」是因為空氣不好）

M

***male**[2] 〔 mel 〕 *n.* 男性 (= *man*)
　adj. 男性的 (= *masculine*)
　Boys are *males* and girls are females.
　【反義詞】female (女性；女性的)

***mall**[3] 〔 mɔl 〕 *n.* 購物中心
　(= *shopping center*)

mammal[5] 〔ˈmæml̩ 〕 *n.* 哺乳類動物
　【比較】reptile (爬蟲類動物)

***man**[1] 〔 mæn 〕 *n.* 男人 (= *male*)；
　人類 (= *mankind*)

***manage**[3] 〔ˈmænɪdʒ 〕 *v.* 管理
　(= *control*)；設法
　Mr. Wang has *managed* this
　apartment for two years.

manageable[3] 〔ˈmænɪdʒəbl̩ 〕 *adj.*
　可管理的

┌─【典型考題】──────────┐
This company, with its serious financial
problems, is no longer _____.
A. achievable　　B. stretchable
C. repeatable　　D. manageable　　[D]
└────────────────┘

***management**[3] 〔ˈmænɪdʒmənt 〕 *n.*
　管理

***manager**[3] 〔ˈmænɪdʒɚ 〕 *n.* 經理

***Mandarin**[2] 〔ˈmændərɪn 〕 *n.* 國語；
　北京話
　My grandmother can't speak
　Mandarin.

***mango**[2] 〔ˈmæŋgo 〕 *n.* 芒果

manifest[5] 〔ˈmænəˌfɛst 〕 *v.* 表露；
　表示 (= *express*)　　*adj.* 明顯的
　The teacher *manifested* his disgust
　with a frown.

【記憶技巧】*mani* (hand) + *fest*
　(strike) (拍打雙手是一種表達方式)

manipulate[6] 〔 məˈnɪpjəˌlet 〕 *v.*
　操縱；控制
　The little girl is good at *manipulating*
　her parents into giving her what
　she wants.
　【記憶技巧】*mani* (hand) + *pul* (pull)
　　+ *ate* (*v.*) (「操縱」要用手去拉動控制)

***mankind**[3] 〔 mænˈkaɪnd 〕 *n.* 人類
　(= *human beings*)
　Mankind did not exist ten million
　years ago.

***manner**[2] 〔ˈmænɚ 〕 *n.* 方式；樣子
　(= *way*)
　Fold the paper in this *manner*.

***manners**[3] 〔ˈmænɚz 〕 *n. pl.* 禮貌
　Eleanor praised her son for his good
　table *manners*.

┌─【典型考題】──────────┐
The man offered the lady his seat out
of politeness; he must be a gentleman
with good _____.
A. manners　　　B. conversations
C. genes　　　　D. departures　　[A]
└────────────────┘

mansion[5] 〔ˈmænʃən 〕 *n.* 豪宅；
　大廈；宅第；官邸
　Most of the superstars dwell in
　mansions.
　【記憶技巧】*man* (男人) + *sion*
　　(「豪宅」是男人想擁有的東西之一)

***manual**[4] 〔ˈmænjʊəl 〕 *n.* 手冊
　(= *handbook*)；說明書
　adj. 手工的；用手的
　I have read the *manual*, but I still
　don't understand how to operate
　this machine.

M

* **manufacture**[4] 〔͵mænjəˈfæktʃɚ 〕 *v.*
製造 (= *make*)；捏造　*n.* 製造
pl. 產品
This factory *manufactures* cars.
【記憶技巧】 *manu* (hand) + *fact*
(make) + *ure* (動手做，就是「製造」)

* **manufacturer**[4] 〔͵mænjəˈfæktʃərɚ 〕
n. 製造業者 (= *maker*)；廠商

manuscript[6] 〔ˈmænjəͺskrɪpt 〕 *n.*
手稿；原稿
The struggling writer submitted his
manuscript to several publishers.
【記憶技巧】 *manu* (hand) + *script*
(write) (用手寫的紙張，也就是「手稿」)

map[1] 〔 mæp 〕 *n.* 地圖
Have you got the *map* of Paris?

maple[5] 〔ˈmepḷ 〕 *n.* 楓樹

mar[6] 〔 mar 〕 *v.* 損傷 (= *hurt*)；損毀
Nothing can *mar* our friendship.

* **marathon**[4] 〔ˈmærəͺθan 〕 *n.* 馬拉松
Thousands of runners participated
in the *marathon*.

* **marble**[3] 〔ˈmarbḷ 〕 *n.* 大理石；彈珠
There is a *marble* statue of the
general in the park.

March[1] 〔 martʃ 〕 *n.* 三月

* **march**[3] 〔 martʃ 〕 *v.* 行軍；行進
The soldiers had to *march* twenty
kilometers to the next camp.

* **margin**[4] 〔ˈmardʒɪn 〕 *n.* 邊緣
(= *edge*)；差距；頁邊的空白
The teacher wrote some comments
in the *margin* of my paper.
【片語】 *by a narrow margin* (差一點點)

marginal[5] 〔ˈmardʒɪnḷ 〕 *adj.* 邊緣的；
非常小的；少量的

marine[5] 〔 məˈrin 〕 *adj.* 海洋的
Several types of sea animals can be
seen at the *marine* park.
【記憶技巧】 *mar* (sea) + *ine* (*adj.*)

mark[2] 〔 mark 〕 *n.* 記號　*v.* 標記

market[1] 〔ˈmarkɪt 〕 *n.* 市場
She sold vegetables in the *market*.

* **marriage**[2] 〔ˈmærɪdʒ 〕 *n.* 婚姻
Her first *marriage* was not very
happy.

* **marry**[1] 〔ˈmærɪ 〕 *v.*
和…結婚 (= *wed*)；結婚
【片語】 *be/get married to* (和…結婚)

marshal[5] 〔ˈmarʃəl 〕 *n.* 警察局長；
消防局長
【記憶技巧】 *mar* + *shal* (servant 公務
員) (以前的警長都騎馬)

martial[5] 〔ˈmarʃəl 〕 *adj.* 戰爭的；
戰鬥的；軍事的；好戰的
Peace-loving people disagree with
the *martial* attitude of their president.
【記憶技巧】 這個字源自 Mars (戰神)。

marvel[5] 〔ˈmarvḷ 〕 *v.* 驚訝
(= *be amazed*)；驚嘆
【片語】 *marvel at* (對…感到驚訝)

* **marvelous**[3] 〔ˈmarvḷəs 〕 *adj.* 令人
驚嘆的 (= *amazing*)；很棒的

【典型考題】
This exhibition of Chinese paintings
is _____. Indeed, it's the best in
ten years.
A. marvelous   B. potential
C. artificial   D. populous   [A]

M

masculine[5]〔'mæskjəlɪn〕*adj.* 男性的（= *male*）　*n.* 男性；陽性
John is usually a *masculine* name while Joanna is a feminine one.
【記憶技巧】*-ine* 表「具有…性質」的字尾。
【反義詞】feminine（女性的）

mash[5]〔mæʃ〕*v.* 搗碎（= *crush*）
Dad helped Mom to *mash* up the potatoes.
【衍伸詞】*mashed potatoes*（馬鈴薯泥）

mask[2]〔mæsk〕*n.* 面具
Tom has to wear a *mask* in the school play.

mass[2]〔mæs〕*adj.* 大量的；大眾的
The assembly line allowed *mass* production to develop.
Paul is studying *mass* communication.
【重要知識】我們熟悉的捷運（*MRT*）全名是 Mass Rapid Transit。

massacre[6]〔'mæsəkɚ〕*n.* 大屠殺（= *slaughter*〔'slɔtɚ〕）
Government soldiers were accused of the *massacre* of the entire town.
【記憶技巧】*mass* + *acre*（英畝）
（把住在好幾英畝地上的人殺光）

massage[5]〔mə'sɑʒ〕*n.* 按摩（= *rubbing*）
【比較】message（訊息）

massive[5]〔'mæsɪv〕*adj.* 巨大的（= *huge*）

master[1]〔'mæstɚ〕*v.* 精通（= *become skilled in*）　*n.* 主人；大師；碩士
If you study hard, you can *master* English.

masterpiece[5]〔'mæstɚ،pis〕*n.* 傑作
【記憶技巧】*master*（大師）+ *piece*（一件作品）（大師的作品，就是「傑作」）

mastery[6]〔'mæstərɪ〕*n.* 精通

mat[2]〔mæt〕*n.* 墊子

match[2,1]〔mætʃ〕*v.* 搭配（= *go with*）；與…匹敵　*n.* 火柴；對手；配偶
This tie doesn't *match* your suit.

mate[2]〔met〕*n.* 伴侶（= *partner*）
The female bird went in search of food while its *mate* guarded the nest.

material[2,6]〔mə'tɪrɪəl〕*n.* 物質（= *substance*）；材料
Plastic is a widely used *material*.

materialism[6]〔mə'tɪrɪəl،ɪzəm〕*n.* 物質主義；唯物論
【記憶技巧】*-ism* 表「主義；學說」的字尾。

math[3]〔mæθ〕*n.* 數學
They were doing *math* exercises when I left.

mathematical[3]〔،mæθə'mætɪkl̩〕*adj.* 數學的

mathematics[3]〔،mæθə'mætɪks〕*n.* 數學（= *math*）

matter[1]〔'mætɚ〕*n.* 事情（= *affair*）；物質（= *substance*）　*v.* 重要（= *count*）
That's another *matter*.
It doesn't *matter* how you do it.

mattress[6]〔'mætrɪs〕*n.* 床墊

M

* **mature**³ 〔məˈtʃʊr〕 *adj.* 成熟的
Years later, May has grown up to be a *mature* and elegant lady.
【反義詞】 childish (幼稚的)

【典型考題】
According to recent research, children under the age of 12 are generally not ＿＿＿ enough to recognize risk and deal with a dangerous situation.
A. diligent   B. mature
C. familiar   D. sincere   [B]

* **maturity**⁴ 〔məˈtʃʊrətɪ〕 *n.* 成熟

【典型考題】
This job calls for a man with a great deal of ＿＿＿ .
A. literature   B. investigation
C. maturity   D. maximum   [C]

* **maximum**⁴ 〔ˈmæksəməm〕 *n.* 最大量   *adj.* 最大的
She types a *maximum* of seventy words per minute.
【反義詞】 minimum (最小量)

【典型考題】
The ＿＿＿ capacity of this elevator is 400 kilograms. For safety reasons, it shouldn't be overloaded.
A. delicate   B. automatic
C. essential   D. maximum   [D]

* **May**¹ 〔me〕 *n.* 五月

* **maybe**¹ 〔ˈmebɪ〕 *adv.* 也許
Maybe my mother will come here next month.

mayonnaise⁵ 〔ˌmeəˈnez〕 *n.* 美乃滋

* **mayor**³ 〔ˈmeə‚mɛr〕 *n.* 市長
Most people in this city approve of the job our *mayor* is doing.

* **meadow**³ 〔ˈmɛdo〕 *n.* 草地

* **meal**² 〔mil〕 *n.* 一餐
Breakfast is our morning *meal*.

* **mean**¹ 〔min〕 *v.* 意思是 (= *signify*) *adj.* 卑鄙的；惡劣的

* **meaning**² 〔ˈminɪŋ〕 *n.* 意義

* **meaningful**³ 〔ˈminɪŋfəl〕 *adj.* 有意義的 (= *significant*)

* **means**² 〔minz〕 *n.* 方法；手段
【單複數同型】
Do you know of any *means* to get there?
【片語】 *by all means* (一定；當然)

【典型考題】
A search engine is a new ＿＿＿ of getting information.
A. merchandise   B. university
C. revolution   D. means   [D]

meantime⁵ 〔ˈminˌtaɪm〕 *n.* 其間
I was playing in the yard; in the *meantime* my sister was cleaning the house.
【片語】 *in the meantime* (在這期間)

* **meanwhile**³ 〔ˈminˌhwaɪl〕 *adv.* 同時 (= *at the same time*)
You look in the shoe store and *meanwhile* I'll find the book I want in the bookstore.

measurable² 〔ˈmɛʒərəbl̩〕 *adj.* 可測量的 (= *quantifiable*)

* **measure**²,⁴ 〔ˈmɛʒɚ〕 *v.* 測量 (= *quantify*)   *n.* 措施 (= *means*)
Harvey *measured* the window carefully before buying new curtains.
【片語】 *take measures* (採取措施)

* **measurement**² 〔ˈmɛʒɚmənt〕 *n.* 測量 (= *quantification*)
【比較】 measurements (尺寸)

M

meat[1] 〔 mit 〕 *n.* 肉
【比較】flesh（活的動物的）肉

*****mechanic**[4] 〔 mə'kænɪk 〕 *n.* 技工
Mr. Brown is a good *mechanic*.
【記憶技巧】*mechan* (machine) + *ic*
【重要知識】字尾 ic 可表「人」，例如：critic（批評家）, lunatic（瘋子）。

*****mechanical**[4] 〔 mə'kænɪkḷ 〕 *adj.*
機械的

mechanics[5] 〔 mə'kænɪks 〕 *n.* 機械學

mechanism[6] 〔 'mɛkə,nɪzəm 〕 *n.*
機械裝置；機制；結構

*****medal**[3] 〔 'mɛdḷ 〕 *n.* 獎牌
The swimmer won a gold *medal* in the Olympics.
【記憶技巧】背 med**al** 想到 award（頒發）。

media[3] 〔 'midɪə 〕 *n.pl.* 媒體
You can know the news through the mass *media*.
【常考】*the mass media*（大眾傳播媒體）

mediate[5] 〔 'midɪ,et 〕 *v.* 調解（= *settle a dispute*）；調停（= *intervene*）
Lisa tried to *mediate* between the two parties.
【記憶技巧】*medi* (middle) + *ate* (*v.*)
（在中間做事，也就是「幹旋；調停」）

*****medical**[3] 〔 'mɛdɪkḷ 〕 *adj.* 醫學的；
醫療的
Dr. Peterson has a Ph.D. in history; he is not a *medical* doctor.
【記憶技巧】*med* (heal) + *ical* (*adj.*)
（醫學就是在教導大家如何治療疾病）

medication[6] 〔 ,mɛdɪ'keʃən 〕 *n.* 藥物
治療；藥物

medicine[2] 〔 'mɛdəsṇ 〕 *n.* 藥
（= *drug*）；醫學

【典型考題】
Mary was sick. She had to take some _____.
A. time   B. money
C. medicine   D. drink   [C]

medieval[6] 〔 ,midɪ'ivḷ 〕 *adj.* 中世紀的；中古時代的
It was common for knights to swear allegiance to a king in *medieval* times.
【記憶技巧】*medi* (middle) + *ev* (time) + *al* (*adj.*)

meditate[6] 〔 'mɛdə,tet 〕 *v.* 沉思
（= *contemplate*）；冥想；打坐
Zoe *meditates* two hours every day.

meditation[6] 〔 ,mɛdə'teʃən 〕 *n.* 打坐；
沉思（= *contemplation*）；冥想
The monks at this temple engage in *meditation* every day.
【記憶技巧】*med* (middle) + *it* (go) + *ation*（「冥想」就是往內心探索）

medium[3] 〔 'midɪəm 〕 *adj.* 中等的
（= *middle*）
The man is of *medium* height.

meet[1] 〔 mit 〕 *v.* 遇見；認識
It's nice to *meet* you.

meeting[2] 〔 'mitɪŋ 〕 *n.* 會議
（= *conference*）

melancholy[6] 〔 'mɛlən,kɑlɪ 〕 *adj.*
憂鬱的（= *sad*）
He has been feeling *melancholy* ever since he broke up with his girlfriend.
【記憶技巧】melancholy 可用諧音「沒人可理」來背。

【典型考題】
The constant rain put him in a _____ mood and no one could cheer him up.
A. terrific   B. fabulous
C. melancholy   D. remarkable   [C]

M

mellow[6] 〔'mɛlo 〕*adj.* 成熟的（= *ripe* ）
The apple isn't *mellow*.

* **melody**[2] 〔'mɛlədɪ 〕*n.* 旋律（= *tune* ）
I hear that *melody* everywhere; it must be a very popular song.

* **melon**[2] 〔'mɛlən 〕*n.* 甜瓜；（各種的）瓜【尤指西瓜、香瓜】
Would you like a slice of *melon*?
【比較】watermelon（西瓜）

* **melt**[3] 〔 mɛlt 〕*v.* 融化
In the spring when the snow *melts* there may be flooding.
【比較】dissolve（溶解）

⚏ **member**[2] 〔'mɛmbɚ 〕*n.* 成員
Jack is a *member* of a football team.

* **membership**[3] 〔'mɛmbɚˌʃɪp 〕*n.* 會員資格

* **memorable**[4] 〔'mɛmərəbl 〕*adj.* 難忘的（= *unforgettable* ）
Our trip to China was a really *memorable* experience.

* **memorial**[4] 〔 mə'morɪəl 〕*adj.* 紀念的
【衍伸詞】*memorial hall*（紀念堂）

* **memorize**[3] 〔'mɛməˌraɪz 〕*v.* 背誦

* **memory**[2] 〔'mɛmərɪ 〕*n.* 回憶
The picture brings back many *memories*.
【記憶技巧】*memor*（remember）+ *y*

menace[5] 〔'mɛnɪs 〕*n.* 禍害；威脅（= *threat* ）　*v.* 威脅（= *threaten* ）
The vicious dog is a *menace* to the neighborhood.
【記憶技巧】*men* + *ace*

* **mend**[3] 〔 mɛnd 〕*v.* 修補；改正（= *correct* ）
It is never too late to *mend*.

┌─【典型考題】──────────
│ When we were poor, my mother used to _____ my clothes for me when they were worn out.
│ A. merge　　　　B. memorize
│ C. mend　　　　D. wore　　　[C]
└────────────────────

* **mental**[3] 〔'mɛntl 〕*adj.* 心理的；精神的
Although he is not strong physically, Ned has amazing *mental* powers.
【記憶技巧】*ment*（mind）+ *al*（adj.）
【衍伸詞】*mental and physical health*（身心健康）

mentality[6] 〔 mɛn'tælətɪ 〕*n.* 心理狀態；心態（= *mindset* ）；思維方式

* **mention**[3] 〔'mɛnʃən 〕*v.* 提到（= *refer to* ）
Did you *mention* the party to Jill? She seems to know all about it.

⚏ **menu**[2] 〔'mɛnju 〕*n.* 菜單

merchandise[6] 〔'mɝtʃənˌdaɪz 〕*n.* 商品；貨物【集合名詞】（= *goods* ）
The variety of *merchandise* in the store awed us.
【記憶技巧】分音節背 mer-chan-dise。

* **merchant**[3] 〔'mɝtʃənt 〕*n.* 商人（= *trader* ）

* **mercy**[4] 〔'mɝsɪ 〕*n.* 慈悲（= *compassion* ）；寬恕（= *forgiveness* ）
The convicted robber begged the judge for *mercy* because he did not want to go to jail.

【重要知識】乞丐向人要錢常說：Have *mercy*（on me）. 意思是「可憐可憐我吧！」

M

***mere**[4] 〔 mɪr 〕 *adj.* 不過；僅僅
（＝*no more than*）
Don't be so impatient. We've been waiting a *mere* five minutes.

merge[6] 〔 mɝdʒ 〕 *v.* 融合；併入；合併
（＝*combine*）
The two lanes of traffic must *merge* 200 meters ahead.

***merit**[4] 〔 'mɛrɪt 〕 *n.* 價值；優點
（＝*advantage*） *v.* 值得（＝*deserve*）
Bryan's *merits* outnumber his flaws.
【反義詞】 shortcoming（缺點）
drawback（缺點）
【重要知識】一般美國中學，學生表現優良，學校會記「優點」，稱為 a merit point，「缺點」則稱為 a demerit point。

mermaid[5] 〔 'mɝˌmed 〕 *n.* 美人魚
【記憶技巧】 *mer(e)* (sea) + *maid*（少女）（在海中的少女，即「美人魚」）

***merry**[3] 〔 'mɛrɪ 〕 *adj.* 歡樂的
（＝*cheerful*）
It was a *merry* party and everyone had a good time.
【衍伸詞】 *Merry Christmas*!（聖誕快樂!）

***mess**[3] 〔 mɛs 〕 *n.* 雜亂（＝*disorder*）
Father told me to clean up the *mess* in the living room before I watched TV.
【片語】 *in a mess*（亂七八糟）

‡**message**[2] 〔 'mɛsɪdʒ 〕 *n.* 訊息
Will you take this *message* to my grandparents?
【典型考題】
Using and understanding abbreviated _____ like "AFIK" (as far as I know) is considered fashionable among younger cell phone users.
A. emotions   B. names
C. messages   D. data   [C]

***messenger**[4] 〔 'mɛsṇdʒɚ 〕 *n.* 送信的人
A *messenger* just arrived with a package for Mr. Philips.
【典型考題】
A person who carries a message is a _____.
A. monitor   B. manager
C. messenger   D. passenger   [C]

***messy**[4] 〔 'mɛsɪ 〕 *adj.* 雜亂的
（＝*disorderly*）

‡**metal**[2] 〔 'mɛtḷ 〕 *n.* 金屬
Iron is a kind of *metal*.

metaphor[6] 〔 'mɛtəfɚ 〕 *n.* 比喻；比喻說法；隱喻；象徵
In order to understand the poem, you must understand the *metaphors* it contains.
【記憶技巧】 *meta* (over) + *phor* (carry)（把概念透過另一種形式表達出來，就是「隱喻」）
【比較】 simile 〔 'sɪməlɪ 〕 *n.* 明喻（句中有 like 或 as…as 出現時）
【重要知識】這個字以前唸成〔'mɛtɪfɚ〕，現在美國人都唸成〔'mɛtəfɔr〕。

‡**meter**[2] 〔 'mitɚ 〕 *n.* 公尺；儀；錶

‡**method**[2] 〔 'mɛθəd 〕 *n.* 方法（＝*way*）
I want to know a good *method* for learning English.

metropolitan[6] 〔 ˌmɛtrə'pɑlətṇ 〕 *n.* 大都市居民 *adj.* 大都市的（＝*urban*）
Metropolitans live a busy life.
【記憶技巧】 *metro* (mother) + *polit* (city) + *an* (n.)

***microphone**[3] 〔 'maɪkrəˌfon 〕 *n.* 麥克風
【記憶技巧】 *micro* (small) + *phone* (sound)（「麥克風」是給聲音小的人用）

* **microscope**[4] 〔'maɪkrə,skop 〕 *n.*
顯微鏡

【記憶技巧】*micro* (small) + *scope*
(look)（觀察細小的東西要用「顯微鏡」）

┌─【典型考題】─────────
Germs can only be seen with the aid
of a _____.
A. microscope   B. liquor
C. minister   D. mechanic   [A]
└────────────────────

⚹ **microwave**[3] 〔'maɪkrə,wev 〕 *adj.* 微
波的　*n.* 微波爐（= *microwave oven* ）
I bought a new *microwave* oven for
my mother.

⚹ **middle**[1] 〔'mɪdḷ 〕 *adj., n.* 中間（的）
Most Westerners' names consist of
three parts, the first name, the *middle*
name, and the last name.

midst[5] 〔 mɪdst 〕 *n.* 中央（= *middle* ）
I could not pick out my friend in the
midst of the crowd.
【比較】amidst（在…中）

⚹ **might**[3] 〔 maɪt 〕 *aux.* may 的過去式
n. 力量
He *might* not be back until tonight.
He fought back with all his *might*.

* **mighty**[3] 〔'maɪtɪ 〕 *adj.* 強有力的
（= *powerful* ）
The boxer looked worried when he
saw his *mighty* opponent.

migrant[5] 〔'maɪgrənt 〕 *n.* 移居者；
移民；候鳥　*adj.* 移居的；遷移的
【重要知識】migrant 常指 immigrant（移
民；移入者），在台灣的「外勞」稱做 migrant
workers，因為他們像候鳥一樣移來移去。

migrate[6] 〔'maɪgret 〕 *v.* 遷移
（= *wander* ）；遷徙

migration[6] 〔 maɪ'greʃən 〕 *n.* 遷移；
遷徙（= *wandering* ）
Sometimes birds will rest here during
their long *migration* from the north
to the south.
【記憶技巧】*migr* (move) + *ation*
(n.)（從某地移動至某地，就是「遷移」）

* **mild**[4] 〔 maɪld 〕 *adj.* 溫和的(= *moderate*)
The weather this winter is so *mild* that
I haven't even worn my winter coat.

⚹ **mile**[1] 〔 maɪl 〕 *n.* 英哩
Wendy walks two *miles* to school
every day.

mileage[5] 〔'maɪlɪdʒ 〕 *n.* 哩程；（旅行
等的）總哩程數
【重要知識】機場辦理登機手續時，你可說：
Please put the *mileage* toward my
account.（請把哩程數加入我的帳上。）

milestone[5] 〔'maɪl,ston 〕 *n.* 里程碑；
重要階段（= *a turning point* ）

militant[6] 〔'mɪlətənt 〕 *adj.* 好戰的
（= *aggressive* ）；激進的；暴力的
n. 好戰分子

* **military**[2] 〔'mɪlə,tɛrɪ 〕 *adj.* 軍事的
Henry plans to attend a *military*
academy.
【記憶技巧】*milit* (soldier) + *ary* (adj.)
（有關於軍人的）

⚹ **milk**[1] 〔 mɪlk 〕 *n.* 牛奶

* **mill**[3] 〔 mɪl 〕 *n.* 磨坊；磨粉機
The old *mill* was once used by all the
farmers in the village.

miller[6] 〔'mɪlɚ 〕 *n.* 磨坊主；製粉業者
【記憶技巧】*mill*（磨坊）+ *er*（人）

⚹ **million**[2] 〔'mɪljən 〕 *n.* 百萬

M

* **millionaire**[3] 〔͵mɪljənˈɛr 〕 *n.* 百萬富翁

Oscar became a *millionaire* overnight when he won the grand prize.

【記憶技巧】*-aire* 表「人」的字尾。

mimic[6] 〔ˈmɪmɪk 〕 *v.* 模仿 (= *imitate*) *n.* 表演模仿的人

Little Evelyn cannot really read; she is just *mimicking* her older sister.

【過去式及過去分詞爲 mimic<u>k</u>ed；現在分詞爲 mimic<u>k</u>ing】

*** **mind**[1] 〔 maɪnd 〕 *n.* 心；精神

You are always on my *mind*.

*** **mine**[2] 〔 maɪn 〕 *pron.* I 的所有格代名詞 *n.* 礦坑

That wasn't his fault; it was *mine*.

* **miner**[3] 〔ˈmaɪnɚ 〕 *n.* 礦工

* **mineral**[4] 〔ˈmɪnərəl 〕 *n.* 礦物；礦物質

【衍伸詞】*mineral water* (礦泉水)

mingle[5] 〔ˈmɪŋgḷ 〕 *v.* 混合 (= *mix*)；交際

Her praise was *mingled* with irony.

miniature[6] 〔ˈmɪnɪətʃɚ 〕 *adj.* 小型的 (= *small*) *n.* 小型物

A dictionary is just like a *miniature* encyclopedia from which we can learn many things.

minimal[5] 〔ˈmɪnɪmḷ 〕 *adj.* 極小的 (= *smallest*)

minimize[6] 〔ˈmɪnə͵maɪz 〕 *v.* 使減到最小 (= *reduce*)

【典型考題】

For our family to make both ends meet, it is important to ＿＿＿＿ living expenses.
A. popularize B. organize
C. liberalize D. minimize [D]

* **minimum**[4] 〔ˈmɪnəməm 〕 *n.* 最小量

We need a *minimum* of three people to play this card game.

【記憶技巧】*mini* (small) + *mum* (拉丁文的最高級字尾)

【反義詞】maximum (最大量)

【典型考題】

The restaurant has a ＿＿＿＿ charge of NT $ 250 per person. So the four of us need to pay at least NT $ 1,000 to eat there.
A. definite B. minimum
C. flexible D. numerous [B]

* **minister**[4] 〔ˈmɪnɪstɚ 〕 *n.* 部長

The *minister* is responsible for the treasury department of the government.

【記憶技巧】*mini* (small) + *ster* (人) (「部長」也是人民的僕人)

* **ministry**[4] 〔ˈmɪnɪstrɪ 〕 *n.* 部 (= *a governmental department*)

【衍伸詞】*the Ministry of Education* (教育部)

** **minor**[3] 〔ˈmaɪnɚ 〕 *adj.* 次要的 (= *secondary*) *v.* 副修 *n.* 副修

That's only a *minor* problem.

【典型考題】

They have made some ＿＿＿＿ changes to the schedule. You have to read it again; otherwise, you might miss them.
A. gathering B. responsible
C. complaint D. minor [D]

M

* **minority**³ 〔 məˈnɔrətɪ ,maɪ- 〕 n. 少數
【反義詞】 majority (大多數)

mint⁵ 〔 mɪnt 〕 n. 薄荷；薄荷糖；
鑄幣廠　v. 鑄造 (硬幣)；創造

** **minus**² 〔ˈmaɪnəs〕 prep. 減
One *minus* one is zero.
【反義詞】 plus (加)

【重要知識】加減乘除的說法：(5+5-4)×2÷3=4
Five *plus* five *minus* four *times* two
divided by three equals four.

** **minute**¹ 〔ˈmɪnɪt 〕 n. 分鐘
〔 maɪˈnjut 〕 adj. 微小的

* **miracle**³ 〔ˈmɪrəkḷ〕 n. 奇蹟(= *wonder*)
When the blind man regained his
sight, many people called it a
miracle.
【記憶技巧】 *mira* (wonder) + *cle* (n.)
(「奇蹟」的出現，總是讓人感到驚訝)

miraculous⁶ 〔 məˈrækjələs 〕 adj.
奇蹟般的 (= *wonderful*)

** **mirror**² 〔ˈmɪrɚ 〕 n. 鏡子　v. 反映
(= *reflect*)

* **mischief**⁴ 〔ˈmɪstʃɪf 〕 n. 惡作劇；
頑皮 (= *naughtiness*)
The teacher warned the children
not to get into *mischief* while she
was out of the room.
【片語】 *get into mischief*(開始惡作劇)
【記憶技巧】 *mis* (badly) + *chief* (長官)
(對長官不敬，就是「惡作劇」)

mischievous⁶ 〔ˈmɪstʃɪvəs 〕 adj.
愛惡作劇的；頑皮的 (= *naughty*)
The *mischievous* children put a
spider in their teacher's desk.

【重要知識】這個字有 67% 的美國人重音唸第
一音節，33% 的人重音唸第二音節。

miser⁵ 〔ˈmaɪzɚ 〕 n. 小氣鬼
(= *stingy person*)；守財奴
He is such a stingy person that
everyone calls him "*miser*."

* **miserable**⁴ 〔ˈmɪzərəbḷ 〕 adj. 悲慘的
(= *poor*)
Lucy was *miserable* when her
boyfriend went overseas to study.

* **misery**³ 〔ˈmɪzərɪ 〕 n. 悲慘
(= *misfortune*)

* **misfortune**⁴ 〔 mɪsˈfɔrtʃən 〕 n. 不幸
(= *bad luck*)
Will was not discouraged by his
great *misfortune*.
【記憶技巧】 *mis* (badly) + *fortune*
(運氣)(運氣不好就會「不幸」)

* **mislead**⁴ 〔 mɪsˈlid 〕 v. 誤導
Some advertisements are carefully
worded to *mislead* consumers
without actually lying.

** **Miss**¹ 〔 mɪs 〕 n. 小姐

** **miss**¹ 〔 mɪs 〕 v. 錯過 (= *skip*)；想念
(= *long for*)
John *missed* the train to Tainan.

* **missile**³ 〔ˈmɪsḷ 〕 n. 飛彈
(= *projectile* 〔 prəˈdʒɛktḷ 〕)
The North threatened to
launch its *missiles* at the
South if war broke out.
【記憶技巧】 *miss* (throw) + *ile*
(可以投擲的武器，就是「飛彈」)

M

* **missing**[3] 〔ˈmɪsɪŋ〕 *adj.* 失蹤的
Our dog has been *missing* for two days and we are very worried about it.

* **mission**[3] 〔ˈmɪʃən〕 *n.* 任務 (= *task*)
To finish all this work by the end of the month seems to be an impossible *mission*.

missionary[6] 〔ˈmɪʃənˌɛrɪ〕 *n.* 傳教士
adj. 傳道的
Andy dropped out of college to become a *missionary* and was sent to South Africa by the church.
【記憶技巧】 *mission* (任務；使命) + *ary* (人)(「傳敎士」就是有神聖使命的人)

* **mist**[3] 〔 mɪst 〕 *n.* 薄霧
The top of the building was covered in *mist*.
【比較】 fog (濃霧)

‡ **mistake**[1] 〔məˈstek〕 *n.* 錯誤
Jill has made a *mistake*.

mister[1] 〔ˈmɪstɚ〕 *n.* 先生 (= *Mr.*)

mistress[5] 〔ˈmɪstrɪs〕 *n.* 女主人
(↔ *master*)；情婦
【記憶技巧】 *-ess* 表「女性」的字尾。

* **misunderstand**[4] 〔ˌmɪsʌndɚˈstænd〕
v. 誤會
I think you *misunderstood* Peter when he told us the time of the meeting.

‡ **mix**[2] 〔 mɪks 〕 *v.* 混合
Helen *mixes* flour, eggs and sugar to bake a cake.

* **mixture**[3] 〔ˈmɪkstʃɚ〕 *n.* 混合物

moan[5] 〔 mon 〕 *v.* 呻吟 (= *groan*)；
抱怨　*n.* 呻吟；抱怨；牢騷
Diane fell off the ladder and lay on the ground *moaning* in pain.

* **mob**[3] 〔 mɑb 〕 *n.* 暴民；亂民；
烏合之眾【集合名詞】
An angry *mob* formed outside the factory when the layoff was announced.
【記憶技巧】 *mob* (move) (「暴民」會動手動腳，以暴力解決事情)

* **mobile**[3] 〔ˈmobḷ〕 *adj.* 可移動的；
活動的
The *mobile* library travels to different neighborhoods in a van.
【衍伸詞】 *mobile phone* (行動電話)

mobilize[6] 〔ˈmobḷˌaɪz〕 *v.* 動員；
召集 (= *summon*)
The labor union *mobilized* thousands of workers to engage in the demonstration.

mock[5] 〔 mɑk 〕 *v.* 嘲笑；嘲弄；譏笑
(= *laugh at*)　*adj.* 模擬的
My little brother often *mocks* me by repeating everything I say.

mode[5] 〔 mod 〕 *n.* 方式；模式
The MRT is my favorite *mode* of transportation.

‡ **model**[2] 〔ˈmɑdḷ〕 *n.* 模型；模範；
模特兒
He made a *model* of his new house.

* **moderate**[4] 〔ˈmɑdərɪt〕 *adj.* 適度的
(= *reasonable*)；溫和的 (= *mild*)
My father eats a *moderate* amount of meat, not too much and not too little.
【記憶技巧】 *-ate* 形容詞字尾。

M

***modern[2] 〔'madən 〕 *adj.* 現代的
（ = *current* ）
There are a lot of *modern* buildings in New York.

modernization[6] 〔,madənə'zeʃən 〕 *n.* 現代化
【重要知識】這個字美國人唸〔,madənə'zeʃən 〕，英國人唸〔,madənaɪ'zeʃən 〕。

modernize[5] 〔'madən,aɪz 〕 *v.* 使現代化 （ = *update* ）

*modest[4] 〔'madɪst 〕 *adj.* 謙虛的 （ = *humble* ）；樸素的（ = *simple* ）
When she says that her success is due to good luck, she's being *modest*.
【記憶技巧】*mode* (模式) + *st*
（ 不超出一定的模式，表「謙虛的」）

*modesty[4] 〔'madəstɪ 〕 *n.* 謙虛 （ = *humility* ）；樸素 （ = *simplicity* ）
┌─【典型考題】──────
The young scientist showed great _____. He attributed his success to good luck.
A. industry   B. modesty
C. intensity   D. identity   [B]
└──────────────

modify[5] 〔'madə,faɪ 〕 *v.* 修正 （ = *alter* ）；更改；(文法) 修飾
When he learned that he would be speaking to students rather than business executives, he decided to *modify* his speech.
【記憶技巧】*mod* (manner) + *ify*
(make) （「修正」使樣式符合所需)

*moist[3] 〔 mɔɪst 〕 *adj.* 潮濕的 （ = *humid* = *wet* ）；(眼睛) 淚汪汪的
Tea grows best in a cool, *moist* climate.

*moisture[3] 〔'mɔɪstʃə 〕 *n.* 濕氣 （ = *humidity* ）；水分

mold[6,5] 〔 mold 〕 *n.* 模子；模型；沃土
【重要知識】mold 是美式拼字，英式拼法爲 mould，也有美國人使用。

molecule[5] 〔'malə,kjul 〕 *n.* 分子
【記憶技巧】*mole* (grind 磨碎) + *cule* (small) （「分子」是很小的東西)
【比較】atom (原子)

***moment[1] 〔'momənt 〕 *n.* 時刻 （ = *point* ）；片刻 （ = *minute* ）
The *moment* the child was run down by a car, he was sent to a hospital.

momentum[6] 〔 mo'mɛntəm 〕 *n.* 動力 （ = *power* ）
Commitment and vision form a *momentum* of their own, which brings about a successful conclusion.
【記憶技巧】*moment* + *um*

**mommy[1] 〔'mamɪ 〕 *n.* 媽媽 （ = *mom* ）
【比較】mummy (木乃伊)

monarch[5] 〔'manək 〕 *n.* 君主
The *monarch* has been in power for over 20 years.
【記憶技巧】*mon(o)* (one) + *arch* (ruler) （ 唯一的統治者，也就是「君主」)

**Monday[1] 〔'mʌndɪ 〕 *n.* 星期一

**money[1] 〔'mʌnɪ 〕 *n.* 錢

*monitor[4] 〔'manətə 〕 *n.* 螢幕 *v.* 監視
【記憶技巧】*monit* (advise) + *or* (*n.*)
┌─【典型考題】──────
When you write with your computer, the words will appear on the _____.
A. browser   B. scanner
C. modem   D. monitor   [D]
└──────────────

M

***monk**[3]〔mʌŋk〕*n.* 修道士；和尚
Michael decided to devote his life to the church and he became a *monk*.
【比較】nun（修女；尼姑）

****monkey**[1]〔'mʌŋkɪ〕*n.* 猴子（= *ape*）
Monkeys like to climb trees.

monopoly[6]〔mə'napḷɪ〕*n.* 獨占；
獨占事業；壟斷
Tobacco is a government *monopoly* in that country.
【記憶技巧】*mono* (one) + *poly* (sell)
（獨家銷售，就是「獨占」）

monotonous[6]〔mə'natn̩əs〕*adj.*
單調的（= *boring*）
【記憶技巧】*mono*（單一）+ *ton* (tone)
+ *ous* (*adj.*)（一個音調的，就是「單調的」）

monotony[6]〔mə'natnɪ〕*n.* 單調
（= *boredom*）
The *monotony* of our relationship became unbearable so we decided to see other people.

****monster**[2]〔'manstɚ〕*n.* 怪物
The film is about a *monster*.
【記憶技巧】分音節背 mon-ster。
┌─【典型考題】────────
│ Fairy tales often feature terrible
│ creatures such as _____.
│ A. diplomats　　B. fairies
│ C. monsters　　D. princesses　[C]
└──────────────────

monstrous[5]〔'manstrəs〕*adj.* 怪物般
的（= *horrible*）：殘忍的（= *cruel*）

****month**[1]〔mʌnθ〕*n.* 月份
She has been here for a *month*.

***monthly**[4]〔'mʌnθlɪ〕*adj.* 每月的

***monument**[4]〔'manjəmənt〕*n.* 紀念碑
（= *memorial*）

The government will build a *monument* to the soldiers.
【記憶技巧】*monu* (remind) + *ment*
(*n.*)（「紀念碑」會讓人想起過去發生的事）

***mood**[3]〔mud〕*n.* 心情
Gary has been in a bad *mood* since he lost the game this morning.
┌─【典型考題】────────
│ I'm not in the _____ to play the
│ piano.
│ A. mood　　　　B. idea
│ C. taste　　　　D. heart　　[A]
└──────────────────

****moon**[1]〔mun〕*n.* 月亮
I love the light of a full *moon*.
【片語】*full moon*（滿月）

****mop**[3]〔map〕*v.* 用拖把拖（地板）
I *mopped* the floor every day.
【比較】sweep（掃）
　　　　vacuum（用吸塵器打掃）
┌─【典型考題】────────
│ When the floor is dirty, my brother is
│ always the first one to _____ it.
│ A. finish　　　　B. solve
│ C. remove　　　　D. mop　　[D]
└──────────────────

***moral**[3]〔'mɔrəl〕*adj.* 道德的
n. 道德教訓（= *lesson*）；寓意
Nate feels he has a *moral* obligation to take care of his old aunt.
【記憶技巧】*mor* (custom) + *al* (*adj.*)
（道德標準會因風俗習慣不同而產生差異）
【反義詞】immoral（不道德的）
【比較】mortal（必死的；難逃一死的）
┌─【典型考題】────────
│ It is both legally and _____ wrong
│ to spread rumors about other people
│ on the Internet.
│ A. morally　　　B. physically
│ C. literarily　　D. commercially　[A]
└──────────────────

M

morale[6] 〔 mo'ræl 〕 *n.* 士氣
Employee *morale* has been low since the company outing was cancelled.
【記憶技巧】*moral*（道德）+ *e*

morality[6] 〔 mɔ'ræləti 〕 *n.* 道德；道德觀

* **moreover**[4] 〔 mor'ovɚ 〕 *adv.* 此外
（= *besides* = *in addition* = *furthermore*）
Jessica isn't interested in learning to drive a car. *Moreover*, she is too young to learn.

*** **morning**[1] 〔 'mɔrnɪŋ 〕 *n.* 早晨

mortal[5] 〔 'mɔrtl̩ 〕 *adj.* 必死的；致命的（= *fatal*）
n. 普通人；凡人（= *human being*）
No one can change the fact that he is *mortal*.
【記憶技巧】*mort*（dead）+ *al*（adj.）
【反義詞】immortal（不朽的）
【比較】moral（道德的）

** **mosquito**[2] 〔 mə'skito 〕 *n.* 蚊子
Mosquitoes are small insects which can carry diseases.
【比較】fly（蒼蠅）

moss[5] 〔 mɔs 〕 *n.* 青苔；蘚苔；苔
A rolling stone gathers no *moss*.

** **most**[1] 〔 most 〕 *adj.* 最多的；大多數的
Most people like Taiwanese food.

* **mostly**[4] 〔 'mostlɪ 〕 *adv.* 大多

* **motel**[3] 〔 mo'tɛl 〕 *n.* 汽車旅館
As it was late and he was tired, the driver decided to stop for the night at a *motel*.

* **moth**[2] 〔 mɔθ 〕 *n.* 蛾
After we lit the candle, several *moths* circled the flame.

*** **mother**[1] 〔 'mʌðɚ 〕 *n.* 母親（= *mom*）

motherhood[5] 〔 'mʌðɚhud 〕 *n.* 母性
【記憶技巧】-*hood* 表「性質」的字尾。

** **motion**[2] 〔 'moʃən 〕 *n.* 動作；移動
（= *movement*）
All her *motions* were graceful.
【衍伸詞】*motion picture*（動畫；電影）

* **motivate**[4] 〔 'motə,vet 〕 *v.* 激勵
（= *inspire*）；使有動機；激起（行動）
In order to *motivate* him, Dan's parents promised to buy him a new bike if he improved his grades.
【記憶技巧】*motiv*（move）+ *ate*（v.）
（叫人動起來，就是「激勵」）

* **motivation**[4] 〔 ,motə'veʃən 〕 *n.* 動機

motive[5] 〔 'motɪv 〕 *n.* 動機
（= *intention*）；緣由（= *reason*）

* **motor**[3] 〔 'motɚ 〕 *n.* 馬達（= *engine*）
I turned the key, but the *motor* just won't start.

** **motorcycle**[2] 〔 'motɚ,saɪkl̩ 〕 *n.* 摩托車
There are more and more *motorcycles* on the streets.
【重要知識】美國人常用 bike 來代替「腳踏車」和「摩托車」。

motto[6] 〔 'mato 〕 *n.* 座右銘
（= *slogan*）；箴言
"Work hard, study hard, and play hard" is my *motto*.

mound[5] 〔 maund 〕 *n.* 土堆；堆；小山丘
There is a *mound* of dirt in our garden.

M

mount⁵〔maʊnt〕v. 登上；爬上
n. …山；…峰
【衍伸詞】*Mount Everest*（埃弗勒斯峰）

‡**mountain**¹〔'maʊntn̩〕n. 山；大量
（= *a large amount*）
Alex is walking to the top of the *mountain*.

***mountainous**⁴〔'maʊntn̩əs〕adj.
多山的（= *rocky*）；巨大的（= *huge*）

mourn⁵〔morn〕v. 哀悼
Mr. Grant continued to *mourn* his wife long after her death.

mournful⁶〔'mɔrnfl̩〕adj. 哀傷的

‡**mouse**¹〔maʊs〕n. 老鼠；滑鼠
【比較】rat（老鼠）的體型比 mouse 大。

‡**mouth**¹〔maʊθ〕n. 嘴巴
His *mouth* is full of rice.

mouthpiece⁶〔'maʊθ,pis〕n.（電話的）送話口；電話筒對嘴的一端；代言人（= *spokesperson*）

***movable**²〔'muvəbl̩〕adj. 可移動的（= *portable*）

‡**move**¹〔muv〕v. 移動；搬家
n. 行動
She *moved* away from the window.

┌─【典型考題】─────
│ After hearing her sad story, I was
│ ──── to tears.
│ A. impressed   B. embarrassed
│ C. relaxed   D. moved   [D]
└──────────────

‡**movement**¹〔'muvmənt〕n. 動作
（= *act*）；運動（= *campaign*）

‡**movie**¹〔'muvɪ〕n. 電影（= *film*）
I want to see a *movie* with her.

mow⁴〔mo〕v. 割（草）
You should *mow* your lawn tomorrow.

mower⁵〔'moɚ〕n. 割草機
（= *lawnmower* = *mowing machine*）

‡**Mr.**¹〔'mɪstɚ〕n. 先生
Mr. White teaches us music.

‡**Mrs.**¹〔'mɪsɪz〕n. 太太
Mrs. Brown is our math teacher.

‡**MRT**²n. 捷運（= *Mass Rapid Transit*）
I take the *MRT* to school every day.

‡**Ms.**¹〔mɪz〕n. 女士
Ms. Smith is a lovely lady.

MTV⁴n. 音樂電視節目
（= *Music Television*）
My sister likes to watch *MTV* very much.

‡**much**¹〔mʌtʃ〕adj. 很多的
【修飾不可數名詞】
Don't eat too *much* cake.

‡**mud**¹〔mʌd〕n. 泥巴
When it rains, the ground is covered with *mud*.

***muddy**⁴〔'mʌdɪ〕adj. 泥濘的

***mug**¹〔mʌg〕n. 馬克杯
Alice poured the coffee into a *mug* and then added cream and sugar.

mule²〔mjul〕n. 騾
【比較】donkey（驢子）

***multiple**⁴〔'mʌltəpl̩〕adj. 多重的
（= *many*）
There are *multiple* benefits to a university education.
【記憶技巧】*multi*（many）+ *ple*（fold）
（摺疊多次的，就是「多重的」）

M

* **multiply**² 〔'mʌltə,plaɪ 〕 v. 繁殖
（= *reproduce* ）；大量增加；乘
Some insects reproduce very fast.
They *multiply* rapidly.

mumble⁵ 〔'mʌmbḷ 〕 v. 喃喃地說
（= *mutter* = *murmur* ）；含糊不清地說
I cannot understand what you say
when you *mumble*. Please speak up.

municipal⁶ 〔 mju'nɪsəpḷ 〕 adj. 市立
的（= *civic* ）；市政府的
The bathrooms at the park are
municipal property.
【記憶技巧】 *muni* (service) + *cip*
(take) + *al* (adj.) （市政府設立的一些機
構是要為公眾服務的）

* **murder**³ 〔'mɝdɚ 〕 v. 謀殺（= *kill* ）；徹
底擊敗（= *defeat* ） n. 謀殺（= *killing* ）
He admitted killing the man but
claimed it was an accident and not
murder.

* **murderer**⁴ 〔'mɝdərɚ 〕 n. 兇手
（= *killer* ）
The *murderer* received a life sentence.

* **murmur**⁴ 〔'mɝmɚ 〕 n. 低語
v. 小聲地說；喃喃自語
Not wanting to disturb anyone else,
John *murmured* an excuse and quietly
left the room.

【典型考題】
The chairperson of the meeting asked
everyone to speak up instead of
＿＿＿ their opinions among
themselves.
A. reciting   B. giggling
C. murmuring   D. whistling   [C]

* **muscle**³ 〔'mʌsḷ 〕 n. 肌肉

muscular⁵ 〔'mʌskjələ 〕 adj. 肌肉
的；肌肉發達的（= *strong* ）

muse⁵ 〔 mjuz 〕 v. 沉思（= *ponder* ）
n. 創作靈感（= *inspiration* ）
Instead of listening to the lecture,
most students were *musing* about the
upcoming vacation.
【比較】Muse (繆司女神) 為司詩歌、音樂、
舞蹈、歷史等藝術及學問之九位女神之一。

museum² 〔 mju'ziəm 〕 n. 博物館

* **mushroom**³ 〔'mʌʃrum 〕 n. 蘑菇
v. 迅速增加

music¹ 〔'mjuzɪk 〕 n. 音樂

* **musical**³ 〔'mjuzɪkḷ 〕 adj. 音樂的
n. 音樂劇
【衍伸詞】 *a Broadway musical* （百老
匯音樂劇）

musician² 〔 mju'zɪʃən 〕 n. 音樂家

must¹ 〔 mʌst 〕 aux. 必須（= *have to* ）；
一定 n. 必備之物

* **mustache**⁴ 〔 mə'stæʃ , 'mʌstæʃ 〕 n.
八字鬍
The man had a lot of facial hair—
both a *mustache* and a beard.
【記憶技巧】 *must* + *ache* （疼痛）

mustard⁵ 〔'mʌstəd 〕 n. 芥末

mute⁶ 〔 mjut 〕 adj. 啞的（= *dumb* ）；
沈默的；無聲的（= *silent* ）
Afraid to speak out in class, the boy
stood *mute* when his teacher asked
him a question.

mutter⁵ 〔'mʌtə 〕 v. 喃喃地說；低聲說
（= *murmur* ）；抱怨（= *grumble* ）
Annie still reads stories aloud, *muttering*
the words beneath her breath.

【重要知識】聲音從小到大 murmur（聽不見）→
mutter（聽不清楚）→ mumble（聽得見）

mutton⁵ 〔'mʌtṇ 〕 n. 羊肉

M

***mutual**[4] 〔'mjutʃuəl 〕*adj.* 互相的
(= *shared*)
Bob and I have a *mutual* agreement.
I water his plants when he goes on
vacation, and he does the same for me.
【記憶技巧】*mut* (change) + *ual* (*adj.*)

***mysterious**[4] 〔mɪs'tɪrɪəs 〕*adj.* 神秘的
Bill is investigating the *mysterious*
noise in the attic.

***mystery**[3] 〔'mɪstrɪ 〕*n.* 神祕;神秘的
事物;謎 (= *puzzle*)
【記憶技巧】*my* + *stery* (story) (每個人
都有故事,我的故事就是個「謎」)

【典型考題】
The detective did his best to solve the
_____ of the missing painting.
A. liberty   B. mystery
C. suspect   D. inquiry   [B]

myth[5] 〔 mɪθ 〕*n.* 神話;迷思;
不眞實的事
The story of King Midas is a well-
known *myth*.

mythology[6] 〔 mɪ'θɑlədʒɪ 〕*n.* 神話
【記憶技巧】*myth* + *ology* (study)
【注意】mythology 是集合名詞,而 myth
(神話) 則是可數名詞。

N n

nag[5] 〔 næg 〕*v.* 嘮叨
Mother *nagged* me until I finally
cleaned my room.

nail[2] 〔 nel 〕*n.* 指甲;釘子
Henry put a *nail* in the wall to hang
a picture.
【衍伸詞】*nail clippers* (指甲剪)

naive[5] 〔 nɑ'iv 〕*adj.* 天眞的
(= *childlike*);輕信的
【記憶技巧】這是法文,所以發音很特別。

***naked**[2] 〔'nekɪd 〕*adj.* 赤裸的
(= *nude*);無覆蓋的;無掩飾的
The baby ran through the house
naked after his bath.

name[1] 〔 nem 〕*n.* 名字 *v.* 命名
【片語】*name* A *after* B (以 B 的名字
爲 A 命名)

***namely**[4] 〔'nemlɪ 〕*adv.* 也就是說
(= *specifically* = *that is to say*)

Six percent of the fifty students in
this class are absent today; *namely*,
Mary, Joe and Jack are absent today.

【典型考題】
The teacher said that one of the
students was responsible for the
broken window, _____ Joe.
A. accordingly   B. essentially
C. totally   D. namely   [D]

nanny[3] 〔'nænɪ 〕*n.* 奶媽;褓姆

***nap**[3] 〔 næp 〕*n.* 小睡 (= *a short sleep*)
My brother always takes a *nap* at noon.
【片語】*take a nap* (小睡片刻)

napkin[2] 〔'næpkɪn 〕*n.* 餐巾
【比較】pumpkin (南瓜)

narrate[6] 〔'næret 〕*v.* 敘述 (= *tell*)
Leslie showed us pictures of their trip
and Paul *narrated* their adventures.
【重要知識】這個字也可唸成〔 næ'ret 〕,但現
在美國人多唸〔'næret 〕。

narrative[6] 〔ˈnærətɪv〕 n. 敍述手法；故事（= *story*）　adj. 敍述的
Narrative makes up most of the book.
【衍伸詞】 *a narrative poem*（敍事詩）

narrator[6] 〔ˈnæretɚ〕 n. 敍述者；旁白

narrow[2] 〔ˈnæro〕 adj. 窄的；勉強的
The road is very *narrow*.
【衍伸詞】 narrowly（狹窄地；勉強地）
【片語】 *have a narrow escape*（死裡逃生）

┌─【典型考題】─────
In the keen competition of this
international tennis tournament, she
_____ won the championship.
A. privately   B. distantly
C. locally   D. narrowly   **[D]**
└─────────────

nasty[5] 〔ˈnæstɪ〕 adj. 令人作嘔的（= *disgusting*）；不好的
There is a *nasty* smell coming from the alley.

nation[1] 〔ˈneʃən〕 n. 國家（= *country*）
There are many *nations* in the world.

national[2] 〔ˈnæʃənḷ〕 adj. 全國的（= *nationwide*）；國家的

nationalism[6] 〔ˈnæʃənḷˌɪzəm〕 n. 國家主義
【記憶技巧】 *-ism* 表「主義」的字尾。

nationality[4] 〔ˌnæʃənˈæləti〕 n. 國籍（= *citizenship*）

native[3] 〔ˈnetɪv〕 adj. 本國的；本地的（= *local*）；天生的　n. 當地人
For most people living in the U.S., English is their *native* language.

natural[2] 〔ˈnætʃərəl〕 adj. 自然的；天生的
Jimmy is interested in animals and wild flowers, so I'm sure he would enjoy this book on the *natural* history of Taiwan.

┌─【典型考題】─────
Although many people think Sue's
blonde hair is _____, she actually
dyes it.
A. feverish   B. imitated
C. valid   D. natural   **[D]**
└─────────────

naturalist[6] 〔ˈnætʃərəlɪst〕 n. 自然主義者（= *environmentalist*）
【記憶技巧】 *-ist* 表「…主義者」的字尾。

nature[1] 〔ˈnetʃɚ〕 n. 自然；本質（= *quality*）

naughty[2] 〔ˈnɔtɪ〕 adj. 頑皮的（= *mischievous*）
These two brothers are really *naughty*.

naval[6] 〔ˈnevḷ〕 adj. 海軍的
【記憶技巧】 *nav*（ship）+ *al*（adj.）
【比較】 military（陸軍的；軍事的）

navel[6] 〔ˈnevḷ〕 n. 肚臍（= *belly button*）

navigate[5] 〔ˈnævəˌget〕 v. 航行（= *sail*）；穿越（= *make one's way*）
Sailors used to *navigate* the seas by looking at the stars.
【記憶技巧】 *nav*（ship）+ *ig*（drive）+ *ate*（v.）（駕駛船，也就是「航行」）

navigation[6] 〔ˌnævəˈgeʃən〕 n. 航行（= *sailing*）

N

***navy**[3] 〔'nevɪ 〕 *n.* 海軍
Rick chose to do his military service in the *navy*.
【比較】army（陸軍）; *air force*（空軍）

****near**[1] 〔 nɪr 〕 *prep.* 在…附近
My house is *near* the school.

***nearby**[2] 〔'nɪr'baɪ 〕 *adv.* 在附近
（= *not far away*）

***nearly**[2] 〔'nɪrlɪ 〕 *adv.* 幾乎（= *almost*）

***nearsighted**[4] 〔,nɪr'saɪtɪd 〕 *adj.*
近視的; 短視近利的
Dave has to wear glasses because he is *nearsighted*.
【反義詞】farsighted（遠視的）
【重要知識】這個字以前唸成〔'nɪr'saɪtɪd 〕,現在都唸成〔,nɪr'saɪtɪd 〕。

***neat**[2] 〔 nit 〕 *adj.* 整潔的（= *tidy*）
Tanya always keeps her room *neat* so that she can find things easily.

***necessary**[2] 〔'nɛsə,sɛrɪ 〕 *adj.* 必要的
Sleep is *necessary* for good health.
【記憶技巧】*ne*（not）+ *cess*（go away）+ *ary*（不可離開的東西,就是「必要的」）

***necessity**[3] 〔 nə'sɛsətɪ 〕 *n.* 必要; 需要
Necessity is the mother of invention.

****neck**[1] 〔 nɛk 〕 *n.* 脖子
She has a long *neck*.

****necklace**[2] 〔'nɛklɪs 〕 *n.* 項鍊
【記憶技巧】*neck* + *lace*（細帶子）
（掛在脖子上的細帶子,即「項鍊」）
【重要知識】necklace 可唸成〔'nɛklɪs 〕或〔'nɛkləs 〕,但不能唸成〔'nɛk,les 〕,與 lace〔 les 〕, shoelace〔'ʃu,les 〕比較。

***necktie**[3] 〔'nɛk,taɪ 〕 *n.* 領帶（= *tie*）
【記憶技巧】*neck* + *tie*（綁）
（綁在脖子上的東西,即「領帶」）

*****need**[1] 〔 nid 〕 *v.* 需要（= *want*）
n. 需要（= *demand*）

****needle**[2] 〔'nidḷ 〕 *n.* 針; 針頭

***needy**[4] 〔'nidɪ 〕 *adj.* 窮困的（= *poor*）
We collect old clothes to give to *needy* families.

****negative**[2] 〔'nɛgətɪv 〕 *adj.* 負面的
Instead of being so *negative*, why don't you try thinking about the advantages of the situation?
【記憶技巧】*neg*（deny）+ *ative*（*adj.*）
（對任何事情都抱持否定態度）
【反義詞】positive（正面的）

***neglect**[4] 〔 nɪ'glɛkt 〕 *v.* 忽略
（= *ignore*） *n.* 忽略（= *disregard*）
Heidi *neglected* the houseplants and they all died.
【記憶技巧】*neg*（deny）+ *lect*（select）
（不願做選擇,就故意「忽略」）
【典型考題】
He was dismissed for _____ his duty.
A. motivating B. nourishing
C. monitoring D. neglecting [D]

***negotiate**[4] 〔 nɪ'goʃɪ,et 〕 *v.* 談判
（= *discuss*）; 協商
We were able to *negotiate* a fair price with the seller of the house.
【記憶技巧】諧音法,談判破裂就會說「你狗屎耶（negotiate）」。
【典型考題】
His personality makes it very difficult to _____ and reach an agreement with him.
A. negotiate B. liberate
C. decorate D. imitate [A]

N

negotiation[6] 〔 nɪˌgoʃɪˈeʃən 〕 *n.* 談判
(= *discussion*)；協商

neighbor[2] 〔ˈnebɚ 〕 *n.* 鄰居
(= *neighbour*【英式用法】)
I'm lucky to have you as my *neighbor*.
【記憶技巧】 *nei* (near) + *ghbor*
(dweller) (住在附近的人，就是「鄰居」)

neighborhood[3] 〔ˈnebɚˌhud 〕 *n.*
鄰近地區 (= *a nearby region*)
┌─【典型考題】─────────
│ After the earthquake, everyone in our
│ _____ moved to the school next
│ to my house.
│ A. childhood   B. neighborhood
│ C. direction   D. position   [B]
└──────────────────

neither[2] 〔ˈniðɚ 〕 *conj.* 也不
If you cannot go, *neither* can I.
I love *neither* James nor his brother.
【片語】 *neither* A *nor* B (既不是 A，
也不是 B)

neon[6] 〔ˈniɑn 〕 *n.* 氖
【記憶技巧】 *neo* (new) (因為它是新發現
的氣體)
【衍伸詞】 *neon light* (霓虹燈)

nephew[2] 〔ˈnɛfju 〕 *n.* 姪兒；外甥
【比較】 niece (姪女；外甥女)

nerve[3] 〔 nɝv 〕 *n.* 神經；勇氣
The brain sends signals to the body
through *nerves*.

nervous[3] 〔ˈnɝvəs 〕 *adj.* 緊張的
(= *tense*)；神經的

nest[2] 〔 nɛst 〕 *n.* 巢 *v.* 築巢
There are six birds in the *nest*.

net[2] 〔 nɛt 〕 *n.* 網 (= *web*)
adj. 淨餘的 (= *final*)；純的

The fishermen pulled in the *net* and
threw their catch on the deck of the
boat.
【衍伸詞】 *the Net* (網際網路)

network[3] 〔ˈnɛtˌwɝk 〕 *n.* (電腦)網路；
網路系統 (= *system*)；網狀組織
The *network* of roads around the city
can be confusing to people who are
unfamiliar with the area.
【記憶技巧】 *net* + *work*

neutral[6] 〔ˈnjutrəl 〕 *adj.* 中立的
(= *impartial*)；中性的
When my sister and I argue, Mom
always takes a *neutral* position and
refuses to take sides.
【記憶技巧】 *neutr* (neither) + *al* (*adj.*)
(不介入兩方，表示立場是「中立的」)

never[1] 〔ˈnɛvɚ 〕 *adv.* 從未
She has *never* been to a nightclub.
【記憶技巧】 *n* (not) + *ever* (曾經)

nevertheless[4] 〔ˌnɛvɚðəˈlɛs 〕 *adv.*
然而；仍然
John is short but he is a good
basketball player *nevertheless*.
【記憶技巧】 *never* + *the* + *less*

new[1] 〔 nju 〕 *adj.* 新的

newlywed[6] 〔ˈnjulɪˌwɛd 〕 *n.* 新婚者

news[1] 〔 njuz 〕 *n.* 新聞；消息
That man was on the *news* for killing
someone.
┌─【典型考題】─────────
│ The poor man's wife was very sick.
│ We did not know how to tell him the
│ bad _____.
│ A. example   B. health
│ C. idea   D. news   [D]
└──────────────────

N

newscast[5] 〔'njuz,kæst〕*n.* 新聞報導

newscaster[6] 〔'njuz,kæstə〕*n.* 新聞播報員
【記憶技巧】*news* + *cast*（投擲）+ *er*
（把新聞丟出來的人，即「新聞播報員」）

newspaper[1] 〔'njuz,pepə〕*n.* 報紙
I read *newspapers* every day to know what is happening in the world.

next[1] 〔nɛkst〕*adj.* 下一個
Linda is the *next* person to give a speech.

nibble[5] 〔'nɪbḷ〕*v.* 一點一點地咬
The mouse *nibbled* the cheese.

nice[1] 〔naɪs〕*adj.* 好的
Julie is a very *nice* person.

nickel[5] 〔'nɪkḷ〕*n.* 五分錢硬幣；鎳
【比較】cent（一分硬幣）；dime（一角硬幣）

nickname[3] 〔'nɪk,nem〕*n.* 綽號
（= *informal name*） *v.* 給…取綽號
My name is Theodore, but most of my friends call me by my *nickname*, Mr. T.

niece[2] 〔nis〕*n.* 姪女；外甥女
Mrs. Black is going to visit her *niece*.
【比較】nephew（姪兒；外甥）

night[1] 〔naɪt〕*n.* 晚上

nightingale[5] 〔'naɪtṇ,gel〕*n.* 夜鶯
【記憶技巧】諧音法，nightingale（南丁格爾）都在晚上提著燈籠去照顧病人。

nightmare[4] 〔'naɪt,mɛr〕*n.* 惡夢
（= *bad dream*）；可怕的情景
Francine had a terrible *nightmare* and was afraid to go back to sleep.
【記憶技巧】*night* + *mare*（母馬）
（晚上做「惡夢」，夢見母馬）

noble[3] 〔'nobḷ〕*adj.* 高貴的
Giving your place in the lifeboat to that man was a *noble* act.

nobody[2] 〔'no,badɪ〕*pron.* 沒有人
There is *nobody* inside the room.

nod[2] 〔nad〕*v.* 點頭；打瞌睡
She *nodded* to me on the street.
【衍伸詞】*a nodding acquaintance*
（點頭之交）

noise[1] 〔nɔɪz〕*n.* 噪音
I hate that *noise* because it drives me crazy.

【典型考題】
When the teacher was not in the classroom, the students talked loudly and made a lot of _____.
A. excuses   B. heat
C. languages   D. noise   [D]

noisy[1] 〔'nɔɪzɪ〕*adj.* 吵鬧的

nominate[5] 〔'namə,net〕*v.* 提名
（= *propose*）

【典型考題】
I will _____ Tom for class president because I think he is the right person for that position.
A. argue   B. nominate
C. imagine   D. offer   [B]

nomination[6] 〔,namə'neʃən〕*n.*
提名（= *proposal*）
Offer the *nomination* to whoever commands the respect of the people.

nominee[6] 〔,namə'ni〕*n.* 被提名人
【記憶技巧】*nomin*（name）+ *ee*（表「被～的人」的字尾）

none[2] 〔nʌn〕*pron.* 沒有人
None of us are Americans.

nonetheless[5] 〔͵nʌnðəˈlɛs〕 *adv.*
儘管如此;然而 (= *nevertheless*)
【記憶技巧】*none* + *the* + *less*

* **nonsense**[4] 〔ˈnɑnsɛns〕 *n.* 胡鬧;
胡說 (= *foolish words*);無意義的話
The man was so drunk that he was
speaking *nonsense*.
【記憶技巧】*non* (none) + *sense* (意義)
(沒有意義的話,就是「胡說」)

nonviolent[5] 〔nɑnˈvaɪələnt〕 *adj.*
非暴力的
【反義詞】violent (暴力的)

noodle[2] 〔ˈnudḷ〕 *n.* 麵
Chinese food is often
served with rice or *noodles*.
【衍伸詞】*instant noodles* (速食麵)

noon[1] 〔nun〕 *n.* 正午
Lunch will be served at *noon*.

* **nope**[1] 〔nop〕 *adv.* 不 (= *no*)
"*Nope*, I have no idea what time the
train leaves."

* **nor**[1] 〔nɔr〕 *conj.* 也不
He can neither read *nor* write.
【片語】*neither* A *nor* B (既不 A,也不 B)

norm[6] 〔nɔrm〕 *n.* 標準(= *standard*);
常見的事物 *pl.* 行為準則
No one should violate the social
norms.

* **normal**[3] 〔ˈnɔrmḷ〕 *adj.* 正常的
(= *common*)
Thirty degrees is a *normal*
temperature for this time of year.
【反義詞】abnormal (不正常的)

north[1] 〔nɔrθ〕 *n.* 北方
The wind is blowing from the *north*.

* **northern**[2] 〔ˈnɔrðən〕 *adj.* 北方的

nose[1] 〔noz〕 *n.* 鼻子 (= *snout*)
The clown has painted his *nose* red.

nostril[5] 〔ˈnɑstrəl〕 *n.* 鼻孔
【記憶技巧】*nos* (nose) + *tril* (hole)

notable[5] 〔ˈnotəbḷ〕 *adj.* 值得注意的
【記憶技巧】*not* (note) + *able* (adj.)

note[1] 〔not〕 *n.* 筆記 (= *record*)
v. 注意
She never takes *notes* in class.
【片語】*take notes* (做筆記)

notebook[2] 〔ˈnot͵bʊk〕 *n.* 筆記本;
筆記型電腦
I've written all the new words in
my *notebook*.

nothing[1] 〔ˈnʌθɪŋ〕 *pron.* 什麼也沒有
I will have *nothing* if I have to live
without you.

notice[1] 〔ˈnotɪs〕 *v.* 注意到 (= *note*)
n. 通知
Did you *notice* her new dress?

【典型考題】
Yuki loves wearing strange hats
because she wants people to _____
her.
A. believe　　B. control
C. notice　　D. visit　　[C]

noticeable[5] 〔ˈnotɪsəbḷ〕 *adj.* 顯著
的;明顯的 (= *obvious*)

【典型考題】
There has been a _____
improvement in Joan's schoolwork.
A. deliberate　　B. eventual
C. noticeable　　D. residential　　[C]

N

notify[5] 〔'notə,faɪ 〕 v. 通知（ = *inform* ）
【記憶技巧】 *not* (note) + *ify* (make)
（使人注意到，就是「通知」）
【典型考題】
When Ann did not come to school, her teacher _____ her parents.
A. notified　　　B. arranged
C. noticed　　　D. abandoned　[A]

notion[5] 〔'noʃən 〕 n. 觀念（ = *idea* ）；想法
The *notion* of state-supported childcare was raised at the meeting.

notorious[6] 〔 no'torɪəs 〕 adj. 惡名昭彰的；聲名狼藉的（ = *infamous* ）
That critic is *notorious* for giving only bad reviews.
【典型考題】
The king was _____ for all his cruelties to the people.
A. feverish　　　B. notorious
C. spiritual　　　D. generous　[B]

***noun**[4] 〔 naʊn 〕 n. 名詞
【比較】 pronoun（代名詞）

***nourish**[6] 〔'nɝʃ〕 v. 滋養（ = *nurture* ）；培育（ = *cultivate* ）
The gardener *nourishes* the plants with a special fertilizer.
【記憶技巧】 *nour* (nurse) + *ish* (v.)

***nourishment**[6] 〔'nɝʃmənt 〕 n. 滋養品（ = *nutriment* ）；食物（ = *food* ）

⚹**novel**[2] 〔'nɑvḷ 〕 n. 小說（ = *fiction* ）
adj. 新奇的（ = *new* ）
He has written two *novels*, but neither has been published yet.
【記憶技巧】 *nov* (new) + *el* (n.)
（「小說」的內容要新奇才會讓人想看）
【比較】 fiction（小說）則是集合名詞。

***novelist**[3] 〔'nɑvḷɪst 〕 n. 小說家

⚹**November**[1] 〔 no'vɛmbɚ 〕 n. 十一月

novice[5] 〔'nɑvɪs 〕 n. 初學者；新手（ = *beginner* ）
The *novice* driver was very nervous the first time he drove his car on the highway.
【記憶技巧】 *nov* (new) + *ice*（表行為者）

***nowadays**[4] 〔'naʊə,dez 〕 adv. 現今
Air pollution is one of the most important problems in Taiwan *nowadays*.

nowhere[5] 〔'no,hwɛr 〕 adv. 到處都沒有

***nuclear**[4] 〔'njuklɪɚ 〕 adj. 核子的
Nuclear energy can be used to produce electricity.
【衍伸詞】 *nuclear weapon*（核子武器）

nucleus[5] 〔'njuklɪəs 〕 n. 核心（ = *center* ）；原子核
【注意】 nucleus 的複數形為 nuclei〔'njuklɪ,aɪ 〕

nude[5] 〔 njud 〕 adj. 裸體的（ = *naked* ）
The artist is famous for his paintings of *nude* models.

nuisance[6] 〔'njusn̩s 〕 n. 討厭的人或物（ = *trouble* ）
The noise they made was really a *nuisance* to the neighbors.
【典型考題】
I'm sorry to be a _____ but could you help me finish this report?
A. injection　　　B. reflection
C. nuisance　　　D. appeal　[C]

✼✼number[1] 〔ˋnʌmbɚ〕 *n.* 數字;數量;號碼
Each house has a *number*.

✼numerous[4] 〔ˋnjumərəs〕 *adj.* 非常多的【注意發音】(= *many*)
There are *numerous* advantages to completing high school.
【記憶技巧】 ***numer*** (number) + ***ous***
(數量眾多,也就是「非常多的」)

✼nun[3] 〔nʌn〕 *n.* 修女;尼姑
【比較】monk (修道士;和尚)

✼✼nurse[1] 〔nɝs〕 *n.* 護士 *v.* 照顧
(= *take care of*)

✼nursery[4] 〔ˋnɝsərɪ〕 *n.* 育兒室;托兒所
There are several children in the *nursery*.
【記憶技巧】 ***nurs*** (nurse) + ***ery*** (表「地點」的字尾)
【衍伸詞】 ***nursery rhyme*** (兒歌;童謠)

nurture[6] 〔ˋnɝtʃɚ〕 *v.* 養育 (= *raise*);培養 (= *cultivate*) *n.* 養育
It is the responsibility of all parents to *nurture* their children.

✼nut[2] 〔nʌt〕 *n.* 堅果
Henry likes to eat *nuts*.
【衍伸詞】 ***go nuts*** (發瘋)

nutrient[6] 〔ˋnjutrɪənt〕 *n.* 營養素;養分
Young children need a lot of *nutrients* to help them grow.

nutrition[6] 〔njuˋtrɪʃən〕 *n.* 營養
(= *nourishment*)
If you want to stay healthy, you need sufficient rest and proper *nutrition*.
【記憶技巧】 ***nutri*** (nourish) + ***tion*** (*n.*)
(滋養生命之物,就是「營養」)

┌─【典型考題】─────────
Poor _____ has cause millions of deaths in developing countries where there is only a limited amount of food.
A. reputation   B. nutrition
C. construction   D. stimulation   **[B]**
└──────────────────

nutritious[6] 〔njuˋtrɪʃəs〕 *adj.* 有營養的
(= *nourishing*)

✼nylon[4] 〔ˋnaɪlɑn〕 *n.* 尼龍
Sarah wore a light *nylon* jacket to protect herself from the wind.

O o

✼oak[3] 〔ok〕 *n.* 橡樹
We sat in the shade of the *oak* tree.

oar[5] 〔or〕 *n.* 槳 *v.* (用槳) 划船
【比較】roar (吼叫)

oasis[5] 〔oˋesɪs〕 *n.* 綠洲;舒適的地方
【記憶技巧】背這個字要先背 basis (基礎),沙漠的基礎是「綠洲」。

oath[5] 〔oθ〕 *n.* 宣誓 (= *promise*)
The judge reminded the witness that she was under *oath*. She had to tell the truth.
【片語】 ***be under oath*** (在法庭) 宣誓

oatmeal[5] 〔ˋotˌmil〕 *n.* 燕麥片;燕麥粥
【記憶技巧】 ***oat*** (燕麥) + ***meal*** (一餐)

O

* **obedience**[4] 〔 ə'bidɪəns 〕 *n.* 服從
　(= *compliance*)
　The commander demanded complete
　obedience.
　【記憶技巧】 *ob* (to) + *edi* (hear) + *ence*
　(聽從命令，表示「服從」)

* **obedient**[4] 〔 ə'bidɪənt 〕 *adj.* 服從的
　(= *compliant*)

** **obey**[2] 〔 ə'be 〕 *v.* 服從 (= *give in*)；
　遵守 (= *follow* = *observe*)
　Students are supposed to *obey* school
　regulations.

** **object**[2] 〔 'abdʒɪkt 〕 *n.* 物體；受詞；
　目標 〔 əb'dʒɛkt 〕 *v.* 反對
　I can see a shining *object* in the sky.
　The boss wouldn't *object* if you
　smoked in his office.
　【記憶技巧】 *ob* (against) + *ject* (throw)
　(把東西丟向某人，就是「反對」)

* **objection**[4] 〔 əb'dʒɛkʃən 〕 *n.* 反對
　(= *opposition*)

* **objective**[4] 〔 əb'dʒɛktɪv 〕 *adj.* 客觀的
　(= *neutral*)　　*n.* 目標 (= *purpose*)
　Newspaper articles should be as
　objective as possible.
　【反義詞】 subjective (主觀的)

　【重要知識】 objection 和 objective 無詞類
　變化的關係，objection 沒有形容詞，可用
　oppositional 〔 ͵apə'zɪʃɛnḷ 〕 *adj.* 反對的。

obligation[6] 〔 ͵ablə'geʃən 〕 *n.* 義務
　(= *duty*)；責任；人情債；恩惠
　Anyone who causes damage is under
　obligation to pay for it.
　【記憶技巧】 *ob* (to) + *lig* (bind) +
　ation (*n.*) (「義務」是種無形的束縛)

oblige[6] 〔 ə'blaɪdʒ 〕 *v.* 使感激
　(= *make grateful*)；強迫 (= *compel*)
　【片語】 *be obliged to* (感激)

oblong[5] 〔 'ablɔŋ 〕 *adj.* 長方形的
　n. 長方形
　【記憶技巧】 *ob* (toward) + *long*

obscure[6] 〔 əb'skjur 〕 *adj.* 模糊的
　(= *unclear*)；默默無名的 (= *unknown*)
　We watched the ship sail away until
　it was nothing but an *obscure* spot in
　the distance.
　【記憶技巧】 *ob* (over) + *scure*
　(covered) (被東西覆蓋住，無法看清楚)

* **observation**[4] 〔 ͵abzɚ'veʃən 〕 *n.* 觀察
　(= *watching*)；遵守

* **observe**[3] 〔 əb'zɝv 〕 *v.* 觀察 (= *watch
　carefully*)；遵守 (= *obey*)
　It is interesting to *observe* how
　students act on the first day at school.
　【記憶技巧】 *ob* (over) + *serve* (watch)
　(「觀察」有看守、監視之意)

　【典型考題】
　In order to write a report on stars, we
　decided to ＿＿＿＿ the stars in the
　sky every night.
　A. design　　　　B. seize
　C. quote　　　　D. observe　　　[D]

observer[5] 〔 əb'zɝvɚ 〕 *n.* 觀察者
　(= *watcher*)

* **obstacle**[4] 〔 'abstəkḷ 〕 *n.* 阻礙；障礙
　(= *barrier*)
　The computer programmer
　discovered an *obstacle* that had to
　be overcome.
　【記憶技巧】 *ob* (against) + *sta* (stand)
　　+ *cle* (*n.*) (站在反對立場，是一種「阻礙」)

　【典型考題】
　His reluctance to compromise is an
　＿＿＿＿ to his political success.
　A. obstacle　　　B. orchestra
　C. objective　　　D. occupation　　[A]

obstinate[5] 〔'ɑbstənɪt 〕 *adj.* 頑固的
(= *stubborn*)
The *obstinate* old lady refused to let
the social worker take away her cats.
【記憶技巧】 *ob* (by) + *stinate* (stand)
（一直站在旁邊，表示「固執的」）

* **obtain**[4] 〔 əb'ten 〕 *v.* 獲得
We won't be able to fix your car
today because we couldn't *obtain*
the part we need.
【記憶技巧】 *ob* (to) + *tain* (hold)
（擁有就是「獲得」）
【比較】 con<u>tain</u>（包含）
sus<u>tain</u>（支撐；維持）

* **obvious**[3] 〔'ɑbvɪəs 〕 *adj.* 明顯的
(= *apparent* = *evident*)
It's *obvious* that there are still
some disadvantages to the plan
he presented.
【記憶技巧】 *ob* (against) + *vi* (way) +
ous (adj.)（擋在路中央的東西，看起來
是非常「明顯的」）

* **occasion**[3] 〔 ə'keʒən 〕 *n.* 場合；特別
的大事 (= *a significant event*)
Your graduation is an important
occasion for you and your family.
【片語】 *on occasion*（偶爾）

【重要知識】美國人常說 What's the *occasion*?
（有什麼特別的事？），如果你看到某人盛裝打
扮，就可以說這句話。

* **occasional**[4] 〔 ə'keʒənl̩ 〕 *adj.* 偶爾的
(= *infrequent*)
【衍伸詞】 occasionally（偶爾）

* **occupation**[4] 〔,ɑkjə'peʃən 〕 *n.* 職業
(= *job* = *vocation*)；佔領
If you confine your choice to a
certain *occupation*, your chance of
getting a job may become smaller.

* **occupy**[4] 〔'ɑkjə,paɪ 〕 *v.* 使忙碌；佔領
(= *take over*)；居住 (= *live in*)
My club activities *occupy* most of
my free time.
【記憶技巧】 *oc* (over) + *cupy* (seize)
（奪取，也就是「佔據」）

┌─【典型考題】─────
│ The U.S. Armed Forces tried to _____
│ Baghdad and remove Saddam from
│ power in a very short time.
│ A. protest   B. polish
│ C. offend   D. occupy   **[D]**
└────────────────

* **occur**[2] 〔 ə'kɝ 〕 *v.* 發生 (= *happen*)
When a plane accident *occurs*, most
people are killed.

occurrence[5] 〔 ə'kɝəns 〕 *n.* 事件
(= *incident* = *event* = *happening*)
【記憶技巧】注意有兩個 r，字尾是 ence。

* **ocean**[1] 〔'oʃən 〕 *n.* 海洋；大量 (= *a lot*)
Oceans are very deep seas.

o'clock[1] 〔 ə'klɑk 〕 *adv.* …點鐘

October[1] 〔 ɑk'tobə 〕 *n.* 十月

octopus[5] 〔'ɑktəpəs 〕 *n.* 章魚
【記憶技巧】 *octo* (eight) + *pus* (foot)

* **odd**[3] 〔 ɑd 〕 *adj.* 古怪的 (= *strange*)；
奇數的；單隻的；零星的
I cannot understand Joan's *odd*
behavior.
【注意】 這個字也作「奇數的」解，如 odd
number（奇數）。

odds[5] 〔 ɑdz 〕 *n.pl.* 獲勝的可能性；
可能性；有利條件
I'm sorry to say that your *odds* of
winning the lottery are not good.
【片語】 *odds and ends*（零星雜物）

O

O

odor[5] 〔'odɚ〕 *n.* 氣味（= *smell*）；臭味；氣氛

The garbage gives off an unpleasant *odor*.

* **offend**[4] 〔ə'fɛnd〕 *v.* 得罪；觸怒；冒犯（= *irritate*）

Debbie was *offended* when I said she looked as though she had put on weight.

【記憶技巧】*of*（against）+ *fend*（strike）
（所做的事讓人反感，表示「冒犯」到他人）

┌─【典型考題】─────────┐
Peter got fired because he said something that ＿＿＿ his boss.
A. beat   B. constructed
C. offended   D. against   [C]
└──────────────────┘

* **offense**[4] 〔ə'fɛns〕 *n.* 攻擊；生氣

The best defense is *offense*.

【反義詞】defense（防禦）
【片語】*take offense*（生氣）

* **offensive**[4] 〔ə'fɛnsɪv〕 *adj.* 無禮的（= *insulting*）

** **offer**[2] 〔'ɔfɚ〕 *v.* 提供（= *give*）；願意 *n.* 提供

He *offered* me a better job.

【記憶技巧】*of*（to）+ *fer*（carry）
（把東西帶來，也就是「提供」）

offering[6] 〔'ɔfərɪŋ〕 *n.* 提供（= *offer*）；捐獻物

** **office**[1] 〔'ɔfɪs〕 *n.* 辦公室

** **officer**[1] 〔'ɔfəsɚ〕 *n.* 警官；軍官

The police *officer* stopped the car.

* **official**[2] 〔ə'fɪʃəl〕 *adj.* 官方的；正式的（= *formal*）　*n.* 公務員；高級職員

An *official* from the Ministry of Health came to the hospital to explain the new regulations.

【重要知識】officer 是武官，official 是文官。

offspring[6] 〔'ɔf,sprɪŋ〕 *n.* 子孫；結果（= *result*）

A mother bear will do anything to protect her *offspring*.

【記憶技巧】*off*（of）+ *spring*（出身）

*** **often**[1] 〔'ɔfən〕 *adv.* 常常

*** **oil**[1] 〔ɔɪl〕 *n.* 油

Pat puts *oil* in the pan to fry an egg.

*** **old**[1] 〔old〕 *adj.* 老的；舊的

olive[5] 〔'alɪv〕 *n.* 橄欖樹

【記憶技巧】*o* + *live*

** **omit**[2] 〔o'mɪt〕 *v.* 遺漏（= *leave out*）

Don't *omit* his name from the list.

【記憶技巧】*o*（away）+ *mit*（send）
（把東西送走，忘了帶，就是「遺漏」）

*** **once**[1] 〔wʌns〕 *adv.* 一次　*conj.* 一旦

Henry has been to Paris *once*.

* **onion**[2] 〔'ʌnjən〕 *n.* 洋蔥

Do not put the *onion* in the soup.

*** **only**[1] 〔'onlɪ〕 *adj.* 唯一的　*adv.* 只有

* **onto**[3] 〔'antə, 'antu〕 *prep.* 到…之上

The cat jumped *onto* the counter while I was preparing dinner.

*** **open**[1] 〔'opən〕 *v.* 打開　*adj.* 開放的

* **opera**[4] 〔'apərə〕 *n.* 歌劇

Do you like to listen to Chinese *opera*?

【記憶技巧】*oper*（work）+ *a*
（「歌劇」就是一件作品）

【衍伸詞】*soap opera*（肥皂劇；連續劇）

O

*__operate__[2] 〔'ɑpə,ret 〕 v. 操作 (= *run*)；
動手術 (= *perform surgery*)
He can't make this machine work;
he doesn't know how to *operate* it.
【記憶技巧】 *oper* (work) + *ate* (v.)
(工作就是需要動手「操作」)

__operation__[4] 〔,ɑpə'reʃən 〕 n. 手術
(= *surgery*)；運作 (= *action*)；操作
I had an *operation* on my heart.

operational[6] 〔,ɑpə'reʃənḷ 〕 adj. 操作
上的；運作正常的 (= *working*)

*__operator__[3] 〔'ɑpə,retɚ 〕 n. 接線生；
操作員
I asked the telephone *operator*
to look up the number for me.

__opinion__[2] 〔 ə'pɪnjən 〕 n. 意見
(= *idea*)；看法 (= *view*)
Mary has no *opinion* at all.
【片語】 *in one's opinion* (依某人之見)

【典型考題】
Helen's doctor suggested that she
undergo heart surgery. But she
decided to ask for a second _____
from another doctor.
A. purpose   B. statement
C. opinion   D. excuse   **[C]**

opponent[5] 〔 ə'ponənt 〕 n. 對手
(= *rival*)；反對者
The team tried their best but they
could not defeat their *opponents*.
【記憶技巧】 *op* (against) + *pon*
(place) + *ent* (人) (處於對立立場的
人，就是「對手」)

*__opportunity__[3] 〔,ɑpə'tjunətɪ 〕 n. 機會
(= *chance*)
Traveling abroad will give you the
opportunity to learn about other
cultures.

【記憶技巧】 *op* (toward) + *portun*
(harbor) + *ity* (n.) (風吹進港口，就是
「機會」來了)

【典型考題】
If you are not afraid of talking to
strangers, you'll have more _____
to make friends.
A. languages   B. opportunities
C. prescriptions   D. problems   **[B]**

*__oppose__[4] 〔 ə'poz 〕 v. 反對 (= *object to*)
They *opposed* the plan by mounting
a public protest.
【記憶技巧】 *op* (against) + *pose* (put)

【典型考題】
We _____ the building of the bridge
here. We are against it.
A. manage   B. force
C. capture   D. oppose   **[D]**

*__opposite__[3] 〔'ɑpəzɪt 〕 adj. 相反的
(= *contrary*)；對面的
Sandra turned and ran in the
opposite direction.

opposition[6] 〔,ɑpə'zɪʃən 〕 n. 反對
(= *disapproval*)

【典型考題】
The new tax policy proposed for the
next fiscal year has been severely
criticized by the _____ party leaders.
A. interaction   B. exposition
C. opposition   D. occupation   **[C]**

oppress[6] 〔 ə'prɛs 〕 v. 壓迫
The government has *oppressed* all
forms of dissent in the country.
【記憶技巧】 *op* (against) + *press* (壓)
(用力壓東西，即「壓迫」)

oppression[6] 〔 ə'prɛʃən 〕 n. 壓迫

optimism[5] 〔'ɑptə,mɪzəm〕 *n.* 樂觀
（= *hope*）

Optimism, which means hoping
for the best, is much better than
pessimism.

【記憶技巧】*optim* (best) + *ism*（表示
「信仰」的字尾）（相信一切都會很好，
就是「樂觀」）

【反義詞】pessimism（悲觀）

***optimistic**[3] 〔,ɑptə'mɪstɪk〕 *adj.* 樂觀
的（= *hopeful*）

【反義詞】pessimistic（悲觀的）

【記憶技巧】optimistic 唸起來就有
高興的感覺，所以是「樂觀的」，而
pessimistic 就正好相反。

┌─【典型考題】────────
│ A person who thinks there is no need
│ to worry about tomorrow and that
│ everything will turn out fine is _____.
│ A. energetic   B. creative
│ C. optimistic   D. ambitious   **[C]**
└─────────────────────

option[6] 〔'ɑpʃən〕 *n.* 選擇（= *choice*）

After graduating from high school,
every student has the *option* of
beginning a career or attending college.

【記憶技巧】*opt* (choose) + *ion* (*n.*)

optional[6] 〔'ɑpʃənḷ〕 *adj.* 選擇的
（= *elective*）

oral[4] 〔'orəl, 'ɔrəl〕 *adj.* 口頭的
（= *spoken*）；口部的

Students will have to take an *oral*
exam as well as a written one.

【衍伸詞】*oral exam*（口試）

【重要知識】這個字也可唸〔'orəl〕，但美國人
現在多唸〔'ɔrəl〕。

*****orange**[1] 〔'ɔrɪndʒ〕 *n.* 柳橙

Sarah bought some *oranges* at the
supermarket.

***orbit**[4] 〔'ɔrbɪt〕 *n.* 軌道；勢力範圍
v. 繞軌道運行

The satellite was launched into
orbit around the moon.

┌─【典型考題】────────
│ Each of the planets in the solar system
│ circles around the sun in its own
│ _____, and this prevents them from
│ colliding with each other.
│ A. entry   B. haste
│ C. orbit   D. range   **[C]**
└─────────────────────

orchard[5] 〔'ɔrtʃəd〕 *n.* 果園【注意發音】

【記憶技巧】*or* (vegetable) + *chard*
(yard)（種有蔬果的院子，即「果園」）

***orchestra**[4] 〔'ɔrkɪstrə〕 *n.* 管絃樂團

The dancers were accompanied by
a full *orchestra*.

ordeal[6] 〔or'dil〕 *n.* 痛苦的經驗
（= *hardship*）；煎熬

Wendy Wang was lucky to survive
her eight-day kidnap *ordeal*.

【記憶技巧】*or* + *deal*（交易）（決定要不
要做交易，是「痛苦的經驗」）

*****order**[1] 〔'ɔrdə〕 *n.* 命令；順序；點餐；
訂購   *v.* 命令；點餐；訂購

You have to learn to obey *orders*.
May I take your *order*?

orderly[6] 〔'ɔrdəlɪ〕 *adj.* 整齊的
（= *neat*）；有秩序的（= *organized*）
n.（醫院的）雜工；勤務兵

ordinary[2] 〔'ɔrdn̩,ɛrɪ〕 *adj.* 普通的
（= *usual*）；平淡的

We just want an *ordinary* lunch.

【記憶技巧】 *ordin* (order) + *ary* (*adj.*)
（按照順序，就是「普通的」）

【反義詞】 extraordinary（特別的）

┌─【典型考題】──────
We are _____ people. We can't be
as famous as Brad Pitt.
A. dependable　　B. terrified
C. genuine　　　D. ordinary　　[D]
└─────────────

organ[2] 〔'ɔrgən〕 *n.* 器官（= *body part*）；風琴

An unhealthy lifestyle can cause
damage to *organs* such as the heart
and lungs.

【記憶技巧】 organ 和 organize 一起背。

organic[4] 〔ɔr'gænɪk〕 *adj.* 有機的；
天然的（= *natural*）；器官的

The residents were asked to separate
organic and inorganic materials
when sorting their garbage.

organism[6] 〔'ɔrgən,ɪzəm〕 *n.* 生物
（= *creature*）

Viruses are very small *organisms*.

【重要知識】 organ 主要意思是「器官」，形容詞
是 organic，從「器官的」引申出「有機的；天
然的」，二個字都和 organism「生物」有關。

organization[2] 〔,ɔrgənə'zeʃən〕 *n.*
組織；機構

organize[2] 〔'ɔrgən,aɪz〕 *v.* 組織
（= *form*）；安排；籌辦

They want to *organize* a political party.

organizer[5] 〔'ɔrgən,aɪzə〕 *n.* 組織者
（= *planner*）；主辦人

Orient[5] 〔'ɔrɪ,ɛnt〕 *n.* 東方（= *East*）

【記憶技巧】 *ori* (rise) + *ent* (*n.*)
（太陽升起的位置是「東方」）
【比較】 Occident（西方）

Oriental[5] 〔,ɔrɪ'ɛntl̩〕 *adj.* 東方的

origin[3] 〔'ɔrədʒɪn〕 *n.* 起源
（= *beginning*）；出身【常用複數】

No one knows the exact *origin* of
the tribe, but most people think
they came from the northern plains.

original[3] 〔ə'rɪdʒən̩l〕 *adj.* 最初的
（= *first*）；原本的；新穎的；有創意
的　*n.* 原物；原文

【衍伸詞】 originally（本來；最初）

┌─【典型考題】──────
My _____ offer was turned down
politely. But when I tried again in my
most sincere manner, it was gladly
accepted.
A. numerous　　B. original
C. responsible　D. talented　　[B]
└─────────────

originality[6] 〔ə,rɪdʒə'nælətɪ〕 *n.* 創
意（= *creativity*）；獨創性；獨創能力

┌─【典型考題】──────
The artist is famous for his genius and
great _____.
A. fragrance　　B. originality
C. sculptor　　　D. therapy　　[B]
└─────────────

originate[6] 〔ə'rɪdʒə,net〕 *v.* 起源
（= *begin*）；創始（= *create*）

Bushido *originated* in Japan.

【記憶技巧】 *origin*（起源）+ *ate* (*v.*)

ornament[5] 〔'ɔrnəmənt〕 *n.* 裝飾
（= *decoration*）　　*v.* 裝飾；點綴

The dancer wore a silver *ornament*
in her hair.

【記憶技巧】 *orna* (decorate) + *ment*
(*n.*)（用來裝飾的東西，就是「裝飾品」）

O

* **orphan**[3] 〔ˋɔrfən 〕 *n.* 孤兒
The *orphan* was sent to live with his grandparents after his parents were killed.

orphanage[5] 〔ˋɔrfənɪdʒ 〕 *n.* 孤兒院

ostrich[5] 〔ˋɔstrɪtʃ 〕 *n.* 駝鳥
【記憶技巧】 *ost* + *rich*

* **otherwise**[4] 〔ˋʌðɚ͵waɪz 〕 *adv.* 否則
You had better hurry up; *otherwise*, you are going to be late for school.
【記憶技巧】 *other* + *wise* (方式)
　　(除非有其他方式,「否則」就要按照原來的方式做)

* **ought to**[3] *aux.* 應該 (= *should*)
You *ought to* take an umbrella because it might rain.

ounce[5] 〔 aʊns 〕 *n.* 盎司 (略作 oz. , 等於 1/16 磅)

*** **out**[1] 〔 aʊt 〕 *adv.* 向外;外出
adj. 過時的　*v.* 暴露;公開

outbreak[6] 〔ˋaʊt͵brek 〕 *n.* 爆發
(= *outburst*)
She was born just before the *outbreak* of war.
【比較】 動詞是 *break out* (爆發)。

* **outcome**[4] 〔ˋaʊt͵kʌm 〕 *n.* 結果
(= *result*)
The *outcome* of the election was announced two weeks ago.
【比較】 income (收入)

【典型考題】
On the basis of the clues, can you predict the ＿＿＿ of the story?
A. outcome　　B. performance
C. cause　　　D. headline　　[A]

outdo[5] 〔 aʊtˋdu 〕 *v.* 勝過 (= *surpass*)
【三態變化為: outdo-outdid-outdone 】
Laney doesn't want to be *outdone* by her best friend.

* **outdoor**[3] 〔ˋaʊt͵dor 〕 *adj.* 戶外的
(= *open-air*)
It was an *outdoor* party, held beside the lake.

* **outdoors**[3] 〔ˋaʊtˋdorz 〕 *adv.* 在戶外

* **outer**[3] 〔ˋaʊtɚ 〕 *adj.* 外部的 (= *external*)
When he became too warm, Ted took off an *outer* layer of clothing.

outfit[6] 〔ˋaʊt͵fɪt 〕 *n.* 服裝 (= *costume*)
v. 裝配 (= *equip*)
The bride planned to buy an entire *outfit* in red—dress, hat, shoes, and so on.

outgoing[5] 〔ˋaʊt͵goɪŋ 〕 *adj.* 外向的
(= *sociable*)
She is an active and *outgoing* girl.
【反義詞】 introvert (內向的)

outing[6] 〔ˋaʊtɪŋ 〕 *n.* 出遊 (= *trip*)
To go on an *outing* means to take a short pleasure trip.

outlaw[6] 〔ˋaʊt͵lɔ 〕 *n.* 罪犯
(= *criminal*)　*v.* 禁止 (= *ban*)
He is an unpardonable *outlaw*.
【記憶技巧】 *out* + *law* (法律)

outlet[6] 〔ˋaʊt͵lɛt 〕 *n.* 出口 (= *channel*);發洩途徑;商店 (= *shop*);插座
The fan pulls the steam in the kitchen through an *outlet* in the roof.
【記憶技巧】 這個字又作「過季折扣店」解。

【重要知識】 outlet 常指「精品工廠直銷店」,通常是銷售過季名牌,價錢便宜。

* **outline**[3] 〔'aʊt,laɪn 〕 n. 輪廓；大綱
(= summary)　v. 畫⋯的輪廓
After doing some research, I was able to write an *outline* of my term paper.
【記憶技巧】 *out* + *line* （線條）
（寫「大綱」就像畫出外部的線條）

outlook[6] 〔'aʊt,lʊk 〕 n. 看法
(= point of view)
Lisa has such a positive *outlook* that she always feels certain of success.
【衍伸詞】 *one's outlook on life* （某人的人生觀）

outnumber[6] 〔aʊt'nʌmbɚ 〕 v. 比⋯多
(= be more than)；數量勝過
Boys far *outnumber* girls in the science program.

output[5] 〔'aʊt,pʊt 〕 n. 產品；產量
(= production)；(機械、電)輸出(量)
Some companies buy new machinery to increase their *output*.

outrage[6] 〔'aʊt,redʒ 〕 n. 暴行
(= cruelty)；激憤　v. 激怒 (= anger)
The *outrage* committed by the mob was condemned throughout the country.
【記憶技巧】 背這個字要先背 rage （憤怒）。

outrageous[6] 〔aʊt'redʒəs 〕 adj. 殘暴的(= cruel)；無理的(= unreasonable)

outright[6] 〔'aʊt,raɪt 〕 adj. 完全的；徹底的 (= complete)；坦白的 (= frank)
adv. 直率地

outset[6] 〔'aʊt,sɛt 〕 n. 開始；開端
(= beginning)
If you work hard from the *outset*, you will not fall behind in your work.

【片語】 *from the outset* （從一開始）
【記憶技巧】 *set out* 是「出發」。

outside[1] 〔'aʊt'saɪd 〕 adv. 在外面
(= outdoors)

outsider[5] 〔aʊt'saɪdɚ 〕 n. 外人；門外漢
【典型考題】
No matter how well we speak English, we will always feel like ＿＿＿ when we are in the United States.
A. outsiders　　B. outburst
C. options　　D. oxygen　　[A]

outskirts[5] 〔'aʊt,skɝts 〕 n. pl. 郊區
【記憶技巧】 *out* + *skirt* （環繞）
（「郊區」通常都是環繞在外圍的區域）
【重要片語】 *on the outskirts* （在郊區）
(= in the suburbs)

* **outstanding**[4] 〔'aʊt'stændɪŋ 〕 adj. 傑出的 (= excellent)；出眾的；顯著的
Michael was awarded a medal for his *outstanding* performance.

outward[5] 〔'aʊtwɚd 〕 adj. 向外的
(= outbound)；明顯的 (= apparent)

outward(s)[5] 〔'aʊtwɚd(z) 〕 adv. 向外

* **oval**[4] 〔'ovḷ 〕 adj. 橢圓形的
(= egg-shaped)

* **oven**[2] 〔'ʌvən 〕 n. 烤箱
【衍伸詞】 *microwave oven* （微波爐）

overall[5] 〔'ovɚ,ɔl 〕 adj. 全面的
(= general)

* **overcoat**[3] 〔'ovɚ,kot 〕 n. 大衣
(= heavy coat)
Eric wears his *overcoat* only on the coldest days.

O

* **overcome**[4] 〔͵ovə'kʌm 〕*v.* 克服；
戰勝（*= defeat = beat*）
A friendly smile helps us make
friends quickly and *overcomes*
differences in customs.

┌─【典型考題】─────────
│ Many students don't know how to
│ ———— their stage fright.
│ A. conquest   B. overcome
│ C. respond   D. succumb   [B]
└──────────────────

overdo[5] 〔'ovə'du 〕*v.* 做…過火
（*= go too far*）；做…過度
Don't *overdo* it when you work out
for the first time, or you will be sore
the next day.

【重要知識】老闆鼓勵員工可説：Work hard
but don't *overdo* it.（努力工作，別太累了。）

overeat[5] 〔'ovə'it 〕*v.* 吃得過多
（*= eat to excess*）

overflow[5] 〔͵ovə'flo 〕*v.* 氾濫
（*= flood*）；淹沒；流出（*= spill over*）
The river *overflowed* its banks.

overhead[6] 〔'ovə͵hɛd 〕*adj.* 頭上的
（*= up above*）
He switched off an *overhead* light.

overhear[5] 〔͵ovə'hɪr 〕*v.* 無意間聽到
（*= eavesdrop on*）；偷聽到
The couple spoke so loudly that we
could not help *overhearing* them.

overlap[6] 〔͵ovə'læp 〕*v.* 重疊；與…
部分一致
The students sit so close together that
often the edges of their books *overlap*.
【記憶技巧】*over* + *lap*（膝上）

* **overlook**[4] 〔͵ovə'luk 〕*v.* 忽視
（*= neglect = ignore*）；俯瞰（*= look
down at*）

The study has either been forgotten
or *overlooked*, because no one
mentioned it at the meeting.

* **overnight**[4] 〔'ovə'naɪt 〕*adv.* 一夜
之間；突然   *adj.* 過夜的；突然的
He became famous *overnight*.

** **overpass**[2] 〔'ovə͵pæs 〕*n.* 天橋
（*= footbridge*）；高架橋；高架道路
It's safe for pedestrians to use the
overpass.
【比較】underpass（地下道）

** **overseas**[2] 〔'ovə'siz 〕*adv.* 在海外
adj. 海外的
This is my first *overseas* trip.
【衍伸詞】*overseas Chinese*（華僑）

oversleep[5] 〔'ovə'slip 〕*v.* 睡過頭

* **overtake**[4] 〔͵ovə'tek 〕*v.* 趕上
（*= catch up with*）；超越；超車
Ben ran as fast as he could but was
not able to *overtake* the front-runner,
so he came in second.

* **overthrow**[4] 〔͵ovə'θro 〕*v.* 打翻
（*= overturn*）；推翻（*= topple*）
It is no surprise that there is a
movement to *overthrow* the corrupt
leader.
【記憶技巧】*over* + *throw*（丟）

overturn[6] 〔͵ovə'tɝn 〕*v.* 打翻
（*= overthrow*）；推翻（*= topple*）
The judge *overturned* the man's
conviction, setting him free.

overwhelm[5] 〔͵ovə'(h)wɛlm 〕*v.*
壓倒；使無法承受
I was *overwhelmed* by the amount of
work I had to do when my colleague
went on vacation.
【衍伸詞】overwhelmingly（壓倒性地）

overwork[5] 〔'ovɚ'wɝk 〕 v. n. 工作過度

*__owe__[3] 〔 o 〕 v. 欠（= be in debt to）
You *owe* me four hundred dollars for the book I bought for you.

*__owl__[2] 〔 aʊl 〕 n. 貓頭鷹

own[1] 〔 on 〕 v. 擁有（= possess）
adj. 自己的

owner[2] 〔'onɚ〕 n. 擁有者
（= possessor）

*__ownership__[3] 〔'onɚʃɪp 〕 n. 所有權
（= right of possession）

The *ownership* of the land is uncertain.

ox[2] 〔 ɑks 〕 n. 公牛（= bull）
【反義詞】 cow（母牛）

*__oxygen__[4] 〔'ɑksədʒən 〕 n. 氧（= O_2）
【記憶技巧】 *oxy* (acid) + *gen* (produce)
（「氧」被視為構成酸的必要成分）

oyster[5] 〔'ɔɪstɚ 〕 n. 牡蠣

ozone[5] 〔'ozon 〕 n. 臭氧（= O_3）
【記憶技巧】 *o* + *zone*（地區）
【衍伸詞】 *ozone layer*（臭氧層）

P p

*__pace__[4] 〔 pes 〕 n. 步調
（= tempo of motion）
Becky walked through the store at such a fast *pace* that I couldn't keep up with her.
【注意】 表「以…步調」，介系詞用 at。

┌─【典型考題】─────────
│ If we walk at this slow _____, we'll never get to our destination on time.
│ A. mood   B. pace
│ C. tide   D. access   [B]
└─────────────────

pacific[5] 〔 pə'sɪfɪk 〕 adj. 和平的
（= peaceful）
【衍伸詞】 *the Pacific Ocean*（太平洋）

pack[2] 〔 pæk 〕 v. 包裝；打包 n. 小包
All clothes will be *packed* into the bag.

package[2] 〔'pækɪdʒ 〕 n. 包裹
（= parcel）；包裝好的商品；一套
方案；套裝軟體
Here is a *package* for you.

【記憶技巧】 *pack*（包裝）+ *age*（表「一組」的字尾）

packet[5] 〔'pækɪt 〕 n. 小包；包裹
（= small parcel）

pact[6] 〔 pækt 〕 n. 協定（= agreement）
The two friends made a *pact* to support each other should one of them win the lottery.

*__pad__[3] 〔 pæd 〕 n. 墊子；便條紙；襯墊
【重要知識】 pad 是種「片狀物」，像 iPad，i 代表 Internet，iPad 字面意思就是「可以上網的片狀物」。

paddle[5] 〔'pædl̩ 〕 n. 槳（= oar）
v. 用槳划（= row）

page[1] 〔 pedʒ 〕 n. 頁（= folio）
How many *pages* are there in this book?

*__pail__[3] 〔 pel 〕 n. 桶（= bucket）
Diane carried a *pail* of water to the garden.

‡pain[2] 〔 pen 〕 *n.* 疼痛（ = *ache* ）；痛苦
She was in *pain* after she broke her leg.

‡painful[2] 〔'penfəl 〕 *adj.* 疼痛的
（ = *agonizing* ）；痛苦的

‡paint[1] 〔 pent 〕 *v.* 畫；油漆 *n.* 油漆
I *painted* my house blue.

【重要知識】用鉛筆、原子筆等劃出線條，稱為 draw，用水彩筆畫，就像刷油漆一樣的畫，才稱為 paint。

‡painter[2] 〔'pentɚ 〕 *n.* 畫家；油漆工
He wishes to be a *painter* in the future.

‡painting[2] 〔'pentɪŋ 〕 *n.* 畫

‡pair[1] 〔 pɛr 〕 *n.* 一雙
This *pair* of shoes is not on sale.

‡pajamas[2] 〔 pə'dʒæməz 〕 *n.pl.* 睡衣
I bought a new pair of *pajamas* today.
【記憶技巧】分音節背 pa-ja-mas。

‡pal[3] 〔 pæl 〕 *n.* 朋友（ = *friend* ）；夥伴
（ = *companion* ）；同志
Derek is one of my old *pals* from junior high.

‡palace[3] 〔'pælɪs 〕 *n.* 宮殿
（ = *royal mansion* ）
【記憶技巧】place 多加個 a，就是「宮殿」。
【衍伸詞】*the Palace Museum*（故宮博物院）

‡pale[3] 〔 pel 〕 *adj.* 蒼白的
She was *pale* with fear.

‡palm[2] 〔 pɑm 〕 *n.* 手掌
The fortuneteller looked at the *palm* of my hand and told me I would have a happy life.

‡pamphlet[5] 〔'pæmflɪt 〕 *n.* 小册子
（ = *brochure* ）

This *pamphlet* will tell you everything you need to know about the museum.
【記憶技巧】*pam* (all) + *phlet* (loving)
（女生最喜歡把所有喜歡的事記在「小册子」裡）

‡pan[2] 〔 pæn 〕 *n.* 平底鍋

‡pancake[3] 〔'pæn,kek 〕 *n.* 薄煎餅

‡panda[2] 〔'pændə 〕 *n.* 貓熊

‡pane[5] 〔 pen 〕 *n.* 窗玻璃

‡panel[4] 〔'pænḷ 〕 *n.* 面板；專門小組
The control *panel* in the cockpit is crowded with instruments.
【片語】*control panel*（儀表板）

‡panic[3] 〔'pænɪk 〕 *v. n.* 恐慌（ = *fright* ）
The passengers *panicked* when the ship began to sink.
【panic 的過去式及過去分詞為 panicked】

‡pants[1] 〔 pænts 〕 *n.pl.* 褲子
（ = *trousers* 〔'trauzɚz 〕【英式用法】）
I saw him in a white shirt and black *pants*.

‡papa[1] 〔'pɑpə 〕 *n.* 爸爸

‡papaya[2] 〔 pə'paɪə 〕 *n.* 木瓜
Rose bought a *papaya* at the market.

‡paper[1] 〔'pepɚ 〕 *n.* 紙；報告

‡parachute[4] 〔'pærə,ʃut 〕 *n.* 降落傘
The skydivers have a backup *parachute* in case the first one doesn't open.
【記憶技巧】*para* (against) + *chute* (fall)（防止掉落的東西，就是「降落傘」）

*parade[3] 〔 pə'red 〕 *n. v.* 遊行
The townspeople celebrate the festival with a *parade*.

*paradise[3] 〔'pærə,daɪs 〕 *n.* 天堂
(= *heaven*)；樂園 (= *wonderland*)
Chris didn't like the beach, but I thought it was *paradise*.

paradox[5] 〔'pærə,dɑks 〕 *n.* 矛盾
(= *contradiction*)
Although it seems to be a *paradox*, I really feel tired after sleeping too much.
【記憶技巧】*para* (contrary to) + *dox* (opinion) (意見相反，即「矛盾」)

*paragraph[4] 〔'pærə,græf 〕 *n.* 段落
(= *passage*)
Our assignment is to write a five-*paragraph* essay.
【記憶技巧】*para* (beside) + *graph* (write) (不相關的內容寫在不同「段落」)

parallel[5] 〔'pærə,lɛl 〕 *adj.* 平行的
(= *aligned*)
First Street runs *parallel* to Second Street; they do not intersect.
【記憶技巧】*para* (beside) + *llel* (each other) (「平行的」兩條線永遠在彼此旁邊)

paralyze[6] 〔'pærə,laɪz 〕 *v.* 使麻痺；
使癱瘓 (= *immobilize*)
An injury to your spinal cord may *paralyze* you.
【記憶技巧】*para* (beside) + *lyze* (loosen) (「癱瘓」就是脊椎鬆開了)

*parcel[3] 〔'pɑrsḷ 〕 *n.* 包裹
Would you like to send this *parcel* by air or sea?

*pardon[2] 〔'pɑrdn̩ 〕 *n. v.* 原諒
(= *forgive*)
I beg your *pardon*.
【記憶技巧】*par* (thoroughly) + *don* (give) (願意全心付出，表示「原諒」)

‡parents[1] 〔'pɛrənts 〕 *n. pl.* 父母
Linda stays with her *parents*.
【記憶技巧】*par* (give birth to) + *ents* (persons) (生小孩的人，也就是「父母」)

‡park[1] 〔 pɑrk 〕 *n.* 公園   *v.* 停車

parliament[6] 〔'pɑrləmənt 〕 *n.* 國會
(= *legislature*)
The prime minister will speak to both houses of *parliament* this afternoon.
【記憶技巧】*parlia* (parley 商談) + *ment* (*n.*) (「國會」就是談國事的地方)

parlor[5] 〔'pɑrlɚ 〕 *n.* 店
【衍伸詞】*beauty parlor* (美容院)

*parrot[2] 〔'pærət 〕 *n.* 鸚鵡
Parrots are birds of very bright colors.

‡part[1] 〔 pɑrt 〕 *n.* 部分 (= *portion*)
v. 分開 (= *separate*)
The best of friends must *part*.

*partial[4] 〔'pɑrʃəl 〕 *adj.* 部分的；局部的；不完全的 (= *incomplete*)

【典型考題】
Jack made a(n) ———— payment on the new computer because he did not have enough money for it.
A. partial   B. original
C. effective   D. courteous   [A]

participant[5] 〔pɚ'tɪsəpənt〕 *n.* 參加者（= *partner*）

***participate**[3] 〔par'tɪsə,pet〕 *v.* 參加（= *take part in*）

In a modern democracy people want to *participate* more fully.

【記憶技巧】 *parti* (part) + *cip* (take) + *ate* (*v.*) (take part in，就是「參加」)

***participation**[4] 〔pə,tɪsə'peʃən〕 *n.* 參與

【典型考題】

They wanted more direct ＿＿＿＿ in the steel production programs.
A. phenomenon   B. participation
C. panels   D. parachutes   [B]

***participle**[4] 〔'partəsəpḷ〕 *n.* 分詞

【衍伸詞】 *past participle* （過去分詞）

particle[5] 〔'partɪkḷ〕 *n.* 粒子（= *tiny substance*）

【記憶技巧】 *parti* (part) + *cle* (small) （細微的部分，也就是「粒子」）

***particular**[2] 〔pə'tɪkjələ〕 *adj.* 特別的（= *special*）

I have nothing *particular* to do today.
【片語】 *in particular* （特別地；尤其）
【衍伸詞】 particularly （特別是；尤其）

partly[5] 〔'partlɪ〕 *adv.* 部分地（= *not completely*）

***partner**[2] 〔'partnə〕 *n.* 夥伴（= *companion*）

They were *partners* in business.

***partnership**[4] 〔'partnə,ʃɪp〕 *n.* 合夥關係（= *cooperation*）

****party**[1] 〔'partɪ〕 *n.* 宴會（= *celebration*）；政黨（= *political group*）

【衍伸詞】 *party politics* （政黨政治）

****pass**[1] 〔pæs〕 *v.* 經過（= *go by*）；通過；傳遞

***passage**[3] 〔'pæsɪdʒ〕 *n.* 一段（文章）（= *paragraph*）

****passenger**[2] 〔'pæsṇdʒə〕 *n.* 乘客

【典型考題】

It is the bus driver's job to make sure that every ＿＿＿＿ is safe.
A. maid   B. passenger
C. stranger   D. vendor   [B]

***passion**[3] 〔'pæʃən〕 *n.* 熱情（= *affection*）

Young people often have more *passion* for politics than their elders.

passionate[5] 〔'pæʃənɪt〕 *adj.* 熱情的（= *enthusiastic*）

***passive**[4] 〔'pæsɪv〕 *adj.* 被動的（= *inactive*）

You should stand up for yourself instead of taking such a *passive* attitude.

【反義詞】 active （主動的）

【典型考題】

The child was ＿＿＿＿. He just sat there and waited for something to happen.
A. passive   B. expressive
C. extensive   D. persuasive   [A]

***passport**[3] 〔'pæs,port〕 *n.* 護照

When you cross the border of a country, you usually have to show your *passport*.

【記憶技巧】 *pass* （通過）+ *port* （港口） （通過港口要出示「護照」）

* **password**[3] 〔'pæs,wɝd 〕*n.* 密碼

In order to log on, you have to enter your *password*.

** **past**[1] 〔 pæst 〕*adj.* 過去的（= *previous*）*n.* 過去   *prep.* 超過；經過

【典型考題】

Life in Taiwan has changed a lot in the ＿＿＿ 20 years.
A. past   B. passed
C. passive   D. pass   [A]

* **pasta**[4] 〔'pɑstə , 'pæstə 〕*n.* 義大利麵【總稱】

【比較】spaghetti〔 spə'gɛtɪ 〕*n.* 義大利麵

** **paste**[2] 〔 pest 〕*n.* 漿糊（= *glue*）；糊狀物；糊；醬；膏；麵糰

Please use *paste* to stick your picture at the top of the application form.

【衍伸詞】toothpaste（牙膏）

pastime[5] 〔'pæs,taɪm 〕*n.* 消遣（= *amusement* = *entertainment* = *recreation*）

Singing in KTVs is a favorite *pastime* among the Taiwanese.

【記憶技巧】*pas(s)*（消磨）+ *time*（時間）

pastry[5] 〔'pestrɪ 〕*n.* 糕餅

* **pat**[2] 〔 pæt 〕*v.* 輕拍（= *tap*）

The nurse *patted* my arm and told me not to worry.

patch[5] 〔 pætʃ 〕*n.* 補丁（= *mend*）

I sewed a *patch* over the hole in the knee of my jeans.

patent[5] 〔'pætn̩t 〕*n.* 專利權   *v.* 取得（某物）的專利   *adj.* 特別明顯的；顯著的

Ben applied for a *patent* for his latest invention.

** **path**[2] 〔 pæθ 〕*n.* 小徑（= *lane*）

Harry likes to walk down this *path* to get to the lake.

pathetic[6] 〔 pə'θɛtɪk 〕*adj.* 令人同情的（= *pitiful*）；無用的；差勁的

Janice found the homeless woman's situation *pathetic* and tried to help her.

【記憶技巧】要和 sympathetic（同情的）一起背。

* **patience**[3] 〔'peʃəns 〕*n.* 耐心

I have no *patience* with such an arrogant man.

【記憶技巧】*pati*（endure）+ *ence*（*n.*）

** **patient**[2] 〔'peʃənt 〕*adj.* 有耐心的 *n.* 病人

【反義詞】impatient（不耐煩的）

【典型考題】

One of the requirements of being either a good teacher or a good nurse is to be ＿＿＿.
A. patient   B. artificial
C. familiar   D. original   [A]

patriot[5] 〔'petrɪət 〕*n.* 愛國者（= *nationalist*）

【記憶技巧】*patri*（father）+ *ot*（人；居民）（愛祖國的人，就是「愛國者」）

patriotic[6] 〔,petrɪ'ɑtɪk 〕*adj.* 愛國的（= *nationalistic*）

The *patriotic* citizens flew flags in front of their houses.

P

patrol[5] 〔pə'trol〕 v. 巡邏　n. 巡邏；
巡邏隊

It is the guard's responsibility to
patrol the building at night.

【記憶技巧】背這個字先背control（控
制），把 con 改成 pa 即可。

patron[5] 〔'petrən〕 n. 贊助者
（= *supporter*）；顧客；老主顧

Mrs. Wetherby is a *patron* of the arts
and supports several artists.

【記憶技巧】*patr* (father) + *on*（人）
（「贊助者」像父親一樣，願意給予資助）

pattern[2] 〔'pætən〕 n. 模式（= *order*）；
圖案；典範　v. 繪製圖案；仿照

Their movements all followed the
same *pattern*.

pause[3] 〔pɔz〕 n.v. 暫停

After a short *pause*, Lori kept on
working.

pave[3] 〔pev〕 v. 鋪（路）

The residents have asked the city to
pave the dirt road.

pavement[3] 〔'pevmənt〕 n. 人行道
（= *sidewalk*）；路面

Bobby fell off his bicycle and
scraped his knee on the *pavement*.

paw[3] 〔pɔ〕 n.（貓、狗的）腳掌

pay[1,3] 〔pe〕 v. 支付；付錢　n. 薪水

I'll *pay* for the meal.

payment[1] 〔'pemənt〕 n. 付款
（= *expense*）

PDA[6] n. 個人數位助理
（= *personal digital assistant*）

pea[3] 〔pi〕 n. 豌豆（= *bean*）

peace[2] 〔pis〕 n. 和平（= *calmness*）

Both warring nations longed for
peace.

peaceful[2] 〔'pisfəl〕 adj. 和平的（= *at
peace*）；平靜的；寧靜的（= *serene*）

peach[2] 〔pitʃ〕 n. 桃子

peacock[5] 〔'pi,kɑk〕 n. 孔雀

【記憶技巧】*pea*（豌豆）+ *cock*（公雞）

peak[3] 〔pik〕 n. 山頂（= *top*）；
最高峰　adj. 旺季的；高峰時期的
v. 達到高峰；達到最高值

This is a high mountain and it will take
two days of hiking to reach the *peak*.

peanut[2] 〔'pi,nʌt〕 n. 花生（= *earthnut*）

【衍伸詞】*peanut butter*（花生醬）

pear[2] 〔pɛr〕 n. 西洋梨【注意發音】

A *pear* is a sweet and juicy fruit.

【重要知識】有則謎語：What fruit is never
alone? 答案就是 pear，因為它和 pair（一對）
發音相同，如此就不會唸成〔pɪr〕（誤）。

pearl[3] 〔pɝl〕 n. 珍珠

peasant[5] 〔'pɛznt〕 n. 農夫（= *farmer*）

【記憶技巧】將 pleasant（令人愉快的）中
的 l 去掉，就是 peasant（農夫）。

pebble[4] 〔'pɛbl̩〕 n. 小圓石；鵝卵石

Calvin walked along the lakeshore,
picking up *pebbles* and throwing
them into the water.

peck[5] 〔pɛk〕 v. 啄食；啄；輕吻；
一點一點地吃　n. 啄；親吻

The chicken is *pecking* at the corn.

** **peculiar**⁴ 〔 pɪˈkjuljɚ 〕 *adj.* 獨特的
（＝ *special* ）；特有的
John has a *peculiar* way of speaking
because he is not from around here.

【典型考題】
The native greeted the travelers in a
──────── language which was strange
to them.
A. contrary B. relative
C. peculiar D. spiral [C]

** **pedal**⁴ 〔ˈpɛdḷ 〕 *n.* 踏板；腳踏板
Marty bought some new parts for his
bike, including handlebars and *pedals*.
【比較】 petal（花瓣）

【重要知識】字根 ped 意為「腳；步」。「踏
板」就是腳踩的工具，如腳踏車、汽車油門、
煞車，還有鋼琴等的「踏板」。

【典型考題】
He pushed hard on the brake ────────
to avoid a collision.
A. pebble B. pasta
C. perfume D. pedal [D]

peddle⁶ 〔ˈpɛdḷ 〕 *v.* 散播；宣揚；
沿街叫賣（＝ *vend* ）
The man was fined for *peddling* on
the street.

peddler⁵ 〔ˈpɛdlɚ 〕 *n.* 小販（＝ *vendor* ）
The *peddler* sells shoes on the street
corner.

pedestrian⁶ 〔 pəˈdɛstrɪən 〕 *n.* 行人
（＝ *walker* ）
It was reckless of the *pedestrian* to
try to cross the street against the light.

peek⁵ 〔 pik 〕 *v.* 偷看（＝ *peep* ）；
窺視；露出 *n.* 偷看；一瞥
【記憶技巧】 peek（偷看）、peep（偷窺）、
peer（凝視）這三個單字長得很像，中間的
ee 就像 eye（眼睛）的兩個 e。

** **peel**³ 〔 pil 〕 *v.* 剝（皮 ）（＝ *skin* ）；
剝；抽；脫落 *n.* 外皮
You need to *peel* that fruit before
eating it.

** **peep**³ 〔 pip 〕 *v.* 偷窺
The little girl *peeped* through the
curtains at the visitors.
【衍伸詞】 *peeping Tom*（偷窺者）

** **peer**⁴ 〔 pɪr 〕 *n.* 同儕；同輩；相匹敵
的人 *v.* 凝視；仔細看；費力地看
The boy *peered* at the notice.
【衍伸詞】 *peer pressure*（同儕壓力）

peg⁵ 〔 pɛg 〕 *n.* 掛鉤；木樁；衣架；
標定點 *v.* 固定
【衍伸詞】 *a square peg in a round
hole*（不適合的人選）

** **pen**¹ 〔 pɛn 〕 *n.* 筆

** **penalty**⁴ 〔ˈpɛnḷtɪ 〕 *n.* 處罰；刑罰；
懲罰
The *penalty* for robbery is death.
There can be no exception to the law.
【記憶技巧】 *pen*（punish）＋ *al*（adj.）
＋ *ty*（n.）（處罰罪犯就是給予「刑罰」）
【衍伸詞】 *death penalty*（死刑）

** **pencil**¹ 〔ˈpɛnsḷ 〕 *n.* 鉛筆

penetrate⁵ 〔ˈpɛnəˌtret 〕 *v.* 穿透
（＝ *pierce* ）
The dog's bite slowly *penetrated*
my skin.
【記憶技巧】 *pen*（food）＋ *etr*（enter）
＋ *ate*（v.）

** **penguin**² 〔ˈpɛngwɪn 〕 *n.* 企鵝

peninsula⁶ 〔 pəˈnɪnsələ 〕 *n.* 半島
【記憶技巧】 *pen*（almost）＋ *insula*
（island）（幾乎可以成為一個島了）

penny[3] 〔ˈpɛnɪ 〕 *n.* 一分硬幣
（＝*cent*）；便士（英國貨幣單位）

pension[6] 〔ˈpɛnʃən 〕 *n.* 退休金；年金
My grandfather is retired and lives
on his *pension*.
【記憶技巧】 *pens* (weigh) + *ion* (*n.*)

people[1] 〔ˈpipl̩ 〕 *n.* 人們；民族
Many *people* ride the MRT at rush
hour.

pepper[2] 〔ˈpɛpɚ 〕 *n.* 胡椒；胡椒粉
v. 加胡椒粉於
I put *pepper* on the pizza.

per[2] 〔 pɚ 〕 *prep.* 每…（＝*every*）
Gas prices have risen by three
dollars *per* liter.

perceive[5] 〔 pɚˈsiv 〕 *v.* 察覺（＝*notice*）
Although it was still dark, I
perceived that morning was near
when I heard the rooster.
【記憶技巧】 *per* (through) + *ceive*
(take)（憑感覺取得，就是「察覺」）

percent[4] 〔 pɚˈsɛnt 〕 *n.* 百分之…
Twenty is twenty *percent* of one
hundred.
【記憶技巧】 *per* (每) + *cent* (hundred)

percentage[4] 〔 pɚˈsɛntɪdʒ 〕 *n.*
百分比（＝*rate*）

perception[6] 〔 pɚˈsɛpʃən 〕 *n.* 知覺
（＝*comprehension*）；感受

perch[5] 〔 pɝtʃ 〕 *n.* (鳥的) 棲木
v. (鳥) 停 (在…)
The bird is resting on the *perch*
just outside my window.

perfect[2] 〔ˈpɝfɪkt 〕 *adj.* 完美的
（＝*flawless*）；最適當的

〔 pɚˈfɛkt 〕 *v.* 使完美
【記憶技巧】 *per* (thoroughly) + *fect*
(make)（一件事做到徹底，就是「完美」）

perfection[4] 〔 pɚˈfɛkʃən 〕 *n.* 完美
（＝*flawlessness*）

perform[3] 〔 pɚˈfɔrm 〕 *v.* 表演
（＝*appear on stage*）；執行（＝*do*）
【記憶技巧】背這個字要先背 form (形成)。

performance[3] 〔 pɚˈfɔrməns 〕 *n.*
表演（＝*public presentation*）；表現
The musician gave a wonderful
performance at the concert hall.
【記憶技巧】 *per* (thoroughly) + *form*
(provide) + *ance* (*n.*)（完整地呈現出
來，就是「表演」）

performer[5] 〔 pɚˈfɔrmɚ 〕 *n.* 表演者
（＝*actor*）

perfume[4] 〔 pɚˈfjum 〕 *v.* 灑香水
〔ˈpɝfjum 〕 *n.* 香水（＝*fragrance*）
Many department stores offer
customers free samples of *perfume*.
【記憶技巧】 *per* (through) + *fume*
(smoke)（噴灑「香水」時，看起來煙霧
瀰漫）

perhaps[1] 〔 pɚˈhæps 〕 *adv.* 也許
Perhaps your book is on your desk.
【記憶技巧】 *per* (by) + *haps* (chance)
（要憑運氣，就是也許有，也許沒有）

peril[5] 〔ˈpɛrəl 〕 *n.* 危險（＝*danger*）
When a war breaks out, many
innocent people are in *peril*.

period[2] 〔ˈpɪrɪəd 〕 *n.* 期間
This was the most difficult *period*
of his life.
【記憶技巧】 *peri* (round) + *od* (way)
（繞一圈的時間，表示「期間」）

perish[5] 〔'pɛrɪʃ〕 v. 死亡 (= *die*)；
毀滅；消滅；腐敗

All the residents *perished* in the flames.

【記憶技巧】*per* (thoroughly) + *ish* (go) (完全地離開世上，就是「死亡」)

***permanent**[4] 〔'pɝmənənt〕 adj. 永久的 (= *eternal*)

After a series of temporary jobs, John found a *permanent* position in a big company.

【記憶技巧】*per* (through) + *man* (stay) + *ent* (*adj*.) (一直停留，就是「永久的」)

permissible[5] 〔pə'mɪsəbḷ〕 adj. 可允許的 (= *allowable*)

***permission**[3] 〔pə'mɪʃən〕 n. 許可 (= *approval*)

Without special *permission*, no one can visit the castle.

【記憶技巧】背這個字要先背 mission (任務)。

***permit**[3] 〔pə'mɪt〕 v. 允許 (= *allow*)

【記憶技巧】*per* (through) + *mit* (send) (「允許」就是答應把你送過去)

【比較】e<u>mit</u> (發射)；ad<u>mit</u> (承認)；sub<u>mit</u> (提出)；o<u>mit</u> (省略)

perseverance[6] 〔,pɝsə'vɪrəns〕 n. 毅力 (= *persistence*)；堅忍

Both patience and *perseverance* are necessary if one expects to succeed in life.

【記憶技巧】*per* (throughout) + *sever* (severe) + *ance* (n.) (從頭到尾都很嚴格，就必須要有「毅力」)

persevere[6] 〔,pɝsə'vɪr〕 v. 堅忍 (= *persist*)；不屈不撓

Dr. Lee *persevered* in his research.

persist[5] 〔pə'sɪst〕 v. 堅持 (= *insist*)；持續 (= *last*)

If you *persist* until you complete the work, you will feel very satisfied.

【記憶技巧】*per* (thoroughly) + *sist* (stand) (一直站著，就是「堅持」)

【典型考題】

Jason always ＿＿＿ in finishing a task no matter how difficult it may be. He hates to quit halfway in anything he does.

A. persists   B. motivates
C. fascinates   D. sacrifices   [A]

persistence[6] 〔pə'zɪstəns〕 n. 堅持 (= *perseverance*)；堅忍不拔

persistent[6] 〔pə'zɪstənt〕 adj. 持續的 (= *lasting*)；堅忍不拔的

【典型考題】

People in that country are worried about the ＿＿＿ economic recession.

A. competent   B. persistent
C. consistent   D. insistent   [B]

person[1] 〔'pɝsṇ〕 n. 人

"VIP" means Very Important *Person*.

***personal**[2] 〔'pɝsṇḷ〕 adj. 個人的 (= *individual*)

***personality**[3] 〔,pɝsṇ'ælətɪ〕 n. 個性 (= *individuality* = *character*)

Diana has such a wonderful *personality* that everyone likes her.

P

personnel[5] 〔ˌpɝsn̩ˈɛl 〕 *n.* 全體職員
（= *staff*）；人事部
Airline *personnel* can purchase
flight tickets at reduced prices.
【衍伸詞】 *personnel manager*（人事主任）

perspective[6] 〔 pəˈspɛktɪv 〕 *n.* 正確
的眼光；理性的判斷；看法；遠景
The author sees the international
situation in *perspective*.
【記憶技巧】 *per* (through) + *spect*
(see) + *ive* (*n.*)（能夠洞察事物，表示
擁有「正確的眼光」）

* **persuade**[3] 〔 pəˈswed 〕 *v.* 說服
（= *convince*）
She *persuaded* her friend to go
camping with her.
【記憶技巧】 *per* (thoroughly) + *suade*
(advise)（徹底地勸告，就是「說服」）
【反義詞】 dissuade（勸阻）

* **persuasion**[4] 〔 pəˈsweʒən 〕 *n.* 說服力

* **persuasive**[4] 〔 pəˈswesɪv 〕 *adj.* 有說
服力的（= *convincing*）
┌─【典型考題】─────────
│ Mr. Wang's arguments were very
│ _____, and the committee finally
│ accepted his proposal.
│ A. artificial   B. inappropriate
│ C. persuasive   D. descriptive   [C]
└──────────────────

pessimism[5] 〔ˈpɛsəˌmɪzəm 〕 *n.* 悲觀
Pessimism about the future of the
economy is widespread in the
business community.
【記憶技巧】 *-ism* 表「特性」的字尾。
【反義詞】 optimism（樂觀）

* **pessimistic**[4] 〔ˌpɛsəˈmɪstɪk 〕 *adj.*
悲觀的（= *gloomy*）
【反義詞】 optimistic（樂觀的）

* **pest**[3] 〔 pɛst 〕 *n.* 害蟲；討厭的人
或物（= *annoyance*）
My little brother is a *pest*, following
me everywhere and doing anything
he can to get my attention.

pesticide[6] 〔ˈpɛstɪˌsaɪd 〕 *n.* 殺蟲劑
（= *insecticide*）
The use of *pesticide* may result in
greenhouse effects.
【記憶技巧】 *pesti*（害蟲）+ *cide* (cut)
【比較】 suicide（自殺）

pet[1] 〔 pɛt 〕 *n.* 寵物　

* **petal**[4] 〔ˈpɛtl̩ 〕 *n.* 花瓣

petroleum[6] 〔 pəˈtrolɪəm 〕
n. 石油（= *crude oil*）
Petroleum is used to produce gasoline.
【記憶技巧】 *petr* (rock) + *oleum* (oil)

petty[6] 〔ˈpɛtɪ 〕 *adj.* 小的（= *little*）；
微不足道的（= *unimportant*）
Some employees tend to bother the
supervisor with *petty* matters.

pharmacist[6] 〔ˈfɑrməsɪst 〕 *n.* 藥劑師
【記憶技巧】 ph 發 / f / 的音。

pharmacy[6] 〔ˈfɑrməsɪ 〕 *n.* 藥房
（= *drugstore*）
After she left the doctor's office,
May went to the *pharmacy* to have
her prescription filled.

phase[6] 〔 fez 〕 *n.* 階段（= *stage*）
Adolescence is a new *phase* not only
for a child but also for his parents.

* **phenomenon**[4] 〔fə'namə,nan 〕 n.
現象 (= *happening*)
A tornado is an interesting weather
phenomenon.
【複數形為 phenome<u>na</u>】
【記憶技巧】 *phe* + *no* + *men* + *on*

* **philosopher**[4] 〔fə'lasəfə 〕 n. 哲學家

* **philosophical**[4] 〔,fɪlə'safɪkəl 〕 adj.
哲學的

* **philosophy**[4] 〔fə'lasəfɪ 〕 n. 哲學；
人生觀
"There's no such thing as a free
lunch" is his father's *philosophy*.
【片語】 *Doctor of Philosophy* (博士學位)
【記憶技巧】 *philo* (love) + *soph*
(wisdom) + *y* (*n*.) (「哲學」就是愛好
智慧者研究的學問)

*** **photo**[2] 〔'foto 〕 n. 照片(= *photograph*)
I took a lot of *photos* on my trip.

* **photograph**[2] 〔'fotə,græf 〕 n. 照片
(= *snapshot* = *picture*)

* **photographer**[2] 〔fə'tagrəfə 〕 n.
攝影師

photographic[6] 〔,fotə'græfɪk 〕 adj.
攝影的

* **photography**[4] 〔fə'tagrəfɪ 〕 n. 攝影

* **phrase**[2] 〔frez 〕 n. 片語
【比較】 phase (階段)

* **physical**[4] 〔'fɪzɪkl̩ 〕 adj. 身體的
Stress can affect both our *physical*
and mental health.
【記憶技巧】 *phys*-表「身體」的字首。

* **physician**[4] 〔fə'zɪʃən 〕 n. 內科醫生
(= *medical doctor*)
The *physician* gave the patient a
complete checkup but could find
nothing wrong with him.
【比較】 surgeon (外科醫生)

* **physicist**[4] 〔'fɪzəsɪst 〕 n. 物理學家

** **physics**[4] 〔'fɪzɪks 〕 n. 物理學
(= *physical science*)
Physics is my favorite subject.

* **pianist**[4] 〔pɪ'ænɪst 〕 n. 鋼琴家
【記憶技巧】 -*ist* 表「人」的字尾。

** **piano**[1] 〔pɪ'æno 〕 n. 鋼琴

** **pick**[2] 〔pɪk 〕 v. 挑選 (= *choose*)；摘
Frank *picked* a ball from the box.

* **pickle**[3] 〔'pɪkl̩ 〕 n. 酸黃瓜；泡菜

* **pickpocket**[4] 〔'pɪk,pakɪt 〕 n. 扒手
(= *thief*)
A *pickpocket* stole my wallet while
I was in the crowded market.
【記憶技巧】 *pick* + *pocket* (口袋)
【衍伸詞】 *Beware of pickpockets*!
(小心扒手！)

** **picnic**[2] 〔'pɪknɪk 〕 n. 野餐　 v. 去野餐
【過去式和現在分詞為 picnicked 和 picnicking】
【片語】 *go on a picnic* (去野餐)

** **picture**[1] 〔'pɪktʃə 〕 n. 圖畫
(= *drawing*)；照片 (= *photo*)
An artist is painting a *picture*.
【記憶技巧】 *pict* (paint) + *ure* (*n*.)

picturesque[6] 〔,pɪktʃə'rɛsk 〕 adj.
風景如畫的 (= *beautiful*)
【記憶技巧】 -*esque* 表「似…般的」。

‡pie[1] 〔 paɪ 〕 *n.* 派 (= *pastry*)；餡餅
Elsa made a cherry *pie* by herself.

‡piece[1] 〔 pis 〕 *n.* 片 (= *slice*)；一件；
一項   *v.* 拼湊
I gave him a *piece* of paper.
【片語】 ***a piece of cake*** (容易之事)

pier[5] 〔 pɪr 〕 *n.* 碼頭 (= *dock*)；橋墩

pierce[6] 〔 pɪrs 〕 *v.* 刺穿
(= *cut through*)；(光線、聲音等)
透過；深深地打動
A nail *pierced* the tire of his bike.
【衍伸詞】 ***have one's ears pierced***
(穿耳洞)

piety[6] 〔 ˈpaɪətɪ 〕 *n.* 虔誠；孝順
The Chinese put much emphasis on
filial *piety*.
【片語】 ***filial piety*** (孝順)
【記憶技巧】 *pie* (派) + *ty*

‡pig[1] 〔 pɪg 〕 *n.* 豬 (= *swine*)

‡pigeon[2] 〔 ˈpɪdʒɪn 〕 *n.* 鴿子 (= *dove*)

‡pile[2] 〔 paɪl 〕 *n.* 堆   *v.* 堆積
He puts the fruits in *piles* under
the tree.

‡pilgrim[4] 〔 ˈpɪlgrɪm 〕 *n.* 朝聖者
This is a sacred mountain and many
pilgrims visit it every year.
【記憶技巧】 *pil* (beyond) + ***grim***
(country) (出國去找尋東西的人，就是
「朝聖者」)
【比較】 grim (嚴厲的)
【衍伸詞】 pilgrimage (朝聖之旅)

‡pill[3] 〔 pɪl 〕 *n.* 藥丸
The doctor gave me some
pills for my headache.
【比較】 tablet (藥片)；capsule (膠囊)

pillar[5] 〔 ˈpɪlɚ 〕 *n.* 柱子 (= *column*)
The roof is supported by four large
pillars.
【記憶技巧】 背這個單字先背 pill (藥丸)，
再加 ar 即可。

‡pillow[2] 〔 ˈpɪlo 〕 *n.* 枕頭 (= *cushion*)
This *pillow* is so hard that I can't
sleep.

【典型考題】
I bought two _____ in a bedding
store yesterday.
A. pillars   B. pets
C. pillows   D. pickles   [C]

‡pilot[3] 〔 ˈpaɪlət 〕 *n.* 飛行員
The *pilot* announced that we would
be landing in Taipei shortly.

pimple[5] 〔 ˈpɪmpḷ 〕 *n.* 青春痘 (= *acne*)

‡pin[2] 〔 pɪn 〕 *n.* 別針 (= *tack*)；大頭針
Lisa used *pins* to hold pieces of
cloth together.

pinch[5] 〔 pɪntʃ 〕 *v.* 捏 (= *nip*)
n. 捏；一小撮；少量
Pinching a stranger's arm is
impolite.

‡pine[3] 〔 paɪn 〕 *n.* 松樹
We decided not to fell the *pine* in
the front yard.

‡pineapple[2] 〔 ˈpaɪnˌæpḷ 〕 *n.* 鳳梨
A *pineapple* has a sweet taste.

‡ping-pong[2] 〔 ˈpɪŋˌpɑŋ 〕 *n.* 乒乓球
(= *table tennis*)
I learned to play *ping-pong* when I
was in elementary school.

‡pink[2] 〔 pɪŋk 〕 *adj.* 粉紅色的

pint[3] 〔 paɪnt 〕 *n.* 品脱（液體的衡量單位，1 品脱約 0.473 公升）

* **pioneer**[4] 〔 ˌpaɪəˈnɪr 〕 *n.* 先驅（= *starter*）；先鋒（= *forerunner*）
Henry Ford was a *pioneer* in the automobile industry.

pious[6] 〔 ˈpaɪəs 〕 *adj.* 虔誠的
Pious people attend church weekly.

pipe[2] 〔 paɪp 〕 *n.* 管子（= *tube*）；煙斗（= *smoking tool*）；笛子（= *flute*）

pipeline[6] 〔 ˈpaɪpˌlaɪn 〕 *n.* 管線（= *conduit*）

* **pirate**[4] 〔 ˈpaɪrət 〕 *n.* 海盜 *v.* 盜版（= *copy*）
Pirates attacked the ship and stole its cargo.
【記憶技巧】背這個字要先背 rate（比率）。
【衍伸詞】piracy（盜版）

piss[5] 〔 pɪs 〕 *v.* 小便（= *pee* = *take a leak*）
Saying that he had to *piss*, Clark left the room.

pistol[5] 〔 ˈpɪstḷ 〕 *n.* 手槍（= *gun*）

* **pit**[3] 〔 pɪt 〕 *n.* 洞（= *hole*）；坑；礦坑
The thieves dug a *pit* in the woods and buried the stolen money in it.

* **pitch**[2] 〔 pɪtʃ 〕 *v.* 投擲（= *throw*） *n.* 投擲；音調（= *tone*）
She speaks in a high *pitch*.
Ryan *pitched* the ball and the batter swung.

pitcher[6] 〔 ˈpɪtʃɚ 〕 *n.* 投手（= *thrower*）；水壺；水罐（= *jug*）
【比較】catcher（捕手）
【重要知識】pitcher 和 jug 都當「水罐」解，pitcher 沒有蓋子，jug 可有可無。

* **pity**[3] 〔 ˈpɪtɪ 〕 *n.* 同情；可惜的事
We felt *pity* for the poor people begging on the street.
It is a *pity* that you missed the party.

pizza[2] 〔 ˈpitsə 〕 *n.* 披薩

place[1] 〔 ples 〕 *n.* 地方 *v.* 放置

plague[5] 〔 pleg 〕 *n.* 瘟疫；黑死病；災害 *v.* 長期困擾；使煩惱

* **plain**[2] 〔 plen 〕 *n.* 平原 *adj.* 平凡的（= *ordinary*）；淺顯易懂的；樸素的；坦白的
Isabel likes to wear *plain* clothes and she is not interested in fashion at all.

plan[1] 〔 plæn 〕 *n.v.* 計劃（= *design*）
Eve *planned* to study abroad.

planet[2] 〔 ˈplænɪt 〕 *n.* 行星
Our earth is one of the *planets* in the solar system.

plant[1] 〔 plænt 〕 *n.* 植物；工廠 *v.* 種植（= *cultivate*）
The mango is a tropical *plant*.

plantation[5] 〔 plænˈteʃən 〕 *n.* 大農場（= *farm*）；農園；種植場
【記憶技巧】*plant*（種植）+ *ation*（n.）
（「大農場」就是種很多東西的地方）

* **plastic**[3] 〔 ˈplæstɪk 〕 *adj., n.* 塑膠（的）
The cup is *plastic*, so it won't break if you drop it.

plate[2] 〔 plet 〕 *n.* 盤子

platform[2] 〔 ˈplætˌfɔrm 〕 *n.* 月台
We are waiting for him on the *platform*.
【記憶技巧】*plat*（flat）+ *form*
（「月台」是一塊平坦的地方）

play[1] 〔 ple 〕 v. 玩 n. 戲劇

player[1] 〔 'pleɚ 〕 n. 運動員；演奏者；播放器；選手 (= contestant)

playful[2] 〔 'plefəl 〕 adj. 愛玩的

playground[1] 〔 'ple͵graʊnd 〕 n. 運動場 (= schoolyard)；遊樂場

playwright[5] 〔 'ple͵raɪt 〕 n. 劇作家 (= dramatist)；編寫劇本的人

plea[5] 〔 pli 〕 n. 懇求 (= appeal)；答辯 (= pleading)
The defendant entered a *plea* of not guilty.

plead[5] 〔 plid 〕 v. 懇求 (= appeal)；答辯；極力主張
The hostages *pleaded* with their kidnappers to let them go.
【片語】*plead with* (向…懇求)

pleasant[2] 〔 'plɛznt 〕 adj. 令人愉快的 (= agreeable)
I spent a *pleasant* afternoon at the seaside.

please[1] 〔 pliz 〕 v. 取悅 (= entertain) adv. 請
Nothing *pleased* him.

pleasure[2] 〔 'plɛʒɚ 〕 n. 樂趣 (= enjoyment)

【典型考題】
Playing piano gives me great _____.
I want to be a pianist in the future.
A. pleasure   B. jewelry
C. furniture   D. scrape   [A]

pledge[5] 〔 plɛdʒ 〕 v. 保證 (= assure = promise)；發誓 (= swear)
The U.S. government *pledged* to supply Taiwan with advanced defensive weapons.

plentiful[4] 〔 'plɛntɪfəl 〕 adj. 豐富的 (= abundant)
There will be *plentiful* food and drink at the party.
【記憶技巧】*plen* (full) + *ti* (n.) + *ful* (adj.) (充滿資源的，表示「豐富的」)

plenty[3] 〔 'plɛntɪ 〕 n. 豐富 (= abundance)
【片語】*plenty of* (很多)

plight[6] 〔 plaɪt 〕 n. 困境 (= dilemma)；苦境 (= predicament)
William is in a difficult *plight*.
【記憶技巧】*p* + *light*

plot[4] 〔 plɑt 〕 n. 情節 (= story)；策略 v. 密謀；構思
The movie is so complicated that I cannot follow the *plot*.

plow[5] 〔 plaʊ 〕 n. 犁 v. 犁 (地)
【注意發音】

pluck[5] 〔 plʌk 〕 v. 拔出 (= draw out)；摘 (花) (= pick)
Andrew *plucked* out a grey hair from his head.

plug[3] 〔 plʌg 〕 n. 插頭 v. 插插頭
【比較】outlet (插座)

plum[3] 〔 plʌm 〕 n. 梅子
【衍伸詞】*plum blossom* (梅花)

***plumber**³〔'plʌmɚ〕 n. 水管工人
(= *pipe fitter*)
The *plumber* was able to fix the
leak in the pipe.

plunge⁵〔plʌndʒ〕 v. 跳進 (= *dive*)
I was amazed when I saw the man dive
off the high cliff and *plunge* into the sea.

***plural**⁴〔'plʊrəl〕 n. 複數
Make sure you use the *plural* of the verb
when you are talking about two people.
【反義詞】 singular（單數）

***plus**²〔plʌs〕 prep. 加上 (= *added to*)
Three *plus* five is eight.

‡**p.m.**⁴〔'pi'ɛm〕下午(= *pm* = *P.M.* = *PM*)
It's 5:30 *p.m.*
【比較】 a.m.（上午）

pneumonia⁶〔nu'monjə , nju-〕 n.
肺炎
【記憶技巧】 *-ia* 表「疾病」的字尾。

poach⁶〔potʃ〕 v. 偷獵；挖角；水煮
They *poached* wolves in the forest.

poacher⁶〔'potʃɚ〕 n. 偷獵者

‡**pocket**¹〔'pɑkɪt〕 n. 口袋 (= *pouch*)
There are two *pockets* on my pants.
【衍伸詞】 *pocket money*（零用錢）

pocketbook⁵〔'pɑkɪt,bʊk〕 n. 口袋書
(= *pocket book*)；袖珍版的書；
皮夾；錢包；小筆記本

‡**poem**²〔'po·ɪm〕 n. 詩 (= *verse*)

***poet**²〔'po·ɪt〕 n. 詩人
【重要知識】 poet（詩人）和 pickpocket
（扒手），都是 et 結尾，代表「人」。

poetic⁵〔po'ɛtɪk〕 adj. 詩的
(= *lyrical*)；充滿詩情畫意的

***poetry**¹〔'po·ɪtrɪ〕 n. 詩【集合名詞】
(= *rhyme*)

‡**point**¹〔pɔɪnt〕 n. 點 (= *spot*) v. 指
What do these *points* on the map
stand for?

‡**poison**²〔'pɔɪzn̩〕 n. 毒藥 (= *toxin*)
There is *poison* in the bottle.

***poisonous**⁴〔'pɔɪznəs〕 adj. 有毒的
(= *toxic*)

poke⁵〔pok〕 v. 刺 (= *stick*)；戳；
伸出；突出 n. 刺；戳
My best friend *poked* me in the side.

polar⁵〔'polɚ〕 adj. 極地的；截然
不同的；電極的
The air in the *polar* regions is very
cold and dry.
【衍伸詞】 *polar bear*（北極熊）

***pole**³〔pol〕 n. (南、北) 極；竿；
極端；電池極點；(大寫) 波蘭人
Both the North and South *Poles* are
covered by ice.

‡**police**¹〔pə'lis〕 n. 警察；警方
The *police* caught the robbers.
【衍伸詞】 *police station*（警察局）

***policeman**¹〔pə'lismən〕 n. 警察
(= *cop*)

***policy**²〔'pɑləsɪ〕 n. 政策 (= *plan*)
Honesty is the best *policy*.

***polish**⁴〔'pɑlɪʃ〕 v. 擦亮 (= *shine*)；
加強；潤飾 n. 亮光劑；擦亮；
光澤；完美
We will *polish* all the silverware
before the party.

P

**polite[2] 〔 pə'laɪt 〕 *adj.* 有禮貌的
You have to be *polite* when speaking to the teacher.
【反義詞】 impolite（不禮貌的）

【典型考題】
Be ＿＿＿＿ to people when you talk to them.
A. stupid　　B. bump
C. convenient　D. polite　　　[D]

*political[3] 〔 pə'lɪtɪkḷ 〕 *adj.* 政治的
Political decisions have a widespread impact on economic development.
【記憶技巧】 *polit* (state) + *ical* (*adj.*)
（政治方面的事，就是關於國家的事）

*politician[3] 〔 ,palə'tɪʃən 〕 *n.* 政治人物
（= *statesman*）；政客
【比較】 statesman（政治家）

*politics[3] 〔 'palə,tɪks 〕 *n.* 政治學

*poll[3] 〔 pol 〕 *n.* 民意調查；（選舉的）投票　*v.* 對…進行民意調查；得到（票數）
The most recent *poll* told the candidate that he was losing support.

pollutant[6] 〔 pə'lutṇt 〕 *n.* 污染物
（= *contaminant*）

*pollute[3] 〔 pə'lut 〕 *v.* 污染
（= *contaminate*）
The rivers have been *polluted*.

*pollution[4] 〔 pə'luʃən 〕 *n.* 污染
（= *contamination*）

【典型考題】
Is air ＿＿＿＿ very serious in Taipei?
A. semester　　B. pollution
C. system　　　D. future　　　[B]

**pond[1] 〔 pand 〕 *n.* 池塘（= *pool*）
There were two dogs drinking from the *pond*.

ponder[6] 〔 'pandɚ 〕 *v.* 沉思
（= *deliberate*）；仔細考慮
His question was so thought-provoking that I *pondered* it for a long time.
【記憶技巧】 *pond* (weigh) + *er* (*v.*)
（反覆衡量，表示「沉思」）

*pony[3] 〔 'ponɪ 〕 *n.* 小馬（= *little horse*）
The children rode *ponies* around the farm.
【衍伸詞】 ponytail（馬尾）

**pool[1] 〔 pul 〕 *n.* 水池；游泳池
There is a swimming *pool* in the front yard.

**poor[1] 〔 pʊr 〕 *adj.* 窮的
【反義詞】 rich（有錢的）

*pop[3] 〔 pap 〕 *adj.* 流行的（= *popular*）
Most young people are interested in *pop* culture.
【衍伸詞】 *pop music*（流行音樂）

**popcorn[1] 〔 'pap,kɔrn 〕 *n.* 爆米花
I love to eat *popcorn* when watching TV.
【記憶技巧】 *pop* + *corn*（玉米）

**popular[2,3] 〔 'papjələ 〕 *adj.* 受歡迎的
（= *liked*）；流行的
"Snow White" is a very *popular* story.
【記憶技巧】 *popul* (people) + *ar* (*adj.*)
（大家都能接受的，表示「受歡迎的」）
【片語】 *be popular with*（受…歡迎）

*popularity[4] 〔 ,papjə'lærətɪ 〕 *n.* 受歡迎（= *being popular*）；流行；普遍

populate[6] 〔'pɑpjə‚let 〕 *v.* 居住於
(= *inhabit*)
The northern part of the country is *populated* mainly by farmers.

‡**population**[2] 〔‚pɑpjə'leʃən 〕 *n.* 人口
(= *inhabitant*)；(動物的) 群體
China has a large *population*.

porch[5] 〔 portʃ 〕 *n.* 門廊；走廊
【比較】torch (火炬)

‡**pork**[2] 〔 pork 〕 *n.* 豬肉
I hate eating *pork*.

*　**port**[2] 〔 port 〕 *n.* 港口 (= *harbor*)；
港市

*　**portable**[4] 〔'portəbḷ 〕 *adj.* 手提的
Lucy's parents gave her a *portable* CD player for her birthday.

┌ 【典型考題】 ─────────
Julie wants to buy a _____ computer so that she can carry it around when she travels.
A. memorable   B. portable
C. predictable   D. readable   **[B]**
└──────────────────────

*　**porter**[4] 〔'portɚ 〕 *n.* (行李) 搬運員
(= *bearer*)
We asked a *porter* to help us with our luggage.

*　**portion**[3] 〔'porʃən 〕 *n.* 部分 (= *part*)
As it was my birthday, Mother gave me the largest *portion* of the cake.
【記憶技巧】*port* (part) + *ion* (n.)

*　**portrait**[3] 〔'portret 〕 *n.* 肖像
I had my *portrait* painted last year.

*　**portray**[4] 〔 por'tre 〕 *v.* 描繪；描寫
【記憶技巧】*por* (forward) + *tray* (draw) (用筆畫出線條，就是「描繪」)

*　**pose**[2] 〔 poz 〕 *n.* 姿勢 (= *posture*)
v. 擺姿勢
The model sat in a relaxed *pose*.

*　**position**[1] 〔 pə'zɪʃən 〕 *n.* 位置
(= *location*)   *v.* 放置；配置
Someone removed the book from its *position* on the shelf.

*　**positive**[2] 〔'pɑzətɪv 〕 *adj.* 肯定的
(= *certain*)；樂觀的 (= *optimistic*)；
正面的
Be *positive*! You still have a chance to pass the exam.
【反義詞】negative (否定的；消極的)

┌ 【典型考題】 ─────────
Don't be sad. Be _____ and believe the door of opportunity will always open to you.
A. positive   B. well-mannered
C. original   D. hospitable   **[A]**
└──────────────────────

*　**possess**[4] 〔 pə'zɛs 〕 *v.* 擁有
(= *have* = *own*)
He *possessed* great wisdom.
【記憶技巧】*po* + *ssess*

*　**possession**[4] 〔 pə'zɛʃən 〕 *n.* 擁有
(= *hold*)；擁有物；財產
Those paintings are in my father's *possession*.
【片語】*in* one's *possession* (爲某人所有)

*　**possibility**[2] 〔‚pɑsə'bɪlətɪ 〕 *n.* 可能性
(= *probability*)

┌ 【典型考題】 ─────────
Is there much _____ of his winning the election?
A. collection   B. plastics
C. garbage   D. possibility   **[D]**
└──────────────────────

P

possible[1] 〔'pasəbḷ〕 *adj.* 可能的
　If *possible*, send it to my office
　tomorrow.
　【反義詞】 impossible (不可能的)

*****post**[2] 〔 post 〕 *n.* 郵政 (= *mail
service*)；柱子；崗位；(網路) 貼文
　v. 郵寄 (= *mail*)；把 (最近的) 消息
　告訴 (某人)
　Send the package by *post*.
　【片語】 *by post* (以郵寄)

*****postage**[3] 〔'postɪdʒ〕 *n.* 郵資
　(= *postal fees*)
　Our government has decided to raise
　the *postage* on July 20th.
　【記憶技巧】 *post* (郵件) + *age* (*n.*)
　　(寄發郵件須支付的費用，就是「郵資」)

postcard[2] 〔'post‚kard〕 *n.* 明信片

*****poster**[3] 〔'postɚ〕 *n.* 海報 (= *placard*)
　I saw a *poster* advertising the new
　movie.
　【記憶技巧】 *post* (柱子) + *er* (*n.*)
　　(以前「海報」都是貼在柱子上)

*****postpone**[3] 〔 post'pon 〕 *v.* 延期；
　延後 (= *delay* = *put off*)
　We will *postpone* the meeting until
　next week.
　【記憶技巧】 *post* (after) + *pone* (put)
　　(將時間往後挪，就是「延期」)
　┌─【典型考題】─────────┐
　│ The young couple decided to _____ │
　│ their wedding until all the details │
　│ were well taken care of. │
　│ A. announce　　　B. maintain │
　│ C. postpone　　　D. simplify　　[C] │
　└──────────────────┘

*****postponement**[3] 〔 post'ponmənt 〕
　n. 延期；延後 (= *delay*)

posture[6] 〔'pastʃɚ〕 *n.* 姿勢
　Matt's mother complained about his
　poor *posture* and told him to stand
　up straight.

pot[2] 〔 pat 〕 *n.* 鍋子 (= *pan*)；壺；
　陶罐

*****potato**[2] 〔 pə'teto 〕 *n.* 馬鈴薯
　【衍伸詞】 *potato chips* (洋芋片)

potential[5] 〔 pə'tɛnʃəl 〕 *n.* 潛力；
　可能性 (= *possibility*)
　adj. 有潛力的；可能的
　【記憶技巧】 背這個字要先背 potent (有
　　力的；有效的)。
　┌─【典型考題】─────────┐
　│ Women should be aware of their _____ │
　│ rather than limiting themselves to the │
　│ traditional roles. │
　│ A. pressure　　　B. shortcomings │
　│ C. origin　　　　D. potential　　[D] │
　└──────────────────┘

*****pottery**[3] 〔'patɚɪ〕 *n.* 陶器
　(= *ceramic*)；陶藝

*****poultry**[4] 〔'poltrɪ〕 *n.* 家禽
　(= *domesticated birds*)
　The *poultry* farmer has over twenty
　thousand chickens.

pound[2] 〔 paʊnd 〕 *n.* 磅；英鎊
　The tomato weighs four *pounds*.

*****pour**[3] 〔 por 〕 *v.* 傾倒 (= *drain*)；
　下傾盆大雨
　Can I *pour* some more coffee for
　you?

*****poverty**[3] 〔'pavɚtɪ〕 *n.* 貧窮
　(= *scarcity*)
　After both parents lost their jobs, the
　family lived in *poverty*.

‡**powder**[3] 〔'paʊdɚ〕*n.* 粉末

He doesn't like this brand of milk *powder*.

【記憶技巧】背這個字要先背 power，在字中加 d。

‡**power**[1] 〔'paʊɚ〕*n.* 力量（= *ability*）

Carrying this heavy box requires a lot of *power*.

***powerful**[2] 〔'paʊɚfəl〕*adj.* 強有力的（= *strong*）

Lucas gave that thief a *powerful* blow.

***practical**[3] 〔'præktɪkl̩〕*adj.* 實際的（= *realistic*）

Although he studied management in college, John does not have any *practical* experience.

【衍伸詞】practically（實際上；幾乎）

‡**practice**[1] 〔'præktɪs〕*v.* 練習；實行 *n.* 實踐；慣例；做法

My younger sister *practices* playing piano every day.

prairie[5] 〔'prɛrɪ〕*n.* 大草原（= *grassland*）

***praise**[2] 〔prez〕*v. n.* 稱讚（= *v. applaud*; *n. applause*）

My teacher always *praises* me.

【記憶技巧】*praise*（price）
（給予好的評價，就表示「稱讚」）

【典型考題】
Since he is jealous of my success, his words of _____ don't sound sincere. They ring hollow.
A. command   B. praise
C. gratitude   D. empathy   [B]

‡‡**pray**[2] 〔pre〕*v.* 祈禱

John *prays* before he goes to bed.

***prayer**[3] 〔'preɚ〕*n.* 祈禱者
〔prɛr〕*n.* 祈禱（文）

preach[5] 〔pritʃ〕*v.* 說教

Practice what you *preach*.

【記憶技巧】先背 reach（達到）。

precaution[5] 〔prɪ'kɔʃən〕*n.* 小心；預防措施

【記憶技巧】*pre*（before）+ *caut*（beware）+ *ion*（*n.*）
【片語】*take precautions*（採取預防措施）

precede[6] 〔prɪ'sid〕*v.* 在…之前（= *go ahead of*）

I held the door open and let the others *precede* me into the room.

【記憶技巧】*pre*（before）+ *cede*（go）
（走在前面，表示「在…之前」）

【典型考題】
Mr. Chiang Kai-shek _____ Mr. C.K. Yen as the president of the Republic of China.
A. proceeded   B. preceded
C. projected   D. promoted   [B]

precedent[6] 〔'prɛsədənt〕*n.* 先例（= *instance*）；判例；慣例

There is no *precedent* for such a discount.

***precious**[3] 〔'prɛʃəs〕*adj.* 珍貴的（= *valuable*）

Diamonds are *precious* stones.

【記憶技巧】*preci*（price）+ *ous*（*adj.*）

***precise**[4] 〔prɪ'saɪs〕*adj.* 精確的（= *accurate*）

Please tell me the *precise* cost of the tour.

【記憶技巧】*pre*（before）+ *cise*（cut）
（為了追求精確，會先把多餘的東西切掉）

precision[6] 〔 prɪˈsɪʒən 〕 *n.* 精確
（= *exactness*）；準確性

predecessor[6] 〔ˈprɛdɪˌsɛsɚ 〕 *n.*
（某職位的）前任；前輩
The policy was made and
implemented by his *predecessor*.
【反義詞】 successor（後繼者）
【重要知識】88% 美國人唸成〔ˈprɛdɪˌsɛsɚ 〕，
12% 的唸成〔ˌprɛdɪˈsɛsɚ 〕，但 successor
（繼承者）只有一個讀音〔 səkˈsɛsɚ 〕。

***predict**[4] 〔 prɪˈdɪkt 〕 *v.* 預測
（= *forecast*）
It is impossible to *predict* an
earthquake.
【記憶技巧】 *pre* (before) + *dict* (say)
（在事情發生前先說出來，也就是「預測」）

prediction[6] 〔 prɪˈdɪkʃən 〕 *n.* 預測
（= *forecast*）

preface[6] 〔ˈprɛfɪs 〕 *n.* 序言
（= *foreword*）
In the *preface* of the book, he gave
thanks to his mentor, Mr. Martin.
【記憶技巧】 *pre* (before) + *face* (speak)
（一本書開頭的話，就是「序言」）

***prefer**[2] 〔 prɪˈfɚ 〕 *v.* 比較喜歡(= *favor*)
He *prefers* a new house to a
remodeled one.
【記憶技巧】 *pre* (before) + *fer* (carry)
（擺在前面的位置，表示「比較喜歡」）

***preferable**[4] 〔ˈprɛfərəbl̩ 〕 *adj.* 比較
好的（= *favored*）；較合人意的
┌─【典型考題】─────────
Emma and Joe are looking for a live-in
babysitter for their three-year-old twins,
───── one who knows how to cook.
A. initially   B. apparently
C. preferably   D. considerably [C]
└────────────────────

preference[5] 〔ˈprɛfərəns 〕 *n.*
比較喜歡（= *liking*）
┌─【典型考題】─────────
Among those at high risk for heart
disease are people with a ───── for
fat-rich foods.
A. preference   B. reflection
C. sympathy   D. frequency   [A]
└────────────────────

***pregnancy**[4] 〔ˈprɛgnənsɪ 〕 *n.* 懷孕
（= *child-bearing*）

***pregnant**[4] 〔ˈprɛgnənt 〕 *adj.* 懷孕的
The *pregnant* woman said that she
would soon have twins.
【記憶技巧】 *pre* (before) + *gnant*
(be born)（生產前的狀態就是「懷孕」）

prehistoric[5] 〔ˌprihɪsˈtɔrɪk 〕 *adj.*
史前的（= *ancient*）

prejudice[6] 〔ˈprɛdʒədɪs 〕 *n.* 偏見
（= *bias*）
A referee must be fair and not have
any *prejudice* against one of the teams.
【記憶技巧】 *pre* (before) + *jud* (judge)
+ *ice* (*n.*)（依據事先的判斷，即「偏見」）
【衍伸詞】 *Pride and Prejudice*（傲慢
與偏見）【小說名】

preliminary[6] 〔 prɪˈlɪməˌnɛrɪ 〕 *adj.*
初步的（= *initial*）；預備的
The results of this study are
preliminary and limited.
【記憶技巧】 *pre* (before) + *limin*
(threshold 門檻) + *ary* (*adj.*)（在門
檻前，就是「初步的」）
┌─【典型考題】─────────
All candidates selected after ─────
screening will be further invited to
an interview, after which the final
admission decision will be made.
A. preliminary   B. affectionate
C. controversial   D. excessive   [A]
└────────────────────

premature[6] 〔͵primə'tʃur 〕 *adj.* 過早的（= *early* ）；不成熟的；早產的

Because the baby was born two months *premature*, it has some physical problems.

【記憶技巧】 *pre* (before) + *mature*

【典型考題】
Since you have not decided on the topic of your composition, it's _____ to talk about how to write your conclusion.
A. preventive   B. premature
C. productive   D. progressive   [B]

premier[6] 〔 prɪ'mɪr 〕 *n.* 首相 (= *prime minister*)   *adj.* 最好的；最重要的

【記憶技巧】 *prem* (prime) + *ier* (人)
（首要的人物，就是「首相」）

preparation[3] 〔͵prɛpə'reʃən 〕 *n.* 準備 (= *arrangement*)

【典型考題】
John's part-time experience at the cafeteria is good _____ for running his own restaurant.
A. preparation   B. recognition
C. formation   D. calculation   [A]

prepare[1] 〔 prɪ'pɛr 〕 *v.* 準備 (= *get ready*)

Fred *prepares* his own breakfast in the morning.

【記憶技巧】 *pre* (before) + *pare* (get ready)

preposition[4] 〔͵prɛpə'zɪʃən 〕 *n.* 介系詞

prescribe[6] 〔 prɪ'skraɪb 〕 *v.* 開藥方；規定

The doctor *prescribed* some medicine for her pain.

【記憶技巧】 *pre* (before) + *scribe* (write) (病人拿藥前，醫生會寫下藥名)

【典型考題】
The doctor _____ some medicine for her cold.
A. prescribed   B. described
C. subscribed   D. inscribed   [A]

prescription[6] 〔 prɪ'skrɪpʃən 〕 *n.* 藥方
【片語】 *fill a prescription* (配藥)

presence[2] 〔'prɛzn̩s 〕 *n.* 出席 (= *attendance*)

present[2] 〔'prɛznt 〕 *adj.* 現在的；出席的   *n.* 禮物 (= *gift*)；現在 〔 prɪ'zɛnt 〕 *v.* 展示；呈現

A lot of students were *present* at the meeting.

【反義詞】 absent (缺席的)

【重要知識】 美國人常說：“Today is the present.” 句中 the present 可當「現在」，也可當「禮物」，表示「要珍惜今天」。

【典型考題】
My son's birthday is coming. I want to buy him a computer as a birthday _____.
A. place   B. party
C. poster   D. present   [D]

presentation[4] 〔͵prɛzn̩'teʃən 〕 *n.* 報告；演出；贈送；呈現；提出；引見；介紹；出席；被贈送或提出之物

A well-written *presentation* can create a strong impression that will help you a lot in getting a good job.

preservation[4] 〔͵prɛzɚ'veʃən 〕 *n.* 保存；維持

【典型考題】
The police are in charge of the _____ of law and order.
A. presentation   B. preservation
C. preposition   D. possession   [B]

* **preserve**[4] 〔 prɪˋzɝv 〕 v. 保存
(= *protect*)
Drying is one of the oldest known
ways of *preserving* fruits.
【記憶技巧】 *pre* (before) + *serve* (keep)
(保持在以前的狀態，就是「保存」)
【比較】 ob<u>serve</u> (觀察；遵守)
de<u>serve</u> (應得)
re<u>serve</u> (預訂；保留)
con<u>serve</u> (保存；節省)

preside[6] 〔 prɪˋzaɪd 〕 v. 主持 (= *lead*)
Ally was appointed to *preside* at
that meeting.
【記憶技巧】 *pre* (before) + *side* (sit)
(坐在觀眾前方，表示要「主持」活動)

presidency[6] 〔ˋprɛzədənsɪ 〕 n. 總統
的職位

** **president**[2] 〔ˋprɛzədənt 〕 n. 總統；
總裁
The *president* gave a speech on TV.

presidential[6] 〔ˌprɛzəˋdɛnʃəl 〕 *adj.*
總統的

* **press**[2] 〔 prɛs 〕 v. 壓；按
Please *press* this button.
【衍伸詞】 *the press* (新聞界)

** **pressure**[3] 〔ˋprɛʃɚ 〕 n. 壓力
(= *force* = *stress* = *tension*)

【典型考題】
Many businessmen are under great
———— to gain the largest market
share possible.
A. pressure   B. fame
C. stage   D. greed   [A]

prestige[6] 〔ˋprɛstɪdʒ 〕 n. 聲望(= *fame*)
Prestige is an important factor for
many students when they choose a
university.
【衍伸詞】 prestigious (有名望的)

presume[6] 〔 prɪˋzum 〕 v. 假定
(= *believe* = *assume*)；以為；冒昧
As it is now ten o'clock, I *presume*
that you have already eaten
breakfast.
【記憶技巧】 *pre* (before) + *sume* (take)
(「假定」就是事先採取一個想法)

* **pretend**[3] 〔 prɪˋtɛnd 〕 v. 假裝
(= *make believe*)；謊稱；裝扮
Steven *pretended* to be ill so that he
could stay home from school.
【記憶技巧】 *pre* (before) + *tend*
(stretch) (在別人面前展開另一種面貌，
就是「假裝」)

【典型考題】
When you make a mistake, you have
to face it. You just can't ————
nothing has happened.
A. prevent   B. preview
C. pretend   D. prepare   [C]

** **pretty**[1] 〔ˋprɪtɪ 〕*adj.* 漂亮的   *adv.* 相當
Emma is a *pretty* girl.

prevail[5] 〔 prɪˋvel 〕 v. 普及；盛行；
克服
The activity still *prevails* among the
students.
【記憶技巧】 *pre* + *vail* (have power)
(盛行的事具有強大的影響力)

* **prevent**[3] 〔 prɪˋvɛnt 〕 v. 預防；阻止
Washing your hands frequently is
one way to *prevent* illness.
【記憶技巧】 *pre* (before) + *vent*
(come) (事情來臨前所做的，即「預防」)

* **prevention**[4] 〔 prɪˋvɛnʃən 〕 n. 預防
(= *avoidance*)
Prevention is better than cure.

preventive[6] 〔 prɪˋvɛntɪv 〕 *adj.* 預防的
(= *precautionary*)

preview[5] 〔ˋpri͵vju 〕 *v.* 預習；預告
n. 預演；預兆
Our teacher suggested that we
preview the lesson before class.
【記憶技巧】*pre* (before) + *view* (see)
（ 之前先看，就是「預習」）
【比較】re<u>view</u>（ 複習 ）
inter<u>view</u>（ 面試 ）

*__previous__[3] 〔ˋprivɪəs 〕 *adj.* 先前的
(= *earlier*)；以前的；預先的
First we reviewed what we had
learned in the *previous* lesson.
【衍伸詞】previously（ 以前 ）

prey[5] 〔 pre 〕 *n.* 獵物
Small animals such as mice are *prey*
for many kinds of snakes.
【記憶技巧】看到 pr<u>ey</u> 就想到 egg，童話
故事中的蛇喜歡偷吃雞蛋；而看到 pr<u>ay</u>（ 祈
禱 ）想到 ask，祈禱就是要求上帝做某事。

*__price__[1] 〔 praɪs 〕 *n.* 價格；代價
┌─【典型考題】────────
The _____ of the house is too high.
My parents do not have enough
money to buy it.
A. price   B. size
C. space   D. wall   [A]
└──────────────────

priceless[5] 〔ˋpraɪslɪs 〕 *adj.* 無價的
(= *precious* = *invaluable*)；珍貴的
【反義詞】worthless（ 沒有價值的 ）
valueless（ 毫無價值的 ）
┌─【典型考題】────────
Friendship is _____; it cannot be
bought.
A. useless   B. priceless
C. meaningless   D. worthless   [B]
└──────────────────

prick[5] 〔 prɪk 〕 *v.* 刺；戳
The needle *pricked* my finger.

*__pride__[2] 〔 praɪd 〕 *n.* 驕傲 (= *self-esteem*)
He took *pride* in his daughter's
achievements.
【片語】*take pride in* (以~為榮)
┌─【典型考題】────────
Peter's parents felt great _____ when
he won the speech contest.
A. talent   B. pride
C. personality   D. friendship   [B]
└──────────────────

*__priest__[3] 〔 prist 〕 *n.* 神職人員；神父
(= *clergyman*)
That man is a *priest*, isn't he?

*__primary__[3] 〔ˋpraɪ͵mɛrɪ 〕 *adj.* 主要的
(= *main*)；基本的 (= *basic*)
I don't know the *primary* purpose
of his visit.
【記憶技巧】*prim* (first) + *ary* (adj.)
（ 排在第一順位，表示「主要的」）
【衍伸詞】*primary school*（ 小學 ）

*__prime__[4] 〔 praɪm 〕 *adj.* 主要的
(= *chief*)；上等的 (= *best*)
Immigration is the *prime* factor in
the increase of the state's population.
【衍伸詞】*prime minister*（ 首相 ）
prime beef（ 上等牛肉 ）

*__primitive__[4] 〔ˋprɪmətɪv 〕 *adj.* 原始的
(= *original*)
Primitive man used fire to drive
away dangerous animals.
┌─【典型考題】────────
_____ people often lived in caves.
A. Primitive   B. Pregnant
C. Precise   D. Poisonous   [A]
└──────────────────

P

prince[2] 〔 prɪns 〕 *n.* 王子；親王
A *prince* is the son of a king and
a queen.

princess[2] 〔'prɪnsɪs 〕 *n.* 公主；王妃
A *princess* is the daughter of a king
and a queen.

principal[2] 〔'prɪnsəpḷ 〕 *n.* 校長
adj. 主要的 (= *chief*)
Mr. Brown is the *principal* of our
school.
【同音】principle (原則)

【記憶技巧】principal 和 principle 容易
搞混，只要記住 pal 是「朋友；夥伴」，
當校長 (princi**pal**) 要把老師和學生當作
朋友 (**pal**)。

principle[2] 〔'prɪnsəpḷ 〕 *n.* 原則
(= *basic rule*)
The *principle* was established that
the chairman should change yearly.

print[1] 〔 prɪnt 〕 *v. n.* 印刷 (= *v.*
publish)；列印
Many books are *printed* for use in
schools.

printer[2] 〔'prɪntɚ 〕 *n.* 印表機
(= *printing machine*)

prior[5] 〔'praɪɚ 〕 *adj.* 之前的
(= *previous*)
Their contract was written according
to a *prior* agreement.
【片語】 *prior to* (在～之前)

priority[5] 〔 praɪ'ɔrətɪ 〕 *n.* 優先權
(= *precedence*)
The badly wounded take *priority*
for medical attention over those
only slightly hurt.

【典型考題】
The trade unions must give _____
to promoting the interests of their
members. Nothing else is as important.
A. analysis   B. discipline
C. obstacle   D. priority   [D]

prison[2] 〔'prɪzn̩ 〕 *n.* 監獄 (= *jail*)
The robber was sent to *prison*.
【記憶技巧】 *pris* (seize) + *on* (*n.*)
(抓到人關進「監獄」)

【典型考題】
It is said that three men escaped from
_____ but were soon captured.
A. safety   B. audience
C. appearance   D. prison   [D]

prisoner[2] 〔'prɪzn̩ɚ 〕 *n.* 囚犯
(= *captive*)；俘虜

privacy[4] 〔'praɪvəsɪ 〕 *n.* 隱私權
(= *secrecy*)
Reporters sometimes invade
superstars' *privacy*.

private[2] 〔'praɪvɪt 〕 *adj.* 私人的
(= *personal*)
This is my *private* room.
【反義詞】 public (公眾的)

privilege[4] 〔'prɪvḷɪdʒ 〕 *n.* 特權
(= *special right*)
Club members enjoy special *privileges*
that ordinary visitors do not.
【記憶技巧】 *privi* (private) + *lege*
(law) (限於一個人的法律，表示「特權」)

【典型考題】
First class passengers have special
_____ when flying.
A. baggage   B. flights
C. privileges   D. context   [C]

‡prize² 〔 praɪz 〕 *n.* 獎；獎品
He won first *prize*.

*probable³ 〔'prɑbəbḷ 〕 *adj.* 可能的
Bad weather is the *probable* cause
of the delay.
【記憶技巧】*prob* (test) + *able* (*adj.*)
（ 經過測試才知道可能的結果 ）

‡‡problem¹ 〔'prɑbləm 〕 *n.* 問題

*procedure⁴ 〔 prə'sidʒɚ 〕 *n.* 程序
In the event of a fire, just follow the
procedure we have practiced.
┌─【典型考題】────────
His application for citizenship was
not accepted because he did not follow
the correct _____.
A. miracle   B. calculation
C. interaction   D. procedure   [D]
└─────────────────

*proceed⁴ 〔 prə'sid 〕 *v.* 前進
（ – *advance* ）
The store will close in ten minutes,
so all customers should *proceed* to
the checkout line.
【記憶技巧】*pro* (forward) + *ceed*
(go)（ 往前走，就是「前進」）

*process³ 〔'prɑsɛs 〕 *n.* 過程
v. 加工；處理
In the *process* of learning to write, one
has to learn to think at the same time.
【記憶技巧】*pro* (forward) + *cess* (go)
┌─【典型考題】────────
Applying to college means sending
in applications, writing a study plan,
and so on. It's a long _____, and
it makes students nervous.
A. errand   B. operation
C. process   D. display   [C]
└─────────────────

procession⁵ 〔 prə'sɛʃən 〕 *n.* 行列

There is a wedding *procession* in
front of the church.

‡produce² 〔 prə'djus 〕 *v.* 生產
（ = *manufacture* ）；製造
The fickle behavior of nature both
produces life and destroys it.
【記憶技巧】*pro* (forth) + *duce*
(lead)（ 向前引出，表示「生產」）
┌─【典型考題】────────
The country is unable to _____ enough
food for its growing population.
A. construct   B. produce
C. consume   D. establish   [B]
└─────────────────

*producer² 〔 prə'djusɚ 〕 *n.* 生產者；
製造者 (= *manufacturer*)；製作人

*product³ 〔'prɑdəkt 〕 *n.* 產品
┌─【典型考題】────────
Cheese, powdered milk, and yogurt
are common milk _____.
A. produces   B. productivities
C. productions   D. products   [D]
└─────────────────

‡‡production⁴ 〔 prə'dʌkʃən 〕 *n.* 生產

*productive⁴ 〔 prə'dʌktɪv 〕 *adj.* 有
生產力的；多產的
┌─【典型考題】────────
The piece of land near the valley is so
fertile that it has been very _____
every year.
A. dynamic   B. productive
C. marvelous   D. critical   [B]
└─────────────────

productivity⁶ 〔ˌprɑdʌk'tɪvətɪ 〕 *n.*
生產力

*profession⁴ 〔 prə'fɛʃən 〕 *n.* 職業
(= *occupation*)
My uncle is a musician by *profession*.
【片語】*by profession* （ 就職業而言 ）

P

P

* **professional**[4] 〔 prəˈfɛʃənḷ 〕 *adj.* 職業的；專業的　*n.* 職業選手；專家
【反義詞】 amateur（業餘的）

* **professor**[4] 〔 prəˈfɛsɚ 〕 *n.* 教授
She is a *professor* of physics at my university.

proficiency[6] 〔 prəˈfɪʃənsɪ 〕 *n.* 熟練；精通
The "General English *Proficiency* Test" is the prevailing means of examination in Taiwan.
【片語】 *English proficiency test*（英語能力測驗）
【衍伸詞】 proficient（精通的）

profile[5] 〔 ˈprofaɪl 〕 *n.* 側面；外形；外觀；形象；輪廓（= *outline*）
The *profile* of the king is on every coin.
【重要片語】 *keep a low profile*（保持低姿態；保持低調）

* **profit**[3] 〔 ˈprɑfɪt 〕 *n.* 利潤（= *benefit*）；利益　*v.* 獲益
Although business was slow, we still made a small *profit*.

* **profitable**[4] 〔 ˈprɑfɪtəbḷ 〕 *adj.* 有利可圖的（= *beneficial*）；盈利的

profound[6] 〔 prəˈfaʊnd 〕 *adj.* 深奧的；重大的
It was surprising to hear a young child make such a *profound* statement.
【記憶技巧】 *pro*（downward）+ *found*（bottom）（地下深處的，表示「深奧的」）

** **program**[3] 〔 ˈprogræm 〕 *n.* 節目；課程；程式　*v.* 計畫；設計程式
There are *programs* on television that explain how to do things.

** **progress**[2] 〔 ˈprɑgrɛs 〕 *n.* 進步；進展
〔 prəˈgrɛs 〕 *v.* 進步；進展
He has made great *progress* in math.
【記憶技巧】 *pro*（forward）+ *gress*（walk）（往前邁進，表示「進步」）

progressive[6] 〔 prəˈgrɛsɪv 〕 *adj.* 進步的

prohibit[6] 〔 proˈhɪbɪt 〕 *v.* 禁止
（= *forbid* = *ban*）
Nonresidents of the apartment building are *prohibited* from parking in its garage.
【記憶技巧】 *pro*（away）+ *hibit*（hold）（把東西拿開，表示「禁止」）

prohibition[6] 〔 ˌproəˈbɪʃən 〕 *n.* 禁止

** **project**[2] 〔 ˈprɑdʒɛkt 〕 *n.* 計劃
〔 prəˈdʒɛkt 〕 *v.* 投射
The bridge is a *project* of Japan.
【記憶技巧】 *pro*（forward）+ *ject*（throw）（決定動作前，要先拿出企劃案）

projection[6] 〔 prəˈdʒɛkʃən 〕 *n.* 投射；突出物；投射物；投影
The *projection* of the roof shades the porch and protects us from the rain as well.

prolong[5] 〔 prəˈlɔŋ 〕 *v.* 延長（= *lengthen*）；拉長；拖延
We enjoyed the town so much that we *prolonged* our stay.
【記憶技巧】 *pro*（forward）+ *long*（向前延伸，就是「延長」）

* **prominent**[4] 〔 ˈprɑmənənt 〕 *adj.* 卓越的（= *outstanding*）；突出的；著名的
The scandal involved several *prominent* business leaders.
【記憶技巧】 *pro*（forth）+ *min*（jut 突出）+ *ent*（*adj.*）（卓越人士的表現都很突出）

*promise[2] 〔'pramɪs〕 *v. n.* 保證
（= *guarantee*）；答應；承諾
He *promised* to wait till I came back.

*promising[4] 〔'pramɪsɪŋ〕 *adj.* 有前
途的
He has a *promising* future as a scientist.

*promote[3] 〔prə'mot〕 *v.* 使升遷；
推銷；提倡；促銷
I hear that the company plans on
promoting him soon because of his
good work.
【記憶技巧】*pro* (forward) + *mote*
(move) (職位向前移動，就是「使升遷」)

┌─【典型考題】─────
To _____ the new product, the
company offered some free samples
before they officially launched it.
A. contribute　　B. impress
C. promote　　　D. estimate　　[C]
└────────────────

*promotion[4] 〔prə'moʃən〕 *n.* 升遷；
促銷；提倡

┌─【典型考題】─────
The car company is planning a big
_____ for their new car.
A. procedure　　B. promotion
C. profession　　D. protection　[B]
└────────────────

*prompt[4] 〔prampt〕 *adj.* 迅速的
（= *immediate*）；即時的；及時的；
敏捷的　　*v.* 驅使；促使
We were warned to be *prompt* for the
meeting as it always starts on time.

┌─【典型考題】─────
The bank tries its best to attract more
customers. Its staff members are
always available to provide _____
service
A. singular　　　B. prompt
C. expensive　　 D. probable　　[B]
└────────────────

prone[6] 〔pron〕 *adj.* 易於…的；有…
傾向的（= *inclined*）
Tom is *prone* to illness due to
malnutrition.
【片語】*be prone to* (易於；傾向於)
（= *be apt to* = *be liable to*
= *be inclined to* = *tend to*）

*pronoun[4] 〔'pronaʊn〕 *n.* 代名詞
【記憶技巧】*pro* (in place of) + *noun*
（名詞）

*pronounce[2] 〔prə'naʊns〕 *v.* 發音
How do you *pronounce* this word?
【記憶技巧】*pro* (out) + *nounce*
(announce) (向外宣佈，就是「發音」)

*pronunciation[4] 〔prə͵nʌnsɪ'eʃən〕
n. 發音

*proof[3] 〔pruf〕 *n.* 證據（= *evidence*）

prop[5] 〔prap〕 *n.* 支柱（= *mainstay*
〔'men͵ste〕)；後盾；靠山
Technology is the main *prop* of Japan.

propaganda[6] 〔͵prapə'gændə〕 *n.*
宣傳
The government newspaper is full of
propaganda.

propel[6] 〔prə'pɛl〕 *v.* 推進（= *push*）
The boat is *propelled* by steam.
【記憶技巧】*pro* (forward) + *pel*
(drive) (驅策往前，也就是「推進」)

propeller[6] 〔prə'pɛlə〕 *n.* 推進器；
螺旋槳
The *propellers* of the ship broke and
the ship stopped.

*proper[3] 〔'prapə〕 *adj.* 適當的
（= *suitable*）
What would be a *proper* gift for my
hostess?

***property**[3] 〔'prɑpɚtɪ〕 *n.* 財產
（ = *assets* ）；特性（ = *quality* ）
They lost a lot of money and they are
considering selling their *property*.
【衍伸詞】 ***real property*** (不動產；房地產)

prophet[5] 〔'prɑfɪt〕 *n.* 先知
（ = *predictor* ）；預言者
The *Prophet* Muhammad founded
the Muslim religion.
【記憶技巧】 *pro* (before) + *phet*
(speak)
【衍伸詞】 prophecy (預言)

proportion[5] 〔 prə'porʃən 〕 *n.* 比例
Are you paid in *proportion* to the
number of hours you work?
【片語】 ***in proportion to*** (和～成比例)
【記憶技巧】 *pro* (for) + *portion* (部分)
（ 要分割成很多部分，要按「比例」）

***proposal**[3] 〔 prə'pozl 〕 *n.* 提議；求婚

***propose**[2] 〔 prə'poz 〕 *v.* 提議
（ = *suggest* ）；求婚
At the conclusion of the meal, the
host rose and *proposed* a toast.
【記憶技巧】 *pro* (forward) + *pose*
(put) (將自己的想法放在大家面前，就
是「提議」)
【典型考題】
To reach the goal of making her
company a market leader, Michelle
_____ a plan to open ten new stores
around the country this year.
A. advised   B. occupied
C. proposed   D. recognized   [C]

prose[6] 〔 proz 〕 *n.* 散文；散文體；平凡

prosecute[6] 〔'prɑsɪ,kjut 〕 *v.* 起訴
【衍伸詞】 prosecutor (檢察官)

prosecution[6] 〔,prɑsɪ'kjuʃən 〕 *n.* 起訴
In all criminal *prosecutions* a man
has a right to know the cause and
nature of his accusation.
【衍伸詞】 ***the prosecution*** (檢方)

prospect[5] 〔'prɑspɛkt 〕 *n.* 期望
（ = *expectation* ）；展望；前景
Is there any *prospect* of her being
employed?
【記憶技巧】 *pro* (forward) + *spect*
(look at) (向前看，表示心中充滿「希望」)

prospective[6] 〔 prə'spɛktɪv 〕 *adj.* 預期
的（ = *expected* ）；有希望的；可能的
【衍伸詞】 ***a prospective customer***
(可能成爲買主的人)

***prosper**[4] 〔'prɑspɚ 〕 *v.* 繁榮
（ = *thrive* ）；興盛
The business did not *prosper* and it
soon closed.
【記憶技巧】 背這個字要先背 proper (適
當的)，中間再加 S。

***prosperity**[4] 〔 prɑs'pɛrətɪ 〕 *n.* 繁榮
【典型考題】
The country's vast oil fields have
meant _____ for most of its citizens.
A. prosperity   B. community
C. investment   D. economics   [A]

***prosperous**[4] 〔'prɑspərəs 〕 *adj.* 繁榮
的（ = *thriving* = *flourishing* ）

****protect**[2] 〔 prə'tɛkt 〕 *v.* 保護
（ = *defend* ）；防護
Parents try their best to *protect* their
children from getting hurt.
【典型考題】
The president is _____ by special
agents 24 hours a day.
A. offended   B. protected
C. acquired   D. enclosed   [B]

* **protection**[3] 〔 prə'tɛkʃən 〕 *n.* 保護
（ = *defense* ）

* **protective**[3] 〔 prə'tɛktɪv 〕 *adj.* 保護的
（ = *defensive* ）

* **protein**[4] 〔 'protin 〕 *n.* 蛋白質
Foods such as eggs are high in *protein*.

* **protest**[4] 〔 'protɛst 〕 *n.* 抗議
（ = *objection* ） 〔 prə'tɛst 〕 *v.*
The residents *protested* when the
park was closed.
【記憶技巧】 *pro* + *test* （ 測驗 ）

‡ **proud**[2] 〔 praʊd 〕 *adj.* 驕傲的
（ = *arrogant* ）；得意的；自豪的
They are *proud* that she is doing
well at school.
【片語】 *be proud of* （ 以～爲榮 ）

* **prove**[1] 〔 pruv 〕 *v.* 證明；證明是
I can *prove* his innocence.

* **proverb**[4] 〔 'pravɝb 〕 *n.* 諺語
（ = *saying* ）；格言
My father often quotes a *proverb* to
make his point.
【記憶技巧】 *pro* (before) + *verb*
(word) （「諺語」是以前的人說的話）
【衍伸詞】 as the proverb goes （ 諺語說 ）

‡ **provide**[2] 〔 prə'vaɪd 〕 *v.* 提供
They didn't *provide* me with any
details.
【片語】 *provide sb. with sth.* （ 提供某
物給某人 ）

province[5] 〔 'pravɪns 〕 *n.* 省
I went to the *Province* of Alberta in
Canada last week.

provincial[6] 〔 prə'vɪnʃəl 〕 *adj.* 省的；
地方的 （ = *local* ）

provoke[6] 〔 prə'vok 〕 *v.* 激怒
（ = *irritate* ）
His rude remarks *provoked* the
drunken man to violence.
【記憶技巧】 *pro* (forth) + *voke* (call)
（ 在某人面前叫囂「激怒」他 ）

┌─【典型考題】────────
We should know better than to
_____ a hot-tempered person who
may fly into a rage.
A. provide　　　B. pretend
C. provoke　　　D. prevent　　[C]
└────────────────

prowl[6] 〔 praʊl 〕 *v.* 徘徊；遊蕩
n. 徘徊；出沒
The snake is *prowling* in the forest.
【記憶技巧】 *pr* + *owl* （ 貓頭鷹 ）

prune[5] 〔 prun 〕 *v.* 修剪 （ = *cut*
= *trim* ）；削減　*n.* 梅乾
I asked the gardener to *prune* the
overgrown rose bushes.

* **psychological**[4] 〔 ˌsaɪkə'ladʒɪkḷ 〕 *adj.*
心理的

* **psychologist**[4] 〔 saɪ'kalədʒɪst 〕 *n.*
心理學家

* **psychology**[4] 〔 saɪ'kalədʒɪ 〕 *n.* 心理學
【記憶技巧】 *psycho* (soul) + *logy*
(study) （ 關於心靈的研究，就是「心理學」）

* **pub**[3] 〔 pʌb 〕 *n.* 酒吧 （ = *bar* ）

‡ **public**[1] 〔 'pʌblɪk 〕 *adj.* 公共的；
公開的
You mustn't do that in a *public*
place.

P

*publication[4] 〔͵pʌblɪ'keʃən 〕*n.* 出版（品）

Harry Potter fans eagerly await the *publication* of the seventh book in the series.

*publicity[4] 〔pʌb'lɪsətɪ 〕*n.* 出名；知名度

Neil's restaurant was mentioned in the newspaper and the *publicity* brought him several new customers.

【典型考題】
To gain more _____, some legislators would get into violent physical fights so that they might appear in TV news reports.
A. publicity　　B. communication
C. symbol　　D. reputation　[A]

publicize[5] 〔'pʌblɪ͵saɪz 〕*v.* 宣傳（= *promote*）

The film company went all out to *publicize* their new movie.

*publish[4] 〔'pʌblɪʃ 〕*v.* 出版（= *issue* = *print*）

Ethan has written three books, but none of them have been *published*.
【記憶技巧】*publ* (public) + *ish* (v.)（「出版」就是把文章公開）

*publisher[4] 〔'pʌblɪʃɚ 〕*n.* 出版商

*pudding[2] 〔'pʊdɪŋ 〕*n.* 布丁

For dessert we had a simple chocolate *pudding*.

puff[5] 〔pʌf 〕*v.* 吐出；噴

Stop *puffing* smoke in my face.

‡pull[1] 〔pʊl 〕*v.* 拉

I *pulled* her up from the river.
【反義詞】push（推）

pulse[5] 〔pʌls 〕*n.* 脈搏

Finding the man unconscious, the nurse felt for a *pulse*.
【片語】*feel* one's *pulse*（給某人把脈）

*pump[2] 〔pʌmp 〕*n.* 抽水機

We use a *pump* to draw water.

‡pumpkin[2] 〔'pʌmpkɪn 〕*n.* 南瓜
【記憶技巧】*pump* (large melon) + *kin* (small)
【比較】napkin（餐巾）

*punch[3] 〔pʌntʃ 〕*v.* 用拳頭打(= *strike*)

Arthur was winning the fight until the other boy *punched* him in the nose.

*punctual[6] 〔'pʌŋktʃuəl 〕*adj.* 準時的（= *on time*）；守時的

He comes at seven-thirty every morning and this shows that he is *punctual*.
【衍伸詞】punctuality（準時）

‡punish[2] 〔'pʌnɪʃ 〕*v.* 處罰(= *discipline*)

Sam's parents *punished* him for being bad.
【記憶技巧】*pun* (penalty) + *ish* (v.)（給予懲罰，也就是「處罰」）

*punishment[2] 〔'pʌnɪʃmənt 〕*n.* 處罰（= *discipline*）

Most people are against physical *punishment* today.

*pupil[2] 〔'pjupl̩ 〕*n.* 學生（= *student*）；瞳孔

Mrs. Clark taught her *pupils* a new song in music class today.

*puppet[2] 〔'pʌpɪt 〕*n.* 木偶；傀儡

The *puppet* is controlled by strings attached to its arms and legs.

‡**puppy**[2] 〔ˈpʌpɪ〕 *n.* 小狗
A lot of *puppies* were sold at the night market.
【衍伸詞】 *puppy love* (初戀)

*****purchase**[5] 〔ˈpɝtʃəs〕 *v., n.* 購買
They *purchased* a lot of things in that grocery.
【記憶技巧】 *pur* (for) + *chase* (追求)
　(人常常會花錢「購買」自己追求的東西)

【典型考題】
Good service is important for a business to succeed. That's why we promise to deliver what consumers _____ at no extra cost.
A. produce   B. purchase
C. pour   D. press   [B]

*****pure**[3] 〔pjʊr〕 *adj.* 純粹的(= *unmixed*)
The piece of old jewelry was found to be made of *pure* gold.

purify[6] 〔ˈpjʊrəˌfaɪ〕 *v.* 淨化
(= *cleanse*)
You should *purify* the water because it may not be safe to drink.

purity[6] 〔ˈpjʊrətɪ〕 *n.* 純淨

【典型考題】
The mechanic was trying to test the _____ of the air.
A. pure   B. purify
C. purity   D. purist   [C]

‡**purple**[1] 〔ˈpɝpḷ〕 *adj.* 紫色的   *n.* 紫色

*****purpose**[1] 〔ˈpɝpəs〕 *n.* 目的
(= *intention*)
The *purpose* of going to school is to learn.
【記憶技巧】 *pur* (before) + *pose* (put)
　(置於每件事的前方，表示做事的「目的」)
【片語】 *on purpose* (故意地)

‡**purse**[2] 〔pɝs〕 *n.* 錢包；手提包；財力   *v.* 噘 (嘴)
A *purse* is a very small bag.
【比較】 wallet (皮夾)

*****pursue**[3] 〔pɚˈsu〕 *v.* 追求 (= *chase*)；從事；追查
She *pursued* the goal of perfection in her works.
【記憶技巧】 *pur* (forth) + *sue* (follow)
　(跟隨自己的目標前進，就是「追求」)
【比較】 sue (控告)；ensue (跟著發生)

*****pursuit**[4] 〔pɚˈsut〕 *n.* 尋求；追求
(= *seeking*)；嗜好
【片語】 *in pursuit of* (追求)

‡**push**[1] 〔pʊʃ〕 *v.* 推
They *pushed* him into the car.
【反義詞】 pull (拉)

‡**put**[1] 〔pʊt〕 *v.* 放

*****puzzle**[2] 〔ˈpʌzḷ〕 *v.* 使困惑(= *confuse*)
He was *puzzled* and couldn't answer the question.

pyramid[5] 〔ˈpɪrəmɪd〕 *n.* 金字塔

Q q

quack[5] 〔kwæk〕 *n.* 密醫；騙子；庸醫；江湖郎中；冒牌醫生   *v.* (鴨) 叫
That guy is a *quack*; we should report him.

*****quake**[4] 〔kwek〕 *n.* 地震
(= *earthquake*)
The strong *quake* caused extensive damage to the downtown area.

qualification[6] 〔͵kwɑləfə'keʃən 〕 *n.* 資格

We decided to hire the applicant because he has the right *qualifications* for the job.

qualify[5] 〔'kwɑlə͵faɪ 〕 *v.* 使合格；使有資格

【記憶技巧】 *qual* (sort) + *ify* (make)
（使成為某種東西，就是「使合格」）
【片語】 *be qualified for* (有資格…)

┌─【典型考題】──────────
│ Winning this game will _____ us
│ for the basketball finals.
│ A. qualify   B. triumph
│ C. succumb   D. approve   [A]
└──────────────────────

quality[2] 〔'kwɑlətɪ 〕 *n.* 品質；特質

quantity[2] 〔'kwɑntətɪ 〕 *n.* 量
（ = *amount* ）

The products of this company are cheaper if you order them in large *quantities*.

quarrel[3] 〔'kwɔrəl 〕 *n. v.* 爭吵
（ = *argue* ）

The children often *quarrel* over what to watch on TV.

quarrelsome[6] 〔'kwɔrəlsəm 〕 *adj.* 好爭吵的

【記憶技巧】 *-some* 表「有…傾向的」。

quart[5] 〔 kwɔrt 〕 *n.* 夸脫 (= 0.946 公升)

quarter[2] 〔'kwɔrtɚ 〕 *n.* 四分之一；二角五分硬幣；一刻鐘；十五分鐘；一季（三個月）

He has walked a *quarter* of a mile.

queen[1] 〔 kwin 〕 *n.* 女王；皇后

queer[3] 〔 kwɪr 〕 *adj.* 奇怪的(= *strange*)

I find it *queer* that John never talks about his past.

quench[6] 〔 kwɛntʃ 〕 *v.* 解（渴）

It took three glasses of water to *quench* my thirst after the game.

query[6] 〔'kwɪrɪ 〕 *v. n.* 詢問（ = *ask* ）；疑問；質疑；質問

Miss Wang *queried* my reason for cheating.

quest[5] 〔 kwɛst 〕 *n.* 尋求（ = *search* ）；尋找；探索

The explorers set out on a *quest* for the hidden treasure.

question[1] 〔'kwɛstʃən 〕 *n.* 問題 *v.* 質問；詢問

questionnaire[6] 〔͵kwɛstʃən'ɛr 〕 *n.* 問卷

quick[1] 〔 kwɪk 〕 *adj.* 快的

I'm not a *quick* runner.

quiet[1] 〔'kwaɪət 〕 *adj.* 安靜的

Sally is a *quiet* child.

┌─【典型考題】──────────
│ Be _____ when you enter the
│ classroom.
│ A. easy   B. quiet
│ C. handsome   D. quite   [B]
└──────────────────────

quilt[4] 〔 kwɪlt 〕 *n.* 棉被；被子

quit[2] 〔 kwɪt 〕 *v.* 停止（ = *stop* ）；放棄；辭職（ = *resign* ）

He has to *quit* smoking.

‡‡**quite**[1] 〔kwaɪt〕 *adv.* 非常（= *very*）；
相當地；十分地

He is *quite* sick, so he can't go to
school today.

quiver[5] 〔'kwɪvɚ〕 *v.* 發抖；顫動

Her lip was *quivering* with
excitement.

‡‡**quiz**[2] 〔kwɪz〕 *n.* 小考

We'll have a *quiz* in math class
tomorrow.

***quotation**[4] 〔kwo'teʃən〕 *n.* 引用的
文句

The article contains several
quotations from the Bible.

***quote**[3] 〔kwot〕 *v.* 引用（= *cite*）

Our teacher always *quotes* from
the Bible.

┌─【典型考題】──────────────
To impress the audience, speakers
often ＿＿＿＿ traditional sayings in
their speech.
A. betray   B. quote
C. adapt   D. attain   [B]
└────────────────────────

R r

‡‡**rabbit**[2] 〔'ræbɪt〕 *n.* 兔子
【比較】hare（野兔）

‡‡**race**[1] 〔res〕 *n.* 種族（= *people*）；賽跑

He came in second in the *race*.

***racial**[3] 〔'reʃəl〕 *adj.* 種族的

The company was accused of *racial*
discrimination when it did not give
the job to the best candidate, who
was black.

racism[6] 〔'resɪzəm〕 *n.* 種族主義
（= *racial prejudice*）
【記憶技巧】*rac(e)*（種族）+ *ism*（表
主義的字尾）

rack[5] 〔ræk〕 *n.* 架子（= *shelf*）；
置物架   *v.* 拷問；折磨

***radar**[3] 〔'redɑr〕 *n.* 雷達

radiant[6] 〔'redɪənt〕 *adj.* 容光煥發的
（= *extremely happy*）；光芒四射的

She was *radiant* with joy at her
wedding.

【記憶技巧】*radi*（ray 光線）+ *ant*（*adj.*）
（流露出光芒，表示「容光煥發的」）

radiate[6] 〔'redɪ,et〕 *v.* 輻射（= *emit*）；
散發

Heat *radiates* from that old machine.
【記憶技巧】*radi*（ray 光線）+ *ate*（*v.*）
（像光線一樣，「散發」出去）

radiation[6] 〔,redɪ'eʃən〕 *n.* 輻射線；
放射線；輻射

People fear that the nuclear waste
will give off harmful *radiation*.

radiator[6] 〔'redɪ,etɚ〕 *n.* 暖爐
（= *heating device*）；電熱器；散熱器

radical[6] 〔'rædɪkl̩〕 *adj.* 根本的；基本
的（= *basic*）；激進的；徹底的

Our official system needs a *radical*
reform.
【記憶技巧】*radi*（root）+ *cal*（*adj.*）
（靠近根部，也就是「根本的」）

‡‡**radio**[1] 〔'redɪ,o〕 *n.* 收音機；無線電

radish[5] 〔'rædɪʃ〕 *n.* 小蘿蔔；櫻桃蘿蔔
【比較】turnip (大蘿蔔；菜頭)

radius[5] 〔'redɪəs〕 *n.* 半徑
【比較】diameter (直徑)

raft[6] 〔ræft〕 *n.* 木筏；救生筏；
橡皮艇 *v.* 以筏運送；搭乘木筏

***rag**[3] 〔ræg〕 *n.* 破布 (= *a piece of cloth*)
【片語】*in rags* (衣衫襤褸)

rage[4] 〔redʒ〕 *n.* 憤怒 (= *anger*)
My parents flew into a *rage* when
they saw my bad grades.
【片語】*fly into a rage* (勃然大怒)

ragged[5] 〔'rægɪd〕 *adj.* 破爛的
(= *tattered*)
The poor child was dressed in a
ragged T-shirt.

raid[6] 〔red〕 *n.* 襲擊 (= *attack*)
The army launched a *raid* on the
enemy at dawn.
【衍伸詞】*air raid* (空襲)

rail[5] 〔rel〕 *n.* 鐵軌 (= *track*)；欄杆；
鐵路系統
【重要知識】我們熟悉的台灣高鐵 (*THSR*)
全名是 Taiwan High Speed Rail。

‡**railroad**[1] 〔'rel,rod〕 *n.* 鐵路
(= *railway*【英式用法】)
A new *railroad* is being built.

‡**rain**[1] 〔ren〕 *n.* 雨 *v.* 下雨

‡**rainbow**[1] 〔'ren,bo〕 *n.* 彩虹
There are seven colors in the *rainbow*.
【記憶技巧】*rain* + *bow* (弓)
(雨後的彩虹是弓型的)

***rainfall**[4] 〔'ren,fɔl〕 *n.* 降雨 (量)；
下雨
Since there has been almost no *rainfall*,
the farmers won't have good harvests.
【比較】water<u>fall</u> (瀑布)

rainy[2] 〔'renɪ〕 *adj.* 下雨的

‡**raise**[1] 〔rez〕 *v.* 提高 (= *lift*)；舉起；
養育；募 (款)
Jennifer is the first to *raise* her hand.

***raisin**[3] 〔'rezn̩〕 *n.* 葡萄乾
(= *dried grape*)
【比較】grape (葡萄)

rally[5] 〔'rælɪ〕 *v.* 召集 (= *assemble*)；
前來援助；恢復；重新振作
n. 集會；回升
He *rallied* a large number of people
on the baseball ground.
【記憶技巧】*r* (again) + *ally* (聯合)

ramp[6] 〔ræmp〕 *n.* 坡道；交流道

ranch[5] 〔ræntʃ〕 *n.* 牧場 (= *large farm*)

random[6] 〔'rændəm〕 *adj.* 隨便的
She opened the telephone book,
chose a *random* number and dialed
the number for fun.
【片語】*at random* (隨便地；隨機地)

***range**[2] 〔rendʒ〕 *n.* 範圍 (= *scope*)；
種類；牧場 *v.* (範圍) 包括
There is a wide price *range* for books.
【片語】*range from* A *to* B (範圍) 從
A 到 B 都有

***rank**[3] 〔ræŋk〕 *n.* 階級 (= *class*)；
地位；排；橫列 *v.* 排列；(使) 位居
If you are promoted, you will move
up in *rank*.

ransom[6] 〔'rænsəm 〕 *n.* 贖金
Kidnappers often demand money,
which is called a *ransom*.

***rapid**[2] 〔'ræpɪd 〕 *adj.* 迅速的；快速的
(= *quick*)
He took a *rapid* glance at me.

‡**rare**[2] 〔 rɛr 〕 *adj.* 罕見的 (= *scarce*)
These flowers are very *rare* in this
country.

rascal[5] 〔'ræskḷ 〕 *n.* 流氓
(= *scoundrel* 〔'skaʊndrəl 〕)
That old *rascal* is up to his tricks
again!

rash[6] 〔 ræʃ 〕 *adj.* 輕率的 (= *reckless*)
His joining the army proved in
hindsight to be a somewhat *rash*
decision.
【注意】rash 當名詞用時，作「疹子」解。

‡**rat**[1] 〔 ræt 〕 *n.* 老鼠 (= *large mouse*)
The *rats* have made holes in those
bags of rice.
【比較】mouse (老鼠)，體型較 rat 小。

***rate**[3] 〔 ret 〕 *n.* 速度 (= *speed*)；
速率；比率；費用；價格
We will never get there at this *rate*
of speed.

‡**rather**[2] 〔'ræðɚ 〕 *adv.* 相當地
It was *rather* a cool day.
【片語】*would rather…than~* (寧願…，
　也不願~)

ratio[5] 〔'reʃo 〕 *n.* 比例 (= *proportion*)
The *ratio* of girls to boys in the
English department is 2:1.

rational[6] 〔'ræʃənḷ 〕 *adj.* 理性的
(= *reasonable*)；合理的
We were convinced by Marvin's
rational argument.

【記憶技巧】*rat* (reason) + *ion* (*n.*) +
　al (*adj.*)
【反義詞】 irrational (不理性的；不合理的)

rattle[5] 〔'rætḷ 〕 *v.* 格格作響；發出嘎
嘎聲；喋喋不休地講話　*n.* 碰撞聲
The bottles in the back *rattled* loudly
as the truck drove down the bumpy
road.

ravage[6] 〔'rævɪdʒ 〕 *v.* 破壞；毀壞
(= *destroy* = *damage*)　*n. pl.* 破壞
Ravaged by civil war and famine, the
country is on the brink of total
collapse.

***raw**[3] 〔 rɔ 〕 *adj.* 生的
Put that *raw* meat into the refrigerator
until we are ready to cook it.

***ray**[3] 〔 re 〕 *n.* 光線
A *ray* of sunshine came through the
curtains and woke me up.

***razor**[3] 〔'rezɚ 〕 *n.* 刮鬍刀；剃刀

‡**reach**[1] 〔 ritʃ 〕 *v.* 抵達 (= *arrive at*)；
伸出
We *reached* the airport in time.
【衍伸詞】*reach out for* (伸手去拿)

***react**[3] 〔 rɪ'ækt 〕 *v.* 反應
When someone yelled fire, the
audience *reacted* by running for
the exits.
【記憶技巧】*re* (back) + *act*
　(做動作回覆，也就是「反應」)

─【典型考題】─
Smart children always _____ to their
parents' facial expressions. When
their parents look angry, they behave
themselves.
A. rely　　　　　B. react
C. refuse　　　　D. resort　　　[B]

*reaction[3] 〔 rɪˋækʃən 〕 *n.* 反應

**read[1] 〔 rid 〕 *v.* 讀
Dad *reads* the newspaper every morning.

**ready[1] 〔 ˋrɛdɪ 〕 *adj.* 準備好的
Karen is not *ready* for the exam.

**real[1] 〔 ˋriəl 〕 *adj.* 眞的 (= *actual*)
This apple is not *real*.

realism[6] 〔 ˋriəlˏɪzəm 〕 *n.* 寫實主義
【記憶技巧】 *-ism* 表「主義」的字尾。

*realistic[4] 〔 ˏriəˋlɪstɪk 〕 *adj.* 寫實的

*reality[2] 〔 rɪˋælətɪ 〕 *n.* 眞實
(= *actuality*)
【片語】 *in reality* (事實上)

realization[6] 〔 ˏriələˋzeʃən 〕 *n.* 了解
(= *understanding*) ; 實現

**realize[2] 〔 ˋriəˏlaɪz 〕 *v.* 了解
(= *understand*) ; 實現
Penny didn't *realize* that it was already Saturday.

【典型考題】
Only when we lose our health can we
_____ how much it means to us.
Otherwise, we always take it for granted.
A. realize   B. ignore
C. swear   D. attract   [A]

realm[5] 〔 rɛlm 〕 *n.* 領域 (= *field*) ;
範圍 ; 王國 ; 國土【注意發音】
Technically, the king owns all of the land in his *realm*.
【記憶技巧】 背這個字要先背 real (眞的)。

reap[5] 〔 rip 〕 *v.* 收割 ; 收穫
As you sow, so shall you *reap*.

rear[5] 〔 rɪr 〕 *v.* 養育 (= *raise*)
n. 後面
His parents were killed in a car accident and his grandparents *reared* him.

*reason[1] 〔 ˋrizn̩ 〕 *n.* 理由 (= *cause*)
We have *reason* to believe that he is right.

*reasonable[3] 〔 ˋriznəbl̩ 〕 *adj.* 合理的
(= *sensible*)
【典型考題】
The prices of some products in outlet stores are more _____ than those in supermarkets.
A. reasoning   B. reasonable
C. beneficial   D. personal   [B]

*rebel[4] 〔 rɪˋbɛl 〕 *v.* 反叛 (= *revolt*)
〔 ˋrɛbl̩ 〕 *n.* 叛徒
【記憶技巧】 *re* (again) + *bel* (war)
(因爲敵軍「反叛」，而再次引起戰爭)

rebellion[6] 〔 rɪˋbɛljən 〕 *n.* 叛亂
The president was overthrown by an armed *rebellion*.

*recall[4] 〔 rɪˋkɔl 〕 *v.* 回想
(= *remember*) ; 召回
Although I had memorized the formulas, I could not *recall* any of them during the test.
【記憶技巧】 *re* (back) + *call* (叫)
【典型考題】
How can you expect me to _____ exactly what happened twelve years ago?
A. remind   B. recall
C. refill   D. reserve   [B]

***receipt**[3] 〔rɪ'sit〕*n.* 收據【注意發音】
(= *proof of purchase*)
Don't forget to ask the store for a
receipt when you buy something.

***receive**[1] 〔rɪ'siv〕*v.* 收到 (= *get*)
Andrew *received* a bicycle from his
uncle yesterday.
【記憶技巧】*re* (back) + *ceive* (take)
(拿到自己這邊，表示「收到」)

***receiver**[3] 〔rɪ'sivɚ〕*n.* 聽筒
(= *handset*)；收受者
Carrie picked up the *receiver* and
dialed 119.

***recent**[2] 〔'risn̩t〕*adj.* 最近的
That is my experience of *recent* years.
【衍伸詞】recently (最近)

***reception**[4] 〔rɪ'sɛpʃən〕*n.* 歡迎
(會)；接待
I was given a warm *reception* when I
first joined the company.

recession[6] 〔rɪ'sɛʃən〕*n.* 不景氣
(= *depression*)
Because *recession* was forecast, many
investors sold their shares of stock.
【記憶技巧】*re* (back) + *cess* (go) +
ion (*n.*) (經濟向後退，表示「不景氣」)

***recipe**[4] 〔'rɛsəpɪ〕*n.* 食譜；祕訣；
竅門；方法
This is my grandmother's *recipe* for
apple pie.

【典型考題】
Could you give me the _____ for
that wonderful dessert? I'd like to
try making it myself.
A. rehearsal   B. recipe
C. recipient   D. reflection   [B]

recipient[6] 〔rɪ'sɪpɪənt〕*n.* 接受者；
領受者
The *recipient* of the scholarship may
apply it to any university he or she
wishes to attend.

***recite**[4] 〔rɪ'saɪt〕*v.* 背誦 (= *repeat*)；
朗誦
I was asked to *recite* the poem in
front of the class.
【記憶技巧】*re* (again) + *cite* (call)
(把之前記的內容再說一次，就是「背誦」)

reckless[5] 〔'rɛklɪs〕*adj.* 魯莽的；
不顧一切的；輕率的
It was *reckless* of you to run across
the road like that.
【記憶技巧】*reck* (顧慮) + *less* (*adj.*)
(不顧慮後果的，即「魯莽的」)
【衍伸詞】*reckless driving* (魯莽駕駛)

reckon[5] 〔'rɛkən〕*v.* 計算
(= *calculate*)；認為 (= *think*)
I tried to *reckon* the total of the
charges in my head.

***recognition**[4] 〔,rɛkəg'nɪʃən〕*n.* 承認
(= *acknowledgment*)；認得

***recognize**[3] 〔'rɛkəg,naɪz〕*v.* 認得
(= *know*)；認可；承認
My English teacher had changed so
much that I almost did not *recognize*
her.
【記憶技巧】*re* (again) + *cogn* (know)
+ *ize* (*v.*) (再看一次仍知道，表示「認得」)

【典型考題】
I hadn't seen her for ages, so I didn't
_____ her at first.
A. identify   B. realize
C. recognize   D. prove   [C]

R

recommend[5] 〔͵rɛkə'mɛnd〕v. 推薦
（= *commend*）

The waiter *recommended* a wine to go with our meal.

【記憶技巧】 *re*（加強語氣的字首）+ *commend*（稱讚）（「推薦」是最由衷的讚美）

recommendation[6]
〔͵rɛkəmɛn'deʃən〕n. 推薦（函）
（= *reference*）

reconcile[6] 〔'rɛkən͵saɪl〕v. 調解
（= *conciliate*）；和解

It is unlikely that their dispute will be *reconciled*.

【記憶技巧】 *re*（again）+ *concile*（make friendly）（使兩人再度回復友好狀態，就是「使和解」）

record[2] 〔rɪ'kɔrd〕v. 記錄
（= *set down*）；錄（音）；錄（影）
〔'rɛkəd〕n. 紀錄

She *recorded* everything in her notebook.

【記憶技巧】 *re*（again）+ *cord*（heart）（將東西「記錄」下來，就像把事情再度放在心上）

recorder[3] 〔rɪ'kɔrdə〕n. 錄音機

recover[3] 〔rɪ'kʌvə〕v. 恢復；復原

Mary has *recovered* from her illness.

recovery[4] 〔rɪ'kʌvərɪ〕n. 恢復；復原

┌─【典型考題】──────────
Being taken good care of, she made a quick _____ from her illness.
A. input   B. entertainment
C. recovery   D. focus   [C]
└────────────────────

recreation[4] 〔͵rɛkrɪ'eʃən〕n. 娛樂
（= *pastime*）〔͵rikrɪ'eʃən〕n. 再創造

It is important to set aside some time for *recreation*, even when you are very busy.

【記憶技巧】 *re*（again）+ *creat(e)*（produce）+ *ion*（n.）（「娛樂」是要讓人再度產生活力）

recreational[6] 〔͵rɛkrɪ'eʃənl̩〕adj.
娛樂的

recruit[6] 〔rɪ'krut〕v. 招募

The Red Lions, Taipei's premier soccer team, is now *recruiting* new players.

【記憶技巧】 *re*（again）+ *cruit*（grow）（使團體再次成長，就要「招募」新人）

┌─【典型考題】──────────
Professor Wang is well known for his contributions to the field of economics. He has been _____ to help the government with its financial reform programs.
A. recruited   B. contradicted
C. mediated   D. generated   [A]
└────────────────────

rectangle[2] 〔'rɛk͵tæŋgl̩〕n. 長方形

This table is a *rectangle*.

【記憶技巧】 *rect*（right）+ *angle*（角）（「長方形」有四個直角）

【比較】 triangle（三角形）
         square（正方形）

recur[6] 〔rɪ'kɝ〕v. 再發生

If the stealing *recurs*, I will call the police.

【記憶技巧】 *re*（again）+ *cur*（run）（再跑一次，就是「再發生」）

【比較】 oc<u>cur</u>（發生）

**recycle[4] 〔 ri'saɪkḷ 〕 v. 回收；再利用
The glass from bottles can be *recycled*.
【記憶技巧】*re* (again) + *cycle* (循環)
(循環再利用，就是「回收」)

┌─【典型考題】─────────
│ Irene does not throw away used
│ envelopes. She ———— them by
│ using them for taking telephone
│ messages.
│ A. designs   B. manufactures
│ C. disguises   D. recycles   [D]
└──────────────────

**red[1] 〔 rɛd 〕 adj. 紅色的

*reduce[3] 〔 rɪ'djus 〕 v. 減少(= *decrease*)
We should *reduce* the number of plastic bags used.
【記憶技巧】*re* (back) + *duce* (lead)
(導致數量往後跑，表示「減少」)

*reduction[4] 〔 rɪ'dʌkʃən 〕 n. 減少

redundant[6] 〔 rɪ'dʌndənt 〕 adj.
多餘的 (= *superfluous*)
In the sentence "She lives alone by herself," the word "alone" is *redundant*.
【記憶技巧】*re* (again) + *dund* (wave)
+ *ant* (adj.) (浪再度回來，表示「多餘的」)
【比較】abundant (豐富的)

reef[5] 〔 rif 〕 n. 礁；暗礁
The little country's main attraction is its coral *reefs*.
【片語】*coral reef* (珊瑚礁)

reel[5] 〔 ril 〕 v. 捲收；捲繞；蹣跚而行；
暈眩   n. 捲筒；繞；線軸
He *reeled* in his fishing line.

*refer[4] 〔 rɪ'fɝ 〕 v. 提到 (= *mention*)；
參考；委託；指
When John was talking about the department's best professor, he was *referring* to his own father.
【片語】*refer to* (是指)

referee[5] 〔 ˌrɛfə'ri 〕 n. 裁判 (= *umpire*)
【記憶技巧】*-ee* 表「行動者」的字尾。

*reference[4] 〔 'rɛfərəns 〕 n. 參考
【衍伸詞】*reference book* (參考書)

refine[6] 〔 rɪ'faɪn 〕 v. 精煉 (= *purify*)；
使文雅
You must *refine* your manners.
【記憶技巧】*re* (加強語氣的字首) + *fine*

refinement[6] 〔 rɪ'faɪnmənt 〕 n. 精煉
(= *purification*)；文雅

*reflect[4] 〔 rɪ'flɛkt 〕 v. 反射
(= *send back*)；反映
The water of the lake was so still that it *reflected* the clouds above.
【記憶技巧】*re* (back) + *flect* (bend)
(曲折而回，也就是「反射」)

┌─【典型考題】─────────
│ My poor test score does not ————
│ how much I know about this subject.
│ A. reflect   B. vanish
│ C. adapt   D. contain   [A]
└──────────────────

*reflection[4] 〔 rɪ'flɛkʃən 〕 n. 反射

reflective[6] 〔 rɪ'flɛktɪv 〕 adj. 反射的

*reform[4] 〔 rɪ'fɔrm 〕 v. 改革
(= *improve*)
As the program has not been successful, I think we should *reform* it.
【記憶技巧】*re* (again) + *form* (形成)

R

R

*__refresh__[4] 〔 rɪˈfrɛʃ 〕 v. 使提神(= revive ）
A cold drink will *refresh* you after your long walk.

*__refreshment__[6] 〔 rɪˈfrɛʃmənt 〕 n.
提神之物；(pl.) 點心；茶點

**__refrigerator__[2] 〔 rɪˈfrɪdʒəˌretə 〕 n.
冰箱 (= fridge 〔 frɪdʒ 〕)
My sister-in-law usually goes shopping once a week, and during the week she depends upon her *refrigerator* to keep the food fresh.
【記憶技巧】 *re* (again) + *friger* (cool) + *at(e)* (v.) + *or* (n.)（「冰箱」使東西冷卻）

__refuge__[5] 〔ˈrɛfjudʒ 〕 n. 避難所
(= shelter)
【記憶技巧】 *re* (back) + *fuge* (flee 逃脫)（讓人逃回的地方，就是「避難所」）

*__refugee__[4] 〔ˌrɛfjʊˈdʒi 〕 n. 難民
The *refugees* have been relocated to homes in other countries.

__refund__[6] 〔 rɪˈfʌnd 〕 v. 退（錢）
(= pay back) 〔ˈriˌfʌnd 〕 n. 退錢
The store will not *refund* you the cost if you do not have your sales receipt.

*__refusal__[4] 〔 rɪˈfjuzl̩ 〕 n. 拒絕

**__refuse__[2] 〔 rɪˈfjuz 〕 v. 拒絕 (= decline)
〔ˈrɛfjus 〕 n. 垃圾；廢物
If you *refuse* to help others, they may not help you.
【記憶技巧】 *re* (back) + *fuse* (pour)（把水倒回去，表示「拒絕」）

【典型考題】
The soldier was put on trial for
_____ to obey his commanding officer's order.
A. refusing　　B. regretting
C. resigning　　D. restricting　[A]

__refute__[5] 〔 rɪˈfjut 〕 v. 反駁
(= rebut 〔 rɪˈbʌt 〕)
I don't have good reason to *refute* my father's words.
【記憶技巧】 *re* (back) + *fute* (beat)（用言語打回去，就是「反駁」）

*__regard__[2] 〔 rɪˈgɑrd 〕 v. 認為 (= view)；尊重　n. 尊重；關心　pl. 問候
My father *regards* computer games as a waste of time.
【片語】 *regard* A *as* B（認為 A 是 B）

*__regarding__[4] 〔 rɪˈgɑrdɪŋ 〕 adj. 關於
(= about = respecting = concerning)
I spoke to Marie *regarding* the meeting.

__regardless__[6] 〔 rɪˈgɑrdlɪs 〕 adj. 不顧慮的 (= careless)；不注意的
adv. 不顧；不管
【片語】 *regardless of*（不管；不論；不分）

__regime__[6] 〔 rɪˈʒim 〕 n. 政權【注意發音】
The *regime* quickly collapsed once the dictator was assassinated.
【記憶技巧】 *reg-* (rule 統治)

*__region__[2] 〔ˈridʒən 〕 n. 地區 (= area)
Africa is in a tropical *region*.
【記憶技巧】 *reg* (rule) + *ion* (n.)（統治的地方，就是「地區」）

*__regional__[3] 〔ˈridʒənl̩ 〕 adj. 區域性的

***register**[4] 〔ˈrɛdʒɪstɚ〕 v. 登記
；註冊（ = *enroll* ）

If you move to a new district, you are expected to *register* with local authorities.

【記憶技巧】 *re* (back) + *gister* (carry)
（「登記」時，要把資料再帶過去）

***registration**[4] 〔ˌrɛdʒɪˈstreʃən〕 n.
登記；註冊（ = *enrollment* ）

***regret**[3] 〔rɪˈgrɛt〕 v. n. 後悔
（ = *repent* 〔rɪˈpɛnt〕 v. ）

Randy *regretted* making his dog so hungry.

***regular**[2] 〔ˈrɛgjələ〕 adj. 規律的
（ = *steady* ）；定期的

He is a *regular* customer of ours.

【片語】 *regular customer* （老主顧）

┌─【典型考題】─────────────┐
In order to stay healthy and fit, John
exercises ＿＿＿. He works out twice
a week in a gym.
A. regularly   B. directly
C. hardly   D. gradually   [A]
└──────────────────────┘

***regulate**[4] 〔ˈrɛgjəˌlet〕 v. 管制
（ = *control* ）

The price of gas is *regulated* by the government, so it does not vary from town to town.

【記憶技巧】 *regul* (rule) + *ate* (v.)
（用規則來「管制」）

***regulation**[4] 〔ˌrɛgjəˈleʃən〕 n. 規定
（ = *rule* ）；管制

【衍伸詞】 *traffic regulations* （交通規則）

┌─【典型考題】─────────────┐
The recent cooking oil scandals have
led to calls for tougher ＿＿＿ of sales
of food products.
A. tolerance   B. guarantee
C. regulation   D. distribution   [C]
└──────────────────────┘

***rehearsal**[4] 〔rɪˈhɝsl̩〕 n. 預演；採排

The final *rehearsal* of the play went well and all the cast members felt confident about their performance.

***rehearse**[4] 〔rɪˈhɝs〕 v. 預演；排練

The singer was *rehearsing* until eight o'clock.

【記憶技巧】 *re* (again) + *hearse*
(harrow) （反覆耙平土壤，表示公演前
反覆練習，把突出來的缺點去掉）

reign[5] 〔ren〕 n. 統治期間（ = *rule* ）；
（君主的）統治；王權；統治權

The emperor's *reign* lasted for fifty years.

rein[6] 〔ren〕 n. 韁繩

reinforce[6] 〔ˌriɪnˈfors〕 v. 增強
（ = *strengthen* ）

As the river continued to rise, the residents worked hard to *reinforce* the wall with sandbags.

【記憶技巧】 *re* (again) + *in* (in) +
force (strong) （再加力量進去就是增強）

***reject**[2] 〔rɪˈdʒɛkt〕 v. 拒絕（ = *refuse* ）

Unfortunately, the novelist's book has been *rejected* by three publishers.

【記憶技巧】 *re* (back) + *ject* (throw)
（將別人的請求丟回去，表示「拒絕」）

***rejection**[4] 〔rɪˈdʒɛkʃən〕 n. 拒絕
（ = *refusal* ）

rejoice[5] 〔rɪˈdʒɔɪs〕 v. 高興；使高興
（ = *delight* ）

Everyone *rejoiced* at the news of his safe return.

【記憶技巧】 *re-* 表加強語氣的字首。

***relate**[3] 〔rɪˈlet〕 v. 使有關聯
（ = *associate* ）；有關聯

【片語】 *be related to* （與…有關）

* **relation**[2] 〔 rɪ'leʃən 〕 *n.* 關係
  (= *association*)
  The researchers are studying the *relation* between weather and mood.

* **relationship**[2] 〔 rɪ'leʃən‚ʃɪp 〕 *n.* 關係
  (= *association*)

* **relative**[4] 〔'rɛlətɪv 〕 *n.* 親戚 (= *kin*)
  adj. 相對的
  You can choose your friends, but you can't choose your *relatives*.

* **relax**[3] 〔 rɪ'læks 〕 *v.* 放鬆 (= *ease*)
  After we had shopped all day, it was nice to sit down in a coffee shop and *relax*.
  【記憶技巧】 *re* (back) + *lax* (loosen)
  (把緊繃的神經鬆開，也就是「放鬆」)

* **relaxation**[4] 〔‚rilæks'eʃən 〕 *n.* 放鬆
  I play tennis for *relaxation*.

  relay[6] 〔 rɪ'le 〕 *v.* 轉播 (= *broadcast*)；
  傳達 (= *convey*)；接力
  I will *relay* your message to Mr. Smith.
  【記憶技巧】 *re* (again) + *lay* (leave)
  (把東西再次留給下一個人，就是「傳達」)
  【衍伸詞】 *relay race* (接力賽)

* **release**[3] 〔 rɪ'lis 〕 *v.* 釋放 (= *set free*)
  The sun *releases* large amounts of solar energy toward the earth every minute.
  【典型考題】
  When I opened the box, it _____ a terrible odor.
  A. released   B. recovered
  C. hardened   D. faking   [A]

  relevant[6] 〔'rɛləvənt 〕 *adj.* 有關連的
  (= *related*) < *to* >；適切的
  My teacher told me to take out the last paragraph of my essay because it was not *relevant* to the topic.

【反義詞】 irrelevant (不相關的)

* **reliable**[3] 〔 rɪ'laɪəbḷ 〕 *adj.* 可靠的
  (= *dependable*)
  Many employers have discovered that older people are very *reliable* workers.
  【典型考題】
  The majority of the class decided to vote for that candidate, for he is honest, open-minded and _____.
  A. passive   B. reliable
  C. ignorant   D. desperate   [B]

  reliance[6] 〔 rɪ'laɪəns 〕 *n.* 依賴
  (= *dependence*)
  Betty's *reliance* on her brother worries their mother, who wishes that her daughter would be more independent.

  relic[5] 〔'rɛlɪk 〕 *n.* 遺跡；遺骸；遺留物
  The famous *relic*, which was thought to have been touched by Christ, was proved a fake.
  【記憶技巧】 *re* (back) + *lic* (leave)
  (留給後人的東西，也就是「遺跡」)

* **relief**[3] 〔 rɪ'lif 〕 *n.* 放心 (= *ease*)；
  鬆了一口氣；減輕；救援；救濟
  We all felt a sense of *relief* after the big exam.
  【典型考題】
  It was a great _____ for his family to hear that he had survived the cold weather in the mountains.
  A. moral   B. promise
  C. relief   D. success   [C]

* **relieve**[4] 〔 rɪ'liv 〕 *v.* 減輕
  (= *soothe* 〔 suð 〕)；使放心
  【記憶技巧】 *re* (again) + *lieve* (lift)
  (再拿起來，表示負擔「減輕」了)

*__religion__³〔rɪˈlɪdʒən〕n. 宗教
Christianity is a popular *religion* in the Western world.
【記憶技巧】 *re* (back) + *lig* (bind) + *ion* (*n.*)（將自己綁回神的身邊）

*__religious__³〔rɪˈlɪdʒəs〕adj. 宗教的；虔誠的

__relish__⁶〔ˈrɛlɪʃ〕v. n. 享受（= v. *enjoy*）；喜愛；愛好；津津有味地品嚐
He drank up the wine with *relish*.

*__reluctant__⁴〔rɪˈlʌktənt〕adj. 不情願的（= *unwilling*）；勉強的
My teacher was *reluctant* to let me take the test again, but I finally persuaded her.
【記憶技巧】 *re* (against) + *luct* (struggle) + *ant* (*adj.*)

【典型考題】
Betty was _____ to accept her friend's suggestion because she thought she could come up with a better idea herself.
A. tolerable　　B. sensitive
C. reluctant　　D. modest　　[C]

*__rely__³〔rɪˈlaɪ〕v. 信賴（= *depend*）；依靠
Samantha has broken her word so many times that I feel I can no longer *rely* on her.
【片語】 *rely on*（信賴；依靠）

*__remain__³〔rɪˈmen〕v. 仍然；保持不變；留下（= *stay*）；剩下
She *remained* at home to look after her children.
The situation *remains* unchanged.

【記憶技巧】 *re* (again) + *main* (stay)
（待在原地，表示仍然在做同樣的事）

【典型考題】
Henry, my old classmate, has _____ a true friend of mine all through the years.
A. retained　　B. remained
C. regained　　D. refrained　　[B]

__remainder__⁶〔rɪˈmendɚ〕n. 剩餘部分
The *remainder* of the sandwiches are for the second lunch seating.

*__remark__⁴〔rɪˈmɑrk〕n. 話；評論（= *comment*） v. 評論；說
Dennis made an unkind *remark* about Ellen's dress.
【記憶技巧】 *re* (again) + *mark* (記號)
（在別人身上留下記號，表示給予「評論」）

*__remarkable__⁴〔rɪˈmɑrkəbḷ〕adj. 出色的（= *outstanding*）；值得注意的；顯著的；非凡的
He is really a *remarkable* baseball player and stands out from the rest of the team.

*__remedy__⁴〔ˈrɛmədɪ〕n. 治療法（= *cure*）
The tea is a good *remedy* for a sore throat.
【記憶技巧】 *re*（加強語氣的字首）+ *med* (heal) + *y* (*n.*)

**__remember__¹〔rɪˈmɛmbɚ〕v. 記得
I can't *remember* where I put the pen.

**__remind__³〔rɪˈmaɪnd〕v. 使想起；提醒
The story *reminds* me of an experience I had.
【片語】 *remind sb. of sth.*（使某人想起某事）

reminder[5] 〔rɪˈmaɪndɚ〕 *n.* 提醒的人或物

remote[3] 〔rɪˈmot〕 *adj.* 遙遠的；偏僻的

We don't often see Darrell because he lives in a *remote* town.

【記憶技巧】*re* (back) + *mote* (move) （退到遠處的，也就是「遙遠的」）

【片語】*remote control* （遙控；遙控器）

removal[6] 〔rɪˈmuvl̩〕 *n.* 除去

remove[3] 〔rɪˈmuv〕 *v.* 除去 (= *get rid of*)

Scientists are trying to turn seawater into drinking water by *removing* the salt.

【典型考題】
Your desk is crowded with too many unnecessary things. You have to
_____ some of them.
A. remain　　 B. resist
C. remove 　　D. renew 　　[C]

renaissance[5] 〔ˈrɛnəˌsɑns, ˌrɛnəˈsɑns〕 *n.* 文藝復興 (= *a revival of culture*)

【記憶技巧】*re* (again) + *naiss* (be born) + *ance* (*n.*) （藝術文學的再生，就是「文藝復興」）

render[6] 〔ˈrɛndɚ〕 *v.* 使變成 (= *make*)；提供；表達；翻譯

Pollution has *rendered* the soil unfit for vegetation.

renew[3] 〔rɪˈnju〕 *v.* 更新；將…延期；恢復

I called a friend that I had not seen in many years and told him that I wanted to *renew* our friendship.

renowned[6] 〔rɪˈnaʊnd〕 *adj.* 有名的 (= *famous* = *well-known* = *celebrated*)

The *renowned* cellist is often approached by fans.

【記憶技巧】*re* (again) + *nown* (name) + *ed* (*adj.*) （大家一直提到的名字，表示很有名）

rent[3] 〔rɛnt〕 *v.* 租　*n.* 租金

Martin *rented* a boat to go out fishing.

rental[6] 〔ˈrɛntl̩〕 *adj.* 出租的

【衍伸詞】*a rental car* （出租汽車）

repair[3] 〔rɪˈpɛr〕 *v.* 修理 (= *fix*)

The radio has to be *repaired*.

【記憶技巧】*re* (again) + *pair* (prepare)

repay[5] 〔rɪˈpe〕 *v.* 償還 (= *pay back*)

I lent Debbie $100 and she promised to *repay* me within a week.

【記憶技巧】*re* (back) + *pay*

repeat[2] 〔rɪˈpit〕 *v.* 重複

The teacher *repeated* his words to the class.

repetition[4] 〔ˌrɛpɪˈtɪʃən〕 *n.* 重複

We were impressed by Danny's card trick and asked for a *repetition* of it.

replace[3] 〔rɪˈples〕 *v.* 取代 (= *substitute*)

Nothing can *replace* a mother's love and care.

【典型考題】
As more people rely on the Internet for information, it has _____ newspapers as the most important source of news.
A. distributed　　 B. subtracted
C. replaced 　　　D. transferred 　　[C]

*replacement[3] 〔 rɪ'plesmənt 〕 *n.*
取代 (= *substitution*)

*reply[2] 〔 rɪ'plaɪ 〕 *v., n.* 回答；回覆
(= *answer*)
I sent Mary a letter last week, but
she has not *replied*.

**report[1] 〔 rɪ'port 〕 *v., n.* 報導；
報告
It is *reported* that the general
election will be held soon.

**reporter[2] 〔 rɪ'portə 〕 *n.* 記者
(= *journalist*)

*represent[3] 〔 ‚rɛprɪ'zɛnt 〕 *v.* 代表
(= *stand for*)
Each charm on her bracelet
represents a place she has visited.
【記憶技巧】 先背 present (呈現)。

┌─【典型考題】────────
│ The winner of this contest will _____
│ our school in the city finals.
│ A. claim　　　　B. symbolize
│ C. indicate　　　D. represent　　[**D**]
└──────────────────────

*representation[4] 〔 ‚rɛprɪzɛn'teʃən 〕
n. 代表

*representative[3] 〔 ‚rɛprɪ'zɛntətɪv 〕
n. 代表人

repress[6] 〔 rɪ'prɛs 〕 *v.* 鎮壓
(= *suppress*)
The police are trying to *repress* a riot.
【記憶技巧】 *re* (back) + *press* (壓)
(將力量壓回去，也就是「鎮壓」)
【比較】 sup<u>press</u> (鎮壓；抑制)
op<u>press</u> (壓迫)
de<u>press</u> (使沮喪)
com<u>press</u> (壓縮)

reproduce[5] 〔 ‚riprə'djus 〕 *v.* 繁殖
(= *breed* = *multiply*)；生育；複製
Flowers *reproduce* by the transfer
of pollen.

reptile[5] 〔 'rɛptaɪl , 'rɛptḷ 〕 *n.* 爬蟲類
動物
【記憶技巧】 *rept* (creep 爬) + *ile* (*n.*)
【比較】 mammal (哺乳類動物)

*republic[3] 〔 rɪ'pʌblɪk 〕 *n.* 共和國
As the country has become a *republic*,
the king is no longer the head of state.

republican[5] 〔 rɪ'pʌblɪkən 〕 *adj.*
共和國的
【注意】Republican 則是指「(美國) 共
和黨的」。

*reputation[4] 〔 ‚rɛpjə'teʃən 〕 *n.* 名聲
Neil has a *reputation* as a careful
and honest accountant.
【記憶技巧】 *re* (again) + *put* (think)
+ *ation* (*n.*) (「名聲」打響後，就會讓人
一再地想起這個名號)

┌─【典型考題】────────
│ The professor has a _____ for giving
│ extremely difficult exams.
│ A. character　　　B. history
│ C. sympathy　　　D. reputation　　[**D**]
└──────────────────────

*request[3] 〔 rɪ'kwɛst 〕 *v. n.* 請求
He *requested* us to keep silent.
【片語】 *on request* (一經要求)

*require[2] 〔 rɪ'kwaɪr 〕 *v.* 需要；要求
An employer usually *requires* an
interview before hiring a job seeker.
【記憶技巧】 *re* (again) + *quire* (seek)
(一再地尋求，就表示很「需要」)
【比較】 ac<u>quire</u> (獲得)；in<u>quire</u> (詢問)

R

*requirement[2] 〔 rɪˈkwaɪrmənt 〕 n.
必備條件（ = necessity ）；要求

【典型考題】
One of the _____ for the job is a
good knowledge of Japanese.
A. goals   B. requirements
C. fames   D. orphanages   [B]

*rescue[4] 〔ˈrɛskju 〕 v. 拯救（ = save ）；
解救   n. 解救；援救
It was too late to *rescue* the animal.
【記憶技巧】 *re* (加強語氣的字首) + *(e)s*
(out) + *cue* (shake)

*research[4] 〔 rɪˈsɝtʃ , ˈrisɝtʃ 〕 v. n.
研究（ = study ）
The doctor is *researching* the link
between eating habits and diabetes.
【記憶技巧】 *re* (again) + *search* (尋找)
(不停地尋找答案，就是「研究」)

*researcher[4] 〔 rɪˈsɝtʃɚ 〕 n. 研究人員

resemblance[6] 〔 rɪˈzɛmbləns 〕 n.
相似之處（ = similarity ）
There's little *resemblance* between
my brother and me.

*resemble[4] 〔 rɪˈzɛmbl̩ 〕 v. 像
（ = take after ）
Mark *resembles* his grandfather more
than his father.
【記憶技巧】 *re* (again) + *semble*
(same) (再次出現相似的東西)

【典型考題】
It's amazing that make-up and
costumes can make an actor closely
_____ a government official.
A. recover   B. regulate
C. reform   D. resemble   [D]

resent[5] 〔 rɪˈzɛnt 〕 v. 憎恨
（ = feel angry or upset ）
She *resented* his remark.
【記憶技巧】 *re* (加強語氣的字首) + *sent*
(feel) (「憎恨」是很強烈的情緒)

resentment[5] 〔 rɪˈzɛntmənt 〕 n. 憎恨

*reservation[4] 〔 ˌrɛzɚˈveʃən 〕 n. 預訂

*reserve[3] 〔 rɪˈzɝv 〕 v. 預訂（ = book ）；
保留（ = keep ）
We are *reserving* this bottle of
champagne for New Year's Eve.
【記憶技巧】 *re* (back) + *serve* (keep)
(「預訂」就是先把東西保留在後面)

reservoir[6] 〔 ˈrɛzɚˌvɔr , -ˌvwar 〕 n.
水庫【注意發音】
【比較】 mem**oir** 〔ˈmɛmwar 〕 n. 回憶錄

reside[5] 〔 rɪˈzaɪd 〕 v. 居住（ = live ）
The Jones no longer *reside* in that
house; they have moved overseas.
【注意】 *reside in* (住在) (= *dwell in*
= *live in* = *inhabit*)

residence[5] 〔ˈrɛzədəns 〕 n. 住宅

resident[5] 〔ˈrɛzədənt 〕 n. 居民
（ = inhabitant ）

residential[6] 〔ˌrɛzəˈdɛnʃəl 〕 adj.
住宅的

*resign[4] 〔 rɪˈzaɪn 〕 v. 辭職（ = leave ）
After the serious argument, he *resigned*
from the post and left the company.
【記憶技巧】 *re* (again) + *sign* (簽名)
(離開公司要再次簽名，表示「辭職」)
【比較】 as**sign** (指派)；de**sign** (設計)

*resignation[4] 〔ˌrɛzɪgˈneʃən 〕 n. 辭職

***resist**[3] 〔rɪˋzɪst〕*v.* 抵抗（= *oppose*）；抗拒

I couldn't *resist* another slice of cake even though I was supposed to be on a diet.

【記憶技巧】*re* (against) + *sist* (stand)
（站在對立的立場，表示「抵抗」）

【典型考題】
Most children find it difficult to ＿＿＿ the temptation of ice cream, especially in summer.
A. purchase　　B. resist
C. stare at　　D. accustom to　[**B**]

resistance[4] 〔rɪˋzɪstəns〕*n.* 抵抗（= *opposition*）

resistant[6] 〔rɪˋzɪstənt〕*adj.* 抵抗的（= *opposed*）；耐…的；防…的

resolute[6] 〔ˋrɛzə͵lut〕*adj.* 堅決的（= *determined*）；斷然的

***resolution**[4] 〔͵rɛzəˋluʃən〕*n.* 解決；決心（= *determination*）；決定做的事

Abby made a *resolution* to give up smoking once and for all.

【典型考題】
A person who hesitates a lot cannot make ＿＿＿ even about trivial matters.
A. distributions　B. celebrations
C. institutions　　D. resolutions　[**D**]

***resolve**[4] 〔rɪˋzɑlv〕*v.* 決定（= *decide*）；決心；解決（= *solve*）

Greg *resolved* to speak to his boss about a promotion.

【記憶技巧】*re* (back) + *solve* (loosen)
（把緊張情緒放鬆，表示「決定」好了）

resort[5] 〔rɪˋzɔrt〕*n.* 手段；度假勝地（= *retreat*）　*v.* 採取；訴諸 < *to* >

Kenting is one of my favorite holiday *resorts*.

【記憶技巧】*re* (again) + *sort* (go out)
（「渡假勝地」讓人想再去玩一次）

【注意】resort 可當動詞，如 resort to force（訴諸武力）。

【典型考題】
One of the tourist attractions in Japan is this hot spring ＿＿＿, where guests can enjoy relaxing baths and beautiful views.
A. resort　　　B. hermit
C. gallery　　D. faculty　　[**A**]

***resource**[3] 〔rɪˋsors〕*n.* 才智；資源（= *supply*）　*pl.* 處理問題的能力

Students today have many *resources* available to them, including the Internet and the school library.

【衍伸詞】*natural resources*（天然資源）
【比較】source（來源）

***respect**[2] 〔rɪˋspɛkt〕*v. n.* 尊敬（= *regard*）；方面；重視

We *respect* our parents very much.

【記憶技巧】*re* (again) + *spect* (look)
（再看一眼，表示重視，引申為「尊敬」）

***respectable**[4] 〔rɪˋspɛktəbl̩〕*adj.* 可敬的

***respectful**[4] 〔rɪˋspɛktfəl〕*adj.* 恭敬的（= *regardful*）；有禮貌的

【典型考題】
The spoilt child is so rude that he's never ＿＿＿ to his elders and teachers.
A. respected　　B. respect
C. respectable　D. respectful　[**D**]

R

respective[6] 〔rɪ'spɛktɪv〕*adj.* 個別的
(= *individual*)
There are three children in my family and we have our *respective* rooms.
【記憶技巧】respect 也可作「方面」解。

* **respond**[3] 〔rɪ'spɑnd〕*v.* 回答
(= *answer*)；反應 (= *react*)
He *responded* to the question without thinking.
【記憶技巧】*re* (back) + *spond* (answer)

* **response**[3] 〔rɪ'spɑns〕*n.* 回答
(= *answer*)；回應

【典型考題】
The magician asked for a volunteer but he got no _____ from the audience.
A. donation　　B. response
C. insistence　　D. applause　　[B]

* **responsibility**[3] 〔rɪˌspɑnsə'bɪlətɪ〕
n. 責任 (= *duty*)
John had to take on the *responsibility* of educating his brother's children.

* **responsible**[2] 〔rɪ'spɑnsəbḷ〕*adj.*
應負責任的
【片語】*be responsible for* (應對…負責)

* **rest**[1] 〔rɛst〕*v. n.* 休息 (= *ease*)
After running for half an hour, Joe sat down to *rest*.
【片語】*take a rest* (休息一下)

* **restaurant**[2] 〔'rɛstərənt〕*n.* 餐廳

restoration[6] 〔ˌrɛstə'reʃən〕*n.* 恢復
(= *revival*)

* **restore**[4] 〔rɪ'stor〕*v.* 恢復 (= *revive*)
The old building was *restored* to its original condition and opened as a museum.

restrain[5] 〔rɪ'stren〕*v.* 克制
(= *inhibit*)
I *restrained* my desire to say what I thought.
【記憶技巧】*re* (back) + *strain* (draw tight) (將慾望緊緊往回拉，表示「克制」)

restraint[6] 〔rɪ'strent〕*n.* 抑制
(= *inhibition*)

* **restrict**[3] 〔rɪ'strɪkt〕*v.* 限制
(= *limit*)；限定
The speed is *restricted* to 40 kilometers an hour here.

【典型考題】
The drug problem is universal. It is not _____ to one country.
A. protected　　B. detected
C. admitted　　D. restricted　　[D]

* **restriction**[4] 〔rɪ'strɪkʃən〕*n.* 限制
(= *limitation*)

* **rest room**[2] *n.* 洗手間；廁所
(= *lavatory* ; *bathroom* ; *washroom*)

【重要知識】restroom 也寫成：rest room 或 rest-room。

* **result**[2] 〔rɪ'zʌlt〕*n.* 結果
(= *consequence* = *outcome*)
v. 導致 < *in* >
What was the *result* of the game?
Continuous heavy rains *resulted* in a big landslide.

resume[5] 〔rɪ'zum〕*v.* 恢復；再繼續
(= *continue*)
After the interruption, Tammy *resumed* her speech.
【記憶技巧】*re* (again) + *sume* (take) (再做一樣的動作，也就是「再繼續」)
【比較】as<u>sume</u> (假定；認為)；
pre<u>sume</u> (假定)；con<u>sume</u> (消耗)

résumé[5] 〔ˈrɛzəˌme 〕*n.* 履歷表
(= *curriculum vitae*)

retail[6] 〔ˈritel 〕*v. n.* 零售
This jacket *retails* at $100.
【記憶技巧】*re* (again) + *tail* (cut)
（把大批貨物分開單獨販賣，就是「零售」）
【比較】wholesale（批發）

* **retain**[4] 〔 rɪˈten 〕*v.* 保留 (= *keep*)；
抑制；約束
China dishes *retain* heat longer than metal pans do.
【片語】*retain heat*（保溫）
【記憶技巧】*re* (back) + *tain* (hold)
（把東西拿到後面，就是「保留」）
【典型考題】
Many countries make an effort to _____ their traditions of the past.
A. patrol　　B. inform
C. command　D. retain　　[D]

retaliate[6] 〔 rɪˈtælɪˌet 〕*v.* 報復
(= *take revenge*)
The discontented students *retaliated* by boycotting the school cafeteria.
【記憶技巧】*re* (back) + *tali* (talion 報復) + *ate* (*v.*)

* **retire**[4] 〔 rɪˈtaɪr 〕*v.* 退休
Mr. Goodman hopes to *retire* early, at the age of fifty.
【記憶技巧】先背 tire（使疲倦）。

* **retirement**[4] 〔 rɪˈtaɪrmənt 〕*n.* 退休

retort[5] 〔 rɪˈtɔrt 〕*v.* 反駁；頂嘴
"Mind your own business," Lucy *retorted*.
【記憶技巧】*re* (back) + *tort* (twist)
（將情勢扭轉回來，就是進行「反駁」）

* **retreat**[4] 〔 rɪˈtrit 〕*v.* 撤退(= *withdraw*)
I waved a stick at the growling dog and it *retreated*.
【記憶技巧】先背 treat（對待）。

retrieve[6] 〔 rɪˈtriv 〕*v.* 尋回；取回；收回 (= *get back*)
John dropped his keys in the swimming pool, but he was able to *retrieve* them with a net.
【記憶技巧】*re* (again) + *trieve* (find)
【典型考題】
Not until the police _____ the luggage she had been robbed of did she realize that all her credit cards and traveler's checks were gone.
A. retrieved　　B. relieved
C. relaxed　　　D. rehearsed　[A]

* **return**[1] 〔 rɪˈtɜn 〕*v., n.* 返回；歸還
Please *return* these books to the library.

* **reunion**[4] 〔 riˈjunjən 〕*n.* 團聚
We had a family *reunion* where I saw relatives I hadn't seen for ten years.
【記憶技巧】*re* (again) + *union*（聯合）
（再聯合，就是「團聚」）

* **reveal**[3] 〔 rɪˈvil 〕*v.* 透露；顯示
(= *show*)
An X-ray *revealed* a tumor in his brain.
【記憶技巧】*re* (opposite of) + *veal* (to veil)（取下面紗，表示將隱藏在下面的東西「顯示」出來）
【典型考題】
Recent studies on whales have _____ that they, like humans, have emotions.
A. revealed　　B. remained
C. reviewed　　D. rewarded　[A]

R

revelation[6] 〔,rɛvə'leʃən〕 *n.* 透露；揭露 (= *disclosure*)
The *revelation* of the scandal has done great harm to that politician.

* **revenge**[4] 〔rɪ'vɛndʒ〕 *n.* 報復 (= *retaliation*)
When Marsha told Gordon's secret to her girlfriends, Gordon took *revenge* by telling everyone Marsha's secret.
【片語】*take revenge* (報復)

revenue[6] 〔'rɛvə,nju〕 *n.* 歲入；收入 (= *income*)
A country's *revenue* comes mostly from taxes.
【記憶技巧】*re* (back) + *venue* (come)
(回到金庫的錢，就是「收入」)
【比較】a*venue* (大道；途徑)

reverse[5] 〔rɪ'vɝs〕 *v. n.* 顛倒；反轉；倒退 (= *turn upside down*)
adj. 顛倒的
The teacher asked students to write the alphabet in *reverse* order.
【記憶技巧】*re* (back) + *verse* (turn)
(轉向另一面，和原本的方向是「顛倒的」)

** **review**[2] 〔rɪ'vju〕 *v. n.* 復習；評論
She spent the summer *reviewing* Taiwanese history as she was to teach that in the fall.

【典型考題】
Our teacher _____ the old lessons before starting a new one.
A. reviewed   B. noticed
C. previewed   D. remembered [A]

* **revise**[4] 〔rɪ'vaɪz〕 *v.* 修訂
The writer *revised* his story.
【比較】ad*vise* (建議)；de*vise* (設計)

* **revision**[4] 〔rɪ'vɪʒən〕 *n.* 修訂

revival[6] 〔rɪ'vaɪvḷ〕 *n.* 復活；復甦
The operation was a success and we are waiting for the patient's *revival*.
【記憶技巧】-*al* 表「⋯的動作」的字尾。

revive[5] 〔rɪ'vaɪv〕 *v.* 使甦醒；復活
Paramedics tried to *revive* the unconscious man.
【記憶技巧】*re* (again) + *vive* (live)
(再度活過來，就是「使甦醒」)

revolt[5] 〔rɪ'volt〕 *v.* 反抗 (= *rebel*)
n. 叛亂
The sailors *revolted* against their strict captain and took over the ship.
【記憶技巧】*re* (back) + *volt* (roll)
(對外的力量席捲回來，表示遭到「反叛」)

* **revolution**[4] 〔,rɛvə'luʃən〕 *n.* 革命；重大改革
The *revolution* freed the city from its rulers.

* **revolutionary**[4] 〔,rɛvə'luʃən,ɛrɪ〕 *adj.* 革命性的
【典型考題】
The invention of the steam engine, which was used to power heavy machines, brought about a _____ change in society.
A. persuasive   B. harmonious
C. conventional   D. revolutionary [D]

revolve[5] 〔rɪ'vɑlv〕 *v.* 公轉
It's a fact that the earth *revolves* around the sun.
【記憶技巧】*re* (back) + *volve* (roll)
(會再轉回來，表示繞著一個目標「公轉」)
【比較】*rotate* (自轉)

R

* **reward**⁴〔rɪ'wɔrd〕*n.* 報酬
（= *return*）；獎賞　*v.* 獎賞
I gave the boy a *reward* for running
an errand for me.

【典型考題】

To teach children right from wrong,
some parents will ———— their
children when they behave well and
punish them when they misbehave.
A. settle   B. declare
C. reward   D. neglect   [C]

rhetoric⁶〔'rɛtərɪk〕*n.* 修辭學
【記憶技巧】ic 結尾的字，重音通常在
　　字尾前一音節，但是這個字例外。

rhinoceros⁵〔raɪ'nɑsərəs〕*n.* 犀牛
（= *rhino*）

* **rhyme**⁴〔raɪm〕*n.* 押韻詩（= *poem*）；
同韻字；押韻；童詩　*v.* 押韻
Not all poems *rhyme*.

* **rhythm**⁴〔'rɪðəm〕*n.* 節奏；韻律
Dennis was not successful as a
drummer because he couldn't match
the *rhythm* of the rest of the band.

rhythmic⁶〔'rɪðmɪk〕*adj.* 有節奏的；
有韻律的

rib⁵〔rɪb〕*n.* 肋骨
【衍伸詞】*rib cage*（胸腔）

* **ribbon**³〔'rɪbən〕*n.* 絲帶

‡ **rice**¹〔raɪs〕*n.* 稻米；飯
The children like to eat *rice* more
than noodles.

‡ **rich**¹〔rɪtʃ〕*adj.* 有錢的（= *wealthy*）；
豐富的
【衍伸詞】*be rich in*（有豐富的…）

* **riches**²〔'rɪtʃɪz〕*n. pl.* 財富；資源
Patty dreamed of the *riches* she
would enjoy if she won the lottery.

* **rid**³〔rɪd〕*v.* 除去
It took us all day to *rid* the garden
of weeds.
【片語】*rid* A *of* B（除去 A 中的 B）
　　　get rid of（除去；擺脫）

* **riddle**³〔'rɪdl̩〕*n.* 謎語（= *puzzle*）
We could not solve the *riddle* and
asked Clara to tell us the answer.

‡ **ride**¹〔raɪd〕*v. n.* 騎；搭乘

ridge⁵〔rɪdʒ〕*n.* 山脊；屋脊
【記憶技巧】背這個字，只要把 bridge（橋）
　　的 b 去掉即可。

ridicule⁶〔'rɪdɪ͵kjul〕*v.* 嘲笑
（= *laugh at*）
Lucy was *ridiculed* for her dress.

* **ridiculous**⁵〔rɪ'dɪkjələs〕*adj.* 荒謬的
（= *absurd*）；可笑的（= *silly*）
Although it seems *ridiculous* now,
in the past the earth was believed
to be flat.

rifle⁵〔'raɪfl̩〕*n.* 來福槍；步槍

‡ **right**¹〔raɪt〕*adj.* 對的；右邊的
n. 權利；右邊
You have no *right* to choose.

rigid⁵〔'rɪdʒɪd〕*adj.* 僵硬的；嚴格的
（= *strict*）；不變通的；堅持的
The rules at this school are very
rigid, so don't expect to be granted
many exceptions.
【記憶技巧】*rig*（rule）+ *id*（*adj.*）
　　（規則很多，表示很「嚴格」）

R

rigorous[6] 〔'rɪgərəs 〕*adj.* 嚴格的
（＝*strict*）；縝密的；（氣候）嚴酷的
【比較】rigor（嚴格；嚴屬）

rim[5] 〔 rɪm 〕*n.* 邊緣（＝*edge*）；外緣
v. 形成…的邊緣；環繞…的輪廓

ring[1] 〔 rɪŋ 〕*n.* 戒指；電話鈴聲；鐘聲；
拳擊場；性質　*v.* 按（鈴）；發出聲響
He bought her a *ring*.
The telephone is *ringing*.

riot[6] 〔'raɪət 〕*n.* 暴動；狂歡；
多采多姿　*v.* 發生暴動
The police were called in to break
up the *riot* and disperse looters.

rip[5] 〔 rɪp 〕*v.* 撕裂（＝*tear*）
Peggy *ripped* the letter from her
ex-boyfriend into pieces.

*ripe**[3] 〔 raɪp 〕*adj.* 成熟的（＝*mature*）
I can't eat this mango because it is
not *ripe* yet.

ripple[5] 〔'rɪpl̩ 〕*n.* 漣漪
【比較】cripple（使跛腳；使殘廢）

rise[1] 〔 raɪz 〕*v. n.* 上升
People demand higher wages all the
time because prices are always *rising*.
【片語】*give rise to*（導致）

┌─【典型考題】────────────┐
│ Whales usually _____ to breathe │
│ every five or ten minutes. │
│ A. hang   B. rise │
│ C. shoot   D. float   [B] │
└──────────────────────┘

*risk**[3] 〔 rɪsk 〕*n.* 風險　*v.* 冒…的危險
Businessmen recognize the
convenience of being protected from
running certain *risks*.
I'm willing to *risk* losing everything.

rite[6] 〔 raɪt 〕*n.* 儀式（＝*ceremony*）；
祭典；典禮
【片語】*a funeral rite*（葬禮）

ritual[6] 〔'rɪtʃʊəl 〕*adj.* 儀式的
（＝*ceremonial*）；祭典的　*n.* 儀式
The *ritual* dance is an important part
of the activity.

rival[5] 〔'raɪvl̩ 〕*n.* 對手；敵手
（＝*competitor* ＝*opponent*）
We will play our biggest *rival* in
basketball tomorrow.

rivalry[6] 〔'raɪvl̩rɪ 〕*n.* 競爭
（＝*competition*）；敵對
【記憶技巧】*-ry* ＝ *-ery* 表「性質」的字尾。

river[1] 〔'rɪvɚ 〕*n.* 河流

road[1] 〔 rod 〕*n.* 道路

roam[5] 〔 rom 〕*v.* 漫步；徘徊；流浪
The old stray dog *roamed* on the street.

*roar**[3] 〔 ror 〕*v.* 吼叫（＝*shout*）；大叫；
大笑；咆哮　*n.* 吼叫；隆隆聲
The crowd *roared* when the winning
goal was made.
【記憶技巧】roar 這個字唸起來就像在怒吼。

*roast**[3] 〔 rost 〕*v.* 烤；烘焙　*n.* 大塊
烤肉　*adj.* 烘烤的；火烤的
We *roasted* the meat on an open fire.

rob[3] 〔 rab 〕*v.* 搶劫（＝*sack*）
Farmers were *robbed* of their rice.
【片語】*rob sb. of sth.*（搶走某人的某物）

*robber**[3] 〔'rabɚ 〕*n.* 強盜（＝*bandit*）

*robbery**[3] 〔'rabərɪ 〕*n.* 搶劫
（＝*looting*）；搶案

*robe**[3] 〔 rob 〕*n.* 長袍（＝*gown*）
Rachel put on a *robe* after her shower.

robin[5]〔ˋrɑbɪn〕 *n.* 知更鳥

robot[1]〔ˋrobət〕 *n.* 機器人
A *robot* can do things like a human being.

robust[5]〔roˋbʌst〕 *adj.* 強健的
（ = *healthy* = *strong* ）；堅固的
This *robust* fabric has been used in a
variety of products, from ship sails to
blue jeans.

rock[1,2]〔rɑk〕 *n.* 岩石（ = *stone* ）
v. 搖動（ = *shake* ）

rocket[3]〔ˋrɑkɪt〕 *n.* 火箭

rocky[2]〔ˋrɑkɪ〕 *adj.* 多岩石的（ = *stony* ）

rod[5]〔rɑd〕 *n.* 鞭子；竿；權杖；棍子
Spare the *rod* and spoil the child.

role[2]〔rol〕 *n.* 角色（ = *character* ）
She played the *role* of Snow White.
【片語】*play ~ role*（扮演～角色）

roll[1]〔rol〕 *v.* 滾動（ = *turn* ）
n. 滾動；捲物；（東西）一卷；名冊
The ball *rolled* over and over.
【衍伸詞】rock'n'roll（搖滾樂）

romance[4]〔roˋmæns〕 *n.* 愛情故事
（ = *romantic story* ）；羅曼史
Sandy had a *romance* with a dancer.

romantic[3]〔roˋmæntɪk〕 *adj.* 浪漫的
Ellen and Dave enjoyed a *romantic*
dinner on Valentine's Day.

roof[1]〔ruf〕 *n.* 屋頂
There is a kitten on the *roof* of the house.
【比較】pr**oof**（證據）

room[1]〔rum〕 *n.* 房間；空間（ = *space* ）

rooster[1]〔ˋrustɚ〕 *n.* 公雞（ = *cock* ）
【比較】hen（母雞）

root[1]〔rut〕 *n.* 根（ = *radix* ）；根源
Roots hold the plant in the soil.
【片語】*be rooted in*（在…根深蒂固）

rope[1]〔rop〕 *n.* 繩子
Edward uses a *rope* to tie the boat.

rose[1]〔roz〕 *n.* 玫瑰

rot[3]〔rɑt〕 *v.* 腐爛（ = *decay* ）
If you leave the wood out in the rain,
it will eventually *rot*.

rotate[6]〔ˋrotet〕 *v.* 自轉；旋轉
It takes the earth 24 hours to *rotate*
360 degrees.
【記憶技巧】*rota* (turn) + *(a)te* (*v.*)
【比較】revolve（公轉）

rotation[6]〔roˋteʃən〕 *n.* 自轉；旋轉

rotten[3]〔ˋrɑtn̩〕 *adj.* 腐爛的
（ = *decayed* ）；討厭的；差勁的
【重要知識】rotten 這字和中文的「爛」一樣，
美國人常用，如：What a *rotten* day!

rough[3]〔rʌf〕 *adj.* 粗糙的
（ = *rugged* = *coarse* ）
This *rough* material irritates my skin.

roughly[4]〔ˋrʌflɪ〕 *adv.* 大約
（ = *about* = *approximately* ）
Roughly 60 people came to the party.

round[1]〔raʊnd〕 *adj.* 圓的　*n.* 回合
He was knocked out in the second
round.

route[4]〔rut〕 *n.* 路線（ = *way* ）
There are several stops along this *route*.

routine[3]〔ruˋtin〕 *n.* 例行公事
Ted decided to change his *routine* and
take a walk after dinner rather than
watch TV.

R

R

‡**row**[1] 〔ro〕 n. 排（= line）
v. 划（船）〔rau〕v. n. 吵鬧
We have two *rows* of teeth.

***royal**[2] 〔'rɔɪəl〕 adj. 皇家的
The prince lives in a *royal* palace.
【比較】loyal（忠實的）

royalty[6] 〔'rɔɪəltɪ〕 n. 王位；皇室

‡**rub**[1] 〔rʌb〕 v. 摩擦（= graze）
The cat *rubbed* its back against my leg.
【片語】*rub* sb. *the wrong way*（激怒某人）

‡**rubber**[1] 〔'rʌbɚ〕 n. 橡膠；橡皮擦
Balloons are made of *rubber*.

rubbish[5] 〔'rʌbɪʃ〕 n. 垃圾
（= garbage = waste = litter = trash）
The backyard was covered by a heap of *rubbish*.

ruby[6] 〔'rubɪ〕 n. 紅寶石
【比較】sapphire〔'sæfaɪr〕n. 藍寶石

‡**rude**[2] 〔rud〕 adj. 無禮的
（= bold = impolite）
It's *rude* to eat and talk at the same time.

***rug**[3] 〔rʌg〕 n.（小塊）地毯
（= small carpet）
The dog prefers to lie on the *rug* rather than the cold floor.
【比較】carpet（整片）地毯

rugged[5] 〔'rʌgɪd〕 adj. 崎嶇的
（= uneven）
I can't imagine walking in such *rugged* mountains.

***ruin**[4] 〔'ruɪn〕 v. 毀滅（= destroy）
The typhoon *ruined* the city.

‡**rule**[1] 〔rul〕 n. 規則 v. 統治
Traffic *rules* should be observed by anyone using the road.

‡**ruler**[2] 〔'rulɚ〕 n. 統治者（= lord）；尺

rumble[5] 〔'rʌmbl̩〕 v.（肚子）發咕嚕聲；（卡車）發出隆隆聲（= roar）
His stomach was already *rumbling* for lunch.

***rumor**[3] 〔'rumɚ〕 n. 謠言（= hearsay）
Rumor has it that Marty is going to get married.

‡**run**[1] 〔rʌn〕 v. 跑；經營
My father *runs* a store.

***runner**[2] 〔'rʌnɚ〕 n. 跑者

***rural**[4] 〔'rurəl〕 adj. 鄉村的（= country）
There are few convenience stores in this *rural* area.
【記憶技巧】*rur*（country）+ *al*（adj.）
【反義詞】urban（都市的）

***rush**[2] 〔rʌʃ〕 v. 衝 n. 匆忙
The police immediately *rushed* to the scene.
【衍伸詞】*rush hour*（尖峰時間）
【片語】*in a rush*（匆忙地）

***rust**[3] 〔rʌst〕 v. 生銹（= oxidize）
If you leave your bicycle outside, it may *rust*.

rustle[5] 〔'rʌsl̩〕 v. 發出沙沙聲
The newspaper *rustled* as I turned the pages.

***rusty**[3] 〔'rʌstɪ〕 adj. 生銹的
（= corroded）

S s

***sack**[3] 〔 sæk 〕 n. 一大袋（= *bag*）
I went to the supermarket for some milk and a *sack* of potatoes.
【片語】*give sb. the sack*（把某人開除）

sacred[5] 〔'sekrɪd〕 adj. 神聖的（= *holy*）
Contemporary Christian music is a kind of *sacred* music.

***sacrifice**[4] 〔'sækrə,faɪs〕 v. n. 犧牲
Joe had to *sacrifice* much of his free time to get the work done on time.
【記憶技巧】*sacr* (sacred) + *ifice* (make)（「犧牲」是一種神聖的行為）

┌─【典型考題】────────
│ Young people always ＿＿＿＿ their
│ health for wealth.
│ A. divide   B. complete
│ C. sacrifice   D. appreciate   [C]
└──────────────────

sad[1] 〔 sæd 〕 adj. 悲傷的（= *gloomy*）

saddle[5] 〔'sædl̩〕 n. 馬鞍

safe[1] 〔 sef 〕 adj. 安全的（= *secure*）
n. 保險箱（= *strongbox*）

safeguard[6] 〔'sef,gɑrd〕 v. 保護（= *protect*）　n. 保護措施
【記憶技巧】*safe*（安全的）+ *guard*（守護）

***safety**[2] 〔'seftɪ〕 n. 安全（= *security*）
adj. 安全的
We put money in a bank for *safety*.

┌─【典型考題】────────
│ For your own ＿＿＿＿, please don't
│ open the door until the train fully stops.
│ A. humanity   B. safety
│ C. liberty   D. vanity   [B]
└──────────────────

sail[1] 〔 sel 〕 v. 航行（= *navigate*）
n.（船的）帆；帆船
The ship *sails* slowly into the harbor.

sailor[2] 〔'selɚ〕 n. 水手（= *seaman*）
I saw a *sailor* walking near the port.

saint[5] 〔 sent 〕 n. 聖人（= *holy person*）
【重要知識】用於功績卓著的基督徒或殉教者，冠於名字前面常作 St.，如：St. Peter（聖彼得）。

***sake**[3] 〔 sek 〕 n. 緣故（= *reason*）
For your mother's *sake*, please apologize to your sister.
【片語】*for one's sake*（為了某人）
for God's sake（看在老天的份上）

salad[2] 〔'sæləd〕 n. 沙拉
【重要知識】沙拉醬是 salad dressing，注意「沙拉醬」由上淋下，用 dressing 而不是 sauce（沾醬）。

***salary**[4] 〔'sælərɪ〕 n. 薪水（= *earnings*）
【記憶技巧】*sal* (salt) + *ary* (n.)（源於古羅馬發鹽給士兵當作「薪水」）

sale[1] 〔 sel 〕 n. 出售
Mr. Dawson's car is for *sale*.

salesman[4] 〔'selzmən〕 n. 售貨員（= *salesperson*）；推銷員；業務員

salmon[5] 〔'sæmən〕 n. 鮭魚【注意發音】
【比較】tuna（鮪魚）

saloon[6] 〔 sə'lun 〕 n. 酒店；酒吧
【重要知識】一般酒吧都稱 bar，分為：① pub，可喝酒、吃飯的「小酒館」。② nightclub，大型吵鬧之地，以跳舞、聽音樂為主。③ lounge，較正式，可喝酒、聊天、聽音樂。④ saloon，較複雜，可喝酒和賭博。

**salt[1] 〔 sɔlt 〕 *n.* 鹽

【片語】*take···with a grain of salt*
（對···持保留的態度）

salty[2] 〔'sɔltɪ 〕 *adj.* 鹹的

Tears are *salty*.

salute[5] 〔 sə'lut 〕 *v.* 向···敬禮；向···
行單禮；向···致敬 (= *express respect*)

The soldiers *saluted* as the president's
motorcade passed by.

salvation[6] 〔 sæl've∫ən 〕 *n.* 拯救；救贖

You must work out your own
salvation.

**same[1] 〔 sem 〕 *adj.* 相同的

We always go to the *same* place after
work.

*sample[2] 〔'sæmpḷ 〕 *n.* 範例；樣品
(= *example*)

They distributed free *samples* of
shampoo to passers-by in the street.

sanction[6] 〔'sæŋk∫ən 〕 *n.* 制裁
(= *penalty*)；批准 (= *permission*)

One of the *sanctions* was a ban on
international investment.

【記憶技巧】*sanct* (sacred) + *ion* (n.)
（神聖的裁奪）

【片語】*economic sanction* (經濟制裁)

sanctuary[6] 〔'sæŋkt∫ʊˌɛrɪ 〕 *n.* 避難所
(= *shelter*)；聖殿

Her bedroom is like a personal
sanctuary to which she can escape
from her three younger brothers.

【記憶技巧】*sanct* (sacred) + *uary* (地
方)（神聖的地方，叫作「聖殿」）

**sand[1] 〔 sænd 〕 *n.* 沙子

She got some *sand* in her eye.

sandal[5] 〔'sændḷ 〕 *n.* 涼鞋

【記憶技巧】*sand* (沙子) + *al*
（穿涼鞋時，沙子會一直黏到腳上）

**sandwich[2] 〔'sændwɪt∫ 〕 *n.* 三明治

sane[6] 〔 sen 〕 *adj.* 頭腦清醒的(= *sober*)

【反義詞】insane (瘋狂的)

sanitation[6] 〔ˌsænə'te∫ən 〕 *n.* 衛生
(= *hygiene*)

The mayor has promised to hire more
street cleaners and improve the
sanitation of the streets.

【記憶技巧】*sani* (health) + *tation* (n.)

*satellite[4] 〔'sætḷˌaɪt 〕 *n.* 衛星

Communication *satellites* enable
people to watch live broadcasts from
anywhere in the world.

【記憶技巧】*sate* (full) + *llite* (go)
（「衛星」就是環繞行星運行的物體）

*satisfaction[4] 〔ˌsætɪs'fæk∫ən 〕 *n.*
滿足 (= *contentment*)

Jerry felt a sense of *satisfaction* when
he finally finished painting the porch.

*satisfactory[3] 〔ˌsætɪs'fæktərɪ 〕 *adj.*
令人滿意的 (= *satisfying*)

What he has done is *satisfactory* to me.

【重要知識】北美系統的成績評等描述分為：
Outstanding > Good > Satisfactory >
Inferior > Failed。

*satisfy[2] 〔'sætɪsˌfaɪ 〕 *v.* 滿足
(= *gratify*)；使滿意

The government can't fully *satisfy*
people's needs.

**Saturday[1] 〔'sætɚdɪ 〕 *n.* 星期六 (= *Sat.*)

*__sauce__² 〔sɔs 〕*n.* 醬汁
Two *sauces* are served with the meat course.
【衍伸詞】*soy sauce*（醬油）

‡__saucer__³ 〔'sɔsɚ 〕*n.* 碟子（*= small dish*）
She offered me tea in her best cup and *saucer*.
【衍伸詞】*flying saucer*（飛碟）（*= UFO*）

*__sausage__³ 〔'sɔsɪdʒ 〕*n.* 香腸
【記憶技巧】*sa* + *usage*（用法）

__savage__⁵ 〔'sævɪdʒ 〕*adj.* 野蠻的（*= brutal = barbarian*）；兇暴的
The inhabitants were still in a *savage* state.
【反義詞】civilized（文明的）

‡__save__¹ 〔sev 〕*v.* 節省；拯救

*__saving__³ 〔'sevɪŋ 〕*n.* 節省；(*pl.*) 儲蓄
With the discount coupon, you will enjoy a *saving* of fifty dollars.

*__saw__¹ 〔sɔ 〕*n.* 鋸子

‡__say__¹ 〔se 〕*v.* 說

*__scale__³ 〔skel 〕*n.* 規模；程度；刻度；比例；音階；鱗 *pl.* 天平 *v.* 爬；調整；刮鱗
The business is large in *scale*.
【片語】*on a large scale*（大規模地）

__scan__⁵ 〔skæn 〕*v.* 掃描（*= inspect*）；瀏覽（*= browse*）*n.* 掃描
Rachel *scanned* the want ads, hoping to find a good job opportunity.

__scandal__⁵ 〔'skændl 〕*n.* 醜聞
The magazine contains nothing but *scandal* and gossip.
【比較】sandal（涼鞋）

【典型考題】
When a public official is found involved in a _____, he usually has to resign.
A. request   B. tension
C. scandal   D. hardship   [C]

__scar__⁵ 〔skɑr 〕*n.* 疤痕
【記憶技巧】*s* + *car*（死車子，讓我留下「疤痕」）

*__scarce__³ 〔skɛrs 〕*adj.* 稀少的（*= lacking*）
The endangered animal has become *scarce* in its natural habitat.

*__scarcely__⁴ 〔'skɛrslɪ 〕*adv.* 幾乎不（*= hardly = barely*）
He was so embarrassed that he *scarcely* knew what to say.

*__scare__¹ 〔skɛr 〕*v.* 驚嚇；使害怕
Rex tried to *scare* the children by telling them ghost stories.

*__scarecrow__³ 〔'skɛr‚kro 〕*n.* 稻草人（*= straw man*）
We put a *scarecrow* in the cornfield to frighten the birds away.

【重要知識】從前在美國，田裡烏鴉（crow）很多，「稻草人」（scarecrow）是用來嚇烏鴉的。

*__scarf__³ 〔skɑrf 〕*n.* 圍巾
【記憶技巧】car-scar（疤痕）-scarf（圍巾）

*__scary__³ 〔'skɛrɪ 〕*adj.* 可怕的（*= fearful*）；嚇人的

*__scatter__³ 〔'skætɚ 〕*v.* 撒；散開；散播（*= throw about = spread*）
After you have prepared the soil, *scatter* the seeds and then water the field.

* **scene**[1] 〔 sin 〕 *n.* 場景（＝*setting*）；
風景（＝*view*）
The boats in the harbor make a
beautiful *scene*.
【片語】 *on the scene*（當場）

* **scenery**[4] 〔'sinərɪ 〕 *n.* 風景【集合名詞】
We stopped to admire the *scenery*.

scenic[6] 〔'sinɪk 〕 *adj.* 風景優美的
（＝*picturesque*）
WuLai is a very popular *scenic* spot
in Taiwan.
【片語】 *scenic spot*（風景區）

scent[5] 〔 sɛnt 〕 *n.* 氣味（＝*odor*）
There is a sweet *scent* in my sister's
bedroom.

* **schedule**[3] 〔'skɛdʒul 〕 *n.* 時間表
（＝*timetable*）
I have to check my *schedule*.

scheme[5] 〔 skim 〕 *n.* 陰謀；計劃
（＝*organized plan*）
Offering to do chores around the
house is part of his *scheme* to get his
father to buy him a car.

* **scholar**[3] 〔'skɑlə 〕 *n.* 學者
He is a *scholar* of ancient history.
【記憶技巧】 一般說來，字尾是 ar，都不是
什麼好人，像 liar（說謊者），burglar
（竊賊），beggar（乞丐）。而 scholar
（學者），讀書人壞起來，更可怕。

* **scholarship**[3] 〔'skɑləˌʃɪp 〕 *n.* 獎學金

‡ **school**[1] 〔 skul 〕 *n.* 學校；（魚）群
We go to *school* five days a week.
We saw a *school* of whales.

‡ **science**[2] 〔'saɪəns 〕 *n.* 科學
┌─【典型考題】─────────
│ Today, ＿＿＿ gives us different
│ explanations of how things happen.
│ A. infant   B. orbit
│ C. shadow   D. science   [D]
└──────────────────────

* **scientific**[3] 〔ˌsaɪən'tɪfɪk 〕 *adj.* 科學的
Eugene does not believe in
superstitions because they are not
based on *scientific* facts.

‡ **scientist**[2] 〔'saɪəntɪst 〕 *n.* 科學家

* **scissors**[2] 〔'sɪzəz 〕 *n. pl.* 剪刀
I need a pair of *scissors* to cut this
string.
【片語】 *a pair of scissors*（一把剪刀）

* **scold**[4] 〔 skold 〕 *v.* 責罵；責備
（＝*blame*）
Lucy was *scolded* by her mother
because she forgot to take out the trash.
【記憶技巧】 先背 cold（寒冷的），因為被罵
的人會感到心寒。

* **scoop**[3] 〔 skup 〕 *v.* 舀取；挖起；賺得
（＝*earn*）   *n.* 一杓（量）；獨家新聞
Maggie *scooped* the ice cream from
the carton into the bowls.

scope[6] 〔 skop 〕 *n.* 範圍（＝*range*）；
機會；發展餘地
I'm sorry, but your question is not
within the *scope* of my knowledge;
you'll have to ask someone else.

* **score**[2] 〔 skor 〕 *n.* 分數   *v.* 得分
The teacher blamed her for her low
score.

⁑scorn⁵〔skɔrn〕*v.* 瞧不起；不屑；輕視（= *despise* = *look down on*）
n. 輕視；嘲弄
You should not *scorn* the poor.

＊scout³〔skaʊt〕*v.* 偵察；搜索；物色人才   *n.* 偵查員；星探；童子軍
One soldier was sent ahead to *scout* the terrain.
【記憶技巧】*sc* + *out*（到外面去看看，就是「偵察」）

scramble⁵〔'skræmbḷ〕*v.* 攀登（= *climb*）；炒（蛋）
The thief *scrambled* over the wall when he heard the alarm sound.
【衍伸詞】*scrambled eggs*（炒蛋）

scrap⁵〔skræp〕*n.* 碎片；碎屑（= *bit*）   *pl.* 剩飯；剩菜；殘餘物
There is only a *scrap* of meat left, so you might as well give it to the dog.
【片語】*a scrap of*（一點點）

scrape⁵〔skrep〕*v.* 擦傷（= *skin*）；刮；擦；刮擦發出刺耳聲   *n.* 擦傷
Lucy fell down and got a *scrape* on her knee while she was rollerblading.

＊scratch⁴〔skrætʃ〕*v.* 抓（癢）（= *scrape*）；搔（頭）；潦草書寫 *n.* 抓痕；刮痕；擦傷
If you *scratch* the mosquito bite, it will only itch more.

＊scream³〔skrim〕*v.* 尖叫（= *cry*）
n. 尖叫（聲）

⁑screen²〔skrin〕*n.* 螢幕；銀幕；幕；簾；屏風；紗窗（門）   *v.* 遮蔽；篩檢；審查；放映
There is a spot on the TV *screen*.

【典型考題】
To prevent the spread of the Ebola virus from West Africa to the rest of the world, many airports have begun Ebola _____ for passengers from the infected areas.
A. screenings   B. listings
C. clippings   D. blockings   [A]

＊screw³〔skru〕*n.* 螺絲
The cover of the DVD player is held in place with four *screws*.

＊screwdriver⁴〔'skru,draɪvɚ〕
n. 螺絲起子

script⁶〔skrɪpt〕*n.* 原稿（= *writing*）；劇本
Having read the *script* of the play, the producer began to think how he would cast it.
【記憶技巧】*script*（write）
（最初寫下來的東西，也就是「原稿」）
【比較】manu<u>script</u>（原稿；手稿）

scroll⁵〔skrol〕*n.* 卷軸；畫捲
v.（使）（電腦螢幕）捲動

＊scrub³〔skrʌb〕*v.* 刷洗；用力擦洗；擦掉；刷掉
No matter how hard she *scrubbed*, Alice could not get the stain out of the carpet.
【記憶技巧】*sc* + *rub*（摩擦）

sculptor⁵〔'skʌlptɚ〕*n.* 雕刻家（= *sculpture artist*）

＊sculpture⁴〔'skʌlptʃɚ〕*n.* 雕刻（= *carved artwork*）；雕刻術；雕像
The sculptor worked on the outdoor *sculpture* garden for over twenty years.

S

‡**sea**[1]〔si〕*n.* 海（=*marine*）
　Is the *sea* here warm enough for swimming?

***seagull**[4]〔'si,gʌl〕*n.* 海鷗（=*gull*）

***seal**[3]〔sil〕*v.* 密封（=*shut airtight*）
　n. 印章；海豹
　The letter was *sealed* with wax.

‡**search**[2]〔sɝtʃ〕*v. n.* 尋找；搜尋
　Peter is *searching* for his watch.

┌─【典型考題】─────────┐
│ The policemen have _____ the whole │
│ area but haven't found the criminal yet. │
│ A. looked　　　　B. improved │
│ C. searched　　　D. discovered　　[C] │
└────────────────┘

‡**season**[1]〔'sizn̩〕*n.* 季節
　There are four *seasons* in a year.

‡**seat**[1]〔sit〕*n.* 座位　*v.* 使就座
　Alisa gave her *seat* on the bus to an old woman.
　Please be *seated*.

┌─【典型考題】─────────┐
│ This _____ is taken. You can't sit │
│ here. │
│ A. sweater　　　B. pants │
│ C. dialogue　　　D. seat　　　　[D] │
└────────────────┘

‡**second**[1]〔'sɛkənd〕*adj.* 第二的　*n.* 秒

‡**secondary**[3]〔'sɛkən,dɛrɪ〕*adj.*
　第二的；次要的；中等的
　This thing is *secondary* to that.

***secret**[2]〔'sikrɪt〕*n.* 祕密（=*secrecy*）
　adj. 祕密的
　She can't keep a *secret*.
　【記憶技巧】*se*（apart）+ *cret*（separate）
　　（與平常能講的話區隔開來，也就是不能
　　說的「祕密」）

‡**secretary**[2]〔'sɛkrə,tɛrɪ〕*n.* 秘書
　（=*special assistant*）
　She is the private *secretary* of my boss.
　【記憶技巧】*secret*（秘密）+ *ary*（人）
　　（「秘書」是幫主管處理機密事項的人）

***section**[2]〔'sɛkʃən〕*n.* 部分（=*part*）
　Mother cut the pie into eight equal *sections*.
　【記憶技巧】*sect*（cut）+ *ion*（n.）
　　（經過切割，分成很多「部分」）

sector[6]〔'sɛktɚ〕*n.* 部門
　（=*department*）；業界；領域
　Agriculture is the most important *sector* of the economy.

secure[5]〔sɪ'kjur〕*adj.* 安全的（=*safe*）
　v. 保護；確保；獲得
　【記憶技巧】*se*（free from）+ *cure*
　　（care）（沒有憂慮的，表示「安全的」）

***security**[3]〔sɪ'kjurətɪ〕*n.* 安全
　（=*safety*）；防護措施
　The *security* at most airports has been very tight since the terrorist attacks.

seduce[6]〔sɪ'djus〕*v.* 勾引
　（=*tempt*）；誘姦；誘惑
　He'll never succeed in *seducing* anyone with those tired old lines.
　【記憶技巧】*se*（away）+ *duce*（lead）
　　（帶離原本所在之處，就是「勾引」）

‡**see**[1]〔si〕*v.* 看見

‡**seed**[1]〔sid〕*n.* 種子
　We sowed vegetable *seeds* in the garden.

***seek**[3]〔sik〕*v.* 尋找
　（=*look for* = *search for*）
　【三態變化為：seek-sought-sought】
　He is *seeking* a new job.

S

＊**seem**[1] 〔 sim 〕 v. 似乎（= *appear*）
This exam *seems* hard to her.

＊＊**seesaw**[1] 〔'si,sɔ 〕 n. 蹺蹺板
The kids are playing on a *seesaw* at the playground.

segment[5] 〔'sɛgmənt 〕 n. 片段；部分
（= *part*） v. 分割
The 18 to 24-year-old *segment* of the population is very important to manufacturers.
【記憶技巧】 *seg* (cut) + *ment* (n.)
（從中切割，分成很多「部分」）

＊**seize**[3] 〔 siz 〕 v. 抓住（= *grab*）
The police *seized* the robber's arm.
【衍伸詞】 *seize the day* (把握時機)

＊＊**seldom**[3] 〔'sɛldəm 〕 adv. 很少
（= *rarely*）
I *seldom* go out at night.

＊＊**select**[2] 〔 sə'lɛkt 〕 v. 挑選（= *pick*）
John *selected* a present for his girlfriend.
【記憶技巧】 *se* (apart) + *lect* (choose)

＊**selection**[2] 〔 sə'lɛkʃən 〕 n. 選擇
（= *choice*）；精選集

selective[6] 〔 sə'lɛktɪv 〕 adj. 精挑細選的

＊**self**[1] 〔 sɛlf 〕 n. 自己
Jack has changed so much that he is nothing like his former *self*.

＊＊**selfish**[1] 〔'sɛlfɪʃ 〕 adj. 自私的
After he went bankrupt, he became *selfish*.
【反義詞】 selfless (無私的)

＊＊**sell**[1] 〔 sɛl 〕 v. 賣

＊**semester**[2] 〔 sə'mɛstə 〕 n. 學期
I want to take a French class next *semester*.
【記憶技巧】 *se* (six) + *mester* (month)
（一學期是六個月）

【典型考題】
In Taiwan, the first _____ of a school year usually begins in September.
A. example B. rule
C. semester D. system [C]

seminar[6] 〔'sɛmə,nɑr 〕 n. 研討會；專題討論課
There will be a two-day *seminar* on global warming this May.

senator[6] 〔'sɛnətə 〕 n. 參議員
The Massachusetts *senator* is running for president.

＊＊**send**[1] 〔 sɛnd 〕 v. 寄；送
I *sent* a greeting card to my sister.

＊**senior**[4] 〔'sinjə 〕 adj. 年長的；資深的
Ms. Lin is the *senior* flight attendant, so if you have any questions, you can consult her.
【反義詞】 junior (年幼的；資淺的)

sensation[5] 〔 sɛn'seʃən 〕 n. 轟動；感覺；知覺
News of the movie star's divorce caused a *sensation*.

＊＊**sense**[1] 〔 sɛns 〕 n. 感覺（= *feeling*）；判斷力；道理；意義；見識；智慧
Our five *senses* are sight, hearing, taste, smell, and touch.

＊**sensible**[3] 〔'sɛnsəbļ 〕 adj. 明智的；理智的；合理的（= *reasonable*）
Realizing she had a bad cold, Dana did the *sensible* thing and stayed at home.

S

S

* **sensitive**[3] 〔'sɛnsətɪv 〕 *adj.* 敏感的
(= *touchy*)
The microphone is very *sensitive* and can pick up even the slightest sound.
【片語】 *be sensitive to* (對…敏感)

┌─【典型考題】─────
│ Most earthquakes are too small to be
│ noticed; they can only be detected by
│ _____ instruments.
│ A. manual   B. sensitve
│ C. portable   D. dominant   [B]
└────────────────

sensitivity[5] 〔,sɛnsə'tɪvətɪ 〕 *n.* 敏感
(= *tenderness*)

*****sentence**[1] 〔'sɛntəns 〕 *n.* 句子；刑罰
v. 宣判；處以…的刑
The death *sentence* has been abolished in Britain.

sentiment[5] 〔'sɛntəmənt 〕 *n.* 感情
(= *emotion*)
He is a poet full of *sentiment*.

sentimental[6] 〔,sɛntə'mɛntḷ 〕 *adj.*
多愁善感的 (= *emotional*)；感傷的
I always cry when I watch *sentimental* movies.

* **separate**[2] 〔'sɛpə,ret 〕 *v.* 使分開；
區別；分離 *adj.* 分開的
The two towns are *separated* by a river.
【片語】 *separate* A *from* B (區別 A 與 B)

* **separation**[3] 〔,sɛpə'reʃən 〕 *n.* 分開
(= *division*)

****September**[1] 〔 sɛp'tɛmbɚ 〕 *n.* 九月
(= *Sept.*)

sequence[6] 〔'sikwəns 〕 *n.* 順序；連續
(= *succession*)；一連串 (= *series*)
The beautiful island suffered a *sequence* of disasters.
【記憶技巧】 *sequ* (follow) + *ence* (n.)
(接二連三跟隨在後面，也就是「連續」)

serene[6] 〔 sə'rin 〕 *adj.* 寧靜的
(= *peaceful* = *tranquil*)
A trip to this *serene* hot spring resort will surely help you relax.

serenity[6] 〔 sə'rɛnətɪ 〕 *n.* 寧靜
(= *peace*)

sergeant[5] 〔'sɑrdʒənt 〕 *n.* 士官；
中士；警佐【簡寫為 Sgt.】

series[5] 〔'sɪriz 〕 *n.* 一連串；影集；
連續刊物【單複數同形】
One episode of this television *series* is shown every night.
【片語】 *a series of* (一連串的)

****serious**[2] 〔'sɪriəs 〕 *adj.* 嚴重的；
嚴肅的；認真的
Tom had a *serious* car accident yesterday.

┌─【典型考題】─────
│ Air pollution has become more and
│ more _____ in Taiwan.
│ A. popular   B. impossible
│ C. serious   D. interesting   [C]
└────────────────

sermon[5] 〔's˞mən 〕 *n.* 說教
(= *lecture*)；講道
The priest delivered a long *sermon* on the evils of drinking.

****servant**[2] 〔's˞vənt 〕 *n.* 僕人
Policemen are public *servants*.

【重要知識】字尾 ant 指「人」，如：giant (巨人)、
merchant (商人) 等。

＊serve[1] 〔sɜv〕*v.* 服務；供應（＝*supply*）
The cook *served* the Brown family
for one year.

server[5] 〔'sɜvɚ〕*n.* 服務生
（＝*attendant*）；伺服器

＊service[1] 〔'sɜvɪs〕*n.* 服務；（郵電、
電話等的）（公共）事業；設施
The *service* in this restaurant is very
good.

> 【典型考題】
> I am sorry that I went to a restaurant
> with such dreadful _____ .
> A. bill   B. service
> C. politeness   D. complaint   [B]

serving[6] 〔'sɜvɪŋ〕*n.* 一人份
（＝*helping*）
We need five *servings* of spaghetti.

session[6] 〔'sɛʃən〕*n.* 開庭；開會
（＝*meeting*）；授課時間；一段時間
You must remain quiet when the
court is in *session*.
【記憶技巧】*sess* (sit) + *ion* (*n.*)
（「開會」就像坐著聽課一樣）

＊set[1] 〔sɛt〕*v.* 設定（＝*arrange*）；創
（紀錄）；（太陽）落下 *n.* 一套
We must *set* the time for the meeting.

setback[6] 〔'sɛt,bæk〕*n.* 挫折
（＝*frustration*）
Jimmy suffered a *setback* in his
research.
【記憶技巧】*set*（使）+ *back*（「挫折」
就是使人後退的東西）
【比較】drawback（缺點）

setting[5] 〔'sɛtɪŋ〕*n.*（事件的）背景
（＝*background*）

The tale has its *setting* in ancient
Greece.

＊settle[2] 〔'sɛtḷ〕*v.* 定居；解決（＝*solve*）
After moving from one city to
another for several years, Mike
decided to *settle* in Chicago.
【片語】*settle down*（定居；安定下來）

＊settlement[2] 〔'sɛtḷmənt〕*n.* 定居；
解決；殖民
The whole country is hoping for the
settlement of this strike.

settler[4] 〔'sɛtlɚ〕*n.* 殖民者
（＝*colonist*）；移民（＝*immigrant*）

＊several[1] 〔'sɛvərəl〕*adj.* 好幾個
Several boys took part in the race.

＊severe[4] 〔sə'vɪr〕*adj.* 嚴格的
（＝*strict*）；嚴重的（＝*serious*）；
惡劣的（＝*harsh*）
He is very *severe* with his children.

＊sew[3] 〔so〕*v.* 縫紉（＝*stitch*）；縫製；
縫補
Rather than buy her son a Halloween
costume, Betty decided to *sew* one
herself.

sewer[6] 〔'soɚ〕*n.* 裁縫師；
〔'suɚ〕下水道

【比較】sewerage 〔'suərɪdʒ〕*n.* 下水
道系統

＊sex[3] 〔sɛks〕*n.* 性；性別（＝*gender*）

＊sexual[3] 〔'sɛkʃuəl〕*adj.* 性的；性別的
【衍伸詞】*sexual harassment*（性騷擾）

＊sexy[3] 〔'sɛksɪ〕*adj.* 性感的
（＝*sexually attractive*）

S

shabby[5] 〔'ʃæbɪ〕 *adj.* 破舊的；
衣衫襤褸的 (= *ragged*)
You'd never guess he's a famous
movie star from the *shabby* way he
dresses.

* **shade**[3] 〔ʃed〕 *n.* 陰影 (= *shadow*)；
樹蔭 (= *tree shadow*)
The sun was so hot that we decided
to sit in the *shade* of this tree.

* **shadow**[3] 〔'ʃædo〕 *n.* 影子

* **shady**[3] 〔'ʃedɪ〕 *adj.* 陰涼的 (= *shaded*)

‡ **shake**[1] 〔ʃek〕 *v. n.* 震動；搖動；抖動
You should *shake* the can before
drinking.
【片語】 ***shake hands with** sb.* (和某人
握手)

‡ **shall**[1] 〔ʃæl〕 *aux.* 將會
After 10:00 p.m., Nancy *shall* call
you again.

* **shallow**[3] 〔'ʃælo〕 *adj.* 淺的；膚淺的
Children are restricted to the *shallow*
end of the swimming pool.

┌─【典型考題】────────┐
│ "Superficial knowledge" means
│ knowledge that is ＿＿＿＿.
│ A. thorough　　　 B. deep
│ C. unnecessary　　D. shallow　　[D]
└──────────────┘

* **shame**[3] 〔ʃem〕 *n.* 羞恥 (= *guilt*)；
可惜的事 (= *pity*)
Evan found it difficult to bear the
shame of bankruptcy.
【衍伸詞】 ashamed (感到羞恥的)

* **shameful**[4] 〔'ʃemful〕 *adj.* 可恥的
(= *guilty*)

Ms. Lin always tells her students that
it's not *shameful* to ask questions in
class.

* **shampoo**[3] 〔ʃæm'pu〕 *n.* 洗髮精
【比較】 rinse (潤絲精)

‡ **shape**[1] 〔ʃep〕 *n.* 形狀　*v.* 形成；塑造
The shell has a strange *shape*.

‡ **share**[2] 〔ʃɛr〕 *v.* 分享　*n.* 一份；股票
My friend *shares* a cake with me.

‡ **shark**[1] 〔ʃɑrk〕 *n.* 鯊魚
No one can catch the *shark*.
【衍伸詞】 ***great white shark*** (大白鯊)

‡ **sharp**[1] 〔ʃɑrp〕 *adj.* 銳利的；急轉的；
鮮明的
The knife is very *sharp*.
【反義詞】 dull (鈍的)

sharpen[5] 〔'ʃɑrpən〕 *v.* 使銳利
(= *make sharp*)

shatter[5] 〔'ʃætɚ〕 *v.* 使粉碎；打碎；
使破碎 (= *break into pieces*)
The explosion *shattered* every
window in the house.

* **shave**[3] 〔ʃev〕 *v.* 刮 (鬍子)
n. 刮鬍子
Lenny asked the barber to *shave*
off his beard.

* **shaver**[4] 〔'ʃevɚ〕 *n.* 電動刮鬍刀
(= *electric razor*)
【比較】 razor (剃刀；刮鬍刀)

shed[6] 〔ʃɛd〕 *v.* 流 (淚)；擺脫；
自然脫落
She *shed* a few tears upon hearing
the bad news.

‡**sheep**[1] 〔 ʃip 〕 n. 綿羊；盲從的人
【單複數同型】
John keeps a lot of *sheep*.
【比較】 lamb（羔羊）；goat（山羊）；
mutton（羊肉）
【片語】 *a flock of sheep*（一群羊）

sheer[6] 〔 ʃɪr 〕 adj. 極陡峭的；極薄的；
全然的（= *complete*）；絕對的
（= *absolute*）
Lisa won her job by *sheer* luck.

‡**sheet**[1] 〔 ʃit 〕 n. 床單（= *bedding*）；
一張（紙）；薄板；廣大一片

‡**shelf**[2] 〔 ʃɛlf 〕 n. 架子（= *ledge*）
I took some books off the *shelf*.

* **shell**[2] 〔 ʃɛl 〕 n. 貝殼；（烏龜、蝦、
螃蟹等的）甲殼

* **shelter**[4] 〔'ʃɛltɚ 〕 n. 避難所
The original meaning of home is the
best *shelter* where one can go for help.
【記憶技巧】 *shel*（shield 盾牌）+ *ter*
（strong）（軍隊用盾牌圍成堅固的避難所）

【典型考題】
In the desert, a huge mall with art
galleries, theaters, and museums will
be constructed to ＿＿＿＿ visitors
from the heat outside.
A. convert   B. defend
C. shelter   D. vacuum   [C]

* **shepherd**[3] 〔'ʃɛpɚd 〕 n. 牧羊人
v. 帶領；指引【注意發音】

sheriff[5] 〔'ʃɛrɪf 〕 n. 警長；郡長
【記憶技巧】 *sher*（shire 郡）+ *iff*
（official）

shield[5] 〔 ʃild 〕 n. 保護物
（= *protection*）；盾 v. 保護；庇護
【記憶技巧】 源自 shell（甲殼），盾的形狀長
得跟烏龜的殼很像。
【衍伸詞】 windshield（擋風玻璃）

* **shift**[4] 〔 ʃɪft 〕 v. 改變（= *change*）；
換檔；轉移 n. 改變；輪班
The candidate was constantly *shifting*
his position on the issues.
【片語】 *shift gears*（換檔）
work in three shifts（三班輪流工作）

shilling[6] 〔'ʃɪlɪŋ 〕 n. 先令（英國貨幣單位）

‡**shine**[1] 〔 ʃaɪn 〕 v. 照耀
The sun was *shining* brightly.

* **shiny**[3] 〔'ʃaɪnɪ 〕 adj. 閃亮的

‡**ship**[1] 〔 ʃɪp 〕 n. 船

‡**shirt**[1] 〔 ʃɜt 〕 n. 襯衫

shiver[5] 〔'ʃɪvɚ 〕 v. 顫抖；發抖
（= *shake* = *tremble*） n. 發抖；打顫
The patient's forehead was burning
hot and he was *shivering* violently.

* **shock**[2] 〔 ʃak 〕 v. n. 震驚
His behavior *shocked* me.
Her death was a great *shock* to me.

‡**shoes**[1] 〔 ʃuz 〕 n. pl. 鞋子

* **shoot**[2] 〔 ʃut 〕 v. 射擊；射（門、籃）
He was *shot* in the arm.

‡**shop**[1] 〔 ʃap 〕 n. 商店（= *store*）；店鋪；
工廠 v. 購物；買東西

shoplift[6] 〔'ʃap,lɪft 〕 v. 順手牽羊
If you *shoplift* in the supermarket,
you'll be arrested.
【記憶技巧】 *shop*（商店）+ *lift*（舉起）

‡**shore**[1] 〔 ʃor 〕 n. 海岸
The waves washed over the *shore*.

‡‡**short**[1] 〔 ʃɔrt 〕 adj. 短的；矮的；
缺乏的
【片語】 **be short of**（缺乏）

shortage[5] 〔'ʃɔrtɪdʒ 〕 n. 缺乏（= *lack*）
The *shortage* of rice is causing
prices to rise.

【典型考題】
Since it hasn't rained for months,
there is a water ——— in many
parts of the country.
A. resource　　B. deposit
C. shortage　　D. formula　　[C]

shortcoming[5] 〔'ʃɔrt,kʌmɪŋ 〕 n. 缺點
（= *weakness* = *drawback* = *fault*
= *defect* ）
Carelessness is a serious *shortcoming*.

shorten[3] 〔'ʃɔrtn̩ 〕 v. 縮短

*__**shortly**[3] 〔'ʃɔrtlɪ 〕 adv. 不久
（= *soon* = *before long* ）
We will be landing *shortly*, so please
return to your seats and fasten your
seatbelts.

【典型考題】
The town is five kilometers away;
we will be there ———.
A. temporarily　　B. virtually
C. shortly　　　　D. abruptly　　[C]

‡‡**shorts**[2] 〔 ʃɔrts 〕 n. pl. 短褲
（= *short trousers* ）
She wore *shorts* to play volleyball.

*__**shortsighted**[4] 〔'ʃɔrt'saɪtɪd 〕 adj.
近視的（= *nearsighted* ）；短視近利的

*__**shot**[1] 〔 ʃɑt 〕 n. 射擊；子彈；注射
He fired five *shots*.

‡**shoulder**[1] 〔'ʃoldɚ 〕 n. 肩膀
His *shoulder* was hurt in an accident.

‡**shout**[1] 〔 ʃaʊt 〕 v. 吼叫
My friend *shouted* at me yesterday.

shove[5] 〔 ʃʌv 〕 v. 亂擠；推撞；用力推
（= *push roughly* ）
My boyfriend *shoved* me out of the
way.

*__**shovel**[3] 〔'ʃʌvl̩ 〕 n. 鏟子
（= *spade* ）

‡**show**[1] 〔 ʃo 〕 v. 顯示；給…看　n. 表演
He *showed* me his album.

*__**shower**[2] 〔'ʃaʊɚ 〕 n. 淋浴；陣雨
I take a *shower* every morning.

shred[5] 〔 ʃrɛd 〕 n. 碎片（= *strip* ）；
薄片；極少量　v. 把…撕成碎片
She tore his letter to *shreds*.
【片語】 **in shreds**（成碎片）

shrewd[6] 〔 ʃrud 〕 adj. 聰明的
（= *clever* = *wise* ）；精明的
The investor attributed his success
to many *shrewd* decisions and a
little luck.

shriek[5] 〔 ʃrik 〕 v. n. 尖笑；尖叫
（= *cry* = *scream* ）

*__**shrimp**[2] 〔 ʃrɪmp 〕 n. 蝦子
There are a lot of *shrimp* in the river.
【比較】 lobster（龍蝦）

S

shrine[5] 〔 ʃraɪn 〕 *n.* 神廟；聖地；聖殿
（＝ *sanctuary* ）
One can see many small *shrines* to the Sea Goddess along the coastal highway.
【背這個字先背 shine（發光），中間再加入 r 】

* **shrink**[3] 〔 ʃrɪŋk 〕 *v.* 收縮；減少；縮水
（＝ *become smaller* ）；退縮；逃避
If you put this sweater in the dryer, it will probably *shrink*.

shrub[5] 〔 ʃrʌb 〕 *n.* 灌木；矮樹（＝ *bush* ）

* **shrug**[4] 〔 ʃrʌg 〕 *v. n.* 聳（肩）
Peter *shrugged* his shoulders to indicate that he didn't know.

shudder[5] 〔 'ʃʌdɚ 〕 *v.* 震顫；發抖
（＝ *shiver* ＝ *tremble* ）　 *n.* 戰慄；顫抖
I *shuddered* when the chilly wind gusted.

shun[6] 〔 ʃʌn 〕 *v.* 避開；避免（＝ *avoid* ）
He *shunned* meeting any of his friends.

shut[1] 〔 ʃʌt 〕 *v.* 關；閉（＝ *close* ）
Strong wind *shut* the door.

shutter[5] 〔 'ʃʌtɚ 〕 *n.*（照相機的）快門；百葉窗（＝ *window shade* ）
Press the *shutter*.
【把陽光關（shut）在外面，是「百葉窗」的功能】

* **shuttle**[4] 〔 'ʃʌtḷ 〕 *n. v.* 來回行駛；穿梭
There is a *shuttle* bus to the airport every half hour.
【衍伸詞】 *space shuttle* （太空梭）

shy[1] 〔 ʃaɪ 〕 *adj.* 害羞的
I'm too *shy* to speak to strangers.

sick[1] 〔 sɪk 〕 *adj.* 生病的；作嘔的

side[1] 〔 saɪd 〕 *n.* 邊；側面；一方
You must walk on one *side* of the road.

sidewalk[2] 〔 'saɪd,wɔk 〕 *n.* 人行道
（＝ *pavement* ）
She fell on the icy *sidewalk*.

siege[6] 〔 sidʒ 〕 *n.* 圍攻
Our country was under *siege* for two weeks.
【片語】 *under siege* （被圍攻）

* **sigh**[3] 〔 saɪ 〕 *v.* 嘆息；（風）呼嘯
n. 嘆息
After a long day of shopping, the girls sat down with a *sigh*.

sight[1] 〔 saɪt 〕 *n.* 景象（＝ *spectacle* ）；看見；視力（＝ *vision* ）

* **sightseeing**[4] 〔 'saɪt,siɪŋ 〕 *n.* 觀光
We would like to do some *sightseeing* while we are in Paris.
【記憶技巧】 *sight* （風景）＋ *seeing*
（「觀光」就是到處去看風景）

sign[2] 〔 saɪn 〕 *n.* 告示牌；信號；符號
v. 簽名
The *sign* says, "No Smoking."
Helen *signed* her name.

* **signal**[3] 〔 'sɪgnḷ 〕 *n.* 信號　 *v.* 做信號
He gave me a *signal* to make a right turn here.

* **signature**[4] 〔 'sɪgnətʃɚ 〕 *n.* 簽名
The manager put his *signature* on the last page of the document.
【比較】 autograph （親筆簽名）

S

S

*significance[4] 〔sɪg'nɪfəkəns〕n.
意義；重要性
Having the first phase done is of
great *significance* to the whole
project.
【記憶技巧】*sign* (mark) + *ifi* (v.) +
cance (n.)

*significant[3] 〔sɪg'nɪfəkənt〕adj.
意義重大的
May 5 is a *significant* date to this
couple.

signify[6] 〔'sɪgnə,faɪ〕v. 表示
(= *represent*)
This symbol *signifies* "no parking."
【記憶技巧】*sign* (mark) + *ify* (make)
(做出信號，也就是「表示」)

*silence[2] 〔'saɪləns〕n. 沉默
Speech is silver, *silence* is golden.

*silent[2] 〔'saɪlənt〕adj. 沉默的；安靜的
The teacher told the students to be
silent.

【典型考題】
The prisoner remained _____ when
he was questioned by police. He was
speechless.
A. unsteady   B. smooth
C. silent   D. rake   [C]

silicon[6] 〔'sɪlɪkən〕n. 矽

*silk[2] 〔sɪlk〕n. 絲 adj. 絲（製）的

silkworm[5] 〔'sɪlk,wɝm〕n. 蠶
【記憶技巧】*silk* + *worm* (蟲)（產絲的
蟲，就是「蠶」)

*silly[1] 〔'sɪlɪ〕adj. 愚蠢的 (= *foolish*)；
荒謬的；無聊的
Mother lets me play a *silly* game.

*silver[1] 〔'sɪlvɚ〕n. 銀 adj. 銀色的
That ring is made of *silver*.

*similar[2] 〔'sɪmələ〕adj. 相似的
(= *alike*)
Her dress is *similar* to yours in style.
【片語】*be similar to* (和…相似)

【典型考題】
I sometimes take John's coat for my
own, because the two of them look
so _____.
A. original   B. cheerful
C. curious   D. similar   [D]

*similarity[3] 〔,sɪmə'lærətɪ〕n. 相似
之處 (= *resemblance*)
There are some *similarities* between
Arenia and me.

simmer[5] 〔'sɪmɚ〕v. 用文火慢慢煮
(= *stew*)
The cook *simmered* the soup for
hours.

*simple[1] 〔'sɪmpl̩〕adj. 簡單的
This book is written in *simple*
English.

simplicity[6] 〔sɪm'plɪsətɪ〕n. 簡樸；
簡單；樸素 (= *easiness*)

【典型考題】
I would like to move to the country
and lead a life of _____.
A. simply   B. simple
C. simplify   D. simplicity   [D]

simplify[6] 〔'sɪmplə,faɪ〕v. 簡化
(= *make simpler*)
Can you *simplify* what you've just
said?
【記憶技巧】*-fy* 表「使成為」的字尾。

* **simply**[2] 〔'sɪmplɪ 〕 *adv.* 僅僅
　　（ = *merely* ）
　　He worked *simply* to get money.

　　simultaneous[6] 〔ˌsaɪml̩'tenɪəs 〕 *adj.*
　　同時的
　　The *simultaneous* plane crashes were
　　blamed on terrorists.
　　【記憶技巧】 *simul* (same)+*taneous* (adj.)
　　【衍伸詞】 simultaneously （同時地）

* **sin**[3] 〔sɪn 〕 *n.* 罪（ = *guilt* ）
　　Not all religions agree on what is a
　　sin and what isn't.
　　【注意】sin 是指宗教、道德上的「罪」；
　　　　　而 crime 是指法律上的「罪」。

‡ **since**[1] 〔sɪns 〕 *conj.* 因為；自從
　　（ = *from* ）；既然（ = *now that* ）
　　I've been very busy *since* I came
　　back from my vacation.

‡ **sincere**[3] 〔sɪn'sɪr 〕 *adj.* 真誠的
　　（ = *earnest* ）
　　I accepted a *sincere* apology.
　　【重要知識】副詞 sincerely，常用於書信最後，
　　相當於中文的「敬上」。英國人寫成 Yours
　　sincerely，美國人寫成 Sincerely （yours）。

* **sincerity**[4] 〔sɪn'sɛrətɪ 〕 *n.* 真誠；
　　誠意（ = *earnestness* ）

‡ **sing**[1] 〔sɪŋ 〕 *v.* 唱歌

‡ **singer**[1] 〔'sɪŋɚ 〕 *n.* 歌手；唱歌的人

‡ **single**[2] 〔'sɪŋgl̩ 〕 *adj.* 單一的；單身的
　　John is still *single*.

* **singular**[4] 〔'sɪŋgjəlɚ 〕 *adj.* 單數的
　　The *singular* form of "media" is
　　"medium".
　　【反義詞】 plural （複數的）

‡ **sink**[2] 〔sɪŋk 〕 *v.* 下沉（ = *immerse* ）
　　n. 水槽
　　The ship *sank*.
　　Sinks are used for washing dishes.

* **sip**[3] 〔sɪp 〕 *v. n.* 啜飲；小口喝
　　He *sipped* his brandy.

‡ **sir**[1] 〔sɚ , sɝ 〕 *n.* 先生

　　siren[6] 〔'saɪrən 〕 *n.* 警報器（ = *alert* ）；
　　號笛；狐狸精；迷人的美女；（ 大寫 ）
　　（ 希臘神話的 ）海妖
　　The air raid *siren* could be heard
　　for miles.
　　【片語】 *air raid siren* （空襲警報）
　　【衍伸詞】 *an ambulance siren* （救護
　　　　　車的警報器）

‡ **sister**[1] 〔'sɪstɚ 〕 *n.* 姊妹

‡ **sit**[1] 〔sɪt 〕 *v.* 坐；位於；坐落於
　　（ = *lie* = *be situated* = *be located* ）
　　The house *sits* on a hill.

* **site**[4] 〔saɪt 〕 *n.* 地點；網站（ = *website* ）
　　This is the *site* of the new airport,
　　which is expected to be built within
　　three years.

* **situation**[3] 〔ˌsɪtʃu'eʃən 〕 *n.* 情況
　　When Clara realized she had no
　　money with which to pay the bill,
　　she had no idea how to handle the
　　situation.

‡ **size**[1] 〔saɪz 〕 *n.* 尺寸
　　What *size* do you wear?
　　┌【典型考題】────────────
　　│ I'm going to buy a new pair of shoes
　　│ for Mother. But I don't remember the
　　│ _____ of her feet.
　　│ A. age　　　　　B. size
　　│ C. space　　　　D. price　　　　[B]
　　└──────────────────

S

‡skate³ 〔 sket 〕 v. 溜冰　　n. 溜冰鞋
Most young people enjoy *skating*.

skeleton⁵ 〔'skɛlətn̩〕 n. 骸骨；骨骼
(= *framework of bones*)
The *skeleton* of a Tyrannosaurus rex fills the museum's lobby.

skeptical⁶ 〔'skɛptɪkl̩〕 adj. 懷疑的
(= *doubtful*)
I am *skeptical* of the politician's promises because they seem too good to be true.

＊sketch⁴ 〔 skɛtʃ 〕 n. v. 素描
My art teacher suggested that I make a *sketch* before beginning to paint.

‡ski³ 〔 ski 〕 v. 滑雪
He likes *skiing* very much.

‡skill¹ 〔 skɪl 〕 n. 技巧；技能
Zoe showed us her *skill* at cooking.

skilled² 〔 skɪld 〕 adj. 熟練的
Robert is a *skilled* mechanic.

‡skillful² 〔'skɪlfəl〕 adj. 熟練的
(= *adept*)；擅長的
She is *skillful* at drawing.

skim⁶ 〔 skɪm 〕 v. 瀏覽 (= *browse*)；
略讀 (= *read roughly*)

‡skin¹ 〔 skɪn 〕 n. 皮膚
She has beautiful *skin*.

‡skinny² 〔'skɪnɪ〕 adj. 皮包骨的
(= *very thin*)
Tony is a *skinny* boy.

＊skip³ 〔 skɪp 〕 v. 跳過；跳繩；蹺 (課)；不做；不吃
Since chapter three in your book is not relevant to this course, we are going to *skip* it.
【片語】 *skip classes* (蹺課)

‡skirt² 〔 skɝt 〕 n. 裙子
【比較】 outskirts (郊區)

skull⁵ 〔 skʌl 〕 n. 頭顱

‡sky¹ 〔 skaɪ 〕 n. 天空
Birds fly across the *sky*.

【典型考題】
When it is going to rain, the ＿＿＿ gets dark.
A. sky　　　　B. air
C. wind　　　D. weather　　[A]

＊skyscraper³ 〔'skaɪˌskrepɚ〕 n. 摩天大樓
【記憶技巧】 *sky* + *scrap(e)* (刮；擦) + *er* (*n*.) (「摩天大樓」就是高到會擦到天空)

slam⁵ 〔 slæm 〕 v. 猛然關上；猛踩；猛擊；猛烈抨擊　　n. 猛關；猛擊；砰的一聲；大滿貫
Ken was so angry that he *slammed* the door when he left.
【片語】 *slam on the brakes* (猛踩煞車)

slang⁶ 〔 slæŋ 〕 n. 俚語　　v. 辱罵

slap⁵ 〔 slæp 〕 v. 打⋯耳光；啪的一聲放下；隨意地塗抹　　n. 掌擊；摑；拍打聲
Donna was so annoyed that she almost *slapped* her daughter.

slash[6] 〔slæʃ〕 v. 鞭打;大幅度削減;
亂砍 n. 切口;砍;劈;斜線號(/)
The jailer *slashed* the prisoner with
his belt.
【比較】flash(閃光)

slaughter[5] 〔'slɔtɚ〕 v. 屠殺;宰殺
n. 屠殺;宰殺(=*killing*);徹底擊敗;
嚴厲批評
The UN has called for a stop to the
slaughter of innocent victims.
【記憶技巧】s + *laughter*(笑)

* **slave**[3] 〔slev〕 n. 奴隸

slavery[6] 〔'slevərɪ〕 n. 奴隸制度

slay[5] 〔sle〕 v. 殺害(=*kill*)
【三態變化為:slay-slew-slain】

sledge[6] 〔slɛdʒ〕 n. 雪橇(=*sled*)

‡ **sleep**[1] 〔slip〕 v. 睡 n. 睡眠

‡ **sleepy**[2] 〔'slipɪ〕 adj. 想睡的
(=*drowsy*)
I feel very *sleepy*.

* **sleeve**[3] 〔sliv〕 n. 袖子

sleigh[6] 〔sle〕 n. 雪車

‡ **slender**[2] 〔'slɛndɚ〕 adj. 苗條的
My mother is a *slender* woman.

* **slice**[3] 〔slaɪs〕 n. (一)片
With some meat, vegetables and
two *slices* of bread, you can make
a sandwich.

‡ **slide**[2] 〔slaɪd〕 v. 滑(=*glide*)
n. 滑行;滑坡;滑梯
A car *slides* along the road.

* **slight**[4] 〔slaɪt〕 adj. 輕微的
I'm not really ill, but I have a *slight*
headache.

‡ **slim**[2] 〔slɪm〕 adj. 苗條的(=*slender*);
狹窄的;微小的 v. 減重;瘦身
She is very *slim* because she swims
every week.

* **slip**[2] 〔slɪp〕 v. n. 滑倒;滑落
I *slipped* on a banana peel.

‡ **slipper**[2] 〔'slɪpɚ〕 n. 拖鞋
Joy wears *slippers* for a comfortable
walk.

* **slippery**[3] 〔'slɪpərɪ〕 adj. 滑的;
滑溜的
After a rain, the sidewalk becomes
slippery. You had better watch
your step.

* **slogan**[4] 〔'slogən〕 n. 口號;標語
The advertising agency has thought
up a new *slogan* for our product.

* **slope**[3] 〔slop〕 n. 斜坡(=*slant*)
Although he is just a beginner, Keith
was able to ski down the *slope*
without falling.

sloppy[5] 〔'slɑpɪ〕 adj. 邋遢的;凌亂的
(=*messy*)
Joe is so *sloppy* that his room is
always in a mess.

slot[6] 〔slɑt〕 n. 投幣孔
【衍伸詞】*slot machine*(吃角子老虎)

‡ **slow**[1] 〔slo〕 adj. 慢的 v. 減慢

slum[6] 〔slʌm〕 n. 貧民區;貧民窟
v. 在貧民窟般的環境生活
The poorest people live in *slums*
surrounding the city's rubbish dump.

slump[5] 〔slʌmp〕 v. 突然倒下;暴跌
n. 不景氣(=*depression*);暴跌;低潮
Sales have *slumped* badly in the last
month.

S

sly[5] 〔 slaɪ 〕 *adj.* 狡猾的（= *cunning*）

smack[6] 〔 smæk 〕 *v.* 打…耳光（= *slap*）
The storekeeper *smacked* me for stealing the toy.

small[1] 〔 smɔl 〕 *adj.* 小的

smallpox[6] 〔 'smɔl͵pɑks 〕 *n.* 天花

smart[1] 〔 smɑrt 〕 *adj.* 聰明的
Victor is explaining his *smart* idea.

smash[5] 〔 smæʃ 〕 *v.* 粉碎（= *shatter*）
The plate *smashed* into a hundred pieces when I dropped it.

smell[1] 〔 smɛl 〕 *v.* 聞   *n.* 味道
Jenny *smelled* the rose with her nose.

smile[1] 〔 smaɪl 〕 *v. n.* 微笑
Remember to *smile* when I take your picture.

smog[4] 〔 smɑg 〕 *n.* 煙霧
The factory is one of the main contributors to the *smog* that always hangs over the city.

smoke[1] 〔 smok 〕 *v.* 抽煙   *n.* 煙

smooth[3] 〔 smuð 〕 *adj.* 平滑的
【反義詞】rough（粗糙的）

smother[6] 〔 'smʌðɚ 〕 *v.* 壓抑；悶死（= *suffocate*）；包覆；把（火）悶熄
The cruel mother tried to *smother* her baby.
【記憶技巧】*s* + *mother*（現在有很多狠心的媽媽悶死自己的小孩）

smuggle[6] 〔 'smʌgl̩ 〕 *v.* 走私；偷運；偷帶
They have been arrested for *smuggling* mainland Chinese women into Taiwan.

snack[2] 〔 snæk 〕 *n.* 點心
Sam wants to eat a *snack* before dinner.
【衍伸詞】*midnight snack*（宵夜）

snail[2] 〔 snel 〕 *n.* 蝸牛
【記憶技巧】*s* + *nail*（指甲）

snake[1] 〔 snek 〕 *n.* 蛇
Snakes have long and thin bodies.

snap[3] 〔 snæp 〕 *v.* 啪的一聲折斷
Damian pressed down so hard with his pencil that it *snapped*.

snare[6] 〔 snɛr 〕 *n.* 陷阱（= *trap*）；圈套 *v.*（用圈套）捕捉；設計陷害
The poacher used a *snare* to catch the rare bird.

snarl[5] 〔 snɑrl 〕 *v.* 咆哮（= *growl*）；吼叫；使（交通）堵塞   *n.* 咆哮；吼叫
"Leave me alone," the angry man *snarled*.
【記憶技巧】*snar* (snare) + *l*（想到 ye<u>ll</u>）（掉入陷阱會「咆哮」）

snatch[5] 〔 snætʃ 〕 *v.* 搶奪（= *take*）；找機會做；奪取   *n.* 片段；片刻；搶
The thief *snatched* my bag and ran away.

sneak[5] 〔 snik 〕 *v.* 偷偷地走
I managed to *sneak* past the guard.

*__sneakers__[5] 〔'snikɚz 〕 *n. pl.* 運動鞋
Wearing *sneakers* is very comfortable.

*__sneaky__[6] 〔'snikɪ 〕 *adj.* 鬼鬼祟祟的；
偷偷摸摸的 (= *sly and stealthy*)

__sneer__[6] 〔snɪr 〕 *v.* 嘲笑；輕視 (= *scorn*)
Don't *sneer* at their religion.

*__sneeze__[4] 〔sniz 〕 *v.* 打噴嚏   *n.* 噴嚏
I think Jerry has a cold because he is
coughing and *sneezing*.

__sniff__[5] 〔snɪf 〕 *v.* 嗅 (= *smell*)
The dog *sniffed* around and then
started running again.

__snore__[5] 〔snor 〕 *v.* 打呼   *n.* 打呼聲
Mr. Wang *snores* so loudly that Mrs.
Wang can't sleep.

__snort__[5] 〔snɔrt 〕 *v.* 噴鼻息 (輕蔑、不贊
成等)；用鼻子吸食 (毒品)   *n.* 鼻息聲
The beautiful lady *snorted* at the poor
young man.

**__snow__[1] 〔sno 〕 *n.* 雪   *v.* 下雪

**__snowy__[2] 〔'snoɪ 〕 *adj.* 多雪的
We are going to have a *snowy* winter
this year.

__soak__[5] 〔sok 〕 *v.* 浸泡；使溼透
You should *soak* those dirty clothes
before you try to wash them.

*__soap__[1] 〔sop 〕 *n.* 肥皂
She washed her hands with *soap*.
【片語】*soap opera* (肥皂劇；連續劇)
【重要知識】為什麼要稱作 soap opera？是因
第一個在美國廣播電台播出的連續劇有「肥皂」
(soap) 的廣告。

__soar__[6] 〔sor 〕 *v.* 翱翔 (= *fly high*)；
暴漲
The bird *soared* above the clouds.

*__sob__[4] 〔sɑb 〕 *v.* 啜泣；哭訴
n. 啜泣；抽噎
Melissa *sobbed* when her pet dog
disappeared.

__sober__[5] 〔'sobɚ 〕 *adj.* 清醒的；嚴肅的；
樸素的   *v.* 酒醒；使清醒 < *up* >
Having consumed over a liter of
vodka, he was far from *sober*.

**__soccer__[2] 〔'sɑkɚ 〕 *n.* 足球
A lot of boys love playing *soccer*.

__sociable__[6] 〔'soʃəbl̩ 〕 *adj.* 善交際的

*__social__[2] 〔'soʃəl 〕 *adj.* 社會的；社交的
Unemployment is a *social* problem.

__socialism__[6] 〔'soʃəlˌɪzəm 〕 *n.* 社會
主義

__socialist__[6] 〔'soʃəlɪst 〕 *n.* 社會主義者

__socialize__[6] 〔'soʃəˌlaɪz 〕 *v.* 交際
(= *interact*)；使社會化

*__society__[2] 〔sə'saɪətɪ 〕 *n.* 社會
Chinese *society* is now changing.

┌─【典型考題】─────────
│ Money and power are too important in
│ our _____. Everyone is pursuing them.
│ A. furniture   B. society
│ C. gossip   D. realization   [B]
└──────────────────

__sociology__[6] 〔ˌsoʃɪ'ɑlədʒɪ 〕 *n.* 社會學
【記憶技巧】*-ology* 表「…學」的字尾。

‡**socks**[2] 〔saks〕 *n. pl.* 短襪
(= *short stockings*)
We put on our *socks* before putting on our shoes.

***socket**[4] 〔'sakɪt〕 *n.* 插座 (= *outlet*)
Maggie forgot to put the electric plug of the radio into the *socket*.
【比較】plug (插頭)

‡**soda**[1] 〔'sodə〕 *n.* 汽水；氣泡水；
蘇打水 (= *soda water*)
I would like a glass of *soda*.

【重要知識】soda 是氣泡飲料的總稱，如 Coke
(可樂)、Pepsi (百事可樂)、7-up (七喜) 等。

sodium[6] 〔'sodɪəm〕 *n.* 鈉
【衍伸詞】*sodium chloride*(氯化鈉；食鹽)

‡**sofa**[1] 〔'sofə〕 *n.* 沙發 (= *couch*)

***soft**[1] 〔sɔft〕 *adj.* 柔軟的 (= *tender*)
Which would you like better? A *soft* mattress or a hard one?

soften[5] 〔'sɔfən〕 *v.* 軟化

***software**[4] 〔'sɔft,wɛr〕 *n.* 軟體
It took the *software* company one month to figure out how to fight the PC virus.
【反義詞】hardware (硬體)

***soil**[1] 〔sɔɪl〕 *n.* 土壤
Plants need sun, water, and good *soil*.

***solar**[4] 〔'solɚ〕 *adj.* 太陽的
Solar energy released from the sun does not cause any pollution.
【記憶技巧】*sol* (sun) + *ar* (adj.)
【比較】lunar (月亮的)

‡**soldier**[2] 〔'soldʒɚ〕 *n.* 軍人
Peter is a *soldier*.

sole[5] 〔sol〕 *adj.* 唯一的 (= *only*)
The *sole* reason Cynthia moved here was to be close to her boyfriend.

solemn[5] 〔'saləm〕 *adj.* 嚴肅的
(= *very serious*)
A funeral is a *solemn* occasion; it is not appropriate to make jokes.

***solid**[3] 〔'salɪd〕 *adj.* 堅固的
(= *hard* = *firm*)；固體的
A *solid* foundation is required before building a skyscraper.
【記憶技巧】*sol* (sole) + *id* (adj.)
(結合成一體，表示堅固的)

solidarity[6] 〔,salə'dærətɪ〕 *n.* 團結
(= *unity*)
The *solidarity* of the workers convinced the company to give in to their demands.

solitary[5] 〔'salə,tɛrɪ〕 *adj.* 孤獨的
(= *lonely*)
He led a *solitary* life.

solitude[6] 〔'salə,tjud〕 *n.* 孤獨
(= *loneliness*)
Living alone and never socializing with others, he seems to enjoy *solitude*.
【記憶技巧】*sol* (alone) + *itude* (表性質的字尾)

solo[5] 〔'solo〕 *n.* 獨唱；獨奏；單飛；
單獨進行的行動

***solution**[2] 〔sə'luʃən〕 *n.* 解決之道
We have to find a *solution* as soon as possible.

‡solve[2] 〔 salv 〕 *v.* 解決；解答
　　Michael is trying to *solve* the problem.
　　【比較】re**solve**（決心）；dis**solve**（溶解）

【典型考題】
After spending one hour on this math
problem, John still could not ＿＿＿ it.
A. count　　　　B. figure
C. add　　　　　D. solve　　　　[D]

‡some[1] 〔 sʌm 〕 *adj.* 一些；某個
　　My sister wants to drink *some* milk.
　　He went to *some* place in Africa.
　　【注意】some 後接數字時，可作「大約」解。

‡somebody[2] 〔'sʌm,badɪ 〕 *pron.* 某人
　　Somebody wants to see you.

＊someday[3] 〔'sʌm,de 〕 *adv.* (將來)
　　有一天
　　If you keep trying, you are bound to
　　succeed *someday*.

＊somehow[3] 〔'sʌm,hau 〕 *adv.* 以某種
　　方法
　　The buses are not running today, but
　　Jill still got to the office *somehow*.

‡someone[1] 〔'sʌm,wʌn 〕 *pron.* 某人
　　(= *somebody*)

‡something[1] 〔'sʌmθɪŋ 〕 *pron.* 某物

＊sometime[3] 〔'sʌm,taɪm 〕 *adv.* 某時
　　I'll call Joe *sometime* tomorrow.

‡sometimes[1] 〔'sʌm,taɪmz 〕 *adv.*
　　有時候
　　Sometimes it rains in the morning.

＊somewhat[3] 〔'sʌm,hwat 〕 *adv.* 有一點
　　(= *sort of* = *kind of* = *a little*)
　　Gloria was *somewhat* disappointed
　　with the meal and decided not to go
　　to that restaurant again.

‡somewhere[2] 〔'sʌm,hwɛr 〕 *adv.*
　　在某處
　　Fred has left his books *somewhere*
　　in the school.

‡son[1] 〔 sʌn 〕 *n.* 兒子
　　She has two *sons* and one daughter.

‡song[1] 〔 sɔŋ 〕 *n.* 歌曲
　　Karen really loves to write *songs*.

‡soon[1] 〔 sun 〕 *adv.* 不久
　　I hope we will get there *soon*.

soothe[6] 〔 suð 〕 *v.* 安撫(= *relax* = *calm*)
　　The manager tried to *soothe* the angry
　　customers.

sophisticated[6] 〔 sə'fɪstɪ,ketɪd 〕 *adj.*
　　複雜的 (= *complicated*)；世故的；
　　老練的
　　The police uncovered a factory
　　equipped with *sophisticated*
　　counterfeiting equipment.
　　【記憶技巧】*soph* (wise) + *ist* (人) +
　　ic (*adj.*) + *at(e)* (*v.*) + *ed* (*adj.*)
　　(聰明的人常在思考「複雜的」事情)

＊sophomore[4] 〔'safm,or 〕 *n.* 大二學生
　　【記憶技巧】*sopho* (wise) + *more*
　　(foolish) (「大二學生」所學的還不多，
　　算是一半聰明一半愚笨)
　　【比較】freshman (大一學生)；junior
　　(大三學生)；senior (大四學生)

‡sore[3] 〔 sor , sɔr 〕 *adj.* 疼痛的
　　(= *painful*)
　　I have a *sore* throat.
　　【片語】*have a sore throat* (喉嚨痛)

＊sorrow[3] 〔'saro 〕 *n.* 悲傷
　　(= *great sadness* = *grief*)
　　To our great *sorrow*, old Mr. Wang
　　passed away last night.

S

* **sorrowful**[4] 〔'sarofəl 〕*adj.* 悲傷的
(= *sad*)

‡‡ **sorry**[1] 〔'sarɪ 〕*adj.* 難過的 (= *sad*)；
抱歉的；遺憾的
I'm *sorry* to hurt you.
【重要知識】這個字以前都唸〔'sɔrɪ 〕，現在，
68% 的美國人都唸〔'sarɪ 〕。

* **sort**[2] 〔 sɔrt 〕*n.* 種類 (= *kind*)   *v.* 分類
I like this *sort* of house.
【衍伸詞】 *sort of* (有一點)

‡ **soul**[1] 〔 sol 〕*n.* 靈魂
Many people believe that a man's
soul never dies.

‡‡ **sound**[1] 〔 saʊnd 〕*n.* 聲音   *v.* 聽起來
I heard a strange *sound*.

‡‡ **soup**[1] 〔 sup 〕*n.* 湯
Henry asked for a bowl of *soup*.

* **sour**[1] 〔 saʊr 〕*adj.* 酸的
This lemon is very *sour*.

* **source**[2] 〔 sors 〕*n.* 來源
I don't know the *source* of the
information.
【記憶技巧】這個字要和 resource (資
源) 一起背。

‡‡ **south**[1] 〔 saʊθ 〕*n.* 南方
Mexico is to the *south* of the United
States.
【片語】 *to the south of* (在…以南)

* **southern**[2] 〔'sʌðən 〕*adj.* 南方的
We went to *southern* Taiwan last month.

* **souvenir**[4] 〔,suvə'nɪr 〕*n.* 紀念品
She brought back lots of little
souvenirs from Bali for her
co-workers.

【記憶技巧】 *sou* (up) + *venir* (come)
(「紀念品」會使你的回憶出現在腦中)

sovereign[5] 〔'savrɪn 〕*n.* 統治者
(= *ruler*)；君主   *adj.* 主權獨立的；
至高無上的
【記憶技巧】 *sove* (above) + *reign*
(統治) (「統治者」是在上面統治的人)

sovereignty[6] 〔'savrɪntɪ 〕*n.* 統治權
(= *reign*)；主權

sow[5] 〔 so 〕*v.* 播種
Most seeds are *sown* in the spring.

【典型考題】
As you _____, so shall you reap.
A. blow   B. find
C. lead   D. sow   [D]

* **soybean**[2] 〔'sɔɪ,bin 〕*n.* 大豆
【衍伸詞】 *soybean milk* (豆漿)

‡‡ **space**[1] 〔 spes 〕*n.* 空間；太空
Our new house has more *space*.

【典型考題】
It's very difficult to find a parking
_____ in Taipei.
A. space   B. street
C. way   D. fact   [A]

spacecraft[5] 〔'spes,kræft 〕*n.* 太空船
(= *spaceship* = *space shuttle*)

spacious[6] 〔'speʃəs 〕*adj.* 寬敞的；
廣大的 (= *wide*)
There is enough room in the
spacious house for several people
to live comfortably.

* **spade**[3] 〔 sped 〕*n.* 鏟子 (= *shovel*)；
(撲克牌的) 黑桃
【片語】 call a spade a spade (直言不諱)
【算命時抽到「黑桃」表示惡運，如果是黑桃就說是
黑桃，也就是「直言不諱」。】

S

✻✻spaghetti[2] 〔spə'gɛtɪ 〕*n.* 義大利麵

span[6] 〔spæn 〕*n.* 持續的時間；期間
Children may be difficult to teach because of their short attention *span*.
【片語】 *attention span* (注意力持續的時間)
【衍伸詞】 *life span* (壽命)

✻**spare**[4] 〔spɛr 〕*adj.* 空閒的；多餘的 *v.* 騰出 (時間)；吝惜
Glen spent most of his *spare* time reading books.
【片語】 *spare time* (空閒時間)
    spare some time (騰出一些時間)
    spare no effort (不遺餘力)

✻**spark**[4] 〔spɑrk 〕*n.* 火花
A *spark* from the fireplace landed on the carpet.

✻**sparkle**[4] 〔'spɑrkl̩ 〕*n. v.* 閃耀
The black watch is nice, but this one has more *sparkle*.

✻**sparrow**[4] 〔'spæro 〕*n.* 麻雀
【記憶技巧】 *sp + arrow* (箭)

✻✻✻**speak**[1] 〔spik 〕*v.* 說

✻✻**speaker**[2] 〔'spikɚ 〕*n.* 說話者

✻**spear**[4] 〔spɪr 〕*n.* 矛
【比較】 shield (盾)

✻✻✻**special**[1] 〔'spɛʃəl 〕*adj.* 特別的 (= *different*) *n.* 特製；特別節日

specialist[5] 〔'spɛʃəlɪst 〕*n.* 專家 (= *expert*)

specialize[6] 〔'spɛʃəl,aɪz 〕*v.* 專攻 (= *be an expert in*)

Cathy *specialized* in Chinese literature.
【片語】 *specialize in* (專攻)

specialty[6] 〔'spɛʃəltɪ 〕*n.* 專長 (= *speciality*)；(商店的) 名產；特產；招牌菜
The girl's *specialty* is playing piano.

✻**species**[4] 〔'spiʃɪz 〕*n.* 物種；種
The rhinoceros is an endangered *species*.
【片語】 *endangered species* (瀕臨絕種的動物)

┌─【典型考題】────────────
│ Whales are hunted for their meat and
│ oil, and have become an endangered
│ _____.
│ A. cure   B. species
│ C. technology   D. substitute   **[B]**
└──────────────────────

✻**specific**[3] 〔spɪ'sɪfɪk 〕*adj.* 特定的 (= *particular*)
This coupon is to be used in *specific* shops.

specify[6] 〔'spɛsə,faɪ 〕*v.* 明確指出
Joyce *specified* the reasons for her resignation.
【記憶技巧】 *speci* (see) + *fy* (make) (「明確指出」就是要使人看見)

specimen[5] 〔'spɛsəmən 〕*n.* 標本 (= *example*)
【注意】 複數形是 specimens。

spectacle[5] 〔'spɛktəkl̩ 〕*n.* 奇觀；壯觀的場面；景象 *pl.* 眼鏡
The great military parade was a magnificent *spectacle*.
【衍伸詞】 *a pair of spectacles* (一副眼鏡)

S

spectacular[6]〔spɛk'tækjələ〕*adj.* 壯觀的

【典型考題】
If you climb up to the peak of Mt. Jade, you will find a(n) —— view up there.
A. immediate   B. extra
C. spectacular   D. regular   [C]

spectator[5]〔'spɛktetə〕*n.* 觀衆
(= *audience*)

【片語】這個字美國人唸成〔'spɛktetə〕，91% 的英國人唸成〔spɛk'tetə〕。

spectrum[6]〔'spɛktrəm 〕*n.* 光譜
(= *range of colors*)

speculate[6]〔'spɛkjə,let〕*v.* 推測
(= *guess*)
I can only *speculate* as to why Bob isn't here because he hasn't called me.

【記憶技巧】*specul* (see) + *ate* (*v.*)
(一直看，想要「推測」出結果)

speech[1]〔spitʃ〕*n.* 演講 (= *speaking*)
【片語】*deliver a speech* (發表演說)

speed[2]〔spid〕*n.* 速度 *v.* 加速
The *speed* of this train is 200 kilometers an hour.
【片語】*speed up* (加速)
【衍伸詞】speeding (超速)

spell[1]〔spɛl〕*v.* 拼 (字)   *n.* 符咒
He *spells* his name for me.

spelling[2]〔'spɛlɪŋ〕*n.* 拼字
Her *spelling* has improved.

spend[1]〔spɛnd〕*v.* 花費
Nick *spends* so much money on traveling.

sphere[6]〔sfɪr〕*n.* 球體
The Earth is a giant *sphere*.
【記憶技巧】*sphere* (ball)
【比較】atmo*sphere* (大氣層；氣氛)
            hemi*sphere* (半球)

spice[3]〔spaɪs〕*n.* 香料 (= *flavor*)；趣味 *v.* 添加香料；添加趣味
Variety is the *spice* of life.

spicy[4]〔'spaɪsɪ〕*adj.* 辣的
Lucy likes *spicy* food.

spider[2]〔'spaɪdə〕*n.* 蜘蛛

spike[6]〔spaɪk〕*n.* 大釘；長釘；尖狀物；驟增 *v.* 在 (飲料或食物中) 下藥；快速上升

spill[3]〔spɪl〕*v. n.* 灑出
Someone *spilled* some water on the floor, so be careful.

spin[3]〔spɪn〕*v.* 旋轉 (= *rotate*)；紡織 (= *weave*)
The skater *spun* round and round.

spinach[2]〔'spɪnɪdʒ〕*n.* 菠菜

spine[5]〔spaɪn〕*n.* 脊椎骨；骨氣

spiral[6]〔'spaɪrəl〕*adj.* 螺旋的
v. 盤旋上升；節節上升 (或下降)
n. 螺旋形之物

spire[6]〔spaɪr〕*n.* 尖塔

spirit[2]〔'spɪrɪt〕*n.* 精神 (= *mood*)
She lost her *spirit* after his death.
【片語】*in high spirits* (興高采烈)

*spiritual⁴ (ˈspɪrɪtʃʊəl) *adj.* 精神上的
Liz saw a doctor for her physical health and a priest for her *spiritual* health.
【反義詞】 physical (身體的)

*spit³ (spɪt) *v.* 吐出；吐口水
Oscar didn't like the food so he *spit* it out.

*spite³ (spaɪt) *n.* 惡意；怨恨
v. 故意激怒；存心刁難
Martha told Alice about the party, ruining the surprise out of *spite*.
【片語】 *in spite of* (儘管) (= *despite*)

*splash³ (splæʃ) *v.* 濺起
n. 水濺起的聲音
The passing car *splashed* mud on my coat.

*splendid⁴ (ˈsplɛndɪd) *adj.* 壯麗的
(= *magnificent*)
We visited a *splendid* palace in mainland China.
【記憶技巧】 *splend* (shine) + *id* (adj.)
(閃著光輝的，表示「壯麗的」)

splendor⁵ (ˈsplɛndɚ) *n.* 光輝
(= *brilliance*)；華麗
The *splendor* of that new temple is amazing.

*split⁴ (splɪt) *v.* 使分裂 (= *divide*)；分攤
The dispute *split* the political party into two.
【片語】 *split the cost* (分攤費用)

*spoil³ (spɔɪl) *v.* 破壞
(= *make worse*)；寵壞；腐壞

The bad weather *spoiled* our plans to go hiking today.

【典型考題】
The weather was so hot that the food in the picnic basket ＿＿＿ before we had a chance to eat it.
A. evaporated B. fled
C. spoiled D. shattered [C]

spokesperson⁶ (ˈspoksˌpɝsn̩) *n.* 發言人 (= *spokesman*)

sponge⁵ (spʌndʒ) *n.* 海綿

sponsor⁶ (ˈspɑnsɚ) *n.* 贊助者
(= *financial supporter*) *v.* 贊助
The sports shoe maker has volunteered to *sponsor* the race.
【記憶技巧】 *spons* (promise) + *or* (人)
(拿出錢來保證的人，就是「贊助者」)

spontaneous⁶ (spɑnˈtenɪəs) *adj.* 自動自發的；自發性的
His *spontaneous* decision to quit shocked everyone.

**spoon¹ (spun) *n.* 湯匙 (= *scoop*)
People use *spoons* for eating.

*sport¹ (sport) *n.* 運動
(= *physical activity*)
Soccer is the favorite *sport* of English people.
【注意】 形容詞是 sports (運動的)。

*sportsman⁴ (ˈsportsmən) *n.* 運動家；運動

*sportsmanship⁴ (ˈsportsmənˌʃɪp)
n. 運動家精神
It is important to show good *sportsmanship* whether you win the game or not.

***spot**[2] 〔 spɑt 〕 n. 地點　v. 發現
Don't go to the dangerous *spot*.
【片語】***on the spot*** (當場)
(= *on the scene*)

spotlight[5] 〔'spɑt,laɪt 〕 n. 聚光燈；
眾所矚目的焦點

spouse[6] 〔 spaʊz 〕 n. 配偶
(= *husband or wife*)
Martha separated from her *spouse*
because they could not get along.

***sprain**[3] 〔 spren 〕 v. n. 扭傷
The doctor said my ankle is not
broken, only *sprained*.

sprawl[6] 〔 sprɔl 〕 v. 手腳張開地躺著
The cat *sprawled* under the window,
soaking up the sun.
【記憶技巧】先背 crawl (爬行)，然後把
字首改成 spread (張開) 的 spr 即可。

***spray**[3] 〔 spre 〕 v. 噴灑　n. 噴霧器
Nicole *sprayed* herself with perfume
before she went out.

***spread**[2] 〔 sprɛd 〕 v. n. 散播
The news *spread* quickly.
【注意】spread 三態同型。

【典型考題】
The rumor of the scandal involving
the candidate _____ quickly
during the election campaign.
A. explored   B. departed
C. breezed   D. spread   [D]

*****spring**[1,2] 〔 sprɪŋ 〕 n. 春天　v. 跳躍
Mandy will come back home in *spring*.

***sprinkle**[3] 〔'sprɪŋkḷ 〕 v. 撒；下小雨；
灑 (= *scatter* = *spray* = *spread*)
n. 少量；一點點

I already *sprinkled* some salt on the
popcorn, so you don't need to add
any more.

【典型考題】
I like to _____ some pepper on my
steak to make it taste even better.
A. sprinkle   B. stress
C. stance   D. smooth   [A]

sprinkler[3] 〔'sprɪŋklɚ 〕 n. 灑水裝
置；自動灑水滅火器

sprint[5] 〔 sprɪnt 〕 v. n. 衝刺；短跑
The fast runner *sprinted*
for the finish line.
【記憶技巧】s + *print* (印刷)
【衍伸詞】sprinter (短跑選手)

spur[5] 〔 spɝ 〕 n. 馬刺；激勵
(= *stimulus* = *inspiration*)
v. 促進；用馬刺策馬前進
Praise is a *spur* for children.

【典型考題】
We may not like criticism, but
constructive criticism can be a _____
to greater effort.
A. lead   B. spur
C. prayer   D. foundation   [B]

***spy**[3] 〔 spaɪ 〕 n. 間諜
Sandy was discovered to be a military
spy.

squad[6] 〔 skwɑd 〕 n. 小隊 (= *group*)；
小組；(軍隊的) 班
The elite *squad* of police officers
surrounded the bank.
【衍伸詞】***squad car*** (警察的) 巡邏車

【重要知識】在軍中，squad 是「班」，約 8 至 12
人；三個班爲一「排」(platoon 〔 plæ'tun 〕)；
三個排爲一「連」(company)。

‡‡square[2] 〔 skwɛr 〕 *n.* 正方形；廣場
　adj. 方形的；平方的
The paper was cut into *squares*.
【比較】cubic (立方的)

squash[5,6] 〔 skwɑʃ 〕 *v.* 硬塞；擠進；壓
　扁 (= *crush*)　*n.* 南瓜；南瓜屬植物
My little brother *squashed* my new
hat.

squat[5] 〔 skwɑt 〕 *v.* 蹲 (下) (= *crouch*)
My mother *squatted* down by the
vending machine.

*squeeze[3] 〔 skwiz 〕 *v.* 擠壓 (= *press*)；
　擠；塞　*n.* 擠壓
I had to *squeeze* ten oranges to make
this pitcher of juice.

┌─【典型考題】─────────────┐
│ To make fresh lemonade, cut the │
│ lemon in half, _____ the juice into a │
│ bowl,and then add as much water and │
│ sugar as you like. │
│ A. decrease　　　B. squeeze │
│ C. freeze　　　　D. cease　　　[B] │
└───────────────────┘

*squirrel[2] 〔 'skwɝəl , skwɝl 〕 *n.* 松鼠

*stab[3] 〔 stæb 〕 *v.* 刺 (= *pierce*)；戳
　n. 刺；刺痛 (= *prick*)
The killer tried to *stab* Tom with a
knife, but he missed.

stability[6] 〔 stə'bɪlətɪ 〕 *n.* 穩定
　(= *firmness*)
The *stability* of Jackie's home life
has helped her grow into a confident
and responsible person.

stabilize[6] 〔 'stebḷ,aɪz 〕 *v.* 使穩定
　(= *stable*)；穩定

*stable[3] 〔 'stebḷ 〕 *adj.* 穩定的 (= *steady*)
Prices have been *stable* for a year.

stack[5] 〔 stæk 〕 *n.* 堆；乾草堆
　(= *a pile of hay*)　*v.* 堆放

*stadium[3] 〔 'stedɪəm 〕 *n.* 體育館

*staff[3] 〔 stæf 〕 *n.* 職員【集合名詞】
　(= *employees*)
The executive has a *staff* of four to
help him with research.

*stage[2] 〔 stedʒ 〕 *n.* 舞台；階段
　(= *phase*)；發生的場所　*v.* 舉辦；
　上演；舉行
He doesn't like to stand on the *stage*.
【衍伸詞】*stage fright* (怯場)

stagger[5] 〔 'stægɚ 〕 *v.* 蹣跚；搖晃地
　走；使震驚；頑強地硬撐　*n.* 蹣跚
The drunken man *staggered* out of the
bar and walked right into a lamppost.

stain[5] 〔 sten 〕 *v.* 弄髒 (= *dirty*)；玷污；
　敗壞；著色於　*n.* 污漬；污點
I fell down in the grass and *stained*
my shorts.

‡‡stairs[1] 〔 stɛrz 〕 *n. pl.* 樓梯
Tom is going down the *stairs*.

stake[5] 〔 stek 〕 *n.* 木樁；賭注
　【片語】*at stake* (利害攸關；瀕於險境)

stale[3] 〔 stel 〕 *adj.* 腐壞的；陳腐的；
　膩煩的；不新鮮的 (= *not fresh*)
I threw out that loaf of *stale* bread.
【記憶技巧】先背 tale (故事)，字首加 s
　　　　(死)，死掉的故事就表示故事內容不新鮮。

stalk[5,6] 〔 stɔk 〕 *n.* 花梗；(植物的) 莖
　(= *stem*)　*v.* 跟蹤；大踏步走；蔓延

stall[5] 〔 stɔl 〕 *v.* (使) 不動 (= *stop*)；
　使動彈不得；(車輛或引擎) 熄火；
　支吾；拖延　*n.* 攤位；廄；小隔間
His car *stalled* in a traffic jam.

S

stammer[6] 〔'stæmɚ〕*n. v.* 口吃
（= *stutter* = *falter*）；吞吞吐吐地說
He has a nervous *stammer*.

┌─【典型考題】─────────
│ It is amazing that the eloquent
│ politician should ＿＿＿＿ when
│ questioned about his income.
│ A. stammer　　　B. stun
│ C. snare　　　　D. sneeze　　　[A]
└─────────────────

stamp[2] 〔stæmp〕*n.* 郵票

stand[1] 〔stænd〕*v.* 站立；忍受
（= *bear*）；位於　*n.* 立場（= *opinion*）
I can't *stand* it any more.
The church *stands* on a hill.

*** standard**[2] 〔'stændɚd〕*n.* 標準
（= *criterion*）　*adj.* 標準的；普通的
His work was below the required
standard.
【片語】*standard of living*（生活水準）

stanza[5] 〔'stænzə〕*n.* 詩的一節
【重要知識】詩的一節為 stanza，文章的一段
則用 paragraph。

staple[6] 〔'stepḷ〕*n.* 釘書針；主要產品
adj. 主要的
We use *staples* to attach pieces of
paper together.

stapler[6] 〔'steplɚ〕*n.* 釘書機

star[1] 〔stɑr〕*n.* 星星；明星　*v.* 主演
There are many *stars* in the sky tonight.
【衍伸詞】*movie star*（電影明星）

starch[6] 〔stɑrtʃ〕*n.* 澱粉；漿糊
v. （衣服）上漿

*** stare**[3] 〔stɛr〕*v. n.* 凝視（= *gaze*）；
瞪眼看
Joan could not help but *stare* at the
seven-foot-tall man.

start[1] 〔stɑrt〕*v.* 開始（= *begin*）；
啟動；引起　*n.* 開始（= *beginning*）
The bank machine will *start*
working next Monday.

startle[5] 〔'stɑrtḷ〕*v.* 使嚇一跳
（= *surprise*）
I was *startled* when Billy suddenly
appeared at the door.
【記憶技巧】*start*（開始）+ *le*

starvation[6] 〔stɑr'veʃən〕*n.* 飢餓
（= *extreme hunger*）；餓死
People in Ethiopia are under the threat
of *starvation* because of the long dry
seasons and unstable political
situation.

*** starve**[3] 〔stɑrv〕*v.* 飢餓；餓死；
使挨餓
If we don't send some food to that
poor country, many people there
may *starve*.
【衍伸詞】starving（很餓的）

state[1] 〔stet〕*n.* 州；狀態　*v.* 敘述
The house was in a *state* of disarray
after the party.

*** statement**[1] 〔'stetmənt〕*n.* （銀行）
對帳單；月結單；敘述（= *account*）；
聲明（= *announcement*）
The witness made a *statement* to
the police.

statesman[5] 〔'stetsmən〕*n.* 政治家
（= *political figure*）
The *statesman* is known for his tact
and diplomacy when dealing with
the leaders of other countries.
【比較】politician（政治人物；政客【有時
含有貶意】）

station[1] 〔'steʃən〕 n. 車站 (= *stop*)；所；局

stationary[6] 〔'steʃən,ɛrɪ〕 adj. 不動的 (= *fixed*)

The accident happened because a car hit a *stationary* vehicle.

【記憶技巧】 *sta* (stand) + *tion* (n.) + *ary* (adj.) (站著不動)

stationery[6] 〔'steʃən,ɛrɪ〕 n. 文具

I want to have my own *stationery* store.

statistical[5] 〔stə'tɪstɪkḷ〕 adj. 統計的

statistics[5] 〔stə'tɪstɪks〕 n. pl. 統計數字；統計學【單數】

The latest population *statistics* show a decline in the birthrate.

【記憶技巧】 分音節背 sta-tis-tics。

statue[3] 〔'stætʃʊ〕 n. 雕像 (= *a sculpted figure*)

There is a *statue* of the famous poet in the park.

【衍伸詞】 *the Statue of Liberty* (自由女神像)

stature[6] 〔'stætʃɚ〕 n. 身高 (= *height*)；名望 (= *prestige*)

She is a woman of small *stature* but great presence.

【記憶技巧】 *stat* (stand) + *ure* (n.) (一個人站著時的長度，也就是「身高」)

status[4] 〔'stetəs〕 n. 狀況；地位 (= *standing*)；身份 (= *position*)

It used to be a *status* symbol to have a Mercedes Benz.

【記憶技巧】 *stat* (stand) + *us* (n.) (佔有一席之地，表示有身分「地位」)

stay[1] 〔ste〕 v. 停留；保持

steady[3] 〔'stɛdɪ〕 adj. 穩定的

【典型考題】
A human body usually has a _____ temperature of about 37 degrees C.
A. steady　　　　B. various
C. gradual　　　　D. precious　　[A]

steak[2] 〔stek〕 n. 牛排

The waiter is serving me *steak*.

steal[2] 〔stil〕 v. 偷

Jimmy has *stolen* my car.

steam[2] 〔stim〕 n. 蒸氣 (= *vapor*) v. 冒蒸氣；蒸煮

Boiled water becomes *steam*.

【典型考題】
The first car was powered by _____, not by gasoline.
A. steam　　　　B. distance
C. speed　　　　D. spy　　[A]

steamer[5,6] 〔'stimɚ〕 n. 汽船 (= *steamship*)；蒸籠

steel[2] 〔stil〕 n. 鋼

【衍伸詞】 *stainless steel* (不銹鋼)

steep[3] 〔stip〕 adj. 陡峭的；急遽的

Jason fell when he tried to ski down a very *steep* hill.

【反義詞】 gentle (平緩的)

steer[5] 〔stɪr〕 v. 駕駛 (= *drive*)；引導 (= *guide*)

Keep both hands on the wheel when you are *steering* the car.

【衍伸詞】 *steering wheel* (方向盤)

S

* **stem**[4] 〔 stɛm 〕 *n.* （樹）幹（= *trunk*）；
莖 *v.* 源自於
　【衍伸詞】 *stem cell* （幹細胞）

* **step**[1] 〔 stɛp 〕 *n.* 一步（= *pace*）；步驟
　 v. 走；邁步
　We should take *steps* to stop it.
　【片語】 *take steps* （採取步驟）

stepchild[3] 〔'stɛp,tʃaɪld 〕 *n.* 夫或妻
以前婚姻所生之子女

* **stepfather**[3] 〔'stɛp,fɑðɚ 〕 *n.* 繼父

* **stepmother**[3] 〔'stɛp,mʌðɚ 〕 *n.* 繼母

* **stereo**[3] 〔'stɛrɪo 〕 *n.* 立體音響；鉛版
印刷 *adj.* 立體聲的
　Don't play your *stereo* too loud or
you will disturb the neighbors.

stereotype[5] 〔'stɛrɪə,taɪp 〕 *n.* 刻板
印象；典型 *v.* 把…定型
　The *stereotype* of Americans is that
they drive big cars, drink beer, and
eat hot dogs.
　【記憶技巧】 *stereo* + *type* （活版）
　　（「刻板印象」就是印在腦中的東西）

stern[5] 〔 stɝn 〕 *adj.* 嚴格的（= *strict*）；
嚴肅的 *n.* 船尾
　His pupils consider him a *stern*
teacher.

stew[5] 〔 stju 〕 *v.* 燉 *n.* 燉菜
　My mother has *stewed* some beef.

steward[5] 〔'stjuwɚd 〕 *n.* 管家；
（飛機、火車上等）服務員
　【比較】 stewardess （空姐）

* **stick**[2] 〔 stɪk 〕 *n.* 棍子（= *rod*）
　 v. 刺；戳；黏貼；使陷入
　Don't forget to *stick* a stamp on the
letter.
　【片語】 *stick to* （堅持）

* **sticky**[3] 〔'stɪkɪ 〕 *adj.* 濕熱的(= *humid*)；
黏的（= *adhesive* 〔 əd'hisɪv 〕）
　The table is *sticky* where I spilled
honey on it.

* **stiff**[3] 〔 stɪf 〕 *adj.* 僵硬的
　Doug pulled a muscle and now he
has a *stiff* neck.
　┌【典型考題】────────────
　│ After working in front of my computer
　│ for the entire day, my neck and
　│ shoulders got so ＿＿＿ that I couldn't
　│ even turn my head.
　│ A. dense　　　 B. harsh
　│ C. stiff　　　　 D. concrete　　　 [C]
　└────────────────────

still[1] 〔 stɪl 〕 *adv.* 仍然 *adj.* 靜止的

stimulate[6] 〔'stɪmjə,let 〕 *v.* 刺激
　（= *encourage*）；激發
　The good smell from the kitchen
stimulated my appetite.
　【記憶技巧】 *stimul* (prick) + *ate* (*v.*)
　　（刺痛別人的內心，表示給予「刺激」）

stimulation[6] 〔,stɪmjə'leʃən 〕 *n.* 刺激
　（= *spur*）

stimulus[6] 〔'stɪmjələs 〕 *n.* 刺激（物）
　The experiment was abandoned
because the rats did not respond to
the *stimulus*.

* **sting**[3] 〔 stɪŋ 〕 *v.* 叮咬（= *bite*）
　 n. 刺痛
　Don't bother that bee or it may *sting*
you.

* **stingy**[4] ('stɪndʒɪ) *adj.* 吝嗇的；小氣
的 (= *mean*)

He is too *stingy* to give money to charity.
【反義詞】 generous (慷慨的；大方的)

【典型考題】
Although Mr. Chen is rich, he is a very
_____ person and is never willing to
spend any money to help those who
are in need.
A. absolute   B. precise
C. economic   D. stingy   [D]

stink[5] (stɪŋk) *v.* 發臭；令人討厭；
很糟糕 *n.* 臭味

The big raw fish *stinks*.
【衍伸詞】 *stinky tofu* (臭豆腐)

【重要知識】 stink 可引申很多意思，如：
The weather really *stinks*. (天氣很糟糕。)
That movie really *stinks*. (電影很爛。)

* **stir**[3] (stɝ) *v.* 攪動；喚起；引發
n. 攪動；騷動

You had better *stir* the soup or it may burn.

* **stitch**[3] (stɪtʃ) *n.* 一針；一縫

Melinda cut her finger and had to get
three *stitches* to close the cut.
A *stitch* in time saves nine.

stock[5,6] (stɑk) *n.* 股票 (= *share*)；
庫存 (= *supply*)

Mr. El bought some *stock* in that
company as an investment.
【衍伸詞】 *stock market* (股票市場)

* **stocking**[3] ('stɑkɪŋ) *n.* 長襪

stomach[2] ('stʌmək) *n.* 胃；腹；嗜好

The food we eat goes into our
stomachs.

stone[1] (ston) *n.* 石頭 (= *rock*)
v. 用石頭砸

* **stool**[3] (stul) *n.* 凳子

Duncan sat on a *stool* and changed
his shoes.
【記憶技巧】 *s* + *tool* (工具)

stoop[5] (stup) *v.* 駝背；屈尊；彎腰
(= *bow* = *bend* = *lean*)

She *stooped* to pick a flower.

stop[1] (stɑp) *v. n.* 停止；阻止

The car *stops* at the red light.

storage[5] ('storɪdʒ) *n.* 儲藏

We keep the things that we don't
use very often in the *storage* room.

store[1] (stor) *n.* 商店 (= *shop*)
v. 儲存 (= *keep*)

Mother took us to the shoe *store*
to buy shoes.

storm[2] (stɔrm) *n.* 暴風雨
v. 氣沖沖地離去

The *storm* caused great damage.
【衍伸詞】 thunder<u>storm</u> (雷雨)

stormy[3] ('stɔrmɪ) *adj.* 暴風雨的
(= *turbulent*)；激烈的；多風波的

It was a *stormy* night.

story[1] ('storɪ) *n.* 故事；短篇小說

"Harry Potter" is the *story* of a
little wizard.
【衍伸詞】 *detective story* (偵探小說)
         news story (新聞報導)

stout[5] (staut) *adj.* 粗壯的；堅實的；
堅決的

stove[2] (stov) *n.* 爐子

An old man was making a fire in
the *stove*.

‡straight[2] 〔 stret 〕 *adj.* 坦率的；直的
（ = *direct* ）　*adv.* 筆直地；直接地
She has beautiful long *straight* hair.

【典型考題】
Residents are told not to dump all
household waste _____ into the trash
can; reusable materials should first be
sorted out and recycled.
A. shortly　　B. straight
C. forward　　D. namely　　[B]

straighten[5] 〔'stretn̩〕 *v.* 使變直
（ = *make straight* ）

straightforward[5] 〔,stret'fɔrwəd 〕
adj. 直率的（ = *direct* ）；直接了當的；
易懂的
【記憶技巧】 *straight*（直接）+ *forward*
（往前）（直來直往，就是「直率的」）

strain[5] 〔 stren 〕 *v.* 拉緊；竭盡；拉傷；
使（關係）緊張　*n.* 壓力；拉傷；
品種；個性
If you keep on *straining* that rope,
it will break.
【比較】 sprain（扭傷）

strait[5] 〔 stret 〕 *n.* 海峽　*pl.* 困境；
困難
The Foundation for Exchanges across
the Taiwan *Strait* is an intermediary
agency.

strand[5] 〔 strænd 〕 *v.* 使擱淺；使處
於困境
The terrible storm *stranded* the ship
on an island.

‡strange[1] 〔 strendʒ 〕 *adj.* 奇怪的
（ = *odd* ）；不熟悉的；不習慣的

‡stranger[2] 〔'strendʒə 〕 *n.* 陌生人
His dog barks at *strangers*.

【典型考題】
It could be dangerous for children to
talk with _____.
A. teachers　　B. doctors
C. strangers　　D. classmates　　[C]

strangle[6] 〔'stræŋgl̩ 〕 *v.* 勒死；扼殺；
使窒息（ = *choke* = *suffocate* = *smother* ）
The murderer *strangled* his victim to
death.
【記憶技巧】 *str* + *angle*（角度）

strap[5] 〔 stræp 〕 *n.* 帶子；皮帶（ = *belt* ）
【衍伸詞】 *a watch strap*（錶帶）

strategic[6] 〔 strə'tidʒɪk 〕 *adj.* 策略上的
（ = *tactical* ）；戰略上的
The Golan Heights is of *strategic*
importance to Israel both militarily
and economically.

***strategy**[3] 〔'strætədʒɪ 〕 *n.* 策略
（ = *scheme* ）；戰略
We won the contest by *strategy*.

‡straw[2] 〔 strɔ 〕 *n.* 稻草；吸管
The last *straw* breaks the camel's
back.

‡strawberry[2] 〔'strɔ,bɛrɪ 〕 *n.* 草莓

stray[5] 〔 stre 〕 *adj.* 走失的（ = *lost* ）；
迷途的　*v.* 偏離；走失；迷路
【衍伸詞】 *stray dog*（流浪狗）

streak[5] 〔 strik 〕 *n.* 條紋；閃電；光線
The car zoomed past like a *streak*
of lightning.
【片語】 *like a streak of lightning*（像
閃電一般；極迅速地）

‡stream[2] 〔 strim 〕 *n.* 溪流
A small *stream* runs in front of our
garden.

‡‡street[1] 〔 strit 〕 *n.* 街

*strength[3] 〔 strɛŋθ 〕 *n.* 力量
(= *physical power*)；長處
Rex doesn't have the *strength* to lift
that heavy box by himself.

*strengthen[4] 〔'strɛŋθən 〕 *v.* 加強
(= *reinforce*)
A person who thinks he is incapable
tends to fail. Moreover, failure will
strengthen his belief in his
incompetence.
【記憶技巧】 *strength* (力量) + *en* (v.)

┌─【典型考題】────────────
We are more than willing to _____
our ties with those countries that are
friendly to us.
A. appeal   B. strengthen
C. expect   D. connect   **[B]**
└────────────────────────

*stress[2] 〔 strɛs 〕 *n.* 重音；強調；壓力
(= *pressure* = *tension*)   *v.* 強調
(= *emphasize*)
The exam put a lot of *stress* on him.

*stretch[2] 〔 strɛtʃ 〕 *v. n.* 拉長；伸展
Joe *stretched* a rubber band and
aimed it at me.

┌─【典型考題】────────────
My arm hurts when I _____ it
straight out.
A. pull   B. widen
C. stretch   D. remove   **[C]**
└────────────────────────

*strict[2] 〔 strɪkt 〕 *adj.* 嚴格的
Psychologists have found that *strict*
regulations do not always make a
child behave better.

stride[5] 〔 straɪd 〕 *v.* 大步走
n. 大步；闊步
He *strode* into the room with an air
of confidence.
【三態變化為：stride-strode-stridden 】

*strike[2] 〔 straɪk 〕 *v.* 打擊；(災難)
侵襲   *n.* 罷工 (= *a work stoppage*)
The small boy tried to *strike* me
with a stick.
【片語】 *go on strike* (進行罷工)

*string[2] 〔 strɪŋ 〕 *n.* 細繩 (= *cord*
= *line*)；一連串
The *string* broke and
the kite was lost.
【比較】 rope (粗繩)

string

rope

*strip[3] 〔 strɪp 〕 *v.* 剝去 (= *remove*)；
剝奪；脫掉 (= *take off*)   *n.* 長條
Tom *strips* off his clothes and jumps
into the swimming pool.

stripe[5] 〔 straɪp 〕 *n.* 條紋；長條
【衍伸詞】 striped (有條紋的)

*strive[4] 〔 straɪv 〕 *v.* 努力
(= *try very hard*)
【三態變化為：strive-strove-striven 】
They *strove* to change the society's
perception of homosexuals.

*stroke[4] 〔 strok 〕 *n.* 打擊；中風；划水；
一筆；一劃；一撇；一擊   *v.* 撫摸
Little *strokes* fell great oaks.
【片語】 *have a stroke* (中風)

stroll[5] 〔 strol 〕 *v. n.* 散步 (= *walk*)
We went for a *stroll* through the park
after dinner.
【片語】 *go for a stroll* (去散步)

┌─【典型考題】────────────
I spent my holiday afternoons _____
in the countryside enjoying the
peaceful atmosphere.
A. scurrying   B. hurrying
C. strolling   D. stumbling   **[C]**
└────────────────────────

S

‡**strong**[1]〔strɔŋ〕*adj.* 有力的；強壯的
（＝*powerful*）；穩固的；強效的

structural[5]〔'strʌktʃərəl〕*adj.* 結構
的（＝*constructional*）

***structure**[3]〔'strʌktʃɚ〕*n.* 結構；組織
（＝*organization*）；建築物
The Shin Kong tower is one of the
largest *structures* in the city.
【記憶技巧】*struct* (build)＋*ure* (*n.*)

***struggle**[2]〔'strʌgḷ〕*v.* 奮鬥；掙扎
（＝*twist violently*）　*n.* 奮鬥；抗爭
The cat *struggled* in his arms.

***stubborn**[3]〔'stʌbɚn〕*adj.* 頑固的
（＝*obstinate*）
The child is too *stubborn* to be
reasoned with.

‡**student**[1]〔'stjudṇt〕*n.* 學生（＝*pupil*）

***studio**[3]〔'stjudɪ‚o〕*n.* 工作室
The artist's *studio* is very bright.

‡**study**[1]〔'stʌdɪ〕*v.* 讀書（＝*learn*）；
研究　*n.* 研究；書房；(*pl.*) 學業
Andrew *studies* English by himself.

***stuff**[3]〔stʌf〕*n.* 東西（＝*things*）
v. 填塞；裝滿；塞滿
What's this *stuff*?

stumble[5]〔'stʌmbḷ〕*v.* 絆倒（＝*trip*）
I always *stumble* on that uneven
step.
【片語】*stumble on*（被…絆倒）
【衍伸詞】*stumbling block*（絆腳石）

stump[5]〔stʌmp〕*n.* 殘株；樹樁

stun[5]〔stʌn〕*v.* 使大吃一驚（＝*shock*）
The news of the star's sudden death
stunned us all.
【衍伸詞】stunning（令人震驚的；極好的）

stunt[6]〔stʌnt〕*n.* 特技；噱頭；花招
v. 阻礙…的發展
It's not advisable to try these
dangerous *stunts* at home.
【衍伸詞】*stunt man*（特技演員）

‡**stupid**[1]〔'stjupɪd〕*adj.* 愚笨的
Laura gave me a *stupid* idea.

sturdy[5]〔'stɝdɪ〕*adj.* 健壯的；結實
的；耐用的
The little boy grew strong and
sturdy under the care of his mother.

stutter[5]〔'stʌtɚ〕*v.* 口吃（＝*stammer*）
Lenny was so nervous in front of the
strangers that he *stuttered* when he
introduced himself.

***style**[3]〔staɪl〕*n.* 風格；方式
You'd better change your *style* of
living.

stylish[5]〔'staɪlɪʃ〕*adj.* 時髦的
（＝*fashionable*）

‡**subject**[2]〔'sʌbdʒɪkt〕*n.* 科目；主題
（＝*topic*＝*theme*）　*adj.* 受制於
English is my favorite *subject*.

subjective[6]〔səb'dʒɛktɪv〕*adj.* 主觀
的（＝*personal*）
Your statement is *subjective*; it is
based on opinion, not fact.
【記憶技巧】*sub* (under)＋*ject*
(throw)＋*ive* (*adj.*)（在某個前提之下
丟出意見，表示「主觀的」）
【反義詞】objective（客觀的）

***submarine**[3]〔‚sʌbmə'rin〕*n.* 潛水艇
adj. 海底的；海中的
【記憶技巧】*sub* (under)＋*marine*
(sea)（在海面下的東西，就是「潛水艇」）

submit[5] 〔 səb'mɪt 〕 v. (使) 服從；
屈服 < to >；提出 (= offer = persent)
Kelly & Smith was the only firm to
submit a bid.

subordinate[6] 〔 sə'bɔrdn̩ɪt 〕 adj.
下級的 (= secondary)；次要的 < to >
n. 屬下
He was demoted to a *subordinate*
position.
【記憶技巧】 *sub* (under) + *ordin*
(order) + *ate* (adj.) (在順序以下，表
示「下級的；次要的」)

subscribe[6] 〔 səb'skraɪb 〕 v. 訂閱
(= buy regularly)；付費使用
We *subscribe* to a morning newspaper.
【記憶技巧】 *sub* (under) + *scribe*
(write) (要訂閱雜誌時，要在訂單的下
方簽名)
【片語】 *subscribe to* (訂閱)

subscription[6] 〔 səb'skrɪpʃən 〕 n.
訂閱
I took out a *subscription* to *Reader's
Digest* for two years.

subsequent[6] 〔 'sʌbsɪˌkwɛnt 〕 adj.
隨後的；在…之後的
Our teacher always introduces a topic
in one class and then explains it in
detail in the *subsequent* one.
【記憶技巧】 *sub* (closely) + *sequ*
(follow) + *ent* (adj.) (緊跟在後的，
表示「隨後的」)
【衍伸詞】 subsequently (後來)

***substance**[3] 〔 'sʌbstəns 〕 n. 物質
(= material)；毒品；內容
Don't touch that *substance* with your
bare hands because it is toxic.
【記憶技巧】 *sub* (under) + *stan* (stand)
+ *ce* (n.) (立於表象之下的是「物質」)

【典型考題】
Water, ice, and snow are the same
_____ in different forms.
A. effect   B. electron
C. substance   D. toilet   [C]

substantial[5] 〔 səb'stænʃəl 〕 adj. 實質
的 (= real)；相當多的
The workers demanded a *substantial*
increase in pay.

substitute[5] 〔 'sʌbstəˌtjut 〕 v. 用…代替
(= replace)   n. 代替物；替代品
Since we have run out of honey, we
substitute sugar for it.
【常考】 *substitute* A *for* B (用 A 代替 B)
(= replace B with A)
【記憶技巧】 *sub* (under) + *stitute*
(stand) (站在下面準備「代替」別人)
【片語】 *substitute for* (代替；代理)

【典型考題】
Our chemistry teacher was on a one-
month sick leave, so the principal had
to find a teacher to _____ for her.
A. recover   B. navigate
C. rehearse   D. substitute   [D]

substitution[6] 〔 ˌsʌbstə'tjuʃən 〕 n.
代理 (= replacement)；替換

subtle[6] 〔 'sʌtl̩ 〕 adj. 微妙的；細膩的；
含蓄的；敏銳的
He made a *subtle* observation of the
changes and included them in his
report.

***subtract**[2] 〔 səb'trækt 〕 v. 減去；減掉
(= take away = deduct)
Subtract 5 from 7, and you have 2.
【記憶技巧】 *sub* (under) + *tract*
(draw) (從底下抽出來，也就是「減掉」)

S

suburban[6] 〔 səˋbɝbən 〕 *adj.* 郊外的
More and more people move into
suburban areas not far from major cities.
【記憶技巧】 *sub* (near) + *urb* (city) +
an (*adj.*) (郊外就是位於城市附近)

* **suburbs**[3] 〔ˋsʌbɝbz 〕 *n. pl.* 郊區
(= *outskirts*)
After twenty years in the city, the
Millers have moved to the *suburbs*.

* **subway**[2] 〔ˋsʌbͺwe 〕 *n.* 地下鐵
(= *underground* = *MRT* = *metro*
〔ˋmɛtro 〕 = *tube* 〔 tjub 〕【英式用法】)
I take the *subway* to school every day.

* **succeed**[2] 〔 səkˋsid 〕 *v.* 成功；繼承；
接著發生
Our plan has *succeeded*.
He *succeeded* to his father's estate.
【記憶技巧】 *suc* (under) + *ceed* (go)

* **success**[2] 〔 səkˋsɛs 〕 *n.* 成功
(= *victory*)；成功的人或事
His life is full of *success*.

【重要知識】有句諺語「一事成功，事事成功。」
Nothing succeeds like *success*.字面的意
思是「沒有一件事像成功一樣，會接著發生。」句
中的 succeed 是指「接著發生」。

** **successful**[2] 〔 səkˋsɛsfəl 〕 *adj.* 成功的
┌【典型考題】──────
The restaurant wasn't _____ and
was forced to close down.
A. decreasing   B. unlucky
C. total   D. successful   [D]
└─────────────

succession[6] 〔 səkˋsɛʃən 〕 *n.* 繼承；
連續 (= *continuation*)；一系列
(= *sequence*)
A quick *succession* of gunshots
followed the initial explosion.

successive[6] 〔 səkˋsɛsɪv 〕 *adj.* 連續的
(= *following*)
It rained for three *successive* days.

successor[6] 〔 səkˋsɛsɚ 〕 *n.* 繼承者
(= *heir*)；接班人
The prince is the recognized
successor to the king.
【記憶技巧】 *suc* (under) + *cess* (go)
+ *or* (人) (財產通常是留給在自己下面
的子女，他們就是「繼承者」)

* **such**[1] 〔 sʌtʃ 〕 *adj.* 那樣的；如此的
We had *such* a wonderful time.

* **suck**[3] 〔 sʌk 〕 *v.* 吸
The girl *sucked* the lemonade
through a straw.

* **sudden**[2] 〔ˋsʌdn̩ 〕 *adj.* 突然的
Judy made a *sudden* decision about
going abroad.
【片語】 *all of a sudden* (突然地)
【衍伸詞】 suddenly (突然地)

* **suffer**[3] 〔ˋsʌfɚ 〕 *v.* 罹患；受苦
(= *be in pain*)
This poor boy is *suffering* from a
bad cold.
【片語】 *suffer from* (罹患)

* **sufficient**[3] 〔 səˋfɪʃənt 〕 *adj.* 足夠的
(= *enough*)
No one in the shelter has *sufficient* food.
【記憶技巧】 efficient (有效率的) -
sufficient-deficient (不足的) 這三個
字要一起背。
┌【典型考題】──────
We need your help in order to have
_____ funds to promote this social
welfare program.
A. efficient   B. sufficient
C. proficient   D. deficient   [B]
└─────────────

S

suffocate[6] 〔'sʌfə,ket 〕 v. 窒息
(= *choke* = *strangle*) ; (使) 呼吸困難
The illegal immigrants *suffocated* to death when the smugglers abandoned them in the shipping container.
【記憶技巧】*suf* (under) + *foc* (gullet) + *ate* (v.) (東西卡在食道下，表示「窒息」)

‡sugar[1] 〔'ʃʊgɚ 〕 n. 糖
【片語】*a lump of sugar* (一塊糖)

‡suggest[3] 〔 səg'dʒɛst 〕 v. 暗示；建議
(= *advise*) ; 顯示 (= *indicate*)
He *suggested* that we go home.
【記憶技巧】*sug* (up) + *gest* (carry)
(「建議」就是把意見搬上檯面)

*suggestion[4] 〔 səg'dʒɛstʃən 〕 n. 建議
(= *proposal*) ; 暗示；跡象 (= *sign*)
When planning the party, our class leader asked us for *suggestions*.

┌─【典型考題】─────────
│ He made a _____ about how the
│ project should be done.
│ A. suggestion   B. situation
│ C. tradition   D. realization   [A]
└────────────────────

*suicide[3] 〔'suə,saɪd 〕 n. 自殺
(= *self-murder*)
John felt such despair that he even contemplated *suicide*.
【記憶技巧】*sui* (self) + *cide* (cut)
(切自己，也就是「自殺」)
【片語】*commit suicide* (自殺)

‡suit[2] 〔 sut 〕 v. 適合 (= *fit*)   n. 西裝；
訴訟 (= *lawsuit*)
The dress *suits* you.

*suitable[3] 〔'sutəbḷ 〕 adj. 適合的
(= *appropriate*)
There are several books *suitable* for children.

suitcase[5] 〔'sut,kes 〕 n. 手提箱
(= *travel bag*)
【記憶技巧】*suit* (一套衣服) + *case*
(箱子)(「手提箱」約可裝一套衣服)

suite[6] 〔 swit 〕 n. 套房【注意發音】

sulfur[5] 〔'sʌlfɚ 〕 n. 硫磺
【衍伸詞】*sulfur dioxide* (二氧化硫)

*sum[3] 〔 sʌm 〕 n. 金額；總額   v. 總結
He spent a large *sum* of money.
【片語】*to sum up* (總之)

*summarize[4] 〔'sʌmə,raɪz 〕 v. 總結；
扼要說明
Headlines usually briefly *summarize* the news stories, so they can help the reader decide quickly what to read, skim, or ignore.

*summary[3] 〔'sʌmərɪ 〕 n. 摘要
(= *outline*)   adj. 概括的；簡要的
The newscaster gave the viewers a *summary* of the day's events.
【記憶技巧】*summ* (sum) + *ary* (n.)
(「摘要」是總合了文章大意)

‡summer[1] 〔'sʌmɚ 〕 n. 夏天

*summit[3] 〔'sʌmɪt 〕 n. 顛峰；山頂
(= *mountaintop*) ; 高峰會議
adj. 高階層的
After a long, hard climb the mountaineers reached the *summit*.
【片語】*a summit meeting* (高峰會議)

summon[5] 〔'sʌmən 〕 v. 傳喚；召喚；
鼓起 (勇氣等)   n. pl. 傳票
He was *summoned* to appear in traffic court.
【記憶技巧】*sum* (under) + *mon*
(advise)(聽到通知而前來，表示受到「召喚」)

S

‡**sun**[1] 〔 sʌn 〕 *n.* 太陽
On a clear day, the *sun* shines
brightly in the sky.

‡**Sunday**[1] 〔'sʌndɪ 〕 *n.* 星期天
(= *Sun.*)

‡**sunny**[2] 〔'sʌnɪ 〕 *adj.* 晴朗的
(= *bright*)；開朗的
Yesterday was very bright and *sunny*.

‡**super**[1] 〔'supɚ 〕 *adj.* 極好的
(= *extremely good*)；超級的
We had a *super* time.

superb[6] 〔 su'pɝb 〕 *adj.* 極好的
(= *super* = *excellent* = *marvelous*)
The *superb* meal was surprisingly
inexpensive.
【記憶技巧】*super* + *b* (be)

superficial[5] 〔,supɚ'fɪʃəl 〕 *adj.* 表面的
(= *on the surface*)；粗略的；膚淺的
Not being interested in the subject,
he only gained a *superficial*
knowledge of it.
【記憶技巧】*super* (above) + *fici* (face)
+ *al* (adj.)（只看臉上的樣子，表示只看
表面的東西）

* **superior**[3] 〔 sə'pɪrɪɚ , su'pɪrɪɚ 〕 *adj.*
較優秀的 (= *better*)；有優越感的
n. 上司；長官
They consider themselves the most
superior race in the world.
【片語】*be superior to* (比…優秀)
【反義詞】inferior (較差的)

superiority[6] 〔 sə,pɪrɪ'ɔrətɪ 〕 *n.* 優秀
(= *excellence*)；優越
I have to acknowledge your
superiority in chess; you beat me
every time.

‡**supermarket**[2] 〔'supɚ,markɪt 〕 *n.*
超級市場
Cheeses are sold in the *supermarket*.

supersonic[6] 〔,supɚ'sɑnɪk 〕 *adj.*
超音速的
One of the environmental effects of
supersonic travel is the sonic boom.
【記憶技巧】*super* (over) + *son*
(sound) + *ic* (adj.)

superstition[5] 〔,supɚ'stɪʃən 〕 *n.* 迷信
(= *an irrational belief*)
There is a *superstition* that if you
break a mirror, you'll have bad
luck for seven years.
【記憶技巧】*super* (above) + *sti*
(stand) + *tion* (n.)（站在理智之上的
東西，就是「迷信」）

superstitious[6] 〔,supɚ'stɪʃəs 〕 *adj.*
迷信的

supervise[5] 〔'supɚ,vaɪz 〕 *v.* 監督
(= *oversee*)；指導
【記憶技巧】*super* (above) + *vise*
(see)（在上面看大家有無努力工作，
表示「監督」）

supervision[6] 〔,supɚ'vɪʒən 〕 *n.* 監督
(= *management*)
The man worked under the
supervision of his boss.

supervisor[5] 〔'supɚ,vaɪzɚ 〕 *n.* 監督者
(= *overseer*)；管理人；指導教授
The *supervisor* was responsible for
explaining the new regulations to
the workers.

* **supper**[1] 〔'sʌpɚ 〕 *n.* 晚餐
We have *supper* in the evening.

supplement[6]〔'sʌpləmənt〕v. 補充
（= *add to*） n. 補充物；營養補充品
The doctor said that a multivitamin would be a good *supplement* to my diet.
【記憶技巧】 *sup* (under) + *ple* (fill) + *ment* （從下面填滿，表「補充」）

* **supply**[2]〔sə'plaɪ〕v. 供給（= *provide*）
n. 供給（= *provision*）
The government *supplied* free books to schools.
【記憶技巧】 *sup* (under) + *ply* (fill)
（「供給」是要滿足人類內心深處的需求）
【比較】 demand（需求）

* **support**[2]〔sə'port〕v. 支持（= *help*）；
支撐；扶養 n. 支持
All of us *supported* him.
【記憶技巧】 *sup* (up) + *port* (carry)
（把東西帶過去，表示「支持」）

┌─【典型考題】────────────┐
The nurse ＿＿＿ the sick child because he was too weak to walk by himself.
A. begged   B. interested
C. supported   D. insisted   [C]
└──────────────────────┘

* **suppose**[3]〔sə'poz〕v. 假定
（= *assume*）；認為（= *consider*）
Suppose he refuses. What shall we do?
【記憶技巧】 *sup* (under) + *pose* (put)
（把想法放在心底，就是「假設」）

┌─【典型考題】────────────┐
It has rained every day this week, so I ＿＿＿ it will rain today as well.
A. glimpse   B. suppose
C. refer   D. notice   [B]
└──────────────────────┘

suppress[5]〔sə'prɛs〕v. 壓抑
（= *restrain*）；鎮壓；禁止出版
My father just can't *suppress* his anger.
【記憶技巧】 *sup* (under) + *press*
（「壓抑」就是把感覺往下壓）

supreme[5]〔sə'prim〕adj. 最高的
The *Supreme* Court ruled in favor of the decision.
【記憶技巧】 *sup(e)r* (above) + *eme*
（表最高級的字尾）
【片語】 *the Supreme Court*（最高法院）

** **sure**[1]〔ʃʊr〕adj. 確定的

** **surf**[4]〔sɜf〕v. 衝浪；瀏覽（= *browse*）
My boyfriend is good at *surfing*.
【衍伸詞】 *surf the Internet*（瀏覽網路；上網）

* **surface**[2]〔'sɜfɪs〕n. 外觀；表面
（= *covering*） v. 顯現（= *emerge*）
The desk has a smooth *surface*.
【記憶技巧】 *sur* (above) + *face*

surge[5]〔sɜdʒ〕v. 蜂擁而至（= *swarm*）
n. 巨浪；洶湧；激增
The crowd *surged* forward when the famous movie star appeared.

* **surgeon**[4]〔'sɜdʒən〕n. 外科醫生
【比較】 physician（內科醫生）

* **surgery**[4]〔'sɜdʒərɪ〕n. 手術
（= *operation*）
Lydia had to stay in bed for two weeks after her *surgery*.

surpass[6]〔sɚ'pæs〕v. 超越
Nancy was the number one in class until she was *surpassed* by Eugene.
【記憶技巧】 *sur* (over) + *pass* (pass)

surplus[6] 〔'sɝplʌs〕 *n.* 剩餘
（= *excess* ）；過剩　　*adj.* 多餘的
The *surplus* was returned to the
supplier for a refund.
【記憶技巧】*sur* (over) + *plus* (more)
（多出來的部分，就是「剩餘」）

surprise[1] 〔sə'praɪz〕 *v.* 使驚訝
n. 驚訝
We will *surprise* Ann with a party
on her birthday.

【典型考題】
The ending of the movie did not come
as a ＿＿＿ to John because he had
already read the novel that the movie
was based on.
A. vision   B. focus
C. surprise   D. conclusion   [C]

surrender[4] 〔sə'rɛndɚ〕 *v.* 放棄；投
降（= *give in* ）；交出　　*n.* 投降；放棄
The police tried to convince the
gunman to *surrender*.
【記憶技巧】*sur* (upon) + *render* (給
予)（願意把東西交給別人，表示「投降」）

surround[3] 〔sə'raund〕 *v.* 圍繞；
環繞（= *encircle* ）
When the young singer appeared,
he was *surrounded* by hundreds of
his fans.
【記憶技巧】*sur* (over) + *round* (環繞)

surroundings[4] 〔sə'raundɪŋz〕 *n. pl.*
周遭環境（= *environment* ）
The girl realized she was lost when
she did not recognize her
surroundings.

【典型考題】
People who immigrate to a foreign
country have to spend some time
getting used to the new ＿＿＿.
A. achievement B. surroundings
C. exhibition   D. bulletin   [B]

survey[3] 〔sɚ've〕 *v.* 調查
〔'sɝve〕 *n.* 調查
The police *surveyed* the scene of the
crime carefully for fear of missing
any clue that was related to the
murder.
【記憶技巧】*sur* (over) + *vey* (see)
（查看整個情況，就是「調查」）

survival[3] 〔sɚ'vaɪvl̩〕 *n.* 生還；存活
Hopes are fading for the *survival* of
the missing mountain climbers.

survive[2] 〔sɚ'vaɪv〕 *v.* 生還（= *remain
alive* ）；自⋯中生還；活得比⋯久
When the car crashed, only I
survived.
【記憶技巧】*sur* (above) + *vive* (live)
（活著站在一堆屍體上面，表示「生還」）

survivor[3] 〔sɚ'vaɪvɚ〕 *n.* 生還者

suspect[3] 〔sə'spɛkt〕 *v.* 懷疑
（= *suppose* ）
〔'sʌspɛkt〕 *n.* 嫌疑犯；可疑人物
I am not sure who stole the radio,
but I *suspect* our neighbor's
children.
【記憶技巧】*su* (under) + *spect* (see)
（私底下觀察別人的行爲，表示「懷疑」）

suspend[5] 〔sə'spɛnd〕 *v.* 懸掛；暫停
（= *stop* ）；使停職；吊銷
Several flights were *suspended*
because of a hurricane.
【記憶技巧】*sus* (under) + *pend*
(hang)（布幕垂吊而下，表示演出「暫停」）

【典型考題】
The two security guards will be
＿＿＿ from all their duties until
the investigation is completed.
A. collapsed   B. measured
C. declared   D. suspended   [D]

suspense[6] 〔 sə'spɛns 〕 *n.* 懸疑
（ = *uncertainty* ）；忐忑不安
I watched a film which was full of
suspense yesterday.
【片語】 *keep sb. in suspense* (使某人
懸疑緊張)

【重要知識】 suspend 有兩個名詞，不同意思，
suspense (懸疑) 和 suspension (暫停)。

suspension[6] 〔 sə'spɛnʃən 〕 *n.* 暫停
（ = *stopping* ）；停職；懸掛

* **suspicion**[3] 〔 sə'spɪʃən 〕 *n.* 懷疑
（ = *intuition* ）；察覺

* **suspicious**[4] 〔 sə'spɪʃəs 〕 *adj.* 可疑的
（ = *questionable* ）；懷疑的

sustain[5] 〔 sə'sten 〕 *v.* 保持；支撐；
蒙受；維持（ = *keep in existence* ）
There is enough air to *sustain* life in
this submarine.
【記憶技巧】 *sus* (up) + *tain* (hold)
（ *hold up* 意思就是「維持」）
【比較】 at**tain** (達到)；re**tain** (保留)；
con**tain** (包含)；main**tain** (保持)

** **swallow**[2] 〔 'swɑlo 〕 *v.* 吞　 *n.* 燕子
Alex refuses to take vitamins because
he doesn't like to *swallow* pills.
One *swallow* does not make a
summer.

swamp[5] 〔 swɑmp 〕 *n.* 沼澤（ = *bog* ）
v. 淹沒；紛紛湧入；使應接不暇

** **swan**[2] 〔 swɑn 〕 *n.* 天鵝

swap[6] 〔 swɑp 〕 *v.* 替換；交流；交換
（ = *exchange* = *trade* ）　 *n.* 交換；
交易；交換物

Our teacher made Terry and Tammy
swap seats.

swarm[5] 〔 swɔrm 〕 *n.* (昆蟲) 群；
人群　 *v.* 蜂擁；湧往；擠滿
There is a *swarm* of flies on the table.
【比較】 school 「(魚) 群」；flock
「(鳥、羊) 群」；herd 「(牛) 群」

sway[4] 〔 swe 〕 *v.* 搖擺
They *swayed* to the music.

* **swear**[3] 〔 swɛr 〕 *v.* 發誓（ = *vow* ）；
詛咒（ = *curse* ）
I *swear* that I'll tell the truth.
┌─【典型考題】─────────
│ Peter _____ he will stand by us, so
│ let's take him at his word.
│ A. swears　　　 B. accepts
│ C. recovers　　 D. ignores　　 [A]
└──────────────────

* **sweat**[3] 〔 swɛt 〕 *v.* 流汗（ = *perspire* ）
n. 汗水
Toby began to *sweat* as soon as he
started climbing the hill.

** **sweater**[2] 〔 'swɛtɚ 〕 *n.* 毛衣
Sweaters are usually made of wool.
【記憶技巧】 *sweat* (流汗) + *er* (*n.*)
（ 穿了會流汗的東西，就是「毛衣」）
┌─【典型考題】─────────
│ When it gets colder, I'll wear a _____.
│ A. pants　　　 B. sweater
│ C. seat　　　　 D. video　　　 [B]
└──────────────────

** **sweep**[2] 〔 swip 〕 *v.* 掃　 *n.* 掃除
Mom *sweeps* the floor every morning.

** **sweet**[1] 〔 swit 〕 *adj.* 甜的

* **swell**[3] 〔 swɛl 〕 *v.* 膨脹；腫起來
A balloon *swells* when it is filled
with air.

S

*swift[3] 〔 swɪft 〕 *adj.* 快速的

The *swift* current nearly swept the swimmers out to sea.

【典型考題】

The moment the students felt the earthquake, they ran _____ out of the classroom to an open area outside.
A. swiftly　　　B. nearly
C. loosely　　　D. formally　[A]

**swim[1] 〔 swɪm 〕 *v. n.* 游泳

**swing[2] 〔 swɪŋ 〕 *v.* 搖擺 (= *sway*)
n. 鞦韆；搖擺
The girl is *swinging* her legs.

*switch[3] 〔 swɪtʃ 〕 *n.* 開關　*v.* 交換
Just press the *switch* to turn on the light.
He *switched* seats with her.

*sword[3] 〔 sord 〕 *n.* 劍
The pen is mightier than the *sword*.

*syllable[4] 〔 ˈsɪləbḷ 〕 *n.* 音節
The word "ape" has only one *syllable*.
【記憶技巧】 *syl* (together) + *lable* (hold)（把幾個音放在一起唸，就是「音節」）

**symbol[2] 〔 ˈsɪmbḷ 〕 *n.* 象徵 (= *sign*)；符號
The dove is a *symbol* of peace.
【記憶技巧】 *sym* (together) + *bol* (throw)（「象徵」就是能把對所有事物的印象集合在一起的東西）

symbolic[6] 〔 sɪmˈbɑlɪk 〕 *adj.* 象徵的 (= *representative*)
【片語】 *be symbolic of*（象徵）
【衍伸詞】 *symbolic meaning*（象徵性的意義）

symbolize[6] 〔 ˈsɪmbḷˌaɪz 〕 *v.* 象徵 (= *represent*)

symmetry[6] 〔 ˈsɪmɪtrɪ 〕 *n.* 對稱 (= *balance*)
The chairs were arranged with perfect *symmetry*—five on each side of the room.
【記憶技巧】 *sym* (same) + *metry* (measure)（兩邊測量出來的大小和形狀是相等的，就表示「對稱」）

*sympathetic[4] 〔 ˌsɪmpəˈθɛtɪk 〕 *adj.* 同情的 (= *compassionate*)；有同感的
I gave her a *sympathetic* look to show that I understood her situation.

*sympathize[5] 〔 ˈsɪmpəˌθaɪz 〕 *v.* 同情 (= *pity*)；憐憫；認同；有同感
Although I *sympathized* with John's misfortune, there was little I could do to help him.

*sympathy[4] 〔 ˈsɪmpəθɪ 〕 *n.* 同情 (= *compassion*)；憐憫；同感
We expressed our *sympathy* to the widow.
【記憶技巧】 *sym* (together) + *pathy* (feeling)（跟別人有同樣的感覺，就是「同情」）

【典型考題】

When a child falls, he will not cry if there is no one around to offer _____.
A. gratitude　　B. regret
C. encourage　　D. sympathy　[D]

symphony[4] 〔 ˈsɪmfənɪ 〕 *n.* 交響曲
【記憶技巧】 *sym* (together) + *phony* (sound)（把各種樂器的聲音結合起來，就是「交響曲」）

symptom[6] 〔 ˈsɪmptəm 〕 *n.* 症狀 (= *indication*)；跡象
Headaches and fever are both *symptoms* of illness.

synonym[6] 〔'sɪnə,nɪm 〕 *n.* 同義字
Instead of writing the same word again, why don't you use a *synonym*?
【記憶技巧】 *syn* (same) + *onym* (name) (相同的名稱，就是「同義字」)
【反義詞】 antonym (反義字)

synthetic[6] 〔 sɪn'θɛtɪk 〕 *adj.* 合成的
Nylon is a *synthetic* material.
【記憶技巧】 *syn* (together) + *thet* (put) + *ic* (*adj.*) (把很多物質放在一起，也就是「合成的」)

* **syrup**[4] 〔'sɪrəp 〕 *n.* 糖漿
Gwen prefers to have *syrup* on her pancakes rather than honey.

* **system**[3] 〔'sɪstəm 〕 *n.* 系統
We should develop a *system* of our own.
【記憶技巧】 *sy* (together) + *ste* (stand) + *m* (*n.*) (有關聯的程序擺在一起，就會形成一個「系統」)

* **systematic**[4] 〔,sɪstə'mætɪk 〕 *adj.* 有系統的
The technician assembled the computer in a *systematic* way.

T t

table[1] 〔'tebḷ 〕 *n.* 桌子；餐桌
【衍伸詞】 *a table of contents* (目錄)

* **tablet**[3] 〔'tæblɪt 〕 *n.* 藥片；平板電腦
The *tablet* was so large that I had trouble swallowing it.
【記憶技巧】 *table* + *t*

tack[3] 〔 tæk 〕 *n.* 圖釘 *v.* 釘

tackle[5] 〔'tækḷ 〕 *v.* 應付；處理 (= *deal with* = *handle*)
The president is busy *tackling* the affairs of state.

tact[6] 〔 tækt 〕 *n.* 圓滑；老練；機智
The young man lacks *tact*.

tactics[6] 〔'tæktɪks 〕 *n.pl.* 策略；戰術
Sleeping well before an exam is one of his test-taking *tactics*.

【注意】 strategy 和 tactics 都可當「策略」，strategy 指長期的大方向，像「戰略」，tactics 指個別的方法，如「戰術」。

* **tag**[3] 〔 tæg 〕 *n.* 標籤
【片語】 *price tag* (定價標籤；價目牌)

tail[1] 〔 tel 〕 *n.* 尾巴；硬幣的反面 *v.* 秘密跟蹤
A monkey has a long *tail*.

tailor[3] 〔'telɚ 〕 *n.* 裁縫師 (= *dressmaker*) *v.* 縫製；使配合
【重要知識】 tailor 這個字源自從前裁縫師常做「燕尾服」(tailcoat)。

take[1] 〔 tek 〕 *v.* 拿

* **tale**[1] 〔 tel 〕 *n.* 故事 (= *story*)；傳言
My grandfather told me the *tale* of the tortoise and the hare.
【衍伸詞】 *fairy tale* (童話故事)

‡‡**talent**[2] 〔'tælənt 〕 *n.* 才能；天分
　　She has a *talent* for cooking.
　　【衍伸詞】talented（有才能的）

┌─【典型考題】─────────┐
│ Fred has a _____ for languages. │
│ He can speak Japanese, French and │
│ Russian. │
│ A. brand   B. joke │
│ C. report   D. talent   **[D]** │
└────────────────────┘

‡‡‡**talk**[1] 〔 tɔk 〕 *v.* 說話；說服　*n.* 談話
　　Andrew and Alan are *talking* on the
　　phone.
　　【片語】*talk sb. into*…（說服某人…）

‡‡**talkative**[2] 〔'tɔkətɪv 〕 *adj.* 愛說話的

‡‡‡**tall**[1] 〔 tɔl 〕 *adj.* 高的
　　【反義詞】short（矮的）

*__**tame**[3] 〔 tem 〕 *adj.* 溫馴的；順從的；
　　平淡的　*v.* 馴服；抑制
　　The lion appears gentle now, but it
　　is not *tame*.

tan[5] 〔 tæn 〕 *v.* 曬黑；使曬成褐色
　　n. 曬黑；（皮膚經日曬而成的）褐色
　　【片語】*get a tan*（把皮膚曬成褐色）

‡‡**tangerine**[2] 〔,tændʒə'rin 〕 *n.* 橘子；
　　柑橘
　　【重要知識】tangerine 是小而容易剝皮的橘
　　子,「大的橘子」或「柳丁」是 orange。

tangle[5] 〔'tæŋɡl̩ 〕 *v.* 糾纏（= *twist*）；
　　糾結　*n.* 糾結
　　The cat's foot was *tangled* in a rope.
　　【發音像 tango（探戈），跳探戈時，舞者的
　　　身體常常糾纏在一起】

‡‡**tank**[2] 〔 tæŋk 〕 *n.* 油箱；水槽；坦克車

*__**tap**[4,3] 〔 tæp 〕 *v.* 輕拍　*n.* 水龍頭
　　My classmate *tapped* me on the
　　shoulder and asked if he could
　　borrow a pen.

‡‡**tape**[2] 〔 tep 〕 *n.* 錄音帶
　　He recorded the speech on a *tape*.

tar[5] 〔 tar 〕 *n.* 柏油；瀝青；焦油；
　　黑油　*v.* 塗柏油
　　【重要知識】我們所說的「柏油路」,英文說成
　　paved road,因為路面不只鋪著柏油而已。

*__**target**[2] 〔'tarɡɪt 〕 *n.* 目標（= *goal*）；
　　（嘲笑、批評的）對象　*v.* 以…為
　　目標；針對
　　My *target* is to save $200 a month.

tariff[6] 〔'tærɪf 〕 *n.* 關稅（= *tax*）
　　Tariffs are imposed on alcohol and
　　tobacco.

tart[5] 〔 tart 〕 *n.* 水果餡餅

*__**task**[2] 〔 tæsk 〕 *n.* 工作；任務
　　The *task* is not easy.

‡‡**taste**[1] 〔 test 〕 *v.* 嚐起來（= *savor*）
　　n. 味道；嗜好；品味
　　This food *tastes* great.

*__**tasty**[2] 〔'testɪ 〕 *adj.* 美味的
　　（= *delicious*）

taunt[5] 〔 tɔnt 〕 *v.* 辱罵；譏諷；嘲弄
　　（= *mock* = *tease*）　*n.* 嘲弄；譏諷
　　The other boys *taunted* him with a
　　chocolate bar, knowing that he wasn't
　　allowed to eat it.

tavern[5] 〔'tævən 〕 *n.* 酒館；酒店

*__**tax**[3] 〔 tæks 〕 *n.* 稅
　　【衍伸詞】tax-free（免稅的）

‡**taxi**[1] 〔'tæksɪ 〕 *n.* 計程車（= *cab* ）
You can take a *taxi* to the airport.

‡**tea**[1] 〔 ti 〕 *n.* 茶
【衍伸詞】 *black tea*（紅茶）

‡**teach**[1] 〔 titʃ 〕 *v.* 教

‡**teacher**[1] 〔'titʃɚ 〕 *n.* 老師

‡**team**[2] 〔 tim 〕 *n.* 隊伍   *adj.* 團隊的
There are eleven people on a football
team.

【典型考題】
Soccer is a kind of ———— sport. That
means you cannot play it by yourself.
A. team   B. popular
C. funny   D. boring   [A]

‡**tear**[2] 〔 tɪr 〕 *n.* 眼淚 〔 tɛr 〕 *v.* 撕裂
Her eyes were filled with *tears*.

***tease**[3] 〔 tiz 〕 *v.* 嘲弄（= *make fun of* ）；
取笑；挑逗；梳理   *n.* 戲弄他人者
（= *teaser* ）；戲弄
Stop *teasing* him. He is merely a kid.

***technical**[3] 〔'tɛknɪkḷ 〕 *adj.* 技術上的；
專業的；工藝的
There is a *technical* problem at the
television station, so it is not able
to broadcast now.
【記憶技巧】 *techn* (skill) + *ical* (*adj.*)

***technician**[4] 〔 tɛk'nɪʃən 〕 *n.* 技術人員

***technique**[3] 〔 tɛk'nik 〕 *n.* 技術
（= *skill* ）；方法（= *method* ）

***technological**[4] 〔ˌtɛknə'lɑdʒɪkḷ 〕 *adj.*
科技的
【衍伸詞】 *technological development*
（科技的發展）

***technology**[3] 〔 tɛk'nɑlədʒɪ 〕 *n.* 科技
Many students are interested in the
growing field of information
technology.
【記憶技巧】 *techno* (skill) + *logy*
(study)（「科技」是要研究特殊技術）

tedious[6] 〔'tidɪəs 〕 *adj.* 無聊的；
乏味的（= *boring* ）
A long, dull speech is *tedious*.

***teenage**[2] 〔'tin‚edʒ 〕 *adj.* 十幾歲的
Graduation from high school was
the highlight of his *teenage* years.

‡**teenager**[2] 〔'tin‚edʒɚ 〕 *n.* 青少年

***teens**[2] 〔 tinz 〕 *n.* 十幾歲的年齡
【片語】 *in one's teens*（在某人十幾歲時）

***telegram**[4] 〔'tɛlə‚græm 〕 *n.* 電報；
電報訊息

***telegraph**[4] 〔'tɛlə‚græf 〕 *n.* 電報；
電報機   *v.* 發電報

‡**telephone**[2] 〔'tɛlə‚fon 〕 *n.* 電話
（= *phone* ）；電話機   *v.* 打電話（給）

***telescope**[4] 〔'tɛlə‚skop 〕 *n.* 望遠鏡
The *telescope* is pointed at Saturn.
【記憶技巧】 *tele* (far off) + *scope*
(look)（「望遠鏡」是用來看遠處的東西）

‡**television**[2] 〔'tɛlə‚vɪʒən 〕 *n.* 電視
（= *TV* ）

‡**tell**[1] 〔 tɛl 〕 *v.* 告訴；分辨
【片語】 *tell* A *from* B（分辨 A 與 B）

teller[5] 〔'tɛlɚ 〕 *n.* 出納員（= *cashier* ）

T

***temper**[3] (ˈtɛmpɚ) *n.* 脾氣
（= *self-control* ）；心情
It is a kind of virtue to keep one's
temper.
【片語】 *keep* one's *temper*（保持心平氣和）
lose one's *temper*（發脾氣）

temperament[6] (ˈtɛmpərəmənt) *n.*
性情（= *character* = *disposition* ）；
性格；本性；氣質
Diana has a volatile *temperament*, so
you had better be careful not to
offend her.

****temperature**[2] (ˈtɛmprətʃɚ) *n.* 溫度
The *temperature* is high in summer.

tempest[6] (ˈtɛmpɪst) *n.* 暴風雨
（= *a violent storm* ）；騷動（= *uproar* ）
【片語】 *a tempest in a teapot*（茶壺裡的
風暴；小題大作；大驚小怪）

****temple**[2] (ˈtɛmpḷ) *n.* 寺廟（= *shrine* ）；
太陽穴
Many people go to the *temple* to pray.

tempo[5] (ˈtɛmpo) *n.* 節奏
（= *rhythm* ）；步調（= *pace* ）
John did not enjoy the rock concert
because he thought the *tempo* was bad.

***temporary**[3] (ˈtɛmpəˌrɛrɪ) *adj.* 暫時的
（= *short-term* ）；短期的
The refugees found *temporary*
shelter at the church.
【記憶技巧】 *tempor* (time) + *ary* (*adj.*)
（有時間性的，表示是「暫時的」）
【反義詞】 permanent（永久的）
【典型考題】
Mr. Smith's work in Taiwan is just
_____. He will go back to the
U.S. next month.
A. liberal   B. rural
C. conscious D. temporary [D]

tempt[5] (tɛmpt) *v.* 引誘（= *attract* ）
The offer of a free TV *tempted* her
into buying the car.
【記憶技巧】 *tempt* (try)（受到外力的
「引誘」時，就會想要去嘗試）

temptation[5] (tɛmpˈteʃən) *n.* 誘惑
（= *attraction* ）；引誘
【片語】 *resist the temptation*（抗拒誘惑）

tenant[5] (ˈtɛnənt) *n.* 房客（= *renter* ）
The *tenants* signed a one-year lease
on the apartment.
【記憶技巧】 *ten* (hold) + *ant* (人)
（擁有居住權的人就是「房客」）

***tend**[3] (tɛnd) *v.* 易於（= *be apt* ）；
傾向於；照顧（= *take care of* ）
Don't pay too much attention to
Joan; she *tends* to exaggerate.
【片語】 *tend to*（易於；傾向於）
【典型考題】
The baby panda Yuan Zai at the Taipei
Zoo was separated from her mother
because of a minor injury that occurred
during her birth. She was _____ by
zookeepers for a while.
A. departed B. jailed
C. tended   D. captured [C]

***tendency**[4] (ˈtɛndənsɪ) *n.* 傾向
（= *inclination* ）；趨勢（= *trend* ）
【典型考題】
In the past few years, juvenile crimes
have shown a _____ to increase.
A. tendency B. commercial
C. motive   D. profession [A]

***tender**[3] (ˈtɛndɚ) *adj.* 嫩的；脆弱的；
溫柔的（= *gentle* ） *v.* 提出；呈交
The nurse gave the patient a *tender*
smile.

****tennis**[2] 〔'tɛnɪs 〕 *n.* 網球
Mark is learning to play *tennis*.
【衍伸詞】 *tennis court*（網球場）

***tense**[4] 〔 tɛns 〕 *adj.* 令人感到緊張的；
緊張的（ = *nervous* ）；拉緊的
There was a *tense* moment when it
seemed as if the two angry men
would come to blows.

***tension**[4] 〔'tɛnʃən 〕 *n.* 緊張
（ = *nervousness* ）；緊張關係
【片語】 *relieve tension*（消除緊張）

****tent**[2] 〔 tɛnt 〕 *n.* 帳篷
They had lived in *tents* for a few days.

tentative[5] 〔'tɛntətɪv 〕 *adj.* 暫時性
的；暫時的；試驗性的
The date of the meeting is *tentative*,
but I will be able to confirm it with
you next week.
【衍伸詞】 tentatively（暫時地）

【注意】tentative 和 temporary 都可翻成
「暫時的」，但 tentative 是指還在試驗階段，
未確定；temporary 是指時間短暫。

****term**[2] 〔 tɜm 〕 *n.* 用語（ = *language* ）；
名詞；期限；學期；關係
【衍伸詞】 *business terms*（商業用語）
【片語】 *be on good terms with sb.*
（和某人關係良好）

terminal[5] 〔'tɜmənḷ 〕 *adj.* 最後的；
終點的（ = *final* ）   *n.* 航空站；總站
Passengers lined up to check in at the
departure *terminal*.

terminate[6] 〔'tɜmə,net 〕 *v.* 終結（ = *end* ）
Mother *terminated* the boys'
argument by sending both of them
to their rooms.
【記憶技巧】 *termin* (boundary) + *ate*
（*v.*）（設下界限來隔絕，表示「終結」）

terrace[5] 〔'tɛrɪs 〕 *n.* 陽台（ = *patio*
〔'pætɪ,o 〕= *balcony* ）；台階式看台
【記憶技巧】 *terra* (earth) + *ce* (*n.*)

****terrible**[2] 〔'tɛrəbḷ 〕 *adj.* 可怕的
（ = *dreadful* = *horrible* ）；嚴重的
Last night, the storm was *terrible*.
【記憶技巧】 *terr* (frighten) + *ible* (*adj.*)
（讓人害怕的，表示「可怕的」）

***terrific**[2] 〔 tə'rɪfɪk 〕 *adj.* 很棒的
It was a *terrific* party.

***terrify**[4] 〔'tɛrə,faɪ 〕 *v.* 使害怕
（ = *frighten* ）
The big snake at the zoo *terrified*
Lisa even though it was safely
behind glass.

***territory**[3] 〔'tɛrə,torɪ 〕 *n.* 領土；領域
Some wild animals will attack
anyone who invades their *territory*.
【記憶技巧】 *territ* (earth) + *ory* (*n.*)
（所擁有的土地就叫「領土」）

【典型考題】
When the enemy troops invaded our
_____, we fought bravely to defend
our country.
A. stance   B. territory
C. craze   D. universe   [B]

***terror**[4] 〔'tɛrə 〕 *n.* 驚恐；恐怖
（ = *fear* = *horror* ）
The visitors ran out of the haunted
house in *terror*.
【片語】 *in terror*（恐懼地）

*****test**[2] 〔 tɛst 〕 *n. v.* 測驗；測試

***text**[3] 〔 tɛkst 〕 *n.* 內文（ = *body* ）；
簡訊；教科書   *v.* 傳簡訊（給）
Although he had read it several times,
Rick still could not understand the *text*.

‡textbook[2] 〔ˈtɛkstˌbʊk 〕 n. 教科書

I am studying an English *textbook*.

textile[6] 〔ˈtɛkstḷ 〕 n. 紡織品
adj. 紡織的

The quality of the *textile* is first-class.

【重要知識】textile 這個字以前的 KK 音標字典唸成〔ˈtɛkstḷ 〕，但是在劍橋發音字典中，唸成〔ˈtɛkstaɪl 〕或〔ˈtɛkstɪl 〕，雖然在朗文發音字典中，唸成〔ˈtɛkstḷ 〕，但現在美國人多唸成〔ˈtɛkstaɪl 〕。

texture[6] 〔ˈtɛkstʃɚ 〕 n. 質地
(= *quality*)；口感

I like the smooth *texture* of silk.

‡thank[1] 〔 θæŋk 〕 v. n. 感謝

*thankful[3] 〔ˈθæŋkfəl 〕 adj. 感激的
(= *grateful*)

‡theater[2] 〔ˈθiətɚ 〕 n. 戲劇；戲院
(= *cinema*)

We went to the *theater* last night to watch a play.

theatrical[6] 〔 θɪˈætrɪkḷ 〕 adj. 戲劇的
(= *dramatic*)；誇張的

theft[6] 〔 θɛft 〕 n. 偷竊

Christine was very upset by the *theft* of her favorite painting.

*theme[4] 〔 θim 〕 n. 主題 (= *subject*)

Love has been a recurrent *theme* in literature.
【片語】*theme park* (主題樂園)

‡then[1] 〔 ðɛn 〕 adv. 那時；然後

theoretical[6] 〔ˌθiəˈrɛtɪkḷ 〕 adj. 理論上的 (= *hypothetical*)
【衍伸詞】theoretically (理論上)

*theory[3] 〔ˈθiərɪ 〕 n. 理論
(= *hypothesis*)；學說；看法

Seldom has the mathematical *theory* of games been of practical use in playing real games.
【片語】*in theory* (理論上)

therapist[6] 〔ˈθɛrəpɪst 〕 n. 治療學家
(= *healer*)

therapy[6] 〔ˈθɛrəpɪ 〕 n. 治療法
(= *treatment*)

After his skiing accident, Herman had to receive physical *therapy* for his knee.

thereafter[6] 〔 ðɛrˈæftɚ 〕 adv. 其後；
在那之後 (= *from then on*)

Jane left her hometown and lived in England *thereafter*.

thereby[6] 〔 ðɛrˈbaɪ 〕 adv. 藉以
(= *by means of that*)；因此

Joe laughed at Meg's performance, *thereby* embarrassing her.

‡therefore[2] 〔ˈðɛrˌfor 〕 adv. 因此
(= *thus* = *accordingly* = *hence*
consequently = *as a result*)

This car is smaller and *therefore* cheaper.

thermometer[6] 〔 θəˈmɑmətɚ 〕 n.
溫度計

Mrs. Chang took the temperature of her daughter with a *thermometer*.
【記憶技巧】*thermo* (heat) + *meter*
(measure) (測量溫度的，就是「溫度計」)

‡thick[2] 〔 θɪk 〕 adj. 厚的

I have never read such a *thick* book.
【反義詞】thin (薄的)

‡**thief**[2] 〔θif〕*n.* 小偷
A *thief* broke into the house last night.

thigh[5] 〔θaɪ〕*n.* 大腿
【比較】lap（膝上）

‡**thin**[2] 〔θɪn〕*adj.* 薄的；瘦的
The poor children are *thin*.

‡**thing**[1] 〔θɪŋ〕*n.* 東西

‡**think**[1] 〔θɪŋk〕*v.* 想；認為

‡**third**[1] 〔θɝd〕*adj.* 第三的　*adv.* 第三

***thirst**[3] 〔θɝst〕*n.* 口渴；渴望

【典型考題】
After hiking all day without drinking
any water, the students sat down by
the stream to quench their _____.
A. hunger　　　B. energy
C. thirst　　　D. nutrition　　[C]

‡**thirsty**[2] 〔'θɝstɪ〕*adj.* 口渴的；渴望的
（= *eager*）
The baby is *thirsty*.

‡**thirteen**[1] 〔θɝ'tin〕*n.* 十三

‡**thirty**[1] 〔'θɝtɪ〕*n.* 三十

thorn[5] 〔θɔrn〕*n.* 刺

There is no rose without a *thorn*.
【衍伸詞】thorny（多刺的；棘手的）

***thorough**[4] 〔'θɝo〕*adj.* 徹底的
We gave the house a *thorough*
cleaning before the guests arrived.

【典型考題】
After making a(n) _____ inspection
of the second-hand car, he decided to
buy it.
A. thorough　　B. criminal
C. throughout　D. official　　[A]

‡**though**[1] 〔ðo〕*conj.* 雖然
I love him *though* he doesn't love me.

‡**thought**[1] 〔θɔt〕*n.* 思想（= *idea*）
What's your *thought*?
【片語】*on second thought*（重新考
慮以後）

***thoughtful**[4] 〔'θɔtfəl〕*adj.* 體貼的
（= *considerate*）；認真思考的
Nancy is a very *thoughtful* person.
She always thinks of the needs of
her friends.

‡**thousand**[1] 〔'θaʊznd̩〕*n.* 千　*adj.* 千的

***thread**[3] 〔θrɛd〕*n.* 線（= *strand*）；
一長條的東西　*v.* 穿線通過
There was a loose *thread* hanging
from the man's jacket.

***threat**[3] 〔θrɛt〕*n.* 威脅（= *menace*）
That new store is a *threat* to our
business.

***threaten**[3] 〔'θrɛtn̩〕*v.* 威脅
（= *menace*）；（壞事）可能發生

threshold[6] 〔'θrɛʃold〕*n.* 門檻；入口
（= *entrance*）；開端（= *beginning*）
Scientists believe they are on the
threshold of a major advance.
【片語】*on the threshold of*（在…的開始）

thrift[6] 〔θrɪft〕*n.* 節儉（= *frugality*）
Jeremy is famous for his *thrift*, never
spending any more than he has to.
【記憶技巧】*thrif*(thrive) + *t* (*n.*)
（想要繁榮，要從「節儉」做起）
【反義詞】extravagance（奢侈）

T

thrifty[6] 〔ˈθrɪftɪ〕 *adj.* 節儉的
(= *frugal* = *economical*)
By spending as little as possible, the *thrifty* old woman was able to live on the little money she had.

thrill[5] 〔θrɪl〕 *v.* 使興奮 (= *excite*)
n. 興奮；刺激
Riding the roller coaster *thrilled* the children.

thriller[5] 〔ˈθrɪlɚ〕 *n.* 驚悚片；驚險小說或電影；充滿刺激的事物
The roller coaster is a real *thriller*.

thrive[6] 〔θraɪv〕 *v.* 繁榮 (= *prosper*)；興盛；茁壯成長
Taiwan has to take some steps in order to *thrive* in the knowledge-based world economy.

throat[2] 〔θrot〕 *n.* 喉嚨
When we eat, food passes down our *throat*.
【片語】*have a sore throat* (喉嚨痛)

throb[6] 〔θrɑb〕 *v.* 陣陣跳動
(= *beat rapidly*)；悸動；抽痛
n. 悸動；興奮
Her sprained ankle *throbbed* with pain.

throne[5] 〔θron〕 *n.* 王位
【片語】*come to the throne* (登基)

throng[5] 〔θrɔŋ〕 *n.* 群眾 (= *crowd*)
v. 蜂擁而至
A curious *throng* of onlookers surrounded the preacher.

through[2] 〔θru〕 *prep.* 透過
(= *by way of*)；穿過 *adv.* 完全地

throughout[2] 〔θruˈaʊt〕 *prep.* 遍及
(= *all through* = *all over*)
adv. 自始至終

They searched *throughout* the town for the lost child.

throw[1] 〔θro〕 *v.* 丟 (= *fling* = *cast*)；舉行；使陷入
Richard *throws* small pieces of stone in a river.

thrust[5] 〔θrʌst〕 *v.* 刺(= *stick* = *stab*)；推；擠；襲擊 *n.* 猛刺；主旨
The robber *thrust* a knife into the woman.

thumb[2] 〔θʌm〕 *n.* 大拇指【注意發音】
【片語】*be all thumbs* (笨手笨腳)

thunder[2] 〔ˈθʌndɚ〕 *n.* 雷
There was *thunder* and lightning last night.
【衍伸詞】thunderstorm (雷雨)

Thursday[1] 〔ˈθɝzdɪ〕 *n.* 星期四

thus[1] 〔ðʌs〕 *adv.* 因此 (= *therefore*)
Thus they judged that he was guilty.

tick[5] 〔tɪk〕 *n.* 滴答聲   *v.* 滴答響

ticket[1] 〔ˈtɪkɪt〕 *n.* 票；罰單
Tom made a reservation for movie *tickets*.

【典型考題】
My father got three _____ to the baseball game. All of us can go tomorrow.
A. jackets   B. tickets
C. baseballs   D. gyms   **[B]**

tickle[3] 〔ˈtɪkl̩〕 *v. n.* 搔癢；發癢
The baby laughed when his father *tickled* his feet.

***tide**[3] 〔 taɪd 〕 *n.* 潮水（ = *current* ）；
形勢
The ship will sail when the *tide* goes
out.
Time and *tide* wait for no man.

‡‡**tidy**[3] 〔'taɪdɪ 〕 *adj.* 整齊的（ = *neat* ）；
愛整潔的　　*v.* 收拾；整理
Mike's room is very *tidy*.

‡‡**tie**[1] 〔 taɪ 〕 *v.* 綁；打（ 結 ）　　*n.* 領帶
I *tied* a bow for my younger sister.
【片語】 **tie the knot**（ 結婚 ）

‡‡**tiger**[1] 〔'taɪgə 〕 *n.* 老虎
A *tiger* is a large animal that lives
in the jungle.

***tight**[3] 〔 taɪt 〕 *adj.* 嚴格的；手頭拮据
的；緊的（ = *close-fitting* ）
I couldn't open the jar because the
lid was on too *tight*.
【反義詞】 loose（ 鬆的 ）

***tighten**[3] 〔'taɪtn̩ 〕 *v.* 變緊（ = *strain* ）；
變嚴格
【反義詞】 loosen（ 使變鬆 ）

tile[5] 〔 taɪl 〕 *n.* 瓷磚　　*v.* 貼磁磚

tilt[5] 〔 tɪlt 〕 *v.* 傾斜
The Tower of Pisa *tilts* to the
southeast.

***timber**[3] 〔'tɪmbə 〕 *n.* 橫樑【可數】；
木材（ = *wood* = *logs* ）【不可數】
Workers unloaded the *timber* at the
building site.

‡‡**time**[1] 〔 taɪm 〕 *n.* 時間；時代；次數

***timid**[4] 〔'tɪmɪd 〕 *adj.* 膽小的；膽怯的
The *timid* youngster was afraid to
ask for a second helping of pie.
【記憶技巧】 *tim* (fear) + *id* (adj.)
（ 會害怕，表示個性是「膽小的」）
【反義詞】 bold（ 大膽的 ）

tin[5] 〔 tɪn 〕 *n.* 錫

***tiny**[1] 〔'taɪnɪ 〕 *adj.* 微小的
You can see *tiny* stars in the sky.

***tip**[2] 〔 tɪp 〕 *n.* 小費；尖端；訣竅
v. 給小費

tiptoe[5] 〔'tɪp,to 〕 *n.* 趾尖　　*v.* 踮腳尖走

***tire**[1] 〔 taɪr 〕 *v.* 使疲倦（ = *exhaust* ）
n. 輪胎

***tiresome**[4] 〔'taɪrsəm 〕 *adj.* 令人厭煩的
（ = *annoying* ）；無聊的
Being a librarian is a *tiresome* job.

***tissue**[3] 〔'tɪʃu 〕 *n.* 面紙
【記憶技巧】 先背 issue（ 議題 ）。

‡‡**title**[2] 〔'taɪtl̩ 〕 *n.* 標題；名稱；頭銜
The *title* of the painting is "The Last
Supper."

toad[5] 〔 tod 〕 *n.* 蟾蜍；討厭的人
【比較】 frog（ 青蛙 ）

‡‡**toast**[2] 〔 tost 〕 *n.* 吐司；敬酒；乾杯
v. 向…敬酒
Ladies and gentlemen, I'd like to
propose a *toast* to the bride and groom.

***tobacco**[3] 〔 tə'bæko 〕 *n.* 菸草
This shop sells cigarettes, cigars, and
other *tobacco* products.

T

‡**today**[1] 〔tə'de〕 *adv. n.* 今天；現今

‡**toe**[2] 〔to〕 *n.* 腳趾
I dropped a book on my big *toe*.
【比較】finger（手指）

‡**tofu**[2] 〔'to'fu〕 *n.* 豆腐（= *bean curd*）
I don't like the smell of stinky *tofu*.

‡‡**together**[1] 〔tə'gɛðɚ〕 *adv.* 一起

toil[5] 〔tɔɪl〕 *v. n.* 辛勞；勞苦
My father is *toiling* for our living.

‡**toilet**[2] 〔'tɔɪlɪt〕 *n.* 馬桶；廁所
（= *bathroom*）

token[5] 〔'tokən〕 *n.* 象徵
He gave me this book as a *token* of
his respect for my work.
【記憶技巧】token 原指「代幣」，代幣
即是錢的「象徵」。

* **tolerable**[4] 〔'talərəbḷ〕 *adj.* 可容忍的
（= *endurable*）；可接受的
To many people, a toothache is not
a *tolerable* pain.

* **tolerance**[4] 〔'talərəns〕 *n.* 容忍
（= *permissiveness*）；寬容

【典型考題】
The teacher showed _____ for the
noise in the classroom and continued
with his lecture as if he had not
heard anything.
A. connection   B. rejection
C. tolerance   D. involvement [C]

* **tolerant**[4] 〔'talərənt〕 *adj.* 寬容的
（= *open-minded*）

【典型考題】
Fortunately, my parents are _____
of my choice of music—reggae, never
making any complaint.
A. generous   B. jealous
C. miserable   D. tolerant   [D]

* **tolerate**[4] 〔'talə,ret〕 *v.* 容忍
（= *permit*）；忍受（= *endure*）
He moved out because he could not
tolerate his roommate's friends.

【典型考題】
In a democratic society, we have to
_____ different opinions.
A. participate   B. compensate
C. dominate   D. tolerate   [D]

toll[6] 〔tol〕 *n.* 死傷人數；通行費；
過路費；損害
The *toll* was 2 persons dead and 50
persons injured.
【比較】casualties（死傷的人）

‡‡**tomato**[2] 〔tə'meto〕 *n.* 蕃茄
Tomatoes are used for
making ketchup.

* **tomb**[4] 〔tum〕 *n.* 墳墓【注意發音】
（= *grave*）

‡‡**tomorrow**[1] 〔tə'mɔro〕 *adv. n.* 明天
Tomorrow is the day that comes
after today.

* **ton**[3] 〔tʌn〕 *n.* 公噸

* **tone**[1] 〔ton〕 *n.* 語調
Arthur could tell by his mother's
tone of voice that she was annoyed.

tongue[2] 〔 tʌŋ 〕 *n.* 舌頭;語言
The *tongue* is inside our mouth.
【片語】*mother tongue*(母語)

tonight[1] 〔 təˈnaɪt 〕 *adv. n.* 今晚
Let's go to see a movie *tonight*.

tool[1] 〔 tul 〕 *n.* 器具;工具(= *means*)
Mechanics use a variety of *tools*.

tooth[2] 〔 tuθ 〕 *n.* 牙齒
We must brush our *teeth* every
morning and night.
【注意】複數形是 teeth。

top[1] 〔 tɑp 〕 *n.* 頂端(= *highest place*);
陀螺 *adj.* 最高的;最重要的
He climbed to the *top* of the tree.

topic[2] 〔 ˈtɑpɪk 〕 *n.* 主題(= *subject*)
What's the *topic* of this article?

topple[6] 〔 ˈtɑpl̩ 〕 *v.* 推倒;推翻
(= *overthrow* = *overturn*)
Typhoon Herb, with winds of up to
196 kilometers per hour, *toppled* trees
and flooded roads.

torch[5] 〔 tɔrtʃ 〕 *n.* 火把
(= *flaming stick*)
We carried a *torch* into the cave
to light our way.

torment[5] 〔 ˈtɔrmɛnt 〕 *v. n.* 苦惱(的
原因);折磨(= *suffering* = *torture*)
My wife is a real *torment* to me.
【記憶技巧】*tor-*表 turn 或 twist 的字首。

tornado[6] 〔 tɔrˈnedo 〕 *n.* 龍捲風
(= *twister*)

torrent[5] 〔 ˈtɔrənt 〕 *n.* 急流
(= *current*);大量

This little creek becomes a *torrent*
further downstream.

tortoise[3] 〔 ˈtɔrtəs 〕 *n.* 陸龜;烏龜
【比較】turtle(海龜)
【衍伸詞】*The Hare and the Tortoise*
(龜兔賽跑)【寓言故事】

torture[5] 〔 ˈtɔrtʃɚ 〕 *n.* 拷打;折磨
(= *torment*) *v.* 拷打;逼問;
使極為擔心
Torture of prisoners is not allowed
under international law.

toss[3] 〔 tɔs 〕 *v.* 拋;投擲(= *throw*)
The referee *tossed* the ball into the
air, beginning the game.
【片語】*toss and turn*(翻來覆去)

total[1] 〔 ˈtotl̩ 〕 *adj.* 全部的;總計的
n. 總額 *v.* 總計

touch[1] 〔 tʌtʃ 〕 *v.* 觸摸 *n.* 接觸
【片語】*keep in touch with*(和…保持連絡)

tough[4] 〔 tʌf 〕 *adj.* 困難的(= *difficult*);
強壯的;堅強的
It is a *tough* job for a young girl.

tour[2] 〔 tur 〕 *n.* 旅行(= *visit* = *trip*
= *journey*) *v.* 旅遊;觀光;參觀
We will go on a *tour* this summer
vacation.
【片語】*go on a tour*(去旅行)

tourism[3] 〔 ˈturɪzm̩ 〕 *n.* 觀光業

tourist[3] 〔 ˈturɪst 〕 *n.* 觀光客
【衍伸詞】*a tourist attraction*(風景名勝)

tournament[5] 〔 ˈtɝnəmənt 〕 *n.* 錦標賽
(= *competition* = *contest* = *match*)
A golf *tournament* will be held during
the last three days of the month.

T

tow[3] 〔 to 〕 *v.* 拖（= *draw*）　*n.* 拖吊
The truck that had a breakdown was *towed* to the garage.

‡**toward**[1] 〔 təˋword 〕 *prep.* 朝向…
　（= *towards*）
He walked *toward* the door.

‡**towel**[2] 〔ˋtauəl 〕 *n.* 毛巾

‡**tower**[2] 〔ˋtauɚ 〕 *n.* 塔　*v.* 聳立
There is a *tower* near the port.
【衍伸詞】 *ivory tower*（象牙塔）

‡**town**[1] 〔 taun 〕 *n.* 城鎮；城鎮生活

toxic[5] 〔ˋtɑksɪk 〕 *adj.* 有毒的
　（= *poisonous*）
The company was fined for dumping *toxic* chemicals into the river.
【記憶技巧】 *tox* (poison) + *ic* (adj.)

‡**toy**[1] 〔 tɔɪ 〕 *n.* 玩具
Children like to play with *toys*.

*** trace**[3] 〔 tres 〕 *v.* 追蹤；追溯　*n.* 痕跡
The phone company was unable to *trace* the call.
【片語】 *can be traced back to*（可追溯至）

*** track**[2] 〔 træk 〕 *n.* 痕跡（= *mark*）；
足跡（= *path* = *footprint*）；軌道；
曲目　*v.* 追蹤
The hunter followed the bear *tracks* to the edge of the forest.

‡**trade**[2] 〔 tred 〕 *n.* 貿易（= *commerce*）；
行業；職業　*v.* 交易；用…交換
There is a lot of *trade* between these two countries.

trademark[5] 〔ˋtredˏmark 〕 *n.* 商標
　（= *logo*）；特徵
【記憶技巧】 交易時，代表公司的記號，
　就是「商標」。

trader[3] 〔ˋtredɚ 〕 *n.* 生意人；商人
　（= *dealer* = *merchant*）

‡**tradition**[2] 〔 trəˋdɪʃən 〕 *n.* 傳統
　（= *convention*）；習俗（= *custom*）
It's a Christmas *tradition* to give presents.
【記憶技巧】 *tra* (over) + *dit* (give) + *ion* (*n.*)（「傳統」是要一代傳一代的）

【典型考題】
It's a Chinese _____ to give children red envelopes on Lunar New Year's Day.
A. holiday　　　B. festival
C. party　　　　D. tradition　　[D]

‡**traditional**[2] 〔 trəˋdɪʃənl̩ 〕 *adj.* 傳統的
　（= *conventional*）；慣例的

‡**traffic**[2] 〔ˋtræfɪk 〕 *n.* 走私；交通
　（= *transportation*）　*v.* 走私；非法
買賣
The *traffic* is very heavy today.
【衍伸詞】 *a traffic jam*（交通阻塞）

*** tragedy**[4] 〔ˋtrædʒədɪ 〕 *n.* 悲劇；不幸
的事
"Hamlet" is one of Shakespeare's famous *tragedies*.
【反義詞】 comedy（喜劇）

【典型考題】
The movie "Titanic" is about the _____ of a shipwreck.
A. tragedy　　　B. wig
C. sensibility　　D. fad　　　　[A]

*** tragic**[4] 〔ˋtrædʒɪk 〕 *adj.* 悲劇的（= *sad*）

*** trail**[3] 〔 trel 〕 *n.* 小徑（= *path*）；足跡
This *trail* leads to the top of the mountain and the other one goes to the lake.

ᵃᵃtrain¹〔tren〕v. 訓練（= *drill*）
n. 火車；列車
We *trained* the horse for the next race.

trait⁶〔tret〕n. 特點
（= *characteristic* = *feature*）
Two *traits* of the American character
are generosity and enthusiasm.

traitor⁵〔'tretɚ〕n. 叛徒；叛國賊；
賣國賊（= *betrayer*）
Dubbed a national *traitor*, she was
shunned by all.
【記憶技巧】*tra*（across）+（*d*）*it*（give）
+ *or*（人）（把東西給敵方的人，即「叛徒」）

tramp⁵〔træmp〕v. 重步行走
（= *walk heavily*）
We *tramped* ten miles through the
woods to our camp.

trample⁵〔'træmpḷ〕v. 踐踏
（= *squash* = *tread on*）
You shouldn't *trample* the grass.

tranquil⁶〔'trænkwɪl〕adj. 寧靜的；
安靜的；平靜的（= *serene* = *peaceful*）
The *tranquil* atmosphere at the lake
soothed my worries.
【重要知識】這個字也可唸做〔'træŋkwɪl〕，但
美國人都唸〔'træŋkwəl〕。

tranquilizer⁶〔'træŋkwɪˌlaɪzɚ〕n.
鎮靜劑；鎮定劑（= *sedative*）
【記憶技巧】*tran*（over）+ *quil*（rest）
+ *izer*（n.）（「鎮靜劑」可以使人過度休息）

transaction⁶〔træns'ækʃən〕n. 交易
（= *business dealing*）
The efficient bank teller completed
my *transaction* in a matter of minutes.

transcript⁶〔'trænˌskrɪpt〕n. 成績單
（= *school report*）；謄本；抄本

***transfer**⁴〔træns'fɝ〕v. 調職；轉移
（= *change location*）；轉學；轉車
Dee decided to *transfer* to another
school to be closer to her family.
【記憶技巧】*trans*（across）+ *fer*
（carry）（越過某地運送，就是「轉移」）

***transform**⁴〔træns'fɔrm〕v. 轉變
On Halloween people wear costumes
and *transform* themselves into witches,
ghosts or fairy princesses.

transformation⁶〔ˌtrænsfɚ'meʃən〕
n. 轉變（= *shift*）

transistor⁶〔træn'zɪstɚ〕n. 電晶體

transit⁶〔'trænsɪt〕n. 運送
（= *transport*）
The package is in *transit*. It left
New York on Monday and is
expected to arrive here tomorrow.
【記憶技巧】*trans*（across）+ *it*（go）
【衍伸詞】*mass rapid transit*（捷運）
（= *MRT*）

transition⁶〔træn'zɪʃən〕n. 過渡期
（= *shifting progress*）；轉變
Our banking industry is currently
in *transition*.

***translate**⁴〔'trænslet〕v. 翻譯
This software program will *translate*
English to French.
【比較】interpret（口譯）
【重要知識】這個字一般字典唸〔træns'let〕，
但現在 83%的美國人唸成〔'trænslet〕。

***translation**⁴〔træns'leʃən〕n. 翻譯

***translator**⁴〔træns'letɚ〕n. 翻譯家

T

transmission[6] 〔 træns'mɪʃən 〕 *n.*
傳送 (= *transporting*)
Transmission of the message was interrupted by static.

transmit[6] 〔 træns'mɪt 〕 *v.* 傳送
(= *send*)；傳染；傳導
【記憶技巧】*trans* (across) + *mit*
(send) (送到另一方，就是「傳送」)

transparent[5] 〔 træns'pɛrənt 〕 *adj.*
透明的 (= *see-through*)
The semi-*transparent* fabric revealed a little more than she wanted to show.
【記憶技巧】*trans* (through) + *parent*
(appear) (透過~看到，表示「透明的」)

transplant[6] 〔 træns'plænt 〕 *v. n.*
移植 (= *graft*)
The plants should be grown indoors until spring, when they can be *transplanted* outside.
【記憶技巧】*trans* (across) + *plant*
(移到別的地方種，也就是「移植」)
【衍伸詞】*heart transplant* (心臟移植手術)

*****transport**[3] 〔 træns'port 〕 *v. n.* 運輸
The cars are *transported* by ship.

*****transportation**[4] 〔 ͵trænspɚ'teʃən 〕
n. 運輸 (= *shipping*)；運輸工具
【衍伸詞】*public transportation* (大衆運輸工具)

***trap**[2] 〔 træp 〕 *v.* 使困住　*n.* 陷阱
Twelve passengers were *trapped* inside the burning bus.

***trash**[3] 〔 træʃ 〕 *n.* 垃圾 (= *garbage*
= *rubbish* = *litter* = *junk* = *scrap*)
There are few *trash* cans on the street.

trauma[6] 〔'trɔmə 〕 *n.* 心靈的創傷；
痛苦的經歷；外傷
It was several years before Jill recovered from the *trauma* of losing her parents.

***travel**[2] 〔'trævl̩ 〕 *v.* 旅行；行進
I love to go *traveling*.
Light *travels* much faster than sound.

*****traveler**[3] 〔'trævlɚ 〕 *n.* 旅行者

***tray**[3] 〔 tre 〕 *n.* 托盤
The waiter placed the drinks on a *tray* and carried them to the table.

tread[6] 〔 trɛd 〕*v.* 踩 (= *step*)；行走
(= *walk*)
【三態變化爲：tread-trod-trodden】
He *trod* carefully across the rocky beach.

treason[6] 〔'trizn̩ 〕 *n.* 叛國罪
(= *treasury*)；大逆不道
Three spies were arrested and charged with *treason*.
【記憶技巧】*t* + *reason* (理由)

***treasure**[2] 〔'trɛʒɚ 〕 *n.* 寶藏
(= *valuables*)　　*v.* 珍惜
They were looking for
the *treasure* of the ship.

┌─【典型考題】─────────
In stories, _____ is often buried underground in an old house or on a deserted island.
A. fruit　　　　B. kingdom
C. shadow　　　D. treasure　　[D]
└────────────────────

treasury[5] 〔'trɛʒərɪ 〕 *n.* 寶庫
(= *treasure house*)；寶典；國庫

‡‡ treat[5,2] 〔 trit 〕 v. 對待；治療；當成；
　　請客　 n. 請客；樂事
I don't like the way he *treats* me.
【片語】 *treat* A *as* B（把 A 當成 B）

* treatment[5] 〔'tritmənt 〕 n. 對待；
　　治療（= *medication*）
【衍伸詞】 *medical treatment*（醫療）

treaty[5] 〔'tritɪ 〕 n. 條約（= *agreement*）
The war finally ended when the two
countries signed a *treaty*.

‡‡ tree[1] 〔 tri 〕 n. 樹

trek[6] 〔 trɛk 〕 v. n. 艱苦跋涉；徒步旅行
They *trekked* across several countries.

* tremble[3] 〔'trɛmbḷ 〕 v. 發抖（= *shake*
= *quake* = *shiver* = *quiver* = *shudder*）
Anna *trembled* with fear when she
stood on the stage.

* tremendous[4] 〔 trɪ'mɛndəs 〕 adj.
　　巨大的（= *huge* = *enormous* = *great*
= *immense* = *vast* = *gigantic*）
The rocket made a *tremendous*
noise when it blasted off.

tremor[6] 〔'trɛmɚ 〕 n. 微震；小規模
　　地震；顫抖；害怕
Before the earthquake hit the area,
many minor *tremors* were felt.

trench[5] 〔 trɛntʃ 〕 n. 壕溝；海溝
The workers had broken up the
pavement and dug a deep *trench*
across the road.

* trend[3] 〔 trɛnd 〕 n. 趨勢
The *trend* of prices is still upward.

trespass[6] 〔'trɛspəs 〕 v. 侵入；擅自
　　進入 < *on* >（= *intrude*）；過多佔用
　　n. 非法闖入
The sign warned visitors against
trespassing on the farmer's land.
【記憶技巧】 *tres*（beyond）+ *pass*
　　（pass）（越過界限，表示「侵入」）

* trial[2] 〔'traɪəl 〕 n. 審判（= *judgment*）；
　　試驗
The sensational murder *trial* went
on for six months.

‡ triangle[2] 〔'traɪˌæŋgḷ 〕 n. 三角形
【記憶技巧】 *tri*（three）+ *angle*（角）

tribal[4] 〔'traɪbḷ 〕 adj. 部落的

* tribe[3] 〔 traɪb 〕 n. 部落
　　（= *aboriginal society*）
The *tribe* had lived in the rainforest
for several hundred years before
meeting outsiders.
【比較】 b<u>ribe</u>（賄賂）

tribute[5] 〔'trɪbjut 〕 n. 敬意；貢物
We paid *tribute* to the people who lost
their lives with a minute of silence.
【比較】 at<u>tribute</u>（歸因於）；con<u>tribute</u>
　　（貢獻）；dis<u>tribute</u>（分發）

‡‡ trick[2] 〔 trɪk 〕 n. 詭計；騙局（= *hoax*）；
　　把戲；技巧；惡作劇　 v. 欺騙
I'm teaching my dog *tricks*.

* tricky[3] 〔'trɪkɪ 〕 adj. 困難的；難處理
　　的（= *difficult*）；棘手的；詭計多端的
The problem is rather *tricky*.

trifle[5] 〔'traɪfḷ 〕 n. 瑣事（= *petty thing*）
There is no sense in arguing over such
a small *trifle*.
【記憶技巧】 *t* + *rifle*（來福槍）

T

trigger[6]〔'trɪgɚ〕*v.* 引發（= *cause*）；促使；使（機器或設備）開始運轉
n. 扳機；引發（某事）的因素
Price increases *trigger* demands for wage increases.

【典型考題】────
Envy _____ a fight between the two men, for they had fallen in love with the same girl.
A. stemmed   B. yelled
C. surrounded   D. triggered   [D]

trim[5]〔trɪm〕*v.* 修剪（= *cut*）；減少；裝飾   *adj.* 修長的；苗條健康的
n. 修剪；良好的狀態
The cook *trimmed* the fat off the meat.

***trip[1]〔trɪp〕*n.* 旅行（= *travel*）
v. 絆倒
We went on a *trip* to Bali last week.
【片語】 ***go on a trip***（去旅行）
trip on ~（被 ~ 絆倒）

triple[5]〔'trɪpḷ〕*adj.* 三倍的
（= *threefold*）   *v.* 成為三倍
【衍伸詞】 double（兩倍的）
          quadruple（四倍的）
【比較】 triangle（三角形）

*triumph[4]〔'traɪəmf〕*n.* 勝利
（= *victory*）
The baseball team is celebrating its *triumph* with a big party tonight.

triumphant[6]〔traɪ'ʌmfənt〕*adj.*
得意洋洋的（= *proud*）

trivial[6]〔'trɪvɪəl〕*adj.* 瑣碎的（= *petty*）
Let's just concentrate on our main objective and forget the *trivial* details for now.

【記憶技巧】 *tri* (three) + *vi(a)* (way) + *al* (adj.)（三叉路口是女性碰面聊天的地方，都是聊一些「瑣碎的」事）

*troops[3]〔trups〕*n. pl.* 軍隊
The *troops* were ordered back to the army base.

trophy[6]〔'trofɪ〕*n.* 戰利品；獎品；獎杯
The cabinet was filled with all kinds of sporting *trophies* from his university and high school days.

tropic[6]〔'trɑpɪk〕*n.* 回歸線
【片語】 ***the Tropic of Cancer***（北回歸線）
the Tropic of Capricorn（南回歸線）

*tropical[3]〔'trɑpɪkḷ〕*adj.* 熱帶的
You can expect the *tropical* island to be hot and humid.
【衍伸詞】 subtropical（副熱帶的）
tropical rainforest（熱帶雨林）

trot[5]〔trɑt〕*v.* 快步走
The little boy *trotted* behind his teacher.

**trouble[1]〔'trʌbḷ〕*n.* 苦惱；麻煩
（= *difficulty*）   *v.* 麻煩；使困擾
It will be no *trouble* to drive you to the station.

*troublesome[4]〔'trʌbḷsəm〕*adj.*
麻煩的（= *bothersome*）
【記憶技巧】 *-some* 表「引起⋯的」的字尾。

*trousers[2]〔'trauzɚz〕*n. pl.* 褲子
（= *pants*）
Please wear *trousers* for the trip tomorrow.

trout[5]〔traut〕*n.* 鱒魚

truant[6]〔ˈtruənt〕*n.* 曠課者；逃學者
【片語】*play truant*（曠課；逃學）

truce[6]〔trus〕*n.* 停戰（= *cease-fire*）
The *truce* proved to be temporary and fighting soon broke out again.

‡**truck**[2]〔trʌk〕*n.* 卡車（= *van*）；貨車
They hired a *truck* to move their furniture.

‡**true**[1]〔tru〕*adj.* 真的（= *real*）
A *true* friend will always help you.

‡**trumpet**[2]〔ˈtrʌmpɪt〕*n.* 喇叭（= *horn*）
My brother can play the *trumpet*.

***trunk**[3]〔trʌŋk〕*n.* 後車廂；（汽車的）行李箱（= *chest*）；樹幹；軀幹

‡**trust**[2]〔trʌst〕*v. n.* 信任
I *trust* my parents in everything.

【典型考題】
Peter often tells lies. I cannot _____ him. He is not a person that can be depended on.
A. depend   B. communicate
C. correct   D. trust   [D]

‡**truth**[2]〔truθ〕*n.* 事實
Just tell me the *truth*.
【片語】*in truth*（事實上）

***truthful**[3]〔ˈtruθfəl〕*adj.* 真實的

‡**try**[1]〔traɪ〕*v. n.* 嘗試
I'll *try* to learn French.

‡**T-shirt**[1]〔ˈtiˌʃɜt〕*n.* T 恤

‡**tub**[3]〔tʌb〕*n.* 浴缸（= *bathtub*）

***tube**[2]〔tjub〕*n.* 管子（= *pipe*）；地鐵
Will squeezed the *tube* of toothpaste to get the last bit out.

tuberculosis[6]〔tjuˌbɜkjəˈlosɪs〕*n.* 肺結核（= *TB*）

tuck[5]〔tʌk〕*v.* 捲起（衣袖）（= *roll up*）；將（衣服下擺）塞進；將…藏入
Sandy *tucked* up her sleeves.

‡**Tuesday**[1]〔ˈtjuzdɪ〕*n.* 星期二

***tug**[3]〔tʌg〕*v.* 用力拉   *n.* 強拉
Mary *tugged* on her mother's skirt, trying to get her attention.

***tug-of-war**[4] *n.* 拔河
The participants in the *tug-of-war* used all their strength to pull the other team over the line.

tuition[5]〔tjuˈɪʃən〕*n.* 教學；學費（= *charge for education*）
Gina received a scholarship, which pays for her *tuition* and dormitory fees.
【比較】i*ntuition*（直覺）

***tulip**[3]〔ˈtulɪp〕*n.* 鬱金香
【記憶技巧】*tu* + *lip*（嘴唇）

***tumble**[3]〔ˈtʌmbḷ〕*v.* 跌倒
Susie tripped and *tumbled* down the stairs.

tummy[1]〔ˈtʌmɪ〕*n.* 肚子（= *belly* = *abdomen*）
My *tummy* hurts.

tumor[6]〔ˈtjumɚ , ˈtu-〕*n.* 腫瘤
When the doctor examined Barry he found a *tumor*, but it is small enough to be operated on.
【記憶技巧】*tum*（swell）+ *or*（n.）（腫起來的地方，就是「腫瘤」）
【衍伸詞】*a malignant tumor*（惡性腫瘤）

tuna[5] 〔'tunə〕 *n.* 鮪魚
【比較】salmon（鮭魚）

*****tune**[3] 〔tjun〕 *n.* 曲子；曲調；協調
This is such a popular *tune* that
everyone is humming it.

‡tunnel[2] 〔'tʌnḷ〕 *n.* 隧道；地道
Our car went through a long *tunnel*.

‡turkey[2] 〔'tɝkɪ〕 *n.* 火雞；火雞肉
People often drink white wine with *turkey*.
【比較】Turkey（土耳其）

turmoil[6] 〔'tɝmɔɪl〕 *n.* 混亂
（= *chaos* = *confusion* = *disorder*）
The city was in *turmoil* after the
electricity was cut off.

‡turn[1] 〔tɝn〕 *v.* 轉向　*n.* 轉彎；輪流
Go down the street and *turn* right.
【片語】*take turns*（輪流）

‡turtle[2] 〔'tɝtḷ〕 *n.* 海龜
My younger brother has two *turtles*.
【比較】tortoise（陸龜）

*****tutor**[3] 〔'tjutɚ〕 *n.* 家庭教師
（= *private teacher*）
Wendy's parents employed a *tutor*
to teach her math.
【重要知識】這個字以前唸〔'tutɚ〕，現在美國
人多唸成〔'tjutɚ〕。

‡twelve[1] 〔twɛlv〕 *n.* 十二

‡twenty[1] 〔'twɛntɪ〕 *n.* 二十

‡twice[1] 〔twaɪs〕 *adv.* 兩倍；兩次
（= *two times*）
【比較】once（一次）

*****twig**[3] 〔twɪg〕 *n.* 小樹枝
The birds built a nest of *twigs* in the
tree outside my window.

【記憶技巧】*twi*（two）+ *g*（「小樹枝」
通常會有兩個以上的分支）
【比較】branch（大樹枝）

twilight[6] 〔'twaɪˌlaɪt〕 *n.* 微光；黃昏
（= *nightfall*）；黎明
【記憶技巧】*twi*（two）+ *light*（light）
（黃昏時有日光和月光兩種光）

*****twin**[3] 〔twɪn〕 *n.* 雙胞胎之一
adj. 雙胞胎的
Glenda looks exactly like her *twin*.
【衍伸詞】twins（雙胞胎）

*****twinkle**[4] 〔'twɪŋkḷ〕 *v.* 閃爍
（= *sparkle* = *glitter* = *glisten*）
I like to sit outside at night and
watch the stars *twinkle*.
【記憶技巧】*twink*（wink）+ *le*（*v.*）
（星光「閃爍」是因為星星在眨眼睛）

*****twist**[3] 〔twɪst〕 *v.* 扭曲（= *curl*）；扭傷
n. 扭轉；扭扭舞
Her face was *twisted* with pain.

【典型考題】
Jack fell down while playing tennis
and _____ his ankle very badly.
A. bent　　　　B. crippled
C. tripped　　　D. twisted　　[D]

‡type[2] 〔taɪp〕 *n.* 類型（= *category*）
v. 打字
I don't like people of that *type*.

*****typewriter**[3] 〔'taɪpˌraɪtɚ〕 *n.* 打字機

‡typhoon[2] 〔taɪ'fun〕 *n.* 颱風
There were five *typhoons* this year.

【典型考題】
The _____ last week scared a lot of
people. Its strong winds and heavy
rains took fifty lives.
A. air pollution　B. soccer game
C. system　　　　D. typhoon　　[D]

***typical**[3] 〔'tɪpɪk!〕 adj. 典型的；特有的

It is *typical* of him to make such sarcastic remarks.

【片語】 *be typical of* (是…特有的)

***typist**[4] 〔'taɪpɪst〕 n. 打字員

tyranny[6] 〔'tɪrənɪ〕 n. 暴政；專制的政府；暴虐

The people had no recourse against the *tyranny* of the dictator.

tyrant[5] 〔'taɪrənt〕 n. 暴君；專橫的人

The previous ruler was a terrible *tyrant* and is missed by no one.

U u

‡**ugly**[2] 〔'ʌglɪ〕 adj. 醜的 (= *unattractive*)

I think this painting is very *ugly*.

ulcer[6] 〔'ʌlsɚ〕 n. 潰瘍

The doctor told me to avoid stress, or I would aggravate my *ulcer*.

ultimate[6] 〔'ʌltəmɪt〕 adj. 最終的 (= *final*)；終極的；最高的

So far the results of the experiment are encouraging, but the *ultimate* outcome is still in doubt.

【記憶技巧】 *ultim* (last) + *ate* (adj.)

【衍伸詞】 ultimately (最後；終於)

‡**umbrella**[2] 〔ʌm'brɛlə〕 n. 雨傘

We use *umbrellas* when it rains.

【記憶技巧】 *umbr* (shadow) + *ella* (小) (撐傘的時候，我們都會被雨傘的小陰影遮住)

umpire[5] 〔'ʌmpaɪr〕 n. 裁判 (= *referee*)；仲裁人

【比較】 empire (帝國)；vampire (吸血鬼)

unanimous[6] 〔ju'nænəməs〕 adj. 全體一致的 (= *in agreement*)；無異議的

The jury reached a *unanimous* decision that the defendant was not guilty.

【記憶技巧】 *un* (one) + *anim* (mind) + *ous* (adj.) (萬眾一心，表示「全體一致的」)

‡**uncle**[1] 〔'ʌŋk!〕 n. 叔叔

【比較】 aunt (阿姨)

uncover[6] 〔ʌn'kʌvɚ〕 v. 揭露；發現；掀開

The police have *uncovered* a plot to rob this bank.

【記憶技巧】 *un* (表示動作的相反) + *cover* (遮蓋)

【比較】 discover (發現)

underestimate[6] 〔ˌʌndɚ'ɛstəˌmet〕 v. 低估 (= *underrate*)

I cannot meet the deadline because I *underestimated* how long the task would take.

【記憶技巧】 *under* + *estimate* (估計)

【反義詞】 overestimate (高估)

undergo[6] 〔ˌʌndɚ'go〕 v. 經歷 (= *go through* = *experience*)

The writer has *undergone* many hardships.

undergraduate[5] 〔ˌʌndɚ'grædʒuɪt〕 n. 大學生 (= *college student*)

【比較】 graduate (畢業生；研究生)

U

‡underline[5] 〔͵ʌndɚˋlaɪn 〕 v. 在…畫底線；強調

He *underlined* the sentence.

undermine[6] 〔͵ʌndɚˋmaɪn 〕 v. 損害 (= *weaken*)

They offered the player a bribe but could not *undermine* his integrity.

【記憶技巧】 *under* (在～之下) + *mine* (採礦) (在底下挖，會讓人不知不覺受損害)

underneath[5] 〔͵ʌndɚˋniθ 〕 prep. 在…之下 (= *beneath*)   adv. 在下方

Please put a coaster *underneath* your glass so that it does not leave a mark on the table.

‡underpass[4] 〔ˋʌndɚ͵pæs 〕 n. 地下道

Many people don't like to use *underpasses*.

【記憶技巧】 *under* + *pass* (通過)
【反義詞】 overpass (天橋；高架道路)

‡understand[1] 〔͵ʌndɚˋstænd 〕 v. 了解

understandable[5] 〔͵ʌndɚˋstændəb!〕 adj. 可理解的

undertake[6] 〔͵ʌndɚˋtek 〕 v. 承擔 (= *shoulder*)；從事

Having *undertaken* three new projects, Matt is up to his ears in work.

【衍伸詞】 undertaking (工作)

‡underwear[2] 〔ˋʌndɚ͵wɛr 〕 n. 內衣

I prefer cotton *underwear* to linen.

undo[6] 〔ʌnˋdu 〕 v. 使恢復原狀 (= *reverse*)；解開 (結、包裹等)

I accept your apology, but it is impossible to *undo* the damage you have caused.

【記憶技巧】 *un* (表示動作的相反) + *do* (把已經做的事情回復原狀)

undoubtedly[5] 〔ʌnˋdaʊtɪdlɪ 〕 adv. 無疑地

┌【典型考題】────────
Sue will _____ follow the majority if she doesn't want to get into an argument.
A. furiously   B. undoubtedly
C. invisibly   D. spaciously   **[B]**
└─────────────────────

unemployment[6] 〔͵ʌnɪmˋplɔɪmənt 〕 n. 失業

【比較】 employment (就業；工作)

unfold[6] 〔ʌnˋfold 〕 v. 展開；攤開；發生；發展逐漸明朗

These two travelers *unfolded* a big map.

【記憶技巧】 *un* (表示動作的相反) + *fold* (摺)

‡‡uniform[2] 〔ˋjunə͵fɔrm 〕 n. 制服

Many students in Taiwan have to wear *uniforms*.

【記憶技巧】 *uni* (one) + *form* (大家穿的是同一個款式，也就是「制服」)

unify[6] 〔ˋjunə͵faɪ 〕 v. 統一 (= *make into one*)

The coach decided to *unify* the two teams because each had lost several members.

‡union[3] 〔ˋjunjən 〕 n. 聯盟；工會

The European *Union* is composed of several countries.

【衍伸詞】 *European Union* (歐盟) (= *EU*)

unique [4] 〔 ju'nik 〕 *adj.* 獨一無二的；
僅有的；獨特的（ = *very special* ）
This invaluable vase is *unique*.

┌─【典型考題】────────
│ Everyone in the world is _____; you
│ can't find anyone who has the same
│ appearance and personality as you have.
│ A. persuasive   B. basic
│ C. dependent   D. unique   [D]
└────────────────

unit [1] 〔 'junɪt 〕 *n.* 單位（ = *part* ）
A gram is a *unit* of weight.

unite [3] 〔 ju'naɪt 〕 *v.* 使聯合
（ = *combine* ）
Their common interests *united*
these two countries.

unity [3] 〔 'junətɪ 〕 *n.* 統一
（ = *unification* ）

universal [4] 〔 ,junə'vɝsḷ 〕 *adj.* 普遍的；
全世界的（ = *worldwide* ）；宇宙的

universe [3] 〔 'junə,vɝs 〕 *n.* 宇宙
Are there other *universes* besides
our own?

university [4] 〔 ,junə'vɝsətɪ 〕 *n.* 大學
Which *university* do you go to?

unless [3] 〔 ən'lɛs 〕 *conj.* 除非
Unless Mark arrives soon, we will
have to leave without him.

unlock [6] 〔 ʌn'lɑk 〕 *v.* 打開…的鎖
【反義詞】 lock（鎖上）

unpack [6] 〔 ʌn'pæk 〕 *v.* 打開（包裹）
【記憶技巧】 *un*（相反）+ *pack*（打包）

until [1] 〔 ən'tɪl 〕 *prep.* 直到
She worked there *until* last month.

upbringing [6] 〔 'ʌp,brɪŋɪŋ 〕 *n.* 養育
（ = *rearing* ）
The *upbringing* of a child is
definitely not an easy job.

update [5] 〔 ʌp'det 〕 *v.* 更新
（ = *modernize* ）
I am *updating* my antivirus program.
【衍伸詞】 up-to-date（最新的）

upgrade [6] 〔 ʌp'gred 〕 *v.* 使升級
（ = *enhance* ） 〔'ʌpgred 〕 *n.* 升級
The boss decided to *upgrade* his
most diligent employee.
【記憶技巧】 *up*（上升）+ *grade*（階級）

uphold [6] 〔 ʌp'hold 〕 *v.* 維護
（ = *maintain* ）；支持（ = *support* ）
It is the duty of public officials to
uphold the law.

upload [4] 〔 ʌp'lod 〕 *v.* 上傳
【反義詞】 download（下載）

upon [2] 〔 ə'pɑn 〕 *prep.* 在…之上
（ = *on* ）
He laid a hand *upon* my shoulder.

upper [2] 〔 'ʌpɚ 〕 *adj.* 上面的（ = *above* ）
He took a book from the *upper* shelf.
【反義詞】 lower（下面的）

upright [5] 〔 'ʌp,raɪt 〕 *adj.* 直立的
（ = *upstanding* ）
After the earthquake, we quickly
restored the bookcase to its *upright*
position.

upset [3] 〔 ʌp'sɛt 〕 *adj.* 不高興的
（ = *annoyed* ）；生氣的
v. 打翻；使不高興；使煩亂
Peggy was *upset* after an argument
with her best friend.

U

＊upstairs[1] 〔'ʌp'stɛrz 〕 *adv.* 到樓上
Jessie ran *upstairs*.

upward[5] 〔'ʌpwəd 〕 *adv.* 向上

uranium[6] 〔ju'renɪəm 〕 *n.* 鈾

＊urban[4] 〔'ɝbən 〕 *adj.* 都市的
The city is plagued with the usual *urban* problems of smog and traffic congestion.
【記憶技巧】 *urb* (city) + *an* (*adj.*)
【反義詞】 rural (鄉村的)

＊urge[4] 〔 ɝdʒ 〕 *v.* 力勸；催促
Jimmy's parents are *urging* him to apply to Harvard.

urgency[6] 〔'ɝdʒənsɪ 〕 *n.* 迫切

＊urgent[4] 〔'ɝdʒənt 〕 *adj.* 迫切的 (= *compelling*)；緊急的 (= *emergent*)
The nurse left an *urgent* message for the doctor, asking him to return to the hospital right away.

┌─ 【典型考題】 ────────────┐
│ I placed a(n) ──── call to the police │
│ when I heard the gunshot. │
│ A. intimidating   B. long-distance │
│ C. loud   D. urgent   [D] │
└──────────────────────────┘

urine[6] 〔'jurɪn 〕 *n.* 尿 (= *pee*)

＊usage[4] 〔'jusɪdʒ 〕 *n.* 用法

＊＊use[1] 〔 juz 〕 *v. n.* 使用
We *use* money to buy things.

＊used[2] 〔 just 〕 *adj.* 習慣於…的；用過的；二手的
I am *used* to drinking a cup of coffee every morning.
【衍伸詞】 *be used to V-ing* (習慣於)
　　　　　　 used car (二手車)

＊used to V.[2] 以前常常…
We *used to* play tennis every Sunday.

＊＊useful[1] 〔'jusfəl 〕 *adj.* 有用的

＊user[2] 〔'juzə 〕 *n.* 使用者

usher[6] 〔'ʌʃə 〕 *n.* 接待員 (= *attendant*) *v.* 引導；接待
【片語】 *usher in* (預告…的到來)

＊＊usual[2] 〔'juʒuəl 〕 *adj.* 平常的 (= *commonplace*)
I left home earlier than *usual*.
【片語】 *as usual* (像往常一樣)

utensil[6] 〔 ju'tɛnsḷ 〕 *n.* 用具 (= *instrument*)
The store sells a variety of kitchen *utensils* and china.

utility[6] 〔 ju'tɪlətɪ 〕 *n.* 功用；效用 (= *effectiveness*)   *pl.* 公用事業；公共事業
【記憶技巧】 *uti* (use) + *lity* (*n.*)
【片語】 *marginal utility* (邊際效用)

utilize[6] 〔'jutḷ,aɪz 〕 *v.* 利用 (= *make use of* = *take advantage of* = *use*)
They have *utilized* a minimum amount of resources to maximum effect.

utmost[6] 〔'ʌt,most 〕 *adj.* 最大的 *n.* 最大限度
Health is of the *utmost* importance to everyone.
【片語】 *do one's utmost* (盡全力)

utter[5] 〔'ʌtə 〕 *adj.* 十足的；完全的 (= *complete*)   *v.* 說；講；發出
Our daily meeting was an *utter* waste of time.
She didn't *utter* a word all night.

U

V v

vacancy[5] 〔'vekənsɪ 〕 *n.* 空；空房；
（職務的）空缺（ = *opening* ）

* **vacant**[3] 〔'vekənt 〕 *adj.* 空的(= *empty*)
This apartment has been *vacant* for
three months.

【記憶技巧】 *vac* (empty) + *ant* (*adj.*)

┌─【典型考題】─────────────
│ Someone is finally moving into the
│ ───── apartment downstairs.
│ A. blank   B. crowded
│ C. vacant   D. liberated   [C]
└──────────────────────────

*** **vacation**[2] 〔 ve'keʃən 〕 *n.* 假期
（ = *holiday* ）

【比較】 vocation（職業）

vaccine[6] 〔'væksin 〕 *n.* 疫苗
The scientists hope to develop a
vaccine that will prevent the
common cold.

vacuum[5] 〔'vækjuəm 〕 *v.* 用吸塵器
打掃   *n.* 眞空；眞空吸塵器
I *vacuumed* the floor yesterday.
Light can travel through a *vacuum*.

【記憶技巧】 *vac* (empty) + *uum* (*n.*)
（「眞空」就是把所有東西抽光）

vague[5] 〔 veg 〕 *adj.* 模糊的；不明確
的；（人）說話含糊的（ = *unclear* ）
They felt that the suggestions were
too *vague* to be of much value.

* **vain**[4] 〔 ven 〕 *adj.* 無用的；徒勞無功的
（ = *futile* ）；無意義的；自負的
He tried to save her but in *vain*.

【片語】 *in vain*（徒勞無功）

valiant[6] 〔'væljənt 〕 *adj.* 英勇的
（ = *courageous* = *brave* = *bold* ）

【反義詞】 cowardly（膽小的）

valid[6] 〔'vælɪd 〕 *adj.* 有效的
（ = *effective* ）
Your license is *valid* for five years,
at the end of which you must apply
for a new one.

【記憶技巧】 *val* (strong) + *id* (*adj.*)

【反義詞】 invalid（無效的）

validity[6] 〔 və'lɪdətɪ 〕 *n.* 效力
（ = *effectiveness* ）

* **valley**[2] 〔'vælɪ 〕 *n.* 山谷（ = *gorge* ）
There is a river in the *valley*.

* **valuable**[3] 〔'væljuəbļ 〕 *adj.* 珍貴的；
有價值的（ = *prized* = *invaluable* ）

【反義詞】 valueless（沒價值的）

【衍伸詞】 valuables（貴重物品）

* **value**[2] 〔'vælju 〕 *n.* 價值（ = *worth* ）
v. 重視
This painting is of great *value*.

【衍伸詞】 values（價值觀）

valve[6] 〔 vælv 〕 *n.* 活塞
A clogged *valve* kept the engine
from running properly.

* **van**[3] 〔 væn 〕 *n.* 廂型車；小型有蓋
貨車（ = *small truck* ）
We loaded the *van* with camping
gear and set out on our trip.

vanilla[6] 〔 və'nɪlə 〕 *n.* 香草

V

*vanish³ 〔'vænɪʃ 〕v. 消失
(= disappear)
With a wave of his hand, the
magician made the rabbit vanish.
【記憶技巧】van (empty) + ish (v.)
(空間變空了，表示東西都「消失」了)
┌─【典型考題】────────────
│ My keys must be here somewhere;
│ they didn't just _____.
│ A. escape   B. vanish
│ C. loose   D. diminish   [B]
└──────────────────────

vanity⁵ 〔'vænətɪ 〕n. 虛榮心；虛幻
His vanity drove him to waste
thousands on expensive clothes and
shoes.
【記憶技巧】van (empty) + ity (n.)
(單純地滿足虛榮心，內心只會覺得空虛)

vapor⁵ 〔'vepɚ 〕n. 水蒸氣
The boiling water produced a thick
vapor.

variable⁶ 〔'vɛrɪəbḷ 〕adj. 多變的

variation⁶ 〔,vɛrɪ'eʃən 〕n. 變化
(= change)
There might be a huge variation in
temperature in the coming weeks.

*variety³ 〔və'raɪətɪ 〕n. 多樣性
(= diversity)；種類
There is a great variety of food in
the night market.
【片語】a wide variety of (各式各樣的)
┌─【典型考題】────────────
│ This library is famous for its wide
│ _____ of books. You can find books
│ on any topic you are interested in.
│ A. technology   B. connection
│ C. variety   D. amazement   [C]
└──────────────────────

*various³ 〔'vɛrɪəs 〕adj. 各式各樣的
(= different kinds of)

*vary³ 〔'vɛrɪ 〕v. 改變 (= change)；
不同
If you never vary your routine, you
may get bored.

*vase³ 〔 ves 〕n. 花瓶

*vast⁴ 〔 væst 〕adj. 巨大的
The royal family owns vast tracts of
land in the mountains.

‡vegetable¹ 〔'vɛdʒətəbḷ 〕n. 蔬菜

*vegetarian⁴ 〔,vɛdʒə'tɛrɪən 〕n. 素食
主義者

vegetation⁵ 〔,vɛdʒə'teʃən 〕n. 植物
【集合名詞】(= plants)

*vehicle³ 〔'viɪkḷ 〕n. 車輛
Gasoline is used as a fuel for cars,
trucks and other vehicles.
【記憶技巧】vehi (carry) + cle (n.)
(用來搬運的工具，也就是「車輛」)

veil⁵ 〔 vel 〕n. 遮蓋物；掩飾；面紗
(= head covering)
v. 以面紗遮蓋；遮蓋；掩飾

vein⁵ 〔 ven 〕n. 靜脈；葉脈；紋理；
態度；風格
【比較】artery (動脈)

velvet⁵ 〔'vɛlvɪt 〕n. 天鵝絨

vend⁶ 〔 vɛnd 〕v. 販賣 (= sell)
【衍伸詞】vending machine (自動販賣機)

vendor⁶ 〔'vɛndɚ 〕n. 小販 (= peddler)
Mr. Smith is a fruit vendor.
【片語】street vendor (路邊小販)

venture[5]〔'vɛntʃɚ〕*v.* 冒險（= *risk*）
n. 冒險的事業
Nothing *ventured*, nothing gained.
【記憶技巧】*vent* (come) + *ure* (*n.*)
（讓危險迎面而來，就是在冒險）
【片語】*joint venture*（合資事業）
【衍伸詞】adventure（冒險）

***verb**[4]〔vɝb〕*n.* 動詞
【比較】adverb（副詞）

verbal[5]〔'vɝbḷ〕*adj.* 口頭的
（= *spoken*）；言辭的；文字上的
Teachers have to pay attention to
students' *verbal* ability.
【衍伸詞】*verbal ability*（語言能力）

verge[6]〔vɝdʒ〕*n.* 邊緣
（= *border* = *edge*）
Pressure from her studies has pushed
her to the *verge* of a breakdown.
【片語】*on the verge of*（瀕臨）

versatile[6]〔'vɝsətaɪl〕*adj.* 多才多藝的
（= *all-round*）
In order to repair barns, grow crops,
and care for animals, a farmer must
indeed be *versatile*.
【重要知識】這個字在字典中，唸成〔'vɝsətḷ〕，
但大部分美國人唸成〔'vɝsətaɪl〕。

***verse**[3]〔vɝs〕*n.* 詩（= *poetry*）；韻文
He wrote plays in *verse*.
【比較】prose（散文）

version[6]〔'vɝʒən〕*n.* 版本；說法
It is hard for me to believe Tim's
version of the event.
【典型考題】
Most viewers agreed that the movie
＿＿＿＿ was not as good as the book.
A. routine　　　B. version
C. copy　　　　D. issue　　　[B]

versus[5]〔'vɝsəs〕*prep.* …對…（= *vs.*）

vertical[5]〔'vɝtɪkḷ〕*adj.* 垂直的
The submarine made a *vertical*
descent of 1,000 m.
【反義詞】horizontal（水平的）

*****very**[1,4]〔'vɛrɪ〕*adv.* 非常　*adj.* 正是
That's the *very* thing I was looking for.

***vessel**[4]〔'vɛsḷ〕*n.* 容器；船；（血）管
An empty *vessel* makes the most sound.
【衍伸詞】*blood vessel*（血管）

*****vest**[3]〔vɛst〕*n.* 背心
I need to buy new *vests*.
【比較】invest（投資）

veteran[6]〔'vɛtərən〕*n.* 退伍軍人
Grandfather is a *veteran* of two wars.
【記憶技巧】*veter* (old) + *an*（人）

veterinarian[6]〔ˌvɛtrə'nɛrɪən〕*n.*
獸醫（= *vet*）
The *veterinarian* gave the cat a shot.

veto[5]〔'vito〕*n.* 否決權　*v.* 否決
This country planned to exercise its
veto over the proposal.

via[5]〔'vaɪə〕*prep.* 經由（= *by way of*）
We traveled to Rome *via* Florence
because we wanted to see that city, too.
【重要知識】這個字也可唸成〔'viə〕，但大多
數人唸〔'vaɪə〕。

vibrate[5]〔'vaɪbret〕*v.* 震動（= *shake*）

vibration[6]〔vaɪ'breʃən〕*n.* 震動
（= *quivering*）
When the rocket was launched, the
spectators could feel a *vibration* in
the ground.
【記憶技巧】*vibrat* (shake) + *ion* (*n.*)
（物體的搖晃，也就是「震動」）

vice[6] 〔 vaɪs 〕 *n.* 邪惡 (= *evil*)；代理人
adj. 副的
【片語】 *virtue and vice* (善與惡)

*** vice-president**[3] 〔ˋvaɪsˋprɛzədənt 〕
n. 副總統

vicious[6] 〔ˋvɪʃəs 〕 *adj.* 邪惡的
(= *wicked*)；兇猛的
The neighbor's dog is *vicious* and
always tries to bite people.
【片語】 *vicious circle* (惡性循環)

*** victim**[3] 〔ˋvɪktɪm 〕 *n.* 受害者
The *victim* of the robbery was not
able to identify the man who took
his money.
【片語】 *fall victim to* (成爲…的受害者)

victimize[6] 〔ˋvɪktɪm,aɪz 〕 *v.* 使受害

victor[6] 〔ˋvɪktɚ 〕 *n.* 勝利者

victorious[6] 〔 vɪkˋtorɪəs 〕 *adj.* 勝利的

**** victory**[2] 〔ˋvɪktrɪ ; ˋvɪktərɪ 〕 *n.* 勝利
Our football team won a big *victory*.
【記憶技巧】 *vict* (conquer) + *ory* (*n.*)
(征服困難，才能獲得「勝利」)

【典型考題】
She won a great _____ in the
competition. As a result, she is
admired by sports fans everywhere.
A. victory   B. donation
C. challenger   D. opponent   [A]

**** video**[2] 〔ˋvɪdɪ,o 〕 *n.* 錄影帶
(= *videotape*)

videotape[5] 〔ˋvɪdɪoˋtep 〕 *n.* 錄影帶

*** view**[1] 〔 vju 〕 *n.* 景色；看法   *v.* 觀賞
I like to see the *view* of the harbor.

viewer[5] 〔ˋvjuɚ 〕 *n.* 觀衆

vigor[5] 〔ˋvɪgɚ 〕 *n.* 活力 (= *energy*)
【記憶技巧】 *vig* (lively) + *or* (*n.*)
(表現得很活潑的樣子，表示充滿「活力」)

vigorous[5] 〔ˋvɪgərəs 〕 *adj.* 精力充沛的
(= *energetic*)
At eighty years old, my uncle is still
vigorous.

villa[6] 〔ˋvɪlə 〕 *n.* 別墅

*** village**[2] 〔ˋvɪlɪdʒ 〕 *n.* 村莊 (= *suburb*)
adj. 鄉村的
There is a small *village* located on
this island.
【衍伸詞】 *global village* (地球村)

villain[5] 〔ˋvɪlən 〕 *n.* 惡棍；流氓
(= *rascal* = *gangster*)

vine[5] 〔 vaɪn 〕 *n.* 葡萄藤 (= *grapevine*)

**** vinegar**[3] 〔ˋvɪnɪgɚ 〕 *n.* 醋
You can use *vinegar* on salad.
【記憶技巧】 *vin* (wine) + *egar* (sour)
(「醋」是產生酸味的酒)

vineyard[6] 〔ˋvɪnjɚd 〕 *n.* 葡萄園
【注意發音】
【記憶技巧】 *vine* (葡萄藤) + *yard* (庭院)

*** violate**[4] 〔ˋvaɪə,let 〕 *v.* 違反 (= *defy*)
If you *violate* the traffic rule, you may
be fined.

【典型考題】
If you _____ a traffic law, such as
drinking and driving, you may not be
permitted to drive for some time.
A. destroy   B. violate
C. attack   D. invade   [B]

*__violation__[4] 〔ˌvaɪə'leʃən〕 *n.* 違反
(= *breach*)；侵害

【典型考題】
Discrimination against women is a
_____ of human rights.
A. suggestion   B. demonstration
C. reservation   D. violation   [D]

*__violence__[3] 〔'vaɪələns〕 *n.* 暴力
(= *brutality*)
Onlookers were alarmed by the
violence of the fight and called the
police.

*__violent__[3] 〔'vaɪələnt〕 *adj.* 暴力的；
猛烈的

*__violet__[3] 〔'vaɪəlɪt〕 *n.* 紫羅蘭；藍紫色
adj. 紫羅蘭色的；藍紫色的

‡__violin__[2] 〔ˌvaɪə'lɪn〕 *n.* 小提琴 (= *fiddle*)
A *violin* is smaller than a viola.

__violinist__[5] 〔ˌvaɪə'lɪnɪst〕 *n.* 小提琴手

*__virgin__[4] 〔'vɝdʒɪn〕 *n.* 處女 (= *maiden*)

__virtual__[6] 〔'vɝtʃuəl〕 *adj.* 實際上的
(= *real in effect*)；虛擬的
He was the *virtual* leader of the
movement.
【片語】*virtual reality* (虛擬實境)
【衍伸詞】virtually (實際上；幾乎)

【注意】virtual 和 virtue 無關，virtue 的形
容詞是 virtuous 〔'vɝtʃuəs〕 *adj.* 有道德的。

【典型考題】
The Internet is becoming a huge
shopping center: we can buy almost
anything from the so-called "_____
shops" on line.
A. crowded   B. elegant
C. virtual   D. dreadful   [C]

*__virtue__[4] 〔'vɝtʃu〕 *n.* 長處；美德
(= *good character*)
Honesty is a good *virtue* to cultivate.

*__virus__[4] 〔'vaɪrəs〕 *n.* 病毒
There are all kinds of *viruses* affecting
computers all over the world.

【典型考題】
Getting a flu shot before the start of flu
season gives our body a chance to build
up protection against the _____ that
could make us sick.
A. poison   B. misery
C. leak   D. virus   [D]

__visa__[5] 〔'vizə〕 *n.* 簽證

*__visible__[3] 〔'vɪzəbḷ〕 *adj.* 看得見的
X-rays are able to make *visible*
details that are otherwise impossible
to observe.
【記憶技巧】*vis* (see) + *ible* (adj.)
【反義詞】in<u>visible</u> (看不見的)

【典型考題】
Hidden deep in a small alley among
various tiny shops, the entrance of the
Michelin star restaurant is barely
_____ to passersby.
A. identical   B. visible
C. available   D. remarkable   [B]

*__vision__[3] 〔'vɪʒən〕 *n.* 視力 (= *sight*)
Ellen went to an optometrist to
have her *vision* checked.

‡‡__visit__[1] 〔'vɪzɪt〕 *v.* 拜訪 (= *call on*)；
遊覽   *n.* 拜訪；參觀
【片語】*pay a visit to* (訪問)

‡__visitor__[2] 〔'vɪzɪtɚ〕 *n.* 觀光客；訪客

*__visual__[4] 〔'vɪʒuəl〕 *adj.* 視覺的；視力的

visualize[6] 〔'vɪʒuəl͵aɪz 〕 v. 想像
(= *picture* = *imagine*)
Despite your detailed description, I
cannot *visualize* the place.

【典型考題】
Though Dr. Wang has been away from
his hometown for over ten years, he
can still ———— his old house clearly.
A. nominate　　　B. visualize
C. prolong　　　D. sprinkle　　[B]

vital[4] 〔'vaɪtḷ 〕 *adj.* 非常重要的
(= *essential* = *crucial*)；生命的；
充滿活力的
His support is *vital* for our project.
The heart is a *vital* organ.

【典型考題】
E-mail plays a ———— role in modern
communication.
A. vital　　　B. violent
C. vertical　　　D. various　　[A]

vitality[6] 〔 vaɪ'tælətɪ 〕 *n.* 活力
(= *energy*)
After his long illness, Ted lost his
vitality.

vitamin[3] 〔'vaɪtəmɪn 〕 *n.* 維他命
One of the most effective ways to
stay healthy is to eat foods that are
rich in *vitamins*.
【記憶技巧】 *vita* (life) + *min* (*n.*)
（「維他命」可提供維持生命的物質）

vivid[3] 〔'vɪvɪd 〕 *adj.* 生動的；栩栩
如生的
Jessie gave such a *vivid* description
of her house that I'm sure I'll know
it when I see it.
【記憶技巧】 *viv* (live) + *id* (*adj.*)
（就像活生生站在眼前一樣，表示很生動）

vocabulary[2] 〔 və'kæbjə͵lɛrɪ 〕 *n.* 字彙
(= *words*)
He has a large *vocabulary* in English.

vocal[6] 〔'vokḷ 〕 *adj.* 聲音的
(= *voiced*)；直言不諱的
The singer received a lot of *vocal*
training before.
【記憶技巧】 *voc* (voice) + *al* (*adj.*)

vocation[6] 〔 vo'keʃən 〕 *n.* 職業 (= *job*
= *career* = *profession* = *occupation*)
Helen sought the advice of a counselor
to help her decide on a *vocation*.
【比較】 avocation（副業）

vocational[6] 〔 vo'keʃənḷ 〕 *adj.* 職業的

vogue[6] 〔 vog 〕 *n.* 流行 (= *fashion*)；
流行的事物；時尚　*adj.* 流行的
There seems to be a *vogue* for
Chinese food at present.
【比較】 vague（模糊的）

voice[1] 〔 vɔɪs 〕 *n.* 聲音；發言權
v. 表達 (= *give voice to*)
That man has a loud *voice*.
【比較】 sound（事物發出的）聲音

volcano[4] 〔 val'keno 〕 *n.* 火山
Volcanoes are divided into three main
groups.
【注意】這個字不可唸成〔 vɔl'keno 〕。

volleyball[2] 〔'valɪ͵bɔl 〕 *n.* 排球

volume[3] 〔'valjəm 〕 *n.* 音量
(= *loudness*)；（書）冊；容量
He turned up the *volume* on the
television.
We have a set of Dickens' works in
24 *volumes*.

* **voluntary**[4] 〔'vɑlən,tɛrɪ 〕 *adj.* 自願的
（ = *intentional* ）
Gina does *voluntary* work at the hospital in her spare time.
【記憶技巧】 *volunt* (free will) + *ary*
（經由自由的意願而決定，表示「自願的」）

* **volunteer**[4] 〔,vɑlən'tɪr 〕 *v.* 自願
（ = *offer* ）   *n.* 自願者   *adj.* 自願的

vomit[6] 〔'vɑmɪt 〕 *v.* 嘔吐 (= *throw up*)
The little girl was seasick and started to *vomit* everything she had eaten.

** **vote**[2] 〔 vot 〕 *v.* 投票 (= *cast a vote*)
n. 選票 (= *ballot*)
People under 18 years old are not allowed to *vote* in an election.

* **voter**[2] 〔'votɚ 〕 *n.* 投票者

vow[5] 〔 vaʊ 〕 *n.* 誓言 (= *promise*)；誓約；(*pl.*) (婚禮等的) 誓言   *v.* 發誓

Paul and Patty take their marriage *vows* seriously.
【片語】 *take a vow* (發誓)

* **vowel**[4] 〔'vaʊəl 〕 *n.* 母音
【比較】 consonant (子音)

* **voyage**[4] 〔'vɔɪ·ɪdʒ 〕 *n.* 航行
Our *voyage* across the Atlantic lasted nearly one week.
【記憶技巧】 *voy* (way) + *age* (*n.*)
（順著海的路線行走，也就是「航行」）

vulgar[6] 〔'vʌlgɚ 〕 *adj.* 粗俗的
（ = *low* ）；下流的；庸俗的
Don't use such *vulgar* words. It is considered impolite.

vulnerable[6] 〔'vʌlnərəbl̩ 〕 *adj.* 易受傷害的；易受影響的；脆弱的 < *to* >
The general sent all the soldiers out on maneuvers, leaving the fort *vulnerable* to attack.
【片語】 *be vulnerable to* (易受…傷害)

W w

wade[5] 〔 wed 〕 *v.* 涉水；在水中走
I usually *wade* across the stream to visit my grandparents.

wag[3] 〔 wæg 〕 *v.* 搖動 (尾巴)(= *wave*)
n. 搖擺
Our dog *wags* its tail when it sees us coming home from school.

* **wage**[3] 〔 wedʒ 〕 *n.* 工資 (= *payment*)
v. 發動
The workers at the factory were paid a *wage* of nine dollars an hour.

* **wagon**[3] 〔'wægən 〕 *n.*
四輪載貨馬車

wail[5] 〔 wel 〕 *v.* 哭叫；哭泣；哭嚎
（ = *cry* = *weep* = *grieve* ）
The boy fell down and *wailed* with pain.

┌─【典型考題】─────┐
A mother was ＿＿＿ for her lost child.
A. sparkling   B. shining
C. wailing   D. admiring   **[C]**
└──────────────┘

** **waist**[2] 〔 west 〕 *n.* 腰
Jane wears a belt around her *waist*.

W

‡wait[1]〔wet〕v. 等（= *stay*）
　n. 等候的時間
　【片語】*wait for*（等待）

‡waiter[2]〔'wetɚ〕n. 服務生

‡waitress[2]〔'wetrɪs〕n. 女服務生
　【記憶技巧】-*ess* 表「女性」的字尾。

‡wake[2]〔wek〕v. 醒來（= *become awake*）　n. 痕跡；蹤跡
　Jane *wakes* up at 6:00 every morning.

*waken[3]〔'wekən〕v. 喚醒；叫醒
　（= *wake up* = *awaken*）
　It's time to *waken* the children for school.

‡walk[1]〔wɔk〕v. 走路；遛（狗）
　n. 散步
　【片語】*take a walk*（散步）

‡wall[1]〔wɔl〕n. 牆壁　v. 把…用牆圍住 < *in* >
　The robber climbed over the *wall* to get away.

‡wallet[2]〔'wɑlɪt〕n. 皮夾
　John carries his money in a *wallet*.
　【比較】purse（錢包）

walnut[4]〔'wɔlnət〕n. 核桃
　【比較】chestnut（栗子）

*wander[3]〔'wɑndɚ〕v. 徘徊；流浪
　We *wandered* around the park, looking for a good spot to enjoy our picnic.
　【比較】wonder（想知道）
　┌【典型考題】────────
　│ Lost and scared, the little dog＿＿＿
　│ along the streets, looking for its master.
　│ A. dismissed　　B. glided
　│ C. wandered　　D. marched　　[C]

‡want[1]〔wɑnt〕v. 想要　n. 想要；需要；欠缺

‡war[1]〔wɔr〕n. 戰爭
　（= *armed struggle*）
　Many people are killed in a *war*.

ward[5]〔wɔrd〕n. 病房；囚房　v. 躲避
　He managed to *ward* off the blow.
　【片語】*ward off*（避開）

wardrobe[6]〔'wɔrdrob〕n. 衣櫥
　（= *cupboard* = *closet*）
　My parents bought a new *wardrobe* because the old one does not hold all of their clothes.
　【注意】以前的 KK 音標字典中，這個字唸成〔'wɔrd,rob〕，但現在次重音去掉，dr 連音。

ware[5]〔wɛr〕n. 用品
　【衍伸詞】kitchen<u>ware</u>（廚房用具）；silver<u>ware</u>（銀器）；hard<u>ware</u>（硬體）；soft<u>ware</u>（軟體）

warehouse[5]〔'wɛr,haʊs〕n. 倉庫
　（= *storehouse*）
　【記憶技巧】存放各種用品的屋子，就是倉庫。

warfare[6]〔'wɔr,fɛr〕n. 戰爭
　（= *war* = *fighting* = *battle* = *combat*）

‡warm[1]〔wɔrm〕adj. 溫暖的
　Keep yourself *warm* in the winter.

warmth[3]〔wɔrmθ〕n. 溫暖
　【記憶技巧】-*th* 表抽象名詞的字尾。

*warn[3]〔wɔrn〕v. 警告（= *caution*）
　The smoke alarm will *warn* you when there is a fire in the building.
　┌【典型考題】────────
　│ My parents ＿＿＿ me not to play with candles.
　│ A. discourage　　B. beware
　│ C. explain　　D. warn　　[D]

warrior[5] *n.* 戰士（= *soldier*）

wary[5]〔'wɛrɪ〕*adj.* 謹慎的；小心的
（= *cautious* = *careful*）
【片語】*be wary of*（小心）

‡**wash**[1]〔waʃ〕*v.* 洗

‡**waste**[1]〔west〕*v. n.* 浪費

- 【典型考題】-
Don't try to reason with Paul—you
are _____ your breath.
A. disposing   B. wasting
C. storing   D. willing   [B]

‡**watch**[1]〔watʃ〕*n.* 手錶；注意；
看守　*v.* 注視；注意；看守

‡**water**[1]〔'wɔtɚ〕*n.* 水　*v.* 給…澆水

‡**waterfall**[2]〔'wɔtɚ,fɔl〕*n.* 瀑布
（= *cascade*〔kæs'ked〕= *falls*）

‡**watermelon**[2]〔'wɔtɚ,mɛlən〕*n.* 西瓜

*****waterproof**[6]〔'wɔtɚpruf〕*adj.* 防水
的（= *watertight*）
When the rain began, I was thankful
that I had a *waterproof* jacket.
【記憶技巧】*proof*（防~的）
【比較】bullet<u>proof</u>（防彈的）
　　　　sound<u>proof</u>（隔音的）

‡**wave**[2]〔wev〕*n.* 波浪　*v.* 起伏；揮動
The *waves* are very high today.

*****wax**[3]〔wæks〕*n.* 蠟

‡**way**[1]〔we〕*n.* 路；方式；樣子

‡**weak**[1]〔wik〕*adj.* 虛弱的
My grandfather is very *weak*.
【反義詞】strong（強壯的）

*****weaken**[3]〔'wikən〕*v.* 使虛弱
【反義詞】strengthen（增強）

*****wealth**[3]〔wɛlθ〕*n.* 財富（= *riches*）；
豐富
Health is better than *wealth*.

*****wealthy**[3]〔'wɛlθɪ〕*adj.* 富有的（= *rich*）

*****weapon**[2]〔'wɛpən〕*n.* 武器；手段
Swords, arrows, guns, claws, horns,
and teeth are *weapons*.
【衍伸詞】*nuclear weapon*（核子武器）

‡**wear**[1]〔wɛr〕*v.* 穿；戴；磨損；使
疲倦
【片語】*wear out*（穿破；使筋疲力盡）

weary[5]〔'wɪrɪ〕*adj.* 疲倦的（= *tired*）
We were *weary* after the long bus trip.

- 【典型考題】-
After a day's tiring work, Peter
walked _____ back to his house,
hungry and sleepy.
A. splendidly   B. thoroughly
C. wearily   D. vaguely   [C]

‡**weather**[1]〔'wɛðɚ〕*n.* 天氣
The *weather* is good here.

*****weave**[3]〔wiv〕*v.* 編織
The artisan *weaves* her own cloth.

*****web**[3]〔wɛb〕*n.* 網狀物；蜘蛛網
A spider sat in the middle
of the *web*.
【衍伸詞】*the Web*（網際網路）

*****website**[4]〔'wɛb,saɪt〕*n.* 網站

wed[2]〔wɛd〕*v.* 與…結婚（= *marry*）
My sister and her fiance decided
to *wed* in a small church.
【衍伸詞】newlyweds（新婚夫婦）

‡**wedding**¹ 〔'wɛdɪŋ 〕 *n.* 婚禮
(= *wedding ceremony*)
My parents' *wedding* was very romantic.

‡**Wednesday**¹ 〔'wɛnzdɪ 〕 *n.* 星期三
(= *Wed.*)

***weed**³ 〔 wid 〕 *n.* 雜草
The garden is full of *weeds* because no one has been taking care of it.

‡**week**¹ 〔 wik 〕 *n.* 星期

*‡**weekday**² 〔'wik,de 〕 *n.* 平日
The museum is open on *weekdays* only.

‡**weekend**¹ 〔'wik'ɛnd 〕 *n.* 週末
What are you going to do this *weekend?*
【記憶技巧】 *week* + *end* (結束)

*‡**weekly**⁴ 〔'wiklɪ 〕 *adj.* 每週的
(= *every week*) *n.* 週刊
【比較】 daily (每天的)
     monthly (每月的)

*‡**weep**³ 〔 wip 〕 *v.* 哭泣 (= *cry* = *wail*)
Claire *wept* when she heard about the accident.

┌─ 【典型考題】 ─────────────┐
│ Maria _____ bitterly over the death │
│ of her pet dog. │
│ A. gasps   B. gasped │
│ C. weeping   D. wept   [D] │
└──────────────────────────┘

‡**weigh**¹ 〔 we 〕 *v.* 重…
How much does it *weigh*?

*‡**weight**¹ 〔 wet 〕 *n.* 重量
Alex needs to gain some *weight*.
【片語】 *gain weight* (增加體重)
     lose weight (減輕體重)

weird⁵ 〔 wɪrd 〕 *adj.* 怪異的
(= *strange* = *odd*)

‡**welcome**¹ 〔'wɛlkəm 〕 *v. n.* 歡迎
We always *welcome* guests to our restaurant.

***welfare**⁴ 〔'wɛl,fɛr 〕 *n.* 福利；福祉
Welfare programs for the elderly provide senior citizens with nursing homes and regular financial help.
【記憶技巧】 *wel* (good) + *fare* (go)
(「福利」是對人有益的東西)

‡**well**¹ 〔 wɛl 〕 *adv.* 很好
【片語】 *may well* (很有理由…)
     may as well (不妨；最好)

‡**west**¹ 〔 wɛst 〕 *n.* 西方
(= *occident* 〔'ɑksədənt 〕)
【比較】 east (東方)

***western**² 〔'wɛstən 〕 *adj.* 西方的
(= *occidental*)
【比較】 eastern (東方的)

‡**wet**² 〔 wɛt 〕 *adj.* 濕的
(= *humid* = *damp* = *moist*)
Be careful of the *wet* floor.

‡**whale**² 〔 (h)wel 〕 *n.* 鯨魚
A *whale* is the biggest animal living in the sea.
【比較】 shark (鯊魚)

wharf⁵ 〔 (h)wɔrf 〕 *n.* 碼頭
(= *dock* = *pier*)
【片語】 *Fisherman's Wharf* (漁人碼頭)

‡**whatever**² 〔 hwat'ɛvə 〕 *pron.* 無論什麼
You can do *whatever* you want.

whatsoever[6] 〔ˌhwɑtsoˈɛvɚ〕*pron.*
任何…的事物（= *whatever*）
Do *whatsoever* you like.

* **wheat**[3] 〔hwit〕*n.* 小麥
【比較】rice（稻米）

* **wheel**[2] 〔hwil〕*n.* 輪子
Cars and buses move on *wheels*.

wheelchair[5] 〔ˈhwilˈtʃɛr〕*n.* 輪椅

* **whenever**[2] 〔hwɛnˈɛvɚ〕*conj.* 無論何時（= *whensoever*）
Whenever I see you, you always look happy.

whereabouts[5] 〔ˈhwɛrəˌbauts〕*n.*
下落【單複數同型】
The *whereabouts* of the runaways are unknown.

whereas[5] 〔hwɛrˈæz〕*conj.* 然而
（= *while*）；但是；卻
She is diligent, *whereas* he is lazy.

* **wherever**[2] 〔hwɛrˈɛvɚ〕*conj.* 無論何處
My little brother follows me *wherever* I go.

* **whether**[1] 〔ˈhwɛðɚ〕*conj.* 是否
I'm not sure *whether* it will rain.

* **while**[1] 〔hwaɪl〕*conj.* 當…的時候；
然而；雖然　*n.* 一下子；一陣子

whine[5] 〔hwaɪn〕*v.*（狗）低聲哀叫；
抱怨（= *complain*）　*n.* 抱怨；「啾」的呼嘯聲
Stop *whining*. I can't stand your complaints any more.

【典型考題】
Would you please stop ＿＿＿ about unimportant things all the time? You must do something to improve the situation.
A. wooing　　　B. speeding
C. shrieking　　D. whining　　**[D]**

* **whip**[3] 〔hwɪp〕*v.* 鞭打（= *lash*）
n. 鞭子
The carriage driver *whipped* the horses to make them run faster.
【衍伸詞】 *whipped cream*（鮮奶油）

whirl[5] 〔hwɝl〕*v.* 旋轉（= *spin*）
The dancers *whirled* across the stage in their long skirts.

whisk[5] 〔hwɪsk〕*v.* 揮走（= *sweep*）
The butcher *whisked* the flies away.

whisky[5] 〔ˈhwɪskɪ〕*n.* 威士忌
【比較】brandy（白蘭地）

* **whisper**[2] 〔ˈhwɪspɚ〕*v. n.* 小聲說
（= *murmur*）
Not wanting to disturb anyone, Kathy *whispered* to me during the movie.

whistle[3] 〔ˈhwɪsḷ〕*v.* 吹口哨　*n.* 哨子
Adam *whistled* and his dog came running at once.

* **white**[1] 〔hwaɪt〕*adj. n.* 白色（的）
【衍伸詞】 *a white lie*（善意的謊言）

* **whoever**[2] 〔huˈɛvɚ〕*pron.* 無論是誰
Whoever comes in first will be given a trophy.

* **whole**[1] 〔hol〕*adj.* 全部的；整個的
（= *entire*）　*n.* 整體
Richard ate a *whole* pizza for lunch.
【片語】 *as a whole*（就全體而言）
on the whole（大體而言）

W

wholesale[5] 〔'hol͵sel 〕 *n.* 批發

The boutique owner buys all of her merchandise at *wholesale*.

【記憶技巧】 ***whole*** (全部的) + ***sale*** (特價) (全部東西都特價，就是「批發」價)

【比較】 retail (零售)

wholesome[5] 〔'holsəm 〕 *adj.* 有益健康的 (= *healthful*)

Natural food is *wholesome*, so you will feel better if you eat it.

【記憶技巧】 ***whole*** (健全的) + ***some*** (表「達到相當程度的」字尾) (使身體達到相當程度健全的，就是「有益健康的」)

***wicked**[3] 〔'wɪkɪd 〕 *adj.* 邪惡的 (= *evil*)

Nadia warned us against having anything to do with the *wicked* man.

⁑**wide**[1] 〔 waɪd 〕 *adj.* 寬的 (= *broad*)

A *wide* road makes it easy for him to drive.

【反義詞】 narrow (窄的)

【衍伸詞】 ***a wide variety of*** (各式各樣的)

***widen**[2] 〔'waɪdn̩ 〕 *v.* 使變寬 (= *broaden*)

widespread[5] 〔'waɪd'sprɛd 〕 *adj.* 普遍的 (= *general*)

The *widespread* use of poisonous chemical fertilizers has declined.

【記憶技巧】 ***wide*** + ***spread*** (散播) (廣泛散播，就會「普遍」)

┌─【典型考題】─────────
The use of solar power is becoming more _____. Numerous Americans have installed solar panels at their homes.
A. widespread   B. remote
C. frantic   D. technical   [A]
└──────────────────────

widow[5] 〔'wɪdo 〕 *n.* 寡婦

widower[5] 〔'wɪdəwɚ 〕 *n.* 鰥夫

***width**[2] 〔 wɪdθ 〕 *n.* 寬度

The bridge is 30 meters in *width*.

⁑**wife**[1] 〔 waɪf 〕 *n.* 妻子

wig[5] 〔 wɪg 〕 *n.* 假髮

⁑**wild**[2] 〔 waɪld 〕 *adj.* 野生的；荒涼的；瘋狂的 (= *crazy*) *n.* 野生狀態

We should protect *wild* animals.

【衍伸詞】 ***animals in the wild*** (野生動物)

wilderness[5] 〔'wɪldɚnɪs 〕 *n.* 荒野 (= *wasteland*)

This *wilderness* sanctuary was established to protect several endangered species.

wildlife[5] 〔'waɪld͵laɪf 〕 *n.* 野生動物

【集合名詞】 (= *wild animals*)

We should protect the *wildlife*.

⁑**will**[1] 〔 wɪl 〕 *aux.* 將會 *n.* 意志力；意願；遺囑

Where there's a *will*, there's a way.

***willing**[2] 〔'wɪlɪŋ 〕 *adj.* 願意的

I am *willing* to do the job.

【反義詞】 unwilling (不願意的)

***willow**[3] 〔'wɪlo 〕 *n.* 柳樹

There are several *willow* trees on the bank of the river.

【比較】 pillow (枕頭)

⁑**win**[1] 〔 wɪn 〕 *v.* 贏 (= *triumph*)；獲得

Rose will do anything to *win* the game.

【反義詞】 lose (輸)

⁑**wind**[1] 〔 wɪnd 〕 *n.* 風 (= *air currents*)

A great *wind* blew across the sea.

【衍伸詞】 windy (風大的)

W

‡‡window [1] (ˈwɪndo) *n.* 窗戶

【典型考題】

It's so hot inside. Can you open the
_____?
A. box   B. book
C. window   D. dictionary   [C]

windshield [6] (ˈwɪndˌʃild) *n.* 擋風玻璃
(= *windscreen*)

【記憶技巧】 *wind* + *shield* (盾)（ 擋住
風的盾牌，就是「擋風玻璃」）

‡‡windy [2] (ˈwɪndɪ) *adj.* 多風的

【典型考題】

It was very _____ this morning.
My hat was blown away while I was
walking on the street.
A. cloudy   B. dry
C. warm   D. windy   [D]

*****wine** [1] (waɪn) *n.* 酒；葡萄酒
She got drunk on one glass of *wine*.

‡wing [2] (wɪŋ) *n.* 翅膀
I wish I had *wings* to fly.

*****wink** [3] (wɪŋk) *v. n.* 眨眼
My uncle *winked* at me to let me
know he was kidding.

‡‡winner [2] (ˈwɪnɚ) *n.* 優勝者

‡‡winter [1] (ˈwɪntɚ) *n.* 冬天

*****wipe** [3] (waɪp) *v.* 擦 (= *rub*)
George *wiped* the counter after he
finished cooking.

*****wire** [2] (waɪr) *n.* 電線；鐵絲
We had no power after the electrical
wires were cut.

*****wisdom** [3] (ˈwɪzdəm) *n.* 智慧
(= *intelligence*)

She spoke with authority as well as
with *wisdom*.

‡‡wise [2] (waɪz) *adj.* 聰明的；有智慧的
(= *smart*)

‡‡wish [1] (wɪʃ) *v.* 希望；但願；祝…
n. 願望；(*pl.*) 祝福
I *wish* I could fly.
What do you *wish* to have for
Christmas?
I *wish* you a happy New Year.

*****wit** [4] (wɪt) *n.* 機智 (= *brightness*)；
幽默
The actor answered the question
with great *wit* and made the
audience laugh.

【片語】 *out of* one's *wits* (驚慌失措)

*****witch** [4] (wɪtʃ) *n.* 女巫

【比較】 wizard (巫師)

‡with [1] (wɪð) *prep.* 和…一起；用…

*****withdraw** [4] (wɪðˈdrɔ) *v.* 撤退
(= *retreat*)；提 (款)
They decided to *withdraw* the troops
from the front line.

【記憶技巧】 *with* (back) + *draw* (拉)

wither [5] (ˈwɪðɚ) *v.* 枯萎 (= *fade*)；
使枯萎；使凋謝
It's time to buy some new flowers
because these are starting to *wither*.

*****within** [2] (wɪðˈɪn) *prep.* 在…之內
You should finish the work *within*
two days.

‡‡without [2] (wɪðˈaut) *prep.* 沒有
【片語】 *can't do without* (不能沒有)

W

withstand[6] 〔 wıθ'stænd 〕 *v.* 抵抗
（＝*resist*）；抵擋；經得起
Palm trees produce seeds capable of
withstanding prolonged immersion
in salt water, so palms are found on
many continents.
【記憶技巧】*with* (against) + *stand*
（站著反對，就是「抵抗」）

* **witness**[4] 〔'wıtnıs 〕 *n.* 目擊者
（＝*eyewitness*）；證人　*v.* 目擊
There were no *witnesses* to the car
accident so no one is sure how it
happened.

witty[6] 〔'wıtı 〕 *adj.* 機智的（＝*bright*）；
詼諧的

* **wizard**[4] 〔'wızəd 〕 *n.* 巫師

woe[5] 〔 wo 〕 *n.* 悲哀；不幸的事
Losing his job was only one of several
woes that Myers suffered last year.

* **wolf**[2] 〔 wʊlf 〕 *n.* 狼
Wolves kill sheep for food.

* **woman**[1] 〔'wʊmən 〕 *n.* 女人
【注意】複數形是 women。

* **wonder**[2] 〔'wʌndə 〕 *v.* 想知道；驚嘆
n. 驚奇；奇觀
I *wonder* why he didn't come.
【衍伸詞】*the Seven Wonders of the*
World（世界七大奇觀）

* **wonderful**[2] 〔'wʌndəfəl 〕 *adj.* 很棒的
（＝*amazing*）
Ida and I had a *wonderful* time.

┌─【典型考題】─────
My daughter has done so much
housework for me.　She's been ＿＿＿＿
today.
A. wonderful　　B. afraid
C. terrible　　　D. comfortable　[A]
└──────────────

woo[6] 〔 wu 〕 *v.* 追求；求愛
（＝*chase* ＝*pursue*）
The rich businessman is *wooing* a
beautiful film star.

* **wood**[1] 〔 wʊd 〕 *n.* 木頭（＝*timber*）
The chair is made of *wood*.

* **wooden**[2] 〔'wʊdn̩ 〕 *adj.* 木製的

woodpecker[5] 〔'wʊd,pɛkə 〕 *n.* 啄木鳥
【記憶技巧】*peck*（啄食）

* **woods**[1] 〔 wʊdz 〕 *n. pl.* 森林
（＝*small forest*）
We went for a walk in the *woods*.

* **wool**[2] 〔 wʊl 〕 *n.* 羊毛（＝*fleece*）
The sweater is one hundred percent
wool.

* **word**[1] 〔 wɝd 〕 *n.* 字；話
【片語】*have words with*（和…吵架）
in other words（換句話說）

* **work**[1] 〔 wɝk 〕 *n.* 工作；作品
v. 起作用

* **worker**[1] 〔'wɝkə 〕 *n.* 工人

workshop[5] 〔'wɝk,ʃɑp 〕 *n.* 小工廠；
研討會（＝*seminar*）

* **world**[1] 〔 wɝld 〕 *n.* 世界
【片語】*around the world*（在全世界）
（＝*all over the world* ＝*throughout*
the world）

* **worm**[1] 〔 wɝm 〕 *n.* 蟲
【比較】warm（溫暖的）

* **worry**[1] 〔'wɝı 〕 *v. n.* 擔心
Don't *worry* about me.

* **worse**[1] 〔 wɝs 〕 *adj.* 更糟的
Cindy is an even *worse* tennis player
than I am.

worship[5] 〔'wɝʃəp 〕 *n. v.* 崇拜
（ = *praise* ）

Ancestor *worship* is common in many cultures.

【記憶技巧】 *wor* (worthy) + *ship* （表狀態的字尾）

***worst**[1] 〔 wɝst 〕 *adj.* 最糟的

***worth**[2] 〔 wɝθ 〕 *adj.* 值得…　*n.* 價值

The book is *worth* reading.

【片語】 *be worth* + *V-ing* （值得被～）

【衍伸詞】 worthless （無價值的）

worthwhile[5] 〔'wɝθ'hwaɪl 〕 *adj.* 值得的；值得花時間的

This is a *worthwhile* book that deserves your attention.

【記憶技巧】 *worth* （值得的） + *while* （時間）（值得花時間去做的）

***worthy**[5] 〔'wɝðɪ 〕 *adj.* 值得的

The teacher is *worthy* of respect.

【片語】 *be worthy of* （值得）

┌─【典型考題】────────────────┐
│ I stopped playing the piano because the
│ results were not _____ of my effort.
│ A. memorable　　B. effective
│ C. worthy　　　　D. equal　　　[C]
└────────────────────────────┘

*wound[2] 〔 wund 〕 *n.* 傷口　*v.* 傷害

I have a knife *wound* on my arm. He was seriously *wounded* in the accident.

***wrap**[3] 〔 ræp 〕 *v.* 包；裹

I will *wrap* his birthday present in colorful paper.

【片語】 *wrap up* （結束）

wreath[5] 〔 riθ 〕 *n.* 花環；花圈；花冠

***wreck**[3] 〔 rɛk 〕 *n.* 遇難的船；殘骸　*v.* 使遭遇船難

Salvage crews tried to bring the *wrecks* to the surface.

【衍伸詞】 wreckage （殘骸）

wrench[6] 〔 rɛntʃ 〕 *v.* 用力扭轉
（ = *wrest* ）　*n.* 用力扭轉；扳手

My brother tried hard to *wrench* the lid off.

wrestle[6] 〔'rɛsl̩ 〕 *v.* 摔角；扭打 （ = *struggle physically* ）

【衍伸詞】 wrestler （摔角選手）

wring[5] 〔 rɪŋ 〕 *v.* 擰乾 （ = *squeeze* ）；扭緊　*n.* 擰；扭

My mother *wrung* out the wet towels.

【片語】 *wring out* （擰）

【三態變化為：wring-wrung-wrung】

***wrinkle**[4] 〔'rɪŋkl̩ 〕 *n.* 皺紋　*v.* 起皺紋
（ = *crinkle* ）

Alice has no *wrinkles* on her face. This cloth *wrinkles*.

***wrist**[3] 〔 rɪst 〕 *n.* 手腕

John is wearing a beautiful watch on his *wrist*.

*write[1] 〔 raɪt 〕 *v.* 寫

*writer[1] 〔'raɪtɚ 〕 *n.* 作家

John Irving is a world-famous *writer*.

*wrong[1] 〔 rɔŋ 〕 *adj.* 錯誤的

My answer was *wrong*, so I erased it.

W

X x ~ Y y

xerox⁶〔'zıraks〕*v. n.* 影印

***X-ray**³〔'ɛks're〕*n.* X 光

yacht⁵〔jat〕*n.* 遊艇【注意發音】

yam¹〔jæm〕*n.* 蕃薯（ = *sweet potato*）

yard²〔jard〕*n.* 院子（ = *backyard*）；
天井；碼
Children are playing hide-and-seek
in the front *yard*.

yarn⁵〔jarn〕*n.* 紗；線
【衍伸詞】*woolen yarn*（毛線）
【注意】所有字典中，yarn 都翻成「紗線」或「紗；線」，事實上，yarn 就是我們織毛衣的「毛線」。

***yawn**³〔jɔn〕*v.* 打呵欠
Barbara was tired and began to
yawn during the movie.
【比較】snore（打呼）

yeah¹〔jɛ〕*adv.* 是（ = *yes*）

year¹〔jır〕*n.* 年

***yearly**⁴〔'jırlı〕*adj.* 每年的；一年
一次的（ = *annual*）
The computer applications show is
held *yearly* in Taipei.

yearn⁶〔jɝn〕*v.* 渴望（ = *crave*）
He *yearns* for fortune and fame

yeast⁵〔jist〕*n.* 酵母菌
【記憶技巧】*y* + *east*（東方）

***yell**³〔jɛl〕*v. n.* 大叫（ = *shout*）
Tony's mother *yelled* at him for
watching TV instead of doing his
homework.
【片語】*yell at*（對…大叫）

yellow¹〔'jɛlo〕*adj.* 黃色的　*n.* 黃色
My favorite umbrella is *yellow*.

yesterday¹〔'jɛstɚ͵de〕*adv. n.* 昨天
It was raining *yesterday* but today
the sky is clear.

yet¹〔jɛt〕*adv.* 尚（未）(= *up till now*)；
更加；然而（ = *however*）
conj. 但是（ = *but*）
The work is not *yet* finished.
【片語】*not yet*（尚未；還沒）

yield⁵〔jild〕*v.* 出產（ = *produce*）；
屈服（ = *surrender*）　*n.* 產量
How much wheat does this land
yield?
【片語】*yield to*（向～屈服）

yoga⁵〔'jogə〕*n.* 瑜伽

***yogurt**⁴〔'jogɚt〕*n.* 優格
Milk is not the only dairy product
you can eat; you also can choose
ice cream, *yogurt*, and cheese.

X

***yolk**³ 〔 jok 〕 *n.* 蛋黃
According to the recipe, you have to separate the *yolk* from the rest of the egg.
【比較】*egg white*（蛋白）

‡**young**¹ 〔 jʌŋ 〕 *adj.* 年輕的（= *youthful*）
Lucy is too *young* to have a baby.

***youngster**³ 〔 'jʌŋstɚ 〕 *n.* 年輕人
【記憶技巧】*-ster* 表「人」的字尾。

‡**youth**² 〔 juθ 〕 *n.* 年輕；年輕人
This club is for *youths*.

【片語】*in one's youth*（在年輕時期）
the youth（年輕人）

***youthful**⁴ 〔 'juθfəl 〕 *adj.* 年輕的（= *young*）；年輕人的

***yucky**¹ 〔 'jʌkɪ 〕 *adj.* 討厭的；難看的；令人厭惡的；令人反感的（= *disgusting* = *nasty*）
The school lunch is *yucky*.

‡**yummy**¹ 〔 'jʌmɪ 〕 *adj.* 好吃的（= *delicious* = *mouth-watering*）
How *yummy* that cake was!

Z z

zeal⁶ 〔 zil 〕 *n.* 熱心（= *enthusiasm*）；熱忱
Our new housekeeper works with such *zeal* that the house is always spotlessly clean.

‡**zebra**² 〔 'zibrə 〕 *n.* 斑馬
A *zebra* has black and white stripes all over its body.
【衍伸詞】*zebra crossing*（斑馬線）

‡**zero**¹ 〔 'zɪro 〕 *n.* 零
The last digit of her telephone number is *zero*.

zinc⁵ 〔 zɪŋk 〕 *n.* 鋅

zip⁵ 〔 zɪp 〕 *v.* 拉拉鍊；迅速做完
【片語】*zip up*（拉上…的拉鍊）

***zipper**³ 〔 'zɪpɚ 〕 *n.* 拉鍊
My *zipper* got stuck when I tried to zip up my jacket.

***zone**³ 〔 zon 〕 *n.* 地帶；地區（= *area* = *region* = *district*）
This is a residential *zone*, so there are no factories nearby.
【比較】o*zone*（臭氧）

‡**zoo**¹ 〔 zu 〕 *n.* 動物園；喧鬧混亂的地方
There are many kinds of animals in the *zoo*.

zoom⁵ 〔 zum 〕 *v.* 急速移動；將畫面推進或拉遠
【衍伸詞】*zoom in*（將畫面推進；擴大影像）；*zoom out*（將畫面拉遠；縮小影像）

【1956 年～2024 年】

電腦統計歷屆大學入學考試出現字彙

> 歷屆大學入學考試，幾乎均在 7000 字範圍內，最常出現的核心單字，
> 我們用紅色字體表示，這是你考前必須準備的關鍵字。

A.D. (學測101, 112年，指考103年)

abandon (聯考63, 75, 85年，學測91①, 92②, 96, 102, 107, 110年，指考101年)

abandonment (指考105年)

abbreviate (指考99, 100年)

abbreviation (指考99年)

abhor (指考96年)

abide (學測110年)

ability (聯考47, 51, 52, 70, 81, 84, 85, 87, 89年，學測84, 88, 92②, 93, 96～98, 101, 102, 105, 107, 109～112年，指考93①②, 95, 97～99, 104, 106, 108年)

able (學測99～101, 104～106, 108, 111～113年，指考98, 100, 101, 107～109①②年)

aboard (聯考45年，學測91①, 111年，指考105年)

abolish (聯考49年，指考98, 102, 109②年)

aboriginal (學測86, 108年，指考110年)

aborigine (指考92年)

abortion (指考95年)

abortionist (指考95年)

abreast (學測99年)

abroad (聯考59, 60, 62, 66年，學測92①, 95, 108年)

abrupt (指考109②年)

abruptly (聯考90年)

absence (學測89, 112年，指考102, 106年)

absent (學測107年)

absolute (學測94, 101, 111年，指考95, 108, 109②年)

absolutely (聯考48, 58, 64年，學測91②, 110年，指考93①, 95年)

absorb (聯考47, 66, 69, 73年，學測99, 100, 107年，指考99, 106, 109②年)

absorption (學測112年)

abstract (指考99, 104年)

absurd (學測110年)

abundance (學測100年)

abundant (學測109年，指考94, 104, 107年)

abundantly (學測93年)

abuse (聯考66, 83, 86年，學測101, 111年，指考97, 102, 107, 110年)

academia (學測113年)

academic (聯考53, 70, 72年，學測103年，指考96, 98～100, 108年)

academically (聯考72年，學測99年)

academy (聯考80年)

accelerate (學測112年，指考104年)

accelerator (學測103年)

accent (聯考49, 86年，學測89, 105, 109年，指考102年)

accept (聯考47, 52, 54, 62, 66～69, 71, 83, 85年，學測85, 87, 88, 90, 92①②～94, 96, 100～102, 105, 107, 108年，指考95, 97, 101, 109①, 110年)

acceptable (聯考80, 88, 89年，學測99年，指考97, 98, 101年)

acceptance (指考96, 100年)

access (聯考68年，學測85, 87, 93, 99, 103, 106, 107, 112年，指考94～96, 102, 107, 108, 110年)

accessible (聯考59, 89年，指考92, 97, 104, 106年)

accessory (學測101, 111年，指考97年)

accident (聯考65～68, 71, 74, 80年，學測84, 87, 91①②, 92①～95, 99, 101, 103, 105,106, 109年，指考93②, 98, 108年)

accidental (指考97, 109①②年)

accidentally (聯考82, 85年，學測85, 86年，指考93①, 94年)

acclaim (指考106年)

accommodate (聯考67, 89年，學測107, 110年，指考103年)

accommodation (指考96年)

accompany (聯考80年，學測90, 100, 104, 106, 111, 112年，指考101, 109①年)

accomplish (聯考53, 60, 63, 67年，學測88, 97, 107, 110, 113年，指考97年)

accomplishment (聯考71, 72年，學測89, 95, 104, 108, 110年，指考93①年)

accord (聯考61年，指考105年)

accordance (指考96年)

according (聯考78, 82～84, 88～90年，學測91②, 92②, 95～113年，指考91～93①, 94, 98, 100～110年)

accordingly (聯考67, 74, 77年，學測86, 99, 105, 106年，指考99, 100年)

account (聯考77, 79, 82年，學測90, 92②②, 103, 106～108年，指考93①②, 107, 109①年)

accountable (指考101年)

accountant (指考91年)

accounting (指考93①年)

accumulate (聯考86年，學測112年，指考103, 109①, 110年)

accumulation (指考107年)

accuracy (聯考71年，學測105, 109年)

accurate (聯考67, 70, 85年，學測93, 99, 113年，指考93①②, 95, 105年)

accurately (聯考63, 71年)

accuse (聯考61, 67, 85年，學測88, 112年，指考95年)

accustom (聯考53, 83年，學測83, 84, 92②年，指考93①, 106年)

ace (學測106年)

ache (聯考76, 83年，學測107, 110年)

achievable (學測91①年)

achieve (聯考50, 65, 67～69, 74, 85, 88, 90年，學測87, 91①, 93, 95, 106, 110, 111年，指考92, 97, 102, 104, 106, 107年)

achievement (聯考70, 71, 73, 87年，學測85, 88, 92②, 95, 98, 106, 110, 113年，指考93①, 102, 103, 109①, 110年)

acid (學測92②, 96, 100, 111年)

acidly (學測109年)

acknowledge (聯考55, 68, 90年，學測111年，指考109①年)

acknowledgment (聯考68年，指考97, 109②年)

acquaint (聯考55, 67, 84年，學測95年)

acquaintance (聯考61, 66, 68年，學測110年)

acquire (聯考54, 60, 86年，學測95, 101, 106, 107, 112年，指考95, 100, 105, 110年)

acre (聯考79, 87年，學測91①, 110年，指考109②年)

acrobatic (學測111年，指考101年)

acrobatics (學測106年)

act (聯考45, 61, 63, 64, 66, 71, 81, 89年，學測98, 100, 101, 108, 110, 111年，指考102, 103, 108～110年)

action (聯考49, 68, 72, 81, 85, 86, 90年，學測103, 107, 109, 111年，指考98年)

activate (學測83, 95年，指考91, 93①, 105年)

active (聯考76, 81年，學測88, 95～97, 99, 104, 112, 113年，指考99, 103, 105, 109①年)

actively (學測110年，指考105年)

activism (指考99年)

activist (指考94, 95, 103年)

activity (聯考64, 76, 80年，學測84, 87, 90～92①, 93, 95, 96, 98, 102, 104～107, 110, 111, 113年，指考93①, 95, 98, 101, 103～105, 108, 109①②年)

actor (聯考51, 90年，學測103, 106, 111年)

actress (學測103年，指考93①年)

actual (聯考45年，學測111, 112年，指考95, 107, 108年)

actually (聯考48, 55, 61, 64, 68, 72, 74～76, 78, 85, 89, 90年，學測84, 90, 92①, 95, 97, 100, 103～109, 111～113年，指考93①, 97, 100～103, 107, 109①②, 110年)

acute (指考104年)

ad (學測92①, 106年，指考93①, 99, 101, 106年)

adapt (聯考81, 89年，學測88, 96, 98, 105, 110, 113年，指考94, 96, 98, 104, 107年)

adaptation (聯考81年，指考94年)

adaptive (指考109①年)

add (聯考51, 56, 61, 65, 79, 81, 85, 89年，學測89, 92①②, 93, 98～100, 104, 107, 109, 111, 112年，指考91, 93②, 95, 98, 99, 105, 106, 109①②, 110年)

addict (學測91①年，指考96, 98, 101, 109②年)

addiction (指考98, 107年)

addictive (聯考89年)

addition (聯考73, 75, 89, 90年，學測95, 99, 100, 103, 107～110年，指考92, 93②, 94, 99～101, 105, 106, 108, 109①②年)

additional (學測91②, 101, 107年，指考96, 97, 107年)

additionally (聯考80年，學測88, 108, 109, 112年)

address (聯考56, 61, 62, 71, 73, 78年，學測87, 89, 98, 103, 107年，指考94, 98, 103, 104, 106年)

adequate (聯考68, 69, 87年，學測107, 109①, 110年)

adjective (聯考46年，學測91②年)

adjust (聯考78, 89年，學測90, 94, 96, 99, 106年，指考97, 109①年)

adjustable (學測113年)

adjustment (聯考64年，學測94, 110年，指考94, 100年)

administer (指考94年)

administration (聯考67, 83年，學測111年，指考92, 105年)

administrative (指考96, 108, 109①年)

admirable (聯考84, 89年，學測86, 88, 90, 100年)

admiral (聯考72年)

admiration (聯考47, 74年，指考108年)

admire (聯考68, 79, 87, 88年，學測91②, 92①～94, 103, 106年，指考102年)

admission (聯考73, 81, 87年，學測91①②, 96, 110年，指考99, 102年)

admit (聯考47, 64, 66, 70, 81年，學測90, 95, 101, 104年，指考93①②, 94, 107年)

admonition (學測103年)

adolescence (指考98年)

adolescent (聯考72年，學測92①, 96, 99, 103年)

adopt (聯考75, 81年，學測83, 88, 97, 101, 103~105, 109, 111, 112年，指考93①, 98, 100, 103, 104, 106~108年)

adoption (學測98, 108年，指考95, 102, 109②年)

adore (學測88年，指考95, 107年)

adorn (學測88年)

adrenaline (指考105年)

adult (聯考64, 69, 72, 76, 80, 81, 88年，學測84, 87, 91~93, 95, 99, 108, 111年，指考98, 100, 105年)

adulthood (聯考79年，學測104年，指考98年)

advance (聯考57, 63, 64, 66, 67, 80, 88, 90年，學測90, 91②, 94, 101, 110, 111, 113年，指考93②, 94, 97, 100, 107, 110年)

advancement (聯考68年，學測98, 111年，指考110年)

advantage (聯考61年，學測91①②, 92②, 101, 105, 108, 110, 113年，指考91, 97, 103~105, 107年)

advantageous (學測99年)

adventure (聯考85年，學測90, 91①, 100, 106, 110年，指考100, 104, 109②年)

adventurous (學測90年，指考93①, 102, 109②年)

adverb (聯考69年)

advertise (聯考48, 50年，學測96, 99, 101, 112年，指考93①, 105年)

advertisement (聯考48, 66, 76, 81, 82年，學測84, 88年，指考94, 101, 109①年)

advertiser (聯考66年，學測84年)

advertising (聯考66, 76年，學測96年，指考94, 99, 101年)

advice (聯考49, 57, 83, 84, 86, 90年，學測84, 86, 91②, 97, 98, 101, 107, 110, 113年，指考92, 103, 105年)

advise (聯考52, 55, 61, 64, 67, 74年，學測92①, 96, 103, 104, 106, 108, 110, 113年，指考104, 107年)

adviser (指考93①年)

advocate (聯考76年，學測98年，指考92, 95, 99, 109①②年)

aerial (學測107年)

aerodynamic (指考110年)

aerodynamics (指考110年)

aeronautical (聯考64年)

aerospace (學測113年)

aesthetic (學測111年，指考106年)

affair (聯考50, 51, 65, 67, 87年，學測84, 85, 99, 101年，指考99, 107, 110年)

affect (聯考63, 68, 70, 74, 76年，學測83, 91①, 93, 95, 97, 98, 101, 102, 105, 112年，指考94, 95, 97, 100, 107, 109②, 110年)

affection (聯考64, 84年，指考98, 106年)

affectionate (指考102年)

affective (學測88年)

affiliative (指考104年)

affirm (聯考76年)

affirmation (聯考88年)

afford (聯考54, 66, 68, 76, 87, 90年，學測86, 95, 96, 103年，指考94, 103, 107, 110年)

affordable (學測104, 111, 113年，指考93①, 109①, 110年)

afraid (聯考77, 78, 84年，學測84, 94, 103年，指考98, 100年)

Africa (聯考82, 90年，學測96, 103, 104, 106, 107, 110, 111~113年，指考97, 102, 103, 108年)

African (聯考76, 82年，學測103, 106, 112年，指考97, 102, 106, 108, 109①年)

afterlife (學測106年)

afterward(s) (聯考51, 64, 90年，學測84, 89, 92①, 97, 101, 104年，指考107年)

agency (聯考64, 76年，學測85, 92②, 96, 99, 101年，指考93①, 97, 102, 105, 106年)

agenda (學測111, 112年，指考92年)

agent (學測103, 105年)

aggravate (指考105年)

aggression (聯考47年)

aggressive (聯考73, 79年，學測88, 100, 112年，指考93①, 96, 101, 104, 109①年)

aggressively (學測100年)

aghast (指考95年)

aging (學測93, 98年，指考104, 109②年)

agonizing (學測113年)

agree (聯考78, 79年，學測89, 96, 97, 110, 112年，指考91, 92, 95, 105, 107年)

agreeable (聯考72年，學測111年，指考105年)

agreement (聯考53, 68, 86年，學測95, 98, 99, 102, 105年，指考94, 105, 109②年)

agricultural (聯考62, 75, 90年，學測94, 103, 110年)

agriculturally (指考98年)

agriculture (聯考62, 87年，學測103, 110年，指考93②, 96, 105, 110年)

aground (學測109年)

ahead (聯考86年，學測99年，指考101, 109①, 110年)

aid (聯考53, 61, 67, 82年，學測101年，指考93②, 98, 100, 109②年)

aim (聯考56, 65, 83, 84年，學測90, 93, 94, 101, 103, 105, 113年，指考91, 98, 99, 101, 105~107年)

air (學測97, 98, 100, 107, 109~112年，指考93②, 102, 103, 108, 109②, 110年)

air-conditioned (聯考64年，學測97, 112年)

air conditioner (學測96年)

aircraft (聯考51年，學測95, 110, 111年，指考101, 107年)

air-filled (指考109②年)

airflow (指考110年)

air-force (指考102年)

airline (聯考51, 66, 89年，學測93, 104, 105, 108, 111, 113年，指考92, 93②, 101年)

airmail (學測91②年)

airplane (聯考53年，學測87, 98, 106, 111年，指考92, 101, 110年)

airport (聯考52, 62, 66, 81年，學測85, 88, 98, 104年，指考101, 102年)

airproof (學測109年)

airstream (指考109②年)

airtight (學測109年，指考91, 93①年)

airwave (指考105年)

airway (學測110年)

aisle (聯考63, 84年，學測100年)

alarm (聯考68, 90年，學測89, 90, 97, 106, 113年，指考99, 105, 109①年)

alas (學測110年)

albino (指考94年)

album (指考91, 93①年)

alcohol (聯考48, 80年，學測84, 102年，指考93②, 97年)

alcoholic (學測106年，指考93②年)

alert (學測103~105, 109, 110, 112年)

algae (學測102, 108年)

algebra (聯考52, 53年)

alien (聯考66年，學測93年，指考94, 95, 109②年)

alike (聯考48, 56, 57, 62年，學測91①, 102年，指考101, 109①②年)

alive (聯考50, 60, 87, 89, 90年，學測84, 91①, 108, 111年，指考99, 103, 107, 110年)

allergic (聯考83年，學測97年，指考98年)

allergy (指考107年)

alley (學測111, 113年)

alliance (聯考50年，指考94年)

all-natural (學測109年)

allow (聯考46, 51, 60, 61, 64, 76, 78, 87, 88, 90年，學測87, 91①②, 92①②, 95, 97, 100~113年，指考91~93②, 98~102, 104~110年)

alloy (指考109②年)

all-purpose (學測109年)

ally (聯考49年)

alone (聯考45, 47, 56, 63, 64, 68, 77, 81, 84, 87~89年，學測87, 89~91②, 92①②, 104~107, 111, 113年，指考94, 98~100, 102, 104, 105, 109①年)

aloofness (聯考71年)

alphabet (聯考82年)

alphabetical (聯考53年)

alright (聯考86年)

altar (聯考84年，學測106, 111年)

alter (學測109年，指考97, 98, 106年)

alternative (聯考73年，學測92②, 99, 100, 113年，指考98, 100, 109②年)

alternatively (指考101年)

altitude (聯考63, 65年，學測99, 111年)

altogether (聯考62, 68, 87年，學測83, 84, 105, 109年，指考92, 99年)

aluminum (聯考79年，學測111年)

alumnus (指考109①年)

a.m. (學測83, 104年)

amateur (聯考58年，學測91②, 99年，指考104, 109②年)

amaze (聯考78年，學測96, 98, 107, 109年)

amazement (聯考83年，學測86年)

amazing (學測85, 91①, 95, 103, 104, 106, 108, 109, 111, 112年，指考92, 95, 104年)

amazingly (學測84年)

Amazon (聯考78年，學測91①年，指考102年)

ambassador (聯考46, 67, 72年)

ambiguity (指考103年)

ambiguous (學測88年)

ambiguously (學測111年)

ambition (聯考52, 68, 79, 87年，指考100年)

ambitious (聯考52, 65年，學測86, 92②, 95, 113年，指考93①年)

ammonia (指考106年)

amount (聯考54, 61, 66, 68, 72, 76, 78~81, 83, 87, 88年，學測83, 88, 91①, 92①②, 97, 99, 100, 102, 104, 105, 107, 110, 112年，指考93①, 101, 102, 105, 106, 109②, 110年)

amplification (學測110年)

amplify (聯考63年，學測87年，指考104年)

amuse (聯考63年，學測84, 90年，指考91年)

amusement (學測88年，指考101年)

amusing (聯考73年，學測104年，指考97年)

amygdala (學測96年，指考105年)

analogy (指考101年)

analyses (指考109①年)

analysis (聯考85年，學測96年，指考100, 105, 107年)

analytical (學測87年，指考93②年)

analyze (聯考90年，學測88, 105年，指考106, 108年)

ancestor (聯考46, 62年，學測104, 111, 112年，指考103, 107, 109①年)

ancestral (聯考67年)

anchor (學測102年，指考100年)

ancient (聯考69, 75, 77, 85年，學測87, 92①~95, 100~102, 104, 106~110, 112年，指考98, 102, 104~107, 109①②, 110年)

anecdote (聯考51年)

anemia (指考107年)

angel (聯考75年)

angelfish (學測108年)

anger (學測92①, 100年，指考107, 109①年)

angle (學測98, 107年，指考105年)

angrily (學測100年)

angry (學測101, 104年，指考94, 100, 101, 110年)

anguish (指考100年)

ankle (聯考67, 84年，學測107, 110年，指考108年)

anniversary (聯考46, 62, 88年，學測84, 108年，指考91, 97, 104年)

announce (聯考55, 66, 73, 77年，學測83, 88, 92①, 100, 105年，指考93②, 94, 97, 102, 108年)

announcement (學測105, 111年)

annoy (聯考49, 61, 80年，學測90年，指考110年)

annoyance (學測101年)

annoying (聯考86年，學測95, 102, 108年，指考97年)

annual (聯考46年，學測84, 97, 99, 101, 105, 107, 108, 111年，指考91, 95, 98, 100, 104, 109②, 110年)

annually (學測88, 97年，指考98年)

anonymous (學測86, 113年)

anonymously (學測89年)

anorexia nervosa (指考97年)

ant (學測92②, 113年)

附錄

antagonism (聯考63年)

antagonize (指考101年)

antelope (學測104年)

antenna (指考94年)

antennae (聯考90年)

anterior (指考83年)

anthem (指考106年)

antibiotic (指考109①年)

anticipate (聯考66年，學測92②年)

antioxidant (學測97年，指考97年)

anti-piracy (指考91年)

antiquarian (學測111年)

antique (學測84年)

anti-virus (指考96年)

antlers (學測111年)

anxiety (聯考50, 90年，學測99, 106, 107年，指考96, 98, 101, 108年)

anxious (聯考50, 61, 65, 74, 76, 89年，學測91①, 95, 98~100, 105年)

anxiously (聯考74, 89年，學測107年，指考92, 96年)

anyhow (學測91①, 93年)

anyway (聯考65, 72, 76~78, 82, 83, 85年，學測88, 91①, 110年)

apart (聯考56年，學測83, 101, 102, 107, 111~113年，指考92, 97, 98, 105, 108, 110年)

apartment (聯考78, 79, 81, 84年，學測91①, 99, 102, 106年，指考93②, 98, 105年)

ape (聯考74, 87年，學測90年，指考107年)

apologize (聯考49, 68, 75年，學測85, 88, 96年，指考94, 97, 109②年)

apology (學測112年，指考92年)

app (指考101年)

apparent (指考93②, 101, 103年)

apparently (聯考59, 67, 71, 84, 86年，學測89, 97, 99, 102, 110, 113年)

appeal (聯考46, 51, 69, 77, 88, 90年，學測84~86, 99, 100, 107, 109, 113年，指考99, 101, 109②年)

appealing (學測97, 100, 101, 106年)

appear (聯考59, 61, 62, 64, 67, 69, 75, 76, 78, 82, 85年，學測83, 88~91①, 94, 96, 98, 100, 101, 103, 106~111, 113年，指考91, 93②, 99~102, 104~107, 110年)

appearance (聯考61, 65, 81, 88, 90年，學測87, 88, 91①, 97, 98, 100, 105, 108, 111, 113年，指考92, 98, 106, 107, 110年)

appetite (聯考53, 86年，學測91②, 101年)

appetizing (指考106年)

applaud (聯考64, 73年，學測110年)

applause (學測90年，指考95, 99年)

appliance (聯考90年，學測97年，指考98, 103年)

applicable (指考108年)

applicant (聯考62年，學測88, 94年)

application (聯考51, 54, 74年，學測85, 100, 109年，指考102, 103, 105~107, 109①②年)

apply (聯考50, 54, 62, 74, 87年，學測88, 91①, 94, 95, 100, 105, 109年，指考93①, 97, 104, 107, 108, 110年)

appoint (聯考69年，學測106, 108, 113年，指考104, 108年)

appointment (聯考49, 54, 81, 89年，學測87, 108年，指考104, 106年)

appreciate (聯考72, 79, 84~86, 88年，學測93, 106年，指考92, 95, 100, 103年)

appreciation (聯考62, 87年，指考91, 93②, 95, 96, 98, 100年)

appreciative (指考99年)

apprehensive (聯考68年)

apprentice (學測106年，指考101年)

approach (聯考50, 59, 64~66, 79年，學測85, 88, 91①, 92①, 98, 99, 102~104, 113年，指考91, 95, 99, 107, 109①②, 110年)

appropriate (聯考66年，學測88, 97, 99年，指考94~96, 103, 106年)

appropriateness (學測109年)

approval (聯考69, 73年，學測105年，指考93①②, 97, 99, 102, 103, 108, 110年)

approve (聯考49, 69年，學測106年，指考100, 103~106年)

approximately (指考91, 93①, 99, 104年)

apron (學測101年)

apt (學測113年)

aquaculture (指考107年)

aquarium (學測80年，學測84年，指考104, 108年)

aquatic (學測107年，指考107年)

arbitrarily (指考92年)

arc (指考93①年)

arch (聯考82年)

archaeology (聯考50年)

archipelago (學測112年，指考94年)

architect (聯考87年，學測86, 87, 94, 103, 107年，指考93①②, 101, 106, 108, 110年)

architectural (聯考84年，指考93①, 101, 106年)

architecture (聯考53, 68, 87年，學測97, 101年，指考93①②, 100, 106, 108年)

arctic (指考102, 107年)

arduous (指考91年)

arena (指考108年)

Argentina (學測98年)

arguably (指考93①年)

argue (聯考45, 51, 54, 61~63, 78, 79, 88年，學測91①②, 92①, 95, 104, 107, 110, 113年，指考92, 107年)

argument (聯考59, 67, 72年，學測85, 87, 92①, 95年，指考95, 102, 103, 106, 107年)

arid (學測107年)

arise (聯考53, 63年，學測94, 99, 110, 113年，指考94, 97, 99, 110年)

aristocracy (指考107年)

aristocrat (聯考89年)

arithmetic (聯考60年，指考91年)

armonica (學測110年)

armor (聯考52年)

army (聯考47, 56, 81, 88年，學測90, 102年，指考102, 104, 109②, 110年)

aroma (學測112年)

arouse (聯考51, 55, 59, 66, 86年，學測86, 101, 103年)

arrange (聯考53, 55, 62, 71, 76年，學測84, 91①, 93, 94, 98, 99, 102年，指考91年)

arrangement (聯考63年，學測87, 88, 95, 99年，指考91, 102, 106年)

array (學測107年)

arrest (聯考48, 78年，學測94, 97, 102年，指考91, 92, 101年)

arrival (聯考62年，學測85, 91①, 112年，指考93②, 108, 109②年)

arrive (聯考75, 89年，學測87~91①, 96, 104, 108, 112, 113年，指考91, 97, 102, 104年)

arrogant (指考92, 103年)

arrow (聯考54, 77年)

artery (學測104年，指考103年)

article (聯考50, 55, 64, 73, 75, 76, 79, 80~83, 89年，學測87, 88, 90, 91①②, 93, 94, 96, 98, 105年，指考91, 94, 107, 109①, 110年)

artifact (學測93年，指考94, 99年)

artificial (學測85年，學測87, 93, 100, 103, 104, 109, 113年，指考93①, 97, 105, 106年)

artisan (指考93②年)

artist (聯考81, 89年，學測84, 90, 92②, 106, 109, 113年，指考93①②, 97, 102, 110年)

artistic (聯考68, 87年，學測85, 91②, 93, 105, 106年，指考93①, 106, 108年)

artistry (指考98年)

artwork (學測113年)

ascend (指考104年)

ascent (指考102年)

ascertain (聯考70年)

ash (指考102~104, 106, 109①年)

ashamed (聯考51, 68年，學測100, 104, 106年，指考98年)

ashore (學測84年)

Asia (聯考73, 87年，學測97, 101, 104, 109, 112年，指考97, 99, 106年)

Asian (聯考73年，學測92②, 98, 101, 106, 112年)

aside (學測102, 105, 107年，指考101, 105, 106年)

asleep (聯考57, 59, 81年，學測104, 107年，指考106, 108年)

aspect (聯考79, 81年，學測103, 104, 106, 111年，指考94, 102, 108, 109①②年)

asphalt (學測98年)

aspiration (聯考64年)

aspirin (聯考83年，學測113年)

ass (指考102年)

assassinate (學測104年)

assassination (學測104年)

assemble (聯考85年，學測87, 102年，指考94年)

assembly (聯考63年，學測92②年)

assert (聯考74年，指考108年)

assertion (學測91②年)

assess (指考94, 109①年)

assessment (指考109①年)

asset (學測101年，指考103年)

assign (聯考52年，學測95, 102, 106, 113年，指考93①, 106年)

assignment (聯考52, 74, 87年，學測105, 107年，指考98年)

assimilate (聯考52年)

assimilation (聯考52年)

assist (聯考87年，學測88, 93年，指考109①年)

assistance (學測93, 100, 103年，指考105年)

assistant (聯考51年，學測103, 111年)

associate (聯考54, 69, 74, 89年，學測97, 104, 105, 108~112年，指考93②, 94, 101, 102, 104, 109②年)

association (學測85, 101, 108年，指考91, 95, 98~100, 103, 104, 106年)

assume (聯考47, 68, 71, 74年，學測101, 107, 109年，指考101年)

assumption (聯考73年，學測84年)

assurance (學測106年，指考92年)

assure (聯考70年，學測88, 94, 104年，指考95, 99年)

astonish (聯考55, 61, 72年)

astonishing (聯考64年，學測112, 113年)

astonishment (聯考60年)

astronaut (學測92①, 95, 102, 112, 113年)

astronomer (指考109②年)

astronomy (聯考68年，指考108, 110年)

asylum (學測111年)

Athens (聯考47年，學測109年，指考102年)

athlete (聯考51, 60年，學測83, 90, 91②, 98, 106, 111年，指考97, 108年)

athletic (聯考59, 83年，學測93, 98, 113年，指考91, 97, 104, 109①年)

athletics (指考97, 98年)

Atlantic (聯考72年，學測106年)

atmosphere (聯考80, 82年，學測95, 101, 103, 113年，指考101, 105, 109②, 110年)

atom (聯考49, 61, 71年，學測92②年)

atomic (聯考49, 61, 62年，指考91年)

attach (聯考53, 67, 82年，學測85, 93, 105, 108, 111, 113年，指考91年)

attachment (學測101, 111年，指考107年)

attack (聯考47, 50, 53, 56, 58, 62, 69, 71, 72, 85年，學測83, 94, 95, 100, 103, 112年，指考92, 95, 101, 102, 104年)

attain (聯考85, 87年，學測87年，指考95年)

attainable (聯考89年)

attainment (聯考67年)

attempt (聯考49, 56, 65, 66, 81年，學測83, 84, 87, 98, 106, 109年，指考97, 101, 103, 104, 108, 109②年)

attend (聯考47, 50, 55, 59, 64, 79, 88年，學測84, 86, 88, 91①, 93, 95, 99, 100, 105~107, 113年，指考91, 93①, 108年)

attendance (學測95年，指考92年)

attendant (聯考74, 88年，學測84, 90年，指考92, 106年)

attention (聯考60, 65~67, 69, 71, 73, 77, 84, 85, 88, 90年，學測84, 86, 88, 89, 91②, 96, 100, 101, 105, 113年，指考91~93②, 94, 97, 98, 100~103, 105, 107~109①②年)

attentive (聯考54年，學測84年，指考96年)

attentiveness (聯考74年)

attic (聯考55年)

attitude (聯考47, 58, 63, 64, 71, 73, 80, 85, 87, 88年,學測91①, 92①②, 94, 95, 104~108年,指考95, 98~100, 105年)

attract (聯考66, 79, 90年,學測86, 90, 91①②, 93~96, 100, 102, 103, 106, 108, 109, 111, 113年,指考97~103, 105, 110年)

attraction (聯考84年,學測84, 88, 97, 101, 103, 110年,指考94, 101, 102, 104年)

attractive (聯考77, 79, 90年,學測84, 90, 91①, 92①, 94, 97, 107年,指考92年)

attractiveness (聯考48年)

attributable (學測84年)

attribute (聯考45, 60年,學測100, 103年,指考98, 106年)

attributive (學測84年)

auction (學測89年)

audience (聯考51, 87年,學測87, 90, 91①②, 100, 104, 108, 110, 111年,指考93②, 94, 99, 101, 104, 105年)

auditorium (聯考52年)

auditory (聯考73年,指考105年)

aunt (指考94, 103年)

aura (指考105年)

aurora (指考96年)

aurora borealis (指考96年)

Australia (學測102, 111年,指考107, 108年)

authentic (指考93②, 103, 106年)

authentically (指考101年)

author (聯考55, 60, 62, 63, 70, 79, 85, 87, 88年,學測84, 86, 88~90, 92~94, 96~98, 104, 106~109, 111, 113年,指考91~93②, 95, 97, 101, 102, 104~106, 108, 109①年)

authority (聯考78年,學測94, 105, 106, 110年,指考92, 93①, 98, 100, 103, 109①年)

authorize (學測85年,指考110年)

auto (指考100年)

autobiography (聯考50年,指考91年)

autograph (學測83, 91②, 106年)

automatic (聯考70年,學測104年)

automatically (聯考87年,學測98, 103, 105年,指考95, 109①年)

automobile (聯考49, 68, 73年,學測84年,指考91, 109①年)

automotive (學測103年)

autumn (聯考89年,指考91年)

availability (學測105年)

available (聯考59, 65, 71, 72, 89年,學測88, 93, 94, 96, 97, 99, 102, 106, 111年,指考92, 94, 96~98, 103, 105, 107年)

avenue (聯考73年,指考91, 93①年)

average (聯考80, 83~85, 87年,學測89, 92②, 98, 100, 102, 104, 112年,指考92, 93①, 95, 97~99, 102, 103, 107, 109②年)

avian (指考93①, 95年)

aviation (學測111年,指考92年)

avoid (聯考51, 54, 58, 66, 67, 69, 74, 78, 86~88年,學測85, 86, 91①②, 93~95, 97, 98, 102~104, 112, 113年,指考91, 92, 95, 98, 101, 105, 106, 110年)

avoidable (聯考53年)

await (聯考72, 86年,指考96年)

awake (學測06, 88, 91①, 99, 101, 107年,指考102年)

awaken (聯考45年,學測101年)

award (聯考80, 90年,學測92②, 105, 107, 110年,指考95, 97, 100, 104, 106, 108, 109①②年)

aware (聯考67年,學測90, 99, 106, 112年,指考98, 102年)

awareness (聯考67, 84, 85年,學測101, 112年,指考104, 108, 109①年)

awe (聯考87年,指考108年)

awful (聯考86, 88, 89年,學測105, 112年)

awkward (學測92②, 99, 101年,指考91年)

ax (聯考59年)

axe (學測91①年)

axis (指考108年)

B.C.（= BC）(學測83, 92①, 110, 112年,指考98, 102, 107, 110年)

babysitter (學測102年)

bachelor (指考100年)

backer (指考102年)

background (聯考50, 58, 61, 81年,學測88, 91②, 92①②, 98, 102, 104年,指考98, 102, 106年)

backpack (學測90年)

backseat (聯考90年)

backside (指考108年)

backstage (指考101年)

backstreet (指考105年)

backwards (聯考84年,學測92②年)

backyard (學測94年)

bacon (指考108年)

bacteria (學測88, 91②, 93, 94, 96, 99, 106, 109年,指考103, 105, 109①年)

bacterium (指考103年)

bad-looking (學測99年)

badly (聯考52, 67, 84年,學測91①, 92②, 107年)

bad-tempered (學測105年)

baggage (學測92①年)

bait (聯考53年)

bake (聯考61, 76, 86年,學測94, 106年)

baker (指考102年)

bakery (聯考86年,學測99年,指考102年)

balance (聯考76, 83, 85, 87年,學測95, 103, 105, 109, 110年,指考103, 106, 110年)

balanced (學測98, 106年,指考110年)

balcony (指考92年)

bald (聯考63年)

ballad (學測104年)

ballast (指考105年)

balled-up (指考109②年)

ballet (學測90年)

balloon (聯考95年)

ballot (指考110年)

balm (聯考63年)

bamboo (聯考56年,學測96, 112年,指考93②, 103年)

ban (聯考80年,學測83, 84, 90, 111年,指考100, 107~109①年)

band (聯考47, 79年,學測95, 99, 101, 105, 110, 111年,指考102, 106年)

bandmaster (指考106年)

bandwagon (學測109年)

bang (指考107年)

bank (聯考46, 84年,學測84, 87, 97, 98, 106, 107, 113年,指考93①, 104, 105, 107, 109②, 110年)

banker (學測105年)

banking (聯考83年)

bankrupt (學測92①, 104年,指考96年)

bankruptcy (指考92, 108年)

banner (聯考51年,學測111年)

banquet (學測97年)

baptism (聯考72年)

bar (聯考84年,學測84, 101年)

barbarian (聯考58, 68, 71年)

barbaric (聯考51年)

barbarous (聯考56年)

barber (聯考46, 64, 71, 76年)

bare (聯考54, 56, 65, 67, 84年,學測92②, 99, 103, 109, 112年,指考108年)

barely (聯考72, 77, 84, 89年,學測104, 106, 109, 111, 113年,指考93①, 105, 106, 109①年)

bargain (聯考68, 76年,學測107年,指考93①年)

bark (聯考80年,學測98, 100, 104, 106, 109年,指考93①年)

barley (學測92②年)

barn (聯考56年)

barometer (聯考72年)

baron (指考107年)

baroque (學測97年)

barren (聯考53年,指考108, 110年)

barrier (聯考65, 76, 84年,學測99, 101年,指考101年)

base (聯考59, 88年,學測91①, 96, 98, 100~103, 105~109, 111, 113年,指考91, 93②, 100, 102, 104, 109①②, 110年)

baseball (學測102, 112年,指考97, 109①年)

basement (聯考56, 64年,學測91②年,指考101年)

basic (聯考87, 90年,學測85, 103, 105, 106年,指考93①, 101, 107~109②年)

basically (聯考67, 85年,學測89, 90年,指考101年)

basin (聯考78年)

basis (聯考64, 87年,學測85, 91②, 92①, 99, 104, 112年,指考95, 99, 101, 106年)

basket (聯考64, 79年,指考97, 102年)

basketball (學測100, 109, 110年,指考93②, 97, 109①年)

bat (聯考64, 85年,學測91②年)

bath (聯考58, 77年,學測96, 99年,指考101, 109①年)

bathe (聯考52, 72, 76年)

bathing (學測109, 110年)

bathroom (聯考64年,學測105年,指考93②, 102年)

batter (聯考64年,學測86年)

battery (聯考85, 89, 90年,指考104年)

battery-powered (聯考90年)

battle (聯考47年,學測92②, 109年,指考95, 101, 109①年)

battlefield (學測106年,指考109①年)

bay (聯考82年,學測88, 89年,指考96, 104年)

beach (聯考56, 72, 76, 79, 80, 82年,學測84, 88, 98, 103, 106, 109, 112年,指考94年)

beachfront (指考108年)

bead (學測93, 111年)

beadwork (學測111年)

beam (學測87, 92②, 106, 108年,指考102年)

beaming (指考95年)

bean (聯考75, 76年,學測107, 112年,指考99, 109①, 110年)

beany (學測112年)

bear (聯考46, 68, 78, 89年,學測86, 91②, 93, 100, 105年,指考99, 102, 108年)

bearing (學測101年)

beard (聯考63年)

beast (聯考54, 61年)

beat (聯考59, 61, 82年,學測87, 98, 101, 109年,指考92, 95年)

beauty (聯考53, 84年,學測88, 94, 103, 109, 113年,指考94, 106年)

becoming (學測106, 111年,指考101, 107年)

bedbug (學測108年)

bedside (指考102年)

bee (聯考77, 85年,指考100年)

beef (聯考45, 53年,指考109②年)

beep (學測113年)

beer (聯考61年,學測84年)

beetle (學測93年,指考107年)

beforehand (學測93, 97, 99, 103, 108年,指考97年)

beg (聯考64, 68年)

beggar (聯考64, 68, 70, 71年)

begin (聯考90年,學測100, 101, 104~108, 110, 111, 113年,指考93①②, 94, 97, 100~102, 105~109②, 110年)

beginning (聯考90年,學測96, 101, 104~108, 111年,指考93①, 95, 97, 98, 105, 108, 109②, 110年)

behalf (聯考89年,學測107, 108年,指考91, 101年)

behave (聯考81, 86年,學測83, 92②, 94~96, 98, 99, 104, 105, 108年,指考102年)

behavior (聯考83, 85, 88年,學測84, 86, 90, 91①, 92①②, 99, 100, 104, 106, 108, 111, 113年,指考91, 95, 98~100, 103~105年)

behavioral (學測108年)

behead (指考107年)

behind (聯考74, 84年,學測89, 90, 103, 106~108, 111~113年,指考93①②, 101, 103, 104, 107~109①, 110年)

behold (指考109①年)

Beijing (學測105年)

Belgium (學測104年)

belief (聯考45, 67, 79, 85年,學測91①②, 93, 96, 97, 100, 102, 105~107年,指考94, 99, 103, 105, 108年)

believe (聯考89, 90年,學測83, 87, 91①, 93~96, 100~102, 104~110, 112, 113年,指考93②, 97, 101~104, 107~110年)

believer (學測102年)

附
錄

belittle (聯考71年)
bell (聯考45年，學測88年)
belle (指考109②年)
belly (指考93①年)
belong (學測106, 109年，指考109②年)
belonging (學測93年，指考107, 108年)
beloved (學測93年，指考91, 92, 103, 109②年)
below (聯考77年，學測83, 100, 103, 113年，指考91, 93②, 109①②年)
bench (指考106年)
bend (聯考56, 82, 84年，指考102, 104年)
beneath (聯考59, 84, 89年，學測89, 93年，指考92, 93①, 107年)
benefactor (指考96年)
beneficial (聯考46, 67, 87, 90年，學測87, 92②, 97, 104, 112年)
benefit (聯考67, 85, 89, 90年，學測88, 90, 91①, 92②, 96, 98, 100, 103, 104, 108, 110年，指考105, 108, 109①, 110年)
benevolence (聯考68年)
beret (指考97年)
berry (學測84年)
beside (聯考84, 87年，學測89, 93, 109年，指考92, 103年)
besides (聯考58, 62, 80, 82, 85, 86年，學測91②, 92②, 93, 95, 96, 98, 99, 101, 103, 112年，指考91, 93①, 101, 107, 109②年)
best-known (聯考89年，指考93②, 108年)
best-seller (聯考50年，學測96, 104年，指考102年)
best-selling (指考93①年)
bet (聯考76, 77年，指考102年)
betray (聯考70年，指考98年)
beverage (學測95, 106, 110年)
beware (指考98年)
beyond (聯考85年，學測87, 93, 96, 100, 102, 106～110, 112年，指考93①, 97, 103, 104, 106, 107, 109①②年)
Bhutan (指考93②年)
Bhutanese (指考93②年)
bias (學測113年)
Bible (學測83, 103, 107年，指考98年)
bid (學測98年，指考97, 110年)
big-picture (指考109①年)
bilingual (學測95年)
bill (聯考56, 61, 65, 73, 83年，學測93, 95, 98, 99年，指考91, 95, 99, 106年)
billion (學測84, 88, 92①, 104, 111年，指考91, 97, 102, 104, 107年)
billion-dollar (指考108年)
bin (學測89, 113年，指考93①年)
bind (學測104, 113年)
biodegradable (學測108年)
biodiverse (指考108年)
biofuel (學測110年)
biogas (學測110年)
biography (聯考50年，指考91年)
biological (聯考49, 70, 79, 89年，學測94, 96年，指考94, 96, 109①年)
biological clock (學測94年)
biologically (聯考89年)
biologist (指考107年)

biology (聯考79, 90年，學測88, 99, 104年，指考98年)
birdman (指考109①年)
birdwatcher (學測105年)
birth (聯考90年，學測97, 103, 110, 113年，指考93①～95, 101, 106, 108, 110年)
birthplace (聯考61, 73年)
biscuit (學測101年)
bison (指考95年)
bit (學測98, 103, 106年，指考93①, 97, 98年)
bite (聯考46, 80, 88年，學測86, 107, 108年，指考106年)
bitter (聯考63, 66年，學測98, 109年，指考95年)
bitterly (聯考52年，學測94年)
blackboard (指考102年)
blackened (學測113年)
blackmail (聯考50年)
blackness (學測93年)
blackspot (學測108年)
bladder (指考102年)
blade (學測102, 109年，指考92年)
blame (聯考89, 90年，學測84, 105, 107年，指考97, 107年)
bland (指考100年)
blank (聯考66, 68年，學測86, 103, 113年)
blanket (聯考65年，學測107, 111年，指考91年)
blare (學測109年)
blast (聯考49年，學測113年，指考91, 101年)
blaster (指考101年)
blaze (聯考66年)
bleaching (學測102年)
bleed (聯考84年，學測99年)
blend (學測96, 109年，指考108年)
bless (聯考89, 90年，指考95, 106年)
blessing (聯考75年，學測98, 102, 109, 110, 113年)
blind (聯考45, 82年，學測92②, 87, 103, 111年，指考99, 100年)
blindfold (指考99年)
blindness (學測111年)
blink (學測106年)
blizzard (88年學測)
block (聯考64, 88年，學測83, 86, 92②, 97, 100, 104, 110年，指考91, 97, 102, 103年)
blockage (指考103年)
blog (指考98, 99, 105年)
blogger (指考99年)
blond (學測91①年，指考93①, 94年)
blood (聯考84年，學測90, 92②, 95, 102, 104, 105, 111, 113年，指考102, 103, 109①年)
bloodstream (指考103年)
blood-type (學測105年)
bloody (學測105年)
bloom (聯考90年，學測94年)
blooming (學測93, 108, 111年)
blossom (聯考67年，學測94, 107, 111年，指考109②年)
blow (聯考52, 58, 87年，學測84, 111年，指考101年)

blueberry (指考97年)
bluebird (學測104年)
bluegrass (指考93②年)
blueprint (學測101年)
blunder (指考102年)
blur (學測104年，指考95年)
blurry (指考95年)
blurt (指考96年)
blush (聯考90年，學測111年)
boar (學測104年)
board (聯考45, 54, 55, 62年，學測88, 91①, 109, 111年，指考92, 105年)
boardinghouse (聯考64年)
boast (學測101年，指考94年)
boathouse (學測101年)
boating (學測87年)
bodily (聯考81年)
bodyguard (學測108年)
boil (指考93①, 95年)
boiling (學測98年)
bold (聯考59年，學測96年，指考105年)
boldly (指考106年)
bolt (學測110年)
bomb (聯考47, 67, 68, 72年，學測95, 108, 111年，指考91, 92, 106年)
bomber (聯考71年，指考92, 106年)
bond (學測86, 96, 103, 107, 113年，指考101, 104, 110年)
bone (學測90, 113年，指考105, 108, 109①年)
bone-chilling (聯考85年)
bonfire (學測111年)
bonus (學測94年)
booklet (聯考75年，學測106年)
bookmark (學測98年)
bookseller (聯考88年，指考93②年)
bookshelf (學測108年)
bookstore (聯考85年)
boom (學測112年，指考102年)
boost (學測104, 109, 113年，指考103, 109①年)
boot (聯考58年，指考102年)
booth (學測113年，指考93②年)
border (聯考88年，學測97, 105年，指考93②, 97, 105, 108～110年)
borderline (指考97年)
bore (學測109年，指考92, 93②, 94, 106年)
boredom (指考93②, 95, 110年)
boring (聯考90年，指考95年)
born (學測96, 98, 101, 103, 106, 107, 109, 111年，指考92, 94, 99, 101, 106～108, 110年)
borrow (聯考51, 52, 54, 55, 58, 65, 68, 78, 85年，學測88, 89, 94年)
boss (學測86, 96, 98, 99年)
bossy (學測108年)
bother (聯考49, 84年，學測92②, 98, 101, 108年，指考103, 106, 110年)
bottle (學測85年，學測99, 102, 108, 109年，指考95年)
bottom (聯考84年，學測98, 100年，指考104, 109①年)
boulder (指考110年)
bounce (學測111年，指考96, 105年)

bound (聯考89年，學測113年，指考94年)
boundary (聯考90年，學測112年，指考106年)
bounty (指考95年)
bouquet (學測108年)
bow (聯考54, 62, 90年)
bowl (聯考61, 62年，學測100, 112年，指考109②年)
bowling (指考97年)
boxer (指考106年)
box-office (指考109②年)
bra (學測92①年)
bracelet (學測92②年)
brag (聯考68年，學測106年，指考93②年)
Brahma (學測101年)
Braille (聯考71年)
brain (聯考52, 67, 79, 81, 88年，學測84, 85, 89, 90, 94～97, 103, 106～108, 111, 112年，指考94, 97, 105, 107～109②年)
brainchild (學測87年)
brake (學測95, 103年，指考107年)
branch (聯考53, 84年，學測92①, 106, 112, 113年，指考93②, 109②年)
brand (學測92①, 99, 102, 108, 112年，指考94, 101, 105, 108年)
brand-new (聯考73, 87年)
brave (聯考47年，學測83, 90, 91②, 103, 109年，指考105年)
bravely (聯考47, 67年，學測83年)
bravery (學測111年)
Brazil (學測98, 106, 111年，指考101年)
Brazilian (學測106, 111年，指考101年)
bread (聯考52, 53, 55, 78, 86, 89年，學測99, 106, 111年，指考102, 104, 107, 110年)
breadth (學測106年)
break (學測97, 101, 104～107, 109～112年，指考97, 100, 101, 104, 105, 107, 109①②, 110年)
breakable (指考93①年)
breakage (學測112年)
breakdown (指考91, 110年)
breakthrough (學測98, 107年，指考93①②, 95, 109①年)
breast (聯考61年，指考104年)
breastfeed (學測92②年)
breath (聯考56, 65, 76, 84年，學測87, 102, 103年，指考92, 102, 104年)
breathe (聯考53, 90年，學測83, 91②, 95, 99, 106, 110年，指考93①年)
breathless (聯考52年)
breathtaking (學測88年，指考93①, 94年)
breed (聯考66, 71, 73, 90年，學測92②, 96, 103, 107, 111年，指考107, 109①年)
breeze (聯考48年，學測89, 92②年，指考104年)
brevity (指考99年)
brew (學測95年)
bribery (聯考71年，指考95年)
brick (指考97年)
bride (學測106, 111年，指考98, 110年)
bridegroom (聯考62年)
bridge (聯考65年，學測85, 91①, 103, 110, 111, 113年，指考100, 103年)

brief (聯考51, 67, 82年，學測86, 91②年，指考102年)

briefly (聯考79, 88年，學測100年，指考104年)

bright (聯考55, 61, 63, 66, 67年，學測108~112年，指考92, 93①, 97, 100, 101, 106, 107年)

brighten (聯考66, 88年)

brightly (學測108年，指考110年)

brilliant (聯考48, 54, 90年，學測98, 108年，指考93①, 96, 103年)

brine (學測107年)

bring (學測96~98, 100, 101, 104~106, 108~110, 112, 113年，指考91, 94, 101, 102, 104~107, 109①②, 110年)

brisk (指考105年)

Britain (聯考66, 82年，學測106, 112年，指考107年)

British (聯考65, 76年，學測101, 106, 112, 113年，指考101, 102, 106, 107, 109②年)

broad (指考94, 106, 109①年)

broadband (指考107年)

broadcast (學測86, 96, 104年，指考97, 105年)

broaden (學測86, 101, 103年)

broadly (聯考82年，指考94, 109②年)

brochure (指考92年)

broken (學測104, 113年，指考98, 109①年)

bronze (聯考54年，指考97年)

brood (聯考63年，指考107年)

broom (學測94, 107年)

broth (指考110年)

brow (學測97年)

brown (學測90, 100年，指考106, 108年)

browse (聯考52年，學測84年，指考91, 107年)

bruise (學測99年)

brush (聯考46年，學測91①, 96年，指考93①, 99, 103年)

brushwork (指考93①年)

brutal (學測98年，指考104年)

brutality (聯考68年)

bubble (聯考87年，學測97年，指考108, 109②年)

buck (學測99年)

bucket (學測96年，指考91年)

buckle (學測101年)

bud (學測95年)

Buddha (聯考89年)

Buddhism (聯考67年，學測100年，指考93①②年)

Buddhist (聯考67, 89年，學測100, 112年)

budget (聯考65年，學測87, 90, 95, 96, 99, 102, 104, 111年，指考97, 104, 108, 110年)

buffalo (聯考63, 84年)

buffet (指考110年)

bug (學測99, 108年，指考105, 107年)

build (學測97, 98, 100, 101, 103, 106, 108~110, 112, 113年，指考93~95, 97, 100, 103, 105~110年)

builder (學測107年)

building (聯考89年，學測97, 104~106, 110年，指考92~94, 97, 101~103, 107~109②, 110年)

bulb (指考107, 109②年)

bulge (學測101年)

bulky (學測99年)

bull (聯考63年)

bullet (聯考89年，學測111年)

bulletin (聯考58年，學測97年)

bully (學測89, 105, 109年，指考100年)

bump (學測101, 106年，指考105年)

burden (聯考65, 68, 75年，學測112年，指考93②, 96年)

bureau (聯考60, 64年，學測85, 108年，指考105年)

burger (學測92②, 112年，指考108年)

burglar (聯考54, 84年)

burgundy (指考92年)

burial (學測108年)

burn (聯考88年，學測92②, 99, 113年，指考99, 102, 103, 105~107, 110年)

burning (學測83, 92②, 100, 102, 109年，指考107年)

burr (學測113年)

burst (聯考66年，學測87, 104年，指考95, 110年)

bury (聯考59, 68, 89年，學測91②, 106, 107, 110年，指考91, 93①, 103, 105, 108年)

bush (聯考54, 68年，指考108年)

business (學測96, 98, 99, 101, 105, 106, 112, 113年，指考93①, 94, 98, 100~105, 109①②, 110年)

businessman (聯考86年，學測83, 85, 91①, 102年，指考106年)

butcher (聯考76年)

butter (學測93, 100年)

butterfly (聯考64, 89年)

button (聯考81年，學測104年，指考93①, 103年)

buyer (指考98年)

buzz (聯考89年)

byproduct (學測92②年，指考110年)

bystander (指考100年)

cab (聯考87年，指考94年)

cabin (聯考50年，指考106, 107年)

cabinet (學測105年)

cable (學測96年，指考108年)

cable TV (學測91②年)

cactus (學測93, 110年)

café (指考97年)

cafeteria (聯考85年，學測98, 102年)

caffeine (學測97年)

cage (聯考60年，學測90, 101, 111年)

calcium (學測113年，指考107年)

calculate (聯考69年，學測89, 92②, 93, 98, 102, 106年，指考91, 93②, 106年)

calculation (聯考87年，學測102, 103年，指考92年)

calendar (聯考57, 64, 68, 87年，學測103, 108年，指考95年)

calf (聯考73年，指考104年)

California (學測100, 101, 107, 112年，指考98, 110年)

Californian (學測103, 109年)

caller (指考110年)

calm (聯考57, 66年，學測98, 103年，考指107年)

calmly (聯考84年，指考91年)

calmness (學測104年)

calorie (學測89, 95, 112年，指考105年)

camel (聯考52, 66年)

camera (聯考53, 55, 61, 64, 74, 77, 81, 85, 90年，學測92②, 101, 102, 104, 108, 111, 112年，指考93①, 100, 103~105, 109②年)

camouflage (學測106年)

camp (聯考74, 88年，學測86, 88, 105年，指考91, 104年)

campaign (學測92②~94, 98, 109年，指考96, 99, 101, 103年)

camper (聯考59年，學測84年)

campground (學測84, 110年，指考110年)

campus (聯考64年，學測107年，指考100, 106年)

Canada (學測97, 102, 109, 113年，指考102, 107~109②年)

Canadian (學測97年)

canary (指考109①年)

cancel (聯考51, 63, 73, 80, 86年，學測85, 92①, 100, 104, 109①, 110年)

cancer (學測83, 91②, 92②②, 97, 98, 100, 107, 109, 112年，指考104, 109①年)

candidate (聯考85, 89年，學測88, 92②, 93, 100年，指考101~103年)

candle (聯考51年，指考102年)

candlelight (聯考64年)

cannibal (聯考60年)

canoe (學測91①, 108年)

canon (指考108年)

can-opener (指考86年)

canopy (指考109②年)

canvas (學測85, 111年)

canyon (聯考75年，學測88年，指考110年)

cap (指考104年)

capability (學測108年，指考108年)

capable (聯考50, 64, 79, 86年，學測97, 103, 107年，指考97, 106, 108年)

capacity (聯考71年，學測88, 91①, 101, 104年，指考104, 108年)

cape (學測84年)

capital (聯考46, 52, 70, 76年，學測87, 94, 97, 99, 105, 111年，指考94, 102年)

capitalize (聯考63年)

capsule (聯考83年，學測85, 92①, 113年)

captain (聯考51, 54, 71年，學測91①②, 109年，指考92, 101年)

captivate (學測113年)

captive (學測105年，指考104年)

captivity (學測111年)

capture (聯考67, 87年，學測98, 101, 103, 105, 108年，指考100, 102, 104, 107, 110年)

caramel (指考99年)

carbohydrate (學測112年)

carbon (學測98, 99, 108年)

carbon dioxide (學測88年)

carcass (指考95年)

card (聯考88, 89年，學測93, 106年，指考103, 110年)

cardiac (指考107年)

care (聯考50, 60, 79, 85, 90年，學測86, 91②, 92①, 96, 100, 104, 105, 108年，指考92, 93②, 97, 98, 101~103, 108, 110年)

career (聯考51, 60, 63, 69, 74年，學測85, 91①②, 93, 101, 104, 106, 110, 111年，指考91, 93~95, 97~99, 101, 104, 106, 110年)

carefree (指考103年)

careful (學測98, 103年，指考93②, 101, 102年)

carefully (聯考89年，學測84, 97, 104, 108年，指考92, 94, 97, 101, 102, 105, 109①年)

caregiver (學測107年)

careless (聯考52, 87年，學測91①年)

carelessly (聯考56, 88年)

carelessness (聯考52年，學測95年)

caretaker (學測107, 108年)

cargo (聯考51年，學測94, 109年)

carmaker (指考105年)

carnation (學測92②年)

carnivore (學測112年)

carp (指考107年)

carpenter (聯考61年，學測86年，指考97年)

carpentry (聯考61年)

carpet (學測108年)

carriage (聯考65年)

carrier (學測98年，指考93②, 102年)

carry (聯考60, 61, 64, 76, 77, 79, 90年，學測83, 87, 88, 90~92②, 93~96, 98, 100, 102, 107, 109, 113年，指考92, 94, 95, 103, 104, 106, 108, 109①年)

carry-on (學測108年)

cart (聯考54, 63年，學測99年)

cartoonist (指考107年)

carve (聯考54年，學測90, 97, 107, 108年，指考94, 97, 99, 104, 105年)

carver (學測108年)

carving (學測83, 101, 108年，指考94, 104年)

case (聯考60, 66, 71, 84, 86, 87, 90年，學測86, 90, 93, 94, 100, 105~107, 109, 112, 113年，指考92, 93①②, 95, 97, 98, 100~104, 106, 107, 109①②年)

cash (聯考77, 79, 83年，學測98, 103年，指考102, 103年)

castle (聯考66年，學測94年)

casual (學測87, 91①, 103年)

casually (聯考83年，學測84, 85, 97年)

casualty (聯考69, 80年，指考106年)

catalogue (聯考63年)

catastrophe (聯考65年，指考107年)

catch (聯考77, 84, 89年，學測84, 86, 91②, 97, 101, 104, 113年，指考92, 94, 98, 100, 102, 105, 107~110年)

catch-and-release (學測110年)

catchphrase (指考105, 107年)

catchy (學測108年)

categorize (指考109②年)

category (學測99, 103, 106, 108年，指考94, 100, 106, 107, 109②年)

cater (聯考87年，指考92, 104年)

cathedral (聯考66年，指考108年)

Catholic (聯考62年，指考108年)

cattle (聯考45, 54, 75年，學測98年，指考93②, 95年)

catwalk (指考106年)

causal (聯考71年，學測108年)

causally (聯考63年)

cause (聯考63, 65, 66, 70, 72, 73, 76~78, 80, 82, 84, 85, 87年，學測83~86, 88, 91② ~102, 104, 106~112年，指考92, 93①②, 97~99, 101~104, 106~110年)

caution (聯考49, 67年，學測113年，指考93①, 107, 109年)

cautious (聯考63, 65, 71年，學測90, 110年，指考104, 107, 109①年)

cautiously (學測86年，指考96, 98年)

cave (聯考58, 77, 85年，學測99, 105年，指考104年)

cavity (學測96, 113年)

cease (聯考49, 73年，學測100, 105年)

ceiling (學測90年)

celebrate (聯考47, 88, 90年，學測87, 108, 110, 111年，指考93①②, 97, 104~106, 109②年)

celebration (聯考90年，學測84, 87, 88, 96, 108, 109, 111年，指考98, 101, 104年)

celebrity (聯考64年，學測91, 105, 108年)

cell (聯考70, 89年，學測96, 97, 111年，指考97, 99, 102, 103, 108, 109①年)

cellar (學測109年，指考110年)

cell phone (學測103年，指考92, 104年)

Celsius (指考102年)

cemetery (學測111年)

cent (指考91, 98年)

centenary (指考101年)

center (學測88, 95, 97, 100~102, 104, 106, 110~113年，指考91, 93②, 95, 97, 98, 100, 101, 105~110年)

centimeter (學測111年，指考92, 94年)

central (聯考62, 75, 84, 85年，學測88, 94, 96, 98, 104年，指考91, 93, 97~100, 103~109②年)

centralize (指考107年)

century (聯考54, 62, 64, 69~72, 75, 77, 82, 85, 89, 90年，學測83, 85, 88, 90, 91①, 92①~94, 99, 101, 102, 104~113年，指考92, 93①, 94, 97, 100, 103~109①, 110年)

CEO (學測91②年，指考98, 102, 104年)

cereal (聯考87年，學測91②, 103年)

ceremonial (指考109①年)

ceremony (聯考49, 88年，學測83, 89, 90, 99, 106, 107, 109年，指考104年)

certain (聯考65, 68, 70, 72, 76, 83, 85, 87, 89,90年，學測85, 86, 89, 91②, 92②~96, 100, 101, 103, 105, 106, 108, 112, 113年，指考93②~95, 98, 101, 102, 105~108年)

certainly (聯考57, 62, 67, 68, 70, 74, 75, 79, 81, 82, 85~87, 90年，學測84, 90, 91①, 94, 103, 105, 108, 110年，指考93①, 104年)

certainty (指考93②年)

certificate (指考94, 106年)

certification (學測112年，指考93②, 96年)

certify (聯考75年，學測112年)

chain (聯考68, 76年，學測92②, 107年，指考100, 105, 107, 109①年)

chairman (聯考52, 55, 61, 62年)

chairperson (學測101年)

chalk (聯考61, 63年)

challenge (聯考66, 69, 90年，學測83, 92①, 96, 98, 102, 104, 109, 110, 113年，指考91, 95, 100, 101, 103~108年)

challenging (聯考77年，學測92①, 95, 113年)

chamber (聯考71年，指考93①, 94, 102年)

champagne (指考110年)

champion (指考104年)

championship (學測91①, 101, 111年，指考92年)

Champs Elysees (學測87年)

chance (聯考90年，學測84, 90, 91①, 92②, 94, 102, 107, 109, 112年，指考91, 93①②, 95, 98, 102, 103, 108, 109①年)

change (聯考66, 89, 90年，學測84, 85, 91①②, 92①, 94~98, 100~104, 106, 108~113年，指考92, 95, 97~99, 101, 103, 105~110年)

changeable (聯考68年，學測101, 109年，指考99年)

channel (聯考76年，學測91②, 97, 99, 109年，指考105, 107年)

chant (指考109①年)

chaos (指考96年)

chapel (學測101年，指考104年)

chapter (學測96, 100年)

character (聯考49, 53, 64, 87, 89年，學測84, 91①②, 96, 100, 103年，指考93①, 94, 99, 101, 105, 107, 108年)

characteristic (聯考52, 60, 73, 90, 95年，學測105~107, 111年，指考91, 96, 100, 103, 109②年)

characterize (聯考63, 70, 81年，學測106, 107年，指考93①, 96, 99, 104, 106年)

charcoal (學測95年，指考93①年)

charge (聯考48, 52, 78, 87年，學測83, 92②, 95, 102, 103年，指考91, 92, 101, 104~106, 110年)

charitable (指考98年)

charity (聯考56, 61, 68年，學測86, 97, 106年，指考91, 96, 98年)

charm (聯考71年，學測90, 91①, 92①, 109, 110, 112年)

charming (學測84年，指考101年)

chart (聯考57, 82, 84, 87年，學測92①年)

chase (聯考54, 59年，學測110年，指考93①, 109②年)

chaser (指考109②年)

chastity (聯考60年)

chat (聯考86年，學測103, 111年)

chatroom (學測112年)

chatspeak (指考99年)

chatter (學測98年，指考102年)

cheaply (學測105年)

cheat (學測89, 98, 106年)

check (聯考46, 51, 76, 83, 84, 87~89年，學測86, 89, 97, 102, 111年，指考91~93②, 94, 102, 106, 107年)

checklist (學測113年)

checkstand (聯考79年)

checkup (指考101年)

cheek (聯考45年，學測109年)

cheekbone (聯考84年)

cheer (聯考56, 65, 86年，學測86年，指考101年)

cheerful (聯考66, 75, 83年，學測105年)

cheerfully (聯考49, 74年，學測108年，指考110年)

cheerleader (學測95年)

cheese (學測94年)

chef (學測94年，指考105, 106, 110年)

chemical (聯考49, 66, 77, 85, 89, 90年，學測88, 91②, 92②, 97, 99, 100, 102, 107~111, 113年，指考97, 99, 100, 104, 106, 109①②, 110年)

chemist (聯考47年)

chemistry (聯考49, 56, 57, 87年，指考94年)

cherish (聯考80年，學測94年)

cherry (聯考48年，學測111年，指考99年)

chess (學測95年)

chest (聯考58, 65年，學測98, 106年)

chew (聯考68, 88年，學測91①, 112年)

chicken (聯考58, 81年，指考106, 110年)

chief (聯考53, 54, 63年，學測91②, 101, 108, 110, 113年，指考92, 101, 109①②年)

chiefly (聯考64, 84年，學測86年)

childbearing (學測91①, 92②年)

childhood (聯考51, 60, 72, 87年，學測91①, 103, 106, 112年，指考97, 98, 100年)

childlike (指考97年)

chili (學測92②年)

chill (聯考53年，學測98年)

chilly (學測107年)

chime (聯考64年)

chimerical (指考106年)

chimney (指考91, 104年)

chimpanzee (學測90年，指考103年)

chip (學測102, 109年)

chirp (學測108年)

chisel (學測97年)

chlorine (指考109①年)

chocolate (學測98, 108, 109, 112年，指考97, 108年)

choice (聯考74, 76年，學測84, 96, 99, 103, 112年，指考92, 93①~95, 98~100, 102, 106, 109①年)

choir (學測91①, 98年，指考91年)

choke (聯考69年，學測112年)

cholesterol (學測92②年，指考103, 108年)

choose (聯考57, 64, 68, 71, 80, 87年，學測91②, 92①, 93, 97, 103, 108, 112, 113年，指考93②, 94, 99, 102~107, 110年)

chop (學測91①年)

chore (聯考87, 90年，學測90, 91②, 99年)

chorus (學測101年)

chosen (學測95, 98, 101~103年，指考109②, 110年)

Christian (學測103, 112年，指考107年)

Christmas (學測88, 90年)

Christmas Eve (學測93年)

chronic (聯考71年，學測95年，指考110年)

chronically (指考106年)

chronological (學測102年)

chubby (學測109年，指考108年)

chunk (學測102年，指考110年)

church (聯考54, 55, 61, 75年，學測86, 87, 98, 99, 101, 106年，指考91, 104, 108年)

churn (聯考67年，指考100, 109②年)

cigarette (聯考59, 64, 78年，學測83, 87, 91②, 92①, 94年)

cinema (指考93②年)

cinematography (聯考90年)

cinnamon (學測112年)

circle (聯考49, 55, 82年，學測87, 100, 106, 112年，指考93①, 95, 100年)

circuit (指考104年)

circular (學測109, 111年，指考100年)

circulate (聯考68年，學測110年，指考95, 98年)

circulation (學測96, 103, 113年，指考94, 103, 108, 109②年)

circumcision (學測111年)

circumstance (聯考65, 69, 83年，學測90, 92②, 108, 112年，指考97, 98, 101, 103年)

circus (聯考51, 53年，學測92①年)

cite (指考101, 102年)

citizen (聯考89年，學測88, 91②, 99, 102, 107年，指考98, 99, 101, 108, 109②, 110年)

civet (指考99年)

civil (學測103, 105, 106, 111, 113年，指考96, 97, 103年)

civilian (指考104, 105年)

civilization (聯考57, 61, 64, 68, 70年，學測93, 98年，指考106~109①②年)

civilized (聯考57, 58, 68年，指考110年)

claim (聯考71, 79, 85年，學測86, 91②, 92①, 97, 99, 102, 107, 109, 111~113年，指考92, 95, 98, 100, 101, 104年)

clan (學測108年)

clap (學測100, 106, 112年)

clarify (學測91①年，指考100年)

clarity (學測97年)

classic (聯考74年，學測100, 106年，指考109②年)

classical (聯考58年，學測91①, 93, 101, 109年，指考98, 102, 106年)

classification (學測108年，指考104, 110年)

classify (聯考66年，指考93①, 94, 109②年)

clause (聯考60年)

clay (學測111年)

clean (聯考68, 89, 90年，學測92①, 97, 100, 102, 107, 108, 111, 112年，指考93①, 103, 107, 109①年)

cleaner (學測108, 109年)

cleanliness (聯考86, 88年，學測99, 113年)

cleanup (指考98, 101年)

clear (聯考72, 78, 87, 89年，學測95, 97, 100, 102, 104, 107～109年，指考93②, 103, 107, 108, 110年)

clearly (聯考47, 84, 86年，學測87, 90, 92①, 102年，指考94, 98, 99, 109②年)

clerk (聯考88, 89年)

clever (聯考66, 86, 89年，學測87, 91②年，指考94年)

click (指考94, 103, 104年)

client (聯考64年，學測86, 99年，指考93①年)

cliff (聯考84年，學測88年，指考105年)

climate (聯考87年，學測83, 91①, 100, 103, 107, 110年，指考94, 105, 107～109①年)

climax (聯考51, 81年)

climb (聯考90年，學測83, 84, 90, 91①, 93, 96, 101, 112年，指考102年)

climber (學測86年)

cling (學測96, 113年，指考95年)

clinic (學測86, 92②, 100年)

clip (學測104, 106年，指考101年)

cloakroom (學測90年)

clockwise (指考93①年)

clone (學測91①年，指考109①年)

close (聯考89年，學測89, 90, 92②, 93, 96, 97, 101, 103～108, 110～113年，指考91, 93①, 94, 97, 100, 101, 103～105, 109①②年)

closely (聯考72, 74, 80, 87, 89年，學測84, 87, 97, 98, 100, 105年，指考93①②, 99, 107～109②年)

closeness (指考109②年)

closet (聯考55年)

closing (學測90年)

closure (學測113年)

clot (學測92②年)

cloth (聯考50, 73, 77, 84年，學測90, 111年，指考92年)

clothe (聯考54, 58年)

clothes (聯考46, 77, 87年，學測91①, 92①, 96, 102, 109年，指考103年)

clothing (聯考77, 83年，學測91①, 96, 99, 100, 109, 111, 113年)

cloud (聯考88年，學測104, 106, 110, 113年，指考93②, 94, 105, 110年)

cloudy (聯考73年，學測95年)

clove (學測112年)

clown (聯考51, 90年，學測100年)

club (學測99年，指考92, 97, 104年)

clue (聯考81年，學測83, 89, 90, 106年，指考99, 100年)

clumsily (學測84年)

clumsy (學測93, 97～99, 110, 112年，指考101年)

cluster (聯考48, 51年)

clutter (學測105年)

coach (學測99, 111年，指考97, 107年)

coal (聯考56年，學測111年，指考99, 109②年)

coarse (學測90年，指考105, 108年)

coast (聯考72年，學測83, 84, 88, 96, 98, 100, 106, 108, 112年，指考93①②年)

coastal (聯考75年，學測105, 106, 108年，指考96年)

coastline (學測86年，指考94年)

cocaine (學測94年，指考97年)

cockroach (指考99, 106年)

coconut (學測112年)

cod (學測113年)

code (學測84, 91①, 93, 101, 102, 106, 110, 111年，指考93②, 94, 105, 109②年)

codfish (學測113年，指考102年)

co-direct (指考109②年)

co-exist (學測112年，指考96年)

co-existence (聯考68年)

coffee (學測106, 111年，指考97, 102, 109①年)

coffin (學測100年)

co-founder (學測106年)

cognitive (學測106, 108, 110年，指考109②年)

coherent (聯考69, 71年，指考94年)

coil (指考109②年)

coin (聯考56年，學測102年，指考99, 107年)

coincide (學測108年)

coincidence (聯考78年)

collaborate (指考109①年)

collaboration (學測113年)

collapse (聯考50, 86年，學測85, 89, 94, 99, 100, 102年，指考93②, 101, 104, 107年)

colleague (學測98年，指考96, 106～109①年)

collect (聯考66, 72, 75, 77, 79年，學測86, 91②, 94, 102, 104, 105, 107, 113年，指考91, 98, 100, 103, 104, 107, 109①②年)

collection (聯考50, 84年，學測92①, 101, 104, 106年，指考93①, 94, 99, 107～109①②年)

collective (聯考53年)

collectively (學測113年，指考103年)

collector (聯考65年，學測91②, 102年，指考105年)

college (聯考52, 64, 69, 70, 74, 80, 85～87, 90年，學測85～87, 90, 91②, 94～96, 99～101, 103, 105, 107, 113年，指考93②, 98, 106, 109①②年)

collide (學測92①, 102, 109, 112年，指考100年)

collision (學測84, 109年，指考107年)

colonial (學測108, 112年，指考102年)

colonist (學測104年)

colonization (指考97年)

colonize (學測94年)

colony (聯考85年，學測92②, 94, 113年，指考97, 106年)

colorful (聯考80年，學測90, 102, 111年，指考91, 97, 108, 109①年)

coloring (聯考77年，學測112年，指考97年)

colorless (聯考52年)

Columbia (指考107年)

Columbus (學測98年，指考109②年)

column (學測100, 101年，指考101年)

coma (學測107年)

comb (指考107年)

combat (學測112年)

combination (學測85, 92①, 96, 109年，指考92, 93①, 97, 104, 106, 110年)

combine (聯考67, 70, 75年，學測106, 109年，指考93①, 96, 98, 101, 102, 108年)

comedian (指考101年)

comedy (指考101, 107年)

comet (學測102年)

comfort (聯考66, 74年，學測92②, 107, 109年，指考102, 106年)

comfortable (聯考79, 89年，學測91①, 96, 100, 102年，指考100, 104, 106年)

comfortably (學測87, 94, 96, 107年，指考103年)

comic (聯考89年，學測103, 112年，指考92, 100, 107年)

comic book (學測93年)

command (聯考51, 53, 54, 80, 84, 90年，學測88, 95, 98, 101, 102, 109年，指考93①, 95, 100, 109②年)

commander (聯考47年，指考109②年)

commemorate (指考106年)

commencement (學測87年)

comment (聯考71, 89年，學測83, 93, 98, 102, 107, 111年，指考92, 95, 96, 107年)

commentary (聯考83年)

commentator (指考95年)

commerce (聯考68年，學測112年，指考94, 106年)

commercial (聯考63, 64, 76, 85, 90年，學測91①②, 94, 98, 100, 101, 108, 111年，指考101, 104, 110年)

commercialize (指考91年)

commercially (學測103, 108年)

commission (學測88年，指考106, 109①年)

commit (聯考50, 53, 67, 78年，學測103, 105, 110年，指考100, 101, 105, 106, 109②年)

commitment (聯考82年，學測92①, 111年，指考95, 96, 99年)

committee (聯考53, 66, 68, 86年，學測87, 92②, 98, 101, 105, 111年，指考93②, 106, 109①②年)

commodity (聯考63年，學測105年)

common (聯考58, 60, 78, 80, 81, 88, 90年，學測83, 89, 91②, 94, 95, 97, 99～102, 104～107, 110～113年，指考93①, 95～102, 104, 106, 107, 109②, 110年)

commonly (聯考74年，學測102, 107～109, 111年，指考93①, 98, 99, 104年)

commonplace (指考94, 101年)

communal (聯考68年)

communicate (聯考89, 90年，學測85, 91②, 93, 101, 103年，指考98, 99, 110年)

communication (聯考70, 82, 88, 90年，學測83, 85, 90, 93, 94, 96, 99～101, 103, 104, 113年，指考93①, 95, 98, 100, 101, 104, 108年)

communicator (指考96年)

communism (學測104年)

communist (學測97年)

community (聯考61, 67年，學測87, 92②, 100, 103, 105, 106, 108年，指考98, 103, 104, 106～109①②年)

commute (學測85, 95, 103, 104, 113年，指考105年)

commuter (學測112年，指考99年)

companion (聯考74年，學測93, 96年)

companionship (聯考88年，指考98年)

company (聯考48, 51, 66, 73, 89, 90年，學測96～101, 103～110, 112, 113年，指考93①②, 94, 97, 99, 100, 102～105, 108, 109②, 110年)

comparable (聯考58, 79年，指考99, 100年)

comparative (學測105年)

comparatively (聯考60, 71年，指考97年)

compare (聯考60, 64, 90年，學測90, 92①, 94, 101, 108, 110年，指考91, 93②, 94, 95, 108, 109②年)

comparison (聯考76年，學測106年，指考99, 103～105, 107年)

compass (聯考48年，學測98年)

compassion (聯考66年，學測96年，指考105年)

compatible (指考97年)

compatibly (指考109①年)

compel (聯考47年，學測112年)

compensate (聯考67, 86年，學測96, 105年，指考93②, 98年)

compensation (學測88年)

compete (聯考77年，學測100, 102, 107, 111, 112年，指考93①, 95, 97, 101, 107年)

competence (聯考71年，指考109①年)

competent (聯考75年)

competently (指考96年)

competition (聯考60, 89, 90年，學測85, 90～92①, 98, 99, 102, 107, 109～111, 113年，指考91, 97, 99, 101, 105, 109①年)

competitive (聯考77年，學測92①, 95, 99, 100, 113年，指考97, 103年)

competitiveness (聯考83年)

competitor (學測97, 98年，指考94, 96, 97年)

compile (聯考66, 68年，學測101年)

complain (聯考48, 61, 65, 80, 82, 84, 86, 88年，學測86, 88, 90, 104, 109, 112, 113年，指考91, 92, 95年)

complaint (聯考48, 54, 61, 62, 84年，學測84, 92①, 98, 99, 104年，指考91, 92, 109②年)

complement (聯考66年，學測111年)

complete (聯考62, 66～69, 72, 87年，學測85, 87, 89, 95, 97, 98, 107, 108, 112, 113年，指考93①, 101～104, 108, 109①②年)

completely (聯考49, 63, 68, 72, 88, 90年，學測84, 86, 94～96, 98, 102, 103, 105, 107, 108, 110年，指考92, 95, 98, 100, 105, 106, 108, 109②, 110年)

completion (聯考69年，學測92①, 95年，指考93①, 99年)

complex (聯考67, 78年，學測103, 109, 110, 113年，指考93①, 95, 97, 99, 107, 108年)

complexity (聯考64年，學測111年，指考99, 103年)

complicate (聯考64, 76, 80, 82年,學測83, 85, 91②, 95年,指考94, 95, 97, 105, 109②年)

complication (學測85年)

compliment (聯考81年,學測87, 93年,指考107年)

component (聯考89年,指考101, 107, 109①②年)

compose (聯考45, 62年,學測92③, 97, 101, 102, 105, 106, 110年,指考106, 109①②, 110年)

composer (指考106年)

composite (指考100年)

composition (聯考90年,學測92②, 98年,指考98, 101, 102, 106年)

compound (聯考52, 65年,學測97年,指考103, 109①年)

comprehend (指考91, 103年)

comprehension (聯考87年,學測86年,指考93②, 110年)

comprehensible (指考100年)

comprehensive (指考100年)

comprehensively (聯考64年)

compress (聯考68年,指考93①年)

comprise (學測112年)

compromise (聯考87年,指考101, 105~107年)

compromising (指考91年)

compulsive (指考98年)

compulsory (學測113年)

computation (指考105年)

computational (指考93②年)

compute (聯考63年)

computer (聯考63, 81, 85, 87, 90年,學測97, 98, 101~104, 108, 111年,指考94, 98, 100~102, 104, 105, 109①②年)

conceal (指考98, 104, 106, 107, 110年)

concede (指考91年)

conceive (聯考70年,指考103年)

concentrate (聯考64, 73, 90年,學測85, 88, 95, 101, 107, 111年,指考108年)

concentration (聯考67, 69, 76年,學測85, 89, 111年,指考91, 107, 108年)

concept (聯考76, 77年,學測91①②, 99, 101, 110, 111年,指考101, 102, 105, 106年)

conception (聯考65年,指考93①年)

concern (聯考69, 75, 77, 88, 90年,學測86, 87, 91②, 96, 98, 99, 102, 107, 109, 112年,指考92, 93①, 94, 100, 101, 103, 109②年)

concerned (聯考53, 73, 87年,學測95, 107年,指考95, 98, 101, 103, 110年)

concerning (聯考67, 69, 84年,學測96, 112年)

concert (聯考48, 54, 87年,學測85, 91①, 105, 110年,指考93①②, 102年)

conclude (聯考48, 56, 72, 89年,學測91②, 92①, 93, 95, 97, 98, 105, 106, 110, 111年,指考94, 99年)

conclusion (聯考48, 58, 69年,學測101, 109年,指考101, 103, 104, 109①年)

conclusive (聯考89年,學測93年)

concrete (學測85年,學測98, 102年,指考94, 99, 101, 102, 107, 109①, 110年)

condemn (聯考67, 68年)

condense (聯考78, 83年,指考95, 100年)

condition (聯考48, 51, 60, 62, 65, 69, 71, 80~83, 88年,學測86, 88, 93, 95, 98, 99, 104~107, 109, 112年,指考93②, 94, 97, 100, 107~109②, 110年)

conditionally (學測103年)

conditioner (學測96年)

conduct (聯考48, 59, 80, 88年,學測88, 91①, 95, 100, 102, 105, 107年,指考92, 93②, 99~104, 107, 109②年)

conductor (聯考88年,學測91①年)

cone (學測100年,指考104年)

conference (聯考66, 68, 69, 73, 87年,學測87, 93, 100年)

confess (學測101年,指考91年)

confession (指考97, 107年)

confetti (學測88年)

confidence (學測83, 104年,指考91, 97, 98年)

confident (聯考68, 73年,學測100, 109年,指考101年)

confidential (學測90年,指考96, 98, 104, 105年)

confidently (聯考82年,指考94年)

confine (聯考47, 88年,學測101, 105年)

confirm (聯考80年,學測85, 93, 94, 96, 107, 113年,指考96, 104, 107, 110年)

confirmation (學測104年)

confiscate (聯考47年)

conflict (聯考63, 67, 87年,學測87, 90, 91②, 92①, 94~96, 101, 105, 111, 113年,指考91, 96, 97, 99, 101, 107, 110年)

conform (聯考68年,學測106, 111年,指考96, 97, 103, 109①年)

confront (聯考87年,學測111年,指考109②年)

confrontation (指考104年)

Confucian (聯考67年)

Confucianism (聯考70年)

Confucius (指考107年)

confuse (聯考81, 85年,學測93, 99, 100年)

confusing (學測91①②年·指考110年)

confusion (聯考66, 81年)

congestion (聯考70年,學測84年,指考93①年)

congratulate (聯考47年,學測85年,指考94年)

congratulation (聯考86年,學測85年)

congress (聯考62年,學測113年,指考95, 102, 110年)

congressional (指考102年)

conjecture (聯考68年)

conjunction (聯考69年)

connect (聯考67, 72, 80年,學測84, 89, 91②, 97, 100, 101, 103, 106, 113年,指考91, 95, 97, 100, 104, 105, 108年)

connection (聯考50, 71, 87年,學測86, 87, 92②, 94~96, 102, 107, 109, 113年,指考96, 103, 107年)

conquer (聯考47, 53年,學測105年,指考93①年)

conqueror (聯考53年)

conscience (聯考45, 63, 68年,指考91, 99年)

conscientious (聯考45, 54, 63, 68年,指考91年)

conscious (聯考45, 83, 90年,學測92②, 94年,指考105年)

consciously (學測91①, 94, 101年,指考95~97年)

consciousness (聯考45年,學測91①, 112年,指考93②年)

consecutive (指考108年)

consensus (學測112, 113年)

consent (指考92, 99, 107年)

consequence (聯考47, 53, 68, 78年,學測98, 102, 104, 105, 107年,指考91~93①, 95, 98, 103年)

consequent (聯考78年,指考93①年)

consequently (聯考88年,學測84, 88, 93, 94, 113年,指考92, 93②, 96, 98, 103年)

conservation (聯考85年,指考91, 99, 103, 105年)

conservative (學測91①, 92②, 104, 107年,指考110年)

consider (聯考61, 64, 66~68, 72, 73, 80, 81, 85, 86, 89年,學測83, 88, 90, 92②, 94, 96, 97, 101~106, 110~113年,指考91~93①, 95, 97, 99~101, 103, 105~110年)

considerable (聯考72, 79, 80年,學測104年,指考93②年)

considerably (聯考49年,學測90, 101, 102, 108年,指考110年)

considerate (聯考49, 85, 90年,學測92②, 100, 109, 111年,指考91, 103年)

consideration (聯考69, 79年,學測87, 92②, 108年,指考97, 103年)

consist (聯考62, 87年,學測87, 92①, 94, 95, 108, 109年,指考94, 100, 106, 110年)

consistency (學測112, 113年,指考109②年)

consistent (學測98年,指考94, 100, 109②年)

consistently (學測99年,指考106, 110年)

consolation (指考109②年)

console (聯考45年)

consonant (指考99年)

conspicuous (聯考65年,學測100年)

conspire (指考110年)

constant (聯考48, 51, 54, 63, 67, 79年,學測83, 95, 102, 104, 108, 109, 113年,指考94, 102, 105年)

constantly (聯考54, 67, 68, 82, 89年,學測88, 92①②, 98, 101, 102, 106年,指考96, 99, 104, 107, 108年)

constitute (聯考89年,指考99年)

constitution (學測91①, 106年)

construct (聯考73, 80, 87年,學測94, 95, 109, 112年,指考92, 93②, 102, 103, 105, 108, 109①, 110年)

construction (聯考66, 84年,學測96, 97, 107, 108, 110, 111年,指考91~93②, 94, 101, 103, 110年)

constructive (學測86年,指考91, 108年)

constructively (指考109①年)

consulate (學測85年)

consult (聯考84年,學測103, 104, 108, 113年,指考96, 101年)

consultancy (指考104年)

consultant (聯考51, 90年,學測91①年,指考94年)

consultation (聯考51年)

consume (學測90, 92②, 96, 97, 102, 106年,指考97, 107年)

consumer (聯考90年,學測92②, 99, 102, 112, 113年,指考94, 95, 97, 101, 104, 109②年)

consumption (聯考73年,學測89, 99, 100, 102, 110, 113年,指考103, 107, 108年)

contact (聯考83, 90年·學測83, 88, 93, 94, 98~100, 107, 108年,指考93①, 98, 105年)

contagious (聯考81年,學測112年,指考93①, 107~109①, 110年)

contagiously (指考108年)

contain (聯考49, 60, 67, 76, 79~81, 83, 85, 87年,學測87, 89, 92②, 96~101, 105, 107~113年,指考91~93②, 95, 104, 105, 108, 109②, 110年)

container (聯考79年,學測91②, 100, 109年,指考106, 107年)

contaminate (指考102, 109①年)

contemplate (聯考68年,指考92, 109①年)

contemporary (聯考70年,學測106, 109年,指考92, 93①②, 97, 98, 106 年)

contempt (聯考64, 66年,指考92年)

contend (指考106年)

content (聯考49, 59, 61, 71, 74, 88年,學測83, 90, 92②, 95, 99, 100, 103, 107, 109年,指考103, 104年)

contentment (指考98, 106年)

contest (聯考51, 69, 80, 86, 87年,學測83, 87, 95, 99, 100, 102, 105年,指考91, 96, 97, 100, 103, 109①年)

contestant (聯考89年)

context (學測83, 84年,指考93①, 95, 104年)

continent (聯考48, 52年,學測91①年,指考105年)

continually (學測95年)

continue (聯考63, 73, 80, 87, 89, 90年,學測84, 86, 88, 92②, 94~100, 103, 107, 108, 110, 111, 113年,指考91, 94, 95, 98~100, 102~104, 106, 109②, 110年)

continuous (學測89, 106年)

continuously (聯考60, 67年,學測101年,指考93①年)

contract (聯考69年,學測92①②, 98, 100, 107年,指考91, 100, 105年)

contractor (學測111年)

contradict (指考100, 109①年)

contradictorily (聯考72年)

contradictory (指考99年)

contrary (聯考64, 88年,學測83, 91①, 95, 102, 107, 111年,指考93①, 97, 104年)

contrast (聯考70, 88年,學測85, 87, 91②, 95, 99, 104, 106, 108年,指考91, 95, 99, 103, 104, 107, 108年)

contribute (聯考64, 68, 69, 74, 80年，學測88, 92②，93, 99, 102, 104, 106年，指考93①，96, 98, 101, 102, 104, 109②年)

contribution (聯考70, 71, 83, 87年，學測90, 91①，99, 106, 111年，指考100, 106, 107, 110年)

control (聯考60, 81, 86～88, 90年，學測88, 92①～95, 97, 100, 103, 105～107, 109, 110, 112年，指考93①～95, 97, 101, 103～105, 107～110年)

controversial (學測87年，指考102, 109①年)

controversy (聯考50年，學測87年)

convenience (學測85, 92②, 103, 109, 110年，指考95年)

convenient (聯考56, 59, 87, 89年，學測98, 105, 110, 113年，指考92, 97, 105, 106年)

convention (聯考68年，學測101, 106, 109年，指考95, 103, 110年)

conventional (聯考68, 90年，學測99, 105, 110, 112年，指考93②, 95, 98, 105年)

converge (指考95年)

conversation (聯考89年，學測91②, 92①, 97, 113年，指考96, 102～104, 108, 110年)

converse (學測87年，指考110年)

conversely (學測88, 95, 96年)

conversion (指考95年)

convert (聯考67年，學測112年，指考93②, 96, 99, 102, 103, 106年)

convey (聯考80, 88年，學測92②, 103～105, 108年，指考95, 99, 101, 102年)

convict (指考105, 109①年)

conviction (聯考47, 67年，指考105, 107年)

convince (聯考68年，學測88, 92①, 94, 96, 97, 105, 107年，指考98, 101, 105, 107年)

convincing (聯考69年，學測106年)

cookie (學測107年，指考102年)

cookbook (指考95年)

cool (學測98, 101, 111, 113年，指考95, 106年)

coop (聯考63年)

cooperate (聯考63, 69, 84年，學測98, 99年，指考93②, 101年)

cooperation (聯考51, 84, 86年，學測87, 99, 113年，指考91, 93①, 99, 107, 110年)

cooperative (聯考49, 88年，學測102, 113年，指考97年)

coordinate (指考93①, 101, 106年)

coordination (學測93年)

coordinator (指考109①年)

cope (聯考54, 71, 90年，學測97, 100, 108, 109, 113年，指考96, 98, 101, 105, 107年)

co-pilot (聯考51年)

copper (聯考56, 78年)

copy (學測102, 107年，指考94, 98, 101, 103, 104, 109②年)

copyright (學測85年，指考91, 98年)

coral (學測102, 108年，指考108年)

cord (聯考59年)

core (聯考49, 59年，指考101, 108, 109②, 110年)

corkscrew (學測102年)

corn (聯考52, 75年)

corner (聯考64年，學測89, 92②, 106, 111年，指考91, 93①, 105, 108年)

cornerstone (學測107年)

corporate (指考92, 101年)

corporation (聯考48, 83年，學測88, 104年，指考93①, 96, 104年)

corps (聯考64年)

correct (聯考68, 86, 87, 89年，學測83, 90, 94, 100, 101年，指考93②, 98, 100, 110年)

correctly (聯考49, 62, 63, 74, 86年，學測107, 108年，指考99年)

correlate (學測105年)

correspond (聯考81年，學測110年，指考97, 105, 109①年)

correspondence (學測98年)

correspondent (指考104年)

corrupt (聯考71年，學測112年)

cost (聯考90年，學測98, 102～105, 107, 108, 111年，指考93①, 101, 104, 105, 109②, 110年)

costly (聯考90年，學測100, 107年，指考93②, 105年)

costume (學測108年，指考101年)

cottage (聯考45年)

cotton (聯考73年，學測96, 111, 113年，指考100年)

couch (指考109①年)

cough (聯考63, 66, 88年，學測83年)

council (聯考45年，學測101, 109, 110年)

counsel (聯考45年)

count (聯考54, 56, 61, 74, 77, 81, 90年，學測89, 96, 99, 110, 111年，指考100, 102, 103, 109②年)

countable (學測110年)

countdown (學測87年)

countenance (學測85年)

counter (聯考68年，學測108, 112, 113年，指考93②年)

counteract (學測104年)

counterpart (學測111年)

countless (學測100, 111年，指考100年)

country (聯考60～62, 64, 66～68, 70, 74, 75, 77, 80, 83, 86, 87, 90年，學測83, 85, 90, 91②, 92②～94, 96～99, 101～105, 107～113年，指考91～94, 97, 99～104, 106～109②, 110年)

countryside (學測89, 92②, 113年，指考99, 110年)

county (學測86, 100, 107年)

couple (聯考52, 66, 71, 87～89年，學測89, 92①, 96, 97, 99, 102, 104, 107年，指考94, 95, 103, 105, 106, 109②年)

courage (聯考54, 59, 68年，學測83, 94, 111年，指考95, 104, 109①年)

courageous (聯考50, 59年，學測83, 98年)

courageously (學測94年)

course (聯考46, 49～53, 55, 60, 64, 65, 67, 70, 72, 78, 81, 90年，學測86, 87, 91②, 92②, 96, 97, 103, 107～110年，指考93①②, 94, 107～109②年)

court (聯考56, 67, 68, 90年，學測86, 93, 99～101, 106年，指考91, 104, 106, 107年)

courteous (聯考83年，學測89, 92②, 103年)

courtesy (學測85年，指考96, 109②年)

courtship (學測85年)

courtyard (學測84年，指考102年)

cousin (聯考52, 56, 58, 60, 62, 64年，學測91①, 99, 113年)

cover (聯考45, 78, 84, 87年，學測85, 86, 96, 99～101, 105～111年，指考91, 92, 94, 95, 99, 100, 104～107, 109②, 110年)

covering (學測103, 107年，指考107, 110年)

coverage (指考100, 106, 109②年)

covet (指考106年)

cow (聯考66, 73, 90年，學測92②, 96, 98, 111, 112年)

cowardly (聯考47年)

cowboy (聯考66年，學測111年)

co-worker (學測88年，指考95年)

crab (聯考56, 59年，指考107年)

crack (聯考64, 82年，學測105, 108, 111, 112年，指考93②, 94, 98, 105, 106年)

cracker (學測91①, 96年)

cradle (學測109年)

craft (聯考54年，指考96, 98, 104年)

craftsmanship (指考104年)

craftspeople (指考93②年)

cram (聯考63年)

cramp (學測99年)

crash (聯考46, 56年，學測91①②, 102, 103, 111, 113年，指考91, 92年)

craving (聯考67年，學測112年)

crawl (聯考62年，學測85, 89年，指考91年)

crawler (學測108年)

craze (學測105, 113年，指考94, 105, 110年)

crazy (聯考62, 89, 90年，學測90, 103, 105, 111年，指考108年)

cream (聯考60年，學測105年)

create (聯考59, 67, 70, 71, 77, 80, 81, 88～90年，學測86, 87, 91②, 92①②, 95, 99, 101～113年，指考91, 93①②～95, 97～109②, 110年)

creation (學測86年，指考97, 105, 107, 110, 113年，指考99, 104, 105, 108, 110年)

creative (學測81, 87年，學測92②, 94, 106, 109, 113年，指考97, 99, 103, 107, 110年)

creativity (學測66年，學測90, 94, 107年，指考99, 102, 105, 107年)

creator (學測59, 89年)

creature (聯考54, 59, 65, 66, 68, 85, 90年，學測91①②, 99, 105, 107, 108年，指考100, 105, 108, 109①年)

credential (聯考72年)

credible (學測107年，指考101年)

credit (聯考73, 79, 88年，學測93, 107, 110, 113年，指考98, 103, 109①②年)

creek (指考93②年)

creep (聯考57年，學測94年)

creeping (學測104年)

crest (聯考65年)

crevice (學測108年)

crew (聯考51, 84年，學測84, 95, 111年，指考92, 101, 105年)

cricket (學測96, 99年)

crime (聯考67, 78, 82年，學測84年，指考100, 101, 105, 106年)

criminal (聯考68, 78, 81年，學測84, 91①, 105年，指考106, 109①年)

criminalize (指考106年)

cripple (學測84年，學測112年)

crippling (學測103年)

crisis (聯考87, 89, 90年，學測88, 105, 107, 109, 111, 113年，指考95, 104, 107, 108年)

crisp (學測90, 110年)

crispy (學測109年)

criteria/criterion (指考110年)

critic (聯考52年，學測103, 113年，指考92, 101, 104, 109②年)

critical (學測85年，指考107, 110年，指考99, 106, 108, 109②年)

critically (學測113年，指考100年)

criticism (聯考66年，學測83, 86, 96年，指考108年)

criticize (聯考49, 52, 63, 87年，學測88, 89, 91①, 98年，指考92, 93①, 94, 98, 99, 101, 107, 110年)

critique (指考97年)

crop (聯考48, 61, 73, 75, 80, 87年，學測94, 104, 108, 110年，指考95, 107年)

cross (聯考70, 85年，學測93, 104, 105, 112年，指考104, 109①年)

crouch (聯考90年)

crow (聯考51, 62年，學測113年)

crowd (聯考62, 65, 72, 74, 76年，學測87～89, 91①, 99, 107年，指考92, 100, 102, 105, 107, 109①, 110年)

crown (學測109年，指考104年)

crucial (學測92①, 102, 109年，指考94, 104～106, 109①②, 110年)

crude (聯考84年)

cruel (聯考46年)

cruelly (學測111年)

cruelty (聯考82年，學測96, 109年，指考99年)

cruise (聯考80年，學測86, 87, 103年)

crumble (學測94年，指考103年)

crush (學測84, 105, 109年，指考101年)

crust (學測96年)

crustacean (指考107年)

crystal (學測92②年)

cucumber (學測106, 111年)

cub (指考95年)

cue (聯考79, 84年)

cuffs (學測113年)

cuisine (學測97年，指考93②, 105, 107, 108年)

culinary (學測106年，指考105, 106年)

culminate (指考107年)

cultivate (聯考51, 53, 85, 87年，學測104年)

cultivation (學測95, 104年)

cultural (聯考69, 70年，學測91①②, 93, 101, 103, 106, 108, 110, 112年，指考92, 93②, 94, 101, 105, 106, 108年)

culture (聯考52, 75, 76, 79, 81, 85年,學測87, 88, 91②, 92①~94, 98, 99, 101, 103, 104, 106, 108, 109, 111, 112年,指考93②, 94, 98, 100, 103, 105, 107~109②, 110年)

cumulative (指考104年)

cunningly (聯考90年)

cupboard (指考75, 79年)

curb (聯考46年)

cure (聯考58, 65, 84, 88年,學測91②, 92①, 112年,指考104, 106年)

curio (聯考73年)

curiosity (聯考66, 73年,指考103, 106, 109②年)

curious (聯考46年,學測84, 85, 101, 105, 109, 113年,指考106年)

curl (聯考46年,指考98年)

curly (指考98年)

currency (指考103, 109②年)

current (聯考51年,學測99, 102, 107, 109, 110, 113年,指考94, 95, 97, 99, 104, 106, 109①年)

currently (聯考88年,學測84, 92①, 94, 100, 102, 104, 105, 109年,指考94, 99, 102, 103, 107, 108年)

curriculum (學測98年,指考109①年)

curry (指考108年)

curtail (聯考83年)

curtain (學測86, 90, 97年,指考109②年)

curve (聯考45, 82年,學測85, 101, 111年)

cushion (學測113年,指考109①②年)

custody (指考95年)

custom (聯考51, 60年,學測88, 93, 102, 110年,指考91, 98, 102年)

customarily (學測89年)

customary (聯考49年,指考91年)

customer (聯考48, 49, 65, 74, 79, 80, 88年,學測91②, 99, 102, 112, 113年,指考93①, 95, 97, 99, 100, 102~105, 110年)

customize (學測105年)

cutback (學測113年)

cute (學測101年)

cycle (聯考54, 81, 89年,學測88, 98, 100, 107年,指考104年)

cycling (學測113年,指考104年)

cyclist (學測103年)

cynical (指考109①年)

Czech (學測97年)

daffodil (學測89年)

daily (聯考61, 65, 67, 76, 90年,學測86, 92①~94, 96, 99, 110年,指考94, 99, 103, 105~108, 110年)

dairy (聯考73年,學測92②年,指考109①年)

dam (學測111年,指考107, 110年)

damage (聯考70, 88年,學測83, 85, 88, 91①, 92①, 94, 95, 97~103, 105, 110, 111年,指考93②, 95, 97, 101, 108, 109②, 110年)

damaging (學測96, 104, 109年)

damp (聯考53, 72年,學測109年)

danger (學測83, 85, 93~96, 98, 100, 102, 106, 108, 109, 111年,指考93②, 105, 106, 109①②年)

dangerous (學測90, 95, 98, 101, 107, 109, 111年,指考102, 103, 107, 109②, 110年)

dangerously (學測84年,指考106年)

dangle (學測92②年,指考92, 93②年)

Danish (指考97年)

dare (聯考59年,學測90, 94年,指考93①, 100, 106年)

dark (學測100, 102, 107, 109, 112, 113年,指考93①, 101, 102, 106, 109②年)

darken (學測113年,指考91年)

darkness (指考102年)

darkroom (學測104年)

Darwin (學測98年)

dash (聯考90年,指考108年)

data (聯考87年,學測86, 96, 102, 103, 106, 113年,指考94, 100, 101, 104~109①②年)

database (指考93①年)

date (聯考61, 68年,學測85, 92②, 98, 99, 108, 109, 111年,指考95, 105, 106年)

daughter (聯考55, 56, 69, 77, 86年,學測91①, 99, 110年,指考98, 105年)

dawn (聯考54, 61年)

daydream (學測107年)

daydreamer (聯考74年)

daylight (指考94年)

daytime (學測98, 99年,指考92年)

dazzling (指考96年)

deadline (學測98, 107年,指考110年)

deadly (聯考77, 88年,學測93, 94, 104年,指考93①, 104, 109①年)

dead mail (學測89年)

deaf (指考91年)

deal (聯考61, 63, 72, 83, 87年,學測86, 97~99, 101, 104, 106, 112, 113年,指考91, 98, 100, 104, 105, 107~109①年)

dealer (學測91②, 94, 99年,指考93②年)

debatable (指考107年)

debate (聯考46, 62年,學測110年,指考94, 97, 105, 107, 109①年)

debris (指考103年)

debt (聯考61, 73年,學測112年)

debut (學測111年)

decade (聯考61, 65, 90年,學測92②~94, 96, 99, 104, 110, 112年,指考93①, 98, 99, 104, 106~109①, 110年)

decay (聯考72, 87年)

decease (聯考61年,學測108, 111, 113年,指考99, 103年)

deceive (學測81年,學測90, 93年)

decency (聯考68年)

decent (聯考59, 67年,學測95年,指考105年)

decently (指考109①年)

decentralize (指考103年)

deception (學測92①年)

decide (聯考83, 90年,學測86, 89~91②, 92①, 93, 95, 97, 98, 101~106, 110, 111, 113年,指考91~93①, 95, 97~102, 104, 109②年)

decision (聯考47, 50, 51, 64, 67, 69, 77, 83, 86年,學測89, 92②, 94, 96, 103, 105, 107, 108年,指考94, 97, 98, 102, 109①年)

decisive (聯考47, 51, 67年,學測103, 104年)

deck (指考106年)

deckchair (聯考76年)

declaration (學測93年,指考106年)

declare (聯考58年,學測88, 89, 104, 107, 108年,指考106, 110年)

decline (聯考64, 69, 73, 75, 85, 86年,學測95, 99, 105, 113年,指考93②, 99, 100年)

decompose (學測109年)

decomposer (學測88年)

decomposition (學測88年,指考109①年)

decorate (聯考84, 86, 89年,學測87, 88, 106, 107年,指考101, 104, 110年)

decoration (學測94, 97, 101, 103年,指考110年)

decorative (學測101, 102年,指考93①年)

decrease (聯考70, 84, 87年,學測87, 91②, 92①, 96, 99, 100, 103, 109, 110年,指考94, 100, 103, 107~109①年)

dedicate (學測99, 110, 111年,指考105, 108年)

deed (聯考59年,學測83年,指考98年)

deem (聯考68, 72, 83年,學測84, 111年)

deep (學測101, 103, 107~109, 111, 113年,指考91, 93①, 95, 105, 107, 109①②, 110年)

deepen (指考93①年)

deep-fried (指考108年)

deeply (聯考53, 66, 87年,學測93, 112年,指考91, 101年)

deer (學測109, 111年,指考93②, 108年)

defeat (聯考47, 51, 65, 88年,學測91①, 92①, 96年,指考94, 98, 101, 105, 109①, 110年)

defect (學測109年,指考102, 104, 106年)

defective (聯考65年)

defend (聯考47, 89年,學測97, 103, 106, 107年,指考102, 109②, 110年)

defendant (聯考67年,指考91年)

defender (聯考47年)

defense (聯考65, 73, 85年,學測103年,指考104, 110年)

defensive (學測96, 105, 110年,指考103年)

deficiency (指考107年)

deficient (聯考87, 88年)

deficit (指考96年)

define (聯考72, 78, 87, 88年,學測97, 108年,指考105, 107, 109②年)

definite (聯考55, 73, 83, 90年,學測87, 103, 107年,指考98年)

definitely (聯考55, 73, 83, 89年,學測90, 92①, 112年,指考94年)

definition (聯考48, 72年,學測85, 94, 109, 110年,指考92, 103, 104, 108年)

deflate (聯考68年)

deflect (指考103年)

deformation (學測111年)

degrade (學測87年,指考96年)

degrading (指考45年)

degree (聯考50, 54, 61, 67, 69, 70, 72, 84, 85年,學測88, 91②, 94, 100, 105, 107, 109, 112年,指考91, 93①, 100, 102, 105, 107, 108, 110年)

dehydrate (學測105年)

dehydration (學測105年)

deity (指考101, 106年)

delay (聯考48, 65, 80, 88年,學測85, 92①, 97, 104, 109, 110年,指考92年)

delegate (學測91①年)

delegation (學測95年)

delete (學測93, 101年,指考95年)

deletion (學測101年)

deliberate (聯考67, 82年,學測89年)

deliberately (指考83年,學測83年,指考95年)

delicacy (指考100, 106, 108年)

delicate (聯考85, 87年,學測99, 104年,指考93①, 108, 109②年)

delicately (學測111年)

delicious (聯考79, 81年,學測91②, 92②, 108年,指考93②, 106, 107年)

delight (聯考74, 86, 88年,學測89, 90, 96年,指考93①, 94, 102, 104, 108年)

delighted (聯考78年,學測87, 100年)

delightful (聯考79, 87年)

delinquency (指考98年)

deliver (聯考64, 73, 75, 80, 86年,學測87, 89, 92②, 93, 105, 107, 111, 112年,指考95, 97, 101, 102, 104, 107, 110年)

delivery (聯考62, 72年,學測91①②, 98年,指考102年)

demand (聯考50, 51, 54, 58, 59, 61, 64, 66, 73, 86, 87, 89年,學測89, 90, 91②, 94, 97, 100, 102, 105, 106, 111年,指考98~100, 102, 108, 109②年)

demanding (聯考54年,學測94, 107, 110年,指考98, 109②年)

demo (指考102年)

democracy (聯考47, 52年,學測109年)

democrat (聯考60年)

democratic (聯考86年,學測109, 111年,指考93②, 96, 107, 108年)

demolish (指考101年)

demolition (指考101年)

demon (聯考77年,學測107年)

demonstrate (聯考88年,學測90, 91①, 94, 105年,指考104~106, 109①②年)

demonstration (聯考69, 88年,指考91, 94, 95年)

denounce (指考99年)

dense (學測97, 99, 102年,指考92年)

densely (指考109②年)

density (學測113年,指考104, 108年)

dental (指考103年)

dentist (聯考52年,學測96年)

deny (聯考53, 67年,指考100, 104年)

depart (聯考86, 88年,學測86, 92②, 95, 99, 103, 110, 113年,指考101年)

department (聯考64年,學測83, 84, 91②, 99, 103年,指考97, 105年)

departure (聯考71年,學測86, 104年)

depend (聯考71, 76年,學測88, 92②, 94, 96, 101, 102, 105, 108, 109, 112年,指考98, 99, 104, 105年)

dependence (聯考53年)

dependent (聯考51, 53, 69年,學測88, 92②, 95年,指考96年)

depict (學測103, 106, 108年,指考99年)

depiction (學測106年,指考99年)

depletion (學測84年)

depose (聯考47年)

deposit (學測95, 98, 102, 107年,指考 101, 102, 105年)

depress (聯考81, 88年,學測86, 92①, 94, 101, 109年,指考91, 98, 104年)

depressing (學測87, 109, 110年)

depression (聯考50年,學測84, 97, 101, 109, 110年,指考96, 101, 108, 109②年)

deprivation (指考98年)

deprive (聯考69年,指考95, 110年)

depth (聯考77年,指考109①年)

derive (學測109, 111, 112年,指考93①, 110年)

descendant (聯考58, 62, 71年,指考105年)

descent (聯考73年)

describe (聯考48, 59, 62, 73, 76, 78, 81, 84, 85, 88年,學測87, 88, 91①, 92①, 93, 95, 98, 104~108, 112, 113年,指考91, 96~99, 106, 108, 109①年)

description (聯考48年,學測85, 98, 99, 101, 103年,指考94, 104, 107, 108年)

descriptive (學測87, 109年,指考106年)

desert (聯考45, 46, 54, 56, 58, 59, 61, 66, 68, 80, 86, 88年,學測93, 94, 105年,指考91, 95, 102, 105, 110年)

deserve (聯考61, 64, 73, 86年,學測83, 86, 88, 93, 95, 96, 109年,指考93②, 101年)

design (聯考61, 62, 70, 84, 87~89年,學測84, 87, 92②~94, 97, 99, 101~104, 106~109, 111, 113年,指考91~93①②, 95, 97~99, 101, 103, 104, 106~108, 110年)

designate (學測90年,指考94年)

designer (學測92①, 96, 99, 102, 107, 108, 113年,指考94, 108年)

desirable (聯考53, 68年,學測92①, 100年,指考93①年)

desirably (學測90年)

desire (聯考52, 57, 67, 70, 87年,學測86, 91②, 93, 99, 106, 113年,指考96, 98, 99年)

despair (聯考56, 61, 72年,指考91年)

desperate (聯考90年,學測105, 111年,指考107年)

desperately (指考93①, 109①年)

desperation (聯考61年,指考103年)

despise (聯考49年)

despite (聯考51, 67, 69, 84, 85年,學測86~88, 98, 99, 103~105, 107~109, 112, 113年,指考95, 100~104, 106, 109①②年)

dessert (聯考81年,學測84, 91②年)

destination (學測87, 91①, 98, 103, 112年,指考94, 104, 109②年)

destine (學測94年,指考97年)

destiny (指考92年)

destroy (聯考63, 67, 69, 71, 81, 83, 87, 88年,學測83, 86, 89, 90, 96, 97, 100, 104, 105, 111, 112年,指考96~99, 101~103, 109①年)

destruction (聯考67, 71, 87年,學測89, 97, 102年,指考91, 93①, 101, 110年)

destructive (聯考85年,指考104年)

destructively (聯考90年,指考91年)

detail (聯考62, 67, 70, 78, 84, 85年,學測86, 92①, 93, 95, 109, 111年,指考94, 96, 98, 99, 106, 109②年)

detect (聯考65, 84年,學測85, 90, 96, 100, 102, 105, 108年,指考91, 93①, 100, 101, 103~105, 107, 109①年)

detectable (指考105年)

detection (指考92年)

detective (聯考49年,學測102, 106年)

detector (學測105年,指考105年)

deter (指考92年)

deteriorate (指考98, 105年)

determinant (學測102年,指考103年)

determination (聯考47, 84, 88年,學測95年)

determine (聯考53, 69, 71, 77, 86年,學測85, 86, 90, 91②, 92②, 96, 102, 104, 105, 113年,指考91, 101, 105, 107, 109②, 110年)

determiner (聯考69年)

detour (指考94年)

devastate (學測94, 109年,指考93①年)

devastating (聯考71年,學測113年,指考104年)

devastation (指考91年)

develop (聯考51, 57, 58, 61, 66~68, 70, 72, 75, 77, 80, 85, 87, 89年,學測83, 86, 88, 91②, 92①②, 94~96, 98, 101~104, 106~111, 113年,指考92~95, 97~101, 103, 104, 107, 109①, 110年)

developer (學測110年,指考101年)

developing (聯考63, 70年,學測103, 110年,指考101, 104, 109①年)

development (聯考68, 71, 72, 87, 88~90年,學測83, 92①, 98, 101, 109, 111, 113年,指考93②, 94, 98, 102, 103, 107, 108, 110年)

device (聯考50, 90年,學測85, 97, 102, 104, 108~113年,指考91~93①, 97, 104, 105, 107, 109②, 110年)

devise (聯考49年,學測92①, 102年,指考101, 102年)

devote (聯考64, 67年,學測83, 95, 96, 103, 104, 106, 109年,指考91, 94, 96, 97, 99, 109②年)

devotion (指考107, 109①年)

diabetes (學測104年,指考107年)

diagnose (聯考87年,學測87年,指考96年)

diagnosis (學測86, 89, 104, 113年,指考97年)

diagnostic (指考110年)

diagram (聯考75年,指考101年)

dial (學測102, 113年)

dialect (聯考76年,學測102年,指考99, 110年)

dialogue (聯考75年,學測103年)

diameter (指考110年)

diamond (聯考56年,學測100年,指考104年)

diaper (學測92①年)

diarrhea (學測99年)

diary (聯考73年,指考91年)

dictator (指考100年)

dictatorship (聯考63年)

dictionary (學測85年)

diet (聯考71, 73, 87年,學測88, 91②, 92②, 93, 95, 98, 104, 107~109年,指考97, 103, 109①, 110年)

dietary (學測109年)

differ (聯考64, 78, 81, 89年,學測96, 98, 105, 108, 113年,指考101, 110年)

difference (聯考53, 56, 59, 64, 65, 68, 69, 75, 82年,學測86, 90, 91②, 93~98, 100, 102~104, 108, 111年,指考91, 94, 99, 102, 103, 105, 108, 109②, 110年)

different (聯考58, 68, 78, 79, 81, 83, 87, 89, 90年,學測83, 88, 92①②, 94~113年,指考91~93①②, 95, 97~99, 101, 102, 104~110年)

differentiate (聯考73, 80年,指考93①, 95, 104年)

differently (學測88年,學測91②, 95, 96, 98, 100, 105, 107, 108年,指考100年)

difficult (聯考70, 71, 83, 86, 89, 90年,學測83, 86, 87, 90, 92①, 95, 97, 104, 107, 113年,指考92, 93①②, 95, 100~102, 104, 106~109①, 110年)

difficulty (聯考70, 74年,學測84, 87, 89, 92①②, 97, 99, 109, 111, 112年,指考93①, 98, 102~104, 108, 109②, 110年)

dig (聯考66, 68, 84年,學測92②, 101, 112年,指考100, 103年)

digest (聯考52, 53年,學測96, 97年,指考99, 103, 109①年)

digestive (學測92②, 94年,指考99年)

digit (學測101, 102年)

digital (學測91②, 111年,指考93①, 98, 101~104年)

digitally (指考102年)

dignify (學測87, 88年,指考91年)

dignity (聯考53, 69, 90年,指考91, 93①年)

dilemma (聯考71年,指考109①年)

diligence (聯考74, 83年)

diligent (聯考53, 71, 73年,學測101年,指考99年)

diligently (學測98年)

dim (聯考55年,指考109②年)

dime (聯考86年,學測102年,指考93①年)

dimension (指考93②年)

dimensional (聯考87年)

diminish (學測83, 96年,指考108年)

dimple (學測109年,指考110年)

dine (聯考79年)

diner (學測90, 101年,指考108, 110年)

dining (學測87, 90, 101年,指考97, 103, 110年)

dinosaur (學測99, 100, 111年)

diode (指考107年)

dioxide (學測99年)

dip (聯考55年,學測106年,指考93①年)

diploma (聯考70年,學測88, 103年)

diplomat (聯考61, 66, 67, 73年)

direct (聯考51, 70, 83, 90年,學測88, 96, 99, 107, 109年,指考93②, 94, 101~103, 109①②年)

direction (聯考66, 90年,學測86, 91②, 94, 98, 100, 103, 105, 109, 113年,指考92, 99, 101, 102, 108, 109②, 110年)

directly (聯考70, 87年,學測100, 101, 110年,指考91, 97~99, 108, 109①年)

director (聯考62, 90年,學測93, 94年,指考95, 97, 98, 101, 106年)

directory (學測91①②, 96年)

dirt (聯考45, 84年,指考109年)

dirty (學測113年,指考91, 92, 110年)

disability (學測98, 101, 110年,指考96, 100年)

disabled (學測86, 101, 103, 110年,指考109①年)

disadvantage (學測99, 101年,指考93②, 105年)

disagree (聯考50, 51, 62, 78, 81年)

disagreeable (聯考73年)

disagreement (聯考51年,學測94, 108年)

disappear (聯考48, 59, 69, 78, 85年,學測91①, 94, 96, 102, 103, 106, 107, 110年,指考97, 107年)

disappearance (學測102, 103, 110年,指考95年)

disappoint (聯考66, 75, 81, 86, 87年,學測91①, 95, 96, 100, 113年,指考100年)

disappointing (學測91①年,指考109①年)

disappointment (聯考51, 86年,學測91①, 94年,指考92, 95年)

disapproval (聯考67, 69年,指考98, 103年)

disapprove (指考96年)

disaster (學測86, 91①, 92①, 94, 97~99, 111年,指考103~105, 110年)

disastrous (聯考50, 78年,學測103年)

disbelief (指考95年)

disc (聯考87年)

discard (學測109, 110年,指考108, 109①年)

discharge (指考96, 109①年)

disciple (聯考71年,學測97年)

discipline (聯考68, 73年,學測85, 91②, 92②, 108, 111年,指考99, 104年)

disclose (學測92①年,指考100年)

disco (學測99年)

discomfort (學測94, 99, 110年,指考105, 110年)

disconcert (聯考64年,學測93年)

disconnected (學測107, 113年)

discontent (學測109年)

discontinue (聯考70年)

discount (聯考89年,學測102, 110年,指考96年)

discourage (聯考64, 76年,學測84, 96年,指考92年)

discover (聯考48, 62, 66, 67, 72, 76, 79, 81, 84, 86~88, 90年,學測83, 85, 86, 89, 90, 93, 99, 102, 106, 110, 111年,指考91, 100, 102, 103, 105, 106, 108, 109①②年)

discovery (聯考48, 54, 55, 62年,學測85, 90, 91①②, 102, 104年,指考95, 102, 105, 106, 109①②, 110年)

discriminate (學測93年,指考103, 108年)

discrimination (聯考88年,學測 92①, 103, 105年,指考96, 103年)

discuss (聯考62, 75, 82, 88年,學測87, 96, 99, 100, 102, 104, 106, 109, 111, 112年, 指考93②, 94, 99, 103～105, 108年)

discussion (聯考89, 90年,學測84, 88, 92②, 93, 98, 103, 109, 110, 112年,指考92, 94, 97, 101年)

disease (聯考60, 69, 71, 73, 77, 81, 84, 85, 88, 89年,學測91②, 92①, 93, 95, 98, 100, 102, 104, 107～109, 111, 112年,指考93①, 94, 103, 104, 106, 107, 109①②, 110年)

disfavor (聯考47年)

disgrace (聯考61, 68年,指考96年)

disgracefully (指考109②年)

disguise (聯考63年,學測94, 104, 106, 109, 111, 113年,指考92, 95, 101年)

disgust (聯考79年,學測99年,指考 100年)

dish (聯考77, 89年,學測91②, 98年, 指考99, 105, 108, 109①, 110年)

dishearten (聯考64年)

dishonest (學測98年)

dishonestly (聯考63年)

dishwasher (指考98年)

disintegrate (學測111年指考93②年)

disinterest (聯考67年)

disk (學測86年)

dislike (聯考67, 68年,學測89, 91①, 104年,指考97, 108年)

dislocated (學測112年)

dismal (聯考63年)

dismantle (學測84, 102年)

dismay (聯考63年)

dismiss (聯考66, 79, 82年,學測83, 88, 102, 103, 110, 113年,指考91, 93②, 97, 106, 109②年)

disobey (聯考66年)

disorder (聯考77, 81, 84年,學測92②, 98, 104年,指考94, 96, 109①年)

dispatcher (聯考51年)

dispensable (指考101年)

dispense (指考105年)

disperse (指考105年)

displace (聯考63年,學測105, 111年)

displacement (學測105年)

display (聯考62, 74, 84, 88, 90年,學測 84, 90, 99, 100, 102～106, 110年,指考93②, 94, 95, 103, 105年)

disposable (聯考84年,學測86, 92②年)

dispose (聯考88年,學測86, 92①②年)

disproportionately (學測99年)

disputable (學測109年)

dispute (聯考75, 84年,學測87, 90年, 指考99, 107, 109①年)

disrespect (聯考58年)

disrupt (學測95年,指考93②年)

disruption (學測94年)

dissatisfy (指考94年)

dissimilar (聯考63年,指考94年)

dissolve (學測107年,指考96, 109①年)

dissuade (聯考79年)

distance (聯考80, 81, 82, 90年,學測94, 97, 99, 102, 103, 113年,指考95, 97, 98, 104, 105, 107, 109①②年)

distant (聯考66, 81, 82, 83年,學測113年)

distantly (學測91①②, 108年)

distinct (學測94, 95, 108年,指考104年)

distinction (學測109年,指考95年)

distinctive (聯考48年,學測101, 103, 113年,指考97, 104, 106, 109①年)

distinctively (指考108年)

distinctly (聯考82, 84年,學測107年)

distinguish (聯考50, 63, 66, 71年,學測92②, 104, 106年,指考94, 95, 101, 105, 106, 108, 109①, 110年)

distort (指考93①, 94, 106年)

distract (聯考90年,學測106年)

distraction (聯考90年)

distress (指考100年)

distribute (聯考60, 75, 85年,學測92②, 93, 102, 105, 107, 111年,指考102, 105年)

distribution (聯考63年,學測96, 104, 105, 113年,指考107, 108年)

district (聯考49年,學測87, 107年)

distrust (學測98年)

disturb (聯考61, 64, 69, 78, 87, 90年, 學測83, 87, 94, 95, 104, 107, 108, 112年)

disturbance (學測90, 113年,指考94, 96, 106, 107年)

ditch (聯考75年,學測86年)

dive (聯考63年,學測91①年,指考107年)

diver (聯考81年,學測102年,指考101, 102, 110年)

diverse (指考92, 93②, 104, 107, 108, 110年)

diversification (聯考66年)

diversify (指考97, 105年)

diversion (指考105年)

diversity (學測109年,指考103, 107, 109②年)

divide (聯考46, 48, 51, 58, 62, 90年,學測99, 100, 109, 110年,指考93②, 94, 102, 103, 107年)

dividend (聯考83年)

divine (指考109②年)

divinity (學測101年)

division (聯考48, 53, 78, 83年,學測88, 96, 100年,指考93①, 102年)

divorce (學測103年,指考95年)

DIY (指考102年)

dizziness (聯考84年)

docking (學測109年)

doctoral (指考100年)

doctorate (指考100年)

document (聯考67, 68年,學測88, 91②, 92①, 96, 103, 104, 106, 110年,指考91, 96, 98, 99, 101, 105, 107年)

documentary (指考91年)

dodge (指考110年)

do-it-yourself (指考102年)

dollhouse (指考106年)

dolphin (學測91②年,指考104年)

domain (指考95, 108年)

dome (學測101年)

domestic (聯考53年,學測92①, 101年, 指考92, 93①, 102年)

domesticate (學測104年)

domestication (聯考54年)

dominance (學測97, 100年,指考106, 109②年)

dominant (聯考88年,學測100年, 指考100, 102年)

dominate (聯考86, 87年,學測91①年, 指考109②年)

donate (聯考85年,學測86, 113年,指考 102年)

donation (聯考79年,學測93, 96, 107年,指考98, 103年)

donkey (學測91①年,指考108年)

donor (學測86, 93年)

doom (聯考63年,指考107年)

doorway (聯考62, 65年)

dormitory (聯考80年,學測91①②年)

dose (聯考61, 83年,學測91②年)

dot (聯考71年,學測102年)

double (聯考51, 60, 66, 67, 76, 80年, 學測111年,指考95, 100年)

double-edged (指考101年)

doubt (聯考61, 67, 79, 87, 89年,學測 89, 91①, 96, 109, 113年)

doubtful (學測83, 90, 106, 107, 110年)

doubtfully (指考93②年)

dove (學測104, 111年)

downburst (指考109②年)

download (指考91, 98, 102, 108年)

downloader (指考98年)

downside (指考95, 104年)

downstairs (指考45, 76年)

down-to-earth (學測91②年)

downtown (指考101年)

downward (指考96, 110年)

dowry (指考98年)

doze (聯考47年)

dozen (聯考45年,學測91②, 113年,指 考95, 102, 106, 108年)

draft (聯考73年,學測106年,指考91年)

drag (學測95年,指考92, 110年)

dragon (聯考46, 84, 90年,學測91①, 101, 104年)

drain (聯考70年,學測107年,指考 109①年)

drainage (學測112年,指考109①年)

dramatic (學測96, 97年,指考104, 109②年)

dramatically (學測103年,指考94, 100年)

drastic (學測109年,指考99, 105年)

drastically (學測89年)

draught (聯考89年)

draw (聯考68, 90年,學測85, 99, 103, 109, 110, 112年,指考97, 102, 106, 109②, 110年)

drawback (學測98年,指考104年)

drawer (聯考49, 53, 60年)

drawing (學測67年,學測93, 104, 106年,指考93②年)

dread (學測89, 95年,指考96年)

dreadful (聯考60年,學測94, 99年)

dreamer (學測107年)

dreary (學測85年)

dressy (學測109年)

drift (聯考54, 73年,學測86, 104年)

drill (學測99, 107年,指考93②年)

drinker (指考97年)

drinking (學測102, 106, 112年,指考 97, 106, 107年)

driverless (學測103年)

driveway (指考92年)

drizzle (指考104年)

drop (聯考87, 89年,學測85, 87, 89, 90, 94, 101～103, 109年,指考91, 93②, 98, 99, 102, 104, 106, 108, 109②年)

droplet (學測109年,指考102, 108年)

drought (聯考63, 73, 87, 89年,學測 105年,指考107年)

drown (聯考46, 62, 86年,學測83年)

drowsiness (學測94年)

drowsy (學測105年)

drug (聯考84, 86年,學測90, 91②, 93, 94, 110～112年,指考93, 97, 109①年)

druggist (聯考74年)

drugstore (聯考74年)

drum (聯考82年,學測106, 111年,指考 101年)

drummer (聯考82年,指考101年)

dry (學測84, 95～97, 100, 103, 105, 107, 112, 113年,指考93①, 103, 106年)

duck (聯考59年,指考106年)

due (聯考84年,學測95～97, 99～101, 104 ～106, 108, 109, 111～113年,指考91, 93②, 95, 96, 98, 99, 103, 104, 107, 109①②, 110年)

dull (學測92①年)

dumb (聯考77年)

dump (學測88, 102, 107年)

duplicate (聯考47年)

durability (指考110年)

durable (聯考79年,學測86, 105, 108, 113年,指考96, 100, 101, 107, 110年)

duration (聯考84年,學測85年)

dust (聯考88年,學測91②, 94, 103年)

dusty (聯考80年,指考110年)

Dutch (指考102年)

dutiful (聯考69年)

dutifully (學測91①年)

duty (聯考51, 61, 65, 67, 90年,學測88, 99年,指考97年)

dwarf (學測93年)

dwell (學測95, 108年,指考99年)

dwelling (聯考45年,學測94年)

dye (指考97, 98年)

dying (學測111, 112年)

dynamic (指考102, 107年)

dynasty (學測107年,指考103, 104, 106年)

eager (聯考60, 64, 88年,學測108, 113年,指考93①, 105年)

eagerly (學測88年)

eagerness (聯考69年)

eagle (學測93, 112年,指考93①, 99年)

earl (聯考63, 89年,學測106年)

earn (聯考83年,學測86, 90, 95, 97, 101年,指考106, 108年)

earner (學測88年)

earnest (聯考85年，學測103~105年)

earnestly (聯考89年，學測110年)

earnings (指考105, 107年)

earphone (指考105年)

earring (指考93①年)

earth (聯考46, 53, 60, 90年，學測87, 88, 91①, 92①, 93, 96, 98~102, 107, 111, 112年，指考94, 99, 106, 108, 109②, 110年)

earthly (指考100年)

earthquake (聯考54, 65年，學測90, 96, 98, 104年，指考91, 93②, 100, 103年)

earthy (指考99年)

earworm (學測108年)

ease (學測97, 98, 100, 105, 110年，指考95, 106, 108年)

easily (聯考69年，學測92①, 101, 104~107, 109, 111~113年，指考91, 97, 101, 105, 108年)

east (聯考66, 90年，學測83, 86, 96, 101, 104, 105, 107, 109, 111, 112年，指考94, 99, 101, 110年)

Easter (學測98年，指考104年)

eastern (聯考76年，學測86年，指考108年)

easy-going (聯考49年)

e-book (指考102年)

eccentric (學測105年，指考93①, 103年)

echo (聯考46年)

eco-friendly (學測108年)

ecological (聯考85年，學測87, 88年，指考96, 105, 106年)

ecologist (指考107年)

ecology (指考94, 107, 109①年)

e-commerce (指考102年)

economic (聯考50, 63, 69, 71, 83, 84, 87~89年，學測92②, 98, 101, 105, 107年，指考93①②, 94, 99, 101, 105, 107, 109②年)

economical (聯考64, 76年，學測84, 104年)

economically (聯考63年)

economics (聯考50年，學測100年，指考100, 109①年)

economist (聯考83年，學測92②年，指考91年)

economy (聯考70, 76, 78, 83, 85年，學測88, 98, 109, 112年，指考95, 96, 103, 109②年)

ecosystem (學測103, 109年，指考103年)

edge (聯考67, 90年，學測106, 108, 111~113年，指考91, 94, 99, 108年)

edgewise (指考93①年)

edible (聯考71年，學測88年，指考100, 108年)

edit (學測104, 106年)

editor (聯考61年，學測88, 96年，指考93②, 99年)

educate (聯考52, 60, 73~75, 88年，學測92①, 96, 100, 104年，指考98, 101, 105, 106, 109①年)

education (聯考52, 70, 82, 85年，學測87, 88, 90~92①, 95, 96, 100, 102~105年，指考92, 98, 102, 105~108, 110年)

educational (聯考80, 87, 90年，學測92①②, 96, 101, 105年，指考94, 102, 109①年)

educator (學測99年，指考100年)

eel (指考107年)

effect (聯考48, 63, 67, 70, 71, 80, 81年，學測83, 85, 87, 92①②, 95, 97, 98, 103, 104, 106~112年，指考93①②~95, 99, 100, 102~104, 106~109①年)

effective (聯考68, 72, 83, 84, 88, 90年，學測92②, 93, 96, 99, 101, 104, 107, 110, 112, 113年，指考92, 95, 98, 103~105, 108~110年)

effectively (聯考84年，學測104, 108年，指考91, 102, 104年)

effectiveness (指考96年)

efficiency (聯考48, 60, 71年，學測106, 107, 113年)

efficient (聯考60, 67, 78, 86, 88~90年，學測88, 91①, 94, 101, 107, 109, 113年)

efficiently (聯考49, 69, 84年，學測85年，指考95, 97, 105年)

effort (聯考54, 60, 61, 66, 70, 72, 83, 86, 87, 90年，學測90, 92①~94, 98, 99, 101~103, 106, 107, 109, 110, 113年，指考99, 104, 109①②, 110年)

effortlessly (學測104年)

e.g. (學測106年)

eggplant (學測111年)

eggshell (指考109①年)

Egypt (學測100, 101, 106, 109年，指考98, 109②年)

Egyptian (學測100, 106, 112年，指考98, 109②年)

either (聯考61, 62, 64, 66, 68, 78, 85, 89年，學測100~102, 106~108年，指考91, 92, 94, 98, 106, 109①②, 110年)

elaborate (學測84, 101, 108, 110年，指考93①, 94, 100, 104, 106, 109①年)

elaborately (指考101年)

elastic (學測104年，指考100年)

elasticity (聯考67年)

elbow (聯考67年，學測100年)

elder (聯考64, 68, 73年，學測91②, 104年，指考92年)

elderly (聯考69, 90年，學測86, 103, 107, 110年，指考98, 103, 109①年)

elect (聯考47, 52~54年，學測98, 100年，指考93②年)

election (聯考50, 85, 89年，學測92②, 100年，指考110年)

elective (聯考64年)

electric (聯考65, 78年，學測91①年，指考93②, 99, 104, 105, 109②年)

electrical (聯考49年，學測94, 113年，指考101年)

electrician (聯考61年)

electricity (聯考45, 48, 62, 82年，學測98, 110年，指考91, 96, 110年)

electromagnetic (學測94年，指考107年)

electronic (聯考63, 81, 87年，學測88, 110年，指考92, 93①②, 104, 109①②, 110年)

electronic mail (聯考88年)

electronics (學測105年)

elegant (學測88, 90, 109, 112年，指考110年)

element (聯考74, 88年，學測83, 92①, 97, 103, 106, 111年，指考97~99, 104, 107, 109①②, 110年)

elementary (聯考60年，學測99, 104年)

elevation (指考96年)

elevator (聯考72年，學測83, 92①, 104, 110年，指考92, 105年)

eligible (聯考73, 75年，指考101, 105年)

eligibly (學測113年)

eliminate (聯考83, 89年，學測92②, 93, 103, 106年，指考93①, 98, 101, 104, 109①年)

elite (指考97, 105年)

eloquence (學測88年，指考94年)

eloquent (指考93①, 103年)

else (聯考90年，學測83, 86, 90, 92②, 100, 102, 108年，指考97, 104年)

elsewhere (指考99, 102年)

e-mail (聯考88年，學測98, 99, 110年，指考99, 106年)

embarrass (聯考72年，學測108年)

embarrassed (學測88年)

embarrassing (聯考87年，學測106年，指考101年)

embarrassment (學測89年)

embassy (聯考47年，學測85, 111年)

embed (學測108年，指考97年)

embrace (聯考81年，學測96, 98年，指考92, 109②年)

embroider (聯考47年)

embryo (學測86年)

emerge (聯考69年，學測99, 104, 111~113年，指考93②, 105, 107~109①年)

emergence (指考99年)

emergency (聯考48, 51, 68年，學測83, 93, 105, 107年，指考93①年)

emigrate (指考103年)

emirate (指考110年)

emotion (聯考79, 88, 89年，學測96, 97, 100, 103, 107年，指考93①, 97, 98, 100, 102, 109①年)

emotional (聯考87, 89年，學測95, 96, 100年，指考98, 100, 105年)

emotionally (學測88, 91②, 96年，指考97年)

empathy (學測106年)

emperor (聯考90年，學測95年，指考99, 104年)

emphasis (聯考66年，指考95, 103, 105, 109①年)

emphasize (聯考69, 73, 88年，學測88, 97~99, 102, 111年，指考93①, 109①②年)

emphatic (聯考67年，指考102年)

empire (聯考86年，指考109①年)

empirical (學測106年)

employ (聯考61年，學測92②年，指考91年)

employee (聯考61, 89年，學測91①, 98, 104, 105, 107年，指考101, 104, 105, 109②年)

employer (聯考74年，學測91①, 106年，指考96年)

employment (聯考45, 61年，學測91①, 92①年)

empress (指考104年)

emptiness (學測97年)

empty (聯考79年，學測88, 92②年，指考91, 109②年)

enable (聯考63, 70, 79, 86年，學測86, 95, 96, 104, 105, 110年，指考93②, 98, 103, 104, 106, 107年)

enact (指考109①年)

enamel (指考104, 110年)

enchant (指考108年)

enclose (聯考45, 84, 87年，學測89, 102, 106, 107, 112年，指考100年)

encompass (指考93②年)

encounter (聯考71, 88年，學測87, 103, 105, 108, 110年，指考93①, 105年)

encourage (聯考80, 83, 87, 88年，學測84~87, 91②, 94, 105, 107, 109~113年，指考91, 93②, 95, 96, 98, 100, 105, 109①年)

encouragement (聯考49, 73年，學測83, 84年，指考91, 98年)

encouraging (聯考82年，學測96, 105年，指考92, 102年)

encroachment (學測108年)

encyclopedia (學測106年)

endanger (聯考85, 87年，學測94, 96, 99, 102, 108, 112年)

endeavor (學測106年，指考109②年)

ending (學測101, 113年)

endless (聯考68, 69年，學測86年，指考92年)

endlessly (聯考75年，指考100年)

endow (指考94年)

endurance (聯考66年，指考95年)

endure (聯考68, 73年，學測105, 111年，指考98, 102, 106, 110年)

enduring (學測86, 100年)

enemy (聯考49, 56, 58, 82, 85, 88, 90年，學測88, 91②, 93, 99, 100, 113年，指考95, 97, 98, 101, 104, 109①年)

energetic (聯考86年，學測88年，指考94年)

energy (聯考48, 61, 62, 69, 70, 82, 86, 87, 90年，學測84, 86, 89, 91②, 94, 95, 98, 100, 102, 104, 107, 109, 110, 113年，指考95, 99, 102~104, 107, 109②年)

energy-efficient (學測107年)

enforce (指考93②, 100年)

enforcement (指考110年)

engage (聯考51, 56, 81, 87年，學測86, 103, 106, 113年，指考103, 105~109①年)

engagement (聯考65年，學測104年)

engine (聯考46, 51, 63年，學測86, 95, 110, 111年，指考100, 101, 107年)

engineer (聯考82年，學測86, 97, 112, 113年，指考92, 93①②, 103, 104, 109②年)

engineering (學測91①, 95, 97, 98, 113年，指考103年)

England (聯考57, 85, 89年，學測97, 101, 104, 106, 110, 113年，指考108年)

enhance (學測110, 112, 113年，指考104, 110年)

enigma (指考105年)

附錄

enjoyable (聯考51, 54, 66, 83, 87年，學測87, 90, 92②, 97, 100年)
enjoyment (聯考57年，學測94年，指考93①年)
enlarge (聯考67, 84年，學測91②年)
enormous (聯考60年，學測84, 88, 91②, 96, 103, 110, 112年，指考95年)
enormously (聯考65, 76, 82, 85年，學測105年，指考110年)
enrich (聯考49年，學測106年，指考107年)
enrichment (學測108年)
enroll (聯考49年，指考103年)
enrollment (學測103年)
enslave (學測111年)
ensure (學測87, 88, 93, 96, 101, 108, 113年，指考92, 99, 100, 107, 109①, 110年)
enterprise (學測113年)
entertain (聯考48, 50, 63年，學測88, 92①年，指考97年)
entertaining (聯考73, 90年，學測102年，指考101年)
entertainment (聯考48, 82, 90年，學測92①, 94, 96, 100, 106年，指考91, 101, 103, 105, 109①, 110年)
enthusiasm (聯考47, 53年，指考93①, 95, 109①年)
enthusiast (聯考90年)
enthusiastic (聯考90年，學測88, 91②, 110年，指考91, 93①, 94年)
enthusiastically (聯考66年，學測83年)
entire (聯考80, 87年，學測84, 97, 101, 102, 105, 107, 108年，指考96, 99, 104, 106, 110年)
entirely (聯考84, 86, 87年，學測92②, 105, 107, 111, 113年，指考93②, 98, 107年)
entirety (學測102年)
entitle (指考101, 104年)
entrance (聯考75, 79, 90年，學測85, 95, 111年，指考91, 92年)
entry (學測85, 94年，指考100, 102年)
envelope (學測94年，指考95年)
enviable (指考93②年)
envious (指考92年)
enviously (學測91①年)
environment (聯考48, 65, 81, 82, 84, 89年，學測84, 88, 95, 97~99, 106~110, 112, 113年，指考93①~96, 98, 101, 103, 108, 109①年)
environmental (聯考88, 90年，學測84, 85, 87, 88, 91①, 92②, 94, 98, 107, 109, 110, 112, 113年，指考93①, 99~101, 103, 106年)
environmentalist (聯考90年，學測103年)
environmentally (學測105年)
envision (學測103年)
envy (聯考48年)
enzyme (學測104年，指考106年)
epidemic (學測104年，指考93①, 94, 104年)
episode (學測91①年)
equal (聯考47, 49, 53, 68, 87年，學測91①, 94年，指考106年)

equality (聯考53年，學測101年，指考98年)
equally (聯考69, 87年，學測90, 97, 99, 106年，指考98, 102, 103, 105, 108年)
equation (學測109年)
equator (學測96年，指考108年)
equip (聯考47年，學測90, 110, 113年，指考93①, 95, 99, 103, 107年)
equipment (聯考78年，學測83, 86, 88, 94, 101, 102, 105, 107, 111, 113年，指考91, 93②, 104, 105, 108, 109②年)
equivalent (聯考85年，指考105, 109②年)
era (聯考79年，學測101, 103, 110年，指考105, 106年)
erase (學測98, 109年)
e-reader (指考102年)
erect (學測87, 104, 108年，指考109②年)
erode (指考101年)
erosion (指考104年)
errand (聯考56年，學測100, 108年，指考107年)
error (聯考47, 54, 66年，學測100年，指考93②, 106年)
erupt (指考110年)
eruption (聯考71年)
escalate (指考107年)
escalator (學測110年)
escape (聯考46, 50, 59, 62, 66, 68年，學測83, 91①②, 93, 95, 97, 100, 102, 103, 106, 108, 111年，指考93①, 102~104, 109②年)
escort (學測88年，指考101, 102年)
especially (聯考76, 83, 86年，學測89, 91②, 92②, 94, 96~99, 101, 106, 107, 112年，指考91, 93①, 98~103, 108, 109②, 110年)
essay (聯考58, 74年，學測104年，指考101年)
essence (學測100, 104年，指考93①, 102年)
essential (聯考49, 54, 68, 72, 87年，學測86, 92②, 95, 96, 99, 100, 102, 104, 108年，指考104, 107, 109①, 110年)
essentially (聯考87年，指考99, 103, 109②年)
establish (聯考67, 73年，學測83, 86, 96, 101, 103, 104, 106, 109, 113年，指考91, 93①, 94, 96, 97, 103~106, 108, 109②, 110年)
establishment (學測110, 113年，指考109①年)
estate (學測110年)
esteem (聯考66年，指考96年)
estimate (聯考70, 77年，學測91①, 92①②, 95, 98, 99, 102, 104, 105年，指考91, 93②, 98, 99, 103, 105, 106年)
estimated (學測88年)
estimation (聯考64年，學測106年)
etc. (學測88年，指考109②年)
eternal (聯考68年，學測93, 94, 106年)
eternity (聯考65年，學測106年)
ethical (學測112年)
ethics (指考109②年)
ethnic (學測100年，指考97, 106, 108年)
EU (= European Union) (學測94年)

euphoria (指考102年)
Europe (聯考54, 80, 84年，學測87, 90, 91①, 93~95, 97, 98, 102, 104, 108, 110, 112, 113年，指考97, 98, 104, 106~108年)
European (聯考53, 57, 66年，學測83, 94, 99, 104, 110~112年，指考97, 101, 106~109②年)
evacuate (指考103年)
evaluate (聯考66年，學測96, 106, 109, 113年，指考96, 101, 108, 109②年)
evaluation (聯考64年，學測109年)
evaporate (聯考78年)
evenly (學測92②, 93, 109, 111年)
event (聯考55, 62, 63, 67, 68, 81, 87年，學測86, 88, 89, 91②, 92①, 97~99, 101, 106, 108, 110, 111年，指考91~93②, 97, 98, 101, 102, 104~106, 108, 109①②年)
eventual (聯考90年，學測111年，指考107, 110年)
eventually (聯考77, 84, 87, 88年，學測85, 88, 90~92①, 97, 101~104, 107, 108, 111~113年，指考95, 98, 100~105, 107年)
ever (學測88, 91②, 92①年, 97, 98, 100, 103, 107, 110~112年，指考102, 107, 110年)
ever-changing (學測113年，指考108年)
everlasting (學測93, 94年，指考102年)
evidence (聯考67, 68, 71, 72, 76, 78, 89年，學測84, 92②, 95, 105~107, 109, 112年，指考95, 100, 105~107, 109①②年)
evident (學測94, 108年，指考91年)
evidently (聯考59年，學測104, 107年)
evil (聯考46, 49, 68, 81, 85年，學測86, 96, 104年)
evoke (學測112年)
evolution (聯考70, 71年，學測88, 98, 103, 105年，指考105, 109①年)
evolutionary (聯考89年，指考105, 107年)
evolve (聯考90年，學測86, 93, 99, 105, 111~113年，指考93①, 97, 105, 109②年)
exact (聯考47, 51, 65, 66年，指考94, 105年)
exactly (聯考68, 74~77, 83, 85, 89年，學測84, 90, 92②, 94, 96, 99, 110~112年，指考91, 94, 96, 102, 104, 106, 109②年)
exaggerate (聯考66, 68年，學測91②, 105年)
exaggeration (學測105年)
exam (聯考90年，學測109年，指考92, 102年)
examination (聯考75, 84, 90年，學測87, 113年，指考107年)
examine (聯考75, 90年，學測86, 105, 113年，指考91, 99~101, 104, 105年)
examiner (聯考54, 65, 75年，學測105年)
example (聯考75, 89, 90年，學測96~113年，指考93①, 94, 97~106, 109①②, 110年)
excavator (指考101年)
exceed (聯考49, 71年，學測92①, 107, 110年，指考96, 97年)
excel (聯考70年，學測93, 106年)

excellence (學測99年)
excellent (聯考46, 57, 60, 73, 83, 90年，學測88, 89, 96, 103, 107, 109年，指考91, 97, 102, 104, 109②, 110年)
except (聯考49, 59, 64, 70, 75, 83, 85, 87, 89, 90年，學測88, 89, 91①, 101, 106, 107, 111年，指考91, 94, 95, 99, 102年)
exception (聯考47, 64, 71, 79, 86年，學測88, 100, 106, 107年，指考96年)
exceptional (學測105年，指考99年)
exceptionally (指考96年)
excerpt (學測103年)
excess (聯考88年，學測105年)
excessive (學測99, 109年，指考102年)
excessively (指考106年)
exchange (聯考53, 54, 67, 68, 78, 89, 90年，學測86, 89, 91②, 98, 99, 105年，指考91, 93①, 100, 105, 106, 109②年)
exchangeable (聯考87年)
exchanger (學測99年)
excite (學測90年，指考100, 108年)
excited (聯考62, 82年，學測88, 89, 100, 106年)
excitedly (學測92①年)
excitement (聯考57, 66年，學測103年，指考102年)
exciting (學測91②, 92①年，指考92, 95, 98, 101年)
exclaim (聯考61, 68年)
exclamation (聯考48年，學測91②年)
exclude (聯考59, 67年，學測93, 107年，指考95, 98, 106, 109①年)
exclusion (聯考67年，指考108年)
exclusive (聯考49年，指考95年)
exclusively (指考93①, 96, 110年)
excuse (聯考66, 84, 90年，學測84, 96年，指考102, 110年)
execute (聯考68年，學測93年，指考101, 103, 109①年)
executive (學測91②, 96, 103, 107, 110年，指考98, 102, 109①年)
exemplify (學測111年)
exempt (指考107年)
exercise (聯考60, 64, 76, 78, 81, 88, 90年，學測92①, 93, 95, 99, 101, 103, 104, 110, 112, 113年，指考94, 110年)
exerciser (學測104年)
exert (聯考66年)
exertion (指考109①年)
exhale (學測87年)
exhaust (聯考50, 89年，學測86, 94, 98年)
exhausted (學測88, 113年，指考91年)
exhaustion (聯考81年，學測98年，指考91年)
exhibit (聯考66年，學測101, 109年，指考99, 101, 105, 108, 109①年)
exhibition (聯考49, 68, 85, 89年，學測87, 90, 106年，指考101, 105, 108年)
exhibitor (學測103年)
exist (聯考68, 69年，學測84, 110, 112年，指考92, 93①~95, 100, 102, 107, 109②年)
existence (聯考45, 48, 67, 68年，學測93, 102, 104, 106年，指考93②, 109②年)

existing (學測90, 97年)

exit (學測103年，指考101, 105年)

exotic (指考93②, 106年)

expand (聯考83, 84年，學測88, 93, 94, 96, 103, 106, 110～112年，指考93①, 97, 98, 100, 102, 104, 109②年)

expansion (聯考86年，學測110年)

expect (聯考58, 62, 67, 68, 71, 79, 80, 81, 83, 89, 90年，學測84, 87, 91②, 92②, 94, 96～99, 101, 106, 111年，指考91～93②～95, 100, 102, 104～107, 109②年)

expectable (聯考66年)

expectant (指考95年)

expectation (聯考49, 61年，學測92②, 97, 113年，指考93①, 94, 98, 104年)

expectedly (學測94年)

expedition (聯考50, 54年)

expel (聯考49年，學測84, 105年)

expend (指考93②年)

expenditure (聯考70年)

expense (聯考58, 68, 80, 86, 88, 90年，學測95, 96, 106年，指考100, 102年)

expensive (聯考84, 86年，學測84, 89, 92②, 94, 99, 101, 102, 104, 106, 107, 110, 112, 113年，指考93①②, 100, 107年)

experience (聯考65, 66, 72, 74～76, 78, 80, 86, 89年，學測86～88, 91②, 94～97, 99, 100, 102～104, 106～108, 111, 112年，指考92～94, 98, 101, 102, 105～109②, 110年)

experiment (聯考48～50, 60, 62, 65, 66, 71, 77, 79, 82, 87, 88年，學測95, 97, 100, 102, 104, 106, 108年，指考92, 95, 99, 100, 106, 109①②年)

experimental (指考103年)

experimentation (指考100年)

expert (聯考78, 79, 85, 87～90年，學測84, 86, 91②, 93, 94, 96, 99, 101, 103～106, 108年，指考93②, 97, 99, 100, 105, 106年)

expertise (學測107年)

explain (聯考47, 48, 50, 52, 57, 63, 76, 77, 80, 85, 88, 89年，學測89～92①②, 94～96, 98, 100, 102, 104, 105, 109～111年，指考94, 100, 101, 103, 105, 107, 108年)

explanation (聯考47, 61, 85, 86年，學測106, 110, 112年，指考92, 94, 99, 109②年)

explicit (學測89, 98年，指考110年)

explicitly (學測92②年，指考104年)

explicitness (聯考71年)

explode (學測92①, 95年，指考101年)

exploit (聯考66年，指考92, 96年)

exploration (聯考51, 71年，學測112年，指考93①, 108, 109②年)

explore (聯考57, 69, 81年，學測91①, 92②, 96, 101, 104, 106～108, 113年，指考92, 93①, 98～100, 103, 105, 108, 110年)

explorer (聯考56, 72年，學測83, 112年，指考102, 105, 108年)

explosion (聯考49年，學測94, 108年，指考101, 106, 110年)

explosive (學測84年，指考92, 101, 102年)

export (聯考59年，學測92②, 101, 109, 113年，指考96年)

expose (聯考57, 62, 68年，學測92②, 95, 98, 99, 106, 109, 112年，指考98, 101, 108年)

exposition (指考94年)

exposure (學測86, 90, 106, 108, 112年)

express (聯考67, 72, 87年，學測85, 88, 91①, 93, 94, 96, 100, 106, 107年，指考91, 93①, 97～100, 102, 104, 106, 108, 109①年)

expression (聯考73, 79, 84, 85, 90年，學測86, 92①②, 96, 100, 101, 106, 108, 111年，指考93①, 98年)

expressive (學測86, 104, 108年，指考96年)

expressively (聯考88年，學測99年)

exquisite (聯考48年)

extend (聯考48, 75年，學測98年，指考98, 104, 105年)

extendable (指考100年)

extended (指考94, 104年)

extension (聯考81年，學測87, 92②, 94, 96年，指考97, 98年)

extensive (聯考51, 82年，學測86, 113年，指考106, 107年)

extensively (聯考86年，學測86年，指考94年)

extent (聯考81年，學測90, 95, 109年，指考104年)

exterior (指考110年)

exterminate (指考95年)

external (聯考81, 87年，學測90, 112年，指考107, 108年)

externally (指考98年)

extinct (聯考71年，學測88年，指考93②, 96, 109②年)

extinguish (聯考66年)

extinguisher (指考105年)

extra (聯考63, 87, 89年，學測85, 86, 89, 91①②, 92①, 95, 109年，指考93②, 98, 101, 108年)

extracurricular (指考92年)

extraordinarily (聯考62年，學測99, 106, 107年，指考99, 108年)

extraordinary (聯考46年，學測90, 95, 113年，指考97～99, 104, 109②年)

extravagant (聯考63年)

extravaganza (學測99年)

extreme (聯考63, 73年，學測92②, 95, 111年，指考92, 93①, 96, 105, 110年)

extremely (聯考52, 61, 65～67, 72, 77, 85, 86年，學測85, 87, 103, 107, 112年，指考91, 93①②, 97, 107, 109②, 110年)

eyeball (指考108年)

eyebrow (學測93, 102年)

eye-catching (學測105年)

eyeglasses (指考102年)

eyelid (學測106年)

eyesight (聯考45, 67年)

eyesore (學測113年)

fable (學測91①, 98, 103年，指考92年)

fabric (學測101, 111, 113年，指考96, 100, 108年)

fabulously (指考109②年)

facade (指考91年)

Facebook (學測103, 106年)

face-lift (指考103年)

face-to-face (學測99年)

facial (聯考79, 84年，學測92②, 95, 100, 109年，指考100年)

facilitate (聯考68, 89年，學測84, 99, 105, 111, 113年，指考102年)

facility (聯考64, 68, 73年，學測103, 105, 108, 110, 111年，指考94, 95, 98, 110年)

fact (學測96, 98, 100～102, 105, 106, 108～113年，指考93①～95, 99～104, 107～109②, 110年)

factor (聯考47, 52, 64, 78, 85, 87年，學測91②, 92②, 98, 99, 102, 103, 105, 108年，指考93②, 94, 103, 104, 106, 107年)

factory (聯考50, 66, 67, 73, 81, 85年，學測87, 92②, 94, 104, 108, 113年)

factual (學測91②年)

factually (聯考87年)

faculty (學測99, 101年)

fad (聯考67年，學測112年，指考107年)

fade (學測94, 100, 102, 109, 110年，指考100年)

fading (學測104年，指考109②年)

Fahrenheit (學測85年，指考91年)

fail (聯考55, 60, 65, 66, 69, 73, 78, 81, 90年，學測87, 91①, 92①, 95, 96, 100, 102, 103, 109, 110年，指考91, 93②, 100, 101, 104, 107, 109①②年)

failing (學測105年)

failure (聯考50～52, 60, 65, 67, 71, 87年，學測90, 98, 105年，指考91, 93②, 107年)

faint (學測86年，指考109②年)

fair (聯考84年，學測91①, 94, 103, 105年，指考98, 109①年)

fairly (聯考48, 78, 85年，學測84, 101, 106年)

fairy (學測93, 100年，指考91, 104年)

faith (聯考71, 87年，學測92①, 103年，指考104, 107年)

faithful (指考96年)

faithfully (學測106年，指考102年)

fake (指考94年)

falcon (指考110年)

falconer (指考110年)

falconry (指考110年)

fall (聯考77, 78, 85, 89年，學測88, 91①, 93, 98, 100～107, 111, 112年，指考93②, 97, 101～106, 108, 109②, 110年)

fallen (學測105, 113年，指考108, 109②年)

false (聯考46, 66年，學測88, 91①, 93, 108年，指考109②年)

falsify (學測91①年)

fame (聯考45, 54, 85, 86年，學測91①, 104, 106, 111年，指考93①, 94, 109①②年)

familial (指考109②年)

familiar (聯考61, 83, 89年，學測93, 96, 98, 101, 104, 108, 113年，指考91, 94, 95, 100, 104, 106, 109②年)

familiarity (聯考64, 66, 83年，指考94, 95年)

famine (指考107年)

famous (聯考80, 84, 86年，學測83, 84, 86, 90～92①, 94, 96, 98, 101, 103, 109～113年，指考93①, 94, 99, 104～108, 110年)

famously (學測100年)

fan (聯考88, 90, 91②, 107, 112年，指考91, 97, 101, 102, 106年)

fanatic (學測110年)

fanciful (聯考71年)

fancy (聯考67, 70年，學測101, 104年，指考91年)

fantasize (學測91①, 94年)

fantastic (聯考78, 83年，學測91①, 92②, 113年，指考91, 100, 108年)

fantasy (學測91①年，指考102年)

fare (聯考65, 87年，學測113年，指考100年)

farewell (聯考64, 88年，指考97年)

farmhouse (學測105年)

farming (聯考53, 73, 75年，學測100, 111年，指考95, 107年)

farmland (聯考75年，學測94, 106年)

farther (聯考46年，指考110年)

fascinate (聯考48, 79, 89年，學測90, 92①年，指考97, 101年)

fascinating (聯考65, 66年，學測91①年，指考95, 100年)

fascination (聯考65年，學測90, 103年)

fashion (聯考51, 75年，學測92①, 96, 99, 101～103, 106, 108, 110, 113年，指考94, 95, 97, 98, 106, 108年)

fashionable (聯考45, 80, 87年，學測90, 101, 108, 110年)

fashionably (聯考89, 90年)

fast-changing (指考109②年)

fasten (學測105, 113年，指考96, 106年)

fast-food (聯考76年)

fast-growing (指考101年)

fast-moving (學測107, 109年)

fat (聯考76, 89年，學測104, 107, 109年，指考97, 108, 109①年)

fatal (聯考84年，學測94, 111, 113年，指考104年)

fate (學測110年，指考108年)

fateful (學測113年)

fatigue (學測106年，指考94, 95, 102年)

fatten (聯考79年)

fatty (聯考78年，學測92②年)

faucet (聯考63年)

fault (聯考61, 63, 68年，指考94, 104年)

faulty (學測85年，指考101年)

favor (聯考63, 64, 66, 76, 81年，學測91①, 92②, 101～103, 105, 108, 111年，指考91, 97, 106年)

favorable (學測92①, 95, 110年)

favorably (學測90, 106年，指考101, 102年)

favorite (聯考52, 53, 74, 79, 90年，學測90, 92①, 95～98, 101, 103, 106, 108, 112, 113年，指考91, 105, 110年)

FBI (指考106年)

fear (聯考53, 57, 79, 85, 89年，學測87, 99, 100, 103, 107, 112年，指考91, 92, 100, 110年)

fearful (聯考48年，學測100, 110年，指考105, 107年)

fearless (學測111年)

fearsome (聯考85年)

feasibility (指考92年)

附
錄

feasible (聯考89年)

feast (指考93②年)

feat (聯考71年，學測95, 97年，指考102年)

feather (聯考50年，學測104年，指考110年)

feature (聯考64, 71, 77, 81, 88年，學測84, 90, 91②, 92①, 97, 98, 101, 103~113年，指考94, 97~99, 101, 104~106, 108, 109②, 110年)

federal (學測107年，指考92, 110年)

fee (學測85, 86, 99, 106, 110年，指考105年)

feed (聯考82, 87, 90年，學測92②, 103, 110, 111, 113年，指考105, 107, 109②年)

feedback (指考91, 108, 109①年)

feeder (學測110年)

feeling (聯考89年，學測96, 100, 104, 108, 113年，指考97~102年)

fellow (聯考53, 58, 61, 65, 68, 76年，學測99年，指考103年)

female (聯考85, 90年，學測93, 97, 101, 108, 112年，指考94, 98, 100, 103, 106, 109①②, 110年)

feminine (聯考79年)

feminist (聯考79年，指考110年)

fence (學測84年，指考101年)

ferment (學測97年，指考106, 108年)

fermentation (學測95年)

ferry (學測103年，指考103年)

fertile (學測110年)

fertility (指考98年)

fertilize (聯考75年，學測98年)

fertilizer (學測105, 108年)

festival (學測111年，指考93②, 101, 109②年)

festive (學測111年)

fetch (聯考45年，學測99, 105, 106年)

fetus (指考95年)

feudal (指考107年)

fever (聯考52年，學測90, 107年)

feverish (聯考82年)

fiber (學測92②, 108年，指考100年)

fiberglass (學測111年)

fiber-optic (指考108年)

fiction (聯考50, 81年，學測91①, 106年，指考91, 102, 104, 108年)

fictional (學測108年，指考91, 93②, 105年)

fidelity (指考107年)

field (聯考46, 50, 61, 71, 87年，學測85, 91②, 92②, 94, 96, 98, 99, 102, 105, 108, 112, 113年，指考97, 98, 100, 104~107, 109①②年)

fierce (聯考84, 89年，學測92②年，指考91年)

fiercely (聯考46年)

fiery (指考96, 110年)

fight (聯考46, 47, 51, 57, 84, 85, 89年，學測87, 90, 91②, 92②, 94, 96, 97, 103, 106, 107年，指考91, 97, 99, 101, 104, 107, 109①年)

fighter (學測91②年，指考107, 109①年)

fighting (聯考82年，學測102, 106, 110, 111年，指考101, 102, 106年)

figure (聯考70, 73, 75, 81年，學測84, 88, 95, 101, 104, 108, 110, 112, 113年，指考91, 93①②~97, 100~102, 104, 105, 109②年)

file (學測91②, 99, 109, 111年，指考92, 93②, 98年)

filial (聯考73年)

fill (聯考89年，學測86, 94, 98, 99, 103, 109, 113年，指考92, 93①, 98, 106, 109①②年)

film (聯考52, 68, 81, 89, 90年，學測90, 91②, 94, 100, 101, 103, 111年，指考93②, 100~102, 105~107, 109②年)

filmmaker (指考91, 109②年)

filmmaking (學測111年)

filter (指考109①, 110年)

final (聯考66, 69, 74, 84年，學測90, 97, 98, 110, 112, 113年，指考91, 98, 101, 102年)

finalist (聯考73年)

finally (聯考78, 89, 90年，學測84, 87~91①, 92①②, 94, 95, 100~103, 105, 108~113年，指考92, 94, 95, 97, 101, 102, 104, 106, 107, 109①②年)

finance (學測96, 110年，指考101, 102, 109②年)

financial (聯考47, 56, 61, 65, 82年，學測84, 88, 91①, 102, 104, 105, 109, 113年，指考91, 100, 102, 105, 108, 109②年)

financially (學測105年，指考96, 102年)

finding (學測96, 98, 105~107, 113年，指考93②, 100, 105~109①年)

fine (聯考78年，學測83, 86, 90, 95, 104, 106, 109, 112, 113年，指考93②, 98, 99, 102, 106, 110年)

finery (學測111年)

finger (聯考71, 77, 88年，學測97, 110年，指考106年)

fingernail (指考107年)

fingerprint (聯考82年)

fingertip (聯考82年)

finish (聯考72, 73, 75, 76, 84, 85年，學測83~86, 88, 89, 92②, 97~99, 102, 105年，指考93②, 94, 101, 102, 105, 106, 110年)

Finnish (指考101年)

fire (聯考46, 77年，學測100, 107, 108, 111, 113年，指考93①, 101, 105, 107~109②年)

firecracker (學測109年)

firefly (聯考61年，學測93年)

fireplace (聯考45, 81年)

fire-resistant (學測100年)

firestorm (指考107年)

firewood (學測99年，指考93①年)

firework (學測94, 106年，指考101年)

firm (聯考68年，學測92①, 98, 103, 105, 112年，指考93①, 94, 100, 102, 106, 108, 109①年)

firmly (學測87, 100, 113年)

firstborn (學測92②年)

first-class (聯考65年)

first-degree (指考109①年)

first-hand (指考98年)

firstly (學測98年)

first-rate (聯考63年)

fiscal (指考94年)

fisher (學測86年)

fisherman (聯考53年，學測91②年)

fist (指考102年)

fit (聯考55, 62, 68, 80, 81年，學測84, 85, 94, 99, 101, 110年，指考92, 95, 97, 100, 106年)

fitness (學測110年)

fix (聯考56, 63, 64, 79, 81, 84年，學測88, 90, 94, 98, 100, 113年，指考91, 93②, 99, 101, 105, 108, 109②年)

fixedly (學測100年)

fixture (聯考50年，學測105年)

flake (學測107年)

flame (聯考53, 87年，指考96年)

flammable (學測108年)

flare (聯考49年)

flash (聯考62, 77, 82年，學測93, 97, 107, 109, 113年，指考96, 107年)

flashlight (聯考67年，學測93年，指考97年)

flat (學測109, 112年，指考103, 104, 108年)

flatter (聯考48年，學測109年)

flavor (聯考52年，學測93, 97, 99, 100, 108, 109, 112年，指考99, 100, 108, 110年)

flaw (聯考64年，學測109年)

flee (聯考46, 87年，學測105, 109, 111, 113年，指考108, 110年)

fleeting (學測104, 105年，指考102, 108年)

flesh (聯考46年，學測110年)

flexibility (聯考67, 71年，指考109①年)

flexible (聯考79, 86年，學測88, 92②, 98, 103~105, 109年，指考98, 108年)

flexibly (指考91年)

flick (指考109①年)

flicker (指考107年)

flight (聯考49, 51, 63, 82, 85, 88, 89年，學測84, 85, 88, 92①~94, 101, 104, 113年，指考92, 93①, 101, 110年)

fling (聯考74年)

flip (學測108年，指考109②年)

flip-flop (學測109年)

float (聯考54, 85年，學測89, 102, 111~113年，指考93②, 109①②年)

flock (聯考84, 85年，學測91②, 102, 110, 111, 113年，指考93①年)

flood (聯考46, 49, 61, 75年，學測93, 105年，指考92, 94~96, 102, 107, 110年)

floral (學測109年)

flourish (聯考47, 63, 68, 89年，學測92①, 110年，指考94年)

flow (聯考89年，學測88, 92①, 104年，指考106, 109①年)

flowery (指考108年)

flu (聯考69年，學測102年，指考92, 93①~95, 104年)

fluent (學測91①年，指考98年)

fluently (聯考49, 85年)

fluid (聯考89年，學測112年，指考91, 107年)

flunk (聯考77年)

flute (聯考66年)

flutter (學測89年)

fly (學測98, 101, 111年，指考100~103, 110年)

flying (學測98, 102, 111年，指考101年)

focus (聯考63, 88~90年，學測86, 88, 99~102, 104~106, 112, 113年，指考93②, 95, 97~99, 101, 104, 107~110年)

fog (聯考67, 75年，學測108年)

foil (聯考79年)

fold (聯考46, 59, 79年，學測83, 90, 98, 105, 109年，指考91, 95, 96年)

foldable (學測105年)

folk (學測84, 86, 91②, 92①, 104年，指考93②, 101, 106年)

folklore (學測98年)

follow (聯考46, 49, 51, 53, 55, 59, 62, 63, 65, 67, 76, 85年，學測85~87, 92②, 95~98, 101, 102, 106, 107, 110, 113年，指考92, 93①, 98, 101, 106~109①②年)

follower (聯考50, 90年)

following (聯考64, 73, 75~77, 80~89年，學測83~98, 100~113年，指考91, 93②~95, 97~110年)

fond (聯考89年，學測103年，指考96, 99年)

foolishly (聯考66年)

foolishness (學測103年，指考102年)

football (學測84, 95, 99年，指考93②, 109①年)

footpath (指考94年)

footprint (學測98, 108年)

footstep (聯考47年，指考102年)

footwear (學測106, 109, 113年)

forbid (聯考46, 50, 63, 65, 80, 90年，學測106年，指考102, 108, 109①年)

force (聯考48, 49, 53, 58, 60, 65, 66, 68, 69, 71, 77, 79, 82, 89年，學測91①, 93, 99, 100, 104, 105, 107~109, 112年，指考91, 92, 98~102, 104, 105, 107, 108, 110年)

forceful (學測113年)

forcibly (聯考85年)

forearm (指考108年)

forecast (聯考76年，指考91, 105~107, 109②年)

forehead (聯考68年，學測102年)

foreign (聯考55, 58, 61, 67~69, 87年，學測84, 85, 88, 94, 103, 106, 109~112年，指考92, 93②, 94, 97, 105, 108, 109②年)

foreigner (聯考58, 76, 77, 79, 86年，學測85, 92②, 97年)

foremost (聯考63年)

foresee (學測97年，指考93①年)

forest (聯考87, 90年，學測86, 91①, 97, 100, 104, 105, 112, 113年，指考107, 109②年)

forestry (指考96年)

forever (學測89, 92②, 94, 112年，指考98, 102年)

forewarning (聯考73年)

forge (指考101年)

forget (聯考58, 61, 72, 78, 85, 86, 89年，學測94, 101, 108, 113年，指考94, 99年)

forgetful (聯考58年，指考109②年)

forgetfulness (聯考47年)

forgive (聯考48, 58, 75, 80年，學測99年，指考91年)

forgiveness (聯考88年，指考91, 107年)

fork (學測90, 101年)

form (聯考48, 54, 62, 65, 74, 80, 82, 83, 87, 89年，學測85, 87～91②, 96, 100, 103, 104, 106～113年，指考91, 93①②, 97～101, 103～106, 108～110年)

formal (聯考50年，學測87, 90, 91①, 92①, 99, 104, 109年，指考103, 105, 106年)

formality (聯考88年，學測90年)

formalize (聯考84年，學測101年，指考109②年)

formally (聯考50, 83年，學測87, 104年，指考93②年)

format (學測102年，指考109②年)

formation (聯考47年，學測96, 102, 105, 107, 110年，指考94, 104年)

former (聯考51, 72, 75, 84, 88年，學測99, 100, 105, 108, 110年，指考92, 94, 97, 99, 106, 108, 109②年)

formerly (聯考63年，學測109年)

formula (指考94, 101, 105年)

formulate (指考93②, 95年)

forthcoming (學測95年，指考93①年)

fortify (指考108, 109①年)

fortress (指考107年)

fortunate (聯考69年，學測91①②年，指考109①年)

fortunately (聯考54, 72, 86年，指考95, 96, 101, 103, 109①, 110年)

fortune (聯考47, 74年，學測86, 96, 100, 102, 104, 107年，指考93①, 96, 100, 106, 110年)

forum (學測103年)

forward (聯考84年，學測83, 84, 89, 92②, 98, 103年，指考92, 93②, 99, 102, 109②, 110年)

fossil (學測110, 111年，指考99, 105, 108年)

foster (學測101年，指考91, 101年)

foul (聯考47, 61年，指考107年)

found (聯考52, 73年，學測90, 99, 101, 104, 106～113年，指考93①, 101, 102, 106～110年)

foundation (聯考69, 72, 87年，學測92①, 96, 103年，指考93②, 98, 102, 108年)

founder (聯考76年，學測104, 109年，指考93①, 101, 108, 109②年)

fountain (聯考73年，學測110年，指考108年)

fowl (聯考61年)

fox (學測113年)

fraction (學測112年)

fragile (學測105, 107年，指考104, 108, 109②年)

fragment (學測102, 108年，指考105, 110年)

fragrance (聯考71年，學測84, 97, 98年，指考94年)

frail (聯考67年)

frame (指考100, 103, 107年)

framework (聯考68年)

franc (學測87年)

France (聯考70, 82年，學測97, 101, 102, 104, 113年，指考97, 99, 102, 106年)

franchise (指考105年)

franchisor (指考105年)

frank (聯考68年)

frankly (聯考66, 75, 78, 83年，學測96年)

frantic (聯考71年，指考106年)

frantically (指考108年)

freak (學測92①年)

free (聯考90年，學測96, 99, 100, 103, 104, 107, 109, 110, 112年，指考93②, 98, 99, 102, 106, 108, 109①, 110年)

freedom (聯考64, 67, 69, 73, 81, 88年，指考98, 106, 110年)

freelance (聯考89年，學測106年)

freely (聯考52年，學測84年，指考100年)

freeway (學測85, 103年)

freeze (聯考78, 85年，學測100年，指考102, 105年)

freezing (聯考58, 78年，指考97, 102年)

French (聯考82年，學測101, 102, 113年，指考97, 99, 106, 107, 110年)

Frenchman (指考107年)

frequency (聯考81, 89年，指考92年)

frequent (學測93, 94, 100年，指考106, 107年)

frequently (聯考84～88, 90年，學測85, 91②, 92①, 93, 102, 104, 109, 112年，指考91, 100, 101, 103, 106, 109②年)

fresh (聯考48, 76, 78, 80, 82年，學測91①②, 92②, 99, 100, 105, 107, 109年，指考91, 94, 95, 100, 107年)

freshly (學測106年，指考96, 106年)

freshman (聯考52, 73年)

freshness (聯考48, 68年，學測102年，指考95, 104年)

freshwater (指考91, 107年)

friction (指考110年)

fried (學測90年)

friendliness (學測97年)

friendly (聯考51, 79, 82, 83, 90年，學測84, 88, 91②, 103, 105, 112年，指考91, 101年)

friendship (聯考58, 61, 69, 86年，學測97年，指考98年)

fright (聯考62年)

frighten (聯考57, 62, 69, 74, 77, 82, 85, 90年，學測91①, 99, 100年)

frightened (聯考60, 78年，學測88年)

frog (學測88年)

front (學測89, 98, 101, 102, 105, 106, 108, 111年，指考93②, 98, 104, 106, 108年)

frost (聯考54年)

frosty (聯考48, 54年)

frown (聯考74年，學測92②, 103年)

frozen (聯考78年，學測97年，指考102年)

frugal (指考104年)

fruitful (學測90, 113年)

fruitiness (學測109年)

fruitless (聯考61年)

frustrate (聯考81年，學測91①, 99, 101, 102年，指考94年)

frustration (聯考51年，指考93②, 96年)

fry (學測95年，指考103年)

fuel (學測96, 102, 104, 110年，指考99年)

fugitive (指考109②年)

fulfill (聯考68, 88, 89年，學測91①, 94, 107, 111年，指考93①, 104年)

fulfillment (指考105年)

full (學測96, 98, 100, 102, 104, 113年，指考94, 97, 108年)

fully (聯考66, 68, 87年，學測90, 92①, 93, 102年，指考94, 97, 99, 103, 104, 106, 109②年)

fun (學測100, 103, 105～108, 110, 112年，指考98, 101年)

function (聯考75, 78, 81, 85, 87, 89年，學測87, 95, 97, 100, 102, 104～108, 110, 111年，指考91, 96, 97, 100, 104, 106～109②, 110年)

functional (聯考89年，學測112年，指考106年)

functionality (指考110年)

fund (聯考45, 80, 88年，學測90, 96, 97, 105年，指考95, 96, 102, 103, 107, 109②年)

fundamental (聯考90年，學測104, 113年，指考97, 101, 103, 106年)

fundraising (指考102年)

funeral (學測106年，指考94, 103, 109①年)

fungi/fungus (學測88年，指考108, 109①年)

funny (聯考83, 86, 90年，學測86～88, 95年，指考101年)

fur (學測96, 107, 113年)

furious (指考98, 101年)

furiously (學測92②, 104年)

furnished (聯考55年)

furniture (聯考52, 53, 55, 56, 62, 85, 90年，學測86, 92②, 108年，指考93, 103年)

further (聯考56, 62, 71年，學測103, 107, 109, 112年，指考93①②, 102, 104, 105, 109①, 110年)

furthermore (學測83, 84, 97, 102～105, 110年，指考91, 96年)

future (聯考51, 57, 63, 65, 66, 76, 86, 90年，學測84, 88, 90, 91②, 93, 94, 97～99, 102, 103, 105, 107, 109, 110, 113年，指考93②, 94, 97, 98, 100, 104, 106, 107年)

gadget (學測91②年，指考107年)

gain (聯考49, 66～68, 84, 86年，學測89, 91①②, 94, 99, 103～105, 110～113年，指考91, 93①, 94, 97～101, 103～106, 109②, 110年)

galaxy (指考109②年)

gall (聯考63年)

gallery (學測88, 100, 106年，指考99, 101, 102, 104年)

gallon (聯考73年，學測84, 90年)

gamble (聯考83, 89年)

gang (聯考67年，學測84年)

gap (聯考52, 63, 64, 76年，學測106年，指考91, 98, 100, 108年)

garage (聯考52, 68, 77, 85年)

garbage (學測97年)

garden (聯考56, 87年，學測84, 89, 92②, 112, 113年，指考95, 108, 110年)

gardener (學測108年)

gardening (聯考85年，學測110年)

garment (學測100, 101年)

gas (學測108, 110年，指考102, 105年)

gasoline (聯考90年，學測88年)

gate (聯考84年，學測106年，指考92年)

gateway (指考97年)

gather (聯考59, 75, 87年，學測93, 104年，指考97, 99, 101, 108年)

gathering (學測91①, 104, 110年，指考95, 97年)

gay (指考105年)

gaze (聯考46年，學測85, 90年)

gear (學測95, 110年，指考100年)

gee (聯考78年)

gender (學測93, 101, 102, 108, 111年，指考98, 103, 106年)

gene (學測90, 109, 111, 112年，指考95, 96, 107年)

general (聯考66, 68, 70, 73, 80, 85年，學測85, 89, 90, 100～102, 109～111年，指考101, 103, 104, 107～109②, 110年)

generality (學測88年)

generally (聯考51, 53, 67, 68, 72, 81, 85, 86年，學測85, 91②, 92①②, 94, 98～102, 104, 105, 107, 109～111年，指考96～98, 101, 106～109①年)

generate (聯考71年，學測86, 92①, 99, 104, 110, 111年，指考100, 104, 106, 110年)

generation (聯考46, 50, 62～64, 66, 70年，學測91②, 93, 96, 99, 105, 108年，指考93②, 103, 105, 106, 109②年)

generator (學測110年)

generosity (聯考69, 87年，學測105, 112年，指考102年)

generous (聯考56, 61, 63, 82年，學測83, 90, 96, 97, 103, 105年)

generously (聯考85, 89年，學測86, 88, 97年，指考92年)

genetic (學測84, 91①, 109, 111, 112年，指考94, 96, 103年)

genetical (指考103年)

genetically (學測112年，指考103年)

genetics (學測93年)

genius (聯考45, 49, 50, 54, 64, 70, 81, 89年，學測84, 90, 105, 107年，指考93①, 102, 105年)

genre (指考93①, 105, 109②年)

gentle (聯考81, 84, 88年，學測87, 110年)

gentleman (學測88, 92①, 108年，指考91年)

gently (學測106年)

genuine (聯考69年，指考104, 105年)

genuinely (聯考71年)

geographical (學測88, 102年，指考94年)

geography (聯考46, 60, 78年，學測93, 95, 96年，指考95年)

geometric (指考93①年)

geometry (聯考53年，指考93①, 100年)

germ (學測109年，指考103, 105, 109①年)

German (聯考49, 66, 82年，學測102年，指考91, 99, 106, 107年)

Germany (聯考49, 53, 70, 82, 88, 89年，學測101, 104, 111年，指考104, 106, 107年)

gesture (聯考67, 76, 86年，學測108年，指考98, 109①年)

附錄

get-together (學測85年)

ghost (聯考54, 55, 71, 84年,學測111年)

giant (學測87, 91①, 98～100, 104年,指考94, 102, 108年)

gift (聯考61, 67, 68, 84, 86, 90年,學測85, 90, 91②, 92②, 101, 106年,指考92, 94, 100, 102, 104, 108, 109②年)

gifted (聯考64年,指考91年)

gigantic (聯考72年)

gigantically (指考93②年)

giggle (學測101年)

giraffe (指考108年)

given (聯考64, 78年,學測87, 92②, 98, 101, 107, 110, 111, 113年,指考99, 102, 104, 105, 108, 109①②年)

glacier (學測97, 103, 110年,指考96年)

glad (聯考58年)

gladiator (指考109①年)

gladly (聯考59年,學測85, 89年)

glamorous (學測99年)

glance (聯考64, 83, 88年,學測89, 90年,指考94, 95年)

gland (聯考89年,學測105, 106年)

glare (聯考76年,學測109年)

glass (學測101, 109～111年,指考94, 99, 100, 102, 105, 107～109②年)

glasses (聯考53年,學測84, 108, 110年)

glassmaker (學測110年)

glide (學測95, 102, 103年)

glimpse (學測110年)

glisten (指考108年)

glitch (指考109①年)

glitter (指考110年)

global (學測92①, 93, 98～100, 102～105, 109～111年,指考91, 93①, 98, 99, 102, 106～109②年)

globally (學測92②年)

globe (聯考60, 61, 62年,指考98年)

glorification (指考106年)

glorify (學測103年)

glorious (聯考47年,指考95年)

gloriously (聯考72年)

glory (學測95, 106年,指考110年)

glove (聯考61年)

glow (聯考53年,指考109②年)

glue (學測98年,指考100年)

goal (聯考71, 85, 87, 88, 90年,學測87, 91①②, 93～95, 99, 100, 103, 108, 113年,指考92, 97, 98, 102, 105, 108年)

goat (聯考45, 54年,學測86, 96年)

godliness (聯考86年)

godsend (指考109②年)

gold (聯考55年,學測90, 92②, 93, 102, 105～107年,指考98, 99, 109②年)

golden (聯考64年,學測89, 90, 106, 111年,指考104年)

goldfish (指考102年)

goldsmith (指考104年)

golf (學測95年,指考97, 110年)

golfer (指考110年)

gone (學測105, 112, 113年,指考98, 102年)

good-hearted (聯考47, 63年)

goodness (學測91②年)

goods (聯考68, 75, 78, 79, 81, 83年,學測85, 90, 91②, 100, 105, 112年,指考98, 101, 107, 109①年)

Google (學測103, 107年)

goose (聯考54年,指考93①, 105, 110年)

gorge (聯考75年,指考104年)

gorgeous (聯考89年,學測84年)

gorgeously (學測84年)

gorilla (聯考74年,學測95年,指考107年)

gospel (指考93②年)

gossip (學測101年,指考97年)

gourmet (指考100, 105, 108年)

govern (學測98, 105, 113年,指考100, 109②年)

government (聯考74, 75, 80, 82～84, 88年,學測83, 84, 87, 90, 91①, 94, 96, 97, 99～101, 103, 107, 108, 110, 111, 113年,指考92, 93①②, 95, 99～104, 106, 108～110年)

governmental (學測96, 107年)

governor (學測110年,指考109②年)

gown (學測113年)

GPS (學測110年,指考106年)

grab (學測95, 98年,指考98年)

graceful (學測90年,指考91年)

grade (聯考51, 71, 76, 80年,學測88, 98, 99, 107, 109, 113年,指考97, 98年)

grader (聯考80年,學測95年)

gradual (學測91①②年)

gradually (聯考54, 57, 60, 62, 68, 70, 87年,學測86, 87, 90, 98, 100, 101, 113年,指考93①②, 107年)

graduate (聯考56, 63, 73, 75, 80, 86年,學測87, 96, 100, 103年,指考92, 94, 100年)

graduation (聯考86年,學測84, 87, 90, 99, 109年,指考93②, 100, 108年)

graffiti (指考106年)

grain (聯考 49 年,學測 98 年,指考 107年)

gram (聯考45年,學測92②年)

grammar (聯考58, 64, 67, 71, 88年,學測91②年,指考99, 110年)

grammatical (聯考61, 67年,指考106年)

grand (聯考66, 73年,學測99年,指考94, 99, 110年)

grandeur (指考97年)

grandfather (學測93, 101, 112年,指考109②年)

grandly (學測87, 88年)

grandmother (學測85, 93, 106年,指考98年)

grandparents (聯考75年)

grandson (學測85, 90年)

grant (學測101, 111年,指考94, 100, 105, 110年)

grape (指考104年)

grapevine (學測112年)

graphic (指考95, 100年)

grasp (聯考60, 67年)

grass (聯考56, 73, 74, 77, 80, 89年,學測92②, 103年,指考103, 108年)

grasshopper (學測99年)

grassland (學測107年,指考93②年)

grateful (聯考82, 87年,學測86年,指考98, 103年)

gratefully (聯考74年,學測97年)

gratitude (學測105年,指考93①年)

grave (聯考61年,學測111年)

graveyard (指考109①年)

gravestone (聯考68年)

gravitational (聯考82年)

gravity (學測112年,指考91年)

gray (聯考53, 65年,指考95年)

graze (聯考52, 75年,學測96, 98, 108年)

greasy (聯考87年,學測107, 112年)

great (學測97, 98, 100～108, 110～113年,指考93①②, 94, 97, 98, 100～103, 106～110年)

greatly (學測102, 104～106年,指考98, 100, 109①, 110年)

greatness (指考99年)

Greece (聯考47, 58, 77年,學測101, 112年)

greed (聯考85, 86年)

greedy (聯考90年,學測91②年,指考98年)

Greek (聯考77, 82, 85年,學測101, 103, 109, 111, 112年,指考97, 98, 102, 104, 108年)

greenhouse (學測110年)

greening (學測98年)

greenpeace (指考101年)

greet (聯考54, 77, 88, 90年,學測83, 86, 96, 108年)

greeting (學測106年)

greyish (指考108年)

grief (聯考47, 69年,指考91年)

grievance (聯考53年)

grieve (學測94, 113年)

grim (指考107年)

grin (學測93年,指考95年)

grind (聯考71年,學測88, 107年)

grinder (指考107年)

grip (指考102年)

grit (學測98年)

groan (學測113年)

grocery (聯考71, 79, 83, 89年,指考95年)

groom (學測107年,指考98, 100年)

gross (學測92①年,指考105年)

ground (聯考62, 67, 68年,學測84, 91①, 93, 94, 98～103, 105, 107, 110, 112, 113年,指考93②, 94, 100, 105, 107, 109①, 110年)

groundbreaking (學測113年,指考107年)

groundwork (聯考87年)

group (聯考89, 90年,學測84, 87～89, 92①②, 95, 98～100, 102～111, 113年,指考92, 93②～95, 97, 100～104, 106～110年)

grow (學測84, 86, 91②, 92①②, 94, 97～100, 105～109, 111, 112年,指考93②, 97～100, 102, 103, 106～109①, 110年)

growing (學測91②, 92②, 93, 97, 105, 107, 111, 112年,指考99, 102, 104, 107, 109①②年)

growl (聯考61年)

grown (聯考74, 79年,學測96, 104, 106, 109～112年,指考109②, 110年)

growth (聯考53, 62, 72, 87年,學測93, 96, 97, 105, 111, 112年,指考93①, 98, 102, 107～109①年)

guarantee (聯考48, 65, 69, 73年,學測103～105年,指考95年)

guard (聯考47, 57, 81年,學測100, 106, 108年,指考92, 93②, 94, 99, 101, 102, 105, 109②年)

guardian (學測84年)

guess (聯考56, 75, 83, 86年,學測89, 93, 108年,指考93②年)

guest (聯考64, 65, 67, 86, 89, 90年,學測85, 89, 90, 94, 99, 101, 107, 110年,指考91, 92, 101, 102, 107～109①②年)

guidance (聯考64年,學測96, 113年,指考96, 97年)

guide (聯考66, 82年,學測99, 106, 109, 111年,指考98, 99, 101, 105, 107, 108, 110年)

guidebook (聯考60年)

guideline (學測109年,指考105年)

guilt (聯考59, 68年)

guilty (聯考54, 66～68年,學測104, 106年,指考91, 99, 106年)

guitar (學測92①, 94年)

gulf (學測107年,指考104, 105年)

gull (聯考63年)

gum (聯考68, 87年)

gun (聯考55年,學測91②, 102年)

guru (學測97年)

gutta (指考110年)

gutter (學測87年)

guy (聯考86年,學測91①年)

gym (學測101, 112年,指考94年)

gymnasium (聯考71年,學測99年)

gypsy (聯考66年)

habit (聯考47, 58, 60, 64, 65, 71, 88年,學測86, 93, 94, 98, 104, 109, 113年,指考92, 98, 99, 103, 109①年)

habitat (聯考87年,學測112年,指考103, 107年)

habitual (學測93年,指考97, 106年)

habitually (聯考58年)

hack (學測84年,指考107年)

hacker (學測84年,指考104年)

hail (指考94, 104, 105, 107～109②年)

haircut (指考98年)

hairstyle (學測91①年,指考98年)

halfway (指考94, 101, 107年)

hall (學測83, 87, 89～91①, 110年,指考93①, 94, 97, 101, 110年)

Halloween (學測96年)

hallway (學測88年)

halt (聯考61, 68年,學測88年,指考103, 109②年)

hamburger (聯考89年,學測103年,指考103年)

hammer (聯考56, 61年)

handbook (聯考74, 85年)

handful (聯考63, 89年,學測100年,指考102, 110年)

handgun (指考97年)

handhold (學測104年)

handily (學測99年)

handkerchief (聯考45, 62, 69年)

handle (聯考75, 76, 88, 90年,學測92②, 97, 99, 105, 113年,指考96, 100, 102, 106, 107, 109①, 110年)
handlebar (指考107年)
handout (學測92②年)
handset (指考101年)
handshake (指考103年)
handsome (聯考58, 64年,學測89, 91①, 107年)
hands-on (指考105年)
handwriting (學測98年)
handwritten (學測91②年,指考95年)
handy (聯考62, 90年,學測85年)
haphazardly (指考109②年)
happen (聯考66, 68, 69, 78, 81, 89年,學測86~91①, 93, 94, 96, 101, 102, 104, 107, 108, 110年,指考91, 93①②, 97, 98, 100~102, 104, 106, 107, 109②年)
happening (聯考71年,指考101年)
happily (學測84, 88, 94, 96, 100年)
happiness (聯考87年,學測94年,指考103年)
happy-go-lucky (聯考45年)
harass (指考91年)
harassment (學測105年,指考94年)
harbor (聯考90年,學測109年,指考101, 103年)
hard (聯考90年,學測97, 98, 101~105, 107, 110~113年,指考93②, 94, 97, 99, 104, 107, 110年)
hard drive (指考98年)
harden (聯考83年)
hardly (聯考59, 60, 68, 73~76, 84~86, 89, 90年,學測84, 87~89, 91①, 92①, 95, 96, 100~102, 113年,指考91~93②, 94, 110年)
hardness (指考104年)
hard-shelled (指考109①年)
hardship (聯考78, 82, 88年,學測90, 107, 113年)
hardware (指考93②年)
hard-working (聯考46, 53年,學測101年)
hare (學測98年)
harm (聯考49, 68年,學測92②, 93, 104, 107年,指考91, 99年)
harmful (聯考67, 85年,學測83, 95, 99, 104, 110年,指考97, 99~101, 103, 109①年)
harmless (學測105, 106年,指考101年)
harmonious (聯考87年,學測110年)
harmoniously (聯考88年)
harmony (聯考67, 87年,學測98, 101, 102, 109年)
harness (指考99, 107, 108年)
harsh (學測87, 90, 102, 113年,指考104, 110年)
harvest (聯考75年,學測94, 97, 99, 104, 108年,指考93①, 99, 100年)
haste (指考100年)
hasten (聯考64年,學測105年,指考106年)
hasty (聯考88年)
hatch (指考106年)
hate (聯考45, 47, 74, 75, 89年,學測88年,指考101, 110年)

hateful (學測89年)
haul (指考92年)
haunt (聯考71年,指考91年)
Hawaii (聯考80年,學測98年,指考109②年)
hawk (聯考49年)
hay (聯考73年,指考103年)
hazard (聯考61年,學測111年,指考109②年)
hazardous (聯考72年,學測109年,指考109②年)
headache (學測97, 107, 112年,指考107年)
headgear (學測111年)
headlamp (學測93年)
headline (學測83年,指考94年)
headquarters (聯考65年)
heal (學測92①, 96, 106, 107, 109年)
healer (學測92①年,指考95年)
healing (學測92①, 93, 95, 106, 109, 113年,指考109①年)
health (聯考73, 90年,學測87, 88, 91②, 92①②, 93~95, 97, 99, 100, 103, 104, 108~110, 112年,指考93②, 95, 97, 98, 101, 104, 105, 108, 109①, 110年)
healthful (學測98年)
healthy (聯考87年,學測84, 90, 92①②, 95, 96, 98, 100, 101, 108, 110, 112, 113年,指考93②, 97, 103, 104, 106, 108, 110年)
hearing (學測96, 101, 108, 110年,指考102年)
heart (聯考60, 64, 73, 81~84, 87, 89年,學測86, 91①, 92②, 93, 97, 103~105, 109, 111~113年,指考98, 102, 103, 107, 108年)
heart attack (學測84, 86, 93年,指考98, 103年)
heartbeat (學測87年)
heartbreaking (聯考53年,指考100年)
heartbroken (指考91年)
heartburn (聯考84年)
heartily (聯考40年,學測88年)
heartless (聯考45年)
hearty (聯考58年)
heat (聯考53, 58, 59, 61, 78年,學測95, 97~100, 109, 110, 113年,指考92, 95, 99, 102, 109②, 110年)
heating (指考102年)
heaven (聯考61, 65~67, 86年,學測112年,指考108年)
heavily (聯考52, 58, 85, 87年,學測89, 94, 110, 112年,指考96, 106, 109①年)
heavy (聯考60, 67, 75, 77, 78, 80, 82, 83, 85, 87年,學測84, 85, 87~89, 91①, 92①, 100, 102, 108~110, 113年,指考91, 92, 94, 97, 98, 100, 105, 107~109①②年)
heck (學測106年)
hectare (學測94年)
heed (聯考90年)
heel (學測106年)
height (聯考53, 65, 72, 75年,學測89, 96, 100, 111年,指考94, 96, 104, 106年)
heighten (聯考53, 63, 70年,指考109①年)

helicopter (聯考48年,指考101年)
hellish (學測113年)
helmet (學測111年)
helpful (聯考81年,學測90, 91②, 92①, 97, 106, 108年)
helping (學測107, 109, 110年,指考102, 106年)
helpless (聯考89年,指考97年)
hemisphere (學測85, 98, 110年,指考110年)
hen (指考104年)
hence (聯考51年,學測100, 107, 113年,指考91, 110年)
herald (指考93②年)
herb (學測92①②年)
herbal (指考106年)
herd (聯考67, 80, 84年,學測90, 96, 99, 102, 111, 112年)
hereafter (指考106年)
heredity (聯考78年)
heritage (聯考64, 69, 70年,學測97, 101年,指考102, 106, 108, 109①年)
hermit (指考101年)
hero (學測83, 88, 91②, 95, 99年,指考107, 109①年)
heroic (聯考89年)
heroin (指考97年)
hesitate (聯考64, 86, 90年,學測87, 99年,指考95, 96年)
hesitation (聯考69年,學測91①, 96, 97, 101年)
hidden (聯考61年,學測89, 98, 107, 111年,指考106, 108, 109②年)
hide (聯考68, 90年,學測100, 101, 105, 108年,指考92, 93①, 97, 98, 103, 104年)
hide-and-seek (聯考64, 87年,學測106年)
hideaway (學測102, 108年)
hideous (聯考68年)
hierarchy (指考109②年)
high-class (指考105年)
high-end (指考99年)
highland (學測99年)
highlight (學測94, 97, 98, 102, 106, 109~111年,指考92, 95, 104, 108年)
highly (聯考61, 63, 82年,學測91①②~93, 96, 104, 107, 108, 110, 112, 113年,指考97, 98, 100~102, 104, 106~109①, 110年)
high-quality (學測112年,指考99年)
high-ranking (學測108年)
high-resolution (指考108年)
high-risk (聯考89年)
high-tech (聯考86年,學測94年,指考105年)
highway (聯考56, 58, 75年,學測84, 112年,指考93①②, 109②年)
hijack (指考92年)
hike (學測86, 91①, 106年)
hiker (指考93①年)
hiking (聯考78年,學測87, 88, 108, 110年)
hilarious (指考101年)
hill (聯考74, 75年,學測89, 93, 96年,指考104, 108年)

hilltop (學測113年)
Hindi (學測102年)
Hindu (學測102年)
hint (聯考66年,指考100年)
hip (學測109年)
hip-hop (學測92①, 106年)
hire (聯考48, 87年,學測91①, 92②, 99, 111, 113年,指考101, 110年)
hiss (聯考65年)
historian (聯考47年,指考107, 109①年)
historic (聯考87年,學測94, 110年,指考92, 108, 110年)
historical (聯考68年,學測88, 91②, 101, 104, 108年,指考93①, 102, 104, 105年)
historically (學測93, 101年)
history (聯考47, 52, 54, 63, 68~70, 77, 84, 87, 90年,學測83, 87, 89, 92①②, 93, 98, 101, 103~108, 111, 112年,指考91, 93②, 97~104, 107~109①②年)
hit (聯考54, 89年,學測88, 91①, 92①, 96, 102, 107~110, 112, 113年,指考94, 102~105, 109②, 110年)
hi-tech (聯考87年)
hive (聯考52, 53年)
hoax (學測108年)
hobby (聯考67, 88年,指考103, 107年)
hoist (學測84年)
hold (聯考69, 75, 77年,學測85~87, 89, 93, 97, 98, 101, 104~111, 113年,指考93②, 94, 98, 100, 102~105, 107~109②, 110年)
holder (聯考70年,學測110年,指考105, 109②年)
hole (聯考45, 68, 77年,學測85, 95, 99, 100, 103, 104, 110, 113年,指考110年)
holiday (聯考79, 90年,學測86, 91②, 92①, 108, 109, 111年,指考105年)
hollow (聯考83年,學測107, 112年,指考94年)
holy (學測92①年,指考109②年)
home-baked (聯考86年)
homeland (指考105年)
homeless (學測94, 99, 111年,指考91年)
homemaker (指考105年)
homemaking (指考98年)
homeowner (學測107年)
homesick (聯考47, 51年,學測97年,指考109②年)
hometown (學測86, 106, 111, 113年,指考94, 106, 109②年)
homework (聯考58, 62, 69, 76, 82, 85, 87, 89年)
homosexual (指考92年)
honest (聯考47, 49, 59, 61, 73, 86年,指考102年)
honestly (聯考63, 83年)
honesty (聯考59, 64年,學測92②年,指考104年)
honeybee (學測98年)
honor (聯考68, 72, 79, 84年,學測83, 88, 96, 97, 103, 104, 108, 111年,指考92, 93①, 94, 99, 101, 108, 109②年)
honorable (聯考82年)
honorably (學測88年,指考99年)

附錄

honorary (聯考50年)
hood (指考110年)
hook (聯考53年，學測105, 113年)
hop (學測99年，指考105年)
hope (學測97, 98, 105, 109~113年，指考102~104, 106, 108, 110年)
hopeful (學測87, 107年)
hopefully (聯考90年，學測112年)
hopeless (聯考63年)
hopelessness (學測100年)
horizon (聯考68, 82, 88年，學測101年，指考109②年)
horizontal (指考108年)
horizontally (學測105年)
hormone (學測95年，指考110年)
horn (聯考45年，學測96, 109, 111年，指考105, 108年)
horrible (聯考60, 70年，學測103年)
horror (聯考68年，指考100年)
horseback (學測97, 111年)
hospitable (聯考63年，學測107年)
hospital (聯考82, 84, 90年，學測92②, 101, 107, 113年，指考93②, 104, 107, 110年)
hospitality (聯考47年)
hospitalize (學測104年)
host (聯考63, 67, 81, 84, 87, 89, 90年，學測83, 89, 98, 99, 105, 111年，指考94, 95, 101, 105, 108年)
hostile (聯考63年，學測100年，指考95, 96, 110年)
hostility (聯考66年)
hotel (學測97, 113年，指考102年)
hotspot (學測112年)
hound (學測109年)
housefly (指考99年)
household (聯考87, 90年，學測86, 91②, 92②, 93, 99, 103, 106年，指考103, 107年)
housewife (聯考58, 79年，學測91②年)
housing (聯考62年，學測92②, 105年)
hover (聯考48年，指考100, 101年)
however (聯考59, 66~68, 71, 77, 83, 84, 87, 89年，學測83~91②, 92①②~94, 96~98, 100, 101, 104~113年，指考91, 93①, 97~110年)
howl (學測97年，指考95年)
hue (指考106年)
hug (聯考83年，學測92②, 104年，指考103年)
huge (聯考52, 61, 67, 77, 82年，學測88, 90, 91②, 97, 100, 102, 103, 108, 113年，指考93①, 94, 97, 101, 102, 107, 109②年)
hugely (學測106年，指考102年)
human (聯考69, 70, 77, 81, 82, 85, 87~90年，學測83, 85, 87, 90, 91②, 92②, 94, 96, 97, 100, 101, 103~107, 110~113年，指考93①②, 94, 99~101, 103~109①年)
human beings (聯考89年，學測83~86, 96, 106, 107年)
humane (聯考63年，學測96, 104年)
humanist (聯考90年)
humanity (聯考87年，學測86年，指考95, 98, 100, 108年)

humankind (指考108年)
human-powered (指考107年)
humble (學測91②, 101, 102, 108年，指考97, 106, 107年)
humid (學測100, 110年)
humidity (學測113年)
humiliate (指考101, 103年)
humiliation (指考105年)
hummingbird (聯考84年)
humor (聯考47, 50年，學測93年，指考101, 103年)
humorous (聯考51, 86~88年，學測98年，指考105, 109①年)
hundred (學測91②, 99~101, 103, 107, 110~112年，指考94, 98, 102, 106~108, 110年)
hunger (聯考45, 90年，學測89年)
hungry (學測97年，指考100, 105年)
hunt (聯考64年，學測84, 99, 104, 111年，指考93①, 95, 104, 108, 110年)
hunter (學測100年，指考104, 108年)
hunting (聯考67, 84年，學測103, 105年，指考95, 107, 108, 110年)
hurricane (學測88年)
hurry (聯考58年，學測88, 92②年)
hurt (聯考52, 88年，學測83, 86, 90, 94, 97, 100, 107, 108, 110, 112年，指考101, 110年)
hurtle (聯考75年)
husk (學測110年)
hut (聯考61年)
hydra (指考106年)
hydrated (學測112年)
hydration (學測112年)
hydroelectric (指考110年)
hydroelectricity (指考96年)
hydrogen (聯考52年)
hydrophobic (學測109年)
hygiene (聯考68年，學測107, 110年)
hymn (聯考72年，學測98年，指考106年)
hyphen (聯考69年)
hypothesis (學測87年，指考100年)
hypnosis (指考108年)
hypnotism (指考108年)
hypnotizability (指考108年)
hypnotizable (指考108年)
hypnotize (指考108年)
hysterically (指考106年)
icebox (聯考85年)
iconic (指考110年)
icy (指考102年)
ideal (聯考82年，學測91②, 97, 99年，指考91, 95, 100, 106, 110年)
idealism (聯考87年)
ideally (學測95年，指考108年)
identical (聯考90年，學測91①, 111年，指考93②, 95, 102, 104年)
identify (聯考65, 66, 82年，學測93, 98~100, 102, 106, 110, 112, 113年，指考93①, 100, 104, 106, 108, 109①年)
identity (學測88, 98, 103, 105, 108, 110年，指考98, 103, 106, 107年)
ideology (學測112年)
idiom (聯考85年)
idiotic (學測89年)

idle (聯考60年，指考91年)
idleness (聯考60年)
idol (聯考69年)
i.e. (學測110年，指考96年)
igloo (指考91年)
ignorance (聯考54, 69, 73, 89年，學測104年，指考99年)
ignorant (聯考62, 86年)
ignore (聯考66, 68, 79, 87年，學測87, 91①②, 92①, 94~96, 101, 105年，指考92, 93②, 95, 100, 101年)
ill (學測91②, 96年，指考103年)
illegal (聯考78, 87年，學測106, 110年，指考93②, 96, 98, 103, 107, 109②年)
illegally (聯考78, 80年，指考93②, 98, 109②年)
illegible (學測89年)
illiquid (指考103年)
illness (聯考51, 77, 87, 88年，學測86, 91②, 92①, 95, 102, 104, 110年，指考97, 104, 109①, 110年)
illogical (學測104年)
illogically (指考91年)
ill-timed (學測84年)
ill-treat (學測91①年)
illuminate (聯考69, 87年，學測87年，指考107年)
illumination (指考107年)
illustrate (聯考85年，學測91①, 102, 113年，指考101, 104年)
illustration (聯考67年，學測92①, 104, 106, 110年)
illustrator (學測106, 113年，指考110年)
image (聯考80, 81, 84年，學測90, 91②, 94, 98, 99, 104, 106, 108, 111, 113年，指考94, 95, 103, 108, 109②, 110年)
imagery (學測111年)
imaginable (聯考86年)
imaginary (學測91①年)
imagination (聯考87年，學測90, 91②, 103, 105, 113年，指考91, 100, 104年)
imaginative (聯考84, 88年，學測91②, 93年)
imagine (聯考67, 70, 81, 86, 90年，學測91②, 110, 111年，指考91, 96, 97, 104, 106年)
imbalance (聯考89年)
imitate (聯考68, 69, 71, 81, 86年，學測92②, 106年，指考106年)
imitation (聯考88年，學測92②, 98年)
immature (聯考69年)
immediate (聯考72年，學測88, 104, 110, 111年，指考96, 104年)
immediately (聯考61, 64, 69, 88年，學測86, 88, 92①②, 94, 99, 113年，指考91, 95, 100~102, 110年)
immense (聯考71年，學測83, 109年，指考97, 110年)
immensely (聯考87年)
immersed (學測107年)
immigrant (學測85, 98, 99, 107年，指考97, 103年)
immoral (聯考47年)
immortal (聯考67年，指考93②年)

immortality (指考106年)
immune (學測87, 97, 104, 107年，指考94, 103年)
impact (聯考83年，學測85, 86, 91①, 98, 103, 104, 107, 109~111年，指考93②, 94, 100, 101, 106, 107, 110年)
impair (指考99年)
impatience (聯考89年，指考95年)
impatient (聯考86年，指考93②年)
impatiently (學測84年)
imperative (聯考61, 69年，指考103, 105年)
imperatively (指考101年)
imperfect (聯考76年)
imperial (指考104年)
imperialism (指考106年)
impersonal (指考93②年)
implement (學測107年，指考92, 104, 105年)
implementation (指考104年)
implication (學測85, 105年，指考93①, 104年)
imply (聯考66, 71年，學測98, 103, 107, 110年，指考106, 110年)
impolite (聯考89年，學測92②年)
impolitely (學測91①年)
import (聯考59, 69, 80年，學測102年，指考108年)
importance (聯考62, 66, 70, 78年，學測83, 85, 87, 92①, 94, 97, 98, 102, 104~111, 113年，指考93①②, 98, 107, 109①②年)
important (聯考81, 82, 84, 87, 89, 90年，學測83~86, 88~92②, 94~96, 98, 99, 101~106, 108, 111, 113年，指考91, 93①~95, 97~101, 103, 104, 106~109①, 110年)
importantly (聯考89年，學測84, 92②, 94年，指考103年)
impose (聯考68, 83, 87年，學測104, 106年，指考105年)
impossible (聯考89年，學測83, 85, 89, 104年，指考97, 98, 102, 110年)
impossibly (學測84年)
impoverish (指考93①年)
impracticably (學測84年)
impractical (聯考66年，指考106年)
impress (聯考79年學測84, 88, 91①, 98, 101, 103, 104, 106~108年，指考94, 104年)
impression (聯考66, 69, 84, 88年，學測92①, 94, 95年)
impressive (聯考73, 86年，學測94, 98, 111年，指考103, 109②年)
impressively (學測113年)
imprint (指考110年)
imprison (聯考78年)
imprisonment (指考109①年)
improbable (聯考62年)
improper (學測91①年)
improve (聯考81, 83, 87, 90年，學測91①②, 98, 104, 107, 108, 110, 111, 113年，指考92, 93②, 94, 97, 99~102, 104~110年)
improvement (聯考70, 90年，學測83, 91②, 113年，指考93②, 104, 109①年)
impulse (聯考64年，學測93年，指考109①年)

impulsive (聯考89年，指考96年)
impulsivity (指考96年)
impurity (學測109年)
inability (指考97年)
inaction (學測107年)
inactive (學測104, 108年)
inactivity (指考100年)
inadequate (學測89年，指考104年)
inanimate (聯考71年，指考93①, 106年)
inapplicable (聯考66年)
inappropriate (學測87, 98, 99年，指考91, 96年)
inattention (指考96年)
inattentive (學測96年，指考96年)
inaugural (學測107年)
inauguration (學測106年)
inboard (學測86年)
inborn (聯考79年)
inbuilt (指考93①年)
incapable (指考103年)
incentive (指考99, 103年)
inch (聯考46, 78, 84, 90年，學測88, 89, 99, 113年)
incidence (指考103年)
incident (聯考51, 62, 64, 66, 78, 83年，學測86, 93, 94, 96, 99, 104, 106年，指考92, 101, 102, 108, 109①年)
inclination (學測90年)
incline (學測88年，指考106年)
include (聯考53, 59, 70, 73, 75, 83, 88年，學測85~88, 90, 92②~94, 96, 99, 101~105, 107~111, 113年，指考91, 93①②~95, 97~110年)
inclusive (聯考67年，指考109①年)
income (聯考60, 88年，學測92②年，指考93①, 101年)
incoming (學測109年，指考110年)
incompetent (聯考80年)
incomprehensibly (指考102年)
incomprehension (聯考66年)
inconspicuous (聯考47年)
inconvenience (聯考85年，學測84年，指考92, 100年)
inconvenient (聯考86年，學測99年，指考92年)
incorporate (指考103年)
incorporated (聯考83年)
incorporation (指考103年)
incorrectly (聯考62年)
increase (聯考60, 61, 63, 67, 70, 72, 75, 76, 81, 83~85, 90年，學測85, 87, 91②, 94, 96~99, 101, 103, 104, 106, 107, 109~113年，指考92, 93②~95, 97, 98, 102~109①②年)
increasing (聯考59年，學測84, 93, 98, 104, 107, 111年，指考98, 100, 102, 107, 109①年)
increasingly (聯考61年，學測90, 102, 107年，指考91, 96, 100, 107年)
incredible (聯考47, 66, 67, 86年，學測99, 111年，指考104, 108年)
incredibly (聯考63, 65年，指考92年)
indebted (聯考54, 69年)
indecency (指考105年)

indeed (聯考64, 65, 67, 75, 85, 86年，學測86, 88, 92①~94, 96, 103, 106, 107, 111年，指考91, 100, 102, 110年)
indefinable (聯考73年)
indefinite (聯考55, 73年)
independence (聯考51, 53, 65, 80年，學測106年，指考93①, 106年)
independent (聯考55, 72, 86年，學測109年，指考93①, 97, 101, 106年)
independently (聯考69年)
indescribable (聯考65年)
index (指考105, 106年)
India (聯考61, 89年，學測96, 102, 104, 105, 109, 112年，指考98年)
Indian (聯考66, 82年，學測96, 97, 102, 104, 109, 112年，指考91, 95年)
indicate (聯考49, 69, 73, 84, 88年，學測83, 85, 89, 93, 102, 108, 110年，指考92, 98, 100, 103, 105, 107, 109①②年)
indication (聯考83, 86年，指考92, 107年)
indicator (學測100, 102年，指考94, 101年)
indifference (聯考57, 67, 75年，指考103年)
indifferent (聯考60, 69, 85, 86年，學測94年，指考95, 96, 99, 100, 102, 107年)
indifferently (指考110年)
indigenous (學測110年，指考93②, 106, 107年)
indigent (聯考53年)
indirect (聯考85年，指考104年)
indirectly (聯考82年)
indispensable (聯考72, 78年，學測104年，指考109①年)
indisputable (聯考65年)
individual (聯考66~68, 80年，學測83~85, 88, 91①, 100, 101, 105~108, 112年，指考94, 97, 100, 102, 105, 109②, 110年)
individualistic (學測105年)
individually (聯考83年，學測87, 98, 105年，指考93①②, 100年)
Indonesia (聯考87年，學測110年，指考108年)
Indonesian (聯考87年，指考99, 108年)
indoor (聯考61年，學測88, 105年)
indoors (聯考67年，學測94年，指考91年)
induce (指考106, 107, 109②年)
indulge (聯考60, 67年，學測95年)
indulgence (聯考87年)
industrial (聯考63, 77年，學測113年，指考93①②, 96, 102, 109①年)
industrialist (指考93①年)
industrialization (指考94年)
industrialize (聯考61, 62年，指考94年)
industrious (聯考49, 53, 73年)
industry (聯考56, 61, 63, 64, 83, 87年，學測86, 88, 91①, 96, 98, 101, 104, 109, 111, 113年，指考91, 93①, 95, 98, 102, 104~106, 108, 109②年)
ineffective (指考92年)
ineffectiveness (學測108年)

inequality (聯考53年)
inevitable (聯考53年，學測83年)
inevitably (聯考63, 67, 68, 89年，學測112年，指考93①, 94年)
inexpensive (學測92②, 104年)
inexperienced (指考103年)
infancy (學測112年)
infant (聯考79, 87年，學測90, 92②, 107年，指考95年)
infect (聯考87, 88年，學測102, 104, 106, 107, 109年，指考93①, 103, 104年)
infection (學測87, 97, 106, 107年，指考93①, 107年)
infectious (聯考85年，學測86年，指考110年)
infer (學測89, 90, 92①②, 94, 95, 99, 100, 103~105, 112, 113年，指考91~93①②, 95, 96, 98~100, 104, 106, 108, 109①②年)
inferior (聯考45, 47, 58, 71, 83, 90年，學測91②, 108年，指考97年)
inferiority (指考95, 107年)
infest (學測94年)
infinite (指考106年)
infinitive (指考97年)
infinity (聯考69年)
inflated (學測88年)
inflation (學測99年，指考109②年)
influence (學測91②, 92②, 95, 97~100, 102, 106, 108, 110~112年，指考95, 101, 102, 104~106, 109①, 110年)
influential (學測92①, 96, 104年，指考94, 108, 109②年)
influentially (學測94年，指考98年)
influenza (指考93①年，指考104年)
inform (聯考45, 87年，學測88, 93~95, 98年，指考93①, 94, 96, 99, 101, 109①年)
informal (聯考73年，學測87, 89, 99年，指考104年)
information (聯考73, 76, 78, 81, 86~88年，學測85, 86, 88, 92①②, 94, 98, 99, 101~104, 106, 108, 110, 113年，指考92, 94, 95, 99~101, 103, 104, 106, 107, 109②年)
informational (學測99年，指考101年)
informative (聯考73年，學測99, 102, 105年)
informed (學測99, 109年)
infrastructure (學測103年，指考94年)
infrequently (聯考61, 88年)
ingenious (聯考71年，指考103年)
ingenuity (指考95, 107年)
ingratitude (指考47年)
ingredient (聯考89年，學測91②, 93, 107, 109年)
inhabit (聯考82年，指考94, 104, 108年)
inhabitant (聯考53, 56, 57, 62年)
inherent (指考109②年)
inherently (指考101年)
inherit (聯考50, 64, 70年，學測109, 112年，指考92年)
inhuman (聯考52年)
initial (聯考65年，學測85, 99, 100, 104, 108年，指考110年)

initially (聯考89年，學測101, 102, 106, 113年)
initiate (聯考73, 82年，學測100, 107, 109, 111年，指考109①年)
initiative (學測112, 113年，指考91, 95年)
inject (學測112年)
injure (聯考68年，學測92①, 95, 99, 100, 101, 110~113年，指考91, 101, 107, 109①年)
injury (聯考50, 75年，學測84, 100, 103, 105, 109~113年，指考92, 97, 107, 109②年)
injustice (聯考90年)
ink (聯考82年，指考93①年)
inland (學測110年)
inn (學測85年，指考110年)
innate (指考103年)
inner (聯考74, 81, 84, 87年，學測86, 102, 110年，指考91年)
inning (學測95年)
innocence (聯考68年，學測106年)
innocent (聯考48, 67年，學測96年，指考91, 93①②年)
innocently (學測105年)
innovation (學測111, 113年，指考93①, 94年)
innovative (學測87, 92①, 106~108年，指考93②, 96, 106年)
input (學測98, 109年)
inquire (聯考49, 56, 86年，指考109①年)
inquiringly (學測87年)
inquiry (聯考69年，學測113年，指考92年)
inquisitive (指考93①年)
insane (指考93②年)
inscription (指考94, 99年)
insect (學測94, 95, 99, 100, 105, 108, 112年，指考93①, 99, 100, 103, 107年)
insecticide (學測93, 105年)
insecure (指考97年)
insensitive (學測87年)
inseparable (學測111年，指考109②年)
insert (聯考88, 90年，學測106年)
inside (聯考81年，學測86, 88~91①, 92②, 94, 95, 97, 103~108, 111年，指考91, 93①, 99, 107~109①, 110年)
insight (聯考64年，學測107, 113年，指考103, 105年)
insightful (指考107年)
insincerely (聯考48年)
insist (聯考53, 56, 61, 71年，學測86, 88, 90, 94, 99, 104, 108年，指考102, 110年)
insistence (聯考68, 72年)
insomnia (學測97年)
inspect (聯考49, 50年，學測109年，指考99年)
inspection (學測94年)
inspector (學測111年)
inspiration (聯考64, 72年，學測105, 110, 111, 113年，指考98, 106, 109②年)
inspirational (學測107年)
inspire (聯考47, 87年，學測86, 90, 97, 101, 104, 107, 110, 111, 113年，指考92, 99, 101, 102, 110年)

附錄

inspiring (聯考73年，學測105年，指考101年)
install (聯考62，90年，學測87，92①，105，106，109，110年，指考93②，105，108年)
installation (指考101年)
installment (指考93②年)
instance (學測84，85，97，101，103，107，108，111年，指考92，93②～95，99，101，105，106，109①年)
instant (學測91②年，指考95，99，100，103，109①年)
instantly (指考95年)
instead (聯考45，61，64，67，74，77，78，86，87年，學測83，87，91①，96，98，100，101，103～106，108，111，113年，指考91～93①，94，96～99，105～110年)
instill (聯考82年)
instinct (聯考64年，學測100年，指考99年)
instinctive (聯考68年，學測85年)
institute (學測87，98，109年，指考92年)
institution (聯考63，67，75，90年，學測101，106年，指考96，101，107年)
institutional (指考107年)
instruct (學測95年，指考93①，109①年)
instruction (聯考65，71，72，75，83，86，87年，學測86，87，97，104年，指考93①，96，105，109①年)
instructive (聯考73年)
instructor (學測99年，指考91，97年)
instrument (聯考81，82年，學測92①，95，98，100，104，105，110年，指考106年)
instrumental (學測104年)
insufficient (聯考69，70年)
insulation (學測94年，指考91年)
insult (聯考49，59，64年，學測90年)
insurance (學測88，98，103，104，109年，指考92年)
insure (學測98年)
intact (聯考63年，學測100年，指考94，99年)
intake (聯考76年)
intangible (指考108年)
integrated (指考110年)
integrity (聯考63年，學測84，112年，指考95年)
intellect (聯考64，88年，學測106年)
intellectual (聯考68，82，87年，學測84年，指考91，96，106年)
intellectually (學測91②年)
intelligence (聯考63，65，73，74，81，83年，學測87，100，102，103，106，113年，指考93①，94，96，105年)
intelligent (聯考49，52，63，71，73年，學測100，103年，指考94，105年)
intelligently (聯考52年，學測87年)
intelligible (學測84年)
intend (聯考46，47，51，67，71，90年，學測88，91①，92②，93，98，101，110，113年，指考96，109①②年)
intense (學測99，100，107，112年，指考94，97，106，108年)
intensely (指考97年)
intensify (學測91②，105，111年)

intensity (學測88，90，97年，指考93①，96年)
intensive (學測91①，92②，100年，指考109①年)
intensively (指考99年)
intent (聯考46年，指考101年)
intention (聯考71，86年，學測93，100，104年，指考91，98，108年)
intentionally (學測86，98年)
intently (指考108年)
interact (聯考88年，學測86，92②，104年，指考93①，95，97，105，108年)
interaction (聯考81年，學測93，95，103，110，113年，指考94，99，106年)
interactive (學測103年，指考93②，101年)
intercept (指考93②，100年)
interchangeably (聯考69年，指考109①年)
intercontinental (指考108年)
interest (聯考74，77～79年，學測87，88，91①，93，97，104，106，108，112年，指考92～94，99，100，102，103，105，106，109①②年)
interested (聯考67，85年，學測87，88，100～102，105，110，112年，指考91，93①，98，103，108年)
interesting (聯考55，66，67，79年，學測84，91①，96，98，101，108年，指考91，95，99，100，106，108年)
interestingly (學測97，99，102年，指考107，108年)
interfere (聯考50，67年，學測95年，指考93①，107年)
interference (學測92①，105年，指考94，107年)
interior (聯考87年，學測104年，指考94年)
interlock (指考97年)
intermix (學測112年)
internal (聯考81年，學測90，94年，指考102，104年)
international (聯考85，86年，學測88，91①，93～99，101，104～106，108～113年，指考91～93②，97～102，108，109①②年)
Internet (學測95，102，103年，指考92，98，99，102，103，107，108年)
interpersonal (指考96年)
interpret (聯考48，79年，學測90，100，101，107，108年，指考97，99，101，109①年)
interpretation (聯考67年，學測95，99，100，104年，指考95年)
interpreter (指考105年)
interrupt (聯考47，70，82，89年，學測89，92①②，93，98，104年)
interruption (聯考50年)
intersect (指考106年)
intersection (學測112年)
interstellar (指考109②年)
interval (指考94年)
intervene (聯考50年)
intervention (指考94年)
interview (聯考75年，學測88，91①，100，101，103，105，108，113年，指考91，102年)

interviewee (學測107年)
interviewer (學測100，103，108年)
intimacy (聯考86年，指考95年)
intimate (聯考81，83，85年，學測86，87，97，104，111年，指考96年)
intimately (聯考68年，學測85，92①年，指考97年)
intimidate (聯考75年，指考101，104，109①年)
intimidation (指考101年)
intolerable (聯考65，69年)
intolerance (聯考49年)
intolerant (學測94年)
intonation (聯考86年，學測91②年)
intoxicate (指考95，97年)
intrigue (指考98年)
introduce (聯考56，75，80，86，88，90年，學測83，90，91②，95，100～102，110，111年，指考93②～95，98，100，101，103～105，107，110年)
introduction (學測88，95，101，111年，指考93①②，103，106年)
introductory (學測85年)
intrude (學測108年)
intruder (指考109①年)
intuition (聯考85年，學測85年，指考105年)
intuitive (聯考87年，指考108年)
intuitively (指考106年)
invade (聯考87年，學測94，97，100年，指考92，97，102，105，109②年)
invader (指考100年)
invalid (指考103年)
invaluable (聯考80年，學測99年)
invariably (學測98年)
invasion (學測85年，指考108年)
invasive (指考104年)
invent (聯考53，61，62，75，77，82，84，87，89年，學測83，90，104～106，109～111，113年，指考91，92，106，107，109②年)
invention (聯考54，78年，學測83，94，103～105，109，110，113年，指考91，92，94，102，103，107～109②年)
inventive (聯考77年，指考104年)
inventiveness (指考94年)
inventor (聯考64，69，89年，學測104，105，110，111年，指考107，109②年)
invert (聯考45年)
invest (聯考69，70，83年，學測91②，98，102年，指考96，102，105年)
investigate (聯考50年，學測98，102年，指考92，96，99，101，103，110年)
investigation (聯考48，55，76年，學測105，109，112年，指考98，108年)
investigator (聯考64年)
investment (聯考63，71，83，90年，指考96，102，103，105年)
investor (指考102年)
invisible (聯考67，77年，學測84年，指考105年)
invisibly (學測92②年)
invitation (聯考51，52，62，67，89年，學測95年)

invite (聯考52，73，77，80，87年，學測85，89，93，104，105，108，110，111年，指考94，102，105～107年)
inviting (學測95年)
involve (聯考82，85，87，88年，學測85，91②，97，98，103，105，106，113年，指考91，92，94，95，97，104～106，109②，110年)
involved (學測108，109年，指考106，109①②，110年)
involvement (學測92②，95，97年)
inward (學測102，107年)
IQ (學測102，106年)
Iraq (學測105年，指考106年)
Ireland (聯考76年，學測105年，指考108年)
Irish (聯考76年，學測107年)
iron (聯考54，61，84年，學測87，90，97年，指考107年)
ironic (聯考74年，學測91②年)
ironically (指考104，108，110年)
irony (聯考88年)
irregular (聯考90年)
irrelevant (聯考66年)
irresponsible (聯考72年)
irrigation (聯考73，75年，指考110年)
irritate (聯考89年，指考92，103，105年)
irritating (指考99年)
irritation (學測98年)
island (聯考56，68，72，80，84年，學測86～88，92②，94，98，99，101，110～112年，指考93②，94，103，107，108年)
islet (聯考66年)
isolate (聯考89年，學測99，107年，指考103，106，107年)
isolated (聯考64，68年，指考96，108年)
isolation (學測105年，指考92，109①年)
Israel (學測101年，指考106年)
Israeli (指考101年)
issue (聯考83，85年，學測83～85，92②，96，98，99，102，103，105，107，109，110. 112，113年，指考91，93①～95，98，99，101～105，107，109②，110年)
Italian (聯考80年，指考101，106年)
Italy (聯考53年，學測101年，指考104，106，108年)
itch (聯考84年，學測97，108年，指考102年)
itchy (學測105年)
item (聯考55，62，71，77，80年，學測84，86，89～91②，92②，94，99，101，102，108，113年，指考93①②，97，98，102，104，109①②年)
itinerary (指考93②年)
ivory (聯考52，64，80年，學測90，111年)
jacket (聯考82年，學測99，100年)
jade (學測90年)
jaguar (指考105年)
jail (聯考78年，學測83，93，103年，指考91，106年)
jam (聯考67，68年，學測106年，指考92年)
Japan (聯考79年，學測97，101，104，105，108，109，111，113年，指考101，106，108年)
Japanese (學測105～107，109，111，113年，指考91，106，109②年)
jar (指考93②，100年)

附
錄

jaw (聯考71年，學測92②年)

jazz (學測101年，指考93②年)

jealous (聯考48, 65, 70年，學測97年)

jeans (學測92①, 99, 109年)

jelly-like (指考106年)

jeopardize (指考101, 104年)

jet (學測94年)

jet lag (聯考81年，學測88年)

Jew (指考91年)

jewel (聯考47, 56年，學測101, 112年，指考100, 104年)

jeweler (指考104年)

jewel-ornamented (學測101年)

jewelry (學測106, 111, 112年，指考97, 104年)

Jewish (聯考49年)

jigsaw (學測112年)

jingle (聯考66年，學測98, 108年)

jog (聯考77, 78年，學測95年)

join (聯考51, 78年，學測85, 88, 91②, 97, 99, 103, 107, 111～113年，指考93①, 94, 98, 99, 101, 104～106年)

joint (聯考51年，指考102年)

jointly (學測98, 110年)

joke (聯考82, 83年，學測91①, 93, 104, 110年，指考101年)

joker (指考101年)

jolly (學測89年)

jotting (學測103年，指考101年)

journal (學測99年，指考93①, 94, 106, 107年)

journalism (聯考66年，學測88年)

journalist (指考97, 104, 108, 109②年)

journey (聯考72, 75年，學測90, 91①, 94, 102, 105年，指考91, 94, 102～104, 110年)

joy (聯考69, 88, 89年，學測85, 104, 112年，指考98, 109②年)

joyful (學測107年，指考110年)

joyfully (學測88年)

joyous (指考105年)

judge (聯考46, 56, 70, 71, 81, 88年，學測88, 92①, 100年，指考95, 98, 102, 105, 106年)

judgment (聯考64, 66, 69, 86, 88年，學測100年，指考93①②, 97年)

judgmental (學測94年)

judicial (指考95年)

juice (學測100年，指考108, 110年)

juicy (聯考53年)

jump (聯考51, 58年，學測109～112年，指考98, 101年)

jungle (聯考58年，學測88, 110年，指考93②年)

junior (學測95年，指考93①, 97年)

junk (學測102年)

jury (指考91年)

justice (指考99年)

justification (學測93年，指考100年)

justify (聯考65年，學測96, 111年，指考91, 100, 102年)

juvenile (指考98年)

kangaroo (指考92, 108年)

keen (聯考90年，學測91①, 113年，指考92, 93①, 107, 109①年)

keeper (學測90, 97年)

Kenya (學測100, 111年，指考97, 102年)

Kenyan (學測100, 111年，指考102年)

kernel (學測100年)

keyboard (聯考88年，指考99年)

keyword (學測111年)

khaki (學測91①年)

kick (聯考51, 61年，學測94, 95, 112年，指考93①年)

kick-off (指考109①年)

kid (聯考85年，學測96, 98, 103, 107, 112年，指考97, 98, 101年)

kidnap (學測105年，指考92, 103年)

kidnapper (學測105年，指考92年)

kidney (指考107年)

killer (聯考67年，學測108, 112年，指考105, 107年)

killing (學測96, 107年，指考106, 110年)

kilogram (聯考45, 52, 79年，學測89, 97, 104, 108, 109年，指考95年)

kilometer (學測105, 110年，指考95, 107年)

kilt (學測101年)

kimchi (指考108年)

kind (學測96～100, 104, 107～109, 112年，指考93②, 94, 98～100, 102, 103, 105, 106, 108～110年)

kindergarten (聯考52, 85年，學測98, 105年)

kind-hearted (學測90年)

kindle (指考102年)

kindly (學測87年)

kingdom (聯考50年，學測102, 113年，指考91, 96, 103, 109②年)

kinship (學測108年)

kinsman (聯考47年)

kiss (學測104年)

kit (學測102, 110年)

kite (聯考61年)

knee (學測100, 101年)

kneel (聯考62年)

knife (學測91①, 97, 98, 101, 102年)

knit (聯考47, 62年)

knob (學測109年)

knock (聯考56, 64年，學測96年，指考94, 99, 106, 109②年)

knot (聯考52, 79, 88年，學測86, 87年)

know-how (聯考84年)

knowledge (聯考52, 57, 59, 60, 63, 66, 68～70, 86, 87年，學測87, 88, 91②, 92①, 100,103, 104, 106, 108, 109, 111, 113年，指考94, 95, 97, 100, 103, 107～109②, 110年)

Korea (聯考61年，學測101年，指考108年)

lab (聯考90年，學測111年，指考93②, 100, 105, 107～109①年)

label (學測91②, 97, 99, 101, 104年，指考96, 102, 109①年)

labor (聯考49, 53, 60, 63, 68, 78, 80年，學測105, 106, 108年，指考102, 105年)

laboratory (聯考48, 49, 62, 68, 73年，學測89, 92, 99, 100, 102, 105, 106, 109年，指考93②, 95, 100, 107, 109①年)

laborer (學測50, 53, 63年，學測111, 113年)

laborious (學測110年)

laboriously (聯考65年)

lace (學測100年)

lack (聯考59, 61, 62, 64, 68, 79, 84, 87年，學測84, 90, 91②, 92①②, 103, 105, 108年，指考93①②, 95, 105, 107, 108, 110年)

ladder (聯考67年，學測103年)

lag (學測94年)

lagoon (指考107年)

lake (聯考90年，學測89, 93, 96, 97, 101, 110年，指考107, 109②年)

lakeside (指考95年)

lamb (聯考66, 70, 77年)

lame (聯考60年)

lamp (聯考70年，指考107年)

lancet (指考94年)

land (聯考66, 86年，學測88, 90, 91①, 93, 94, 97, 102, 105, 110～112年，指考92, 94, 95, 97, 104, 107, 109①②, 110年)

landfill (學測99, 109年)

landform (指考104年)

landing (學測95年，指考95年)

landing visa (學測85, 95年)

landlocked (指考96年)

landlord (聯考89年)

landmark (學測93, 100, 108, 112年，指考109②, 110年)

landscape (聯考65年，學測96, 110, 113年，指考93①②, 104, 106, 108年)

landslide (聯考89年，學測88, 93年)

lane (聯考89年，學測112年)

language (聯考83, 85, 88, 89年，學測83, 85, 91②③, 95, 98, 100, 104, 108, 112年，指考91～95, 99, 104～106, 108, 109①, 110年)

lantern (學測111年)

lap (學測105年)

largely (聯考60, 72, 75年，學測84, 97, 112, 113年，指考92, 93②, 94, 99, 105, 108年)

large-scale (學測103, 107年，指考106年)

laser (學測87年)

lash (學測106年)

last name (聯考89年，學測84年)

lasting (聯考84年，學測86, 106, 107年)

lastly (學測86, 98, 109年)

late (聯考68, 89年，學測89, 90, 94, 101～104, 106～108, 112年，指考93①, 99, 103, 106, 107, 109②, 110年)

lately (聯考74, 90年，學測102年)

late-night (學測109年)

later (聯考47, 53, 62, 64, 67, 69, 72～74, 76, 80, 83年，學測84, 86, 88～90, 92②, 94, 96, 97, 102～106, 108～111, 113年，指考93①, 94, 97, 99～102, 104～109①②年)

latest (聯考64, 87, 89年，學測84, 89, 96, 111年，指考99, 108年)

Latin (聯考72年，指考97, 109①年)

latitude (學測110年)

latter (聯考47, 48, 53, 64, 84, 87年，學測89, 100年，指考109①年)

laugh (聯考61年，學測100, 102, 109年，指考95, 98, 101年)

laughingly (學測86年)

laughter (聯考66年，學測86, 87, 89年)

launch (聯考47年，學測93, 97, 102, 104年，指考93②, 94, 99, 106年)

laundry (聯考86年)

laurel (指考102年)

lava (指考104年)

lavish (學測99年)

law (學測83, 85, 98, 100年，指考91, 93②, 95, 98, 100, 106, 109①, 110年)

lawmaker (學測113年，指考101年)

lawn (聯考63, 90年，學測94, 98年，指考106年)

lawnmower (聯考90年)

lawn-mowing (聯考90年)

lawsuit (學測99年，指考98年)

lawyer (聯考66年，學測86, 92①, 98年，指考93②年)

lay (聯考50, 55, 60, 61, 63, 67, 68, 71, 72年，學測87, 102, 107, 113年，指考102, 108年)

layer (聯考87, 90年，學測99, 101, 105, 110, 113年，指考99, 101, 104, 108年)

layman (指考104年)

layoff (指考96年)

lazily (學測87年)

laziness (聯考50, 70, 89年)

lazy (聯考46, 49, 54, 55, 58, 66, 74年，學測92②年，指考99年)

lead (聯考52, 62, 87, 89年，學測91①, 92①, 94, 97～100, 102～105, 107～110年，指考92, 93②, 95, 97～100, 102, 106, 108, 109①, 110年)

leader (學測87, 93, 94, 96, 108, 113年，指考94, 98, 104, 105, 108, 109②年)

leadership (學測92②, 98, 110年，指考104年)

leading (聯考73, 76年，學測86, 92①, 93, 96, 104, 108年，指考93①②, 97, 105, 107, 108, 109②年)

leaf (聯考62, 89年，學測85, 95, 109年，指考91年)

league (聯考65年)

leak (聯考60, 63, 68年，學測102, 109年，指考100年)

lean (聯考76年，指考105年)

leap (聯考89年，學測103年，指考93①, 103年)

least (聯考58, 61, 64, 66, 79年，學測88, 95, 97, 102～106, 108～110, 113年，指考94, 97, 100, 102, 107～109①年)

leather (學測90, 96, 106, 108, 109, 111年，指考94, 110年)

lecture (聯考49, 52, 65, 73, 83年，學測92②年，指考91, 92, 101年)

lecturer (學測109年)

LED (學測104年，指考107年)

left (聯考76年，學測85, 100～102, 104～111, 113年，指考102, 104, 106, 109①年)

left-brained (學測85年)

leftover (學測107, 108年)

legal (聯考68, 80年，學測90, 96, 102年，指考94, 95, 106年)

legally (聯考85, 87年，學測103年，指考100, 110年)

legend (聯考90年，學測91②, 92①, 93, 99, 101, 107, 108年，指考92, 108, 109②年)

附錄

legendary (學測93年，指考99, 105年)

legislation (聯考69年，指考106年)

legislator (學測94年)

legislature (指考103年)

legitimate (聯考48年，指考96, 100, 102, 109①年)

leisure (聯考68, 70, 90年，指考96, 109②年)

leisurely (學測90年)

lemon (學測100年，指考104年)

lemonade (學測100年)

lend (聯考55, 58, 87年，學測89年，指考109①年)

length (聯考46, 65, 81年，學測97, 106, 108, 111年，指考95, 100年)

lengthen (聯考50, 90年，學測86年，指考106年)

lengthy (聯考89年，學測89年，指考94, 106年)

leopard (指考105年)

lessen (學測92②, 94年)

lest (指考102年)

let (學測97, 100, 101, 105, 106, 108, 109年，指考103年)

lettuce (指考108年)

level (聯考54, 60, 65, 68, 70, 82年，學測92②, 94, 96, 97, 99, 102～104, 109, 111～113年，指考93②, 94, 97, 101～104, 106, 108, 109①, 110年)

lever (指考91年)

liability (學測112年)

liar (聯考66年)

liberal (聯考70, 87年，學測92①, 101, 104, 107, 108年，指考95, 103年)

liberalize (聯考88年)

liberally (學測105年)

liberate (聯考86年，指考103年)

liberation (學測89年，指考98年)

liberty (聯考47, 62年，學測86, 102年，指考99年)

librarian (聯考51, 54, 74年，學測92②年，指考106年)

library (聯考52, 80, 85年，學測87, 94年，指考93②, 97, 106年)

license (聯考68, 80, 84年，學測95, 110年，指考98, 105, 109②年)

lick (學測109年，指考92, 106年)

lid (學測89年，指考109②年)

lie (聯考59, 61, 72, 74年，學測87～89, 95, 99, 100, 105年，指考92, 93①, 97, 109①年)

lifeless (指考105年)

lifelike (學測111年)

lifeline (學測109年)

lifelong (學測100年，指考108年)

life-or-death (學測106年)

life-saving (學測111年)

lifesaver (學測102年)

life-size (指考110年)

lifespan (學測93, 99年)

lifestyle (學測104, 111年，指考98, 103, 108, 110年)

lifetime (聯考66, 88年，學測88年)

lift (聯考75, 84, 89年，學測86, 91①, 110, 113年)

light (聯考45, 55, 58, 59, 73, 77, 82年，學測84, 87, 89, 91②, 93, 97, 98, 100, 101, 104, 106, 109, 111, 112年，指考93①, 97, 99, 100, 102, 104, 107～109②, 110年)

light-absorbing (指考109②年)

lightbulb (學測113年)

light-emitting (指考107年)

lighten (學測91①, 95, 97年，指考101年)

light-hearted (學測108年)

lighting (學測111年，指考102, 107年)

lightly (學測95, 99年)

lightning (聯考61, 77年，學測110年，指考109②, 110年)

lightweight (學測111年，指考100年)

likable (聯考89年)

likelihood (學測105, 111年)

likely (聯考45, 49, 51, 58, 61, 66, 69, 76, 82, 84, 87年，學測83, 85, 89, 92①②, 94, 96, 98, 100～106, 108, 109, 111, 112年，指考91, 93①②～95, 97～103, 105～109①②年)

likewise (聯考83年，學測83, 96, 108年，指考91, 93①, 106年)

limb (學測112年，指考106年)

lime (指考106年)

limit (聯考69, 83, 87, 90年，學測83, 86, 87, 95, 100, 102, 103, 105, 108, 109, 112年，指考91, 93②, 97, 106年)

limitation (聯考87年，學測86, 91①, 95, 107, 110年，指考93②, 101, 102, 104年)

limited (聯考49, 67年，學測87, 92②, 95, 96, 106, 107, 113年，指考91, 99～101, 103, 106, 107, 109①, 110年)

limousine (聯考90年，學測99年)

line (聯考90年，學測84, 92①, 94, 96, 98, 102, 104, 105, 109, 111, 113年，指考93①②, 97, 105～107年)

lineage (指考105年)

linen (學測100年)

linger (聯考62年，學測112年，指考97年)

lingering (指考97年)

linguist (學測89年，指考110年)

linguistic (學測89年，指考106, 108年)

link (聯考86, 87年，學測84, 88, 92②, 96, 104, 106, 107, 110, 113年，指考98, 100, 103, 106, 108, 109①年)

lion (學測101, 109, 111年，指考105年)

lip (聯考61年，指考106, 109②年)

liquid (學測87, 92①, 109, 112年，指考93②, 95, 102, 109①年)

liquor (聯考80年，學測84年)

list (學測85, 86, 89, 98, 101, 104, 108, 110年，指考94, 100, 103, 106, 108, 109②, 110年)

listen (學測104, 112年，指考93②, 104年)

listener (學測87, 88年，指考105年)

listing (學測99, 104年)

literacy (指考99, 100, 106年)

literal (指考109①年)

literally (聯考68年，學測100, 106, 108年，指考109②年)

literary (聯考50, 67年，指考93②, 97, 99, 100年)

literarily (學測103年)

literate (學測84年)

literature (聯考54, 56, 68, 72, 87年，學測91①②, 103, 104年，指考99, 104, 107年)

litter (學測97, 102年，指考110年)

live-in (學測102年)

liver (學測92①年，指考103年)

livestock (聯考90年，學測92②, 94, 110年，指考95年)

living (聯考59, 65, 66, 70, 89年，學測86, 88, 92②, 93, 98, 99, 106～111, 113年，指考93②, 95, 102, 104～106, 108, 109②, 110年)

living room (指考97年)

living thing (學測88年)

lizard (學測85, 98年，指考103, 106年)

load (聯考51, 64, 67, 72年，學測87, 91①年，指考93①, 101, 102, 104年)

loaf (聯考52, 86年，學測92②, 99年)

loan (學測107年)

lobby (學測90年，指考95年)

lobster (學測90年，指考106年)

local (聯考62, 66, 73, 76年，學測84, 91①, 94, 99, 102, 105, 107, 110, 111年，指考91, 93①, 94, 101, 103, 104, 106, 107, 109②年)

locale (指考109①年)

localize (學測88年)

locally (學測91①②, 110年，指考107年)

locate (學測90, 96, 97, 98, 99, 112, 113年，指考92, 93①, 101年)

located (學測107, 108, 110, 112, 113年，指考104, 107～109②, 110年)

location (學測98, 103, 107, 108, 110, 112, 113年，指考93①②, 94, 97, 102, 106, 107, 110年)

lock (聯考54, 63年，學測89, 111年，指考97, 98年)

locomotive (聯考46年)

lodge (學測84年)

log (學測101年)

log cabin (指考50年)

logic (聯考77年，學測85, 92①年，指考94, 102年)

logical (聯考53, 77年，學測85, 92①年，指考92, 98年)

logically (學測110年)

loiter (聯考64年)

London (學測100, 106年)

lone (學測99年)

loneliness (聯考89年，指考98年)

lonely (聯考47, 64, 74年，學測87, 89, 92②, 103, 113年，指考91年)

lonesome (指考91年)

long-awaited (學測94年)

long-dead (學測93年)

long-distance (指考102年)

longevity (學測100年)

long-held (學測100年，指考108年)

longing (學測101年)

long-lived (學測99年)

long-span (指考103年)

long-standing (學測106年)

long-term (學測85年，指考102, 103年)

loop (聯考82年，學測104, 108, 113年)

loose (聯考50, 61, 63, 67, 68, 89年，學測101年)

loosely (學測95, 102, 104年，指考92年)

loosen (聯考50, 52年，學測100, 103年)

loot (指考110年)

lord (聯考59年，指考93②年)

Los Angeles (學測102, 107年，指考108年)

lose (學測86, 90, 91②, 92②, 96, 98, 101～103, 105, 109, 110, 112年，指考97, 100, 103, 104, 106年)

loser (學測98年)

loss (學測85, 103, 105, 107～109, 113年，指考91, 93②, 102, 106～108, 110年)

lost (學測84, 86, 94, 101, 103, 105, 106, 109, 111～113年，指考92, 93①, 94, 101, 104, 106, 109②, 110年)

lot (聯考54年，學測103, 105, 107～109, 111～113年，指考101, 102, 107～109②年)

lotion (學測105年)

lottery (聯考86年，學測91年)

loud (學測87, 90, 95, 97, 98年，指考99年)

loudness (學測97年，指考105年)

lousy (學測106年，指考97年)

lovely (聯考89年，學測84, 86, 91②年)

lover (聯考90年，學測106, 112年，指考106, 109②年)

loving (學測101年，指考93②年)

low-calorie (學測84年)

low-cost (學測92②年)

lower (聯考80, 83, 90年，學測85, 92②, 95, 99, 100, 102, 105, 106, 109, 111, 112年，指考91, 94, 98, 101, 107, 109②, 110年)

low-impact (學測110年)

lowly (學測93年)

loyal (聯考84年，學測94年，指考109②年)

loyally (聯考48年)

loyalty (聯考50年，指考93②, 99年)

lucid (學測107年)

luck (聯考54年，學測95, 110年，指考102, 109①年)

luckily (學測83, 90, 91①年，指考91年)

lucky (學測103, 104, 107年，指考109①年)

lucrative (學測88年)

luggage (聯考89年，學測108年，指考102年)

lukewarm (指考110年)

lullaby (學測87, 107年)

lumber (聯考73年，指考102年)

luminous (學測87年)

lunchtime (學測88年)

lung (聯考64, 90年，學測83, 87, 91①②, 92①, 94, 98, 100年)

lung cancer (學測98年)

lure (聯考55年，學測93年)

lurk (學測111年，指考109年)

lush (學測96年)

Luxemburg (學測104年)

luxurious (聯考70年，學測101年，指考103年)

luxury (聯考70年，學測92②, 95年，指考104, 107, 110年)

lyric (學測107年，指考106年)

machine (聯考52, 53, 58, 60, 62, 63, 75, 76, 81, 85, 86年，學測97, 102, 105, 110年，指考93②, 97, 105, 107, 109②年)

machinery (聯考49, 63, 65年，學測101, 109年，指考104年)

mad (聯考52, 81年，指考108年)

madam (聯考49, 79年)

madness (學測84年，指考109②年)

mafia (學測84年)

magazine (聯考76年，學測94, 96, 98, 99, 104~106, 113年，指考91, 93①, 95, 99年)

magic (聯考54年，學測91①, 92①, 107年，指考104, 106年)

magical (學測91①, 94, 97, 106, 113年)

magically (學測90, 92①年)

magician (學測92①年)

magnet (學測105年)

magnetic (聯考48, 59年，學測95, 98年，指考101, 106, 109②年)

magnetic field (學測98年)

magnetism (聯考48年，學測98年)

magnificence (聯考62年)

magnificent (聯考64, 87年，學測96, 97, 109年，指考108, 110年)

magnify (學測108年)

maid (聯考51, 63年)

maiden (學測103年)

mail (聯考53, 65, 74, 84年，學測87~89年，指考93①, 102, 107年)

mailbox (學測91②年)

main (聯考55, 64, 73, 77, 78, 84, 87, 89年，學測83, 84, 87, 88, 90, 91①, 92①②, 94~100, 102, 104~109, 113年，指考92, 93②, 94, 97~101, 103~109①, 110年)

mainland (聯考83年，學測86, 97, 101, 112年)

mainly (聯考53, 75, 76, 79~82, 84, 89, 90年，學測87, 89, 91②~93, 95~101, 103~110, 112年，指考91~94, 97, 99, 101, 102, 106~110年)

mainsail (學測86年)

mainstream (指考96年)

maintain (聯考48, 51, 54, 63, 67, 68, 75, 80, 90年，學測84, 85, 88, 90, 92①②, 96, 97, 99, 100, 103, 108, 110, 112, 113年，指考93②, 94, 97, 103, 104, 106, 109①②年)

maintenance (聯考48, 68, 72年，指考93②, 94, 101, 104年)

major (聯考64, 66, 67, 71, 80年，學測86, 88, 92①②,93, 96, 98, 102, 103, 105, 107, 109~111年指考92~94, 99~101, 104, 106, 108, 109②, 110年)

majority (聯考60, 62, 64, 69, 87年，學測92②, 96, 102, 106年，指考101, 107, 109①, 110年)

make-believe (學測88年，指考91年)

makeup (學測89年，學測109年，指考108年)

malarial (學測93年，指考103年)

Malaysia (指考101, 110年)

male (聯考70, 74, 79, 82年，學測93, 97, 101, 108, 111年，指考94, 97, 98, 100, 104, 108, 109①年)

malicious (聯考46, 69年)

mall (指考102年)

mammal (學測84, 98年，指考93②, 104, 108年)

manage (聯考77, 78年，學測86, 89, 91①, 92①②, 95, 98, 99, 104, 107, 110, 111年，指考94, 96, 97, 99~103, 109②年)

manageable (學測91①, 97, 113年，指考93①年)

management (聯考61, 63年，學測90, 103, 109, 113年，指考101年)

manager (聯考65, 77, 79, 84年，學測91②, 95, 96, 98, 99, 107, 108, 111年，指考91, 92, 97, 101, 105年)

mandatory (學測111年)

mango (學測104, 107年)

manifest (學測105年，指考109①年)

manifold (聯考54年)

manipulate (學測111年，指考93①, 101, 102, 109①年)

manipulation (指考102年)

mankind (聯考50, 62, 69, 78年，學測92②, 100年)

manlike (學測90年)

manly (聯考80年)

man-made (聯考60年，學測102, 105年)

manner (聯考65, 68, 85, 86, 87年)

manners (聯考68年，學測101年)

manpower (聯考70, 84年，學測92②年，指考101年)

mansion (聯考63, 87年，學測90, 107年)

manual (聯考53年，學測98, 108年，指考95, 100年)

manually (指考106年)

manufacture (聯考81年，學測94, 104, 108年，指考97年)

manufacturer (聯考76, 85年，學測84, 88, 91②, 94, 102~104, 109年，指考104, 109①年)

manufacturing (學測91①年，指考96, 109①年)

manuscript (學測86, 91②年，指考109①年)

map (指考92, 94, 97, 101年)

marathon (聯考77年，指考102, 104年)

marble (聯考50年，學測93年)

march (聯考47, 52, 67年，學測92②, 99, 103年，指考100, 106年)

margin (學測89, 107年，指考108年)

marginal (指考105, 107年)

marijuana (指考97年)

marine (學測105, 109, 113年，指考104, 109①年)

marital (學測102年)

mark (聯考54, 64, 88年，學測93~95, 97, 98, 112年，指考93②, 101, 102, 104, 107年)

markedly (聯考67年)

market (聯考75, 79, 86, 87, 89, 90年，學測84, 92①②, 97, 98, 102, 108, 110~113年，指考93①~95, 97, 99, 100, 102, 109①②年)

marketer (學測92①年)

marketing (學測88, 92①, 99, 113年，指考104, 107, 108年)

marketplace (學測94年)

marking (學測104年，指考108, 110年)

markup (指考94年)

marriage (聯考52, 62, 90年，學測95, 102, 103, 107, 108年，指考91, 95, 97, 98年)

married (學測105年)

marry (聯考52, 55, 89, 90年，學測102, 103, 108年，指考91, 98年)

Mars (學測102, 112年)

martial (學測104, 106年，指考106年)

marvel (學測97年)

marvelous (學測85年，學測94, 95, 97, 110年)

masculine (聯考80年)

mash (學測112年)

mask (學測90年，指考100年)

mass (聯考48, 62, 63, 65, 72年，學測90, 96年，指考95, 96, 98, 106, 108, 110年)

massage (學測96年)

massive (學測103, 105, 107, 110年，指考102, 107, 110年)

massively (指考105年)

mass-produce (聯考90年，學測109, 113年)

master (聯考81, 82, 88年，學測92②, 103, 110, 113年，指考91, 99, 101, 105, 108, 110年)

masterful (學測111年)

masterpiece (指考94, 104年)

mastery (指考95年)

mat (學測93, 107年)

match (聯考77, 81, 90年，學測98, 99, 102, 113年，指考92, 93①②, 101, 104, 106, 109①年)

matchmaker (學測99年)

mate (聯考90年，學測93, 97, 109年，指考94, 95, 102, 104年)

material (聯考52, 70, 75, 76~78, 81, 85, 87年，學測85, 86, 88, 96, 97, 101, 103, 108, 109, 111~113年，指考92~94, 97, 98, 100, 101, 106~109①②年)

materialize (聯考90年，指考93②年)

math (學測84年，指考93①②, 98, 105, 108, 109①年)

mathematical (聯考87年，指考91, 92年)

mathematically (指考91年)

mathematician (指考91, 106年)

mathematics (聯考53, 56, 76, 83, 90年，指考93②, 106, 108年)

matter (聯考64, 70, 76, 78, 81, 82, 84, 85, 88, 90年，學測83, 84, 93, 95, 96, 98~100, 103, 107, 108, 110, 111, 113年，指考93①~95, 101, 102, 105~107, 109①年)

mattress (學測108年)

mature (聯考72年，學測100, 101, 107年，指考91, 96, 100, 107年)

maturity (學測103, 105年)

maximize (聯考83年，學測98年，指考101年)

maximum (聯考88年，學測85, 104年，指考104年)

maybe (聯考78, 81, 89年，學測87, 91②年，指考97年)

mayor (聯考53, 66年，學測83, 87, 88, 100, 103年)

maze (指考110年)

meadow (指考93②, 94, 108年)

meal (聯考74, 87年，學測91②, 92②, 94, 96, 98, 106, 107年，指考91, 92, 107, 110年)

mean (聯考50, 61, 63, 80, 84, 85, 89年，學測83, 85, 86, 88, 89, 91①, 92①, 94~98, 100, 101, 103~106, 108, 109, 112, 113年，指考91, 93①②, 94, 97~100, 102~110年)

meaning (聯考87, 89年，學測86~88, 95, 96, 99, 103, 104, 106~108, 111, 113年，指考93①②, 98, 101, 103, 106, 109①②年)

meaningful (指考94年)

meaningfully (學測108年)

meaningless (學測106年)

means (聯考47, 53, 61, 65, 68, 75, 76年，學測102, 106, 107, 110~112年，指考101, 102, 107, 109①年)

meantime (學測85年)

meanwhile (學測91②, 95, 112年，指考91, 95, 107~109②年)

measurably (指考102年)

measure (聯考65, 68, 69, 71, 80, 82, 84, 88年，學測87, 89, 92②, 93, 96, 97, 100, 102, 106~108年，指考92, 93①②, 95, 98, 100, 101, 106, 109①, 110年)

measurement (學測106年，指考91, 95, 96年)

meat (聯考70, 73, 77, 87, 89, 90年，學測92②, 101, 111年，指考107~109①, 110年)

meatball (學測92②年)

meaty (學測112年)

mechanic (聯考71, 76年)

mechanical (聯考48, 49, 55, 81年，學測90年，指考101年)

mechanically (聯考64年)

mechanics (指考94, 101年)

mechanism (學測113年，指考103, 109年)

medal (學測83, 99, 104, 106, 107, 111年，指考103年)

medalist (學測111年)

meddle (聯考67年)

media/medium (聯考78年，學測103, 112年，指考98~101, 108, 109②年)

mediate (指考100年)

medical (聯考61, 76, 84, 88, 90年，學測88, 92①②, 93, 97, 104, 106, 108, 110~113年，指考93①②~95, 98, 100, 102, 104~106, 108, 109①, 110年)

medically (指考94年)

medication (聯考84, 90年，學測91②, 93年，指考105, 107, 108年)

medicinal (學測106年)

medicine (聯考55, 58, 76, 84, 86, 89, 90年，學測86, 87, 91②, 92①~94, 104~106, 110年，指考94, 98, 100, 109①年)

medieval (聯考86年，學測97, 110年，指考107, 108年)

mediocre (聯考64年，指考110年)

meditation (聯考64, 90年)

meeting (聯考52, 59, 86, 87, 90年，學測93, 95, 98~100, 101年，指考94, 97, 99, 101, 106, 110年)

melancholy (聯考53年，學測83年)

附錄

melody (聯考45年，學測107, 108年，指考106年)
melon (指考99年)
melt (聯考78年，學測91①, 97, 103, 113年)
member (聯考51, 52, 64, 75, 80, 83年，學測86, 87, 91①, 92①②, 95~97, 99~103, 105, 108~113年，指考101, 103~105, 108, 109②年)
membership (學測99年)
memorable (學測93年)
memorial (聯考51年，學測91①, 108年，指考97年)
memorize (聯考63年，學測85, 88, 108年)
memory (聯考55, 62, 64, 65, 72, 74, 81, 88年，學測85, 92②, 97, 101, 103, 104, 106, 108, 109年，指考93①, 97, 99, 104, 108, 109②, 110年)
menace (聯考52年)
mend (聯考46, 61年)
mental (聯考52, 53, 77, 81年，學測86, 95, 102, 104, 108, 110, 112年，指考99年)
mentality (聯考81年)
mentally (學測110, 111年)
mention (聯考57, 59, 67, 76, 80, 87, 89, 90年，學測85~87, 89, 91①, 92②, 93, 99, 100,103, 105, 108~110, 112, 113年，指考92, 93②, 94, 97, 98, 100, 105, 106, 108, 110年)
menu (學測90年，指考99, 110年)
merchandise (指考100, 102年)
merchant (聯考56, 65年，學測112年，指考100, 108, 110年)
mercury (學測88年)
mercy (指考93①年)
mere (聯考47, 53, 54年，學測88, 110年)
merely (聯考55, 63, 83, 87年，學測96, 97,102, 106, 110, 112年，指考102, 107年)
merge (聯考89年)
merit (學測109年，指考92, 93①, 108, 109①年)
merrily (學測108年，指考110年)
merry (學測86年)
mess (聯考88年)
message (聯考52, 75, 81~84, 86, 88年，學測84, 91②, 92②, 94, 107, 109, 113年，指考91, 94, 95, 100, 101, 104, 107, 110年)
messenger (聯考48, 63, 86年，學測111年，指考96, 97, 106年)
messy (指考109②年)
metabolism (學測104年，指考106年)
metal (聯考55, 56, 81年，學測83, 87, 105, 111, 112年，指考96, 104, 108, 109②, 110年)
metaphor (指考98, 108, 109①年)
metaphysical (指考110年)
meteor (指考110年)
meteorite (指考110年)
meteoroid (指考110年)
meteorological (指考109②年)
meteorologist (聯考51年，指考109②年)
meteorology (指考109②年)
meter (聯考77年，學測87, 91①, 95, 99, 100年，指考92, 95, 102, 104年)

method (聯考60, 65, 78, 82, 84, 87, 90年，學測83, 91①, 92②, 95, 102, 103, 105, 107, 109, 110年，指考92, 101, 104, 107, 109②年)
methodology (指考104年)
meticulously (學測68年)
metropolitan (學測91①, 93年)
Mexican (聯考75年，學測110年，指考110年)
Mexico (聯考75年，學測107, 110年，指考104年)
Michigan (指考98年)
microbial (指考108年)
microgravity (學測95, 112年)
microphone (聯考81, 90年，學測89年)
microprocessor (指考93①年)
microscope (聯考61年，學測113年，指考105年)
microscopic (指考102年)
Microsoft (學測91②年，指考101年)
microwavable (學測100年)
microwave (學測100年)
mid (學測101年)
midair (學測110, 111年)
middle (聯考75, 80, 90年，學測89, 101, 105~107, 109年，指考105, 107, 110年)
middle-aged (學測99年)
middle-class (指考98年)
mid-flight (學測111年)
midnight (聯考50, 59, 83年)
mid-size (學測106年)
midst (學測101年)
might (聯考77年，學測103, 104, 106, 108~113年，指考101, 107, 109①, 110年)
mighty (聯考47, 75, 90年，學測112年，指考109①年)
migrant (聯考84年)
migrate (學測85年)
migration (聯考84年，學測105年，指考110年)
mild (聯考75, 80年，學測97, 99, 107年，指考107年)
mileage (指考109②年)
milestone (學測109年)
military (聯考67, 84, 88年，學測88, 102, 113年，指考96, 104, 106, 107, 109②年)
milkshake (學測98年)
mill (聯考67年)
millennia (學測103, 107年)
millennium (學測87年，指考105, 106年)
millet (學測92②年)
millimeter (學測96年)
million (聯考74, 80, 89年，學測83, 84, 87, 89~92①, 94, 96, 98~100, 102, 104, 105, 109~112年，指考91, 93①, 97, 98, 100~105, 107, 109①②, 110年)
millionaire (學測86, 90年，指考105年)
mimic (指考104, 110年)
mind (聯考52年，學測97, 98, 100~104, 106~108, 110, 111年，指考93①, 94, 97, 101, 103, 108, 109①②年)
mindset (指考105年)
miner (聯考50年)

mineral (聯考49, 50, 76, 85年，學測110年，指考93①年)
mingle (指考102, 108年)
miniature (學測92②年，指考93①, 101, 104年)
miniaturize (學測68年)
minimal (指考110年)
minimalist (指考109②年)
minimize (聯考88年，學測98年，指考93①, 100, 110年)
minimum (聯考65, 68, 69年，學測92②, 97, 103, 110年，指考101, 105年)
miniskirt (學測102年)
minister (聯考46, 47, 65年，學測105年，指考101, 108, 109②年)
ministry (聯考65年，學測85, 91①, 93, 109年)
minor (聯考67, 83年，學測88, 103, 104年，指考97, 106年)
minority (學測96, 103年)
mint (指考99年)
minus (聯考59年，指考102年)
minute (聯考62, 67, 89, 90年，學測87, 97, 100, 102, 104, 106, 108~111, 113年，指考94, 97, 101, 102年)
miracle (學測101, 112年，指考109①年)
miraculous (聯考88年，學測108年)
miraculously (指考92年)
mirage (聯考58年)
mirror (聯考56, 76年，學測92①, 106年，指考93①, 98, 103年)
misbehave (學測104年)
mischief (學測97年)
mischievous (聯考68年，學測90, 105年)
miserable (聯考86年，學測109年，指考96年)
misery (聯考53, 69年，學測102年)
misfortunate (學測101年)
misfortune (聯考53, 57年，指考101, 109②年)
mislead (聯考84年，指考95, 109②年)
misleading (聯考66, 70年，學測95, 100年)
misplace (聯考75年，指考97, 107年)
misguide (學測112年)
miss (聯考52, 60, 64, 65, 72, 75, 89年，學測84, 87, 91②, 92①, 97, 103, 107, 113年)
missile (聯考58年)
missing (聯考81, 89年，學測89, 107年，指考101, 104, 106年)
mission (聯考50, 69年，學測95, 98, 99, 108, 109, 112, 113年，指考92年)
Missouri (學測102年，指考109①年)
mist (學測108年)
mistake (聯考78, 86, 88年，學測95, 100, 106, 111年，指考97, 98, 103, 107, 109②年)
mistaken (聯考70, 84年)
mistakenly (學測94年，指考92, 109①年)
mistreat (學測95年，指考91年)
mistrust (學測94年)
misunderstand (聯考46年，指考108, 109①年)

misunderstanding (聯考67年，學測91②年)
M.I.T. (= *Made In Taiwan*) (學測86年)
mix (聯考87年，學測95, 99, 102, 105, 107, 109年，指考93①, 100, 104, 106, 109②年)
mixed-breed (指考108年)
mixture (學測108年，指考102, 106年)
mix-up (指考109②年)
mob (聯考50, 67年)
mobile (學測103年，指考101, 102, 107, 110年)
mobile phone (指考99年)
mobility (學測103年)
mobilize (指考104, 110年)
mock (聯考67年，學測109年)
mockingly (指考108年)
mock-up (指考101年)
mode (學測111年)
model (聯考45, 52, 67, 76~年，學測91②, 98, 101~103, 105, 111~113年，指考93②, 94, 98, 100, 102~104, 106, 108年)
moderate (聯考87, 90年，學測97, 99, 100, 111, 113年，指考107年)
moderately (學測108年)
moderation (聯考60, 73年)
modern (聯考58, 77, 78, 80, 82, 84, 87, 88年，學測90, 98~100, 103, 104, 106, 109~111, 113年，指考92~94, 97, 100, 102~105, 107~109①, 110年)
modern-day (學測104, 106, 110年)
modernization (指考98年)
modest (學測99~102, 110年)
modestly (學測90年)
modesty (聯考50年，學測88年)
modification (指考103, 104年)
modify (學測92①年，指考98, 103, 107, 109①年)
moist (學測100, 110年)
moisten (學測110年)
moisture (聯考61年，學測100, 103, 109年，指考102年)
mold (聯考62年)
mole (學測98年)
molecular (指考98年)
mollusk (學測88年，指考94年)
moment (聯考46, 54, 62, 65, 68, 74, 76, 82, 83, 86, 89年，學測84, 86, 89, 94, 104, 107, 112, 113年，指考91, 94年)
momentum (聯考62年，指考109①年)
monarch (指考91年)
monarchic (指考106年)
monarchy (指考93②年)
monastery (指考104, 107年)
monastic (指考107年)
monetary (聯考68年，學測100年，指考98年)
monitor (學測102, 107年，指考93②, 97, 99年)
monopolize (聯考63年)
monopoly (指考107年)
monosyllable (聯考68年)
monotonous (聯考60年)
monotony (指考95, 106年)

monster (聯考81年)
monthly (學測111, 113年,指考93①年)
monument (學測87, 94, 103, 109, 110, 113年)
monumental (指考105年)
mood (聯考64, 81, 90年,學測87, 98, 101, 106年,指考93②, 97, 101年)
mooncake (學測107年)
moonscape (指考104年)
moral (聯考60, 63, 67, 89, 90年,學測88, 98, 110年,指考91年)
morale (學測91①年,指考109①②年)
morally (學測89, 103年)
moreover (聯考54, 67, 70, 76, 77, 79, 87年,學測84, 88, 92②, 93, 102, 103, 108~112年,指考93②, 95, 105~107年)
mortal (聯考45年,學測102年,指考103年)
mortuary (學測108年)
mosque (學測94年)
mosquito (聯考48, 64年,學測93, 107年,指考103年)
mostly (聯考60, 62, 77, 81年,學測84, 86, 87, 92①②, 94, 111~113年,指考95, 100, 101, 103, 104, 110年)
motel (學測99年)
motion (聯考61, 81年,學測92②, 109, 112年,指考110年)
motionless (學測108年,指考104午)
motivate (學測91①, 92②, 98, 99, 103, 112年,指考93②, 101年)
motivation (學測91①年,指考94, 108, 109②, 110年)
motor (聯考76年,學測93, 98, 99, 103年,指考103年)
motorcycle (聯考85年,學測91②, 101年)
motorist (學測84年)
motorman (指考91年)
motto (學測110年,指考99年)
mound (學測94年)
mount (學測84, 103年)
mountain (聯考90年,學測96, 97, 101, 103, 104, 108, 110, 113年,指考93①, 102, 103, 105, 107年)
mountainous (指考96年)
mourn (學測110年,指考91年)
mouse (學測111年,指考91, 100年)
mouth (聯考90年,學測92①, 96, 99, 108, 109年,指考93①, 103年)
movable (學測83年,指考105年)
move (聯考52, 56, 58, 59, 68, 69, 74, 82, 83, 90年,學測83, 84, 86, 91①~95, 98~101, 104~107, 109, 110, 112, 113年,指考94, 97, 99, 101~103, 110年)
movement (聯考48, 50, 82, 84年,學測86, 89, 90, 95, 96, 99, 104, 105, 112年,指考91, 98, 99, 101, 105, 107, 110年)
moving (學測101, 103~105, 109, 110, 112, 113年,指考109①年)
MRT (指考97年)
Ms. (指考93②, 108年)
Mt. (聯考90年)
mud (學測94, 112年)

mudslides (指考103年)
muddy (學測91①年,指考106年)
mule (聯考88年)
multicolored (學測111年)
multi-functional (學測102年)
multimedia (學測84年,指考102年)
multiple (學測94, 99, 106, 112年,指考109①年)
multiplication (指考93①年)
multiply (聯考90年,學測99年)
multi-subject (指考109①年)
multitude (聯考51年,指考94年)
mumble (指考104年)
mummy (學測93, 100, 106年)
mural (指考93①年)
murder (聯考50, 64, 80年,指考106, 109①年)
murderer (聯考56, 80年,學測103年)
murmur (學測101年,指考94年)
muscle (聯考60, 63年,學測87, 92②, 103, 109, 110, 113年,指考97, 102, 108, 109②年)
muscular (指考108年)
museum (聯考45, 49, 52, 66, 82, 84, 85年,學測88, 90, 93, 96, 97, 101, 108年,指考92~95, 99, 102, 105, 106, 108年)
mushroom (指考99, 100, 104年)
musical (聯考48, 82年,學測87, 100, 110, 112午,指考102, 106, 107年)
musician (聯考68, 86年,學測110年,指考93②, 99, 101, 102, 106年)
musk (指考93②年)
muslim (學測112年,指考104年)
mustard (聯考89年)
must-have (學測91②年)
mute (聯考65, 66年)
mutual (聯考51年,學測99, 102年,指考91, 100年)
mutually (聯考86, 87年,學測101, 104年,指考91, 93②, 103年)
MVP (指考109①年)
mysterious (聯考51, 64, 66, 85, 90年,學測105, 112年,指考97, 104, 109①年)
mysteriously (聯考88年,學測106, 111年)
mystery (聯考81, 85, 90年,學測85, 86, 89, 111, 113年,指考95, 97, 103, 108年)
mystical (指考108年)
myth (學測103年)
mythological (指考105年)
nail (聯考70年,指考99, 107, 109②年)
naive (指考104年)
naively (學測94年)
naked (學測113年,指考98, 105年)
namely (聯考58年,學測103, 105, 109年)
nap (學測102, 108年)
naptime (學測96年)
narrate (學測98年,指考101年)
narrow (學測100年,指考105, 106年)
narrowly (聯考62年,學測91①②, 95, 98, 101年)
NASA (學測92①, 113年)
nasty (學測98年)

nation (聯考52, 62, 63, 69, 70, 75年,學測02②, 99, 101, 102, 105午,指考93②, 97, 99, 101, 104年)
national (聯考67, 73, 76, 80, 84, 85年,學測84, 85, 96, 97, 99, 103, 104, 106, 108, 110, 111, 113年,指考91, 95, 98~100, 103~107, 109①, 110年)
nationalism (聯考76年,指考106年)
nationalist (指考110年)
nationality (聯考52年,學測101年)
native (聯考50, 69, 73年,學測83, 87, 91①②, 93, 98, 99, 106, 112年,指考95, 98, 99, 109②, 110年)
natural (聯考65, 68, 69, 84, 85, 89年,學測88, 89, 93, 94, 97~100, 107~109, 111, 113年,指考92, 93①, 94, 99, 100, 103, 108, 109②, 110年)
naturalist (學測104年,指考108年)
naturally (聯考65, 66, 77年,學測94, 105, 110, 112年,指考105, 106, 110年)
nature (聯考66, 67, 79, 82, 87, 89, 90年,學測85, 88~90, 102~106, 109, 113年,指考93①②, 94, 103~106, 108, 109①, 110年)
naughty (聯考86年,學測90, 110年)
nausea (學測112年)
navigate (學測98, 108, 112, 113年,指考94年)
navigation (聯考75年,學測87年)
navigational (指考105年)
navy (聯考47年,指考97, 110年)
Nazi (指考91, 99年)
nearby (聯考83, 90年,學測86, 89, 98, 100, 103, 107年,指考104, 110年)
nearly (聯考62, 67, 68, 79, 82, 84, 86, 89年,學測83, 88, 91①, 92②, 94, 97~99, 104~107, 109~112年,指考93①~95, 104, 105, 107~109①, 110年)
nearness (指考93①年)
near-perfect (指考104年)
nearsightedness (聯考82年)
neat (學測91①, 92①年)
neatly (聯考55, 74年)
necessarily (聯考46, 49, 52, 53, 72, 78, 83, 88年,學測86, 95, 98, 103, 105年,指考93②, 99, 101, 103年)
necessary (聯考52, 58, 73年,學測85, 91①②, 92②, 95, 97, 102, 104, 113年,指考91, 92~100, 102, 104, 109②年)
necessitate (聯考51年)
necessity (聯考46, 65, 68, 89年,學測92②, 99, 103, 105, 111年)
necktie (學測91①年)
nectar (聯考84年)
needle (聯考45, 48年,學測98年)
needlessly (學測96年)
needy (聯考90年,學測105年,指考109①年)
negative (學測86, 91①②, 95~97, 104, 105, 108年,指考94, 100~102, 108年)
neglect (聯考66, 86年,學測87, 91②, 95, 96, 104, 105年,指考98, 105年)
negligible (聯考69年)
negotiate (聯考86年,學測90, 96, 104, 105, 112年)

negotiation (聯考85年,指考101年)
negro (聯考65年,指考106年)
neighbor (聯考67, 77, 79, 83, 86, 90年,學測89, 97, 108, 112年,指考106, 107年)
neighborhood (聯考62, 83, 85年,學測89年,指考106, 109①年)
neighboring (聯考53, 86年,學測102, 109, 112年,指考93②, 96, 108年)
neither (聯考52, 53, 56, 57, 60, 62, 63, 66, 75, 89, 90年,學測92②, 101, 104, 109年,指考94, 107, 109①年)
nephew (聯考47, 59年,學測85年)
nerve (聯考68年)
nervous (聯考74, 77, 86年,學測94, 98, 100, 104年,指考91, 97, 98, 110年)
nervously (學測89年)
nest (聯考66年,學測92②, 94, 110, 113年)
net (聯考59, 64年,學測91②, 93年,指考92, 102, 104年)
network (聯考47, 75年,學測95, 96, 112, 113年,指考100, 102, 103, 107年)
neurological (指考96年)
neuron (學測111年)
neuroscientist (學測95年,指考105年)
neurotransmitter (學測111年)
neutral (學測108年,指考95, 105年)
never-ending (學測89, 108年)
nevertheless (聯考65, 66年,學測84, 88, 95, 104, 108, 110, 113年,指考91, 94, 95, 103, 105, 110年)
newborn (指考95, 106年)
newcomer (學測105年)
newly (學測96~99, 110年,指考105年)
newlywed (學測88年)
news (學測101~105, 113年,指考98, 100~102, 105, 110年)
news conference (學測83年)
New York (學測97, 101, 102, 106年,指考97, 102, 106~108年)
New Zealand (學測99年,指考102, 109①年)
New Zealander (學測99年,指考109①年)
nibble (聯考53年)
nick (聯考73年)
nickel (指考104年)
nickname (學測99年,指考106, 109①年)
nicotine (學測91②年)
niece (聯考69年,學測85, 89年)
Nigeria (指考97, 102年)
nightclub (學測84, 101年)
nightlife (學測88年)
nightmare (聯考63, 65年,學測96年,指考91年)
nine-to-five (指考107年)
nitrate (聯考77年)
Nobel Prize (學測103年,指考99, 101, 104年)
nobility (學測106年,指考107, 109②年)
noble (聯考68年,學測93, 101年,指考109②, 110年)
nobody (學測90, 104年)

nocturnal (學測99年)

nod (聯考68, 73, 89年)

noise (聯考90年,學測85, 91②, 92②, 96, 109年,指考92, 93①, 102, 103, 107年)

noisy (聯考90年,學測96, 109年,指考101年)

nominate (指考94年)

nominee (聯考75年)

nonconsecutive (指考99年)

none (聯考53, 67, 73, 77年,學測103, 105, 107年,指考106年)

nonetheless (學測106年)

nonfiction (指考91年)

nonmilitant (指考109①年)

nonprofit (學測96, 106, 107, 110年,指考106年)

nonsense (聯考69, 73, 87年,學測94年)

non-smoker (學測83年)

nonstop (指考99年)

non-traditional (指考98年)

nonverbal (聯考79, 83, 85年,學測100年)

noodle (學測108年,指考109②年)

noon (學測97年,指考91年)

nopal (學測110年)

nor (學測96, 101, 104年,指考106, 107年)

norm (聯考88年,學測105年,指考100, 110年)

normal (聯考49, 60, 66, 68, 72, 81, 84, 89年,學測83, 90, 92②, 95, 96, 102, 107, 108, 112, 113年,指考100, 102, 103, 105, 107年)

normally (聯考51, 87年,學測86, 91②, 98, 99, 102, 111, 113年,指考93①, 110年)

north (聯考48, 54, 75, 89年,學測86, 94, 97, 98, 100, 104, 106~108, 112年,指考94, 101, 107, 109②年)

northeastern (學測86, 113年)

northern (學測96, 98, 100, 111年,指考95, 98, 103, 105, 108年)

northward (聯考54年,學測96年)

northwest (學測108, 113年)

Norway (學測104年,指考101, 107年)

Norwegian (學測104年,指考110年)

nostalgic (指考106年)

notable (指考101年)

notably (學測87年,指考106年)

note (聯考52, 62, 65, 74, 90年,學測87, 89, 98, 102, 107, 110, 112年,指考92, 93②, 101, 104, 106年)

notebook (聯考79, 90年,學測91②, 99年)

noteworthy (聯考73年,學測96年)

notice (聯考48, 49, 50, 62, 75, 78, 79, 81, 83~86, 89, 90年,學測94, 95, 97, 98, 100, 104, 106, 108, 109, 111, 112年,指考91, 94, 100, 102, 109①年)

noticeable (聯考82, 86年,學測95, 104, 109年,指考103年)

noticeably (指考109②年)

notify (聯考78年,學測87, 91①②年,指考97年)

notorious (聯考63, 82年,指考109①年)

notoriously (學測89年)

noun (聯考51年)

nourish (聯考87年,學測100, 103年)

nourishment (聯考87年)

novel (聯考67, 82, 89, 90年,學測90, 91②, 99, 101, 103, 106年,指考93②, 97, 99, 100, 103, 108年)

novelist (指考99年)

nowadays (聯考72, 73, 77, 84年,學測91②, 92①, 95, 102, 104, 106, 108年,指考94, 95, 97, 100, 110年)

nowhere (聯考86, 89年,學測99年)

nuclear (聯考69, 75年,學測87, 91②年,指考107年)

nucleus (聯考48年)

nuisance (聯考48, 49年,學測94, 96年,指考105, 107年)

numb (指考102年)

number (聯考67, 69, 72, 75~77, 80~82, 84, 85, 87, 89, 90年,學測84, 89, 91②, 94, 97, 98, 101~103, 105~107, 109~112年,指考93①, 97, 99~103, 106~109①, 110年)

numerically (聯考47年)

numerous (聯考53, 58, 70, 79, 87年,學測85, 103, 105, 106, 108, 110年,指考91, 96, 100, 107年)

numerously (指考91, 94年)

nurture (聯考73年,學測107年,指考110年)

nut (聯考66年,學測104年)

nutrient (聯考87年,指考106, 110年)

nutrition (聯考87年,學測84, 89, 98, 109年,指考101, 104, 108年)

nutritional (學測88, 104, 108年)

nutritionist (學測100年)

nutritious (學測92②年)

nylon (學測96, 113年)

nymph (指考107年)

oak (聯考54年)

oath (聯考61年,指考108年)

obedience (學測92②年)

obedient (聯考60, 69, 72年)

obediently (學測104, 110年)

obey (聯考53, 75年,學測90年,指考97年)

object (聯考45, 50, 52, 61, 63, 66, 69, 71, 78, 87年,學測83, 84, 90, 93, 98, 102, 104, 110, 111年,指考92, 93①, 95, 99, 100, 102, 105, 106, 108, 109①年)

objection (聯考72年,學測99, 102, 106, 108年,指考93①, 98年)

objective (聯考65年,學測85, 91①, 94, 101, 104~106, 108年,指考97, 102, 110年)

objectively (學測92①年,指考103年)

objectivity (聯考71年,指考109②年)

objector (聯考63年)

obligation (聯考61年,指考94, 105年)

oblige (學測89年)

obscure (指考93①, 109①年)

obscurity (聯考67年)

observant (聯考85年)

observation (聯考48, 49年,學測88, 92①, 95, 106, 113年指考104, 108, 109①年)

observe (聯考66, 85年,學測92①, 93, 95, 99, 101, 102, 108, 109, 112, 113年,指考93①, 94, 97, 99, 100, 103, 105, 109①②年)

obsess (聯考74年,指考103年)

obstacle (聯考71, 87年,學測107年,指考95, 100, 108年)

obstinate (聯考69, 85年,學測110年)

obstruct (指考91年)

obstruction (聯考49年)

obtain (聯考66, 75年,學測85, 88, 89, 99, 102, 111年,指考93, 97年)

obvious (聯考49, 64, 76, 82, 83, 89年,學測96, 98, 108年,指考92, 93①年)

obviously (學測85, 96, 97, 100, 112年,指考91, 97, 109①年)

occasion (聯考52, 65, 89年,學測88, 99, 108, 109年,指考100, 101, 106, 109①年)

occasional (聯考83年,學測108, 110年,指考95年)

occasionally (聯考51, 84, 89, 90年,學測85, 91①, 101, 105, 110年,指考98年)

occupant (學測84年)

occupation (學測97, 101, 108年,指考94, 109①年)

occupational (指考98年)

occupy (聯考49, 56年,學測101, 104, 106~110年,指考93①年)

occur (聯考62, 63, 68, 70, 80, 83年,學測83, 89, 91①, 94, 98, 103, 104, 106, 107, 109, 110年,指考91, 93①②, 95, 98, 100, 101, 104, 106, 107, 110年)

occurrence (聯考48, 68年,指考93②年)

ocean (聯考82年,學測91②, 98, 99, 102, 105~109, 112, 113年,指考101, 108, 109①年)

odd (學測102, 103, 110, 113年,指考96, 103年)

odious (聯考68年)

odor (指考99, 100, 106, 108年)

off-duty (學測89年)

offend (聯考69, 85年,學測89, 104年,指考105年)

offense (學測85年,學測103, 105年)

offensive (聯考73年,學測110年)

offer (聯考50, 52, 53, 60, 65, 68, 69, 78, 79, 81, 90年,學測84~86, 88, 91①②, 96, 99, 103~107, 109~111年,指考91~93①②, 95, 97~105, 109②, 110年)

offering (學測106, 111年,指考101, 103年)

officer (聯考51, 64, 76, 84年,學測83, 88, 91②, 102, 109, 110年,指考102, 106, 109②年)

official (聯考48, 61, 76, 82, 83, 84年,學測83, 94, 105, 106, 109, 110, 112年,指考92, 93①, 98, 100, 105, 106, 109②, 110年)

officially (聯考80年,學測91②, 93, 104, 106, 107, 113年,指考101, 102, 110年)

officiate (指考97年)

offspring (指考103年)

oftentimes (指考97年)

oil (學測98, 100, 104, 106, 107, 109年,指考99, 100, 103, 108, 109①年)

oily (學測108年)

old-fashioned (聯考58, 72年,學測110年)

olive (學測100, 109年)

Olympic (學測98, 99, 106, 111年)

Olympics (聯考77年,學測98, 99, 105年)

omega (學測92②, 113年)

omit (聯考45, 62年)

once (聯考90年,學測87~92①, 94, 96, 101, 103, 105, 108, 110~113年,指考98, 100~103, 106, 108~110年)

ongoing (學測105年,指考98, 105年)

oniomania (指考98年)

onion (聯考70, 75, 89年,學測99, 106年)

online (學測99, 103, 104, 106, 111年,指考92, 98, 102, 103, 105, 106年)

onrushing (學測109年)

on-site (指考108年)

onstage (學測101年)

onto (學測92②, 100, 106, 110, 113年)

onward(s) (學測85, 98年)

open-air (學測97年,指考104, 105年)

opener (學測102年)

open-handed (聯考63年)

opening (學測59年,學測89, 102, 110, 113年,指考101, 102, 109②年)

opera (聯考73年,學測84, 91①, 101, 111年,指考93①, 106年)

operate (聯考51, 56, 60, 81, 85, 90年,學測86, 90, 96, 103年,指考93①, 101, 103, 107, 109①年)

operatic (指考106年)

operating (學測102年,指考101年)

operation (聯考49, 73, 86, 89年,學測91②, 99, 100, 103, 104, 110, 113年,指考93①, 96, 98, 104~106年)

operator (聯考51, 89年,學測92①, 110年)

opinion (聯考46, 60, 69, 73, 80, 85, 86, 87年,學測86, 88, 101, 103, 105, 111年,指考93①, 95, 102, 107, 109①年)

opponent (學測100年,指考92, 93②, 97, 106, 109①年)

opportunity (聯考47, 60, 64, 68, 70, 75年,學測91①, 102, 105, 106, 108, 111年,指考91, 93①②, 94, 98, 100, 105, 107, 108年)

oppose (聯考63, 76年,學測91①, 102, 105, 110年,指考92, 94, 99, 101, 104, 109②年)

opposite (聯考55, 72年,學測84, 87, 91②, 98, 100, 101, 108年)

opposition (聯考46, 69年,學測105年,指考94, 96, 98, 103, 108年)

oppress (學測85年)

oppressive (指考110年)

oppressor (學測106年)

opt (學測111年,指考109②年)

optics (指考108年)

optimism (聯考63年)

optimist (聯考63年)

optimistic (聯考66, 85, 86年,學測94, 95, 101年,指考99, 100年)

optimistically (指考93②年)

option (學測89, 105, 110, 112年,指考93①, 99年)

optional (指考103, 109②, 110年)

optionally (聯考89年，學測111年)

oral (聯考72年，學測95, 107, 108年)

orange (學測99年，指考97, 106年)

orangutan (聯考87年)

orator (聯考64年)

oratory (聯考73年)

orb (指考100年)

orbit (學測88, 102年，指考100年)

orchard (聯考48年)

orchestra (學測92①年，指考93①, 101, 109②年)

orchestral (指考106年)

order (聯考49, 53, 64, 68, 79, 88, 90年，學測86, 89, 90, 98, 99, 101～106, 108～112年，指考91, 93①②, 94, 97～101, 103～105, 107～110年)

orderly (聯考61, 68年)

ordinarily (學測107年)

ordinary (聯考84年，學測83, 88, 90, 91①②, 95, 103年，指考92, 98年)

organ (聯考50年，學測85, 90, 93, 111年，指考102年)

organic (聯考67年，學測93, 97, 99, 100, 109①年)

organism (聯考67, 70, 89年，學測86, 88年，指考103, 106, 107年)

organization (聯考51, 67, 68, 83年，學測96, 98, 101, 104～107, 110～112年，指考93①, 96, 98, 101～104, 106, 109①年)

organize (聯考62, 67, 71, 86, 88, 90年，學測92①, 98, 99, 106～108, 110, 111年，指考91, 97, 98, 102, 109①②年)

organizer (指考97年)

orient (學測98年，指考104, 105年)

oriental (聯考71年，學測108年)

orientation (指考93①年)

origin (聯考46, 53, 79年，學測91②, 93, 97, 101～103, 107, 108年，指考94, 96, 102, 105, 106, 108, 109①②年)

original (聯考53, 56, 72, 87, 88年，學測84, 85, 90, 91①, 92②, 101, 102, 104, 109, 111年，指考94, 96, 100, 101, 103, 104, 109①②年)

originality (學測84年)

originally (聯考73, 82年，學測91②, 93～95, 97～99, 110, 111年，指考94, 99, 103, 108, 109②年)

originate (學測92①, 93, 109, 111年，指考96, 100, 105, 107, 108, 110年)

originator (聯考89年)

ornament (學測90年，指考103年)

ornithologist (指考109①年)

orphan (聯考52年)

orphanage (學測90, 99, 111年，指考98年)

Oslo (學測104年，指考101年)

otherwise (聯考55, 67, 78, 81, 84, 88, 89年，學測90, 92①, 103, 105, 109年，指考91～93①, 99, 103, 104年)

ouch (聯考88年)

ought (聯考60, 61年，學測88年)

ounce (學測99年，指考109②年)

outbreak (學測103, 107年，指考92, 93①, 103年)

outburst (指考109①年)

outcome (聯考68, 86年，學測83, 100, 103, 108年，指考104年)

outdated (學測113年)

outdoor (學測85, 101, 106, 112年，指考93①, 102, 108年)

outdoors (學測88年)

outer (聯考81, 84年，學測110, 112年，指考99, 100, 110年)

outermost (學測112年)

outer space (學測91①, 93年)

outfit (學測111年，指考102年)

outgoing (學測88, 96, 101, 109年，指考96年)

outing (聯考70年)

outlandish (指考92年)

outlaw (指考109①年)

outlet (聯考61年)

outline (學測109年，指考94年)

outlook (聯考63年，學測91②, 94年)

outmoded (指考105年)

outnumber (學測99年，指考105, 109①年)

output (指考100年)

outrage (指考92年)

outrageous (指考95, 110年)

outset (聯考65, 87年)

outside (聯考67, 81年，學測83, 88, 90, 92①②, 94～96, 98, 102, 104, 106, 111, 113年，指考95, 102, 107, 109①年)

outskirts (指考93①年)

outsmart (指考109①年)

outspoken (聯考63, 73年，指考95年)

outstanding (聯考63, 66, 70, 80年，學測100年，指考103, 104, 108年)

outstrip (指考100年)

outward (學測96年，指考98, 100年)

oval (指考93①年)

ovation (聯考64年)

overall (聯考88年，學測91②, 92②, 98, 104年，指考104, 108年)

overboard (聯考62年)

overcharge (指考91年)

overcoat (聯考60年)

overcome (聯考50, 87年，學測90, 91①, 101, 112年，指考93②, 97, 98, 100年)

overdo (學測93, 98年)

over-dosage (指考101年)

overemphasize (聯考66年，指考108年)

overflow (指考99年)

overgrow (指考106年)

overhead (學測93年)

overhear (聯考62年)

overheat (指考104年)

overjoyed (聯考66年，指考102年)

overlap (學測101年)

overload (聯考52, 60年，學測104年，指考109①年)

overlook (聯考65, 66年，學測88, 106, 109, 113年，指考92, 96, 101, 109②年)

overnight (指考102, 106年)

overpopulate (指考93①年)

overpower (指考93①年)

overreliance (學測103年)

override (指考103年)

overrule (聯考51年)

over-sauced (指考110年)

overseas (聯考59年，學測104年)

oversee (學測104, 107年，指考93②年)

oversize (學測84年)

oversleep (聯考68年)

overstate (聯考66年，學測91②年)

oversupply (指考100年)

overtake (指考96年)

overthrow (聯考69, 83年，學測99, 107年，指考109②年)

overtired (學測91①年)

overtreatment (學測104年)

overturn (指考108年)

overweight (聯考60年)

overwhelm (指考91, 96, 102, 109②年)

overwhelming (聯考47年，指考95, 102年)

overwhelmingly (聯考89年)

overwork (聯考63, 89年)

owe (聯考60, 61, 74, 83年，指考93②, 97, 102年)

owing (學測109年，指考94年)

owl (指考95年)

owner (聯考88～90年，學測91①②, 106, 107, 113年，指考92, 93①, 103, 105, 106, 109②, 110年)

ownership (學測109年，指考98年)

ox (聯考54年)

oxidation (學測109年)

oxygen (聯考47, 52, 84年，學測88, 91①, 95, 109年，指考107年)

oyster (指考107年)

ozone (聯考90年)

P.O. Box (學測88, 93年)

p's and q's (聯考87年)

pace (聯考60, 63年，學測87年，指考91, 105, 109②年)

pacific (聯考66年，學測98, 100年，指考101年)

pack (聯考56, 62年，學測102年，指考93①②, 104, 109②年)

package (聯考88年，學測89～91①, 97, 109年，指考95, 102, 103, 107, 109②年)

packet (學測94年)

pad (學測99, 110年)

padding (聯考75年)

page (聯考71年，學測83, 89, 91②, 93, 98, 106年，指考94, 106, 109①②年)

pagoda (聯考51年)

pain (聯考83, 86, 90年，學測94, 95, 97, 99, 100, 106, 110, 113年，指考98, 103, 108年)

painful (聯考65, 89年，學測91②, 97, 100, 110年，指考100年)

painfully (聯考64年，學測92①年)

painkiller (聯考90年，學測97年，指考108年)

pain-relieving (聯考90年)

paint (聯考51, 54, 71年，學測102, 108～111, 113年，指考93①, 99, 106, 109②年)

paintbrush (指考98年)

painter (學測106, 113年，指考93①, 99年)

painting (聯考84, 85年，學測91①, 93, 104, 106, 109, 113年，指考93①, 95, 97, 99, 104, 110年)

pair (聯考69年，學測97, 99年，指考92, 104, 109①年)

palace (聯考47, 66, 82, 87, 107年，指考104年)

pale (聯考47年，學測86, 108年，指考93②, 97年)

paleontologist (指考105年)

palm (學測94, 112年)

pamper (學測96年)

pan (聯考55, 71, 77年)

panda (學測103年，指考93②, 108年)

pandemic (學測113年)

pane (聯考65年)

panel (學測109年，指考94, 99, 109②年)

panic (聯考50年，學測89, 109年，指考101, 109②年)

pants (學測91①, 113年，指考97年)

paperclip (學測104年)

papery (學測99年)

parachute (學測95, 110年)

parade (學測88年，指考104年)

paradise (聯考80年，學測91①, 96, 98, 105年，指考94年)

paradox (學測100年，指考103年)

paragraph (聯考52, 73, 87年，學測86, 88, 94～113年，指考91～94, 97～110年)

parallel (聯考48, 63年，指考106年)

Paralympics (學測98年)

paralysis (學測107年)

paralyze (聯考68年，學測101年，指考91, 94年)

paraphrase (聯考89年)

parasite (指考103年)

pardon (聯考48, 81年，指考105年)

parental (學測92②年，指考98年)

parenthood (學測95年)

Paris (聯考88年，學測104年，指考97, 90, 107, 110年)

Parisian (指考97, 110年)

parking (指考101, 109②年)

parliament (聯考65年，學測110年)

parlor (聯考46年，學測101年)

parole (指考109①年)

parrot (學測87年)

partial (聯考87年，學測92②年)

partially (聯考62, 87, 90年)

participant (聯考68年，學測89, 97, 98, 101, 108, 111～113年，指考93①, 102, 105年)

participate (聯考66, 86年，學測83, 89, 91②, 98, 99, 104, 108, 111, 113年，指考91～93②, 96, 98, 103, 104, 109①年)

participation (學測86, 89, 103, 109年，指考109②年)

particle (聯考49, 61年，學測100, 109年，指考102, 109①年)

particular (聯考58, 61, 73, 78, 84, 87, 90年，學測86, 87, 93, 95, 99, 101, 102, 105, 107～109, 111年，指考91, 93①②, 94, 96, 99, 102, 109②, 110年)

particularly (聯考81年,學測92①②, 96, 104, 105, 107, 108, 111年,指考94, 95, 98, 99, 104, 105, 107, 110年)

partition (聯考64年)

partly (聯考79, 82, 87年,指考94, 97, 103年)

partner (學測85, 86, 100, 110, 113年,指考93①, 101年)

partnership (指考109②年)

part-time (學測95, 96, 102年)

pass (聯考86, 89年,學測84, 87, 89~91①, 92②, 93, 102, 104, 107~110, 112, 113年,指考94, 98, 101~103, 105~110年)

passage (聯考50, 53, 57, 72, 76, 77, 81, 82, 84~89年,學測83~91①, 92①②~94, 96, 97, 99~113年,指考91~95, 97~110年)

passenger (聯考51, 65, 84, 88年,學測92①, 95, 104, 105, 112年,指考92, 101年)

passer-by (聯考73年,學測89, 111年,指考100年)

passing (學測103, 104, 106, 109年,指考102年)

passion (聯考64, 67, 88年,學測100, 104年,指考96, 108年)

passionate (學測95年,指考103年)

passionately (學測88年)

passive (聯考52年,學測86, 95, 98年,指考105年)

passively (指考95, 98, 102年)

passport (學測85, 110年,指考110年)

past (聯考51, 68, 78年,學測84, 89, 91①, 96, 101, 103, 109, 111, 112年,指考92, 93②, 97, 100, 102, 103, 105~107, 110年)

pasta (學測92②年)

paste (學測107, 109年,指考103年)

pastime (聯考68, 79, 87年,指考110年)

pasture (聯考52, 69年,學測94, 110年)

pat (指考100, 103年)

patch (聯考53年,指考109②年)

patent (學測113年,指考91, 97年)

path (聯考74, 80年,學測91①, 93, 104, 106, 112, 113年,指考93①, 104, 110年)

patience (聯考65, 69, 88年,學測83, 89, 101, 103年)

patient (聯考50, 61, 63, 69, 77, 78, 83, 84, 89, 90年,學測90, 91②, 92①, 97, 104, 109, 113年,指考92, 97, 98年)

patiently (聯考53年)

patriot (聯考46, 48年,指考104年)

patriotic (聯考60年)

patriotism (聯考46年)

patrol (學測110年)

pattern (聯考81年,學測90, 91②, 92①, 95, 97, 101, 102, 108, 109, 113年,指考92, 94, 95, 100, 103, 106, 107, 110年)

patty (學測112年,指考108年)

pause (學測97, 100年)

pave (學測91②年,指考104, 105年)

pavilion (指考108年)

paw (指考95, 100年)

pay (聯考45, 52, 61, 62, 76, 89, 90年,學測96, 99, 102, 103, 105~107, 110, 113年,指考93②, 98, 101~103, 105~107, 109①, 110年)

paycheck (學測96年)

payment (聯考66, 79年,學測91②, 92②年,指考95, 103年)

payoff (學測92①年,指考102年)

payout (指考96年)

payroll (指考96年)

PE (學測99, 104年)

pea (學測112, 113年)

peace (聯考64, 68, 73, 77, 90年,學測97, 98, 101, 111年,指考93①, 97, 99, 101年)

peaceful (聯考65, 68, 74, 90年)

peacefully (學測112年)

peace-loving (學測90年)

peach (聯考83年)

peacock (學測104年)

peak (聯考59, 90年,學測101, 103, 107年,指考93②, 97, 99年)

peanut (聯考73年)

pear (聯考61, 63, 64年,學測110年)

pearl (聯考90年,指考94年)

peasant (聯考51, 54年,學測98年,指考107年)

pebble (聯考72年)

peculiar (聯考68, 73年,學測83年,指考92, 103, 108年)

pedal (指考105, 107年)

pedestrian (指考105, 107年)

pediatric (學測96年)

peel (聯考89年,學測90年)

peer (學測99年,指考91, 98, 103年)

pelvis (學測106年)

penalize (指考96年)

penalty (學測107年,指考96年)

penetrate (聯考47, 53年,學測108年,指考104, 107年)

penguin (學測105年)

penicillin (指考109①年)

penniless (學測90年)

penny (聯考56, 67年,學測83年,指考93①年)

pension (指考96年)

peppermint (指考99年)

peppery (學測109年)

per (聯考79, 85, 87年,學測88, 96, 102, 103年,指考92, 95, 99, 100, 107年)

perceive (聯考71, 72年,學測98, 109年,指考96, 101, 104, 105, 107年)

percent (聯考61, 62, 73, 75, 76, 87年,學測89~92①, 94, 96, 97, 102~105, 107, 109~112年,指考91~93②, 98, 99, 107~109②年)

percentage (學測91②, 92②, 96, 99, 108年)

perception (聯考67年,學測88, 98, 108年,指考109②年)

perceptive (聯考85年)

perceptual (學測112年)

perch (學測110年,指考109②年)

perfect (聯考59, 70, 71, 77, 83, 85年,學測91①②, 92②, 98, 103, 105, 109年,指考91, 94, 107, 109②年)

perfection (聯考69, 86, 89年,指考104年)

perfectionist (學測105年)

perfectly (聯考54, 68, 82年,學測97, 105, 112年,指考93②, 95, 106年)

perform (聯考50, 63, 65, 66, 81, 85, 87, 88, 90年,學測91①, 92①, 93, 95, 97, 99~101, 104, 106, 108, 111年,指考95, 97, 100, 101, 106, 109①年)

performance (聯考48, 51, 62, 70, 86, 87, 90年,學測83, 92①~94, 101, 103, 104, 106, 109年,指考92, 93①, 96, 97, 99, 101, 104, 109①, 110年)

performer (學測110, 111年,指考101, 106年)

perfume (聯考85年)

perhaps (聯考60, 64, 67, 68, 76, 77, 81, 88, 89年,學測85, 87, 89, 90, 92①, 94, 103, 112年,指考94, 95, 98, 100, 104, 105年)

peril (聯考54年)

period (聯考58, 60, 68, 72, 79, 82, 90年,學測95, 97, 98, 103, 104, 107, 110, 111年,指考91, 93①, 95, 98, 102~105, 107, 109②年)

periodic (學測103年)

perish (聯考59, 70年,學測93年,指考91年)

permanent (聯考45, 89年,學測92①, 105, 109, 112年,指考96, 100, 102年)

permanently (學測86, 97, 104, 106, 112年,指考93②, 95, 97, 103年)

permissible (學測109年,指考109①年)

permission (聯考51, 81年,學測83, 96, 108, 110年,指考94, 98, 108年)

permit (聯考59, 84, 90年,學測83, 98, 110年,指考91, 109②年)

perseverance (聯考48, 51, 67年,指考94年)

persevere (聯考48年)

Persia (聯考47年,學測110, 112年)

Persian (學測112年,指考102年)

persist (聯考70, 79, 83年,學測94, 100, 109年,指考101, 109①年)

persistent (學測101年,指考109①年)

persistently (學測112年,指考104年)

personable (聯考64年)

personal (聯考51, 87年,學測83, 84, 87, 90, 103, 106~110, 113年,指考92, 95, 98, 99, 101~103, 105, 107, 109②, 110年)

personality (學測88, 92②, 101, 105, 108年,指考95, 101, 103, 105, 110年)

personalize (指考109①年)

personally (聯考66, 72年,學測85年,指考91年)

personify (學測91②年)

personnel (學測88年,指考96, 101年)

perspiration (學測105年,指考91年)

persuade (聯考54, 55, 66, 79, 86, 87年,學測92②, 94, 95, 97, 101, 105, 110年,指考92, 93②, 95, 96, 101年)

persuasion (學測92②年,指考101年)

persuasive (聯考88年,學測86, 87, 92②, 107, 110年,指考92, 95, 101, 102年)

pessimism (聯考63, 71年)

pessimist (聯考63年)

pessimistic (聯考68年,指考102, 109①年)

pest (聯考67年,學測108年,指考107年)

pesticide (學測107, 108年)

pet (聯考85, 87, 88年,學測87, 90, 91②, 96, 98, 101, 106~108年,指考92, 102, 103, 109①年)

petal (學測87年)

petition (指考105年)

petri (指考109①年)

petroleum (聯考69年,學測84年)

pharaoh (學測92①, 100年,指考109②年)

pharmacist (指考98年)

pharmacy (指考98年)

phase (聯考71年)

Ph.D. (學測94年)

phenomenal (聯考69年)

phenomenon/phenomena (聯考50, 77年,學測84, 91①, 95, 100, 108, 109, 112年,指考93②, 96, 101, 106, 108, 109②年)

philosopher (聯考86年,指考93②年)

philosophical (聯考67年,學測101年,指考101, 108年)

philosophy (聯考51, 70, 87年,指考100, 101, 106, 107年)

phonetic (聯考53年,指考109②年)

photo (聯考74年,學測98, 104, 106, 110, 111, 113年,指考95, 97, 108年)

photograph (聯考52, 53, 55, 79, 84年,學測91②, 95, 98, 101, 104年,指考93①, 107年)

photographer (聯考68, 72, 74, 77年,學測101, 104, 113年)

photographic (指考109②年)

photography (聯考74, 77年,學測104年)

photojournalism (學測104年)

photosynthesis (學測112年)

phrase (聯考59年,學測86, 87, 96, 102, 105, 106, 108, 112年,指考99, 106, 107年)

physical (聯考71, 76, 77, 81, 87, 90年,學測90, 94, 95, 97~101, 104, 107, 110~112年,指考96, 97, 100, 109①, 110年)

physical education (學測99年)

physically (聯考68, 76年,學測84, 88, 103, 105, 110~112年,指考95, 96年)

physician (聯考58年,學測92①②, 104年)

physicist (聯考63, 66年)

physics (聯考89年,學測106年)

physiological (學測94, 95年,指考105年)

physiology (指考109①年)

pianist (聯考49, 54年,指考97, 100年)

pick (聯考64, 70年,學測92②, 103, 105, 108, 109, 113年,指考92, 93②, 95, 97~100, 102, 103, 106年)

pick-up (學測96年)

picky (聯考86年,學測98年)

picturesque (聯考66年,學測113年)

piece (聯考59, 61, 68, 73, 89年,學測83, 87, 91①, 93, 96~98, 101, 102, 104, 105, 107~109, 111年,指考93①, 94, 97, 98, 100, 101, 103, 106, 109②, 110年)

pier (指考103年)

piety (聯考73年，學測102年)

pig (學測97年，指考93①, 100, 101年)

pigeon (學測98, 110年)

piglet (學測97年)

pigment (指考93①年)

pile (聯考46年，指考91, 94, 109①年)

pilgrimage (指考109②年)

pill (學測110年，指考101年)

pillar (聯考84年，學測87年，指考94, 104年)

pilot (聯考48, 51, 66, 67年，學測84, 109, 110年，指考93①, 101, 102年)

pilotage (學測109年)

pimple (學測106年)

pin (聯考55年，學測101, 104年)

pinball (學測107年)

pinch (聯考70年)

pine (聯考55, 63年，學測101年)

pineapple (聯考76年，學測98, 108年)

pinewood (學測87年)

pink (聯考53年，學測111年)

pioneer (學測113年，指考94年)

pipe (聯考61, 64年)

pipeline (指考99年)

piper (聯考65年)

piracy (指考91年)

pirate (指考91年)

pit (聯考84年，指考93①年)

pitch (學測110年，指考105年)

pitcher (學測96年)

pity (聯考59, 67, 77, 84年，學測86, 96年)

pizza (學測101, 110年)

plague (聯考63年，指考102年)

plain (聯考57, 65, 89年，學測101, 103, 108, 112年，指考95, 96, 110年)

plane (聯考45, 66年，學測88, 111年，指考92, 93②, 101, 110年)

planet (聯考61, 81, 82年，學測109年，指考91, 97, 100, 103, 108～110年)

plant (聯考75, 79, 81, 82, 90年，學測86～88, 92②, 94, 95, 97, 98, 100, 102, 103, 105, 107～110, 112, 113年，指考97, 98, 100, 105～107, 109①年)

plantation (聯考87年，學測112年)

plant-based (學測112年，指考108年)

plant-heavy (指考109①年)

plastic (聯考78, 79年，學測85, 92②, 99, 105, 109, 112年，指考92, 95, 97, 109①②年)

plasticity (指考93①年)

plate (聯考49, 77, 90年，學測96年，指考107, 109②年)

plateau (聯考75年)

platform (聯考84年，學測105年)

plausible (學測89年)

player (聯考90年，學測99, 100, 105, 106年，指考97, 98, 101, 109①年)

playful (指考91年)

playground (學測89, 110年)

playwright (聯考68年，學測89年，指考96, 97, 99年)

plaza (指考101, 108年)

plea (指考108年)

plead (聯考52, 78年，指考109①年)

pleasant (聯考48, 53, 66, 68, 76, 80, 83, 89年，學測96, 98, 108, 109, 111年，指考98, 104, 106年)

pleasure (聯考50, 53, 56～58, 65, 66, 74, 78, 84, 87～90年，學測85, 98年，指考110年)

plentiful (學測95年，指考91年)

plenty (聯考73年，學測92①, 97, 112, 113年，指考94, 99年)

plot (學測87年，指考101, 102, 110年)

plough (聯考54, 63, 66年)

plow (指考94年)

plumber (聯考61年)

plunge (指考94, 102年)

plunk (學測106年)

plus (聯考80年，學測88年)

pneumonia (指考104年)

poacher (聯考80, 84年)

pocket (聯考47, 50年，學測102年，指考102, 109②年)

pocketbook (聯考86年，學測99年)

poem (聯考45, 50, 59, 89年，學測86, 87, 90, 103, 109年，指考93①, 99, 106年)

poet (聯考66, 68, 79年，學測89, 109年，指考93①, 99, 100年)

poetic (學測104年)

poetry (聯考72年，指考93①年)

point (聯考45, 66, 71, 79, 86年，學測84, 86, 91①, 96, 98, 100, 101, 104～106, 109, 110, 112, 113年，指考92, 93②～95, 98, 99, 101～104, 107～109①年)

pointless (聯考67年)

poison (聯考70年，學測92②, 102年，指考95年)

poisoning (學測92②年)

poisonous (聯考51, 70, 82年，學測92②年)

poker (指考100年)

polar (指考91, 99, 102年)

pole (聯考54年，學測108年，指考91, 99, 107年)

police (聯考48, 53年，學測83, 86, 88, 94, 97, 99, 102, 109年，指考92, 98, 103, 110年)

policeman (學測84, 92①年，指考91年)

police officer (學測83年，指考98年)

police station (學測89年)

policy (聯考66, 67年，學測91②, 103, 110, 112年，指考93②, 94, 96年)

policymaker (學測105年)

polish (聯考88年，學測99, 111年，指考100年)

polite (聯考55, 58, 67, 81年，學測100年)

politely (聯考74年，學測85, 88年)

politic (學測105年)

political (聯考50, 62, 67, 69, 89年，學測87, 105, 108, 110～112年，指考94, 96～99, 101, 103, 106～108, 110年)

politically (指考96年)

politician (聯考56, 63, 64年，學測94, 110, 111年，指考101年)

politics (聯考53, 54年，學測92②, 98年，指考96, 98年)

pollutant (學測102年，指考109①年)

pollute (聯考80年，學測92②, 93, 102, 107年，指考91, 92, 109①年)

pollution (聯考61, 64, 66, 70, 89年，學測84, 92②, 95, 102, 105, 107, 109年，指考91, 97, 101, 105, 109①年)

polyester (學測96年)

polygraph (學測105年)

pond (學測110年，指考107年)

pool (聯考73年，學測84, 87, 101, 107, 111年，指考103, 106, 107年)

poop (學測110年)

poor (聯考90年，學測95, 104, 107～109年，指考92, 93①, 97, 101, 102, 107年)

poorly (學測91②年，指考93②, 102年)

pop (學測100, 106年，指考91～93①, 102, 108, 109②, 110年)

popcorn (學測100年)

pope (指考108年)

popular (聯考76, 77, 79, 84, 89, 90年，學測84, 88, 90, 91②, 92②, 95, 97～102, 104, 106, 108～113年，指考93①②, 97～99, 101, 102, 104, 105, 107～109②, 110年)

popularity (聯考75, 89年，學測91②, 92①, 99, 100, 103, 104, 106, 109, 110, 112, 113年，指考93②, 97～99, 101, 102, 104, 105, 107, 110年)

popularize (聯考88年，學測106年，指考93①, 106, 107年)

popularly (學測91②, 105年)

populate (指考106, 108年)

population (聯考52, 61, 62, 66, 70, 71, 76, 86, 87年，學測91②, 92①②, 94, 97～100, 102, 105, 107, 110, 112年，指考92, 93①②, 96～98, 103, 107～109①, 110年)

populous (聯考85年)

porch (聯考50, 83年)

pork (聯考59年，指考100年)

porker (學測89年)

port (聯考59, 73年，學測94, 109年，指考104年)

portable (聯考79, 84年，學測93, 98年，指考100, 104, 108年)

portably (指考93②年)

portfolio (指考109①年)

portion (聯考65, 86年，學測94年)

portrait (學測101年)

portray (學測106年，指考99, 104, 105, 107, 108年)

pose (聯考61, 63, 71, 87年，學測92②, 99, 100, 104, 105, 108～110, 112, 113年，指考108, 109②年)

position (聯考46, 62, 68, 69, 82年，學測94, 100～103, 108, 113年，指考93①, 98, 101, 103, 108年)

positive (聯考87, 88年，學測83, 91②, 95, 102, 106, 108～110年，指考92, 94, 102, 103, 110年)

positively (學測85年)

possess (聯考45, 49, 59, 61, 70, 72, 78, 88年，學測88, 91①, 101, 111年，指考91, 103, 105, 108, 109①年)

possession (聯考50, 69, 78, 87年，學測86, 87, 92①, 100, 101年，指考96年)

possessor (指考97年)

possibility (聯考51, 54, 78, 86年，學測93, 95, 98, 102, 103, 105年，指考93②, 97, 98, 106～108年)

possible (聯考86, 88, 89年，學測83, 92②, 93, 95～98, 103, 104, 106～109, 111～113年，指考92, 97, 98, 102, 104～106, 108年)

possibly (聯考85年，學測83, 86, 90, 101, 107年，指考102年)

post (聯考78, 82, 88年，學測86, 94, 98, 108, 112年，指考93①, 102, 106, 109②年)

postage (聯考45, 88年，指考102年)

postal (聯考78, 80年，學測89, 91①年，指考102年)

poster (聯考84年，學測105年)

posterior (聯考83年)

post-holiday (學測109年)

post-industrial (指考108年)

postmaster (聯考62年)

post office (學測89年)

postpone (聯考48, 50, 56年，學測92①, 97, 102年)

postponement (聯考73年)

posture (聯考71年)

postwar (學測97年，指考105, 109②年)

pot (聯考77年，學測89, 100年，指考98, 109②年)

potato (學測109年，指考91, 104年)

potato chip (學測90, 96年)

potent (指考92年)

potential (聯考85, 90年，學測87, 96, 99, 100, 103, 107, 113年，指考92～94, 97, 100～103, 105, 107, 108, 110年)

potentiality (聯考68年)

potentially (學測99, 111～113年，指考97年)

pottery (聯考54年)

pouch (學測101年，指考92年)

poultry (指考93①年)

pound (聯考49, 50, 59, 60, 64, 74, 85年，學測84, 85, 90, 94, 107年，指考92, 97, 99, 100年)

pour (聯考58年，學測88, 100, 110年)

poverty (聯考45, 73, 77, 90年，學測90, 92②, 106年，指考102, 109②年)

powder (聯考73, 76年，學測94年，指考98年)

power (聯考47, 49, 52, 64, 66, 67, 69, 70, 85, 87年，學測97, 103, 104, 106, 110～113年，指考94, 98～101, 103, 104, 107～110年)

powerful (聯考49, 60, 74, 84年，學測88, 90, 92①～94, 97, 98, 100, 101, 107, 110, 113年，指考93①, 99, 108～110年)

power plant (學測91②年)

practical (聯考50, 67, 84, 90年，學測88, 101, 107年，指考94, 95, 102, 107, 110年)

practically (指考91年)

practice (聯考54, 58, 64, 74, 77, 85, 90年，學測84, 87, 89, 92①②, 95, 98, 99, 101～104, 106～108, 113年，指考91～95, 97～103, 105～110年)

Prague (學測97年)

praise (聯考48, 49, 88, 90年，學測83, 91①, 97年，指考99, 110年)

pray (聯考45, 56年,學測92①, 103, 108, 111年,指考95, 102年)
prayer (學測93年,指考93②, 106年)
preach (聯考77年)
precarious (聯考45年)
precaution (學測104, 110, 112年,指考109②年)
precautionary (指考92年)
precede (聯考64年,指考104年)
precedence (指考95年)
preceding (聯考68年,學測84年)
precious (聯考56, 57, 69, 72, 87年,學測86, 91①②, 94, 95, 97, 105年,指考104年)
precise (聯考69年,學測90, 99, 101年)
precisely (聯考82, 84, 85年,學測96, 107, 108, 110, 112年,指考91, 93②, 105年)
precision (聯考71年,指考92年)
preclassical (聯考58年)
precondition (指考97年)
predator (聯考90年,學測93, 102, 113年,指考95, 102年)
predecessor (學測93年,指考110年)
predicable (學測93年)
predict (聯考63, 71, 81年,學測83, 88, 91①, 98, 103, 105, 108~110年,指考103, 104, 109②年)
predictable (聯考87年,指考109②年)
prediction (聯考66年,指考92年)
prefer (聯考59, 61, 68, 76, 77, 80, 90年,學測84, 93, 95, 98, 101, 102, 104, 106~108, 111, 112年,指考99, 100, 101, 105, 109②年)
preferable (聯考87年)
preferably (學測102年)
preference (聯考89年,學測98, 101, 102, 109年,指考106, 107年)
pregnant (學測91①, 112年)
prejudice (聯考65, 85年,學測105年)
preliminary (聯考47年,指考102年)
pre-match (指考109①年)
premature (學測98年,指考101年)
premier (聯考72年)
premium (指考96年)
preoccupy (聯考69年)
preparation (聯考72年,學測95, 98, 102, 107年,指考102, 105, 108年)
prepare (聯考51, 56, 66, 67, 74, 76, 88~90年,學測90, 91②, 92①②, 99, 100, 111年,指考92, 93②~95, 101, 105, 109①②, 110年)
preschedule (指考109②年)
preschool (聯考90年)
prescribe (聯考55年,學測86年)
prescription (聯考74, 87年,學測86, 94年,指考96, 106年)
presence (學測86, 99, 102, 107, 109, 113年)
present (聯考62, 64~66, 68~70, 73, 76~78, 81, 84~86, 90年,學測84, 87, 88, 90, 92②, 100, 107, 111, 113年,指考92, 93①, 95, 100, 102, 105~107, 109①, 110年)
presentation (聯考73年,指考93①, 101年)
presently (聯考78年,學測110年)
preservation (指考106年)

preserve (聯考68, 70, 79, 84年,學測96, 98~100, 104, 106, 110, 111年,指考96, 94, 100, 106, 107年)
presidency (學測107年)
president (聯考50~52, 62, 64, 69, 83, 87, 90年,學測92②, 96~98, 106, 107年,指考94, 97, 99, 101, 109①②年)
presidential (聯考50年,指考99年)
press (聯考53, 69年,學測83, 85, 106, 109年,指考96, 99年)
pressure (聯考67, 71, 73, 76, 81, 86年,學測93, 95, 99, 105, 110, 111, 113年,指考91, 93①, 97, 101~103年)
pressurization (學測111年)
prestige (聯考72年)
prestigious (聯考72年,學測103年,指考94, 106, 110年)
presumably (學測105年)
presume (聯考71年)
pretend (聯考46, 51, 59, 68年,學測94, 97, 113年,指考105年)
pretense (聯考68年)
pretension (聯考69年)
pretentious (聯考88年)
pretty (聯考64, 66, 77, 79~81, 89年,學測92②, 93, 95, 100~102, 108, 112, 113年,指考98, 107年)
prevail (聯考68年)
prevalent (指考105, 108, 109①年)
prevent (聯考50, 53, 63, 66, 90年,學測91①, 92②, 97, 98, 100~105, 109, 112年,指考92, 97, 98, 100~102, 106, 108~110年)
prevention (聯考88年,學測92①, 104年,指考91, 96, 110年)
preventive (聯考88年,指考93①, 101, 107年)
preview (學測85, 91②年,指考107年)
previous (聯考62, 72年,學測93, 107年,指考104, 105, 108, 109①年)
previously (聯考84年,學測85, 86, 91①, 96, 97年,指考96年)
prey (聯考67年,學測93, 106年,指考100, 110年)
price (聯考63, 65, 66, 68, 76, 89, 90年,學測85, 91②, 94, 98, 102, 105, 106, 110, 112年,指考97, 99, 103, 107, 109①②, 110年)
priceless (聯考69年,學測86, 100年)
prickly (學測110年)
pride (聯考65, 66, 77, 85年,學測94, 103, 108年,指考91, 97, 109①年)
priest (聯考62, 69, 90年,學測92①年,指考109②年)
primal (學測106年,指考105年)
primarily (聯考52, 75, 88, 90年,學測83, 102年,指考101年)
primary (聯考51, 76年,學測92①, 95, 104, 113年,指考92, 97, 99, 102, 109①②年)
prime (學測105, 110年,指考101, 109②年)
primitive (聯考54, 62, 68, 77年,學測93, 103~105, 109年,指考94, 104, 107年)
prince (聯考68年,學測83, 91②, 97年,指考91年)
princess (學測91①, 106年)

principal (聯考47, 54, 81年,學測105年,指考94, 97, 103年)
principle (聯考60年,學測107年,指考110年)
print (學測83, 91②, 92①, 94, 106, 111年,指考91, 93②, 95, 99, 103, 109②年)
prior (聯考72年,學測104年,指考92, 97, 104, 109①, 110年)
priority (聯考71年,學測94年,指考92, 93②年)
prison (聯考90年,學測83年,指考104, 106, 107, 109①年)
prisoner (指考109①年)
privacy (聯考80年,學測108年,指考92, 96, 100年)
private (聯考68, 83, 88年,學測90, 91, 95, 96, 105, 108, 111, 113年,指考95, 101年)
privately (學測91①②年)
privilege (聯考68年,學測88, 97, 108, 112年,指考100, 107, 109①, 110年)
prize (聯考66, 73, 77, 89年,學測91①, 101, 103~105年,指考97, 99, 100, 106年)
probability (聯考48年,學測110年,指考93②年)
probable (聯考48, 69年,學測102年,指考96年)
probably (聯考54, 60, 62, 67, 75, 78, 79, 83, 86年,學測83, 84, 86, 88~90, 92①②, 94, 95, 99, 100, 103, 106, 109~112年,指考91, 93②, 95, 97~100, 105, 108, 110年)
probe (指考105年)
problem (聯考81, 90年,學測86~88, 90, 91①, 92②, 94~96, 98~100, 102~111, 113年,指考91, 93①②, 94, 97, 98, 100~105, 108, 109①②年)
procedure (聯考60, 90年,學測85, 104, 106, 113年,指考97, 101年)
proceed (聯考64, 71, 85年,學測87年,指考92, 93①年)
process (聯考45, 62, 63, 68, 70, 78, 81, 87~89年,學測83, 84, 88, 91①, 95, 97~100, 102, 105, 108, 109, 111~113年,指考93①②, 95, 96, 98, 99, 101~110年)
procession (指考101, 105年)
processor (指考109①年)
prodigy (指考93①年)
produce (聯考50, 52, 70, 75, 78, 81, 82, 86, 89, 90年,學測84, 88, 91①, 92②~100, 103, 105~107, 110~113年,指考92, 93①, 97, 99, 102, 104~106, 108, 109②, 110年)
producer (學測91②, 92②, 111年,指考93②, 109②年)
product (聯考62, 66, 68, 73, 79, 81, 83, 85, 87, 89, 90年,學測91①, 92①②~94, 98, 104, 106~108, 110~113年,指考93①~95, 97, 100, 101, 103~106, 108, 109①②年)
production (聯考63, 90年,學測87, 90, 92②, 94, 95, 98~100, 103, 105, 109~111, 113年,指考94, 100, 102, 104~106, 108, 110年)
productive (聯考88年,學測91①, 95, 99, 106, 112年,指考101, 109①年)
productivity (學測87, 91①, 94, 106年,指考109②年)

profession (聯考80, 82年,學測92②, 100, 109年,指考96年)
professional (聯考71, 77, 82年,學測88, 91②, 95, 96, 100, 101, 103, 108, 111年,指考94, 96~98, 102, 104~106, 109①②年)
professionally (學測113年)
professor (聯考49, 51~53, 60, 64, 72, 84年,學測89, 91②, 92①②, 94, 103, 106, 109年,指考91, 100, 103, 106, 107年)
professorship (指考100年)
proficiency (學測109年)
proficient (聯考88年)
profile (學測105, 106年)
profit (聯考49, 58, 61, 68, 83, 87, 90年,學測92①, 96, 97, 99, 106, 110年,指考98, 99, 102, 104, 109②年)
profitable (學測92①, 95, 96年,指考102, 105年)
profound (聯考87年,學測83, 85年)
profundity (指考95年)
program (聯考78~82, 87, 90年,學測87~91①, 93, 95, 96, 99, 103, 104, 108, 111~113年,指考93①②, 95, 97~102, 105, 106, 109①年)
programmer (學測91②年)
progress (聯考54, 59, 63, 66, 67, 70, 81, 85年,學測85, 95, 100, 103年,指考91, 93②, 94, 104, 109①年)
progressive (聯考54年,指考101年)
progressively (聯考71年,指考96年)
prohibit (聯考84年,學測104年,指考93①, 109①年)
prohibition (聯考80年)
project (聯考64, 65年,學測86~88, 90~92①②, 95, 98, 103, 109~111, 113年,指考91, 93②, 98, 99, 101~106, 109②, 110年)
projection (學測90年)
projector (學測90年)
prolong (指考94, 96年)
prom (學測99年)
prominence (指考93①, 106年)
prominent (聯考49, 66年,學測100, 110年,指考105, 106, 109②年)
prominently (學測112年)
promise (聯考50, 63, 68, 75, 79年,學測88, 92②, 94, 96, 97, 107, 113年,指考91年)
promising (聯考65年,學測100, 107, 111年,指考98, 103年)
promote (聯考64, 76, 88, 90年,學測83, 86, 92①, 95, 97~99, 101, 103~105, 109, 113年,指考91, 92, 94, 96, 98, 99, 101, 104~106, 108, 109①, 110年)
promotion (學測84, 89, 105, 109年,指考101, 110年)
promotional (指考102, 106年)
prompt (聯考65年,學測102, 103, 106, 109年,指考91, 98年)
promptly (聯考69年)
prone (聯考67年)
pronoun (聯考69, 71年,學測91②年,指考92, 93①年)
pronounce (學測84, 89年)
pronunciation (聯考53, 68, 69年,學測109年,指考110年)

proof (學測109, 110, 112年，指考93②, 98年)

propel (指考107年)

proper (聯考74, 78, 87年，學測86, 91②, 92②, 99, 101年，指考99, 103, 104年)

properly (聯考72, 88年，學測90, 93, 94, 100~102, 106, 108年，指考91~93②, 100, 110年)

property (聯考51, 82, 90年，學測105~107年，指考91, 94, 98, 102, 108年)

prophet (聯考63, 85年)

proponent (學測96年)

proportion (聯考88年，指考93①年)

proposal (聯考68, 71年，學測84, 86, 87, 92②, 102, 107年，指考93②, 101, 103年)

propose (聯考63, 88年，學測88, 91①, 100, 101, 108~110, 112, 113年，指考93②, 94, 98, 103, 105, 109①年)

proposition (學測84年)

propriety (聯考69年)

prose (聯考72年，學測103年，指考104年)

prosecutor (指考92年)

prospect (聯考63年，學測105年，指考95, 102, 109①年)

prospective (聯考74年)

prosper (學測96, 99, 100年)

prosperity (聯考48, 49, 69年，指考93②年)

prosperous (聯考69年，學測90, 112年，指考109②年)

prosperously (指考99年)

prostitution (指考107年)

protect (聯考48, 49, 56, 58, 77, 80, 84, 85, 90年，學測85, 87, 90, 94~99, 106, 108, 111~113年，指考91, 92, 97~99, 101, 103~105, 107~109①年)

protection (聯考49, 75, 88, 90年，學測84, 85, 88, 92②, 96, 100, 102, 109~111年，指考92, 95, 98, 102, 104, 109①②年)

protective (聯考77年，學測111年，指考92, 97, 108, 110年)

protectively (聯考00年)

protector (聯考71年)

protein (學測92②年，指考106, 108年)

protest (聯考50, 59年，學測91①, 101, 104, 110年，指考91, 97, 98年)

protocol (指考94年)

prototype (學測103年，指考106年)

proud (聯考60, 65, 66, 70, 85, 90年，學測85, 101, 111年，指考97, 106年)

prove (聯考60, 64, 67, 73, 80, 88年，學測83, 90, 95, 105~107, 110, 111, 113年，指考92, 93②, 95, 97, 103, 106~109①年)

proverb (聯考85年，學測91②年，指考91, 99年)

provide (聯考61, 69, 75, 76, 78, 81, 82, 87, 90年，學測85, 87, 88, 92②~97, 99, 102~107, 109, 110, 113年，指考91~93②, 94, 95, 97~100, 102~110年)

provider (指考98, 103年)

provincial (聯考75年，學測94年，指考106年)

province (學測101, 110年，指考109②, 110年)

provision (聯考70年，學測92①, 106年)

provocative (指考98年)

provoke (學測109, 112年，指考92, 100, 106, 107年)

psychological (學測87, 97年，指考96, 108年)

psychologically (學測104年)

psychologist (學測102, 109年，指考94, 100, 103年)

psychology (聯考50年，指考94, 96年)

public (學測83, 89~91②, 92②~96, 100, 101, 105, 107, 109~111, 113年，指考93①~95, 100~104, 106~110年)

publication (學測104年，指考94, 100, 106, 109①年)

publicity (聯考76年，學測94年)

publicize (聯考90年)

publicly (指考91年)

public-minded (聯考61年)

publish (聯考47, 60年，學測93, 99, 103~105, 110年，指考93②~95, 100, 106~109①年)

publisher (聯考87, 88年，學測109年，指考102年)

puffy (學測112年)

pull (聯考53, 82年，學測83, 89, 105, 109, 112, 113年，指考91, 102, 109②, 110年)

pulse (學測97, 105年)

pump (聯考47, 60, 68年，學測107年)

punch (學測110年，指考106, 109②年)

punctual (聯考47年)

punctually (聯考50年，學測98年，指考91年)

punctuation (指考99年)

pungent (指考106年)

punish (聯考48, 49, 67, 69, 80, 84, 88, 89年，學測83, 92①, 104, 106年，指考99, 107年)

punishment (聯考88年，學測100年)

punk (指考98年)

pup (學測106年)

pupil (聯考04年，指考102年)

puppet (學測111年，指考101年)

puppy (聯考88年，學測96年，指考92年)

purchase (聯考59, 78, 83年，學測92①, 93, 99, 102, 108, 113年，指考92, 93②, 98, 101, 103, 109①②年)

purchaser (學測102年)

pure (聯考52, 54, 57, 71, 78年，學測92②, 97, 109, 110年，指考94, 102年)

purely (指考101, 104年)

purify (學測91①年，指考110年)

purpose (聯考57, 66, 67, 70, 78, 79, 90年，學測86, 88, 90, 92②, 94~98, 101, 102, 104~106, 109, 112年，指考91, 93①, 94, 97, 98, 101~103, 105, 108, 109①②年)

purposeful (指考109①年)

purposefully (學測89年)

purposely (指考93①年)

purse (聯考59年，學測101年)

pursue (聯考49, 67年，學測93, 100, 103, 106, 111年，指考98, 106, 109②, 110年)

pursuit (聯考66年，指考96, 106, 109①②年)

push (聯考46, 53, 77年，學測88, 89, 95, 96, 101, 111年，指考97, 99, 101, 102, 106, 107, 109②, 110年)

put-down (指考101年)

puzzle (聯考50, 51, 52, 62年，學測107, 112年，指考100, 103, 108年)

pyramid (學測92①, 95, 100, 106年，指考94, 105年)

quail (學測94年，指考106年)

quake (學測94年，指考93②年)

qualification (聯考52, 74年，學測88年，指考97, 110年)

qualify (聯考52, 66, 72, 73, 75, 86年，學測109年，指考92, 93②, 94, 98年)

quality (聯考63, 67~70, 74, 84年，學測86, 89, 91②, 93, 96~98, 100, 102, 103, 105, 109, 113年，指考91~93②, 95, 98, 99, 104, 105, 107, 108, 110年)

quantity (學測85, 90, 102, 105年，指考109②年)

quarrel (聯考46, 60, 62, 65, 86年，指考106年)

quarrelsome (指考107年)

quarter (聯考49, 56, 58, 85, 86年，學測83, 88, 95, 96年，指考94, 99, 104年)

queen (聯考58年，學測94, 106年，指考106年)

quest (聯考63年，學測91①, 111年，指考99年)

question (學測98, 102, 103, 105, 106, 109, 112年，指考93①, 94, 102, 105, 107, 109①②, 110年)

questioning (學測104年)

questionnaire (學測106年，指考92年)

quick (聯考71年，學測95, 96, 101, 102, 109年，指考93②, 95, 108年)

quicken (學測87年)

quickly (學測91①, 92②, 95~97, 100, 104, 105, 109~111年，指考91, 99, 101~105, 107~109①, 110年)

quick-tempered (聯考65年)

quiet (聯考53, 59, 71, 74年，學測86, 95, 98年，指考94, 102年)

quietly (學測86年)

quit (聯考56, 63, 72, 82, 84年，學測99, 104年，指考101, 110年)

quite (聯考62, 64~68, 71, 72, 76~78, 80, 82, 86, 87年，學測83, 86~92②, 95, 97, 101, 104~108, 112年，指考92, 93①②, 97, 98, 101, 102, 108, 109②, 110年)

quotation (學測107年)

quote (學測93, 103, 104, 111年，指考94, 109②年)

quotient (學測102年)

raccoon (指考99年)

race (聯考62, 64, 67, 68, 77, 85, 88年，學測93, 98, 99, 103, 107, 111年，指考94, 102, 104, 109②年)

racial (聯考49, 65年，學測92②, 93, 100, 103, 113年)

racing (指考102年)

racism (學測90, 91①年)

radar (指考107年)

radiant (聯考89年，指考102年)

radiate (指考100, 103年)

radiation (學測95年)

radiator (聯考68年)

radical (指考103, 106年)

radically (指考96年)

radio (聯考90年，學測108, 111年，指考93①, 97, 105, 107年)

radish (學測98年)

radius (指考93①, 100年)

raft (學測84年)

rage (聯考66年，學測92①, 107年，指考95年)

ragged (指考108年)

raid (學測92②年，指考95年)

raider (聯考87年)

railroad (聯考50年，指考99年)

railway (聯考46, 85年，學測109年)

rainbow (聯考89年，學測86, 112年)

raincoat (指考93②年)

rainfall (聯考73, 87年，學測88, 93, 98, 100, 105年，指考107, 109①年)

rainforest (聯考79, 87年，學測91①, 102, 111年，指考96, 108年)

rainwater (學測102, 105, 109年，指考109①年)

rainy (學測83, 105, 106年，指考92年)

raise (聯考54, 57, 61, 63, 64, 67, 68, 70, 71, 73, 75, 77, 79, 80, 83, 85年，學測85, 96, 100, 101, 103, 104, 106~108年，指考92, 93①②, 98, 99, 102~105, 107, 109①, 110年)

raisin (學測96年)

rally (指考91年)

ram (學測111年)

rancher (學測107年，指考95年)

random (學測101, 108年)

randomly (聯考90年，學測113年，指考92, 98年)

range (聯考78, 90年，學測91②, 92②, 96, 101, 106, 108~110年，指考93①, 95, 100, 102, 104, 105, 107, 109①②, 110年)

ranger (學測110年，指考95年)

rank (學測92②, 102, 106, 109年)

ransom (學測105年)

rap (學測92①, 99年，指考93②年)

rapid (聯考47, 60, 90年，學測84, 89, 98, 100, 112年，指考93②, 100, 104年)

rapidity (聯考60年)

rapidly (聯考81, 84, 88年，學測89, 90, 92②, 94, 101, 109年，指考93①, 95, 97年)

rare (聯考69年，學測88, 91①, 97, 100, 102, 105, 107, 109, 110, 112年，指考92, 93②, 94, 99, 108年)

rarely (聯考64, 69, 82, 87, 90年，學測87, 94, 95, 100, 111年，指考95, 97, 100, 104, 107年)

rarity (學測102年)

rascal (聯考47年)

rash (聯考63年，學測108年)

rat (學測98, 99年，指考100, 110年)

rate (聯考54, 60, 62, 79, 90年，學測92①, 96, 100, 102, 109年，指考93②, 95, 98, 99, 103, 105, 107, 109②年)

rather (聯考63, 65, 69, 72, 74, 76, 77, 79, 82, 86, 90年，學測88～91①, 92①, 95～98, 100～103, 105～108, 110年，指考91～93①, 95, 98, 99, 101, 102, 105, 106, 109①年)

ratio (學測102, 106年，指考103, 106年)

ration (聯考63, 73年)

rattle (指考95年)

raw (聯考58年，學測103年)

ray (指考96年)

razor (學測97年，指考92年)

reach (聯考57, 80, 86, 87年，學測83, 91①②, 92①, 94, 96, 98, 100, 103, 105, 108, 109, 111～113年，指考91, 93①, 100, 102, 104, 107年)

react (聯考78年，學測89, 94, 95, 97, 100, 105, 107～109年，指考93①, 95, 105年)

reactant (指考106年)

reaction (聯考68, 83, 84年，學測83, 92①, 97, 100年，指考93②～95, 98, 100, 106, 107年)

readable (學測93年)

reader (學測106, 108年，指考93①②年)

readership (指考99年)

readily (聯考79年，學測86, 99, 106年，指考94年)

reading (聯考78年，學測102, 103, 111年，指考93①②, 94, 102, 106, 108, 109①年)

ready-made (指考105年)

real (學測91①, 94, 97, 100, 101, 106～112年，指考91, 95, 101, 103, 108, 109②年)

realism (聯考50年，學測111年)

realistic (聯考71, 84年，學測97, 99, 105, 109, 113年)

reality (聯考54, 55年，學測107年，指考95, 99, 105, 107年)

realization (聯考68年，學測101年)

realize (聯考62, 66, 67, 69, 70, 75, 78, 81, 84, 85, 88～90年，學測85, 92①②, 93②～95, 99, 104～107, 113年，指考91, 94, 97, 100, 102, 105, 108年)

real-life (指考101, 102年)

really (聯考75, 76, 79, 90年，學測84, 87, 91①, 92②, 96, 104, 106～110, 112年，指考93①, 102, 104年)

reap (聯考48, 54年)

rear (聯考49, 67年，學測86, 108年，指考93②, 98, 109①年)

rearrange (學測83年)

reason (聯考63, 70, 74, 75, 87, 89, 90年，學測85～89, 91①②, 92②～97, 101～104, 107～113年，指考91, 93②～95, 97～100, 102, 106, 109①②, 110年)

reasonable (聯考62, 67, 79, 87年，學測99, 108年，指考97, 109①年)

reasonably (指考95, 100年)

reasoning (學測106年，指考102年)

reassemble (學測111年)

reassurance (學測93年)

rebel (學測94, 97, 102, 104年，指考96年)

rebelliousness (指考110年)

reborn (學測97年)

rebuild (學測88, 94, 109, 111年，指考101年)

recall (聯考83, 88年，學測87, 88, 92②, 94, 102, 104, 112年，指考100, 106, 108年)

receipt (聯考47年，學測110年，指考98年)

receive (聯考73, 75, 78, 80, 84, 86～88, 90年，學測83, 84, 88, 90, 91①, 92②, 93, 96, 97, 99, 100, 102～107, 110, 113年，指考91～93①②, 98～104, 106～109①②年)

receiver (學測100年，指考100年)

recent (聯考60, 69, 71, 77, 79, 84, 87年，學測85, 87, 91①～93, 95～97, 99, 101, 102, 104, 105, 108, 111, 112年，指考92, 93②, 94, 97, 100～105, 108, 109①, 110年)

recently (聯考63, 65, 66, 80, 85, 90年，學測84, 90, 91①②, 95～98, 108, 109, 111年，指考94, 95, 99, 105, 106, 109①年)

reception (聯考67, 81年，學測107年)

receptionist (聯考85年)

recession (學測83年，指考92, 93②, 98, 99, 107, 109①②年)

rechargeable (指考104年)

recipe (學測90, 92②, 103, 104, 107, 112年，指考105年)

recipient (學測83年)

recite (學測101, 109年)

reckless (聯考83, 84年，學測86, 103年)

recklessly (指考98, 109②年)

recognition (聯考67, 68, 72, 73年，學測97, 102, 106年，指考96, 108年)

recognizable (學測111年，指考94, 109①年)

recognize (聯考81, 84, 85, 88, 90年，學測85, 88, 91①, 92①, 93, 95～97, 101, 102, 106, 108, 110, 111, 113年，指考91, 93①②, 99, 104～106, 108, 109②, 110年)

recollection (聯考72年，指考106年)

recommend (聯考80, 87, 88年，學測96, 99, 104, 109年，指考98, 99, 103, 105年)

recommendation (聯考88年，指考100年)

recompense (聯考71年)

reconstruct (指考91, 97年)

record (聯考76, 78, 81, 85, 88年，學測85, 89, 92①②, 93, 95～97, 99～101, 105, 109, 110, 112年，指考91, 93②, 101～105, 107年)

recorder (學測97年，指考97年)

recording (學測90年，學測89, 97, 109年，指考91, 93②, 98, 102, 104年)

record player (學測99年)

recover (聯考61, 62, 63, 70, 78, 86年，學測86, 88, 96, 97, 100, 101, 103, 107, 111年，指考94, 97, 108, 109②年)

recovery (聯考90年，學測93, 96年，指考93②, 96, 108年)

recreate (學測113年)

recreation (聯考54, 73, 78, 84年，學測112, 113年)

recreational (學測96年)

recruit (指考100, 106, 109①年)

recurrent (指考106年)

recurring (指考91年)

recyclable (學測105年)

recycle (聯考79年，學測88, 94, 98, 99, 101, 103, 111年，指考97年)

recycler (指考93①年)

reddish (指考108年)

redeem (指考91年)

redefinition (學測109年)

redesign (學測109年，指考110年)

redevelop (學測87年)

redevelopment (學測97, 98年)

redirect (指考94年)

rediscover (學測92②年)

redistribute (學測86, 112年)

redouble (聯考69年)

reduce (聯考67, 68, 72, 80, 88, 90年，學測84, 87, 92②, 95, 98, 103～107, 109～113年，指考93②, 99～105, 107～109②年)

reduction (聯考84年，學測109年，指考92, 93②, 103, 104, 107, 110年)

redundant (指考106年)

redwood (學測100年)

reed (指考106年)

reef (聯考59年，學測102, 108年，指考108年)

reel (聯考64年)

reestablish (學測113年)

reevaluate (學測83年)

refer (聯考58, 63, 69, 88, 89年，學測87, 92②, 95, 98～100, 102～104, 106, 107, 109～113年，指考91～93①, 95, 97～100, 102～107, 109①②, 110年)

reference (聯考62年，學測93, 110年，指考98, 101, 109①年)

refill (聯考83年)

refine (學測109年，指考96年)

refinement (聯考68年，指考96年)

reflect (聯考48, 52, 81, 82, 87年，學測83, 106年，指考93①②, 97, 109②, 110年)

reflection (聯考52, 86, 89年，學測107, 112年，指考91, 101年)

reflective (指考109②年)

reform (聯考85年，學測94, 106年，指考98, 100年)

reformation (聯考50年)

reformer (聯考80年)

refresh (聯考89年，學測97, 98年，指考93①, 97, 106年)

refreshing (學測95年，指考95年)

refrigerator (指考98, 100年)

refuge (聯考59年，學測90年，指考96, 104, 105年)

refugee (學測109, 111年)

refund (聯考65年，指考100, 103年)

refusal (聯考48, 52年，指考100, 106年)

refuse (聯考47, 48, 50～52, 62, 63, 65, 66, 69, 72, 73, 80年，學測89, 91②, 100, 101, 103～105, 108年，指考92, 100～102年)

regain (聯考82年，學測94, 103, 111年，指考91年)

regard (聯考58, 64, 66～69, 71, 72, 75, 81, 87, 88年，學測83, 95, 99, 102, 104, 106, 110年，指考93①②, 95, 97, 100, 101, 104～106, 108, 109①, 110年)

regarding (聯考71, 80, 84年，學測88, 94, 101, 104, 109, 111年，指考94, 101, 103～106, 109①②年)

regardless (學測103, 107年，指考91, 94, 101, 105, 109②年)

regenerate (學測111年，指考106年)

regeneration (學測111年，指考106年)

regenerative (學測111年，指考106年)

regime (聯考49年)

region (聯考51, 58, 75年，學測88, 95, 98, 99, 105～107, 110, 111, 113年，指考93②, 96, 97, 104～106, 108, 110年)

regional (聯考65年，學測89, 105年，指考99年)

register (聯考83年，學測87, 106年，指考106年)

registration (學測87, 104年)

regret (聯考65, 66, 81年，學測89, 113年)

regretful (聯考72年，指考98年)

regretfully (聯考90年)

regrettable (指考97年)

regrow (學測111年，指考106年)

regrowth (學測111年)

regular (學測87, 88, 91②, 93, 95, 98, 104, 110, 111, 113年，指考93②, 94, 99, 106年)

regularity (學測94年，指考93①年)

regularly (聯考85, 86年，學測85, 86, 92①, 93, 101, 104, 108, 112, 113年，指考91, 94, 97, 99, 103年)

regulate (聯考50, 81年，學測85年，指考95, 96, 105, 109①年)

regulation (學測103, 104年，指考97, 104, 109①②, 110年)

regulatory (指考109①年)

rehabilitate (指考93②年)

rehabilitation (指考93②年)

rehearsal (學測101年)

rehearse (指考94, 108年)

reign (學測110年，指考94, 99年)

reimburse (聯考72年)

reincarnate (學測93年)

reincarnation (學測93年)

reinforce (聯考88年，指考95, 99年)

reinvent (指考109②年)

reject (聯考66, 74, 76年，學測86, 96, 110年，指考99, 106, 110年)

rejection (學測83, 92②, 94年)

rejoice (學測97年)

relate (聯考54, 63, 87年，學測85, 96年，指考96, 97, 103年)

related (學測86, 97, 100, 102, 105, 107, 108年，指考92, 94, 98, 99, 101, 107, 108年)

relation (聯考65, 67, 78年，學測92②, 102, 107年，指考91年)

relationship (聯考73, 81, 83, 89年，學測85, 86, 89, 90, 94, 103, 105, 106, 109年，指考94, 95, 97, 101, 103, 106, 110年)

relative (聯考47年，學測83, 87, 93, 99, 103, 104, 109, 113年，指考97, 103, 108年)

relatively (聯考71, 88年，學測95, 96, 97, 102, 109, 110, 113年，指考97, 103, 106, 108, 109②, 110年)

relax (聯考71, 81, 82, 87年，學測87, 89, 91①, 92①②, 94, 96, 100, 102, 105, 110年)

relaxation (學測91①, 104年)

relaxing (聯考80年，學測95, 96, 106, 107年，指考101年)

release (聯考61, 78, 90年，學測88, 90, 92②, 95, 97, 99, 100, 108 - 111年，指考91, 93①②, 98～103, 105, 109①②年)

relentless (指考102年)

relentlessly (學測88年)

relevant (指考94年)

reliable (聯考87年，學測98, 100, 105, 107年)

reliably (學測96年)

reliance (聯考54年，學測112年)

relic (指考95年)

relief (聯考45, 61, 65, 83年，學測88, 89, 101年，指考93①年)

relieve (聯考90年，學測91①, 92②, 94, 99, 102, 103, 107, 109, 110年，指考100年)

religion (聯考53, 54, 62, 67, 87年，學測87, 100, 102, 103, 112年，指考96, 109②年)

religious (聯考47, 49, 50, 67年，學測92①, 93, 97, 98, 100, 102, 103, 109年，指考93①②, 94, 105, 108年)

reload (學測91②年)

relocation (學測104年)

reluctance (聯考52年，學測96年)

reluctant (聯考52年，學測91②, 99, 102, 112年，指考92, 93②年)

reluctantly (學測93, 113年)

rely (聯考84, 90年，學測94, 102, 105, 106, 113年，指考93①②, 96, 102, 106, 108年)

remain (聯考47, 63, 65, 69, 74, 82, 84, 85, 87, 88, 90年，學測84, 88, 90, 91①, 92②, 93, 95, 97, 99, 100, 104, 107～109, 112, 113年，指考95, 97, 98, 101～103, 105～110年)

remainder (指考106年)

remark (聯考49年，學測86, 111年，指考93②, 99, 109②年)

remarkable (聯考90年，學測88, 98, 106, 111年，指考94, 101, 105, 106, 109②年)

remarkably (指考97年)

remedy (學測104, 109, 113年，指考95, 97, 106, 109②年)

remember (聯考65, 68, 71, 74, 75, 78, 80, 87年，學測86, 88, 92①, 94, 95, 98～100, 101, 103, 108年，指考93①, 99, 110年)

remembrance (聯考47年)

remind (聯考49, 54, 55, 58, 68, 73, 83年，學測89, 94, 98, 100, 101, 106年，指考92年)

reminder (聯考72年，學測94, 102年，指考104年)

reminiscence (聯考68年)

remote (聯考66, 81年，學測103, 106, 107年，指考93①, 97, 105, 107, 109①年)

remote-control (指考97年)

remotely (指考100, 109①年)

removable (學測104年)

removal (學測108年)

remove (聯考90年，學測91①②, 93, 96, 98, 100, 101, 105, 107, 109, 111, 112年，指考91, 94, 95, 99～101, 103, 109①, 110年)

renaissance (學測106年)

rename (學測97年)

render (學測112, 113年)

renew (學測91①, 92①, 105年，指考93②, 96, 105年)

renewable (學測107, 110年)

renovation (指考109②年)

renowned (聯考67年，指考99, 109①年)

rent (聯考80年，學測85, 86, 99, 106年，指考105年)

rental (學測99年)

repaint (聯考71年)

repair (聯考75, 90年，學測84, 86, 91②, 100, 109年，指考93, 94, 101, 109①, 110年)

repeat (聯考48, 54, 65, 83, 89年，學測87, 108, 111, 113年，指考93②, 99, 104年)

repeatable (學測91①年)

repeatedly (學測85, 104, 108, 109年，指考91, 100, 103, 104年)

repel (聯考66年，學測109年)

repertoire (指考102年)

repetition (聯考47, 48, 52年，學測85年)

repetitive (聯考63年，學測108年，指考93②, 95年)

replace (聯考63, 64, 75, 76, 86, 87年，學測84, 86, 92②, 94, 98～102, 104, 107, 109～112年，指考92, 93②, 94, 99～101, 103, 105, 108～110年)

replaceable (聯考84年)

replacement (學測103年，指考96, 97, 105～107年)

replay (學測108年)

replica (指考105, 109②年)

replicate (學測111年，指考102, 106年)

reply (聯考55, 56, 61, 71, 74, 76, 77, 80, 88年，學測89, 103年，指考92, 94年)

report (聯考71, 83, 84, 90年，學測83, 88, 91①, 92①～94, 97, 99, 100, 105～109, 113年，指考91～93①②, 95, 97, 99, 101, 102, 104～106, 108, 109②年)

report card (指考97年)

reportedly (學測105年)

reporter (聯考82年，學測83, 88, 93年)

represent (聯考56, 65, 70, 78, 82年，學測86, 88, 97, 101, 102, 104, 110～112年，指考92, 94, 96, 98, 99, 104, 106, 107, 109②, 110年)

representation (學測108, 112年，指考104年)

representative (聯考88年，學測105, 106年，指考105, 109②年)

repress (指考98年)

repression (學測94年)

repressive (聯考68年)

reproduce (學測94, 111年，指考103年)

reproduction (指考99年)

republic (聯考61, 62, 64, 73年，學測97, 111年，指考96, 108年)

repulse (聯考47年)

reputable (指考110年)

reputation (學測85年，指考91②, 94, 106年，指考93②, 101, 103, 109②年)

request (聯考48, 49, 62～64, 79, 80, 82, 89年，學測90, 92②, 96, 98, 101, 105, 108, 110年，指考93①, 99, 100年)

require (聯考54, 63, 65, 69, 72, 90年，學測83, 86～88, 90, 91②, 93, 99, 101～103, 105, 107～110年，指考92～94, 97, 98, 100, 104, 106～108, 110年)

requirement (聯考64, 65, 74年，學測85, 88, 93, 107年，指考98, 104年)

rescue (聯考69年，學測84, 86, 104, 111年)

research (聯考64, 68, 69, 71, 76, 79, 82, 90年，學測86, 87, 89, 91②, 92②, 93, 95, 96, 98～101, 106～113年，指考92～94, 97～109①②年)

researcher (聯考79, 90年，學測89, 91②, 97, 98, 100, 102, 105～113年，指考94, 96, 99, 100, 102～105, 107～109①②年)

resemblance (聯考46, 53年，學測85年)

resemble (聯考48, 49, 90年，學測106, 112, 113年，指考96, 102, 104, 107～109①年)

resentful (學測94年)

resentment (學測94年，指考107年)

reservation (聯考67, 88年，學測92①, 93年，指考94, 99, 108年)

reserve (聯考60, 71, 81, 83年，學測83, 91②, 102, 104～107, 109年，指考93②, 98, 108, 109②年)

reservoir (指考91, 107年)

reset (聯考81年)

reside (學測107年，指考94年)

residence (指考97, 104年)

resident (聯考66, 73, 85, 87年，學測103, 107, 110年，指考93①②, 98, 103年)

residential (聯考82年)

residue (指考108年)

resign (聯考82年，學測89, 96, 98, 105年，指考97年)

resignation (學測105年，指考110年)

resist (聯考47, 56, 63, 71, 83年，學測91①, 92①, 94, 99, 111, 112年，指考101, 107年)

resistance (聯考66, 68, 69, 71年，學測87, 102, 108年，指考96, 104年)

resistant (聯考66年，學測100, 108年，指考98, 103年)

resistantly (指考106年)

resistible (聯考87年)

resolution (聯考90年，學測98年，指考101年)

resolve (聯考89年，學測86, 87, 105, 110, 112年)

resonance (學測95年)

resonate (指考102年)

resort (學測88, 108年，指考93, 94, 96, 101, 106, 107年)

resource (聯考47, 69, 83年，學測84, 94, 98～100, 105, 107, 112, 113年，指考91, 93②～97, 101, 104, 108, 109①年)

respect (聯考58, 61, 62, 64, 65, 67, 68, 73, 81, 82, 87年，學測93, 94, 96, 100～104, 107, 109年，指考91, 95, 97, 100, 105, 109①年)

respectable (指考61年)

respectably (學測90年)

respectful (聯考50年，指考109①年)

respectfully (學測87年，指考110年)

respective (聯考53年，指考101, 107, 109②年)

respectively (聯考61, 83年)

respiration (學測84年)

respond (聯考67, 69, 79, 81, 83年，學測86, 88, 91②, 93, 107年，指考93①, 96, 98, 107, 109①, 110年)

respondent (指考92年)

response (聯考69, 85, 89, 90年，學測86, 93, 95, 96, 101, 103, 108, 113年，指考93①②, 99, 105, 108年)

responsibility (聯考65, 67, 86～88年，學測92①, 95, 99, 108年，指考101年)

responsible (聯考64, 69, 71, 80年，學測84, 85, 87, 88, 91②, 99, 100, 109年，指考97年)

rest (聯考47, 59, 68, 72, 75年，學測89, 92①, 95～98, 103, 104, 108, 109, 111年，指考91, 93②, 103, 108, 109②年)

restaurant (聯考55, 75, 82, 85～87年，學測84, 88, 90, 97, 99, 102, 103, 107, 111, 113年，指考91, 92, 99, 103, 105, 106, 109②, 110年)

restless (聯考54年，指考96年)

restlessness (指考94年)

restorative (指考110年)

restore (聯考50, 72, 90年，學測90, 94, 111, 112年，指考91, 94, 105, 107, 109②年)

restrain (學測88年，指考109②年)

restrict (學測89, 90, 95, 105年，指考100, 103年)

restriction (聯考67, 71, 73, 84年，學測102, 108年)

restrictive (指考100年)

result (聯考47, 55, 61, 64, 67, 70, 71, 73, 74, 77, 81, 82, 90年，學測84, 85, 88, 91②, 92①②, 95, 96, 98～100, 102, 104, 105, 107, 109, 110, 112, 113年，指考91～102, 104, 106, 107, 109①②, 110年)

resultant (指考93①年)

resume (聯考73年，學測88, 110年)

retail (指考100年)

retailer (學測99年，指考96, 97年)

retain (聯考72, 74, 82, 87年，學測84, 97, 100, 111年，指考97, 100, 104年)

rethinking (指考109①年)

retina (學測111年)

retinal (學測111年)

retire (聯考56, 61, 67年，學測88, 91②, 96年，指考96, 106年)

retirement (學測105年，指考96年)

retrace (指考102年)

retract (指考105年)

retreat (聯考59, 64, 90年，學測96, 100, 108年，指考105, 109②年)

retrieve (聯考54, 78年，指考97, 99, 109②年)

return (聯考73, 86, 88～90年，學測83, 84, 86～89, 91①, 93, 95, 99, 105, 109, 111, 113年，指考91, 97, 98, 104, 105, 107, 108年)

returned (學測104, 106, 108, 111, 113年)

reunion (學測111年)

reusable (學測92②, 103年)

reuse (學測83, 98年)

reveal (聯考62, 85, 88年，學測91②, 93, 96, 105, 108, 110年，指考92, 93②～95, 99, 100, 103, 108, 110年)

revealing (指考101, 107年)

revelation (聯考68年)

revenge (聯考69年，學測91①, 113年)

revenue (指考94, 101, 102年)

reverse (聯考47, 63, 80年，學測103年，指考94, 102, 103年)

reversely (聯考72年)

review (聯考84, 88年，學測94, 110年，指考101年)

reviewer (聯考88年，學測110年)

revise (學測98, 101, 113年)

revival (指考93②, 109②年)

revive (聯考70年，學測96年)

revolution (學測90, 91①, 95, 107, 113年，指考96, 104, 107, 109①, 110年)

revolutionary (學測90, 110年，指考107年)

revolve (聯考48年，指考108年)

reward (聯考54, 57, 87~89年，學測83, 87, 92②, 96, 99, 104, 106, 112年，指考92, 98, 99, 109①②年)

rewarding (聯考80年，學測85年)

reword (學測90年)

rewrite (聯考54年，學測98年)

rhyme (聯考89年，學測86年)

rhythm (聯考61, 81年，學測86, 107, 108, 111年，指考99, 101, 106年)

rib (聯考54年)

rice (聯考61, 65, 81年，學測92②, 109, 112年，指考108年)

rich (聯考89年，學測101, 104, 113年，指考92, 93①, 94, 97, 99, 107, 109①②, 110年)

richly (指考93①, 97年)

richness (學測97年)

rid (聯考89年，學測96, 104, 105, 108, 112年，指考92, 109①年)

rider (學測110年，指考107年)

ridge (學測93年)

ridicule (學測91①, 101, 108年，指考95年)

rifle (聯考88年)

rightful (聯考87年)

right-hand (指考109②年)

rightly (聯考61年)

rigid (指考93①, 109①年)

rigidity (聯考68, 71年)

rim (學測110年)

ring (聯考74, 76, 77, 86年，學測100, 106年，指考93②, 108年)

rinse (指考103年)

riot (指考101, 107, 110年)

rip (學測113年)

ripe (聯考48, 69年，學測100年)

ripen (聯考65年，指考99年)

ripeness (指考99年)

ripple (指考104, 108年)

rise (聯考51, 53, 59~61, 63, 68, 78, 81, 86年，學測86, 88, 90, 91②, 92①~94, 98~100, 105, 111, 112年，指考93②, 98, 102~106, 108, 109①②年)

rising (學測98, 103, 110年)

risk (聯考71, 89年，學測83, 91②, 92②, 95, 98~101, 104, 105, 107~110, 112年，指考91, 93②, 97, 102, 103, 105, 109②年)

risky (學測95, 99, 104, 106, 111年，指考100年)

rite (學測99年)

ritual (聯考66年，學測93, 106, 111, 112年，指考109①年)

rival (聯考60, 62, 66年，學測98, 105年，指考105年)

roadhouse (學測84年)

roadside (學測84, 103年，指考110年)

roadway (聯考89年)

roam (學測110, 112年)

roar (聯考55, 60, 66, 75年，學測91①年)

roast (學測92②, 113年，指考110年)

rob (聯考72年，指考98, 110年)

robber (學測84年)

robin (聯考66年，學測104年)

robot (聯考81, 90年，學測87年)

robotic (聯考90年，指考109①年)

robust (指考105年)

rock (學測84, 101, 105年，指考93②, 94, 104, 105, 110年)

rocket (學測102, 112年，指考101年)

rocky (聯考61年，學測105, 106年)

rod (聯考55, 64年，學測110, 113年)

role (聯考61, 69年，學測85, 90, 92①, 93, 99, 100, 102~104, 107, 111, 113年，指考91, 95, 97, 98, 100, 103, 107~110年)

roll (聯考45, 47, 84, 90年，學測91②, 95, 109, 111~113年，指考108, 109①年)

Roman (聯考68, 82年，學測109年，指考104, 107, 109①年)

romance (聯考66年，指考100年)

romantic (聯考66年，學測85, 97年)

Rome (聯考90年，學測98年，指考107~109①年)

roof (聯考51, 55, 84, 87年，學測87, 108, 110, 111年，指考103年)

roommate (聯考82年，指考106年)

root (聯考71, 75, 79年，學測86, 100, 104, 108年，指考100, 106年)

rope (聯考59年，學測93年，指考98年)

rose (學測108年，指考102, 110年)

rot (學測112年，指考107年)

rotate (學測110年，指考106, 108年)

rough (聯考71, 88年，學測85, 99, 112年，指考96, 104, 105, 108年)

roughly (聯考72, 79, 87年，學測89, 96, 102, 104, 108, 112年，指考91, 93②, 106年)

roughness (指考105年)

round (聯考82年，學測89, 111年，指考93②, 97, 99, 100, 102, 106, 107, 110年)

route (聯考51年，學測88, 98, 101, 103, 109, 111~113年，指考92, 94, 102, 109①年)

routine (聯考48, 67, 72年，學測83, 97, 99, 107年，指考91, 92, 94, 106年)

routinely (指考101, 106年)

row (聯考82年，學測91①, 93年，指考94, 107, 110年)

rowboat (學測91①年)

royal (學測101, 106年，指考94, 104, 107年)

royalty (指考105年)

rub (聯考53, 59, 90年，學測99, 106, 109年)

rubber (學測106, 109年，指考110年)

rubbish (指考93①年)

ruby (學測101年，指考104年)

rudder (學測86年)

rude (聯考81, 88年)

rudely (學測105年)

rudeness (聯考49, 54年)

rug (學測88, 92②年)

ruin (聯考63, 66, 68, 69, 78年，學測91①, 95, 104, 105, 108年，指考92, 94, 109①年)

rule (聯考72, 88年，學測112, 113年，指考91, 94, 97, 100, 102, 109②年)

ruler (學測102, 110, 112年，指考93②, 106, 109②年)

ruling (學測104年，指考106, 107年)

rumble (指考107年)

rumor (聯考64年，學測92②, 101, 103年)

run-down (指考110年)

runner (學測99, 104, 113年，指考102, 104年)

runway (學測96, 98年)

rural (學測92①, 105, 107, 111年，指考93①②, 97, 106年)

rush (聯考45, 63, 65, 67, 68, 75, 84, 85, 89年，學測83, 85, 86, 89, 112, 113年)

Russia (學測101年)

Russian (聯考58年，指考104年)

rust (聯考60年，學測109年)

rustle (指考101年)

sack (聯考65, 66年，學測91①年，指考110年)

sacred (學測110年)

sacrifice (聯考68年，學測95, 105, 109年，指考92, 101年)

sadden (聯考69年)

sadness (聯考53, 89年，學測107, 109年，指考91年)

safeguard (指考109②年)

safely (聯考82, 85年，學測103, 110年，指考97, 101年)

safety (聯考64, 90年，學測83, 86, 87, 99, 104, 109, 111年，指考92, 93②, 99, 101, 104, 107, 109①②年)

sage (學測86年)

sail (聯考54年，學測86, 87, 98, 111年，指考105年)

sailboat (學測86年)

sailing (學測84, 106, 112年)

sailor (聯考68年，學測98, 112年)

sake (學測110年，指考96, 107年)

salad (聯考79年，學測92②, 98, 99年)

salamander (指考106年)

salary (聯考50, 80年，學測88, 96, 105, 106年，指考93①, 98年)

sales (學測104, 111年，指考104, 108年)

salesman (學測91②年)

salesperson (學測92②, 113年，指考93①年)

saline (學測89年)

salon (學測96, 107年)

salt (聯考78, 89年，學測84, 91①, 100, 105, 107, 112年，指考99, 106, 107年)

salty (聯考78年)

salute (聯考63年，學測88年)

rubbish (指考93①年)

salvation (聯考91, 106年)

sample (聯考46年，學測88, 98, 104, 105年，指考106, 107, 109①年)

sanction (聯考83年)

sanctuary (學測97年)

sand (聯考45年，學測91①, 94, 106, 112年，指考94, 105, 106, 109①, 110年)

sandal (學測106, 109年)

sandwich (聯考89年，學測106年，指考108年)

sandy (學測98年)

sanitation (指考97, 109①年)

sarcasm (聯考65年)

sarcastic (聯考65年，指考101年)

satellite (學測96, 98, 102年，指考99, 108, 109②年)

satirize (指考101年)

satisfaction (聯考48年，學測94, 98, 99年)

satisfactory (聯考73年，指考104年)

satisfy (聯考48, 61, 79, 87年，學測83, 86, 90, 99, 103, 107, 111年，指考103, 105, 106年)

satisfying (聯考87年，指考95, 108年)

sauce (學測112年)

sauna (學測98年)

savage (聯考45, 68, 70年)

savagely (聯考50年)

save (聯考46, 48, 50, 56, 66, 67, 79, 86, 87, 90年，學測83, 86, 90, 91①②③, 95, 98, 102, 105, 109, 111, 113年，指考91, 94, 95, 98, 100, 102~107, 109①年)

saver (聯考71年，學測85年)

savory (指考106年)

saying (聯考81年，學測87, 102, 103, 105, 107年，指考102, 107, 108, 110年)

scale (聯考82年，學測110年，指考95, 102, 106, 110年)

scalp (聯考68年)

scare (學測103年)

scan (學測95, 104, 110, 112年，指考93①, 95, 105, 108年)

scandal (聯考82年，學測92年②, 104年，指考92, 95, 107, 109①年)

scanner (學測95年，指考105年)

scarce (聯考86年，學測89, 104年，指考91, 94, 97, 99年)

scarcely (聯考64, 65, 79, 88, 90年，學測96, 99, 101年，指考95, 102年)

scarcity (學測100, 102年)

scare (聯考59, 64, 71, 78, 90年，學測84, 89, 97, 106年，指考94, 98, 102年)

scared (學測104年)

scarf (聯考64年)

scary (聯考90年，學測88, 107年)

scatter (學測98, 110, 112年，指考94, 98, 108年)

scene (聯考61, 72年，學測103, 108, 111年，指考99, 101, 110年)

scenery (聯考90年，學測88, 97年，指考93①, 94, 104年)

scenic (學測97年)

scent (學測95, 100, 106, 108, 112年，指考108年)

schedule (聯考56, 69, 72, 73, 90年，學測88, 92①, 94, 97, 99, 104, 110年，指考91, 92, 99, 101, 104, 105, 110年)

scheme (聯考58年，學測86年，指考91, 96年)

scholar (聯考45, 49, 50, 67, 80, 81年，學測91②, 92②, 93, 106, 109年，指考99, 105, 107, 109②年)

scholarship (學測96, 105年，指考103年)

scholastic (聯考73年)

schoolbag (學測86年)

schoolchildren (指考97年)

schoolgirl (指考102年)

schoolhouse (指考106年)

schooling (聯考82年)

schoolteacher (指考97年)

schoolwork (聯考87年)

science (聯考66, 68, 73, 77, 81, 87, 88, 90年，學測84, 96, 99, 105, 112年，指考91~93①②, 98, 100, 102, 105, 109①②, 110年)

scientific (聯考45, 48, 49, 64, 71, 76, 77, 82年，學測84, 85, 89, 91②, 92①, 101, 105, 107年，指考91, 95, 98, 100, 102, 105, 107年)

scientifically (學測98年)

scientist (聯考66, 71, 74, 85, 87~90年，學測84, 85, 88~90, 94, 97, 100, 102, 105, 108~112年，指考91, 93①②, 95, 98~100, 102 - 109①②年)

scissors (指考92年)

scoff (學測94年)

scold (聯考61, 75, 88年，學測99, 107年)

scoop (學測101, 105, 108年)

scorching (學測107年)

score (聯考61, 75, 81, 90年，學測84, 85, 91②, 106, 109年，指考94年)

scorecard (學測95年)

scorn (聯考45年，學測104年，指考95年)

Scottish (學測101年)

scout (聯考64年)

scrabble (學測85年)

scramble (指考109②年)

scratch (聯考62年，學測97, 98年，指考105年)

scream (聯考50年，學測87, 97, 100年，指考94, 105年)

screen (學測91②年，指考92, 102, 106, 109①年)

screening (學測104年，指考102, 109①年)

screwdriver (學測102年，指考92年)

script (學測86年)

scuba diving (學測88年)

sculpt (學測97年，指考99年)

sculptor (學測84, 97年，指考99年)

sculptural (指考110年)

sculpture (聯考53年，學測93, 97, 106年，指考94, 99, 105, 110年)

seabed (指考109年)

seacoast (指考107年)

seafood (學測88, 113年)

seagoing (學測84年)

seagull (學測102年)

seahorse (聯考77年)

seal (聯考67, 79年，學測91②, 92①, 102年，指考96, 109②年)

seaport (聯考46年，學測86, 110年)

search (聯考61, 74, 78, 80, 81, 87, 89年，學測89, 93, 94, 97, 101, 103, 109, 113年，指考93①, 99~101, 106~108年)

seashell (學測88年)

seashore (聯考76年，學測102年)

seaside (聯考45, 72, 76年)

season (聯考87年，學測87, 88, 91②, 95, 99, 100, 102, 105, 108年，指考92, 97, 110年)

seasonal (學測107年)

seat (聯考57, 61, 72年，學測96, 100, 112, 113年，指考91, 94, 105年)

seatbelt (學測105年)

seawater (聯考78, 82年，學測105, 107年)

seaweed (指考94, 95年)

second (學測87, 91①, 97, 100, 103, 105~110, 113年，指考91, 93②~95, 97, 99~104, 106, 107, 109①②年)

secondary (聯考80年，學測97年，指考109①年)

secondhand (聯考56年，學測111年)

secondly (學測84年，指考91年)

secret (聯考61, 67, 81, 85, 87, 88, 90年，學測93, 97, 100, 103, 105, 107, 108, 112, 113年，指考93①②, 94, 98, 100年)

secretary (聯考48, 80年)

section (學測85年，學測87, 97, 102年，指考93①, 101年)

sector (聯考83年，學測113年)

secure (學測85, 92②, 99, 111, 113年，指考97, 104, 107年)

securely (學測90年)

security (聯考69, 78, 79, 84, 88, 90年，學測86, 92②, 94, 98, 105~108年，指考92, 97, 98, 100~102, 105, 107年)

sedentary (學測104年)

sediment (指考93②年)

seed (聯考65, 89年，學測93, 100, 104年，指考91, 107年)

seek (聯考45, 61, 65, 66, 71, 81, 89年，學測86, 90, 94, 100, 109, 111年，指考91, 92, 94, 97, 106, 108年)

seeker (學測90年，指考109②年)

seem (聯考45, 49, 54, 58, 61~63, 69, 74~79, 82, 88, 89年，學測83~91①, 93, 95, 98, 100, 102~105, 107~109, 112, 113年，指考91~93①, 94, 98, 101~104, 106, 108年)

seeming (聯考68年)

seemingly (聯考45, 69年，學測107年，指考99, 102年)

see-through (學測111年，指考92年)

segment (學測96, 110年，指考101年)

seismologist (指考93②年)

seize (聯考45, 54, 60, 68年，學測92②, 93, 102, 109年，指考102, 110年)

seldom (學測85, 91①, 92①, 97, 101, 104, 108年，指考107年)

select (聯考51~53, 65, 70, 78年，學測88, 91①②, 97年，指考92, 102, 106, 109②年)

selection (聯考53, 85年，學測91②, 103年，指考106, 109②年)

selective (指考102年)

selectively (指考104年)

self (聯考90年，學測93, 103年，指考91, 97年)

self-assurance (學測83年)

self-concept (學測83年)

self-confident (學測83年)

self-consciousness (指考108年)

self-defense (學測106年)

self-destructive (學測84年)

self-esteem (學測83年，指考98, 101年)

self-healing (學測111年)

self-hypnosis (指考108年)

self-image (學測109, 110年)

selfish (學測92①, 105年)

self-knowledge (指考110年)

selfless (學測95年)

self-police (指考109②年)

self-protection (學測94年)

self-respect (指考101年)

self-worth (學測94年)

seller (學測95年)

semester (學測107, 109年，指考109①年)

semi-nomadic (學測111年)

senate (學測88年)

send (聯考90年，學測85, 86, 90, 91①②, 94, 95, 98, 100, 103, 107~111, 113年，指考91, 100, 103, 104, 106~109①, 110年)

sender (學測86年)

senior (聯考45, 73, 83年，學測91②, 100年，指考91, 98, 103, 108, 109①年)

sensation (學測94, 109, 111, 112年，指考107年)

sensational (學測85年)

sense (聯考70, 75, 81, 87, 90年，學測83, 89, 90, 93, 100, 105~107, 112, 113年，指考91~93①, 100, 101, 103, 105~109年)

senseless (學測91②年)

sensibility (指考93②年)

sensible (學測85, 98年，指考92年)

sensibly (學測108年)

sensitive (聯考85, 88年，學測85, 89, 93, 96~98, 100, 102, 105年，指考100, 107年)

sensitivity (學測98, 112年，指考100年)

sensor (聯考81, 90年，學測105, 111年)

sensory (學測93, 109年，指考108年)

sensual (指考99年)

sentence (聯考67, 68, 78年，學測88, 93, 98, 113年，指考91, 94, 104~106, 109①年)

sentiment (聯考64年，指考98年)

sentimental (學測85, 87年，指考93①年)

Seoul (學測98年)

separate (聯考64, 71, 78, 88, 90年，學測96, 103, 107, 109年，指考93①, 95, 102, 104, 106, 109①年)

separately (學測83, 86, 87年)

sequel (指考92年)

sequence (聯考67年，學測106年，指考101年)

serendipity (指考109①年)

serenity (學測111年)

sergeant (聯考71年)

serial (學測111年)

series (聯考82年，學測94, 100, 103, 104, 106年，指考93②, 99, 101, 102, 104~106, 108, 109①, 110年)

serious (聯考69, 71, 82~85年，學測84, 85, 87, 88, 91①②, 94, 99, 100, 102, 104, 105, 108~110, 113年，指考91, 93①, 98, 100, 101, 104, 106~109①年)

seriously (聯考61, 66, 70年，學測84, 89, 101, 107年，指考91, 92, 103, 109②年)

seriousness (學測91②, 94年，指考109②年)

servant (聯考53, 54, 62, 67, 81年，指考103年)

serve (聯考75, 78, 82, 87, 90年，學測88, 95, 98, 100~102, 105~108, 110, 112, 113年，指考97~99, 101, 103~105, 107~110年)

service (聯考76, 78, 80, 84, 90年，學測86, 88, 91①, 96, 98, 102, 105, 108~110, 113年，指考92, 98, 100~106, 108, 109①年)

serving (聯考79年，學測102, 110年)

sesame (學測96年)

session (聯考64年，指考108年)

set (聯考61, 62, 67~70, 84, 89, 90年，學測92①, 95, 96, 102, 103, 105~113年，指考92, 94, 97, 101~106, 108, 109②, 110年)

setback (聯考68年，指考106年)

setting (學測45, 89年，學測87, 106, 107, 113年，指考98, 101, 105年)

settle (聯考54, 75, 82年，學測86, 92②, 102, 104, 106, 111~113年，指考93①, 98, 105, 109①年)

settlement (學測112年)

settler (學測112年，指考95, 105年)

severe (聯考47, 68, 83年，學測97, 99, 101, 103, 104, 106, 107, 110~112年，指考91, 109②年)

severely (聯考90年，學測92①, 110, 113年，指考94, 99, 107年)

severity (學測107年)

sewage (指考109①年)

sewing (聯考45年)

sex (學測91②, 96年，指考107, 108年)

sexual (學測86年)

sexuality (學測86年)

sexy (學測94年)

shabby (學測92②年，指考110年)

shade (聯考53, 67, 90年，學測88年，指考92年)

shadowy (指考91年)

shake (聯考79年，學測88, 91①, 100, 103年，指考91, 92年)

shallow (聯考47, 63, 77, 78年，學測109年，指考110年)

shame (聯考59, 68年，學測108年，指考91年)

shameful (聯考66年，學測96年)

shampoo (學測96, 107, 110年)

shape (聯考51, 61, 65, 82, 86, 87, 90年，學測88, 97, 101~105, 110~112年，指考93①, 94, 95, 104~107, 109②年, 110年)

share (聯考78, 80, 83, 86, 88年，學測88, 91②, 92②, 93, 96, 97, 99, 105, 111, 113年，指考97, 98, 100, 102, 103, 105, 106, 108, 109②年)
shareholder (指考105年)
shark (聯考90年)
sharp (聯考45, 59, 67年，學測92③, 97～100, 111, 112年，指考95, 104, 105, 108年)
sharpen (聯考54, 56, 81年，學測97, 109年，指考110年)
sharp-witted (聯考67年)
shatter (聯考51, 76年，指考108年)
shave (聯考62, 84年，指考98年)
shawl (指考102年)
shed (聯考89, 90年，學測89, 106年)
sheep (指考93②年)
sheer (聯考45年)
sheet (聯考64年，學測88, 104, 106, 108, 110, 111年，指考93①②, 109②年)
shelf (聯考49, 85年，學測91②, 99, 103, 109, 112年，指考95年)
shell (聯考70, 78, 90年，學測88, 111年，指考98, 104年)
shelter (聯考81, 87年，學測105, 112年，指考91, 102, 105, 108年)
shepherd (聯考82年)
shield (聯考71, 82年，學測111年，指考110年)
shift (聯考67, 90年，學測112年，指考105年)
shine (學測89, 95, 99年，指考103年)
shiny (學測113年，指考94年)
shipment (學測99年，指考97, 104年)
shipper (指考96年)
shipping (學測109年，指考105, 109②年)
shipwreck (聯考59, 68年)
shiver (聯考47年，學測89年，指考91年)
shock (聯考66, 72, 76年，學測97, 110, 111, 113年，指考95, 98, 109②年)
shocked (學測87年，指考95年)
shocking (學測94年，指考101, 109②年)
shockingly (指考98年)
shoot (聯考61, 71, 90年，學測91②, 98, 101, 104, 109～112年，指考110年)
shooter (學測113年)
shopper (學測106, 110, 113年)
shore (聯考50, 72, 77年，指考105年)
shortage (聯考70, 84年，學測107年，指考91, 97, 99, 101, 104, 109①年)
shortcoming (學測85年)
shortcut (聯考67, 85年，指考98, 99年)
short-lived (指考107年)
shortly (聯考64, 78年，學測92①, 98, 102～104, 110年，指考100, 107年)
shortness (聯考84年)
shorts (指考103年)
short-term (學測85年，指考110年)
shot (聯考47, 49年，學測101, 102, 111年，指考102, 104, 107, 110年)
shoulder (聯考75年，學測99, 102年，指考94, 108年)

shout (聯考82, 83年，學測91①, 106年，指考92年)
showcase (學測100年，指考108年)
shower (聯考48, 84年，指考109①年)
shred (學測86, 88年)
shriek (聯考62年)
shrill (學測109年)
shrimp (聯考79年，指考107年)
shrine (學測92①年，指考100年)
shrink (學測92②, 96, 110年，指考93②, 96, 107年)
shrinkage (指考107年)
shrub (學測112年)
shuffle (學測100年，指考94年)
shut (聯考55年，學測89年，指考91年)
shuttle (學測95, 102年，指考94年)
shy (聯考66, 82年，指考98, 107年)
shyness (學測112年)
sibling (學測92②, 112年)
sicken (學測107年)
sickness (學測92①年，指考110年)
side (學測96, 98, 101, 104, 106, 111, 112年，指考93①, 94, 101, 107, 108年)
sidewalk (學測87年，指考97, 106年)
sideways (學測100年)
sigh (聯考65年，學測101年)
sight (聯考76, 86, 90年，學測92②, 95, 99, 100, 109～111, 113年，指考93①, 109①年)
sightseeing (聯考64年，學測85年)
sigma (指考104年)
sign (聯考48～50, 56, 58, 61, 69～73, 79, 81, 84, 89, 90年，學測87, 89, 91②, 93, 96, 98, 100, 101, 103, 104, 106, 107, 109年，指考91, 93②, 99, 105～109①②年)
signal (聯考83, 85, 90年，學測88, 92②, 93, 103, 105, 106, 111年，指考92, 95, 107年)
signature (聯考82年，學測91②, 105, 107年，指考104, 109②, 110年)
significance (聯考87年，學測94, 102, 104年，指考97, 98年)
significant (聯考66, 78年，學測85, 99, 101, 104, 106, 110, 112年，指考96, 98, 106～109①, 110年)
significantly (學測101, 105, 109年，指考99, 104年)
signify (學測91②, 102, 111年)
signpost (指考109②年)
silence (聯考46, 65年，學測86, 90, 97, 108年，指考93②, 98年)
silent (學測97年，指考95, 98, 102, 105, 109②年)
silently (學測72年，指考91年)
silk (聯考51年，指考100年)
silkworm (學測92②年，指考107年)
silky (學測91①年)
silly (聯考52年)
silver (聯考55, 77, 89年，學測87, 93, 101年，指考94年)
silvery (指考94年)
similar (聯考71, 76, 89, 90年，學測84, 86, 89, 93, 100, 102, 106, 108, 109, 112年，指考91, 92, 94, 97, 98, 100, 101, 103～110年)
similarity (聯考48, 53, 54, 71年，學測90, 111年，指考106～109②年)

similarly (學測91②, 92①～95, 103, 104, 110年，指考93②, 98, 100, 109①年)
simple (聯考90年，學測90, 91②, 92①, 98, 99, 101, 102, 104, 108, 109, 113年，指考91, 93①, 94, 98, 102～104, 106, 109①②年)
simple-minded (聯考63年)
simplicity (學測104年，指考104年)
simplify (學測92①年)
simply (學測84, 89, 91①, 95, 98, 101～107, 110年，指考95, 103, 109①②年)
simulate (學測90年)
simultaneous (聯考63年)
simultaneously (指考93①, 97, 106年)
sin (聯考48, 67年)
sincere (聯考89年，學測85, 101年)
sincerely (聯考75年，學測95, 96, 98年)
sincerity (聯考68, 86年，學測112年)
singer (聯考88年，學測101, 104年，指考91, 93①, 100年)
single (聯考81, 85, 87, 89, 90年，學測86, 90, 93, 96, 100, 105, 106, 109年，指考94, 98, 99, 101, 102, 106, 107, 109②, 110年)
single-handedly (學測111年)
singular (聯考71年，學測102, 110年)
sink (聯考59, 86年，學測105, 111年，指考109①年)
site (學測86, 97, 99, 101, 109, 111, 113年，指考92, 93①, 98, 100, 102, 106, 108, 110年)
sitting (學測103, 104, 112年)
situate (學測97, 110, 112年，指考94, 96, 108, 110年)
situation (聯考63, 65, 67, 86, 87, 89年，學測83, 84, 86, 88, 91①, 92②, 95, 98, 100, 101, 103, 105, 107, 109, 111, 112年，指考91, 97, 98, 101, 105, 106, 109②, 110年)
sizable (學測91②年)
skate (聯考62年)
skeleton (學測90年，指考108年)
skeptical (指考99, 103, 104年)
sketch (聯考86年，指考101年)
sketchbook (學測113年，指考91年)
ski (聯考86年，學測84年，指考110年)
skill (聯考51, 54, 64, 67, 89年，學測83, 92①, 99, 101, 106, 107, 110, 111年，指考91, 97, 99～104, 109①, 110年)
skillful (聯考49, 78, 85年，學測93年)
skillfully (學測94年)
skin (學測85, 91①, 99, 105, 108, 109, 112, 113年，指考91, 95, 103, 108年)
skinny (聯考61年，學測103年，指考97, 106年)
skin-tight (學測109年)
skip (學測101年，指考109②年)
skull (聯考63年，指考105年)
skydiver (學測110年)
skylight (學測93年)
skyline (學測93年)
skyrocket (指考105, 107年)
skyscraper (指考94, 101年)
slake (指考106年)
slang (指考99, 109②年)
slap (學測109年，指考91, 109①年)
slaughter (學測97年)

slave (聯考47, 50, 53, 62年，學測90, 92①②, 106年，指考109①年)
slavery (聯考62年，學測106, 111年)
sleepiness (指考106年)
sleepless (聯考72年)
sleep-like (指考108年)
sleepy (聯考59, 86年，指考100年)
sleeve (指考108年)
slender (聯考45, 47年，學測112, 113年)
slice (聯考89年，學測89, 90, 106年)
slide (學測98, 101年)
slight (聯考64, 66, 83年，學測113年，指考100, 105, 108年)
slightly (聯考67, 68年，學測94, 108～110年，指考96, 107年)
slim (聯考76年，學測98年，指考93②年)
sling (學測112年)
slip (聯考76年，學測101, 107年，指考92, 93①, 98, 102, 103年)
slippery (學測93, 103, 113年)
slog (指考102年)
sloppy (指考99, 104年)
slowly (聯考89年，學測96, 100～102, 105, 108, 111, 113年，指考102, 107年)
slow-moving (學測99年)
slow-paced (學測98年)
sludge (指考109①年)
sluggish (聯考72年)
slum (指考102年)
smart (聯考64, 68年，學測98年，指考93①, 97, 98, 107年)
smartphone (學測113年)
smash (學測86年)
smattering (學測88年)
smear (學測111年)
smell (學測99, 100, 108, 111年，指考94, 95, 99, 100, 108年)
smite (聯考46年)
smoke (學測98年，指考91, 103, 105年)
smoker (聯考47年，學測83, 91②, 94年)
smoking (學測83, 87, 94年，指考93②年)
smooth (聯考58, 82年，學測86, 91①, 108, 109, 113年，指考98, 110年)
smoothie (指考108年)
smoothly (聯考50, 67年，學測86, 100年，指考98年)
smother (學測112年)
smuggle (指考93②, 96年)
smuggler (指考107年)
snack (學測90, 100, 107, 108, 113年，指考106, 108年)
snail (指考91, 106, 107年)
snake (聯考49, 51, 62年，學測105, 112年，指考99, 106, 109②年)
snap (學測101, 111, 112年)
snapper (學測91②年)
snatch (指考109②年)
sneak (學測109年)
sneeze (聯考69, 88年，學測109年)
snooze (指考92年)
snort (學測109年)
snowcap (指考93②年)
snow-capped (學測108年)

snowstorm (學測104年，指考97年)
soak (聯考8/年，學測10/年，指考106年)
soaking (指考93①年)
soap (聯考58, 76年，學測84年)
soar (指考104年)
sober (學測109年)
soccer (指考97, 101年)
sociable (學測92②, 97, 108年，指考99年)
social (聯考76, 78, 86, 88, 90年，學測86, 92②, 94, 96, 99~106, 108, 109, 113年，指考91, 92, 95, 100~104, 107, 109①, 110年)
socialite (學測106年)
socially (聯考89年，學測99年，指考93①, 97, 101, 103年)
social-network (指考102年)
society (聯考86, 87, 90年，學測84, 87, 92①②, 94, 96, 99, 100, 103, 104, 106, 110年，指考91, 95, 97, 98, 100, 102~104, 108年)
socio-economic (指考107年)
sociological (學測107年)
sociologist (指考95年)
socio-political (指考107年)
sock (聯考46, 88年，學測109年)
Socrates (聯考67年)
sodium (學測112年，指考109②年)
soft (聯考84年，學測100, 106, 109, 110, 113年，指考93②, 104年)
softball (學測105年)
soften (聯考83年，學測86年)
software (學測91①年，指考94, 100年)
soil (聯考53, 54, 87年，學測88, 94, 96, 100, 105年)
solar (聯考81, 82年，學測98年，指考99, 100, 109②年)
soldier (聯考63, 81, 82, 86, 88, 90年，學測90, 102, 109年，指考104, 109①②年)
sole (學測106年)
solely (聯考72年，指考94, 97年)
solemn (聯考68年)
solemnly (聯考90年，學測89年)
solid (聯考73年，學測84, 92①, 96, 99, 107, 109年，指考91, 109①年)
solidarity (學測104年)
solidly (學測106年)
solitary (聯考59年，指考105, 106, 109①年)
soloist (學測91①年)
Solomon (指考93①年)
solution (聯考68, 86~88, 90年，學測86, 91①, 99, 100, 102, 107年，指考91, 93①②, 94, 103, 105, 107年)
solve (聯考59, 70, 71, 73, 80~82年，學測85, 87, 92②, 103, 106, 109, 110, 113年，指考91~93②, 94, 99, 101, 102, 106, 109①②年)
someday (學測85年，指考95, 106年)
somehow (聯考61, 63, 68, 79年，學測91①, 94, 95, 108年，指考95, 99, 102, 106年)
sometime (聯考76年，指考95, 110年)
sometimes (聯考53, 90年，學測98, 100, 103, 104, 107, 108, 111, 113年，指考97, 100, 101, 103, 104, 107, 109①②, 110年)
somewhat (聯考62年，學測90, 109年，指考104年)

somewhere (聯考78, 89年，學測90年，指考95年)
soothe (學測107年)
soothing (學測107年)
sophisticated (指考100年)
sore (聯考76年)
soreness (學測110年)
sorrow (聯考48, 67, 69, 89年，學測89, 101, 104, 113年，指考97, 98年)
sorrowful (學測87, 99年，指考91, 110年)
sort (聯考87年，學測85, 92②, 96, 103, 107, 111, 113年，指考93①, 101, 104~109①年)
soul (聯考52, 61, 67年，學測88, 100年)
soulful (學測101, 113年)
sound (聯考53, 86, 89, 90年，學測86, 89, 92①, 94~98, 103, 104, 107, 109, 110年，指考93①, 95, 102, 106, 107, 109②, 110年)
soup (聯考56, 65, 78年，學測113年，指考106, 109②, 110年)
sour (學測99年，指考102年)
source (聯考78年，學測92①②, 98, 100, 102, 103, 105, 107, 110, 112, 113年，指考92, 93①, 98, 99, 101, 102, 105~109①②年)
south (聯考47, 52, 54, 75, 84年，學測86, 94, 98, 101, 110, 111年，指考106年)
southeast (學測109年，指考99, 106年)
southeastern (學測88, 94年，指考97年)
southern (聯考52, 53, 73年，學測96, 98, 103年，指考94, 105, 106, 108年)
southernmost (學測112年)
South Korea (學測101年)
southwest (指考94年)
southwestern (學測86年，指考107, 110年)
souvenir (學測102, 109年，指考92年)
sow (聯考54, 65年，學測97年)
soy (指考108年)
soybean (學測92②, 110年，指考108年)
spa (聯考76年，學測92②, 96年，指考93①年)
space (聯考68, 81年，學測88, 92①, 93, 95, 97, 102, 107, 112, 113年，指考91, 93②~95, 99, 104~106, 108, 110年)
space shuttle (學測92①年)
spacecraft (聯考81年，學測102, 111年)
spaceship (學測89年，指考95, 102年)
spacesuit (學測92①年)
spacewalk (學測102年)
spaciously (學測92②年)
spade (聯考72年)
spaghetti (學測108年)
Spain (聯考46, 53, 66年，指考98, 101, 106年)
span (聯考67年，學測104, 106, 110年，指考95, 103, 109②年)
Spanish (聯考46, 75年，學測108年，指考91, 98, 110年)
spare (聯考83年，學測91②, 99, 110年，指考93②, 108年)
sparingly (指考93②年)
spark (學測106, 107年，指考102年)
sparkling (學測96, 99年)

sparrow (指考94, 109①年)
sparse (學測88年)
spawn (指考84年)
speaker (學測87, 105, 109年，指考94, 103, 108年)
spear (聯考54, 77年，學測100, 111年)
special (聯考62, 68, 85, 89年，學測83, 85, 91①, 92②, 94, 97, 99, 101, 102, 105~111, 113年，指考98, 99, 104, 107~109①②年)
specialist (聯考51, 87年，學測95, 104, 113年，指考110年)
specialize (聯考52, 70年，學測103, 109年，指考104, 110年)
specially (學測100年)
specialty (指考103年)
species (聯考53, 85, 89, 90年，學測92①, 93, 99, 102, 105年，指考93①, 96, 102, 105, 107~109①年)
specific (聯考89年，學測85, 93, 108, 109, 113年，指考91, 100, 102, 105, 109②年)
specifically (學測89, 92②, 95, 97, 104年，指考92, 99, 103, 107~109①年)
specify (聯考80年)
specimen (聯考49年，指考100, 107年)
spectacle (學測45年，指考96年)
spectacular (聯考90年，指考94, 104年)
spectator (學測88年，指考97年)
speculate (學測93年，指考95, 105年)
speculation (指考108年)
speech (學測85, 87, 89年，學測92②, 100, 103, 105, 107, 108年，指考93②, 94, 97, 98, 103, 105, 110年)
speed (聯考82, 89年，學測91①, 102, 103, 106, 113年，指考100, 104~108, 110年)
speeding (聯考63, 84年，學測107年，指考108年)
speedy (聯考64年)
spell (聯考55, 63, 74, 82, 89年，學測92①, 99, 111年)
spelling (聯考82, 88年，指考99, 106年)
spend (學測100, 101, 103~106, 111年，指考93①, 94, 97, 103, 107~109①②年)
spice (學測92②, 112年)
spicy (學測99, 113年，指考103, 109②年)
spider (指考92, 95, 100年)
spill (聯考63年，學測107年)
spin (聯考54年，學測110, 112年，指考108年)
spine (學測111, 113年)
spiral (學測83年，指考100年)
spirit (聯考47, 67, 70, 84, 85年，學測90, 95, 96, 101, 104, 105, 111年，指考93①, 102~104, 106, 109①年)
spiritual (聯考82年，學測93~95, 105, 106年，指考95年)
spiritually (聯考68年，學測93年)
spite (學測92, 94, 96, 98, 101, 107年)
splendid (聯考51年，指考103年)
splendidly (聯考60年，指考109年)
splendor (學測113年，指考109②年)
split (聯考49, 89年，指考97, 102, 110年)
splitting (指考106年)
spoil (學測87年，學測89, 109年，指考92, 108年)

spokeswoman (學測98年)
sponge (學測108年)
spongy (學測100年)
sponsor (學測84, 89, 92①, 99年，指考91, 96, 105, 109②年)
spontaneous (聯考88年，學測104年)
spontaneously (學測83年)
spoon (聯考77年，學測101年)
spoonful (聯考74年)
spore (指考108年)
sport (聯考85, 90年，學測91①, 96, 99, 105, 106, 113年，指考93①②, 97, 100, 101, 104, 109①, 110年)
sports (學測88, 91①, 98, 111, 113年，指考97, 98年)
sportswoman (聯考78年)
sporty (學測110年)
spot (聯考53, 84, 85年，學測84, 88, 90, 96, 106, 110, 111年，指考107, 109②年)
spotlight (指考99年)
spouse (聯考89年)
sprain (學測113年)
spray (學測107, 113年，指考106年)
spread (聯考51, 53, 61, 64, 68, 79, 88, 89年，學測90, 92②~95, 98, 101, 103, 104, 106~109, 112, 113年，指考93②, 95, 96, 101~104, 106, 107, 109①②, 110年)
spring (聯考76年，學測93, 104, 108, 110, 111年，指考91, 101, 109②年)
sprinkle (聯考55年，指考94, 98年)
sprint (學測99年)
sprout (學測100年)
spy (聯考49年，指考98年)
square (學測87, 101, 107, 110, 111, 113年，指考93①②, 95, 97年)
squash (聯考75年)
squeak (指考104年)
squeeze (學測97, 100, 106年，指考93①, 94年)
squib (學測111年)
squirrel (聯考47年)
stab (學測98, 106年)
stability (指考95, 110年)
stabilize (學測104年，指考93②, 94年)
stable (聯考68年，指考103, 108, 109②年)
stably (聯考52年，指考105年)
stack (聯考85年，指考93①年)
stadium (指考97, 101, 103年)
staff (聯考80, 90年，學測89, 96, 98, 102~104年，指考93②, 100~102, 106年)
stag (學測111年)
stage (學測87, 90, 93, 100, 101, 103, 111, 113年，指考93①②, 97, 101, 109①年)
staid (指考110年)
stain (學測87年)
stair (聯考65年，學測90年，指考92, 106年)
stairway (聯考90年)
stale (學測110年)
stake (指考93②年)
stalk (聯考64年)
stamina (指考95年)
stamp (聯考50, 69, 75年，指考93①, 102, 109①年)

附錄

standard (聯考71, 78, 88年，學測86, 88, 92②, 94, 99, 102, 104, 111, 113年，指考91, 92, 99, 103, 107, 109①②, 110年)
standardize (指考94, 109①年)
standing (聯考64年，學測102~104, 111, 113年，指考93①, 94, 110年)
standpoint (學測94年，指考104年)
star (聯考89年，學測102, 111年，指考102, 105, 106, 108, 110年)
stare (聯考46, 83年，學測100年，指考105年)
starfish (指考106年)
stargazer (學測106年)
starry (聯考63年)
start (聯考90年，學測96, 100~106, 108~110, 112, 113年，指考93①, 94, 97, 98, 101~107, 109①②, 110年)
startle (聯考59年，學測90年)
startup (學測110年)
start-up (學測113年，指考102年)
starvation (聯考45年，學測90年)
starve (聯考45, 75年，學測88, 90年，指考97, 107, 110年)
state (聯考89, 90年，學測88, 91②, 94, 95, 101, 105, 107~110, 112, 113年，指考93②~95, 97, 98, 102~104, 106, 108~110年)
state-of-the-art (指考101年)
statement (學測83~88, 90~93, 96, 97, 99~103, 105~113年，指考91, 93①, 95, 97, 99, 100, 102, 104~107, 109①, 110年)
statesman (聯考51, 64年)
static (學測109年)
stationary (指考108年)
statistical (指考97, 104年)
statistics (聯考76年，學測91②年，指考96, 100, 103, 104, 108年)
statue (聯考45年，學測92①, 104年，指考94, 99, 105年)
stature (聯考45年)
status (聯考45, 76年，學測100~102, 104, 111, 112年，指考98, 100, 107, 109①②年)
statute (聯考45年)
steadily (聯考85年，學測104年)
steady (聯考72, 76年，學測85, 91②, 95, 98, 103, 105年)
steak (學測93年)
steal (聯考61, 89年，學測99, 106年)
stealth (指考95年)
stealthily (指考109②年)
steam (學測95, 100, 110, 111, 113年，指考109②年)
steel (聯考45年，學測104, 109年，指考92, 94, 96, 100, 108年)
steep (聯考75, 84年，學測93年，指考99年)
steer (學測111年，指考105年)
steering (指考107年)
stem (聯考85年，學測108年，指考96年)
step (聯考89年，學測83, 86, 98, 108, 109, 113年，指考91, 92, 93①, 101, 109①年)
stepmother (聯考66, 89年)
stereo (聯考78年)
stereotype (聯考89年，指考97年)
stereotyped (指考98年)

sterling (指考109②年)
stern (指考91年)
sternly (學測89年)
stick (聯考45, 67年，學測96, 98, 101, 104, 108, 112, 113年，指考105, 106, 109①年)
sticker (學測102年)
sticky (學測96, 100, 108, 112, 113年，指考100年)
stiff (學測102年，指考100年)
still (學測101, 104, 107, 108, 110, 112, 113年，指考93①②, 97, 100, 101, 102, 104, 106~109②, 110年)
stimulate (聯考88年，學測95, 107, 111, 112年，指考97年)
stimulus (學測95年，指考108年)
stimulation (指考101年)
sting (學測94年)
stingy (學測101年)
stir (聯考59, 63年，學測104年，指考108年)
stitch (學測98年)
stock (聯考54, 65, 69, 83年，學測90, 98, 109, 112年，指考96, 99, 108年)
stomach (聯考53, 83, 86年，學測99年，指考103年)
stomachache (學測97年)
stony (學測102年)
stony-hearted (聯考65年)
stool (指考105年)
storage (學測91②, 99, 109年，指考93②, 95, 104年)
storeroom (指考104年)
storm (聯考77, 88年，學測84, 96, 99, 110年，指考91, 107, 109①②年)
storm-chase (指考109②年)
stormy (聯考50年)
storyteller (指考100年)
storytelling (學測87年)
stout (學測100年)
stove (學測97, 98, 100, 109年，指考109②年)
straddle (指考110年)
straight (學測84, 87, 90年，學測95, 100, 103, 104, 108, 112, 113年，指考92, 95, 98年)
straightforward (指考104, 108年)
strain (聯考60年，學測110年，指考96年)
strait (指考94年)
strand (學測84年)
strange (學測84年，指考92, 103, 108年)
stranger (聯考83年，學測86, 90, 99年，指考91, 105, 110年)
strangle (指考108年)
strap (學測103, 106, 109年)
strategy (聯考47, 85, 87年，學測98, 108, 109, 113年，指考94, 97, 105年)
straw (學測94, 109年)
stray (指考110年)
streak (指考110年)
stream (聯考75, 78, 90年，學測88, 91①, 95, 102年，指考108年)
streamlined (指考110年)
streetcar (指考91年)
strength (聯考49, 61, 66, 74, 75年，學測92②, 95, 98, 106, 111年，指考92, 93②, 97, 98, 100, 107年)

strengthen (聯考69, 83, 86年，學測84, 93, 109, 113年，指考106, 108, 110年)
stress (聯考66, 73, 77, 89, 90年，學測92①, 95, 98, 104, 105, 110, 111年，指考98, 99, 108, 110年)
stressful (學測97, 105年，指考100, 109②年)
stretch (聯考66, 75年，學測88, 89, 91②, 96, 99, 104~106, 110, 111年，指考98, 100, 108, 110年)
stretchable (學測91①年)
strict (聯考73年，學測87, 92②, 112年，指考109①年)
strictly (學測84, 87年，指考97年)
stride (聯考64年，指考94, 107年)
strife (聯考63年)
strike (聯考46, 50, 61, 66, 69, 88年，學測83, 90, 91①, 96, 110, 111, 113年，指考93②, 95, 102年)
striking (學測103, 106, 112年)
string (聯考65, 79, 90年，學測111, 113年，指考99年)
strip (聯考78, 80年，學測87, 94, 100, 105, 107, 108, 112年，指考96, 107, 108年)
stripe (學測111年)
striped (學測111年，指考108年)
strive (聯考45, 68年，學測94, 103, 113年，指考97年)
stroke (聯考63年，學測97, 104年)
stroll (指考101年)
strongly (學測89, 92②, 100, 103年，指考93②, 99年)
strong-willed (學測85年)
structural (學測105, 111年，指考100年)
structurally (指考100年)
structure (聯考71年，學測84, 87, 90, 97, 101~103, 106, 109, 111年，指考91, 94, 101, 104, 106, 110年)
struggle (聯考45, 50, 54年，學測87, 103, 106, 112年，指考93①②年)
struggling (學測102年，指考92, 102年)
stubborn (聯考49, 69, 70年，學測105年)
stubbornly (聯考56年)
studio (學測90年，學測89年，指考105年)
stuff (聯考75年，學測96, 107年，指考104, 110年)
stuffy (指考91年)
stumble (學測108年，指考97年)
stunning (學測88, 113年)
stunt (聯考64年，學測111年)
stupid (聯考66年，學測85, 87, 94年，指考93②年)
sturdy (學測105年，指考93②, 108年)
style (聯考78, 89年，學測85, 86, 90, 93, 97, 98, 101, 106, 107, 111年，指考93①②, 95, 102~106, 110年)
stylist (學測98, 107年)
stylize (指考101年)
subconscious (指考97年)
subconsciously (學測107年)
subject (聯考55, 65, 66, 74, 81年，學測83, 92①, 95, 101, 102, 105, 108, 110, 111年，指考93①, 94, 98, 105, 106~110年)
subjective (學測102, 108年)

subjectively (指考95年)
submarine (指考108, 109①年)
submit (聯考54年，學測87, 107年，指考95, 110年)
subscription (指考94, 99年)
subsequent (學測99, 104年，指考100, 105, 109①年)
subsequently (學測109年)
subside (指考107年)
subsistence (聯考69年，指考96年)
substance (學測92②, 99, 100, 108, 113年，指考97, 99, 109①年)
substantial (指考109②年)
substantially (聯考64年)
substantiate (聯考63年，指考105年)
substitute (聯考75, 76, 90年，學測90, 92②, 96, 100, 108, 109, 112年，指考93①, 94, 98, 108年)
substitution (學測92①年)
subtle (聯考66, 83年，學測107年)
subtlety (聯考67年)
subtract (學測102年)
subtropical (指考96年)
suburbs (學測95年)
suburban (學測87, 99年)
subway (學測92①, 95+年，指考105年)
succeed (聯考51, 66, 67, 68年，學測84, 86, 87, 90, 91①, 94, 96, 106年，指考92, 94, 97, 101, 102, 106, 109①年)
success (聯考90年，學測86~88, 91①, 92①②, 97, 99, 102, 103, 105, 110, 113年，指考91, 93②, 94, 101, 102, 104~107年)
successful (學測90, 92①~94, 98~101, 103, 107, 111年，指考93②, 94, 98, 100, 101, 102, 105年)
successfully (學測86, 88, 95, 97, 109, 112年，指考93②, 104年)
succession (聯考51年)
successively (聯考63年)
successor (指考104年)
suck (學測107年，指考107年)
sudden (聯考59, 64年，學測93, 113年)
suddenly (聯考54, 56, 59, 73, 80, 83, 89年，學測83, 85, 86, 89, 97, 107年，指考94, 96, 102, 110年)
sue (學測83年，指考93①, 98年)
suffer (聯考49, 57, 61, 63, 68, 81年，學測92①②~94, 96~101, 103, 105, 107, 108, 110, 111年，指考91, 96~103, 107, 108年)
sufferable (聯考72年)
suffering (聯考49, 57, 63, 67, 68, 81, 87年，學測91②, 94, 104, 106, 108, 109年)
sufficient (聯考88, 90年，學測94, 107年，指考91, 101, 102, 104, 107年)
suffocate (指考103年)
sugar (聯考52, 60, 87年，學測96, 100, 104, 112年，指考99, 106年)
sugarcane (聯考75年，學測110年)
suggest (聯考76, 80, 90年，學測91②, 92②, 97, 98, 100, 101, 108, 111~113年，指考91, 93①, 97, 99, 100, 102~106, 108, 109①年)
suggestion (聯考67, 82, 85, 88~90年，學測83, 84, 86, 95, 102年，指考92, 93①年)

suggestive (聯考72年)

suicidal (學測84年)

suicide (聯考53年,學測92①年,指考100, 105年)

suit (聯考51, 54, 81, 85年,學測91①②, 92②, 95, 98, 109年,指考91, 108, 109②年)

suitability (學測109年)

suitable (聯考87年,學測88, 90, 97, 113年,指考104, 110年)

suitably (指考108年)

suitcase (學測92②年,指考92年)

suitor (聯考50年)

sum (聯考68, 79, 80年,學測86年,指考95, 99年)

summarize (聯考89年,學測103, 109年)

summary (聯考79年)

summative (指考109①年)

summit (聯考87年,學測103年,指考99年)

summon (指考104年)

sun-centered (指考108年)

sunken (聯考59年,指考108年)

sunlight (學測99, 109年,指考99, 109②年)

sunny (聯考75年,學測91①, 94, 95, 97, 101, 103, 106年)

sunset (聯考80年)

sunshine (聯考75年,學測106, 111年)

super (聯考74年,學測112年)

superagent (學測103年)

superb (聯考73, 90年,指考99, 105年)

superficial (聯考63, 90年,學測93年,指考93②年)

superficially (指考97年)

superhero (聯考89年,學測107年)

superhuman (指考98年)

superintendent (聯考63年)

superior (聯考51, 52, 54, 65, 66, 68, 70, 76, 83年,學測93, 97, 98, 111年,指考99年)

superiority (聯考66年,學測93年)

superman (聯考89年)

supermarket (聯考76, 79年,學測112年)

supernatural (聯考71年)

superstition (指考102年)

superstitious (聯考46年)

supervision (指考105, 108年)

supervisor (學測88, 111年,指考109①年)

supper (聯考46, 88年)

supplement (學測113年,指考97, 105, 108, 110年)

supplier (學測95年,指考99, 104, 105年)

supply (聯考59, 64, 69, 70, 73, 78年,學測88, 90, 94～96, 100, 107, 110, 113年,指考91, 94, 96, 99, 100, 102～105, 107, 109②年)

support (聯考45, 46, 48, 49, 68, 74, 76, 78, 80, 82, 84年,學測84～88, 90, 93～96, 103～105, 107～109, 111, 112年,指考91, 93①②, 94, 97, 98, 100～106, 109①②, 110年)

supporter (學測91①年)

supportive (指考100, 103, 109①年)

suppose (聯考65, 73, 75, 76, 88年,學測94, 99, 101, 102, 112年,指考106, 107年)

supposedly (聯考71年,學測112年,指考93①, 105年)

suppress (學測111年)

suppression (指考98年)

supreme (指考109②年)

surefire (指考92年)

surely (聯考84年,學測111～113年)

surface (聯考82年,學測90, 93, 94, 96, 98年,指考93①, 95, 100, 108, 109②, 110年)

surge (聯考75年,指考93②, 109①年)

surgeon (聯考49, 60年,學測113年,指考91年)

surgery (學測93, 97, 109年,指考93②, 102, 108年)

surname (學測103年)

surpass (指考98, 100, 106年)

surplus (聯考61年,學測86年)

surprise (聯考52, 56, 61, 62, 70, 77, 82, 83, 85, 87年,學測83, 86, 90, 93, 95, 97, 100, 101年,指考91, 94, 102, 104, 108年)

surprised (聯考49, 77年,學測90, 91①, 112年,指考95, 108年)

surprising (聯考70年,指考99, 107年)

surprisingly (聯考60, 74年,學測88, 91②, 104年)

surrender (聯考72年,學測102年)

surround (聯考47, 71年,學測91①, 95, 99～101, 107～109年,指考94, 100, 108年)

surrounding (聯考53, 69年,學測103年,指考106, 108年)

survey (學測91②, 92①, 105, 110, 113年,指考92, 93②, 98年)

survival (聯考67, 80, 87, 88年,學測102年,指考93②, 105, 106, 108年)

survive (聯考59, 67, 70, 80, 89年,學測84, 85, 88, 90, 91①②, 93～96, 99, 105, 107, 108, 110年,指考91, 93②, 96, 108, 110年)

survivor (聯考59年,學測84年)

susceptible (指考93①年)

suspect (聯考59, 61, 64年,學測97, 102年,指考96, 105, 106年)

suspend (學測89, 109年,指考97年)

suspense (聯考81年)

suspension (學測111年,指考103年)

suspicion (學測100年,指考94年)

suspicious (聯考48, 72, 86年,學測107年,指考102年)

suspiciously (聯考89年,學測100, 104年)

sustain (聯考85年,學測92①, 100, 112年)

sustainable (學測111年)

sustenance (指考106年)

swallow (學測84年)

swampy (指考106年)

swan (學測97年)

swap (學測99年)

swarm (學測96年)

sway (學測85, 112年,指考96年)

swear (聯考90年,學測86, 91②, 106年)

swearing-in (學測107年)

sweat (聯考59, 61, 77年,學測85, 112年,指考102年)

sweater (聯考77, 83年,學測92②年,指考93②年)

sweaty (學測95年)

Sweden (學測97年)

sweep (學測106年,指考96, 104年)

sweeten (學測107年)

sweetheart (學測86年)

sweetness (學測107年)

swift (聯考49年)

swiftly (聯考84年,學測104年)

swing (學測105年,指考91年)

swipe (指考102年)

swirl (學測88年)

Swiss (聯考86年,學測102, 108, 113年)

switch (學測87, 91②, 99, 101, 106年,指考103, 105年)

Switzerland (聯考82年,學測102年,指考108年)

swollen (學測106, 112年)

sword (學測91①, 106年,指考101年)

syllabus (指考102年)

symbol (聯考53, 88, 89年,學測87, 94, 96～98, 101, 104, 106～111年,指考95, 98, 99, 105, 108, 109①, 110年)

symbolic (學測89, 112年,指考98, 110年)

symbolically (學測89年)

symbolize (學測103年,指考99年)

sympathetic (聯考49, 82, 85年,指考96, 98, 100年)

sympathetically (學測83年)

sympathize (聯考63, 81年)

sympathy (聯考48, 86, 89年,學測99年,指考99, 103年)

symphony (指考93①年)

symptom (聯考77, 81, 83年,學測83, 95, 106, 107年,指考96, 97年)

syndrome (學測108, 112年)

synonym (指考104年)

synthetic (聯考75年,學測86, 108, 113年)

system (學測91②, 94, 96, 98, 100, 101, 103, 104, 108, 109, 111, 113年,指考92～95, 97, 98, 100～103, 106, 108～110年)

systematic (聯考50年,指考105, 110年)

systematically (學測101年,指考96, 104, 105年)

tablespoon (學測100年)

tablet (學測112年,指考102, 104年)

tackle (聯考70年,指考101年)

tactful (聯考85年)

tactic (指考98年)

tactile (指考99年)

tag (學測106, 111年)

tail (聯考56, 77年,學測98, 110年,指考106年)

tail-like (指考110年)

tailor (聯考48, 68, 69年,學測101年)

Taiwanese (聯考84年,學測86, 91②, 97, 103, 111年,指考97, 101年)

Taiwan Strait (學測86年)

takeaway (學測103年)

tale (學測91②, 93年,指考91年)

talent (聯考68年,學測88, 98, 103, 106, 111, 113年,指考93②, 99, 106, 108, 110年)

talented (學測85, 112年)

talkative (聯考74年,指考102年)

tame (指考110年)

tank (聯考50, 88年,學測84, 102年,指考109①年)

tannin (學測96年)

Taoism (聯考67年)

Taoist (聯考67年)

tap (聯考69年,學測99, 101, 113年,指考94, 103年)

tape (聯考59, 70年,學測89, 94年,指考93②, 100年)

tape-recorder (學測89年)

tar (學測111年)

target (聯考83年,學測98, 103, 109年,指考92, 99, 101, 110年)

tarot (指考110年)

task (聯考63, 70, 72, 77, 81, 87年,學測95, 97, 98, 102, 107, 109, 113年,指考91, 100, 101, 105, 109①年)

taste (聯考75, 79, 87年,學測93, 99, 107～109, 111, 112年,指考99, 103, 106, 110年)

tasteful (指考108年)

tasteless (聯考52年,指考100年)

taster (學測109年)

tasty (學測98年,指考108年)

tattered (指考102年)

tattoo (學測109年)

tax (聯考59年,學測106, 110年,指考93②, 94, 107年)

taxation (指考110年)

team (聯考54, 62, 64, 67, 73, 84年,學測84, 86, 88, 91①, 94, 95, 98, 100, 105, 108, 109, 111, 113年,指考91, 93①②, 97, 100～102, 104, 107～109①②年)

teammate (指考92年)

teamwork (學測98, 99年,指考97, 104年)

tear (聯考78, 89年,學測86, 98, 109年,指考93①, 101年)

tease (聯考83年,學測91①, 110年,指考91, 101年)

tech (學測109年)

technical (聯考51, 69年,學測88, 97, 104, 109年,指考92, 98, 104年)

technically (學測98年)

technician (聯考62年,學測88年)

technique (聯考69, 90年,學測99, 101, 106, 107, 109年,指考93①②, 97, 101～103, 106, 108, 110年)

technological (聯考63, 89年,學測90, 94, 110年,指考93②, 94, 97年)

technologically (聯考66年)

technology (聯考68, 90年,學測86～88, 98, 103, 107, 111, 113年,指考91～93②, 94～98, 100～103, 105, 107, 109①, 110年)

tedious (聯考61年,指考110年)

teenage (學測83年)

teenager (聯考51, 83, 89年,學測84, 92①, 94～96, 99, 104年,指考97, 98, 106年)

teens (學測92①, 94, 95, 99年，指考96年)
telecom (指考102年)
telecommunications (指考104年)
telecourse (學測96年)
telegram (聯考62, 63, 67, 80年)
telegraph (聯考80年，指考96, 108年)
telescope (指考108年)
televise (學測105年)
teller (聯考88年)
temper (聯考65, 85年，學測87年，指考97年)
temperament (聯考48年，學測105年)
temperature (聯考50, 52, 58, 69, 77, 81, 82, 85年，學測85, 91②, 96, 97, 100, 102, 103, 106, 107, 110年，指考91, 95～97, 99, 102, 107, 110年)
tempest (聯考59年)
temple (聯考47, 84年，學測92①, 97, 111年，指考92, 93①, 94年)
temporarily (聯考73, 75年，學測101, 110年，指考91, 96, 97年)
temporary (聯考47, 50, 69, 83年，學測92①, 97, 99, 103, 105, 109年，指考100年)
tempt (聯考82年，學測94年)
temptation (聯考49, 83年，學測94年，指考99年)
tempting (學測99年，指考98年)
tenant (指考104年)
tend (聯考83, 87, 88, 90年，學測88, 92②, 96, 99～101, 103～106, 109, 112年，指考94, 95, 98, 99, 104～108, 110年)
tendency (學測92②, 98, 100, 104, 108年，指考97, 100年)
tenderly (學測106年)
tenderness (聯考50, 67年)
tendon (學測113年)
tenfold (指考102年)
tennis (聯考81, 84年，學測91①, 95, 107年，指考97, 109①年)
tense (聯考46, 51年，學測86年)
tensile (指考100年)
tension (聯考63, 77, 82年，指考100, 101, 109②年)
tent (聯考46, 52, 67年，學測85, 86年)
tentative (學測89年，指考103年)
tentatively (聯考88年，指考94年)
tepee (指考91年)
term (聯考81, 89年，學測88, 92②, 98～100, 105, 107, 109, 110, 112年，指考96, 98, 99, 102, 104～107, 109①②, 110年)
terminal (學測92①年，指考99, 105年)
terminology (指考108年)
termite (學測98年)
terms (聯考78年，學測108年，指考98, 108年)
terrible (聯考58, 68年，學測86, 92①年)
terribly (聯考58年，學測88年)
terrific (學測95年)
terrify (聯考64, 83年)
terrifying (指考107年)
territorial (學測87, 97年，指考97年)
territory (聯考46年，學測97, 113年，指考97, 104, 105, 107年)
terror (學測105年，指考96年)

terrorist (指考92, 96, 102年)
terrorize (指考96年)
testify (指考93①, 94年)
testimony (指考110年)
text (聯考72, 76年，指考93①, 106年)
textbook (學測90, 94, 99, 103年，指考98, 102年)
textese (指考99年)
textile (學測104, 108年)
texture (學測90, 98年，指考108, 109②年)
Thailand (聯考61, 79年，學測100年，指考108年)
thankfully (學測103年)
the Milky Way (學測89年)
the Olympic Games (學測90, 111年)
the Pacific (學測88年)
the Pacific Ocean (學測91①年)
the United Kingdom (學測97年，指考98, 101年)
the United Nations (學測91①年，指考98年)
the United States (學測97, 98, 100～104, 110, 113年，指考102, 110年)
theater (聯考45, 49, 76年，學測90, 100年，指考92, 102, 104, 109②年)
theft (學測99年，指考107年)
theme (聯考88, 97, 100, 103, 104, 106, 110年，指考93①, 97, 99, 103, 106年)
theoretical (指考105年)
theoretically (聯考66年)
theorize (學測106, 110年)
theory (聯考50, 63～65年，學測93, 98, 105, 106, 111年，指考94, 95, 108年)
therapeutic (指考109②年)
therapy (學測84, 100, 107年，指考110年)
thereafter (指考108年)
thereby (聯考66年，學測113年，指考110年)
therefore (聯考49, 77, 79, 81, 90年，學測87, 88, 90, 92①, 94, 96～100, 104, 107～111年，指考91～93①②, 95, 97, 99, 100, 103, 104, 106, 109①②年)
thermometer (指考95年)
thermoplastic (學測111年)
thick (聯考54, 74年，學測93, 100, 110, 112年，指考104, 108年)
thickly (學測90年)
thickness (學測96, 100, 110年，指考109②年)
thief (聯考47, 51年，學測103, 106年，指考94年)
thigh (指考109①年)
thin (聯考53年，學測94, 105, 106, 110年，指考97, 101, 103, 106, 109②年)
thinking (聯考87年，學測103, 106, 108, 109年，指考101, 108年)
thirst (學測89年)
thirsty (學測112年)
thorn (指考93①年)
thorough (聯考63, 66, 83, 86年，學測84年，指考107年)

thoroughly (聯考49, 84年，學測83, 97, 103, 110年，指考99, 100, 103年)
though (學測96, 100～108, 110～112年，指考93②, 94, 97, 99～103, 106～110年)
thought (聯考51, 64, 69, 72年，學測86, 101, 102, 105, 107～110, 112, 113年，指考93①②, 102, 109①年)
thoughtful (聯考77, 89年，學測106年，指考93①年)
thoughtfully (聯考74年，學測106年)
thread (聯考45年，指考100, 110年)
threat (聯考87年，學測99, 100, 104, 108, 110年，指考93②, 98, 105, 107, 109①②年)
threaten (聯考63, 80年，學測85, 93, 94, 101, 103年，指考95, 101, 102年)
threatening (學測99, 107, 110年，指考96, 102, 106年)
thrift (聯考61年)
thrill (聯考81年，學測96, 111年，指考109②年)
thriller (指考94年)
thrive (學測86, 88, 94, 107年，指考103年)
throat (聯考76年，學測84, 97年，指考108年)
throne (聯考72年)
through (聯考89年，學測84～86, 88～91②, 94, 97, 99～101, 103～113年，指考94, 98, 99, 101～105, 107～110年)
throughout (學測87, 91①, 92②～94, 96, 98, 99, 104, 105, 108, 110, 112, 113年，指考91, 93①, 96～101, 104～109①, 110年)
throw (學測87, 89, 98, 101, 112年，指考97年)
thrust (學測92②年)
thumb (學測113年)
thunder (聯考50, 60年)
thundershower (聯考73年)
thunderstorm (學測92①年)
thus (聯考76, 80, 85, 89年，學測83, 89, 91②, 96～98, 100, 103～113年，指考92, 93①, 97～99, 101, 104, 107, 109①②年)
tide (聯考75, 82年，學測87, 105, 109年，指考105年)
tidy (聯考72年)
tie (聯考51～53, 79, 87, 88年，學測84, 91①, 98, 99年，指考94, 104, 107年)
tight (聯考63, 67年，學測99, 101, 104年，指考102, 105年)
tight-knit (指考103年)
tighten (學測86年，指考101年)
tightly (聯考67年，學測89, 105年)
tile (指考93①年)
tiller (指考105年)
timber (聯考87年，學測87年)
time-consuming (學測90年，指考109①年)
timeless (學測100年)
timeliness (學測113年)
timely (聯考47年，指考102年)
timepiece (聯考69年)
times (學測101, 102, 104, 106～108, 110, 112, 113年，指考98, 102, 107～109②年)
timid (聯考61年)
timidly (聯考62年)

timing (指考81年)
tine (學測101年)
tiny (聯考61, 62, 75, 79, 82, 84, 85年，學測93, 96, 102, 106, 109, 111年，指考93②, 97, 102～104, 106, 107, 110年)
tip (聯考87年，學測86, 91②, 96, 112年，指考102年)
tire (學測84, 106年)
tired (指考95, 106年)
tiredness (學測94年)
tiring (學測105年，指考100年)
tissue (學測108年，指考100, 109①年)
title (聯考45, 63, 85, 87年，學測85, 88, 89, 92①, 93, 100, 107, 108年，指考94, 97, 98, 102, 103, 107, 109①年)
tobacco (聯考78年，學測94年)
toddler (學測107年)
toe (學測106, 109年，指考93①年)
tofu (學測92②年，指考108年)
toil (聯考65, 70, 73年，學測113年)
toilet (學測92①年，指考109②年)
token (學測95年，指考110年)
tolerable (學測102, 107年)
tolerance (學測92②, 104年)
tolerant (聯考80年，學測92①年)
tolerate (聯考49, 60, 64, 73, 86, 88年，學測83, 88, 97, 105, 111年，指考92年)
toll (學測84年，指考93②, 101年)
tomato (指考108年)
tomb (聯考70年，學測100, 106年)
ton (聯考52～54年，學測88, 90, 99, 104, 109, 110年)
tone (聯考61, 67, 88年，學測85, 91②, 97, 101年，指考102, 109①年)
tongue (聯考68, 76, 85年，學測95, 105, 112年，指考93①, 109①年)
tool (聯考45, 56, 61, 70, 75年，學測92②, 97, 98, 102, 104, 110～112年，指考95, 102～104, 108, 109②年)
toothache (聯考83年)
toothbrush (指考103年)
toothpaste (指考103年)
top (學測101, 103, 104, 105, 110, 112年，指考94, 98, 100, 102, 104, 108～110年)
topic (聯考68, 85, 88年，學測86, 87, 88, 91②年，指考92, 94, 98, 100, 101, 110年)
topmost (指考101年)
topple (指考101年)
torment (指考99年)
tornado (指考103, 104, 109②年)
tortoise (學測98年)
torture (指考98年)
toss (聯考53, 68年，學測89, 98, 112年，指考93①, 109①年)
total (聯考68, 69, 73, 76, 80, 83, 84年，學測93, 100, 111年，指考92, 109①年)
totally (聯考72, 87年，學測100, 108年，指考93②, 109②年)
totem (學測108年)
touch (聯考83年，學測89, 92①, 94～97, 100, 103, 105, 107, 112年，指考102, 105年)
touching (學測105, 112年)
tough (聯考78, 83年，學測103, 104年，指考98, 102, 104年)

toughness (指考106年)

tour (聯考66, 81年，學測88, 94, 97, 104, 107, 113年，指考91, 99, 101, 102, 105, 108年)

tourism (學測98, 111年，指考105, 107, 110年)

tourist (聯考84年，學測84, 97, 101, 103, 110年，指考93①②, 95, 101, 104, 105年)

tournament (聯考82年，學測91①年，指考93①年)

tow (指考102年)

toward(s) (聯考74, 84, 88年，學測88, 91①, 92②～94, 100～102, 104～108, 110, 112年，指考95, 98～103, 105, 109①, 110年)

towel (聯考84年，學測96年)

tower (聯考64, 82年，學測87年，指考93①, 94, 103, 108年)

towering (指考104, 108年)

townsfolk (聯考85年)

townspeople (學測109年)

toxic (學測108年，指考103, 109①年)

toxin (指考109①年)

toy (學測108, 112, 113年，指考93①②, 97, 98年)

trace (聯考65年，學測87, 101, 104, 106, 107, 110, 112年，指考103, 108年)

track (聯考68, 88年，學測109, 110年，指考96, 104, 109②年)

tractor (指考102年)

trade (聯考75, 76, 83, 87～89年，學測84, 85, 90, 91②, 93～95, 99, 100, 105, 109～112年，指考95, 99, 106, 107, 109①②年)

trade-off (指考92年)

trader (聯考76年)

tradition (學測94, 97, 98, 102～104, 106, 108, 109, 111年，指考106, 107, 109②年)

traditional (聯考90年，學測88, 91②, 102～104, 108, 110, 111年，指考91～93①②, 95, 99, 102～104, 106, 108, 109①, 110年)

traditionalist (學測108年)

traditionally (學測95, 100～102, 108年，指考109①年)

traffic (聯考52, 89年，學測87, 92②, 95, 100, 101, 103, 105, 112年，指考92, 93②, 98, 103, 107～109②年)

tragedy (聯考80, 85, 88年，學測92①, 94年，指考100, 101年)

tragic (聯考88年，學測92①, 96, 105年，指考93②, 104年)

trail (學測90, 91①, 113年)

trainer (學測110年，指考97, 110年)

training (學測88, 93, 96, 100, 105, 111, 112年，指考93②, 97, 101, 104, 108, 110年)

trait (聯考79年，學測99, 106, 107, 109年，指考101, 103年)

traitor (指考91年)

tram (指考108年)

trample (聯考80年，指考101, 104年)

tramway (指考108年)

trance-like (指考108年)

tranquility (指考94年)

transaction (學測112年，指考94, 103年)

transcontinental (指考108年)

transcript (聯考82年，指考96年)

transfer (學測92②, 95, 96, 101, 102, 106, 109～112年指考94, 102, 103, 109①年)

transfiguration (學測101年)

transform (聯考87, 96, 105, 106, 109～年，指考93①, 99, 100, 110年)

transformation (指考99年)

transistor (聯考76年)

transit (指考109②年)

transition (指考105年)

translate (聯考72, 76年，學測90年，指考94, 99, 108, 109②年)

translation (聯考53年，學測83, 103年)

transmission (聯考70年，學測109, 112年，指考103, 107年)

transmit (聯考85年，指考103, 105, 107年)

transmitter (指考107年)

transparency (學測109年)

transparent (聯考52年，學測111年，指考101, 107, 109②年)

transplant (聯考75年，學測93, 113年)

transplantation (學測113年)

transport (聯考81年，學測90, 109, 110, 113年，指考92, 93②年)

transportation (聯考52, 53, 70, 80, 82, 87年，學測88, 95, 97, 98年，指考92, 94, 103, 104, 106, 107年)

trap (聯考72, 84年，學測91①②, 95, 107, 112年，指考91, 95, 102, 107, 109②, 110年)

trash (學測99, 102, 103, 110, 113年，指考98年)

trauma (指考107年)

traumatic (學測99年)

travel (聯考85, 88年，學測83, 84, 86, 88, 91②, 92②～95, 97～104, 107～113年，指考93①②～95, 103, 105, 107～109①, 110年)

traveler (學測83, 94, 97, 103年，指考106年)

travertine (指考108年)

treacherously (聯考63年)

treasure (聯考60, 64, 76年，學測88, 92②, 94, 100, 108年，指考108年)

treasurer (指考109②年)

treasury (聯考65年)

treat (聯考59, 62, 88年，學測83, 86～88, 92①②, 93, 96, 97, 101, 105～108, 110年，指考91, 98, 107, 109①, 110年)

treatment (聯考84, 90年，學測89, 92①, 95～97, 100, 101, 104, 109, 111, 113年，指考95, 102, 107～109①年)

treaty (聯考56年)

treetop (學測112年，指考109②年)

trek (指考93①年)

tremble (學測89年，指考108年)

tremendous (聯考46, 48, 71, 88年，學測91①年，指考108, 110年)

tremendously (指考93①, 108年)

tremor (學測107年)

trench (學測112年，指考109①年)

trend (聯考63, 70, 76, 80年，學測92①, 96, 98, 99, 106, 111年，指考93①, 107, 109②年)

trendy (指考103年)

trial (聯考47, 67, 90年，學測109, 110, 111年，指考98, 106年)

triangle (聯考45年，指考93①年)

tribal (聯考76年，學測92①, 96, 99, 104, 106年，指考104年)

tribe (聯考54, 58, 74年，學測100, 111年，指考95年)

tribesmen (學測111年)

tribute (指考106, 107, 110年)

trick (聯考81年，學測89, 91①, 92①, 97, 108, 112年，指考91年)

trickery (學測108年)

tricky (聯考86年，學測106年)

trigger (學測108, 111, 112年，指考97, 109①②, 110年)

trillion (聯考95, 108年)

trip (學測85, 88, 90, 94, 97, 102～105, 109, 111年，指考91～93②, 105～107年)

triumph (聯考67, 81年，學測91①②, 96, 101, 113年，指考91, 102年)

triumphant (指考100年)

triumphantly (聯考85年)

trivial (聯考90年，學測96, 106年)

troop (聯考47, 56年，指考106年)

tropical (聯考75年，學測88, 94, 98, 100, 107, 108, 110, 112年，指考96, 108, 110年)

trouble (學測86, 91①, 92②, 94, 99, 104年，指考91, 93②, 94, 99, 106, 110年)

troubled (聯考87年，學測96, 108, 109年，指考99年)

troublemaker (學測105年)

troublesome (聯考61年)

trousers (學測85年)

trout (聯考53年)

truck (聯考53年，學測85, 90年，指考91年)

truffle (指考100年)

truly (聯考60～62, 67, 87, 88年，學測96, 110, 113年)

trumpet (指考104年)

trunk (聯考52年，學測89, 91①, 94, 100年，指考109②年)

trust (學測86, 106～108年，指考103年)

trusting (指考108年)

trustworthy (指考108年)

truth (學測91②, 92①②, 94年，指考91, 107年)

truthful (聯考60年，學測90, 105年)

truthfully (指考93②年)

tsunami (學測113年)

tub (學測96年，指考102年)

tube (聯考49, 76, 90年，指考108年)

tubing (學測92②年，指考108年)

tuck (學測107年)

tumble (聯考75年，學測99, 110年，指考101, 105年)

tuna (學測91②年)

tune (學測98, 108年，指考108年)

tunnel (聯考58, 73年，學測97年，指考91年)

turbulence (指考108年)

Turkey (學測111年，指考93②, 104年)

turkey (聯考50年，學測92②年)

Turkish (指考104年)

turnip (聯考75年)

turnout (學測88年)

turtle (學測113年)

tusk (聯考52, 80年)

tutor (聯考87, 90年)

tuxedo (學測99年)

tweet (學測103年)

twice (聯考49, 63年，學測89, 92②, 101, 106年，指考98, 100, 103, 104, 109②年)

twig (學測105年)

twirl (學測112年)

twin (聯考53, 62, 64, 66年，學測87, 93, 102年，指考95年)

twinkle (學測89年)

twist (聯考84年，學測98, 101, 104, 107, 113年，指考100年)

tycoon (指考108年)

type (聯考53, 76, 78, 87, 90年，學測83, 85, 86, 92①, 94, 100, 101, 104～106, 111年，指考93①②, 95, 98～101, 104～107, 109①年)

typewriter (聯考52年，指考107年)

typhoon (聯考47, 54年，學測88, 91②, 99～101 103, 104, 108, 110, 112年)

typical (聯考51, 80, 90年，學測85, 92①, 94, 97, 105～107, 111年，指考97, 109①年)

typically (學測93, 99～101, 107, 109年，指考96, 97, 100, 101, 103, 106, 107, 110年)

typo (指考103年)

tyranny (聯考47, 69年)

tyrant (聯考47, 81年)

ugly (聯考61, 65, 77年，學測113年)

ulcer (學測95年)

ultimate (聯考49年，學測107, 111年，指考94, 110年)

ultimately (學測110年，指考108年)

ultra-accessible (學測110年)

ultra-marathon (指考102年)

ultra-runner (指考102年)

ultrasound (指考95年)

ultra-thin (指考97年)

ultraviolet (指考97年)

umber (指考109②年)

umbrella (聯考52年，學測83年，指考104年)

unable (聯考53, 89年，學測84, 98年，指考98, 104年)

unabridged (學測85年)

unacceptable (指考103年)

unaccustomed (學測99年)

unaffected (指考107年)

unanimous (聯考68年)

unanimously (學測89年)

unattended (指考109①年)

unattractive (學測113年，指考102年)

unavoidable (指考109②年)

unaware (聯考69年，指考98, 108年)

unbearable (聯考80年，指考92年)

unbelievable (聯考58, 66年，學測91②年，指考91年)

unbiased (學測112年)

unborn (學測92②年，指考95年)

unbroken (聯考65年)

uncertain (聯考67, 69年，學測105年，指考106年)

uncertainty (聯考83年)

unchecked (學測110年)
unchanged (學測97年,指考95, 106年)
uncharted (聯考66, 68年)
uncivilized (聯考58, 68年,指考108年)
unclear (學測108年)
uncomfortable (聯考89年,學測86, 92②, 98, 100年,指考101年)
uncommon (聯考62年,學測104年,指考95, 106, 109②年)
uncomplainingly (聯考68年)
unconventional (學測99, 107年,指考109①年)
unconvincing (指考99年)
uncooked (指考100年)
uncovered (聯考67年,學測109年)
uncrackable (指考105年)
undecided (聯考67年)
undefended (聯考72年)
undemanding (聯考74年)
undeniable (學測92①年)
underfoot (指考101年)
underfunded (指考102年)
undergo (學測88, 109年,指考99, 102年)
underground (聯考62, 90年,學測94, 98年,指考91, 93②, 100, 104年)
underline (聯考66, 69年,學測95年,指考98, 109②年)
underlying (學測105, 113年)
undermine (指考104年)
underneath (學測101年,指考93②, 100, 104年)
underpay (聯考65年)
undersea (指考102, 108年)
underside (學測93年)
understaffed (指考102年)
understand (聯考83~87, 90年,學測84, 87, 90, 91①②, 94~97, 99~102, 104, 106, 111年,指考94, 97, 98, 103~105, 110年)
understandability (指考110年)
understandable (學測98, 109年)
understandably (學測112年)
understanding (聯考90年,學測84, 86, 87, 91②, 102, 104, 106, 111年,指考91, 93①, 109①, 110年)
understatement (指考104年)
undertake (聯考63, 72年,學測92②年,指考91, 93①, 103, 107年)
undertone (學測107年,指考99年)
undervalue (聯考63年)
underwater (聯考81, 90年,學測91②, 102年,指考94年)
underwear (學測92①, 101年)
underworld (學測100年)
undesirable (聯考84年)
undetermined (指考95年)
undisturbed (聯考65年)
undo (學測90年)
undocumented (指考106年)
undoubtedly (學測92②, 99, 112年,指考93②, 97年)
undue (聯考60年)
unearth (指考105年)
uneasiness (指考96年)
uneasy (聯考83, 88年,學測100年)

uneducated (聯考77年)
unemployed (聯考75年,指考92, 110年)
unemployment (聯考63, 75年)
unending (學測100年)
unequal (學測53年,指考107年)
unexpected (聯考62, 86年,指考98, 104, 110年)
unexpectedly (聯考46年,指考109②年)
unexplained (學測91①年)
unfailing (指考99年)
unfair (聯考86年,指考98年)
unfairly (聯考63年)
unfaithfully (聯考63年)
unfamiliar (聯考60, 85年,學測100年)
unfavorable (聯考49年)
unfit (指考92年)
unfold (指考95, 104年)
unforeseen (指考107, 109①年)
unforgettable (聯考90年,指考92, 93②, 94年)
unforgiving (學測109年)
unfortunate (聯考66, 84年,學測100年)
unfortunately (學測89, 91②, 98, 106, 108年,指考98, 100, 104, 109②年)
unfriendly (聯考81年,學測103年)
unhappy (學測100, 103年,指考105年)
unharmed (學測91①, 100年)
unhealthy (學測92②年)
unicorn (指考108年)
unidirectional (指考106年)
uniform (聯考48年,學測92①, 113年,指考105年)
uniformity (聯考76年)
unimaginable (學測112年,指考96年)
unimportant (聯考71年)
uninhabited (指考94年)
unintentionally (指考109①年)
uninterested (聯考67年)
uninterrupted (指考93①年)
uninvited (聯考86年)
union (學測97, 106年)
unique (聯考72, 84, 89, 90年,學測86, 87, 94, 101, 103, 108~113年,指考93①②, 94, 98, 99, 101, 103~106, 110年)
uniqueness (聯考70年)
unison (指考109①年)
unit (聯考70年,學測96年,指考95, 104, 109①年)
united (學測105, 107, 109, 113年,指考109①②, 110年)
unity (學測104, 111年)
universal (聯考54, 67年,學測88, 90, 101, 103, 106, 112年,指考94, 108, 110年)
universally (學測104年,指考102年)
universe (聯考50, 67, 77, 87年,指考97, 103, 108年)
university (聯考75, 76, 79, 90年,學測88, 92①, 96, 97, 101, 103, 108, 111年,指考91~93①②, 97~100, 103, 105~109②年)
unknowingly (指考94年)

unknown (聯考57, 65, 78年,學測84, 89, 97, 113年,指考94, 100, 103, 108, 110年)
unlawful (指考96年)
unlawfully (聯考56年)
unless (聯考64, 67, 74, 80, 82, 83, 89年,學測83~86, 89, 92①, 94, 96, 103, 106, 112, 113年,指考93①, 97, 100, 102, 107, 110年)
unlike (聯考79, 87年,學測90, 91①, 94, 96, 99年,指考99, 107~109②年)
unlikely (聯考89年,學測83, 90, 99年,指考92年)
unlimited (學測107年)
unlocked (學測88年)
unlucky (學測104年)
unmistakable (聯考55年,指考92年)
unnecessarily (聯考67年)
unnecessary (聯考63, 79年,學測84, 91①, 94, 96, 98, 101, 104年)
unneeded (學測107年)
unnoticed (學測95年)
unofficial (指考110年)
unpack (聯考75年,學測88年)
unpaid (指考97年)
unpleasant (聯考62, 68, 72, 90年,學測99, 106年,指考105年)
unplug (指考92年)
unprecedented (聯考70年,指考105年)
unpredictable (學測92②, 105, 113年,指考103, 109①年)
unprepared (學測90年)
unproductive (聯考53年)
unprogressive (聯考66年)
unproven (指考110年)
unquestionable (聯考69年)
unquestionably (聯考70年)
unrealistic (學測91①, 95, 103年)
unreasonable (聯考66, 85年)
unrelated (指考99, 100年)
unreliable (聯考64年,學測113年,指考95年)
unremarkable (指考110年)
unsafe (聯考90年,指考109②年)
unsayable (學測107年)
unselfish (學測83年)
unserviceable (指考104年)
unsettling (指考107年)
unskilled (聯考63年)
unsold (指考102年)
unsolved (指考95年)
unspoiled (指考94年)
unspoken (指考100年)
unstable (學測105, 111年,指考97年)
unsuccessful (指考100年)
unsuccessfully (學測109年)
unsustainable (學測98年)
untidily (聯考74年)
untidy (指考109①年)
unusual (學測90, 92①, 103, 105, 107, 112, 113年,指考95, 100, 101, 103, 106年)
unusually (學測87, 107年)
unveiled (指考94年)
unwanted (學測91②, 92②年)
unwavering (指考109②年)

unwelcome (指考105年)
unwilling (聯考65, 67年,學測112年,指考92年)
unyielding (聯考68年)
upbeat (學測108年)
upcoming (學測97年)
update (聯考73年,指考107年)
upheaval (指考107年)
uphold (聯考67年,學測96年)
uplift (指考105年)
upon (學測97~99, 103, 106, 107, 110~113年,指考103, 104, 109②, 110年)
upper (聯考69, 75年,學測91①②, 112年,指考97, 101年)
upright (聯考67, 86年,指考103年)
upset (聯考78, 83, 85, 86, 88年,學測89, 91②, 101, 105年,指考91, 94, 100年)
upside (學測97年,指考108年)
upward (學測91②年,指考110年)
upward-slanting (學測93年)
uranium (聯考49, 66年)
urban (聯考65年,指考93②, 100, 106, 109①年)
urbanize (指考92年)
urge (聯考48, 65, 67, 87, 88年,學測85, 86, 92①, 94, 106, 111年,指考98, 106年)
urgency (指考101年)
urgent (聯考85年,學測104, 107年,指考91, 95, 96年)
urgently (聯考50年,學測101年)
urine (指考106年)
usable (學測105年,指考99, 106年)
usage (聯考64, 71年,指考94, 103年)
useful (聯考81, 89, 90年,學測85, 100, 102年,指考92, 93②, 95, 107年)
usefulness (學測98年)
useless (聯考79年,學測91②, 92②年)
user (聯考90年,學測91②, 103年,指考97, 100, 102, 103, 107年)
user-friendly (指考102年)
usher (指考110年)
usual (聯考61, 77, 81, 90年,學測91①, 101, 107, 113年,指考103年)
usually (聯考89年,學測86, 92②~94, 98, 100~102, 104~113年,指考93①②, 98, 100~105, 107~109②, 110年)
utensil (聯考63, 88年,指考98年)
utility (聯考68年)
utilization (學測113年)
utilize (學測110年,指考101年)
utmost (聯考62年)
utter (聯考65, 67年,指考93①年)
utterly (學測113年)
vacancy (聯考82年,指考97年)
vacant (學測94, 106年)
vacation (聯考61, 79, 80年,學測84, 89, 95, 99, 102, 109年,指考109①年)
vacationer (指考93①年)
vaccination (學測107年)
vaccine (學測111年,指考95, 103年)
vacuum (聯考48, 68年,指考99, 102, 109①年)
vacuum cleaner (聯考90年,指考98年)

vague (聯考45, 55, 61年，學測104, 113年)
vaguely (聯考55年，指考100年)
vagueness (聯考71年)
vain (學測94年)
Valentine (聯考90年)
Valentine's Day (學測93年)
valiantly (聯考69年)
valid (學測85年，指考101, 103年)
valley (學測86, 110, 111年，指考104年)
valuable (聯考56, 57, 71, 75, 79, 80, 82, 86, 90年，學測97, 100, 101, 113年，指考93②, 95, 97, 104, 105, 109①②年)
valuably (學測95年)
value (聯考56, 60, 63, 68, 69, 73, 78年，學測86, 91②, 92②, 93, 100, 102~104, 106, 108, 109, 113年，指考93②, 95, 97, 99, 101, 103, 105, 107~109②, 110年)
van (學測84年，指考94, 100年)
vandalism (指考91年)
vanguard (學測102年)
vanilla (學測112年，指考99, 108年)
vanish (聯考59, 64, 81年，學測89, 103, 107, 109年)
vanity (學測86年)
vapor (聯考53, 78年)
vaporize (指考109②, 110年)
variability (聯考71年)
variable (聯考63年)
variant (學測109年)
variation (學測102年，指考95, 105, 108年)
variety (聯考63, 79, 87, 90年，學測86, 89, 92②, 95, 98, 100, 101, 103~106, 111~113年，指考92, 93①②, 95, 97, 99, 103, 106, 107, 109①②, 110年)
various (聯考53, 63, 77, 82年，學測90, 91②, 92①, 93, 99, 101, 102, 104, 106~109, 111~113年，指考91~93①, 94, 98, 99, 101, 105, 106, 108, 109①, 110年)
variously (學測91①, 96年)
vary (聯考81, 83年，學測92②, 94, 95, 98, 102, 111, 112年，指考93①, 97, 100, 109②年)
varying (學測105年)
vase (學測92②年)
vast (聯考62, 87年，學測91①, 96年，指考95, 100, 105, 108, 109②年)
vastly (指考93②, 98年)
vat (指考106年)
vault (指考107年)
vegan (學測112年，指考108年)
vegetable (聯考87年，學測98, 100, 106, 112年，指考97, 99年)
vegetarian (聯考78年，學測92②, 112年，指考108年)
vegetation (聯考61年，指考100年)
vehicle (學測84, 99, 103, 110年，指考107, 109①②年)
veil (聯考66年，學測98年，指考92年)
vein (聯考49年)
vendor (學測110年，指考100年)
ventilate (學測111年)
venture (聯考59年，學測106, 107, 112年，指考94, 99年)
verb (指考97年)

verbal (聯考83年，學測100年，指考100年)
verbally (指考91, 98, 105年)
verge (指考91年)
verify (聯考63年，學測84年)
versatile (指考97年)
verse (聯考65, 67, 72年，學測86年)
version (聯考68, 81年，學測83, 98, 100, 109, 112, 113年，指考101, 102, 106年)
vertical (指考110年)
vessel (學測86, 109年)
veteran (聯考82年，指考109②年)
via (學測99, 103, 112年，指考102, 103年)
viable (學測107年)
vibrant (學測108年，指考93①年)
vibrate (指考102年)
vice (學測96年)
vicinity (學測92①年)
vicious (學測103年)
victim (聯考68, 69年，學測86, 90, 92②, 105年，指考91, 98, 100年)
victimize (指考99年)
victor (聯考47年)
victory (聯考47, 89年，學測103年，指考91年)
video (學測84, 92①, 96, 103年，指考93②, 100~102, 109②年)
videotape (指考97年)
view (聯考85, 90年，學測84, 92①~94, 102, 105, 106, 108~110年，指考91, 93①~95, 97, 98, 101, 103, 106, 108, 109①, 110年)
viewer (學測83, 96, 106, 108年，指考101, 105年)
viewpoint (聯考66年)
vigilance (聯考71年)
vigilant (聯考46年)
vigor (聯考60年)
vigorous (學測109, 110年，指考104, 108年)
villa (學測99年)
village (聯考46, 50, 52, 73, 75, 89年，學測86, 90, 91①, 93, 99, 103, 104, 106, 108年，指考93②, 104, 109①年)
villager (聯考46, 87, 89年，學測91①年，指考103年)
villain (聯考63年，指考109①年)
vine (學測113年)
vinegar (指考93①年)
violate (學測100年，指考98, 105, 106年)
violation (聯考88年，學測83, 85年，指考98年)
violator (指考96, 98年)
violence (聯考64年，學測94, 105, 108年，指考100, 102年)
violent (學測90, 91①, 94, 108年，指考91, 109①年)
violin (聯考67, 84, 90年，學測92①年)
violinist (聯考90年)
VIP (聯考88年，學測91②年，指考106年)
viral (指考101年)
virgin (聯考79年，學測109年)
virginity (學測92①年)
virtual (指考98年)
virtually (聯考47, 88年，指考93②, 94, 109②年)

virtue (聯考61, 67年)
virtuous (聯考71年)
virus (聯考87年，學測91②, 102, 104, 107, 113年，指考93①, 96, 104年)
visa (學測85, 95年，指考93②年)
visibility (學測90年，指考109②年)
visible (學測89, 111年，指考96, 105年)
vision (學測97, 100, 101, 104~106, 111年，指考91, 93①, 102, 106, 110年)
visionary (指考106年)
visiting (學測106年，指考108年)
visitor (學測84, 88, 90, 94, 96~98, 107, 108, 110, 111, 113年，指考92, 93②~95, 98, 101, 102, 105, 108, 109②, 110年)
visual (聯考82年，學測93, 97, 108, 109年，指考100, 105年)
visualization (聯考90年)
visualize (聯考67年，學測104年，指考94年)
visually (指考99年)
vital (聯考64, 67, 78, 84, 87年，學測88, 90, 100, 104年，指考94, 110年)
vitality (指考98年)
vitally (指考108年)
vitamin (聯考60, 65年，學測90, 92②年，指考108年)
vivid (學測90, 98, 106, 113年，指考93①, 100, 106, 110年)
vividly (聯考72, 73, 90年，學測106, 108, 112年)
vizier (指考109①②年)
vocabulary (聯考49~52年，學測91②, 102年，指考108, 110年)
vocal (學測107年，指考102, 104年)
vocalization (指考102年)
vocalize (學測107年)
vocational (聯考82年)
voice (聯考67, 88年，學測87, 91①②, 96, 97, 101, 104, 106, 107年，指考93①, 97, 104, 108年)
volcanic (聯考71年，指考104, 107年)
volcano (聯考71年，學測88, 99年，指考104年)
volt (學測113年)
voltage (指考104年)
volume (學測103年，指考95, 105, 109②年)
voluntarily (指考103年)
voluntary (聯考72年，學測99年)
volunteer (聯考50, 72年，學測86, 97, 98, 111年，指考91, 98, 109①②年)
vote (聯考69年，學測104年)
voter (聯考85年)
vow (學測94年)
vowel (指考99年)
voyage (聯考60年，學測86, 98, 112年，指考105年)
vulnerable (學測92②, 109年，指考93①, 110年)
wag (學測110年)
wage (聯考56年，指考107年)
wagon (學測84, 85年)
waist (聯考64年，學測96, 101, 112年)
waitress (聯考64年，學測101年)

wake (聯考53, 57年，學測89, 101, 107, 113年)
waken (學測88年)
wallet (聯考73年)
wallpaper (指考109②年)
wander (聯考59, 85年，學測85, 89, 90, 96, 103, 104, 107, 111年，指考91, 92年)
wanderer (聯考65年)
war (聯考88年，學測97, 98, 102~107, 109~111年，指考91, 95, 97, 100, 101, 103, 104, 106, 109①②年)
ward (聯考63年)
warden (指考109①年)
wardrobe (指考100年)
warehouse (指考94年)
warfare (指考96, 110年)
warlike (指考109①年)
warm (聯考64, 77, 79, 81, 86, 87年，學測85, 93, 95, 99, 100, 102, 103, 105, 106, 108, 112年，指考97~99, 102, 104, 106, 107年)
warm-hearted (學測85, 103年)
warmth (學測98年，指考91年)
warm-up (學測103年)
warn (學測85, 102, 103, 107, 108, 110年，指考93②, 99~101, 103~105, 109①年)
warning (學測94, 107, 109, 110, 112年)
warranty (指考110年)
warrior (學測92②, 111年，指考95, 109①年)
wartime (學測107, 111年，指考104年)
war-torn (學測111年)
wary (聯考72年)
washcloth (學測106年)
washer (聯考82年)
waste (聯考59, 88年，學測91②, 92①②, 99, 103, 105, 110, 113年，指考93②, 99, 100, 102, 104, 105, 109①年)
wasteful (聯考68年)
wasteland (學測105年)
wastewater (指考109①年)
watercolor (學測106, 113年，指考99年)
waterfall (聯考67, 85年，學測86, 97年，指考108年)
waterproof (學測110年)
wave (聯考59, 82年，學測89, 90, 92②, 103, 104, 106年，指考95, 104, 107年)
wayward (聯考72年，學測96年)
weak (聯考52, 59, 61, 75, 90年，學測83, 84, 88, 89, 92②, 102, 105, 107, 111年)
weaken (聯考88年，學測100年)
weakness (聯考50, 66年，指考97年)
wealth (聯考50, 61, 69, 70, 78, 87年，學測92②, 93, 104年)
wealthy (聯考49, 50, 73, 77, 90年，學測101, 104, 112年，指考102, 107年)
weapon (聯考61, 63, 67, 69, 84, 88年，學測106, 111年，指考102年)
wear (聯考54, 58, 64, 81, 82, 85年，學測90, 91①, 92②, 95, 97, 100~102, 106, 108~111, 113年，指考100, 102, 103, 105, 110年)
wearer (學測101, 108, 109, 111年)
wearily (指考100年)

附
錄

weary (指考106年)

weather (聯考63~65, 69, 73, 74, 77, 80 ~82, 85, 87年，學測83, 85, 86, 88, 90, 93~ 95, 97, 100, 106~109年，指考91~93②, 99, 100, 104, 105, 107, 109②, 110年)

weatherman (指考99年)

weave (聯考54, 77年，學測101, 108, 109年)

weaver (指考96年)

web (學測103年，指考94, 100年)

web-based (指考102年)

webpage (指考107年)

website (學測91②, 98, 101, 106, 108, 109年，指考98, 99, 102, 106年)

wedding (聯考65, 88年，學測84, 92①, 97, 109年，指考101, 104, 109①年)

weed (聯考75年，學測91①, 94年)

weekday (聯考52年)

weekend (聯考78, 90年，學測85, 92①, 95, 100年，指考99年)

week-long (學測93年，指考101年)

weekly (學測106年，指考93①, 101年)

weep (學測87, 89年)

weigh (聯考52, 60, 66, 74, 78, 79年，學測85, 90, 91①, 94, 97, 99, 105年)

weight (聯考76, 78, 85年，學測84, 85, 87, 89, 91②, 92②, 94, 97, 98, 102, 103, 109, 111, 112年，指考95, 97, 104~106, 110年)

weightlessness (學測112年)

weird (聯考49年)

welfare (聯考65, 69, 72, 88, 90年，學測90年，指考92, 101年)

well-behaved (聯考62年)

well-being (聯考69, 90年，學測92②年，指考101, 109①年)

well-built (學測88年)

well-constructed (指考103年)

well-done (聯考65年)

well-dressed (聯考86年)

well-educated (聯考50年，學測90年)

well-established (學測106年)

well-grounded (聯考85年)

well-informed (聯考86年)

well-intentioned (學測85年)

well-known (聯考60, 63, 88年，學測93, 99, 101, 106, 110年)

well-lighted (學測109年)

well-liked (指考101年)

well-made (聯考66年)

wellness (學測95年)

well-off (指考107年)

well-paying (指考94年)

well-prepared (指考91年)

well-recorded (指考93②年)

well-to-do (聯考49, 69年，指考107, 108年)

well-trained (學測96, 105年，指考93②, 109①年)

west (聯考69, 81, 84年，學測85, 86, 88, 94, 104, 107, 108, 113年，指考101, 108年)

western (聯考75, 89年，學測92②, 98, 101, 106, 111年，指考103, 106, 108, 110年)

Westerner (聯考84年，指考95年)

westernize (指考103年)

whale (聯考88年，學測84年)

whatever (聯考78年，學測86, 97, 112年，指考98, 107, 108年)

whatsoever (指考102年)

wheat (學測92②, 109, 110年)

wheel (聯考54, 67年，學測95, 101, 103, 109, 110年，指考93②, 107年)

wheelchair (學測101, 105, 110年，指考104年)

whenever (學測86, 93, 96, 97, 101, 104, 106, 108年，指考104年)

whereabouts (學測97年)

whereas (聯考72, 79年，學測106年，指考91年)

whereby (指考98年)

wherever (聯考89年，學測97年)

whether (聯考83年，學測83, 85, 86, 89, 92①, 93, 96~100, 102~107, 109, 113年，指考92, 94, 100, 102, 103, 105~109①年)

whichever (指考98年)

whiff (指考108年)

while (學測84, 86~89, 91①②, 92①~ 94, 97, 98, 100~102, 104~113年，指考93①, 97, 99, 101~103, 105~110年)

whine (指考104年)

whip (指考110年)

whisper (聯考48年，學測107年)

whistle (學測101年，指考104年)

whitish (指考108年)

whoever (學測90, 103年，指考98年)

whole (聯考86, 87, 90年，學測86, 87, 90, 92①, 94, 96~98, 100, 105, 110, 112年，指考91, 97~100, 101, 103, 106, 108, 109①②年)

wholeheartedly (聯考68年，指考93①年)

wholesome (學測84, 86年)

wholly (學測97年)

whomever (指考110年)

wicked (聯考89年)

wide (學測85, 86, 91②, 101, 105~107, 113年，指考92, 94, 97, 100, 102, 104, 107, 109①, 110年)

widely (聯考60, 68, 88, 90年，學測91①, 92②~94, 100, 101, 105, 109, 111, 113年，指考93①~95, 97, 105~109①年)

widespread (聯考78年，學測84, 91①, 100, 106, 113年，指考93①②, 98, 107年)

widow (聯考52年，指考91年)

width (聯考45年，學測106年)

wield (學測113年，指考100年)

Wi-Fi (指考107年)

wig (學測109年，指考98年)

wild (聯考54, 58, 59, 61, 68年，學測83, 84, 90, 97, 100, 104, 109, 111, 113年，指考95, 103, 104, 107~109①, 110年)

wilderness (學測90年)

wild-eyed (指考108年)

wildlife (聯考76, 87年，學測97年，指考105, 108年)

willing (聯考67, 73, 77年，學測88, 91②, 95, 101, 104, 107年，指考99年)

willingly (學測88年，指考100年)

winding (學測97年，指考100年)

windmill (學測101年)

windshield (指考91年)

wine (學測92①, 102年，指考106年)

wing (聯考47, 84, 89年)

wingless (指考101年)

wingspread (聯考84年)

winner (聯考51, 85年，學測98, 107年，指考99年)

winning (學測104, 106, 111年，指考109①, 110年)

wipe (指考91, 103年)

wiper (指考91年)

wire (聯考90年，學測89, 94, 96, 104, 105年，指考101, 105年)

wireless (學測103年，指考107年)

wiring (指考93②年)

wisdom (聯考48, 52, 67, 86, 87年，學測103年，指考93②年)

wise (聯考48, 49, 52, 57, 66, 68, 89年，學測91②, 97, 98, 110年，指考109①年)

wisely (聯考81年)

wish (學測87, 91①②, 110年，指考93①, 97, 107年)

wit (聯考54, 84年，學測91②年)

witch (指考95年)

witchcraft (指考95年)

withdraw (聯考56, 69, 70年，學測102年)

wither (學測105年)

within (聯考75, 82, 86, 90年，學測85, 91①, 93, 95, 96, 98, 101~103, 105~107, 110, 112, 113年，指考93①, 97, 102~104, 106, 109②, 110年)

withstand (學測113年，指考100, 102, 103年)

witness (聯考72, 83, 84年，學測99, 103, 104, 111, 112年，指考93②, 108, 109②年)

witty (聯考47年，學測101年)

wizard (指考93②, 95年)

wolf (學測99年，指考95年)

wonder (聯考70, 73, 75, 77, 81, 82, 84, 87~89年，學測83, 85, 86, 91①②, 95, 104, 113年，指考92, 94, 97, 100, 102, 104年)

wonderful (聯考49, 52, 54, 58, 64年，學測85~87, 91②, 98, 105, 110年，指考95, 100, 101年)

wonderland (聯考85, 87年，學測110, 113年，指考91年)

wood (聯考48, 50, 55, 63, 64年，學測83, 87, 91①, 105~107, 113年，指考93①~95, 106, 107, 109①②年)

wooden (聯考55年，學測101, 105年，指考97, 106, 110年)

woodpecker (學測104年)

workaholic (指考91年)

workbook (學測99年)

workforce (指考98年)

workload (學測87年)

workout (學測100, 112年)

workplace (學測106年)

workshop (指考97年)

worksite (學測111年)

world (聯考88, 90年，學測96, 98, 101~113年，指考93①②, 94, 97, 100~110年)

worldly (聯考67年)

worldwide (學測93, 95, 100, 103~ 105, 111, 113年，指考93①②, 100, 101, 104, 106, 107, 109①年)

worm (聯考53年，指考93②年)

worry (聯考78, 84, 89年，學測87, 92②, 95, 97~99, 103, 104, 107, 110年，指考92, 94, 99, 100, 103, 105, 108年)

worsen (學測98年)

worship (聯考75, 87年，指考101, 104, 110年)

worshipper (聯考84年，指考93②年)

worth (聯考66, 77, 88, 90年，學測86, 90, 102, 109年，指考93②, 95, 97, 100, 109②年)

worthless (聯考79年)

worthwhile (聯考67年)

worthy (聯考61年，學測90, 100年)

wound (聯考65年，學測94, 98年，指考100, 103, 110年)

wrap (學測100, 101, 111年，指考95, 102, 109②年)

wrapper (指考95年)

wreck (聯考50, 59, 63年，指考99, 101年)

wreath (指考102年)

wretch (聯考67年)

wrinkle (學測91①, 98年)

wrist (學測92②年)

writing (學測92②, 93, 95, 103, 107年，指考102, 104, 106年)

written (學測92①, 94, 103, 107年，指考92, 94, 101, 106, 109①, 110年)

X-ray (學測104年)

yard (聯考50, 77年，學測97年，指考106, 109①, 110年)

year-end (指考110年)

year-long (指考99年)

yearly (聯考85年，學測93, 94年，指考95, 108年)

yearn (指考66年)

yell (聯考69, 83年，學測88, 96年)

yellowish (學測106年)

yet (學測84, 88, 91①②, 92①, 94, 96, 99~ 101, 105, 107, 109, 111~113年，指考97, 99, 101, 106~110年)

yield (聯考61, 72年，學測96, 98, 99年)

yoga (指考101年)

yogurt (學測94年)

yolk (指考104, 106年)

youngster (聯考66, 73年，學測90年，指考92, 99年)

youth (聯考51, 82年，學測92①, 99, 111年，指考98年)

youthful (指考92年)

zebra (指考108年)

zebrafish (學測111年)

zero (聯考55, 85年，指考91, 104年)

zigzag (學測93年)

zinc (指考107年)

zip code (聯考88年)

zombie (指考102年)

zone (聯考81年，學測110, 111年，指考96, 108年)

zoo (學測101, 103年)

zookeeper (學測103年)

zoologist (指考94年)

一個人成敗的關鍵在於，
是否願意和單字持續長久作戰。

可先背「一口氣背7000字①~⑯」。

背了會忘記是自然的，要持之以恆。

本書另有口袋書
「高中7000字隨身背」，方便攜帶。